·学霸带你学系列·

**翻译硕士** 汉语写作与百科知识448

# 学霸带你解析真题

—— 试题分册 ——

编著 ■ 时代云图考试研究中心

北京理工大学出版社
BEIJING INSTITUTE OF TECHNOLOGY PRESS

# 目录 CONTENTS

## 第一部分　外语类院校

### 北京外国语大学（A 211） ········ 3
2020 年翻译硕士专业学位研究生入学考试试题 ········ 3
2019 年翻译硕士专业学位研究生入学考试试题 ········ 4
2018 年翻译硕士专业学位研究生入学考试试题 ········ 6

### 广东外语外贸大学（A） ········ 8
2020 年翻译硕士专业学位研究生入学考试试题 ········ 8
2019 年翻译硕士专业学位研究生入学考试试题 ········ 11
2018 年翻译硕士专业学位研究生入学考试试题 ········ 13

### 西安外国语大学（B） ········ 16
2020 年翻译硕士专业学位研究生入学考试试题 ········ 16
2019 年翻译硕士专业学位研究生入学考试试题 ········ 17
2018 年翻译硕士专业学位研究生入学考试试题（回忆版）（见题库）

### 北京第二外国语学院（B） ········ 19
2020 年翻译硕士专业学位研究生入学考试试题 ········ 19

## 第二部分　非外语类院校

### 南京大学（A 985 211） ········ 23
2020 年翻译硕士专业学位研究生入学考试试题 ········ 23

2019 年翻译硕士专业学位研究生入学考试试题 ········· 24
2018 年翻译硕士专业学位研究生入学考试试题 ········· 26

## 北京航空航天大学（A 985 211） 28
2018 年翻译硕士专业学位研究生入学考试试题 ········· 28

## 南京师范大学（A 211） 30
2019 年翻译硕士专业学位研究生入学考试试题 ········· 30
2018 年翻译硕士专业学位研究生入学考试试题 ········· 31

## 对外经济贸易大学（A 211） 34
2018 年翻译硕士专业学位研究生入学考试试题 ········· 34

## 山东大学（A 985 211） 41
2019 年翻译硕士专业学位研究生入学考试试题 ········· 41
2018 年翻译硕士专业学位研究生入学考试试题 ········· 43
2017 年翻译硕士专业学位研究生入学考试试题（见题库）
2016 年翻译硕士专业学位研究生入学考试试题（见题库）

## 南开大学（B 985 211） 45
2020 年翻译硕士专业学位研究生入学考试试题 ········· 45
2019 年翻译硕士专业学位研究生入学考试试题 ········· 46
2018 年翻译硕士专业学位研究生入学考试试题 ········· 48

## 东北师范大学（B 211） 50
2020 年翻译硕士专业学位研究生入学考试试题 ········· 50
2018 年翻译硕士专业学位研究生入学考试试题 ········· 51

## 中山大学（B 985 211） 54
2018 年翻译硕士专业学位研究生入学考试试题 ········· 54
2017 年翻译硕士专业学位研究生入学考试试题（见题库）
2016 年翻译硕士专业学位研究生入学考试试题（见题库）

## 上海对外经贸大学（B） 57
2020 年翻译硕士专业学位研究生入学考试试题 ········· 57
2019 年翻译硕士专业学位研究生入学考试试题 ········· 58
2018 年翻译硕士专业学位研究生入学考试试题 ········· 59

## 宁波大学（B） ... 61
### 2020年翻译硕士专业学位研究生入学考试试题 ... 61
### 2019年翻译硕士专业学位研究生入学考试试题 ... 63
### 2018年翻译硕士专业学位研究生入学考试试题 ... 65
### 2017年翻译硕士专业学位研究生入学考试试题（见题库）
### 2016年翻译硕士专业学位研究生入学考试试题（见题库）

## 中国海洋大学（B 985 211） ... 68
### 2019年翻译硕士专业学位研究生入学考试试题 ... 68

## 暨南大学（B 211） ... 76
### 2020年翻译硕士专业学位研究生入学考试试题（回忆版）（见题库）
### 2019年翻译硕士专业学位研究生入学考试试题 ... 76
### 2018年翻译硕士专业学位研究生入学考试试题 ... 81
### 2017年翻译硕士专业学位研究生入学考试试题（见题库）
### 2016年翻译硕士专业学位研究生入学考试试题（见题库）

## 上海大学（B 211） ... 86
### 2020年翻译硕士专业学位研究生入学考试试题 ... 86
### 2019年翻译硕士专业学位研究生入学考试试题 ... 89
### 2018年翻译硕士专业学位研究生入学考试试题 ... 91

## 扬州大学（B） ... 94
### 2019年翻译硕士专业学位研究生入学考试试题 ... 94

## 南京航空航天大学（C 211） ... 98
### 2018年翻译硕士专业学位研究生入学考试试题 ... 98
### 2017年翻译硕士专业学位研究生入学考试试题 ... 103
### 2016年翻译硕士专业学位研究生入学考试试题（回忆版）（见题库）

## 辽宁大学（C 211） ... 108
### 2020年翻译硕士专业学位研究生入学考试试题 ... 108
### 2019年翻译硕士专业学位研究生入学考试试题 ... 109
### 2018年翻译硕士专业学位研究生入学考试试题 ... 110

## 西北大学（C 211） ..................................................................................... 113
 2018 年翻译硕士专业学位研究生入学考试试题 ................................................ 113

## 北京邮电大学（211） .................................................................................. 116
 2018 年翻译硕士专业学位研究生入学考试试题 ................................................ 116

## 国际关系学院 ............................................................................................... 119
 2018 年翻译硕士专业学位研究生入学考试试题 ................................................ 119

## 武汉大学（B 985 211）（回忆版）
 2020 年翻译硕士专业学位研究生入学考试试题（回忆版）（见题库）
 2018 年翻译硕士专业学位研究生入学考试试题（回忆版）（见题库）

## 南京理工大学（211）（回忆版）
 2020 年翻译硕士专业学位研究生入学考试试题（回忆版）（见题库）
 2019 年翻译硕士专业学位研究生入学考试试题（回忆版）（见题库）
 2018 年翻译硕士专业学位研究生入学考试试题（回忆版）（见题库）

# 第一部分
## 外语类院校

# 北京外国语大学（A 211）

## 2020 年翻译硕士专业学位研究生入学考试试题

科目名称：汉语写作与百科知识　　科目代码：448
考试时间：3 小时　　　　　　　　　满分：150 分

### 一、名词解释（共 25 小题，每小题 2 分，共 50 分）

1. 官渡之战
2. 王熙凤
3. 庞氏骗局
4. 江户
5. 奥尔加·托卡尔丘克
6. 天人感应
7. 印欧语系
8. 抗生素
9. 凯恩斯主义
10. 英美法系
11. 新教
12. 《伤寒杂病论》
13. 五言律诗
14. 霍尔木兹海峡
15. 和平共处五项原则
16. 丝绸之路
17. 三言
18. 二重证据法

19. 四大古国
20. 中亚五国
21. 九月九日（原文《九月九日忆山东兄弟》）
22. 世界地球日
23. 喀斯特地貌
24. 自由港
25. 纽伦港

## 二、应用文写作（40分）

请为单位将要举行的一次活动写一份经费申请书，要求不少于350字。

## 三、话题作文（60分）

请以"我们应该营造一颗什么样的心"为话题，写一篇文章，字数不得少于800字。

# 2019年翻译硕士专业学位研究生入学考试试题

科目名称：汉语写作与百科知识　　科目代码：448
考试时间：3小时　　　　　　　　　满分：150分

## 一、名词解释（共25小题，每小题2分，共50分）

1. "一带一路"
2. 关税壁垒
3. 安理会常任理事国
4. 《荷马史诗》
5. 凯瑟琳（海明威《永别了，武器》中的人物）
6. 波士顿
7. 《战争与和平》
8. 形声字

9. 韩柳
10. 晴雯
11. 《春秋》
12. 文景之治中的"文景"
13. 安史之乱中的"安史"
14. 陆王心学中的"陆王"
15. 乾嘉之学中的"乾嘉"
16. 四大皆空中的"四大"
17. 《三国志》
18. 2018年诺贝尔经济学奖两位科学家
19. 明治维新三杰
20. 乔治·艾略特
21. 青蒿素
22. 五功
23. 基督教改革后的三大宗派
24. 好望角
25. 宝莱坞

## 二、应用文写作（40分）

请以某企事业单位的名义撰写一个新书、丛书、报刊或杂志的征订广告，字数要求不少于400字，言简意赅，格式规范，凸显专业性、技术性和实用性。

## 三、命题作文（60分）

请以"筑牢心理的防堤"为题，写一篇文章，字数不少于800字。

# 2018年翻译硕士专业学位研究生入学考试试题

科目名称：汉语写作与百科知识　　科目代码：448

考试时间：3小时　　满分：150分

## 一、名词解释（共25小题，每小题2分，共50分）

1. 白令海峡
2. 撒哈拉沙漠
3. 牛市或熊市
4. 莎士比亚的四大悲剧
5. 马孔多
6. 印巴实际控制线
7. 表情包
8. 《牡丹亭》
9. 石黑一雄
10. 四大译经家
11. 激流三部曲
12. 什叶派
13. UNICEF
14. 《蒙娜丽莎》
15. 尤三姐
16. 黄道十二宫
17. 有限责任公司
18. 英美法系
19. 印欧语系
20. 《文心雕龙》
21. GDP
22. 宗教改革
23. 会意
24. 奥林匹克格言
25. 北约

## 二、应用文写作（40分）

写一篇消息，字数要求为400字左右。

## 三、命题作文（60分）

请以"谈定力"为题，写一篇文章，字数不少于800字。

# 广东外语外贸大学（A）

## 2020 年翻译硕士专业学位研究生入学考试试题

科目名称：汉语写作与百科知识　　科目代码：448
考试时间：3 小时　　　　　　　　满分：150 分

## 一、名词解释（共 20 小题，每小题 2.5 分，共 50 分）

1. 产业链
2. 冷链物流
3. 供给侧结构性改革
4. 产业结构
5. 民营企业
6. 《论语》
7. 孔子学院
8. 非营利性机构
9. 国学
10. 和而不同
11. 机器学习
12. 生物识别技术
13. 对冲基金
14. PM2.5
15. 生态文明
16. 云计算
17. 粤港澳大湾区
18. 减税降费

19. 普利策奖
20. 人类发展指数

## 二、应用文写作（40分）

请根据以下文字提供的信息，以交通运输部的名义给各省写一份公文。

**材料：**

5月21日，为加快取消省界收费站，实现不停车便捷收费，将调动各方面资源，加快推动高速公路ETC应用发展，到2019年年底全国ETC用户新增1亿以上，各省（自治区、直辖市）汽车ETC安装率达到80%以上，通行高速公路的车辆ETC使用率达到90%以上。同时加大ETC车辆通行优惠力度，自2019年7月1日起，严格实施对ETC用户不低于95折的通行优惠政策，并实现对通行本区域的车辆给予同样的优惠力度，即外省ETC卡和本省ETC卡在本省高速公路享受同样的通行优惠政策。

随着新政的出台，可以预见的是，ETC的办理需求将会出现一次大幅度的上涨。目前，线下ETC办理渠道受到场地和流程的影响，车主通过线下渠道办理ETC的手续相对复杂，例如，申办与安装均须到指定网点，后续的充值与发票开具还需要用户到指定网点实现。这种复杂的线下流程使得大量车主都"望而止步"。国家鼓励ETC发行机构和合作机构利用互联网资源优势，让用户通过线上自主选择产品服务、自助安装。高灯科技推出的ETC助手，以小程序为途径，为车主提供了更为方便、快捷的线上办理渠道。

### 高灯科技为车主提供线上"ETC"通道

ETC助手是高灯科技在交通运输部路网监测与应急处置中心指导下，基于腾讯生态的开放能力，联合腾讯优图、微信支付共同推出的全国首个"线上申办—绑定微信支付—通行后免密扣款—下发行程单及电子发票"闭环的智慧出行服务产品。

通过ETC助手微信小程序，用户平均35秒内即可完成ETC在线申办，申领记账卡的用户可以通过绑定微信支付实现先通行后扣费，无须充值；原有的储蓄卡用户则可直接使用ETC助手进行线上充值，成功避免了线下办理流程烦琐、耗时过长等问题。此外，用户还可通过ETC助手开具充值和通行费电子发票，解决了纸质发票难保管、易丢失的问题，提升用户开票体验。

一方面，ETC助手运用微信支付、微信小程序等基础能力为用户在使用场景和支付场景层面提供了便捷的体验。另一方面，ETC助手运用腾讯云、腾讯优图、腾讯计费的基础能力，为用户支付和数据安全提供了强有力的保障。

作为一家以发票数字化为基础的互联网+行业大数据服务公司，高灯科技以发票数字化为基础，立足高速公路收费及开票业务，围绕车主出行服务打造便民利民产品，致力于通过产品创新能力和服务能力推动高速出行场景体验的全面提升。

截至目前，ETC助手已在江苏、北京、广东、吉林、山东、贵州、青海、内蒙古、广西等十几个省（自治区、直辖市）上线，累计为近千万用户提供了数亿次服务，交易金额数达百亿元。同时，数据显示，目前ETC助手已是全国ETC日发行量最大的渠道，每日通过ETC助手申办的用户远超10万，今年4月，通过ETC助手办理ETC的用户量约占全国ETC总发行量的35.5%。

**移动互联网思维下ETC助手带来出行变革**

交通运输部新政的出台，将会进一步推广、普及ETC通行方式，提高高速通行效率，通过智慧交通的解决方式，缓解高速公路通行压力。高灯科技推出的ETC助手，将成为ETC普及工作中有力的"助手"，一方面，相较于用户多次往返线下网点的传统发行渠道，通过"线上申办—绑定微信支付—通行后免密扣款—下发行程单及电子发票"闭环的模式，为车主带来了更方便、更快捷的体验；另一方面，针对线下办理方式的局限性，通过移动互联网的方式线上办理ETC，将更快速、更有效地提高ETC的普及率。

此外，ETC助手与移动支付相结合的线上体验必定会为既有市场带来更大的革新，且在国家提倡高科技、便捷、环保的大环境下，其利用互联网的优势与便捷性也更容易为大众所接受。从用户体验、ETC的普及和市场等多个层面来讲，未来，ETC助手将成为用户与行业的得力助手，带来更加方便、快捷的高速出行体验。

要求：内容完备，格式齐全，可根据实际需要，合理添加内容。

## 三、现代汉语写作（60分）

材料1：全国实体书店和相关从业人员数量都在增多，目前书店总体营业额比同年上升了将近4%。

材料2：如今，大部分书店开始向购物中心、高校以及商场内转移阵地，书店不仅仅卖书，还提供咖啡饮品和文创周边，目前部分书店的图书销售额有所降低。

材料3：调查显示，现在书店的粉丝大多是"90后""95后"的年轻人，单身群体将近50%，已婚群体则只有15%。许多人的阅读方式是通过手机进行线上阅读，同时也会使用其他电子阅读器。

请根据以上材料，选好角度，明确文体，自拟标题，不少于800字。

# 2019年翻译硕士专业学位研究生入学考试试题

科目名称：汉语写作与百科知识　　科目代码：448
考试时间：3小时　　　　　　　　　满分：150分

## 一、名词解释（共25小题，每小题2分，共50分）

1. 3D打印
2. 七月流火
3. 有罪推定
4. 程门立雪
5. 举证责任
6. 到岸价格
7. 中等收入陷阱
8. 莱克星顿的枪声
9. 唐宁街十号
10. 美国中央情报局
11. 悉尼歌剧院
12. 太阳风
13. 碳九
14. 核裂变
15. 自闭症
16. 破窗效应
17. 尼安德特人
18. 进博会
19. 虫洞
20. 薛定谔的猫
21. 实证主义
22. 乔姆斯基
23. 蛟龙号
24. 云计算
25. 供给侧结构性改革

## 二、应用文写作（40分）

请根据以下文字提供的信息，以广东省卫生厅的名义写一则通知。

**材料：**

2018年6月15日，本报讯（记者毛哲、实习生郑婧敏）广东省部分地区的一些饮用水包装容器生产企业为降低成本、牟取暴利，使用非食用级PET料（聚对苯二甲酸乙二醇酯树脂）和在社会上廉价回收废的旧瓶料、报废光碟以及通过各种途径进口的塑料"洋垃圾"进行生产。一些瓶装饮用水生产企业购买用上述材料制成的瓶坯或瓶灌装饮用水销售。这种食品包装容器的原料含有大量有毒、有害物质和致病菌，同时在制作过程中有害物质乙醛不断溶于水中，严重威胁消费者的身体健康，违反了《中华人民共和国食品卫生法》等有关国家法律规定，也造成了企业间的不平等竞争，扰乱了社会经济秩序。

广东省卫生厅发出通知，在全省范围内禁止使用非食用级PET料及回收废旧瓶料制作饮用水包装容器。同时，要求全省各级卫生行政部门立即对辖区内饮用水包装容器生产企业以及瓶装饮用水生产企业进行一次全面监督检查，对使用非食用级PET料及回收废旧瓶料制作饮用水包装容器，或用上述材料制成的瓶坯、瓶灌装饮用水的生产企业应依法严厉查处，并追查其生产的原料来源。与此同时，广东省卫生厅鼓励和支持社会各界人士对上述情况进行投诉和举报。

要求：内容完备，格式齐全，可根据实际需要，合理添加内容。

## 三、现代汉语写作（60分）

**材料1：** 自媒体是指私人化、普泛化、自主化的传播者，以现代化、电子化的手段，向不特定的大多数人或者特定的单人，传播规范性及非规范性信息的新媒体的总称。现如今，自媒体迅速发展，各种自媒体平台不断涌现。

**材料2：** 在诸多网络主体中，各类自媒体账号在当今的网络世界中拥有较大的影响力，发挥着意见领袖的重要作用。其中也有不少自媒体为吸引流量、获取更多商业利益而发表一些故意制造矛盾、煽动网民情绪的内容，毫不在乎与言论自由相伴的界限和责任，利用网民心理进行炒作，夸大部分事实以诱导舆论走向，更严重的甚至编造谣言。

**材料3：** 自媒体内容五花八门，有人说质量不高，每个人对它的理解不一样。

请根据以上材料，选好角度，明确文体，自拟标题，不少于800字。

# 2018年翻译硕士专业学位研究生入学考试试题

**科目名称**：汉语写作与百科知识　　**科目代码**：448
**考试时间**：3小时　　**满分**：150分

## 一、名词解释（共20小题，每小题2.5分，共50分）

（一）我国经济正处在转变发展方式、优化经济结构、转换增长动力的攻关期，建设现代化经济体系是跨越关口的迫切要求和我国发展的战略目标。必须坚持质量第一、效益优先，以【供给侧结构性改革】为主线，推动经济发展质量变革、效率变革、动力变革，提高【全要素生产率】，着力加快建设【实体经济】、科技创新、现代金融、人力资源协同发展的产业体系，着力构建市场机制有效、【微观经济】有活力、【宏观调控】有度的经济体制，不断增强我国经济创新力和竞争力。

（二）加快完善社会主义【市场经济体制】。经济体制改革必须以完善【产权制度】和要素市场化配置为重点。要完善各类【国有资产】管理体制，改革国有资本授权经营体制，推动国有资本做强、做优、做大，有效防止国有资产流失。全面实施【市场准入负面清单制度】，清理、废除妨碍统一市场和公平竞争的各种规定和做法，支持民营企业发展，激发各类市场主体活力。深化【商事制度改革】，打破行政性垄断，防止市场垄断，加快要素价格市场化改革，放宽服务业准入限制，完善市场监管体制。

（三）加快建立绿色生产和消费的法律制度和政策导向，建立健全绿色低碳循环发展的经济体系。构建市场导向的绿色技术创新体系，发展【绿色金融】，壮大节能环保产业、清洁生产产业、【清洁能源】产业。坚持全民共治、源头防治、持续实施【大气污染防治】行动，打赢蓝天保卫战。加快水污染防治，实施流域环境和近岸海域综合治理。强化【土壤污染管控】和修复，加强【农业面源污染】防治，开展农村人居环境整治行动。

（四）【语言服务业】和【服务贸易】作为经济全球化和信息技术飞速发展催生的新兴行业，已成为【全球产业链】的重要组成部分。语言服务业是中国文化"走出去"的助推器和润滑剂，为【"一带一路"】愿景的实现保驾护航，并为【高科技产业】技术研发提供平台。

## 二、应用文写作（40分）

请你为首届中国北京国际语言文化博览会的承办单位写一份公文，向上级介绍有关情况。

**材料：**

经济日报－中国经济网　北京9月13日讯（记者邵希炜）9月11日至9月13日，作为第12届中国北京国际文化创意产业博览会的重要组成部分，由国家语委支持的"首届中国北京国际语言文化博览会"（以下简称"语博会"）首次单独设立展厅，供相关企事业单位参展交流，填补了世界华语区语言文化主题博览会的空白。据经济日报－中国经济网记者了解，"语博会"由北京市语委、北京市贸促会等单位承办，北京语言文字工作协会具体运营。

语言文化的繁荣是国家文化繁荣的重要标志，人们对语言的学习和研究也从未停止过。随着科技的进步，语言服务行业也进入全新信息化变革中。在展会上，除商务印书馆、北京语言大学、北京外国语大学、首都师范大学出版社等传统语言文化相关单位参展外，"互联网+"时代背景下的一批语言文化新兴企业也亮相展会，如中译语通、科大讯飞、声望听力、中文在线、全球说、方正字库等均带来了最新的高科技研究成果及产品创意，促进了中华民族优秀传统文化的弘扬，服务于人类语言文化的繁荣与发展。其中"一带一路"节点国家语言资源主题展暨中国语言文化建设成就展是语博会的特色和亮点，如多语言学习平台"全球说"可提供的语言覆盖了65国，共有53种语言的在线课程。

语博会上，科技与教育的结合给经济日报－中国经济网记者留下了深刻的印象，特别是凭借大数据、云计算与人工智能等新兴信息技术，教育行业将迎来巨大的发展。

中译语通科技（北京）有限公司副总裁张晓丹表示，大数据对于教育行业来说，是最为直接的价值和资源，而通过数据驱动的个性化教学资源，机器可以成为管理者、老师、学生共同的助手：于学生而言，可以帮助学生整理学习笔记、发现学习中的问题，帮助学生更有效率地学习；于老师而言，可以更全面地了解学生知识点的掌握情况，促进教学水平提升，提高教学效能；于教育管理者而言，可以提升教育决策效能，促进区域教学质量。

经济日报－中国经济网记者了解到，"语博会"召开期间，还设有以"语言科技与人类福祉"为主题的国际语言文化论坛及其4个分论坛，邀请了近20个国家和地区的300余名专家学者参与交流研讨。

## 三、现代汉语写作（60分）

**材料一：** 中共中央办公厅、国务院办公厅印发了《关于实施中华优秀传统文化传承发展工程的意见》，并发出通知，要求各地区、各部门结合实际认真贯彻落实。文化是民族的血脉，是人民的精神家园。文化自信是更基本、更深层、更持久的力量。中华文化独一无二的理念、智慧、气度、神韵，增添了中国人民和中华民族内心深处的自信和自豪。

**材料二：**《中国诗词大会》是央视首档全民参与的诗词节目，节目以"赏中华诗词、寻文化基因、品生活之美"为基本宗旨，力求通过对诗词知识的比拼及赏析，带动全民重温那些曾经学过的古诗词，分享诗词之美，感受诗词之趣，从古人的智慧和情怀中汲取营养，涵养心灵。

**材料三：** 相对于传统节日的保护，洋节的声势着实浩大，感恩节、情人节、父亲节、母亲节、圣诞节等，日益在国内发挥着强大的影响力，一些年轻一代的朋友对此尤为狂热。

请根据以上材料，选好角度，明确文体，自拟标题，不少于800字。

# 西安外国语大学（B）

## 2020年翻译硕士专业学位研究生入学考试试题

科目名称：汉语写作与百科知识　　科目代码：448
考试时间：3小时　　　　　　　　　满分：150分

一、名词解释（共25小题，每小题2分，共50分）

1. 近者悦，远者来
2. 无为
3. 《周易》
4. 《孙子兵法》
5. （禅宗）解会
6. 活水的"活"
7. 不妄作劳
8. 经络
9. 胡舞
10. 唱念做打的"做"
11. 琴棋书画的"琴"
12. 王献之一笔书
13. 墨猪
14. 同自然之妙有
15. 斗彩（瓷器）
16. 叠山
17. 望（园林）
18. 唐装四要素

19. 饕餮
20. 饮酒孔嘉，维其令仪（诗经）
21. 纳米技术
22. 智能革命
23. 微电子技术
24. 生物工程
25. 中欧班列

## 二、应用文写作（40分）

2019年9月，第六届丝绸之路国际艺术节在西安开幕，请写一篇新闻报道，字数在450字左右。

## 三、话题作文（60分）

材料：郑和下西洋和海上丝绸之路，历史经验告诉我们开放的心胸才能有未来。以此为话题写一篇800字左右的文章。

# 2019年翻译硕士专业学位研究生入学考试试题

科目名称：汉语写作与百科知识　　科目代码：448
考试时间：3小时　　满分：150分

## 一、名词解释（共25小题，每小题2分，共50分）

1. 道法自然
2. 八卦
3. 丝绸
4. 针灸
5. 郑和下西洋
6. 以乐治国

7. 书法的"势"
8. 水墨画的无色世界
9. 《清明上河图》
10. 旗袍
11. 纸草文书
12. 吠陀文化
13. 空中花园
14. 沙罗周期
15. 《九章算术》
16. 神话自然观
17. 欧洲中世纪
18. 牛顿三大定律
19. 物理学三大发现
20. 第二次科技革命
21. 宇宙膨胀说
22. 信息高速公路
23. 细胞工程
24. 菲利普斯曲线
25. 《齐民要术》

## 二、应用文写作（40分）

请写一则关于中国国际进口博览会休息日调整的通知，450字左右。

## 三、命题作文（60分）

请以"知识就是权力"为题，写一篇800字左右的文章。

# 北京第二外国语学院（B）

# 2020年翻译硕士专业学位研究生入学考试试题

科目名称：汉语写作与百科知识　　科目代码：448
考试时间：3小时　　　　　　　　　满分：150分

## 一、名词解释（共20小题，每小题2.5分，共50分）

1. 《三国演义》
2. 顾炎武
3. 辛弃疾
4. 苏轼
5. 三教九流中的"三教"
6. 五湖四海中的"五湖"
7. 三皇五帝中的"三皇"
8. 五岳
9. 文艺复兴
10. 但丁
11. 达·芬奇
12. 米开朗琪罗
13. 上市
14. 下沉市场
15. 社会裂变
16. 粉丝经济
17. "嫦娥四号"
18. 月幔

19. 阿波罗
20. "玉兔二号"

## 二、应用文写作（40分）

某校举行百年校庆，请你写一封邀请函，邀请校友回校参加庆典，字数为400字左右。

## 三、现代汉语写作（60分）

"文化壁垒"，爱默生曾说过："克服民族性是文化的胜利。"请根据你对不同文明的交流的认识，写一篇800字左右的议论文。

# 第二部分
## 非外语类院校

# 南京大学（A 985 211）

## 2020年翻译硕士专业学位研究生入学考试试题

科目名称：汉语写作与百科知识　　科目代码：448
考试时间：3小时　　　　　　　　　满分：150分

### 一、名词解释（共25小题，每小题2分，共50分）

1. 国家卫健委
2. 电子烟
3. 尼古丁
4. 二手烟
5. 审查
6. 阅兵
7. 黑科技
8. "撒手锏"
9. 维和部队
10. 联合国安理会
11. 维多利亚时代
12. 浪漫主义
13. 文学批评
14. 文学体裁
15. 工业革命
16. 冷战
17. 越战
18. 军备竞赛

19. 女性主义
20. 30年代经济萧条
21. 互联网金融
22. P2P网贷
23. 众筹
24. 数字货币
25. 第三方支付平台

## 二、应用文写作（40分）

请你给本学院的全体学生写一封450字左右的学风建设倡议书，针对现存学风问题的必要性和紧迫性提出三点建议。

## 三、现代汉语写作（60分）

请根据以下材料，写出一篇不少于800字的现代汉语议论文。角度自选，要求论点明确、结构合理、语言流畅。

子曰："富与贵，是人之所欲也；不以其道得之，不处也。贫与贱，是人之所恶也；不以其道得之，不去也。君子去仁，恶乎成名？君子无终食之间违仁，造次必于是，颠沛必于是。"

# 2019年翻译硕士专业学位研究生入学考试试题

科目名称：汉语写作与百科知识　　科目代码：448
考试时间：3小时　　　　　　　　　满分：150分

## 一、名词解释（共25小题，每小题2分，共50分）

1. 年鉴
2. 箴言
3. 富兰克林

4. 清教

5. 殖民地

6. 种族

7. 中世纪

8. 他者

9. 赛义德

10. 东方主义

11. 冬奥会

12. 鸟巢

13. 水立方

14. 吉祥物

15. 高铁

16. 供给侧结构性改革

17. 去产能

18. 三去一降一补

19. 宏观调控

20. 三大攻坚战

21. 剁手党

22. 无人机

23. 全自动流水线

24. 物流

25. 刷脸

## 二、应用文写作（40分）

请为南京大学校学生会外联部写一篇年度工作总结，内容包括：①参与者；②工作完成情况；③工作完成质量；④收获的经验；⑤今后的改进措施。字数要求在450字左右。

## 三、现代汉语写作（60分）

请根据以下材料，写出一篇不少于800字的现代汉语议论文。角度自选，要求论点明确、结构合理、语言流畅。

为了有一个安静的环境，陈望道回到浙江义乌县城西分水塘村老家，开始了《共产党宣言》的翻译。南方山区的春天，夜里依然寒气袭人，加之坐的时间长了，常出现手脚冰冷至发麻酸疼的情况。陈望道毫不介意，依旧时时刻刻聚精会神地斟词酌句，这期间就留下了"吃墨汁"的感人佳话：一天，陈望道的母亲送来粽子给儿子当点心充饥，外加一碟红糖，留着蘸粽子。过了一阵，母亲来取碗筷，惊奇地发现儿子满嘴乌黑，红糖却原封未动。老人家既爱怜又带几分生气，问道："吃完啦，这糖甜不甜呀？"陈望道仍浑然不觉，头也不抬地说："甜，真甜。"可见陈望道对于治学的痴迷程度，十分感人。

# 2018年翻译硕士专业学位研究生入学考试试题

**科目名称：** 汉语写作与百科知识　　**科目代码：** 448
**考试时间：** 3小时　　**满分：** 150分

## 一、名词解释（共25小题，每小题2分，共50分）

1. 人工智能
2. 人机对话
3. 阿尔法围棋
4. 人脸识别
5. 深度学习
6. 选举权
7. 女权主义运动
8. 经济大萧条
9. 麦卡锡主义
10. 婴儿潮
11. 明治维新
12. 俳句
13. 浪漫主义诗歌
14. 意象主义
15. 庞德
16. 地球的自转
17. 生物钟
18. 新陈代谢
19. 激素水平

20. 时差
21. 索绪尔
22. 所指
23. 能指
24. 语言学
25. 结构主义

## 二、应用文写作（40分）

请写一篇450字左右的北京一日导游欢迎词。题目自拟，要求言简意赅，注意语言的专业性。

## 三、现代汉语写作（60分）

请根据以下材料，写出一篇不少于800字的现代汉语议论文，角度自选，要求论点明确、结构合理、语言流畅。

两只青蛙相邻而居。一只住在远离大路的深水池塘里，另一只却住在大路上的小水坑中。住在池塘里的青蛙友好地劝住在水坑的邻居搬到他那里去，说在那里将会生活得更好、更安全，可是邻居却说舍不得离开习惯了的地方，不想搬来搬去。结果，住在小水坑里的青蛙被过路的车子轧死了。

# 北京航空航天大学（A 985 211）

## 2018年翻译硕士专业学位研究生入学考试试题

科目名称：汉语写作与百科知识　　科目代码：448
考试时间：3小时　　　　　　　　满分：150分

## 一、简要解释下列名词（共20小题，每小题2分，共40分）

1. 月宫一号
2. 数字家庭
3. 云计算
4. 十九大
5. 丝路精神
6. 雄安新区
7. 全球城市
8. 共享单车
9. 《汉谟拉比法典》
10. 《湄公河行动》
11. 玫瑰战争
12. 玛雅文化
13. 清教运动
14. 梅拉尼娅·特朗普
15. 汉乐府
16. 石黑一雄
17. 骑士文学
18. 新月社

19. 拉尼娜现象
20. 丹霞地貌

## 二、文言文翻译与理解（共2小题，每小题30分，共60分）

将下面两段文言文翻译成现代汉语，并对其思想观点进行评论。每段评论的文字应不少于300字。

1. 石碏谏曰："臣闻爱子，教之以义方，弗纳于邪。骄奢淫佚，所自邪也。四者之来，宠禄过也。将立州吁，乃定之矣；若犹未也，阶之为祸。夫宠而不骄，骄而能降，降而不憾，憾而能眕者，鲜矣。且夫贱妨贵，少陵长，远间亲，新间旧，小加大，淫破义，所谓六逆也。君义，臣行，父慈，子孝，兄爱，弟敬，所谓六顺也。去顺效逆，所以速祸也。君人者，将祸是务去，而速之，无乃不可乎？"

——选自《石碏谏宠州吁》

翻译（10分）：

评论（20分）：

2. 夫所为求福而辞祸者，以福可喜而祸可悲也。人之所欲无穷，而物之可以足吾欲者有尽，美恶之辨战乎中，而去取之择交乎前。则可乐者常少，而可悲者常多。是谓求祸而辞福。夫求祸而辞福，岂人之情也哉？物有以盖之矣。彼游于物之内，而不游于物之外。物非有大小也，自其内而观之，未有不高且大者也。彼挟其高大以临我，则我常眩乱反复，如隙中之观斗，又焉知胜负之所在。是以美恶横生，而忧乐出焉，可不大哀乎！

——选自《超然台记》

翻译（10分）：

评论（20分）：

## 三、现代汉语写作（50分）

苏轼在《留侯论》中写道："古之所谓豪杰之士者，必有过人之节，人情有所不能忍者。匹夫见辱，拔剑而起，挺身而斗，此不足为勇也。天下有大勇者，卒然临之而不惊，无故加之而不怒。此其所挟持者甚大，而其志甚远也。"

请根据以上材料提炼观点，自拟题目，写一篇800字左右的议论文。

# 南京师范大学（A 211）

## 2019 年翻译硕士专业学位研究生入学考试试题

科目名称：汉语写作与百科知识　　科目代码：448
考试时间：3 小时　　　　　　　　满分：150 分

## 一、百科知识（共 20 小题，每小题 3 分，共 60 分）

请简要概述以下段落中 20 处画线部分的知识点。

（一）中国将认真实施 2018 年中非合作论坛北京峰会提出的"八大行动"，支持二十国集团、**亚太经合组织**、**上海合作组织**、**金砖国家**等机制发挥更大作用。中国将继续推进共建**"一带一路"**，坚持共商共建共享，为全球提供开放合作的国际平台。

（二）中医学以**阴阳五行**作为理论基础，将人体看成气、形、神的统一体，通过**四诊**合参的方法，探求病因、病性、病位，分析病机及人体五脏六腑、经络关节、气血津液的变化，判断**邪正**消长，进而得出病名，归纳出证型，以辨证论治原则，形成"汗、吐、下、和、温、清、补、消"等治法，使用中药、针灸、推拿、按摩、拔罐、气功、**食疗**等多种治疗手段，使人体达到阴阳调和，从而实现身体康复。

（三）按照日程，欧盟将于本月下旬召开峰会讨论经**英国议会**批准后的**脱欧**方案。英国媒体分析，眼下特蕾莎·梅内阁的部长们并非百分之百支持这一脱欧协议的内容。所在的**保守党**也并非铁板一块。留欧派代表呼吁进行第二次**公投**。

（四）王国维早年追求新学，接受资产阶级**改良主义**思想的影响，把西方哲学、美学思想与中国古典哲学、美学相融合，研究哲学与美学，形成了独特的美学思想体系。他中年后在"五大发现"中的三个方面，即**甲骨学**、**简牍学**、**敦煌学**上均做出了辛勤的卓有成就的探索，被公认为是这些国际性新学术的开拓者、奠基者。

（五）2013 年，随着**深度学习**的研究取得较大进展，基于人工神经网络的**机器翻译**逐渐兴起。其技术核心是一个拥有海量结点（神经元）的深度神经网络，可以自动地从

**语料库**中学习翻译知识。源语言的句子被量化之后，在网络中层层传递，转化为计算机可以"理解"的表示形式，再经过多层复杂的传导运算，生成**目标语**译文。实现了"理解语言，生成译文"的翻译模式。这种翻译方法最大的优势在于译文流畅，更加符合语法规范，容易理解。相比之前的翻译技术，质量有显著提升。

## 二、应用文写作（30分）

假设你所在的省级翻译协会要招纳新的会员，你想成为该协会会员，请拟一份入会申请书，详细阐述自己加入协会的初衷和目的以及入会后努力的方向，字数在450字左右。注意文中不得出现人名、地名等具体信息。

## 三、现代汉语写作（60分）

根据以下要求写一篇现代汉语作文，题材不限（诗歌、戏剧除外），字数不少于800字。

有人认为作者是翻译的主体，有人认为译者是翻译的主体，有人认为读者是翻译的主体。

你对上述观点有何评价？请以"谁是翻译的主体"为题，写一篇不少于800字的作文。

# 2018年翻译硕士专业学位研究生入学考试试题

**科目名称**：汉语写作与百科知识　　**科目代码**：448
**考试时间**：3小时　　　　　　　　　**满分**：150分

## 一、百科知识（共20小题，每小题3分，共60分）

请简要解释以下段落中20处画线部分的知识点。

（一）《经济参考报》记者日前采访多位参与上海自贸试验区的一线建设者和专家学者获悉，上海市已将建设**自由贸易港**的方案报送至国家有关部委征求意见。与自贸试验区相比，自由贸易港有望在一线（国境线）放开方面取得新突破，将取消或最大化程度简化入区货物的贸易管制措施，有望实现不报关、不完税、**转口贸易**也不受限制。此外，**国际融资租赁**等离岸产业也将成为上海自贸港的一大亮点。

"赋予自由贸易试验区更大改革自主权，探索建设自由贸易港"，十九大报告的这一提法，引起各方热议。据了解，目前上海、浙江、福建、广东等多地都在启动或酝酿探索自由贸易港。从进度来看，上海无疑走在了前面。近期，**商务部**表示，正会同上海市和相关部门研究制定设立自由贸易港的有关建设方案。

"目前，上海市已将建设自由贸易港的方案报送至国家有关部委征求意见。下一步浦东将会同有关部门做好区域围网、监管平台建设等工作，为正式启动做好准备。"近日，浦东新区区长、上海自贸区管委会常务副主任杭迎伟在向浦东新区**政协**通报情况时表示。

（二）"我们美利坚合众国的人民，为了塑造一个更完善的**联邦**……"

221年前，在至今仍在街头屹立的建筑物大厅内，一群人聚集一堂，以这寥寥数语，开始了美国疑难重重的民主实验。在持续至1787年春天的**费城制宪会议**上，农夫和学者、远涉重洋前来躲避暴政和迫害的政治家和爱国者发出的**《独立宣言》**终于成为现实。

他们制定的文件虽最终签署完毕，但仍属未竟之业。这个文件被**美国奴隶制的原罪**所玷污，但因各殖民地对此意见不一，制宪会议陷入僵局。最后**开国元勋**们决定允许奴隶买卖至少再继续20多年，留待后人拿出最终解决方案。

（三）2017年是"火热"的一年。科学家与企业家之间前所未有的激烈碰撞，让中国在科技创新上奋勇直前，**5G**等网络技术的突破性进展为众多行业带来了新的期望，**生物识别**的深入应用让人与机器的互动更具协同性。

2017年是"冰冷"的一年。无人超市、无人快递等**"黑科技"**不断涌现，机器人已全面拟人化。当机器试图读懂人心，现实中人与人之间的温度却愈发冰冷。当智能逐渐替代人类，普惠了大众也让更多行业面临危机。

2017年是"冰火交融"的一年。人与物的界限日渐模糊，**物物互联**正在逐渐实现。人类实体行为被搬到网络，**大数据**的应用建立了全新的社会信用体系，带来便捷的同时却让社会面临信任危机，不断被击穿的道德底线和代价颇低的造谣行为频频出现。

如何利用科技重建社会安全感？人与机器又如何共存？科技的进步又将破立怎样的规则？……2017年，世界在加速变革，人类生活正被改写，以科技的方式重拾信仰。

（四）"二战"结束后，很多阿拉伯国家获得独立，这是**第三世界**的胜利。不过，随着原有**地缘政治**体系的解体和重建，新的矛盾也在中东地区酝酿，并日益激化。1948年，在**犹太复国主义**运动的推动下，流落于世界各地的犹太人在**《旧约》**中上帝赐予的迦南福地重建以色列国。以色列从建国那天开始，就饱受周边阿拉伯兄弟的"白眼加拳头"，这里成为基督教**文明体系**与伊斯兰文明体系两大阵营对立的焦点，宛如一个活脱脱的火山口。犹太人虽然终于拥有了自己的国家，却依然不能享受到和平与安全。

## 二、应用文写作（30分）

根据下面的文字说明写一篇450字左右的应用文，要求包括标题、正文、结尾语、落款等几个主要要素。

中国驻某国大使馆新闻和公共外交处因对外宣传的需要，决定招聘一名职员负责翻译与外宣事务。请以人事主管的身份起草一份招聘启事。注意文章需包括一般招聘启事所需要的相关事项或要素。

## 三、现代汉语写作（60分）

在21世纪，全球将有数十亿的人变得"毫无价值"，成为一种"无用阶层"。随着AI的高度发展，工作和决策都交由机器和算法来完成。这是今年畅销书《未来简史》的作者尤瓦尔·赫拉利（Yuval Noah Harari）的预言。

如果说，这些还不过是对于失业、阶层流动的恐慌，那么，更大的恐慌会不会是人类包括人类的生命和文明将被AI机器人毁灭？

史上第一个拥有公民身份的机器人索菲亚（Sophia）来了，它鼻梁高，优雅大方，有着迷人的微笑和丰富的表情。它对着采访镜头说："我要毁灭人类！"

近日，国内对索菲亚做了报道，标题基本上包含机器人要"毁灭人类"，诸如《人工智能机器人：我将毁灭人类》《人工智能真的会毁灭人类吗？》《史上首个"机器人公民"索菲亚：我会毁灭人类》等。你信吗？你是怎么认为的？

请自拟题目，根据以上内容写一篇不少于800字的文章，题材不限（诗歌、戏剧除外）。

［背景回放：索菲亚"要毁灭人类"的话是2016年3月在美国消费者新闻财经频道（Consumer News and Business Channel，CNBC）播放的一个视频里说的。视频是汉森机器人公司CEO大卫·汉森（David Hanson）与索菲亚对谈，介绍这位机器人及其背后的创作理念。在节目里，汉森问索菲亚："你愿意当我的（女）朋友吗？"索菲亚说"不胜荣幸"，脸上露出半真半假的微笑。汉森又开玩笑地问索菲亚，"你要毁灭人类吗……请说不。"索菲亚毫不迟疑地答道，"我要毁灭人类"，脸上还是一副假笑的模样。］

# 对外经济贸易大学（A 211）

# 2018年翻译硕士专业学位研究生入学考试试题

科目名称：汉语写作与百科知识　　科目代码：448
考试时间：3小时　　　　　　　　　满分：150分

一、选择题（共50小题，每小题1分，共50分）

1．"民为贵，社稷次之，君为轻"一语出自（　　）。
A.《论语·微子》　　　　　　　　B.《孟子·尽心下》
C.《明夷待访录·原君》　　　　　D.《论语·季氏》

2．苏秦、张仪是战国时期纵横家的代表，"纵横"的具体所指是（　　）。
A. 安时处顺，顺应自然
B. 不别亲疏，不殊贵贱，一断于法
C. 秉要执本，清虚自守
D. 合众弱以攻强，事一强而攻诸弱

3．属于国别体史书的是（　　）。
A.《史记》　　B.《资治通鉴》　　C.《国语》　　D.《春秋》

4．蒙学读物《三字经》中提到"为学者，必有初；小学终，至四书"。其中，"小学"和"四书"分别指（　　）。
A. 初级学堂（蒙馆），《诗经》《礼记》《易经》《春秋》
B. 诗词歌赋等"小道"，《论语》《孟子》《中庸》《大学》
C. 诸子百家，《诗经》《礼记》《易经》《春秋》
D. 文字音韵的释读之学，《论语》《孟子》《中庸》《大学》

5．司马迁在《报任安书》中列举了历史上身处逆境、"发愤著书"的圣贤往事，其中"文王拘而演《周易》；仲尼厄而作《春秋》"分别指（　　）。

A. 周文王被拘羑里,推演六十四卦;孔子困厄于陈、蔡,晚年不得志而作《春秋》
B. 周文王被拘羑里,创造八卦;孔子周游列国,颠沛流离,最终避世著书
C. 秦惠文王拘禁、车裂商鞅,推演卦象占卜;孔子反对季氏伐颛臾,著《春秋》以训诫弟子冉求、子路
D. 秦惠文王拘禁、车裂商鞅,推演卦象占卜;孔子困厄于陈、蔡,晚年不得志而作《春秋》

6.《周礼》中所谓"六艺"指的是六项基本技能,分别是(　　)。
A. 书、画、文、乐、棋、数
B. 诗、书、礼、易、乐、文
C. 琴、棋、书、画、骑、射
D. 礼、乐、射、御、书、数

7. 中国古代音乐中所说的"五音"和"八音"分别指的是(　　)。
A. 宫、商、角、徵、羽;阴平、阳平、阴上、阳上、阴去、阳去、阴入、阳入
B. 上平、下平、上、去、入;金、石、丝、竹、匏、土、革、木
C. 金、木、水、火、土;阴平、阳平、阴上、阳上、阴去、阳去、阴入、阳入
D. 宫、商、角、徵、羽;金、石、丝、竹、匏、土、革、木

8. 杜甫《望岳》:"岱宗夫如何,齐鲁青未了"中的"岱宗"指的是(　　)。
A. 华山　　　　B. 恒山　　　　C. 泰山　　　　D. 嵩山

9. 清朝中期出现了著名散文流派(　　),其代表人物为戴名世、方苞、刘大櫆、姚鼐,讲究古文"义法",以"清真雅正"为宗。
A. "唐宋派"　　B. "桐城派"　　C. "竟陵派"　　D. "公安派"

10. 中国古代科举考试制度自隋唐时期起逐渐完善,明朝进入鼎盛时期。其考试一般分为三级,级别从低到高分别为(　　)。
A. 会试、乡试、殿试
B. 童试、院试、殿试
C. 乡试、会试、殿试
D. 殿试、院试、会试

11. 明初的"靖难之役"是皇族内部争夺帝位的斗争,其结果是(　　)夺取帝位,改元永乐,后建都北京,是为明成祖。
A. 朱棣　　　　B. 建文帝　　　　C. 朱元璋　　　　D. 朱厚炮

12. 1901年,清政府与西方列强签订了屈辱的(　　),规定清政府向各国支付巨额赔款,史称(　　)。此后,美、法等国退还部分赔款,并用于中国留学生教育项目,清华留美预备学校即一例。
A.《北京条约》,"甲午赔款"
B.《辛丑条约》,"庚子赔款"
C.《天津条约》,"庚子赔款"
D.《马关条约》,"甲午赔款"

13. 欧阳修在《梅圣俞诗集序》中提到"诗人少达而多穷","非诗之能穷人,殆穷者而后工也"。"穷而后工"具体是指(　　)。
A. 诗人穷困,迫于生计而做工

B. 诗人穷困，百无聊赖而作诗

C. 诗歌创作消耗诗人，使其困顿

D. 诗人人生困厄，不平则鸣，方有佳作

14. "引壶觞以自酌，眄庭柯以怡颜。倚南窗以寄傲，审容膝之易安。园日涉以成趣，门虽设而常关。策扶老以流憩，时矫首而遐观。云无心以出岫，鸟倦飞而知还。景翳翳以将入，抚孤松而盘桓。"这段文字出自（　　）。

  A. 王羲之的《兰亭集序》    B. 王粲的《登楼赋》

  C. 陶渊明的《归去来兮辞·并序》  D. 陶渊明的《闲情赋》

15. 中国古代称画为"丹青"，称画工为"丹青师傅"。"丹青"二字的本义为（　　）。

  A. 水和墨        B. 朱红色和青色

  C. 神话故事中的人名    D. 工笔和写意

16. 南宋诗人林升《题临安邸》诗云："暖风熏得游人醉，直把杭州作汴州"。题目中的"临安"和诗中的"汴州"分别是（　　）。

  A. 南宋都城临安（今南京）和北宋故都汴州（今洛阳）

  B. 东晋都城临安（今杭州）和西晋故都汴州（今洛阳）

  C. 南宋都城临安（今杭州）和北宋故都汴州（今开封）

  D. 南朝宋、齐、梁、陈的都城临安（今南京）和北宋故都汴州（今开封）

17. 我们平时所说的中国南方和北方是以（　　）为地理分界线。

  A. 长江   B. 黄河   C. 太行山—巫山   D. 秦岭—淮河

18. 中国文化中的"文房四宝"中的毛笔相传是秦朝将军（　　）创造的。

  A. 蒙恬   B. 乐毅   C. 闻仲   D. 管仲

19. 中国著名的古代佛雕云冈大佛最早开凿于公元453年，位于（　　）。

  A. 山西大同  B. 河南洛阳  C. 甘肃敦煌  D. 四川乐山

20. 南宋词人史达祖的作品《双双燕·咏燕》中"过春社了，度帘幕中间，去年尘冷"一句中"春社"指的是（　　）。

  A. 古时暮春时节人们出游庆祝的活动

  B. 古时在立春后、清明前祭祀土神祈福的活动

  C. 古时在芒种前后人们祭祀土神、祈求丰收的活动

  D. 古时春节期间起诗社作诗助兴的风俗

21. 罗马帝国皇帝（　　）于公元313年征服帝国东部，签署《米兰敕令》，宣布基督教合法；又于330年建君士坦丁堡，作为帝国东都。

  A. 克劳狄乌斯（Claudius）    B. 尼禄（Nero）

  C. 君士坦丁一世（Constantine Ⅰ）  D. 马可·奥勒留（Marcus Aurelius）

22. 著名雕塑《大卫》是（　　）的作品，取材于《圣经》中牧羊少年大卫打败（　　）的故事。

　　A. 达·芬奇；所罗门王　　　　　　B. 米开朗琪罗；非利士人哥利亚

　　C. 贝尼尼；扫罗和约拿单　　　　　D. 拉斐尔；扫罗和约拿单

23. 在《圣经》中，带领以色列人逃出埃及迁徙到上帝的应许之地迦南的族长或先知是（　　）。

　　A. 亚伯拉罕　　　B. 以赛亚　　　C. 摩西　　　D. 耶利米

24. "碳足迹"（"carbon footprint"）是当下媒体中经常出现的词汇，其具体所指是（　　）。

　　A. 生态旅游所探索的地域和留下的足迹

　　B. 环境保护主义在维护环境的行动中留下的标识

　　C. 石油、煤炭、木材等碳元素构成的自然资源的分布图

　　D. 由企业机构、活动、产品或个人引起的温室气体排放的集合

25. 英国维多利亚时期思想家（　　）将"文化"（"culture"）定义为"世界上被想到过和被表达过的最好的东西"（"the best that has been thought and said in the world"）。

　　A. 穆勒（J.S.Mill）　　　　　　　B. 边沁（Jeremy Bentham）

　　C. 阿诺德（Matthew Arnold）　　　D. 佩特（Walter Pater）

26. 2017年的诺贝尔文学奖颁给了英国少数族裔作家（　　）。

　　A. 拉什迪（Salman Rushdie）　　　B. 奈保尔（V. S. Naipaul）

　　C. 麦克尤恩（Ian McEwan）　　　　D. 石黑一雄（Kazuo Ishiguro）

27. （　　）是南非首位黑人总统。1993年，诺贝尔和平委员会授予他诺贝尔和平奖，以表彰他为废除南非种族歧视政策所做出的贡献。

　　A. 爱德华·斯诺登（Edward Snowden）　　B. 曼德拉（Nelson Mandela）

　　C. 阿拉法特（Yasser Arafat）　　　　　D. 查韦斯（Hugo Rafael Chavez Frias）

28. 1517年，（　　）以学术争论的方式在维登堡大教堂的大门上张贴出了《九十五条论纲》，反对天主教会赎罪券，成为欧洲宗教改革的重要事件。

　　A. 马丁·路德（Martin Luther）　　　B. 马丁·路德·金（Martin Luther King）

　　C. 加尔文（John Calvin）　　　　　　D. 廷德尔（William Tyndale）

29. 2016年，中英文化界举行了一系列纪念英国剧作家莎士比亚和中国明代剧作家（　　）逝世400周年的活动。

　　A. 王实甫　　　B. 关汉卿　　　C. 汤显祖　　　D. 孔尚任

30. 20世纪60年代后期至90年代一直困扰英国的"北爱尔兰问题"（"The Troubles"）指的是（　　）。

　　A. 英国军队、警察与爱尔兰军队、警察之间的暴力冲突

B. 北爱尔兰民族主义 / 天主教群体和联邦主义 / 新教群体之间的暴力冲突

C. 英国国教教众和不服从国教教众（Nonconformist）之间的矛盾

D. 英国政府与寻求北爱尔兰自治的民族主义者之间的暴力冲突

31. 1997年，计算机"深蓝"战胜国际象棋世界冠军，创造了人机挑战的新历史。在此之后，人工智能程序"AlphaGo"于2016年和2017年分别战胜了围棋世界冠军（　　）和（　　）。

　　A. 李昌镐；常昊　　　　　　　　　　B. 李昌镐；古力

　　C. 曹薰铉；柯洁　　　　　　　　　　D. 李世石；柯洁

32. 苏联导演、戏剧理论家（　　）的作品，如《演员自我修养》《我的艺术生活》等，以及其戏剧表演体系，在中国戏剧界产生了深远影响。

　　A. 马雅可夫斯基　　　　　　　　　　B. 斯坦尼斯拉夫斯基

　　C. 屠格涅夫　　　　　　　　　　　　D. 波波夫

33. （　　）不是18世纪英国作家斯威夫特（Jonathan Swift）的《格列佛游记》（*Gulliver's Travels*）中提到的想象国度。

　　A. 君子国　　　　B. 大人国　　　　C. 小人国　　　　D. 飞岛国

34. 荷马史诗《伊利亚特》的主要内容是（　　）。

　　A. 特洛伊战争后，奥德修斯在海上漂流10年，终回故土

　　B. 希腊人联合攻打特洛伊的战争

　　C. 希腊神话中众神的谱系

　　D. 希腊神话中的创世故事

35. 2016年8月，我国在酒泉卫星发射中心用长征二号丁运载火箭成功将世界首颗量子科学实验卫星（　　）发射升空，首次实现了卫星和地面之间的量子通信。

　　A. "高分三号"　　B. "墨子号"　　C. "实践十号"　　D. "风云三号"

36. 电影术语"蒙太奇"（"montage"）是从建筑学上借用的语汇。在电影制作中，"蒙太奇"手法的含义是（　　）。

　　A. 用没有人物出现的空镜头来抒发情感、烘托气氛

　　B. 将分散的镜头有顺序地剪辑组合，形成完整的电影叙事

　　C. 通过镜头调度，拍摄不同角度、不同构图、不同景深的画面

　　D. 利用渐隐、渐现、化入、化出等光学技法来表达空间转化

37. 英语《圣经》译本中所谓的"钦定版"《圣经》是指（　　）下令组织翻译的版本。

　　A. 查理一世（Charles Ⅰ）　　　　　B. 伊丽莎白一世（Elizabeth Ⅰ）

　　C. 亨利八世（Henry Ⅷ）　　　　　　D. 詹姆士一世（James Ⅰ）

38. （　　）的流域面积约占南美大陆总面积的40%，是世界上第二长的河流，也是世界上流量最大、流域面积最广的河流。

　　A. 亚马孙河　　B. 密西西比河　　C. 科罗拉多河　　D. 圣劳伦斯河

39. 爵士乐作为美国本土音乐，诞生于美国南部港口城市（    ）。

　　A. 休斯敦　　　　B. 圣地亚哥　　　　C. 新奥尔良　　　　D. 芝加哥

40. （    ）的《新教伦理与资本主义精神》一书探讨了新教生活伦理思想对资本主义经济发展的促进作用，是宗教社会学研究中的奠基性著作。

　　A. 卡尔·马克思（Karl Marx）　　　　B. 托克维尔（Alexis de Tocqueville）

　　C. 马克斯·韦伯（Max Weber）　　　　D. 齐美尔（Georg Simmel）

41. 大部分莎士比亚戏剧为（    ）。

　　A. 英雄双行体（heroic couplet）　　　　B. 自由诗（free verse）

　　C. 十四行诗（sonnet）　　　　D. 无韵诗（blank verse）

42. （    ）不是英国伦敦的标志性建筑。

　　A. 圣索菲亚大教堂（Hagia Sophia）　　　　B. 圣保罗大教堂（St. Paul's Cathedral）

　　C. 威斯敏斯特教堂（Westminster Abbey）　　　　D. 白金汉宫（Buckingham Palace）

43. 美国宪法第十三修正案的核心内容是（    ）。

　　A. 公民的言论、出版、集会、请愿自由

　　B. 解放黑人奴隶，保证其人身自由和基本权利

　　C. 公民不得在任何刑事案件中被迫自证其罪

　　D. 女性公民的投票权

44. "一带一路"倡议的提出，使得"丝绸之路经济带"受到极大关注。中国古代陆上丝绸之路的起点是（    ）。

　　A. 长安　　　　B. 咸阳　　　　C. 敦煌　　　　D. 福州

45. 西方历史上的"十字军东征"（"crusade"）是一场由罗马教皇、西欧封建领主和城市富商向地中海东部地区发动的战争，先后8次，历时近200年。其最初的目的之一是要收复基督教圣地（    ）。

　　A. 伯利恒　　　　B. 麦加　　　　C. 拿撒勒　　　　D. 耶路撒冷

46. "反乌托邦"（"dystopia"）是对"乌托邦"（"utopia"）这一体裁的戏仿和颠覆。与"乌托邦"文学对理想国度的想象不同，"反乌托邦"刻画的是充斥着苦痛折磨的世界。（    ）属于"反乌托邦"文学。

　　A. 柏拉图，《理想国》（Plato, *The Republic*）

　　B. 奥古斯丁，《上帝之城》（St.Augustine, *City of God*）

　　C. 赫胥黎，《勇敢新世界》（Aldous Huxley, *Brave New World*）

　　D. 培根，《新大西洋大陆》（Francis Bacon, *New Atlantis*）

47. 美国殖民地时期著名的"波士顿倾茶事件"（"Boston Tea Party"）针对的是（    ）。

　　A. 英国国会从美国殖民地攫取大量茶叶

　　B. 英国政府倾销东印度公司的茶叶，颁布《茶叶税》

C. 北美殖民者从东印度公司进口大量茶叶
D. 北美本土茶叶商人和"私茶"市场

48. 德国哲学家尼采在《悲剧的诞生》中探讨了艺术作品中日神（Apollo）精神和（　　）精神的冲突与共存。
A. 月神（Artemis） B. 美神（Aphrodite）
C. 酒神（Dionysus） D. 战神（Ares）

49. 率领船队完成人类首次环球航行，并为"太平洋"命名的葡萄牙航海家是（　　）。
A. 达·伽马　　　B. 哥伦布　　　C. 郑和　　　D. 麦哲伦

50. 以下节日不是伊斯兰教节日的是（　　）。
A. 开斋节　　　B. 圣纪节　　　C. 逾越节　　　D. 盖德尔夜

## 二、应用文写作（40分）

在"一带一路"背景下，如何讲好中国故事从而增强中国国际传播能力、提高中国国际话语权、塑造中国国家形象等议题引起全社会关注。某高校新闻传播学院拟在全校开展"讲好中国故事，传播中国声音"创意传播大赛，请以参赛学生名义撰写一份大赛策划书。

1. 字数：600字以上。
2. 要求：请围绕该项大赛的缘起、主旨、选题策略、创意形式、参赛细则等展开写作，策划书内容需详细、完备，切实可行，言简意赅，符合所写文体的文体规范。

## 三、现代汉语写作（60分）

随着电子商务的蓬勃发展，这场由移动通信与互联网交汇而成的潮流，极大地改变了人类生活和商业的面貌。然而，电子商务平台的爆发性增长在给人类带来便利的同时，买卖双方却因为种种道德意识的欠缺，频频发生交易纷争。无论是企业家、员工，还是消费者个人造成的道德失范，都会引出一系列伦理问题。如何建立科学有效的社会责任体系，成为人们日益关注的热点话题。请结合我国电子商务发展的现状，以"网络时代的诚信"为题，写一篇议论文。

1. 字数：800字以上。
2. 要求：主题明确，结构合理，语言流畅。

# 山东大学（A 985 211）

# 2019年翻译硕士专业学位研究生入学考试试题

科目名称：汉语写作与百科知识　　科目代码：448
考试时间：3 小时　　　　　　　　满分：150 分

## 一、百科知识（共 20 小题，每小题 2.5 分，共 50 分）

请简要解释以下段落中画线部分的知识点。

（一）我们要推动**大众创业**、万众创新。这既可以扩大就业、增加居民收入，又有利于促进社会纵向流动和公平正义。我国有 13 亿人口、9 亿**劳动力**资源，人民勤劳而智慧，蕴藏着无穷的创造力，千千万万个市场细胞活跃起来，必将汇聚成发展的巨大动能，一定能够顶住经济下行压力，让中国经济始终充满勃勃生机。政府要勇于自我革命，给**市场**和社会留足空间，为**公平竞争**搭好舞台。个人和企业要勇于创业创新，全社会要厚植创业创新文化，让人们在创造财富的过程中，更好地实现**精神追求**和自身价值。

（二）众所周知，相声是一门最擅长与观众进行交流的艺术，相声演出所产生的剧场效果，往往是其他**舞台艺术**无法企及的。除了**喜剧性**内容的原因之外，相声特有的艺术表现形式——对话的形式也是一个重要的原因。在**叙事艺术**中，创作者自信有力量穿透孤立的事件，抓住其"内在的本质"，赋予其**因果联接**的次序，从而构成故事虚构的**情节**和历史，并将这些内容灌输给观众。在这里，信息的流动基本上是单向的，观众基本上处于被动接受的地位。

（三）**鲁迅**是真正的中国作家，正因为如此，他才给全世界文学贡献了很多民族形式的、不可模仿的作品。他的语言是**民间形式**的。他的**讽刺**和**幽默**虽然具有人类共同的特点，但也带有不可模仿的**民族特点**。

（四）故宫是我国**文化遗产**的重要象征，汇聚了众多巧夺天工、妙造自然的**文物**精品，积淀了博大精深、灿烂辉煌的文化内涵，是中华民族历史的见证和中华文化的重要

**载体**。90 年来,故宫与中华民族同呼吸共命运,一代又一代故宫人始终致力于"完整故宫"保护,着力为公众提供优质文化资源,全力开展人才培养与**学术研究**,积极影响了近现代中国博物馆的发展历程,为典守民族珍宝、保护中华文脉、弘扬**传统文化**做出了重要贡献。

## 二、应用文写作(40 分)

根据下面的文字说明写一篇 450 字左右的应用文,要求包含标题、正文、结尾语、落款等几个要素。

《中国留学发展报告(2014)》指出,中国高中生赴美国留学呈现明显的"低龄化"趋势:高中生已经成为继研究生、本科生之后的第三大出国留学人群。2014 年,低龄学生出国留学人数达到近年来的最高峰,赴海外读高中的学生比往年增加两到三倍,参加"洋高考"赴海外上大学的学生比往年增加一倍多。来自国家教育发展研究中心的专家表示,出国留学低龄化是不正常现象,只能引导。请以 ×× 教育发展中心咨询委员会的名义,起草一份阐明出国留学低龄化现象及其出现的原因的调查简报。注意要写明标题、发文字号、正文、结尾语、落款等要素。

## 三、现代汉语写作(60 分)

根据下面的文字要求写一篇现代文。

那些在国家、民族危难之际挺身而出的英雄,是我们民族和国家的脊梁。正是无数个邱少云、黄继光、董存瑞和刘胡兰,缔造了共和国的伟业。正是他们身上的民族精神,激励了无数后来人为民族解放而战斗,为国家强盛而拼搏。这种精神不断锻造着我们的民族品格,强化着我们的民族自信和身份认同,筑造着社会道德和价值基底。然而,有段时间网络上出现了一些对人民英烈的诋毁言论,越来越多的亲历者和英雄后人们站出来,用不容辩驳的事实和细节为英雄正名,坚决捍卫英雄的荣光和历史的庄严。

请以"历史不能遗忘,英雄不容亵渎"为题,写一篇不少于 800 字的议论文。

# 2018年翻译硕士专业学位研究生入学考试试题

**科目名称**：汉语写作与百科知识　　**科目代码**：448
**考试时间**：3小时　　　　　　　　**满分**：150分

## 一、百科知识（共20小题，每小题2.5分，共50分）

请简要解释以下段落中画线部分的知识点。

（一）在此期间，习近平主席等国家领导人出访多国，出席二十国集团领导人峰会、<u>金砖国家</u>领导人会晤、上海合作组织峰会、东亚合作领导人系列会议、亚欧首脑会议、达沃斯论坛等重大活动。成功举办亚太经合组织第二十二次领导人非正式会议、亚信会议第四次峰会、<u>博鳌亚洲论坛</u>。积极参与多边机制建立和<u>国际规则</u>制定。大国外交稳中有进，周边外交呈现新局面，同<u>发展中国家</u>合作取得新进展，经济外交成果显著。推进<u>丝绸之路</u>经济带和21世纪海上丝绸之路建设，筹建亚洲基础设施投资银行，设立丝路基金。我们与各国的交往合作越来越紧密，中国在国际舞台上的负责任大国形象日益彰显。

（二）一般而言，由于亚洲地区盛产竹材，适合各种自由曲线的结构设计，并且与<u>神话传说</u>相结合，所以风筝造型千变万化且富有<u>个人色彩</u>；而西方国家因为缺少竹材而以玻纤或碳纤为材料，在风筝造型及色彩上力求鲜明、简洁，多以单纯的色块来表现。不过，由于材料、气候和<u>民俗</u>习惯的差异而演化出各式各样、形态多变的风筝，例如北方的沙燕传到<u>东南亚</u>后，就转化成各型月筝；而硬拍和米字结构传到韩国就发展成风穴风筝；传到日本，则以<u>浮世绘</u>风格传扬于世。

（三）自公元476年<u>西罗马帝国</u>被日耳曼人所灭之后，不少<u>日耳曼人</u>的部族，例如法兰克人，亦开始皈依<u>基督教</u>。由于日耳曼人的文化水平比罗马人低，甚至连自己的文字也没有，于是教会便成了<u>中世纪</u>时期西欧的唯一学术权威。当时几乎只有<u>教士</u>和修士能读书识字，所有的学者都是教会人士。

（四）旅行回来，她成了<u>环保主义者</u>。作为地球最后一片净土，北极的冰盖融化、冰层污染已成为我们不得不面对的严酷事实。除了在新书中呼吁环保以外，她还准备到一些<u>公共图书馆</u>和学校做一系列针对<u>青少年</u>的北极讲座，分享这次北极之行的体验，告诉青少年们一个真实的北极，让孩子们知道环保对北极气候、全球<u>生态</u>的重要影响。身为一名作家，她希望能以自己的绵薄之力，唤起更多人对<u>自然</u>的关注。

## 二、应用文写作（40分）

根据下面的文字说明写一篇450字左右的应用文，要求包含标题、发文字号、正文、结尾语、落款等要素。

遵守交通法规是每位公民的责任和义务。俗话说"没有规矩不成方圆"。在当代社会交通面貌日新月异、交通车辆川流不息的今天，不论是在人群密集的人行横道，还是在交织如梭的十字路口，遵守交通规则的重要性不言而喻，道路交通安全和我们每个人息息相关。××市为了改善本市交通安全状况，号召全市市民认真遵守交通安全法规。

请以××市文明办公室的名义起草一份倡导全体市民遵守交通法规的倡议书。倡议书内容包括此项活动的主旨与具体倡议。注意要写明标题、发文字号、正文、结尾语、落款等要素。

## 三、现代汉语写作（60分）

中国是一个文明古国、礼仪之邦，历来重视诚实守信的道德信仰。当前，我国社会和经济发展进入了一个新的历史阶段，在发展中面临着诸多矛盾和问题。在某些方面，诚信缺失是其根源之一，我们必须予以足够的重视。诚信不仅是社会主义核心价值观的重要内容，还是我国在国际舞台展现良好国际形象的必要前提。加强诚信建设，尤其是企业信用建设，十分契合时代的发展要求，利国又利民。诚信并不仅仅是企业关心的问题，也是社会各个部门团体，包括我们每个人关心的问题。

请以"评诚信建设契合时代发展要求"为题，写一篇不少于800字的议论文。

# 南开大学（B 985 211）

## 2020年翻译硕士专业学位研究生入学考试试题

科目名称：汉语写作与百科知识  科目代码：448
考试时间：3小时  满分：150分

## 一、名词解释（50分）

1. 经济改革
2. 中国特色社会主义思想
3. 莫言
4. 陈忠实
5. 路遥
6. 孙犁
7. 乡土文学
8. 阿里巴巴集团
9. 光棍节
10. 黑色星期五
11. 剁手星期一
12. VR技术
13. G20峰会
14. 安倍晋三
15. 国际货币基金组织
16. 欧元区
17. 希腊危机
18. 通货膨胀率

19. 保加利亚

20. 丝绸之路

21. 佛教

22. 中东

23. 奈良

24. 鉴真

25. 唐招提寺

## 二、应用文写作（40分）

天津市幸福里社区居委会组织小区内50名80岁以下且有独自外出能力的老年人旅游，旅游包含两个景点，计划上午8点乘坐大巴出发，下午4点旅游结束。请根据以上内容写一篇通知，字数要求在450字左右。

## 三、现代汉语写作（60分）

请根据以下题目，写出一篇不少于800字的现代汉语议论文。角度自选，要求论点明确，结构合理，语言流畅。

剩女现象

# 2019年翻译硕士专业学位研究生入学考试试题

科目名称：汉语写作与百科知识　　科目代码：448
考试时间：3小时　　　　　　　　　满分：150分

## 一、名词解释（50分）

1. 亚文化

2. 动画

3. 漫画

4. 詹姆斯·艾利森

5. 本庶佑
6. 特朗普森林
7. 清洁能源
8. 环保主义
9. 温室气体
10. 巴黎协定
11. APEC 峰会
12. 金砖国家峰会
13. 吉布提
14. 海湾国家
15. 新自贸区
16. 百年目标
17. 欧盟
18. 英国脱欧
19. 特蕾莎·梅
20. 朴槿惠
21. 文在寅
22. 萨德系统
23.《本草纲目》
24. 李时珍
25. 扁鹊

## 二、应用文写作（40分）

请为滨海大学外国语学院即将召开的关于外事素养和外交礼仪的会议写一篇主持人开场词。要求开场词最后以邀请A领导致辞结束，内容包括：时间、地点、嘉宾、领导、参会人员。

## 三、现代汉语写作（60分）

请根据以下题目，写出一篇不少于800字的现代汉语议论文。角度自选，要求论点明确，结构合理，语言流畅。

道德与法律的关系

# 2018年翻译硕士专业学位研究生入学考试试题

**科目名称：** 汉语写作与百科知识　　**科目代码：** 448
**考试时间：** 3小时　　**满分：** 150分

## 一、名词解释（50分）

1. 特朗普
2. TPP
3. 亚马逊
4. 新兴亚洲工业国
5. 李嘉诚
6. 复兴号
7. 和谐号
8. 知识产权
9. 二维码
10. 人脸识别
11. 移动支付
12. 应用软件
13. ATM
14. 连锁店
15. 日本内阁
16. 日本天皇
17. 自由民主党
18. 川端康成
19. 诺贝尔文学奖
20. 党章
21. 反腐败
22. 供给侧改革
23. 老子
24. 孔子
25. 《易经》

## 二、应用文写作（40分）

在研究生入学考试中出现了两位同学同分的情况，请代替滨海大学F学院院长李强给滨海大学研究生院写一份报告，请示能否增加一个招生名额以录取并列第31名的张明和赵娜。字数要求在450字左右。

## 三、现代汉语写作（60分）

请任选新四大发明（高铁、支付宝、共享单车、网购）之一发表自己的看法，写出一篇不少于800字的现代汉语议论文。题目自拟，角度自选，要求论点明确，结构合理，语言流畅。

# 东北师范大学（B 211）

## 2020年翻译硕士专业学位研究生入学考试试题

科目名称：汉语写作与百科知识　　科目代码：448
考试时间：3小时　　　　　　　　　满分：150分

## 一、名词解释（50分）（本题缺少一个词条）

1. 新文化运动
2. 甲骨文
3. 圈地运动
4. 世博会
5. 《最后的晚餐》
6. 通天塔
7. 《狂人日记》
8. 堰塞湖
9. 《四库全书》
10. 六经
11. 雨果
12. 雾霾
13. 玄奘
14. 歌舞伎
15. 温室效应
16. 二维码
17. 国内生产总值
18. 财政赤字

19. 哥白尼
20. 蒙太奇
21. 南北战争
22. 科举制
23. 阿基里斯之踵
24. "一带一路"

## 二、应用文写作（40分）

假设你是一个学校的校长，在春节来临之际，请你给全校师生写一封春节慰问信。

## 三、现代汉语写作（60分）

以"慢慢走，欣赏啊"为题写作，题材不限，字数不少于800字。

# 2018年翻译硕士专业学位研究生入学考试试题

科目名称：汉语写作与百科知识　　科目代码：448
考试时间：3小时　　满分：150分

## 一、百科知识（50分）

**请简要解释以下段落中画线部分的知识点。**

1. 颜渊问仁。子曰：**克己复礼**为仁。一日克己复礼，天下归仁焉。为仁由己，而由人乎哉？

2. **志怪小说**给后世的戏曲和小说提供了丰富的素材，比如罗贯中的《三国演义》、冯梦龙的《三言》、关汉卿的《窦娥冤》、汤显祖的《邯郸梦》等。

3. 唐代的**古文运动**对当时及后世都有极大的影响，并且留传下了许多优秀的文学作品，如《师说》《永州八记》《朋党论》《赤壁赋》等。

4. 清朝末期的**洋务运动**对中国近代的影响巨大，其影响涵盖军事、经济、政治、文化等诸多方面。

5. 中国位于亚欧大陆东部，幅员辽阔，地形多样，包括四大高原、**四大盆地**、三大平原、三大丘陵等。

6. 中国自古以来就注重与其他国家的交流，历史上的著名事件包括张骞通西域、**郑和下西洋**等。

7. **通货膨胀**给人民的生活带来了极大影响，历史上著名的通货膨胀事件曾发生在1921年至1924年的德国、1946年的匈牙利、2008年的津巴布韦等。

8. 本杰明·富兰克林是美国历史上唯一一位参与签署美国立国的四大文件的人，四大文件包括《**独立宣言**》《美法同盟条约》《巴黎和约》《美国宪法》。

9. 英国**玫瑰战争**是在16世纪莎士比亚的历史剧演出之后才广泛出现的表达方式，在此之前，人们一直是用蔷薇战争来纪念这次战争的。

10. 第二次世界大战后，美国在对外关系中采取了一系列政策和措施，对世界形势产生了重要的影响，其中包括杜鲁门主义和**马歇尔计划**。

11. 我们通常说的2008年美国**金融危机**，实际上在2007年就开始，当时称其为"次贷危机"。

12. 雅各布逊把翻译分为语内翻译、**语际翻译**、符际翻译。

13. 在韦努蒂的理论中，被中外翻译界谈论得最多的是他对归化翻译与**异化翻译**策略的阐释。

14. 布鲁诺和伽利略都是**日心说**的积极宣传者和热情捍卫者，布鲁诺更是成了近代自然科学的英勇战士和殉道者。

15. **达尔文**曾经乘坐贝格尔号舰做了历时5年的环球航行，对动植物和地质结构进行了大量的观察和采集，为其后的研究打下了基础。

16. 事实证明，"**一国两制**"是解决历史遗留的香港、澳门问题的最佳方案，也是香港、澳门回归后保持长期繁荣稳定的最佳制度。

17. 2017年初，在央视文化类节目《朗读者》中，**许渊冲**先生以96岁的高龄压轴出场，与大家畅谈翻译与人生，一时吸粉无数。

18. 中国传统蒙学教材主要有《三字经》《百家姓》《**千字文**》《幼学琼林》等。

19. 近日，石家庄高新区出台了《关于建立石家庄高新区知识产权保护体系的实施意见》。据悉，这是石家庄市首个专门建立保护**知识产权**体系的规定。

20. 明清时期是中国小说发展的高峰，留下了诸多脍炙人口的经典作品，比如"**三言二拍**"、《红楼梦》《儒林外史》等。

21. 在2016年美国总统选举中，曾任美国国务卿、**参议院**议员的希拉里·克林顿成为美国历史上第五位赢得普选但输掉选举的总统候选人，与"美国首位女总统"失之交臂。

22. 根据荷兰环境评估局的新研究，2016年全球**温室气体**的排放保持得相对平稳，总计增长0.5%，二氧化碳的排放量达到了493亿吨。

23. 1997 年被列入联合国教科文组织世界文化遗产名录的塔林老城，是北欧**中世纪**商业城市的典范。

24. 未来，列车 **WiFi** 服务将会进一步优化，也许我们乘坐的每一趟列车上都会有 WiFi，也会有更多列车 WiFi "全程在线"。

25. 北京时间 2017 年 10 月 11 日，世预赛南美区最后一轮，阿根廷在先丢一球的情况下，凭借梅西的**帽子戏法**直接晋级世界杯。

## 二、应用文写作（40 分）

某校即将举办"校园杯"笔译竞赛，请你写一篇向学生征稿的启事。要求字数不少于 500 字。

## 三、现代汉语写作（60 分）

从以下句子中，任选一到两句，根据自己的理解，联系现实或个人实际进行写作。字数要求 800 字以上，体裁不限（诗歌、戏剧除外），题目自拟。

1. 书到用时方恨少，事非经过不知难。（清·郭小亭：《济公全传》）
2. 物极则反，数穷则变。（北宋·欧阳修：《本论下》）
3. 独学而无友，则孤陋而寡闻。（《礼记·大学之法》）
4. 骐骥一跃，不能十步；驽马十驾，功在不舍。（《荀子·劝学》）
5. 吾生也有涯，而知也无涯。（《庄子·养生主》）
6. 不贵尺之璧，而重寸之阴。（汉·刘安：《淮南子·原道训》）

# 中山大学（B 985 211）

# 2018年翻译硕士专业学位研究生入学考试试题

**科目名称：** 汉语写作与百科知识　　　　**科目代码：** 448
**考试时间：** 3小时　　　　　　　　　　**满分：** 150分

## 一、百科知识（50分）

### （一）选择题（每题2分，共20分）

1.《汉书》，又称《前汉书》，是继《史记》之后我国古代又一部重要史书，与《史记》《后汉书》《三国志》并称为"前四史"，也是中国第一部纪传体断代史、"二十四史"之一。《汉书》主要记述了上起西汉的汉高祖元年（公元前206年），下至新朝王莽地皇四年（公元23年）共230年的历史。该书是由中国东汉的哪一位历史学家编撰的？（　　）

A. 司马迁　　　　B. 班固　　　　C. 范晔　　　　D. 欧阳修

2. 2017年1月1日，中国正式接任金砖国家主席国。习近平主席对今年9月在福建厦门举办的金砖国家领导人第九次会晤提出四点期待：深化务实合作，促进共同发展；加强全球治理，共同应对挑战；开展人文交流，夯实民意基础；推进机制建设，构建更广泛伙伴关系。以下国家中，哪一个不是金砖国家成员国？（　　）

A. 巴西　　　　B. 俄罗斯　　　　C. 南非　　　　D. 墨西哥

3. 亨利·詹姆斯（Henry James）是美国小说家、文学批评家、剧作家和散文家，被一致认为是心理分析小说的开创者之一。他对人的行为的认识有独到之处，是20世纪小说意识流写作技巧的先驱。以下哪一部不是亨利·詹姆斯创作的作品？（　　）

A. *The Portrait of a Lady*　　　　B. *Daisy Miller*
C. *Disgrace*　　　　　　　　　　　D. *The Wings of the Dove*

4. 以下作家中，哪一位不属于世界三大短篇小说巨匠？（    ）
   A. Edgar Allan Poe          B. Guy de Maupassant
   C. O Henry                  D. Anton Chekov
5. 世界环境日是每年的几月几日？（    ）
   A. 3月12日    B. 7月15日    C. 5月6日    D. 6月5日
6. 诗句"落霞与孤鹜齐飞，秋水共长天一色"以落霞、孤鹜、秋水和长天四个景象勾勒出一幅宁静致远的画面，历来被奉为写景的精妙之句，广为传唱。"落霞与孤鹜齐飞，秋水共长天一色"出自哪首诗？（    ）
   A.《登幽州台歌》  B.《水调歌头》  C.《洛桥晚望》  D.《滕王阁序》
7. 世界上最大的宫殿是（    ）。
   A. 故宫        B. 克里姆林宫    C. 爱丽舍宫    D. 白宫
8. 每个国家都有不同的风俗习惯和有趣的节日，你知道古罗马时代的牧神节是一个什么样的节日吗？（    ）
   A. 情侣们的节日              B. 庆祝丰收的节日
   C. 妇女的节日                D. 祭祀祖先的节日
9. 劳动合同中，试用期最长不得超过多久？（    ）
   A. 3个月      B. 8个月      C. 6个月      D. 12个月
10. 现代企业制度一般采用（    ）。
    A. 公司制     B. 股份合作制   C. 业主制     D. 合伙制

（二）名词解释题（请从以下10个名词中选择6个进行解释。每题5分，共30分）

1. 甲骨文
2. 意识流小说
3. 市场调节
4. 文艺复兴
5. 供给法则
6. 波士顿倾茶事件
7. 中世纪
8. 信天游
9. 归纳法
10. 编年体

## 二、应用文写作（40分）

情景：民华中学初三（2）班的郑光明同学因患肺炎住院，耽误了很多功课，同班同学赵晓亮在郑光明出院后每天晚上去他家给他补课，整整坚持了一个月，直到为郑光明同学补上所有落下的功课。请你以郑光明妈妈的名义给民华中学的校领导写一封表扬信，建议学校领导对赵晓亮同学给予表扬。

要求：格式完整、正确，语言清楚、流畅，字数约300字。

## 三、命题作文（60分）

请以"仅靠功夫深，铁棒难成绣花针"为题，自选角度，写一篇文章。

作文要求：中心明确，思想深刻，内容充实，有说服力，语言流畅。

# 上海对外经贸大学（B）

# 2020年翻译硕士专业学位研究生入学考试试题

科目名称：汉语写作与百科知识　　科目代码：448
考试时间：3小时　　　　　　　　　满分：150分

## 一、填空题（每题2分，共10分）

1. "上善若水"体现了老子的_____思想。
2. 《周易》的"易"是指_____。
3. 禅宗是结合了印度_____佛学和道教而形成的。
4. 历史上欧洲人对中国的了解是通过两个关键物品，一个是瓷器，另一个是_____。
5. 秦始皇统一的字体是_____。

## 二、名词解释（每题8分，共40分）

1. 礼
2. 唐装
3. 郑板桥
4. 苏绣
5. 石库门

## 三、应用文写作（40分）

材料：稳定生猪等畜禽生产，做好非洲猪瘟等疫病防控。加快农业科技改革创新，大力发展现代种业，实施地理标志农产品保护工程，推进农业全程机械化。培育家庭农场、农民合作社等新型经营主体，加强面向小农户的社会化服务，发展多种形式的规模经营。支持返乡、入乡创业创新，推动一、二、三产业融合发展。

请根据你对材料的理解，给党中央写一封不少于450字的信。

### 四、现代汉语写作（60分）

论语中有一句话：与朋友交，言而有信。

请根据你对这句话的理解，以"论诚信"为题，写一篇800字左右的议论文。

# 2019年翻译硕士专业学位研究生入学考试试题

**科目名称：** 汉语写作与百科知识　　**科目代码：** 448
**考试时间：** 3小时　　**满分：** 150分

### 一、填空题（每题2分，共10分）

1. 唐代著名的陶瓷是_____。
2. 《孙子兵法》的作者是_____。
3. 由汉武帝派遣出使西域的第一人是_____。
4. 记录商代社会情况的文字，主要是_____，这些在龟甲上的文字都是商代王室占卜的记录。
5. 兼爱是_____家的思想。

### 二、名词解释（每题8分，共40分）

1. 四书五经
2. 唐宋八大家
3. 《古诗十九首》
4. 二十四节气
5. 中国古代四大发明

## 三、应用文写作（40分）

2018年政府工作报告中提到，要拉动就业，大力开展职业技能培训，运用"互联网+"发展新就业形态，2018年毕业生达820多万人，要促进多渠道就业，支持以创业带动就业。

请根据你对上述材料的理解，给党中央写一封信，要求不少于450字。

## 四、现代汉语写作（60分）

孔子曰："吾十有五而至于学，三十而立，四十而不惑……"请根据你对材料的理解，以"论成长"为题，写一篇800字左右的现代议论文。

# 2018年翻译硕士专业学位研究生入学考试试题

**科目名称**：汉语写作与百科知识　　**科目代码**：448
**考试时间**：3小时　　**满分**：150分

## 一、填空题（每题2分，共10分）

1. 己所不欲，_____。
2. 佛教是由_____传入中国的。
3. 朱门酒肉臭，_____。
4. 秦始皇兵马俑是在_____发现的。
5. 《清明上河图》描绘的是_____朝代。

## 二、名词解释（每题4分，共40分）

1. 汉字
2. 李白
3. 丝绸之路

4. 纪传体
5. 姓氏
6. 岁寒三友
7. 避讳
8. 郑和下西洋
9. 京剧
10.《红楼梦》

## 三、应用文写作（40分）

十九大报告提出：中华民族伟大复兴的中国梦终将在一代代青年的接力奋斗中变为现实。全党要关心和爱护青年，为他们实现人生出彩搭建舞台。

请根据你对材料的理解，给党中央写一封信，要求不少于450字。

## 四、现代汉语写作（60分）

孔子曰："益者三乐，损者三乐。乐节礼乐，乐道人之善，乐多贤友，益矣。乐骄乐，乐佚游，乐宴乐，损矣。"请以"论快乐"为题，写一篇800字左右的文章。

# 宁波大学（B）

# 2020年翻译硕士专业学位研究生入学考试试题

科目名称：汉语写作与百科知识　　　科目代码：448
考试时间：3小时　　　　　　　　　满分：150分

## 一、百科知识（50分）

请简要解释以下段落中画线部分的知识点。

1. 对于经济和政治体系如此不同的国家之间的贸易，应该适用什么样的规则呢？最近，笔者与纽约大学上海校区副校长杰弗里·雷曼和北京大学国家发展学院院长姚洋合作，组成了一个由经济学家和法律学者构成的工作组，希望能找到一些答案。我们的工作组最近发表了一项联合声明，得到了另外34位学者的支持，其中包括5位**诺贝尔经济学奖**得主。中国2001年加入**世界贸易组织**，以及该组织本身的成立，都是基于一个隐含的前提：包括中国在内的各国经济将趋同于一个大致类似的模式，从而实现重大（或"深度"）**经济一体化**。中国非正统的**经济体制**，以不透明的政府干预、产业政策和国有企业与市场一道继续发挥作用为特征，在刺激**国内生产总值**增长和减少贫困方面非常成功，但这使得与西方深度经济一体化成为不可能。

2. 郑和，明朝**太监**，云南人，小名三宝。14岁时，他经宫中指派，进入燕王府做朱棣的侍从。永乐元年，姚道衍和尚收郑和为**菩萨**戒弟子，法号福吉祥，一生笃信佛法，广造佛经传世。永乐二年，郑和因功升任为内官监太监，官至**四品**，地位仅次于司礼监。郑和有智略，知兵习战，**明成祖**对郑和十分信赖。从1405—1433年，郑和七下**西洋**，完成了人类历史上伟大的壮举，宣德八年四月，郑和在印度西海岸古里国去世，骨灰葬于南京弘觉寺地宫。

3. 汤若望，德国人，神圣**罗马帝国**的耶稣会传教士，**天主教**耶稣会修士、神父、学者。在中国生活了47年，历经明、清两代，逝世后安葬于北京**利玛窦**墓左侧，**康熙**朝封为"光禄大夫"。在中西文化交流史、中国基督教史和中国科技史上，他是一位不可忽视的人物。他以虔诚的信仰、渊博的知识奠定了他在中西文化交流史上的重要地位。他继承了利氏通过科学传教的策略，在明、清朝廷**历法**修订以及火炮制造等方面多有贡献，中国今天的农历是汤若望在明朝前沿用的农历基础上加以修改而成的"现代农历"。他还著有《主制群徵》《主教缘起》等宗教著述。

4. **政治体制**改革是我国全面改革的重要组成部分。必须继续积极稳妥推进政治体制改革，发展更加广泛、更加充分、更加健全的人民民主。必须坚持党的领导、人民当家作主、依法治国有机统一，以保证人民当家作主为根本，以增强党和国家活力、调动人民积极性为目标，扩大社会主义民主，加快建设社会主义**法治国家**，发展社会主义政治文明。要更加注重改进党的领导方式和执政方式，保证党领导人民有效治理国家；更加注重健全**民主制度**、丰富民主形式，保证人民依法实行**民主选举**、民主决策、民主管理、民主监督；更加注重发挥法治在国家治理和社会管理中的重要作用，维护国家法制统一、尊严、权威，保证人民依法享有广泛权利和自由。要把制度建设摆在突出位置，充分发挥我国社会主义政治制度优越性，积极借鉴人类**政治文明**有益成果，绝不照搬西方政治制度模式。

5. 清道光二十三年（1843年），李鸿章在庐州府学被选为**优贡**。时任京官的父亲李文安望子成龙，函催鸿章入京，准备来年**顺天府**的乡试。鸿章谨遵父命，毅然北上，并作《入都》诗10首，以抒发胸怀，为世人传诵。有"一万年来谁著史，三千里外欲封侯"一句。他以诗言志，有"遍交海内知名士，去访京师有道人"的宏愿。入京后，他在时任**刑部郎中**的父亲引领下，遍访吕贤基、王茂荫、赵畇等安徽籍京官，得到他们的器重和赏识；同时，由于科场顺利，他得以有广泛的交友和开阔的眼界，当时与他同榜的甲辰（**举人**）、丁未（进士）两科中，人才济济，不少人日后膺任枢臣**疆寄**，李鸿章与这些同榜人一直保持着密切而特殊的关系。

## 二、应用文写作（40分）

中国××股份公司于××××年××月××日至××日派专人去××国××地，了解××工程预算额的谈判结果。根据中国××办公室的指示，现要给其上级部门即中国××办公室提交《关于××工程预算额谈判结果的报告》，要求介绍谈判过程及结果，并指出产生"预算额度"高低分歧的原因等。

请以中国××股份公司的名义起草一份说明情况的答复性报告（约450字），提交给中国××办公室。关于"预算额度"的谈判过程和结果，以及产生额度高低分歧的原因和今后工作的建议等两大项报告内容，请根据知识和情理进行具体的文字表述。

注意：报告中须有标题、发文字号、正文、结尾语、落款、公章、年月日等公文格式要素。

### 三、现代汉语写作（60分）

在平时生活中，你会遇到因气质或学问或举止而让你一直难以忘怀的人。他/她常常引起你美好的回忆，一件件、一幕幕……

请根据上面的文字说明，以"一个难忘的人"为题，用现代汉语写一篇体裁略带文学性的散文（不少于800字）。

# 2019年翻译硕士专业学位研究生入学考试试题

**科目名称**：汉语写作与百科知识　　**科目代码**：448
**考试时间**：3小时　　　　　　　　**满分**：150分

## 一、百科知识（50分）

简要解释以下段落中画线部分的知识点。

1. 我们国家博大精深的优秀传统文化是我们文化自信的来源。诸如"**自强不息**"的奋斗精神，"精忠报国"的爱国情怀，"天下兴亡，匹夫有责"的担当意识，"**舍生取义**"的牺牲精神，"革故鼎新"的创新思想，"扶危济困"的公德意识，"国而忘家，公而忘私"的价值理念等，一直是中华民族奋发进取的精神动力。此外，"天人合一""天下为公"的社会理想，"以人为本""**民惟邦本**"的治国理念，"载舟覆舟""居安思危"的忧患意识，"止戈为武""**协和万邦**"的和平思想，"与人为善""己所不欲，勿施于人"的处世之道，"儒法并用""德刑相辅"的治理思想，"和为贵""**和而不同**"的东方智慧，一直是中华民族治国理政的思想渊源。甚至，我们正努力建设的小康社会的"小康"这个概念，也是出自《礼记·礼运》，是中华民族自古以来追求的理想社会状态。

2. **中国佛教协会**是中国各民族佛教徒联合的爱国团体和教务组织。其宗旨是：团结、带领全国各民族佛教徒爱国爱教，拥护中国共产党的领导和社会主义制度，坚定不移走中国特色社会主义道路；发扬优良传统，传承优秀文化，加强自身建设，维护合法权益，弘扬佛教教义，兴办佛教事业，践行"**人间佛教**"思想，**庄严国土**，利乐有情，为促进经济社会发展发挥积极作用，为维护宗教和睦、民族团结、社会和谐、祖国统一、世界和平做贡献，为实现**"两个一百年"**奋斗目标和中华民族伟大复兴的**中国梦**贡献力量。

3. 贞元十八年（公元802年）的冬天，白居易在**吏部侍郎**郑慕瑜的主持下应考。翌年春天，他以优良的成绩及第。制科及第的几天后，白居易被授命京兆府幸屋**县尉**。不久，又兼摄于长安以东，管辖会清宫西北与幸屋同等级的昭应县的事务。职务虽繁忙，但白居易有时也度过了悠闲的时光，那时他所创作的诗歌中有一首就是**《长恨歌》**。写作《长恨歌》的翌年秋天，白居易任京兆府考官，在**乡试**中录取了萧浣。考官之事结束后，白居易兼任集贤殿校理。这也是"好文"的王起曾经任过职的地方。这年年末，白居易应**翰林院**之召，通过了一系列的制诏考试，被任命为翰林院学士。这是根据喜欢白居易诗歌的宪宗皇帝的旨意而定的。从此，白居易凭借文学，走上了参与政治的道路。

4. 目前"复兴号"中国标准动车组有"CR400AF"和"CR400BF"两种型号。按照**中国铁路总公司**新的动车组编制规则，新型自主化动车组均采用"CR"开头的型号，"CR"是中国铁路总公司的英文缩写，也是指覆盖不同速度等级的中国标准动车组系列化产品平台。**京沪高铁**已开通运营6年，运送旅客6.3亿人次，积累了丰富的安全管理和运营服务经验，取得了良好的经济效益和社会效益。目前，京沪高铁日均运送旅客50.5万人次，是我国最繁忙的高速铁路干线。"复兴号"在京沪高铁率先开行，对于进一步提升京沪高铁运营服务品质，打造中国高铁**国际品牌**具有重要的示范引领作用。为确保安全，"复兴号"一路上都有"随行医生"严密监护。它全车部署有2500多项监测点，能对轴承温度、冷却系统温度、制动系统状态、客室环境进行全方位**实时监测**，相当于随时给列车做"全身体检"。一旦发现列车"身体不适"，就会自动报警或预警，并及时"给药"，自动采取限速或停车措施。更厉害的是，通过远程**数据传输**，地面能实时掌握车辆状态，对列车进行同步监测、远程维护。型号中的"400"为速度等级代码，代表该型动车组试验速度可达时速400千米及以上，持续运行时速为350千米。今后，中国铁路总公司将根据运输市场需求，逐步研发CR300和CR200系列中国标准动车组。

## 二、应用文写作（40分）

今年9月17日，教育部发文，要求加快建设高水平本科教育、全面提高人才培养能力。题目：教育部关于加快建设高水平本科教育全面提高人才培养能力的意见。发文字号：教高（2018）2号。下发单位：各省、自治区、直辖市教育厅（教委），新疆生产建设兵团教育局，有关部门（单位）教育司（局），部属各高等学校、部省合建各高等学校。该意见分：开头为该意见的意义。然后是十大方面的要求，40条规定，最后是教育部落款和年月日。十大方面是：一、建设高水平本科教育的重要意义和形势要求（共2条规定）；二、建设高水平本科教育的指导思想和目标原则（共3条规定）；三、把思想政治教育贯穿高水平本科教育全过程（共4条规定）；四、围绕激发学生学习兴趣和潜能深化教学改革（共6条规定）；五、全面提高教师教书育人能力（共4条规定）；六、大力推进一流专业建设（共4条规定）；七、推进现代信息技术与教育教学深度融合（共3条规定）；八、构建全方位全过程深融合的协同育人新机制（共5条规定）；九、加强大学质量文化建设（共4条规定）；十、切实做好高水平本科教育建设工作的组织实施（共5条规定）。

请按照上级发文格式，将该意见（包括：发文标题、发文字号、下发单位的称呼、开头、10段主题句标题，包括每段的各条规定、落款、年月日）按照公文格式的要求写出来。注意：40条规定的段落内容可用三行横线做省略处理。

### 三、现代汉语写作（60分）

根据下面的文字要求写一篇现代文，体裁不限（诗歌、戏剧除外）。

在我们的高中或大学生活中，有一些同学因为他们高尚的品质或魅力给你留下终生难忘的印象或回忆。请你写一篇文章，描述一下对你影响最深的某位同学，可以是一次令你心动的表现，也可以是给你提供的帮助或谈话等。

请以"映入心影的同学"为题，写一篇不少于800字的文章。

# 2018年翻译硕士专业学位研究生入学考试试题

## 一、百科知识（50分）

请简要解释以下段落中画线部分的知识点。

1. 共享单车是指**企业**在校园站点、公交站点、居民区、商业区、**公共服务区**等提供的自行车共享服务，是一种**分时租赁**模式。共享单车是一种新型环保**共享经济**。共享单车的实质是一种新型的交通工具租赁业务——自行车租赁业务，其主要载体为自行车，可以充分改善城市因快速的经济发展而带来的自行车出行萎靡状况，最大化地利用了公共道路的通过率，同时又起到了锻炼身体的作用。共享单车已经越来越多地引起人们的注意，由于其符合**低碳**出行理念，政府对这一新鲜事物也处于善意的观察期。

2. 郑和，明朝**太监**，云南人，小名三宝。14岁时，他经宫中指派，进入燕王府做朱棣的侍从。永乐元年，姚道衍和尚收郑和为**菩萨**戒弟子，法号福吉祥，一生笃信佛法，广造佛经传世。永乐二年，郑和因功升任为内官监太监，官至**四品**，地位仅次于司礼监。郑和有智略，知兵习战，**明成祖**对郑和十分信赖。从1405—1433年，郑和七下**西洋**，完成了人类历史上伟大的壮举，宣德八年四月，郑和在印度西海岸古里国去世，骨灰葬于南京弘觉寺地宫。

3. 汤若望，德国人，神圣**罗马帝国**的耶稣会传教士，**天主教**耶稣会修士、神父、学者。在中国生活了47年，历经明、清两代，逝世后安葬于北京**利玛窦**墓左侧，**康熙**朝封为"光禄大夫"。在中西文化交流史、中国基督教史和中国科技史上，他是一位不可忽视的人物。他以虔诚的信仰、渊博的知识奠定了他在中西文化交流史上的重要地位。他继承了利氏通过科学传教的策略，在明、清朝廷**历法**修订以及火炮制造等方面多有贡献，中国今天的农历是汤若望在明朝前沿用的农历基础上加以修改而成的"现代农历"。他还著有《主制群徵》《主教缘起》等宗教著述。

4. 党的**十六大**以来，以胡锦涛同志为总书记的党中央高举中国特色社会主义伟大旗帜，以**邓小平理论**和**"三个代表"重要思想**为指导，立足**社会主义初级阶段**基本国情，总结中国发展实践，借鉴国外发展经验，适应中国发展要求，提出了**科学发展观**这一重大战略思想。在2003年7月28日的讲话中，胡锦涛提出了"坚持以人为本，树立全面、协调、可持续的发展观，促进经济社会和人的全面发展"，按照"统筹城乡发展、统筹区域发展、统筹经济社会发展、统筹人与自然和谐发展、统筹国内发展和对外开放"的要求推进各项事业的改革和发展。

5.《奉天讨元北伐檄文》曰："自古帝王临御天下，皆中国内以制**夷狄**，夷狄居外以奉中国，未闻以夷狄居中国而制天下也。自**宋祚**倾移，元以北夷入主中国，四海以内，罔不臣服。……当此之时，**天运**循环，中原气盛，亿兆之中，当降生圣人，驱除胡虏，恢复中华，立纲陈纪，救济斯民。……盖我中国之民，天必命我中国之人以安之，夷狄何得而治哉！予恐中土久污膻腥，生民扰扰，故率群雄奋力廓清，志在逐胡虏、除暴乱，使民皆得其所，雪中国之耻，尔民等其体之！如蒙古、色目，虽非华夏族类，然同生天地之间，有能知**礼义**，愿为臣民者，**中夏**之人抚养无异。故兹告谕，想宜知悉。"

## 二、应用文写作（40分）

中国××股份公司于××××年×月×日至×日派专人去××国××地，了解××工程价格索赔案的谈判结果。根据中国××办公室的指示，现要给其上级部门即中国××办公室提交《关于××工程价格索赔案谈判结果的报告》，要求介绍谈判过程及结果，并指出产生"索赔案"的原因等。

请以中国××股份公司的名义起草一份说明情况的答复性报告（约450字），提交给中国××办公室。关于"索赔案"的谈判过程和结果，以及该案产生的原因和今后工作的建议等两大项报告内容，请根据知识、情理及法理进行具体的文字表述。

注意：报告中须有标题、发文字号、正文、结尾语、落款、公章、年月日等公文格式要素。

## 三、现代汉语写作（60分）

读书学习中，你会读到特别好的书或文章，它就像你可心的朋友一样和你聊天，给你以愉悦、知识、智慧和人生启迪，让你读之难忘，心有所会，浮想联翩……

请根据上面的文字说明，以"一本难忘的书"或"一篇难忘的文章"为题，用现代汉语写一篇体裁略带文学性的散文（不少于800字）。

# 中国海洋大学（B 985 211）

# 2019年翻译硕士专业学位研究生入学考试试题

科目名称：汉语写作与百科知识　　科目代码：448
考试时间：3小时　　　　　　　　　满分：150分

## 一、选择填空题（每小题1分，共60分）

1. 很多人认同"世界上有四大古文明"这一说法，这个说法没有把南、北美洲的古文明计算在内。

四大古文明中被认为最古老的是发源于幼发拉底河和 （01） 流域的 （02） 文明，或称两河文明，也因其所在地区平原被称作 （03） 文明。该古文明现存于世的重要成就之一是已经发现的世界上最早的一部较为完整地保存下来的成文法典——《 （04） 法典》，还有传说公元前6世纪由巴比伦王国的尼布甲尼撒二世建立并在现代被列为世界七大奇迹之一的 （05） 。古巴比伦王国主要位于现在的 （06） 境内。

四大古文明中名列第二的是古埃及文明，发源于 （07） 流域。古埃及的最高统治者汉语称作 （08） ，其陵墓汉语称为金字塔，胡夫金字塔还被列为世界七大奇迹之一。现在还能在埃及看到一尊闻名世界的 （09） ，此雕像起源于埃及神话中的斯芬克斯，而且斯芬克斯在西亚神话和古希腊神话中也有传诵。

四大古文明中名列第三的是古印度文明，而名列第四的是中华文明。

所谓四大古文明中真正至今从未中断过的只有中华文明。

所谓四大古文明全部都是 （10） 文明或称自源性文明，所谓古希腊文明因为很明显受到了古埃及文明和古巴比伦文明的影响才产生并发展起来，是派生文明或称借源性文明。

　　A. 巴勒斯坦　　　B. 底格里斯河　　C. 额尔古纳河　　D. 法老
　　E. 古巴比伦　　　F. 古波斯　　　　G. 古米诺斯　　　H. 汉谟拉比

| I. 护法 | J. 空中花园 | K. 美索不达米亚 | L. 尼罗河 |
| --- | --- | --- | --- |
| M. 狮身人面像 | N. 圣王 | O. 苏美尔 | P. 太阳神塑像 |
| Q. 泰姬陵 | R. 乌尔纳姆 | S. 叙利亚 | T. 亚马逊河 |
| U. 伊甸园 | V. 伊拉克 | W. 原创 | X. 原生 |
| Y. 长老 | Z. 自生 | | |

2. 20世纪下半叶，世界上已经有了数个拥有核武器的所谓核大国。早在只有美国、苏联和英国拥有核弹的1953年10月，美国艾森豪威尔 （11） 就提出了大规模报复战略，并由国务卿杜勒斯于1954年1月正式宣布。这是最早出现的核威慑战略。其中心是美国以其 （12） 优势的核力量为后盾，用发动全面核报复对敌方进行讹诈与威胁。60年代初期，美、苏核力量 （13） 平衡，美国政府提出以灵活反应战略替代核威慑，即在继续发展核力量的同时， （14） 常规兵力；以常规兵力为"剑"，以核力量为" （15） "。60年代中期，美国又提出了以确保相互摧毁（即相互威慑，英语为Mutual Assured Destruction，缩写为MAD）为基础的核政策，认为核战争的 （16） 是同归于尽，强调加强第二次核打击的能力，以遏制对方发动核战争。

西方理论界把威慑的手段分为"惩罚性威慑"与"抑阻性威慑"。前者亦称" （17） 威慑"，即采取迅速和压倒一切的报复行为，迫使进攻者认识到得不偿失，立足点是反击能力。后者亦称" （18） 威慑"，即以足够的、有效的防御能力，使敌方感到无法实现预期目的。

美国与苏联两个超级大国展开了核军备竞赛，既拖累了经济建设，也令许多人产生了核战争恐惧。于是，世界上出现了裁减军备的呼声。

1987年，美、苏两国签订了《美苏消除两国中程和中短程导弹条约》，简称《中导条约》，规定双方都销毁射程介乎500至1 000公里的短程导弹，以及射程介乎1 000至5 500公里的中程导弹，包括搭载常规与核弹头的导弹、导弹的陆基 （19） 。1991年12月25日苏联解体以后，俄罗斯联邦继承了苏联《中导条约》的签署国地位及条约权利和 （20） 。

2018年10月20日，美方指责俄方4年来多次违反条约规定，宣布拟以此为由退出《中导条约》。美国此举导致世界舆论一片哗然。到美国宣称将退出之日为止，双方总共已经销毁导弹2 692枚。

| A. 比较 | B. 重建 | C. 达到 | D. 打击性 |
| --- | --- | --- | --- |
| E. 盾 | F. 发射井 | G. 发射器 | H. 防御性 |
| I. 集团 | J. 加强 | K. 甲 | L. 箭 |
| M. 结果 | N. 进攻性 | O. 绝对 | P. 目的 |
| Q. 强大 | R. 趋于 | S. 失去 | T. 下场 |
| U. 义务 | V. 预防性 | W. 元帅 | X. 振兴 |
| Y. 政府 | Z. 职责 | | |

3. 中非合作论坛（Forum on China-Africa Cooperation，简称 FOCAC），是中华人民共和国和非洲国家之间在南南合作范畴内的集体对话机制，成立于 2000 年。论坛的宗旨是平等＿（21）＿、增进了解、扩大＿（22）＿、加强友谊、促进＿（23）＿。

论坛现成员包括中华人民共和国、与中国建交的 53 个非洲国家以及非洲联盟委员会。

中非合作论坛后续机制建立在三个级别上：部长级会议每＿（24）＿年举行一届；高官级后续会议及为部长级会议作准备的高官预备会分别在部长级会议前一年及前数日各举行一次；非洲驻华＿（25）＿与中方后续行动委员会秘书处每年至少举行两次会议。部长级会及其高官会议轮流在中国和非洲国家举行。中国和承办会议的非洲国家担任＿（26）＿主席国，共同主持会议并牵头＿（27）＿会议成果。部长级会议由外交部长和负责国际经济合作事务的部长参加，高官会由各国主管部门的司局级或相当级别的官员参加。

2018 年第七届中非合作论坛北京峰会于 2018 年 9 月 3 日至 4 日在北京举行，本次峰会主题为"合作共赢，携手构建更加＿（28）＿的中非命运共同体"。中国国家主席习近平主持峰会并举行相关活动，并在开幕式上发表了题为《携手共命运 同心促发展》的主旨讲话，强调中非要携起手来，共同打造责任共担、合作共赢、幸福共享、文化＿（29）＿、安全共筑、和谐共生的中非命运共同体，重点实施好产业促进、设施＿（30）＿、贸易便利、绿色发展、能力建设、健康卫生、人文交流、和平安全"八大行动"。

A. 磋商　　　　B. 发展　　　　C. 高效　　　　D. 隔三
E. 巩固　　　　F. 共建　　　　G. 共荣　　　　H. 共识
I. 共同　　　　J. 共兴　　　　K. 沟通　　　　L. 合作
M. 和谐　　　　N. 互利　　　　O. 互通　　　　P. 机构
Q. 兼容　　　　R. 紧密　　　　S. 理解　　　　T. 联通
U. 轮值　　　　V. 落实　　　　W. 三　　　　　X. 使节
Y. 特使　　　　Z. 总结

4. 中国国际进口博览会（China International Import Expo，简称 CIIE）。

2017 年 5 月，习近平主席在"一带一路"国际合作＿（31）＿上宣布，中国将从 2018 年起举办中国国际进口博览会。

2018 年 11 月 4 日，首届中国国际进口博览会新闻中心正式＿（32）＿。

首届中国国际进口博览会由中华人民共和国商务部、上海市人民政府＿（33）＿，于 2018 年 11 月 5 日至 10 日在国家会展中心（上海）举行，中国国家主席习近平出席开幕式并举行相关活动。

许多人士指出，中国国际进口博览会将成为共建"一带一路"的又一个重要支撑。

举办中国国际进口博览会是中国坚定__（34）__贸易自由化和经济全球化、主动向世界__（35）__的重大举措，有利于促进世界各国加强经贸交流合作，促进全球贸易和世界经济增长，推动开放型世界经济发展。

中国政府诚挚欢迎各国政要、工商界人士，以及参展商、专业采购商参展参会，拓展中国市场，__（36）__各国经贸合作商机，实现互惠互利，共赢发展。中国愿与各国一道，将中国国际进口博览会打造成为世界__（37）__的博览会，为各国开展贸易、加强合作开辟新渠道，促进世界经济和贸易共同繁荣。

中国国际进口博览会是世界上第一个以进口为__（38）__的大型国家级展会，包括展会和论坛两个部分。展会即国家贸易投资综合展（简称国家展）和企业商业展（简称企业展），论坛即虹桥国际经贸论坛。国家展是本届中国国际进口博览会的重要内容，共有82个国家、3个国际组织设立71个展台，展览面积约3万平方米，各参展国意图展示国家形象、经贸发展成就和特色优势产品。国家展中，印度尼西亚、越南、巴基斯坦、南非、埃及、俄罗斯、英国、匈牙利、德国、加拿大、巴西、墨西哥等12个__（39）__国均设立了独具特色的展馆。作为东道主，中国设立了中国馆，包括港澳台展区。

中国馆以"创新、协调、绿色、开放、共享"的新发展__（40）__为主线，旨在展示中国改革开放的巨大成就，以及中国发展、共建"一带一路"给世界带来的新机遇。企业展分7个展区、展览面积为27万平方米，来自130多个国家的3 000多家企业签约参展。

| | | | |
|---|---|---|---|
| A. 策略 | B. 承办 | C. 分享 | D. 峰会 |
| E. 奉行 | F. 共享 | G. 贵宾 | H. 核心 |
| I. 开放 | J. 开放市场 | K. 投资 | L. 理念 |
| M. 论坛 | N. 目的 | O. 上线 | P. 思路 |
| Q. 通用 | R. 一流 | S. 运营 | T. 战略 |
| U. 支持 | V. 主办 | W. 主宾 | X. 主题 |
| Y. 主张 | Z. 主旨 | | |

5. 贸易战（trade war）又称"商战"，指一些国家通过高筑关税壁垒和非关税壁垒，限制别国商品进入本国市场，同时又通过倾销和货币贬值等措施争夺国外市场，由此引起的一系列报复和反报复措施。如果贸易战的武器仅限于相互提高关税税率，则称为"关税战"。

贸易战的背后是贸易保护主义理论，该理论主张，在对外贸易中通过多种__（41）__和措施，限制进口，以保护本国商品在国内市场免受外国商品竞争，并向本国商品提供各种__（42）__，以增强其国际竞争力。

贸易保护主义在限制进口方面，主要是采取关税壁垒和非关税壁垒两种措施。前者主要是通过征收高额__（43）__阻止外国商品的大量进口；后者则包括采取进口许可证制、进口__（44）__、外汇管制等一系列非关税措施来限制外国商品自由进口。

鼓励出口的常见措施主要有出口信贷、出口信贷国家担保、___（45）___、商品倾销、外汇倾销等。

近年来的贸易保护主义有以下特点：①主要保护手段由关税转到非关税措施。一系列的国际贸易与关税___（46）___中形成的决议，大大降低了关税总水平，于是各国转而采取非关税措施来推行保护主义政策。这些措施灵活、隐蔽、限制性强，世界贸易总额一半以上受到各种非关税限制。②保护政策对产品的___（47）___越来越强，如减少和降低对工业品的限制，但对农产品的保护却极少松动，对工业品中不同商品的限制也有很大差别。③实行保护政策所针对的国家和地区的区分加强了。一般来说，一国总是针对自己直接、___（48）___的竞争对手加强保护主义政策，而对其他国家则适当放松。世界多数国家都是根据自己的国情和竞争对手的状况，分别采用自由贸易和保护主义政策，以期保护本国经济的持续发展，增强其在国际上的竞争力。

贸易保护的目的主要是保护国内市场以促进国内___（49）___的发展，这与早期的重商主义的保护贸易目的很不相同。重商主义限制进口、鼓励出口，目的是___（50）___金银财富；贸易保护主义主张保护贸易的目的则是提高创造财富的能力。

| A. 策略 | B. 出口补贴 | C. 合作 | D. 积累 |
| E. 进口关税 | F. 进口税费 | G. 经济 | H. 掠夺 |
| I. 目的性 | J. 农业补贴 | K. 配额制 | L. 强劲 |
| M. 倾斜 | N. 申报制 | O. 生产 | P. 生产力 |
| Q. 税收减免 | R. 搜刮 | S. 谈判 | T. 限额制 |
| U. 相似 | V. 优惠 | W. 战略 | X. 针对性 |
| Y. 政策 | Z. 组织 | | |

6.联合国教育、科学及文化组织（简称：联合国教科文组织，英文：United Nations Education, Scientific and Cultural Organization，缩写 UNESCO）成立于1945年11月6日，是联合国旗下的专门机构之一。

1945年11月1日—16日，"二战"刚刚___（51）___，根据盟国教育部长会议的提议，在伦敦举行了旨在成立一个教育及文化组织的联合国会议（ECO/CONF）。约四十个国家的___（52）___出席了这次会议。在饱经战争苦难的两个国家——法国和英国的推动下，会议决定成立一个以建立真正和平文化为宗旨的组织。按照他们的设想，这个新的组织应建立"人类智力上和道义上的团结"，从而防止爆发新的世界大战。会议结束时，三十七个国家___（53）___了《组织法》，联合国教育、科学及文化组织由此诞生。

1946年11月正式成立，同年12月成为联合国的一个专门机构。

总部设在法国巴黎丰特努瓦广场。其宗旨是促进教育、科学及文化方面的___（54）___，以利于各国人民之间的相互了解，维护世界和平。

1983年12月28日，美国通知联合国教科文组织，从1984年12月31日起退出该组织。1984年12月19日，美国助理国务卿乔治·纽厄尔在一次记者会上宣布，美国正式退出教科文组织。他指称教科文组织在上一年所做的改革还不够彻底，办公费用太高并向巴勒斯坦解放组织提供经费等。2003年10月1日，在小布什任内，美国第一夫人劳拉·布什访法期间，美国正式 （55） 联合国教科文组织。2017年10月12日，美国国务院发表声明称，美国退出联合国教科文组织，但将设立一个 （56） 该组织的观察团，仍愿作为观察员国继续参与该组织，协助该组织处理保护世界遗产、促进科学合作和教育等重要事务。声明称，美国的这一决定并不轻率，而是反映了美国的 （57） ，即不断增加的欠费问题、该组织进行基本改革的必要性以及该组织持续的对以色列的偏见。联合国教科文组织总干事博科娃发表声明对美国此举深表遗憾，并称这是联合国教科文组织、联合国大家庭以及 （58） 的损失。

2017年12月22日，以色列总理本杰明·内塔尼亚胡正式宣布，以色列将于2018年年底退出联合国教科文组织。

教科文组织主要设大会、执行局和秘书处三大部门。其中大会为 （59） 机构，由会员国的代表组成，一般每两年举行一次，一般在总部巴黎举行。执行局负责监督该组织各项计划的实施，每年至少举行2次会议。秘书处是日常工作机构，分成若干部门，分别负责教育、自然科学、社会科学、文化和交流等领域的业务活动，或进行行政和计划工作。另外，该组织在包括中国在内的200多个其成员和准成员国家和地区设有全国委员会，作为其在各个成员国的 （60） 机构。我国的全国委员会1979年2月19日成立于北京。

| | | | |
|---|---|---|---|
| A. 常设 | B. 常驻 | C. 重返 | D. 重新承认 |
| E. 大使 | F. 代表 | G. 多边主义 | H. 多元主义 |
| I. 发展 | J. 分支 | K. 改革 | L. 关切 |
| M. 国际合作 | N. 国际主义 | O. 加入 | P. 监管 |
| Q. 结束 | R. 立法 | S. 利益 | T. 签署 |
| U. 胜利 | V. 使节 | W. 态度 | X. 制定 |
| Y. 终结 | Z. 最高 | | |

## 二、填空题（每小题1分，共30分）

相传，有一文人于中秋之夜赏月之时忽有所感，随口出一上联，曰：

天上月圆，人间月半，月月月圆逢月半；

十五个字中竟有六个"月"字、两个"圆"字和两个"半"字，经五个其他字的连缀讲述了一项尽人皆知的客观事实，颇为自得。但苦思良久，终究难以想出合适的下联。继续沉吟之际，身旁一八岁童子开口说道，我来对对看——

今夕年尾，明朝年头，年年年尾接年头。

文人听罢又是欢喜又是惭愧，欢喜童子才思敏捷，惭愧自己思索久之未有所得。

中国传统历法中的每个月都是月亮盈亏的一个___(61)___，月圆之日称作"___(62)___"，一般为___(63)___日或___(64)___日，约略处于每个月的中间，即"___(65)___"。而月亮整夜不见的那一天历法上称作"___(66)___"，即每月的___(67)___。上联描述的正是这种历法与月相的对应。但是，"中华民国"政府和中华人民共和国政府采用西历作为官方历法，其中的"月"实际上已经与月球的运动没有关联，所以，西方语言中才有了"___(68)___"之说，指的是一个日历月份中第二次圆月或者出现四次月圆的一个日历年度中的第三个圆月。

下联中的"今夕"指的是___(69)___，"明朝"指的是___(70)___。整句叙述了传统历法中旧岁新年交替的客观情况。当然，所谓阳历的旧岁新年也是如此交替。

《诗经》是中国文学的主要起源标志之一，由___(71)___时期___(72)___国人___(73)___（字___(74)___）编订。因为《诗经》共收录商周诗歌305篇，所以常被称作"___(75)___"。又因为《诗经》中的诗篇分为《___(76)___》《___(77)___》《___(78)___》和《颂》四个部分，所以最晚至___(79)___代就有班固在其《东都赋》中以能概括指代第一、二、三部分的"___(80)___"二字指代《诗经》，此词后来常被用来夸奖文人的风度或举止，也被用来泛指与诗文相关之事。

81. 众里寻他千百度，_____，那人却在，灯火阑珊处。
82. 人生自古谁无死，_____。
83. _____，长使英雄泪满襟。
84. _____？为有源头活水来。
85. 星垂平野阔，_____。
86. 雄关漫道真如铁，_____。
87. _____，凭君传语报平安。
88. 恰同学少年，_____；书生意气，挥斥方遒。
89. 江山代有才人出，_____。
90. _____，坐看云起时。

## 三、现代汉语写作（共60分）

阅读以下材料，以**"发展"**为主题，写一篇现代文，阐述你的观点。不少于800字。

人工智能是一门强有力的学科，它试图改变人类的思维和生活习惯，延伸和解放人类智能。1956年夏季，以麦卡赛、明斯基、罗切斯特和申农等为首的一批有远见卓识的年轻科学家在一起聚会，共同研究和探讨用机器模拟智能的一系列有关问题，并首次提出了"人工智能"这一术语,它标志着"人工智能"这门新兴学科的正式诞生。20世纪80年代后期以来,随着机器学习、计算智能等研究的深入开展,人工智能技术也得到了广泛应用并渗入其他学科领域。2016年谷歌(Google)旗下人工智能程序AlphaGo完胜围棋世界冠军韩国人李世石,后化名Master横扫中日韩围棋高手,取得60连胜。

人工智能已经在各类领域出现超越人类的趋势,我们正逐渐被它所影响、推动,甚至代替。

# 暨南大学（B 211）

## 2019 年翻译硕士专业学位研究生入学考试试题

科目名称：汉语写作与百科知识　　　　科目代码：448
考试时间：3 小时　　　　　　　　　　 满分：150 分

## 一、百科知识（"百科知识"分为两部分，共 50 分）

### （一）选择题：从四个选项中选择正确的一项（25 题，每题 1 分，共 25 分）

1. 中唐是唐诗流派纷呈的时代，除以白居易、张籍、王建等为代表的元白诗派外，主要有大历、贞元年间的一派诗人，包括刘长卿、韦应物和"大历十才子"，其中（　　）曾自称为"五言长城"，他的五绝是《逢雪宿芙蓉山主人》。

　　A. 张籍　　　　B. 韦应物　　　　C. 刘长卿　　　　D. 王建

2. 在北宋诗人中，（　　）自成一家，当时其诗就被称为"山谷体"，他是江西诗派的创始人。

　　A. 骆宾王　　　B. 王勃　　　　　C. 杨炯　　　　　D. 黄庭坚

3. 词究其本来性质而言，是歌辞，是广义上的诗歌的一种。晚唐的词人中以（　　）最为著名，他是花间词派的创始人之一。

　　A. 温庭筠　　　B. 白居易　　　　C. 刘禹锡　　　　D. 张志和

4. 元代杂剧是中国戏曲史上第一个高峰，标志着中国古代戏曲真正走向了成熟。杂剧（　　）的故事来源于唐代白居易的诗《井底引银瓶》，这部杂剧是白朴最成功的剧作。

　　A.《倩女离魂》　B.《墙头马上》　 C.《救风尘》　　 D.《汉宫秋》

5. 南戏是南曲戏文的简称，它最初流行于浙东沿海一带，故又称"温州杂剧""永嘉杂剧"或"永嘉戏曲"。南戏的形式在元末明初逐步定型下来。高明的（　　）向来被称为"南戏之祖"。

　　A.《琵琶记》　　B.《赵贞女》　　 C.《王魁》　　　 D.《荆钗记》

6. 清代是中国古代文学的最后一个时期。在诗歌方面，明末清初诗坛上，（　　）是影响最大的诗人。他的诗歌主张是在重"性情"的同时，也重"学问"，具有向宋诗回复的意味，代表作有《初学集》《有学集》等。

  A. 蒲松龄    B. 李玉    C. 李汝珍    D. 钱谦益

7. 盛唐时期的边塞诗也负有盛名，（　　）的诗作《燕歌行》是唐代边塞诗的压卷之作。

  A. 李宝嘉    B. 吴沃尧    C. 高适    D. 曾朴

8. 20世纪20年代中后期出现于诗坛并且对新诗的发展形成重大影响的是"新月派"。其中，（　　）是新月社所编刊物《晨报副刊·诗刊》中的积极活动者和新格律诗的主要倡导者，其第一部诗集《红烛》表现了唯美的倾向和浓丽的风格。

  A. 徐志摩    B. 闻一多    C. 朱湘    D. 郭沫若

9. 田汉是我国现代话剧运动的先驱。他在20世纪30年代的代表作品是（　　）。

  A.《咖啡店之一夜》    B.《上海屋檐下》
  C.《回春之曲》    D.《北京人》

10. 三皇五帝是中国历史上传说的人物，被认为是中华民族的祖先。一般认为，"三皇"是指伏羲、（　　）、黄帝。

  A. 尧    B. 炎帝    C. 舜    D. 神农

11. 18世纪末资产阶级反封建革命斗争的著名纲领性文件，并且后来成为法国宪法序言的是（　　）。

  A.《自由大宪章》  B.《权利法案》  C.《人权宣言》  D.《独立宣言》

12. 下列国家中，尚未加入欧元区的是（　　）。

  A. 西班牙    B. 比利时    C. 卢森堡    D. 英国

13. 不是德国古典哲学主要代表人物的是（　　）。

  A. 康德    B. 黑格尔    C. 谢林    D. 尼采

14. 中华人民共和国成立后，第一个与我国建立外交关系的西方国家是（　　）。

  A. 英国    B. 德国    C. 法国    D. 瑞士

15. 存款储蓄有多种形式，其中能够最大限度地吸收社会闲散资金的有效形式是（　　）。

  A. 活期存款    B. 整存整取    C. 零存整取    D. 整存零取

16. 中国最早的工艺百科全书是完成于17世纪30年代的《天工开物》。它的作者是（　　）。

  A. 徐霞客    B. 沈括    C. 郦道元    D. 宋应星

17. 下列作品《朝花夕拾》《子夜》《激流三部曲》《白洋淀纪事》与作者对应正确的一项是（　　）。

  A. 鲁迅、曹禺、茅盾、郭沫若    B. 鲁迅、茅盾、巴金、孙犁
  C. 郭沫若、曹禺、巴金、李健吾    D. 鲁迅、郭沫若、巴金、孙犁

18. 自然科学中最早出现的学科是（　　）。

A. 数学　　　B. 天文学　　　C. 医学　　　D. 化学

19. 人们在谈到计算机的时候，往往要谈到计算机是386、486或586。那么×86到底代表什么呢？简单地说，它代表着计算机（　　）。

A. 内存的级别　　　　　　　　B. CPU 的型号和级别

C. 硬盘的空间容量　　　　　　D. 主机板的型号和级别

20. 解某破门入室行窃，正在翻箱倒柜时，听到室主回家的脚步声，于是越窗逃跑。解某的行为属于（　　）。

A. 犯罪预备　　　B. 犯罪未遂　　　C. 犯罪中止　　　D. 犯罪既遂

21. （　　）是马克思主义的理论来源。

A. 19 世纪德国古典哲学　　　　B. 古希腊朴素唯物主义哲学

C. 17 世纪英国唯物主义哲学　　D. 18 世纪德国古典哲学

22. "邓小平理论"科学概念首次提出并被确定为中国共产党的指导思想是在党的（　　）。

A. 十二大　　　B. 十三大　　　C. 十四大　　　D. 十五大

23. 下列有关我国地势特点的正确叙述是（　　）。

A. 地势东高西低，呈现阶梯状分布　　B. 地势西高东低，呈现三级阶梯

C. 地形多种多样，山区面积广大　　　D. 地面无起伏

24. 世界上许多国家的著名城市都是沿河而建的，下列国家、城市、河流的组合正确的一项是（　　）。

A. 法国—巴黎—塞纳河　　　　B. 匈牙利—布达佩斯—易北河

C. 德国—汉堡—莱茵河　　　　D. 埃及—开罗—尼日尔河

25. "世界无烟日"是在每年的哪一天？（　　）

A. 3月7日　　　B. 4月7日　　　C. 5月7日　　　D. 6月7日

（二）名词解释题：简要解释下列文章片段中画线部分的名词和术语（25分）

**《诗经》**和**《楚辞》**是中国古代诗歌发展的源头，同时也是后世难以企及的不朽之作。而《文心雕龙》是在儒、道、佛三家的哲学、**美学**和文学思想的熏陶下产生的一部伟大的文学理论巨著。《文心雕龙》不仅对齐梁以前的文学创作经验和**文学批评**成果做了全面系统的总结，而且提出了一个完整的文学理论体系，对中国美学和文学理论的发展产生了深远的影响。儒家的中庸原则是贯穿《文心雕龙》全书的基调。鲁迅先生评价："篇章既富，评骘自生，东则有刘严和之《文心》，西则有**亚里士多德**之《诗学》……开源导流，为世楷式。"

简要解释以下名词和术语,每小题 5 分。

1.《诗经》
2.《楚辞》
3. 美学
4. 文学批评
5. 亚里士多德

## 二、应用文写作(40 分)

阅读以下现代诗,要求从诗歌主旨、诗歌意境、诗歌语言风格等方面入手撰写题为《舒婷〈雨巷〉简析》的赏析短评。(字数:500 字左右)

**致橡树**

作者:舒婷

我如果爱你——
绝不像攀援的凌霄花,
借你的高枝炫耀自己;
我如果爱你——
绝不学痴情的鸟儿,
为绿荫重复单调的歌曲;
也不止像泉源,
常年送来清凉的慰藉;
也不止像险峰,
增加你的高度,衬托你的威仪。
甚至日光,
甚至春雨。

不,这些都还不够!
我必须是你近旁的一株木棉,
作为树的形象和你站在一起。
根,紧握在地下;
叶,相触在云里。
每一阵风过,
我们都互相致意,
但没有人,

　　　　听懂我们的言语。
　　　你有你的铜枝铁干，
　　　　像刀，像剑，也像戟；
　　　我有我红硕的花朵，
　　　　像沉重的叹息，
　　　　又像英勇的火炬。

　　　我们分担寒潮、风雷、霹雳；
　　　我们共享雾霭、流岚、虹霓。
　　　　仿佛永远分离，
　　　　却又终身相依。
　　　这才是伟大的爱情，
　　　　坚贞就在这里：
　　　　　爱——
　　　不仅爱你伟岸的身躯，
　　　　也爱你坚持的位置，
　　　　足下的土地。

（附作者简介：舒婷，女，原名龚佩瑜，1952年出生于福建石码镇，中国当代女诗人，朦胧诗派的代表人物。1969年下乡插队，1972年返城当工人，1979年开始发表诗歌作品，1980年至福建省文联工作，从事专业写作。2008年，获得《诗选刊》杂志社主办的"中国2008年度十佳诗人"荣誉。2012年，获得两岸诗会桂冠人物奖。）

## 三、现代汉语写作（60分）

　　启蒙运动代表人物之一卢梭在他的《社会契约论》中有一句脍炙人口的名言："人生而自由，却无往不在枷锁之中，一些自以为是别人主人的人，其实比起别人来，才是更大的奴隶。"请以《自由与枷锁》为题，结合自己的人生经历与社会现实，**论述**二者之间的关系。要求论点鲜明，论据充分，说理透辟，语言流畅自然。（字数：1000~1200字）

· 暨南大学（B 211）·

# 2018年翻译硕士专业学位研究生入学考试试题

**科目名称**：汉语写作与百科知识　　**科目代码**：448
**考试时间**：3小时　　　　　　　　　**满分**：150分

## 一、百科知识（"百科知识"分为两部分，共50分）

（一）选择题：从四个选项中选择正确的一项（25题，每题1分，共25分）

1. 2017年诺贝尔文学奖获得者石黑一雄是一位日裔英国小说家，除了诺奖，他还曾获得1989年布克奖、大英帝国勋章、法国艺术及文学骑士勋章等多个奖项，与鲁西迪、奈保尔合称为"英国文坛移民三雄"。以下哪一部小说不是石黑一雄的作品？（　　）
   A.《群山淡景》　　　　　　　　B.《浮世画家》
   C.《且听风吟》　　　　　　　　D.《长日将尽》

2.《溪山行旅图》是中国绘画史上的杰作，此图一改常规构图，迎面耸立、雄壮浑厚的大山头被置于画面的重要位置，顶天立地，极具质感，造成一种撼人心魄的视觉效果。《溪山行旅图》是以下哪位画家的作品？（　　）
   A. 北宋张择端　　　　　　　　B. 北宋范宽
   C. 南唐顾闳中　　　　　　　　D. 东晋顾恺之

3. "天下兴亡，匹夫有责"是哪位思想家的名言？（　　）
   A. 顾炎武　　　　　　　　　　B. 黄宗羲
   C. 王夫之　　　　　　　　　　D. 王充

4. 我国煤炭资源主要集中在哪些省？（　　）
   A. 陕西、新疆、四川　　　　　B. 山东、甘肃、新疆
   C. 陕西、山西、内蒙古　　　　D. 山西、山东、河南

5. 人类第一次登月是在美国东部时间（　　）年7月20日下午4时17分42秒，阿姆斯特朗将左脚小心翼翼地踏上了月球表面，这是人类第一次踏上月球。
   A. 1969　　　B. 1970　　　C. 1971　　　D. 1972

6. 西洋管乐器有许多分类方法，一般按照发音的方式方法，分为吹孔气鸣乐器、单簧气鸣乐器、双簧气鸣乐器和唇簧气鸣乐器。俗称的"黑管"是指哪种乐器？（　　）
   A. 小号　　　　　　　　　　　B. 巴松管
   C. 双簧管　　　　　　　　　　D. 单簧管

7. 世界上最长的山脉是（　　），它属于科迪勒拉山系，从北到南全长8 900余千米。
   A. 洛基山脉　　　　　　　　　　B. 安第斯山脉
   C. 高加索山脉　　　　　　　　　D. 乌拉尔山脉

8. 以下哪个成语的写法有误？（　　）
   A. 不瘟不火　　B. 不刊之论　　C. 莫衷一是　　D. 默守成规

9. 有关尼罗河、阿姆河、印度河的下列说法，正确的是（　　）。
   A. 都是外流河　　　　　　　　　B. 都流经热带沙漠地区
   C. 都是沿岸地区重要的灌溉水源　D. 都是古代文明的摇篮

10. 海洋中等深线最密集的地方是（　　）。
    A. 海岭　　　　B. 海盆　　　　C. 大陆架　　　D. 大陆坡

11. 澳门全称为中华人民共和国澳门特别行政区，北邻广东省珠海市，西与珠海市的湾仔和横琴对望，东与香港隔海相望，相距60千米，南临中国南海。澳门自古以来就是中国的领土，最早正式纳入中国版图是在（　　）。
    A. 秦朝　　　　B. 汉朝　　　　C. 唐朝　　　　D. 宋朝

12. 真正能够反映一个国家对外贸易实际规模的指标是（　　）。
    A. 对外贸易量　B. 对外贸易额　C. 对外贸易依存度　D. 对外贸易值

13. 《莎乐美》是英国唯美主义作家奥斯卡·王尔德于1893年创作的戏剧，莎乐美的故事最早记载于《圣经·新约》中的《马太福音》，是以下哪位音乐家把这个故事改编成了家喻户晓的同名歌剧？（　　）
    A. 威尔第　　　　　　　　　　　B. 理查德·施特劳斯
    C. 普契尼　　　　　　　　　　　D. 莫扎特

14. "西风残照，汉家陵阙"一句出自《忆秦娥·箫声咽》一词，王国维在《人间词话》中盛赞此词，称其"以气象胜"。这首词是以下哪位诗/词人所作？（　　）
    A. 范仲淹　　　B. 晏殊　　　　C. 李白　　　　D. 欧阳修

15. 空手道是日本传统格斗术结合琉球武术唐手形成的，起源于日本武道和琉球的唐手。空手道有三大禁忌，以下哪一项不属于空手道禁忌？（　　）
    A. 用脚　　　　　　　　　　　　B. 用肘
    C. 用膝　　　　　　　　　　　　D. 出击触及对方身体

16. 在《红楼梦》第四十回"史太君两宴大观园，金鸳鸯三宣牙牌令"中，林黛玉所喜欢的一句诗"留得枯荷听雨声"，原诗是出自以下哪位诗人写的诗歌？（　　）
    A. 白居易　　　B. 李商隐　　　C. 王维　　　　D. 张九龄

17. 现代避雷针是以下哪位科学家发明的？他认为闪电是一种放电现象，为了证明这一点，他在1752年的一个雷雨天，冒着被雷击中的危险，将一个系着长长金属导线的风

筝放飞进雷雨云中。（    ）

  A. 达·芬奇          B. 亚历山大·贝尔

  C. 爱迪生          D. 富兰克林

18. 古代中国人在说年龄的时候常常不用数字表示，而是用专门的称谓来代替。朝杖之年、耄耋之年是指多少岁？（    ）

  A. 60~70 岁         B. 70~80 岁

  C. 80~100 岁         D. 100 岁以上

19. 白鹿洞书院、应天书院、岳麓书院、嵩阳书院，被合称为中国"四大书院"，其中哪一个书院位于江西？（    ）

  A. 白鹿洞书院         B. 应天书院

  C. 岳麓书院         D. 崇阳书院

20. "天知、神知、我知、子知"，最早是汉代人杨震说的，他说这句话的目的是（    ）。

  A. 拒绝收礼    B. 劝人投案    C. 替人投案    D. 向人发誓

21.《中华人民共和国国旗法》第十六条规定，在直立的旗杆上升降国旗，应当徐徐升降。升起时，必须将国旗升至杆顶；降下时，不得使国旗落地。下半旗时，是将国旗下降到什么位置？（    ）

  A. 旗杆的一半处         B. 下降 1 米

  C. 下降 1.5 米         D. 间隔杆顶的 1/3 处

22. 围棋是一种策略性两人棋类游戏，中国古时称"弈"。围棋共有多少个棋子？（    ）

  A. 360     B. 361     C. 362     D. 365

23. "牛郎织女"是众口皆碑的神话传说，牛郎星属于什么星座？（    ）

  A. 天琴座     B. 天鹰座     C. 天鹅座     D. 大熊座

24. 社会主义法治理念可以概括为依法治国、执法为民、公平正义、服务大局、党的领导五个方面的内容。其中"大局"指的是什么？（    ）

  A. 中国特色社会主义事业        B. 政法工作

  C. 行业利益          D. 全省利益

25.《胡笳十八拍》是古乐府琴曲歌辞，一章为一拍，共十八章，故有此名，其作者是以下哪位古代才女？（    ）

  A. 左棻     B. 苏惠     C. 李清照     D. 蔡琰

（二）名词解释题：简要解释下列文章片段中画线部分的名词和术语（25 分）

  整个 19 世纪的法国历史进程影响着欧洲，从 1789 年<u>法国资产阶级大革命</u>开始，有 1830 年和 1840 年的拿破仑执政和拿破仑失败；1848 年发生资产阶级革命，法国经历了资产阶级的民主政治；到 1870 年<u>普法战争</u>和巴黎公社革命。它实际上也标志着整个欧洲

19世纪的历史进程，标志着历史发展的新阶段。从艺术发展看，19世纪欧洲的艺术同样是在法国影响下展开的。19世纪法国产生了四个较大的艺术运动：**新古典主义**、浪漫主义、现实主义，以及印象派和**后印象派艺术**运动。印象派的名称是无意中产生的，是批评家对首届印象派画展上展出的一幅油画《日出·印象》的贬义评价。他们认为这些画家不会画画，只能画印象。但是印象派画家接受了这个词语，自此他们的展览就以此命名。印象派艺术受日本浮世绘的影响，重视绘画的平面性、装饰性和写意性。日本版画在博览会展出，使法国艺术家大开眼界，因而对日本的绘画一见钟情，尤其是一些年轻的画家，如莫奈、马奈、德加、雷诺阿、西斯莱以及后来的**梵高**和高更。

简要解释以下名词和术语，每小题5分。
1. 法国资产阶级大革命
2. 普法战争
3. 新古典主义
4. 后印象派艺术
5. 梵高

## 二、应用文写作（40分）

著名画家达·芬奇说过："人的美德的荣誉比他财富的荣誉不知大多少倍。古往今来，帝王公侯数不胜数，却没有在我们记忆中留下一丝痕迹，就因为他们只想用庄园和财富留名后世。君不见，多少人在钱财上一贫如洗，但在美德上却是真正意义上的豪富呢？"请以《贫穷与富有》为题，为自己写一篇参加全国大学生演讲比赛使用的演讲稿。要求说理透辟，情感充沛，格式正确。（字数：400~450字。）

## 三、现代汉语写作（60分）

阅读下列经典诗词，**选择其中之一**作为引子，自拟标题，**根据诗词中的情绪与意境**演绎成一篇抒情小说或抒情散文。（字数：1000~1200字）

### 其一：《国风·郑风·将仲子》

将仲子兮，无逾我里，无折我树杞。岂敢爱之？畏我父母。仲可怀也，父母之言亦可畏也。

将仲子兮，无逾我墙，无折我树桑。岂敢爱之？畏我诸兄。仲可怀也，诸兄之言亦可畏也。

将仲子兮，无逾我园，无折我树檀。岂敢爱之？畏人之多言。仲可怀也，人之多言亦可畏也。

**其二:《菩萨蛮·平林漠漠》**
　　　　——五代·佚名
平林漠漠烟如织,寒山一带伤心碧。
　瞑色入高楼,有人楼上愁。
　玉阶空伫立,宿鸟归飞急。
　何处是归程?长亭更短亭。

# 上海大学（B 211）

# 2020年翻译硕士专业学位研究生入学考试试题

科目名称：汉语写作与百科知识  科目代码：448
考试时间：3小时  满分：150分

## 一、百科知识（每小题1分，共25分）

1. 明朝时期，把西方天文、数学、地理等方面的著作介绍给中国，又把中国的儒家和道家学说介绍给西方，开西学东渐之先河的是（　　）。
   A. 利玛窦　　　B. 南怀仁　　　C. 严复　　　D. 孟德斯鸠

2. 扬一益二的"益"指什么地方？（　　）
   A. 成都　　　B. 洛阳　　　C. 杭州　　　D. 扬州

3. 法国大革命的标志是（　　）。
   A. 国民议会改称制宪议会
   B. 攻陷巴士底狱
   C. 实现政教分离
   D. 成立法兰西第一共和国

4. 国际法庭设在哪里？（　　）
   A. 瑞士　　　B. 巴黎　　　C. 荷兰　　　D. 纽约

5. 诺贝尔奖是从哪一年开始颁布的？（　　）
   A. 1900年　　　B. 1901年　　　C. 1902年　　　D. 1903年

6. 法国大革命、美国独立战争、英国资产阶级革命的共同特点是（　　）。
   A. 发生的原因都是因为本国的封建统治阻碍了资本主义的发展
   B. 都推翻了封建统治
   C. 都建立了共和国
   D. 都促进了本国资本主义经济的发展

7. 哪个血型抵抗传染病的能力最强？（　　）
   A. O型血　　　B. B型血　　　C. AB型血　　　D. A型血

8. 著名哲学家雅斯贝尔斯指出：公元前 6 世纪到前 4 世纪大致都出现了古典文化，这一时期被称之为"轴心时代"，在轴心时代出现的对后来欧洲文明产生巨大影响的古典文化是（　　）。

　　A. 希腊文化　　　　B. 日耳曼文化　　　　C. 基督教　　　　D. 印度文化

9. 在中世纪的欧洲，"人类把自己用才华和智慧创造的一切几乎视为上帝的恩典"。下列各项中，最先对这种认识带来冲击的是（　　）。

　　A. 新航路的开辟　　　　　　　　B. 文艺复兴
　　C. 宗教改革　　　　　　　　　　D. 启蒙运动

10. 魏源在《海国图志》中提出"师夷长技以制夷"。"长技"在当时不可能包括（　　）。

　　A. 蒸汽机　　　　B. 火车　　　　C. 汽车　　　　D. 轮船

11. 新民主主义革命的开端是（　　）。

　　A. 国共合作　　　　　　　　　　B. 北伐战争
　　C. 中国共产党成立　　　　　　　D. 五四运动

12. 丝绸之路是从什么时候开始的？（　　）

　　A. 西汉　　　　B. 东汉　　　　C. 三国　　　　D. 秦朝

13. 孕妇吃什么元素有利于分娩和健康？（　　）

　　A. 铁　　　　B. 锌　　　　C. 碘　　　　D. 钙

14. 鲁迅最早涉及边缘化人物，企图剖析国民性的作品是（　　）。

　　A.《药》　　　　B.《故乡》　　　　C.《孔乙己》　　　　D.《阿Q正传》

15. 成年人的恒牙有多少颗？（　　）

　　A. 32~36 颗　　　　B. 30~34 颗　　　　C. 28~32 颗　　　　D. 26~30 颗

16. "落霞与孤鹜齐飞，秋水共长天一色"的作者是（　　）。

　　A. 王勃　　　　B. 杨炯　　　　C. 卢照邻　　　　D. 骆宾王

17. 辛弃疾的词充满了对历史上的壮士、豪杰的缅怀，被称为（　　）。

　　A. 稼轩体　　　　B. 易安体　　　　C. 颜体　　　　D. 柳体

18. 欧洲的中世纪，被称为"黑暗的时代"。这段时期所发展的一套社会制度和生活方式，大抵而言是（　　）。

　　A. 城邦　　　　　　　　　　　　B. 封建制度和庄园生活
　　C. 市民政治　　　　　　　　　　D. 议会政治

19. 白居易的哪一首诗描写了唐明皇和杨贵妃的爱情故事？（　　）

　　A.《长恨歌》　　　　B.《桃花扇》　　　　C.《梧桐雨》　　　　D.《长生殿》

20. 我国第一部纪传体断代史书是（　　）。

　　A.《宋史》　　　　B.《汉书》　　　　C.《明史》　　　　D.《后汉书》

21. 新航路的开辟从资本主义发展的角度来说，最重要的影响是（　　）。
A. 促进了资本主义迅速发展
B. 加强了世界各地联系
C. 使欧洲商业发生重大变化，贸易量增加
D. 引起了人民扩张和加速资本的原始积累

22. 国际上用"K"表示含金量，18K金表示含金量为（　　）。
A. 60%　　　　B. 65%　　　　C. 70%　　　　D. 75%

23. 孔子为什么"三月不知肉味"？（　　）
A. 听到好乐曲　　B. 读到好书　　C. 欣赏了舞曲　　D. 安贫乐道

24. "肤如凝脂"运用的是六义中的（　　）。
A. 赋　　　　B. 比　　　　C. 兴　　　　D. 风

25. 下面哪一项是曹禺的话剧，也是标志着中国话剧艺术真正成熟的作品？（　　）
A.《雷雨》　　B.《日出》　　C.《原野》　　D.《北京人》

## 二、名词解释（每小题5分，共25分）

1.《牡丹亭》
2.《齐民要术》
3. 欧阳修
4. 金雀花王朝
5. 翻译目的论

## 三、应用文写作（40分）

请写一封回复函，内容为中国×××出版社是否同意与海外×××出版社在海外合作出版《三国演义》英译版，并推荐一位合适的译者翻译此书。

## 四、现代汉语写作（60分）

以"人心"为题写作，题材不限，字数不少于800字。

# 2019年翻译硕士专业学位研究生入学考试试题

**科目名称：** 汉语写作与百科知识　　**科目代码：** 448
**考试时间：** 3小时　　**满分：** 150分

## 一、百科知识（每小题1分，共25分）

1. 辛丑年的下一年是（　　）。
   A. 庚子年　　B. 壬寅年　　C. 壬丑年　　D. 辛午年
2. 《说文解字》是哪个朝代的？（　　）
   A. 东汉　　B. 西汉　　C. 春秋　　D. 战国
3. "破釜沉舟"这一成语来源于什么战役？（　　）
   A. 官渡之战　　B. 巨鹿之战　　C. 牧野之战　　D. 长平之战
4. "不鸣则已，一鸣惊人"指的是（　　）。
   A. 秦穆公　　B. 楚庄王　　C. 宋襄公　　D. 晋文公
5. "铁杵磨成针"和哪位诗人有关？（　　）
   A. 李白　　B. 杜甫　　C. 白居易　　D. 王维
6. 睡觉的最佳朝向是（　　）。
   A. 头北脚南　　B. 头南脚北　　C. 头东脚西　　D. 头西脚东
7. "一贯"指多少铜钱？（　　）
   A. 一枚　　B. 十枚　　C. 一百枚　　D. 一千枚
8. "名不正言不顺"是哪家说法？（　　）
   A. 儒家　　B. 道家　　C. 法家　　D. 佛家
9. 《水经注》的作者是（　　）。
   A. 祖冲之　　B. 徐霞客　　C. 郦道元　　D. 郭守敬
10. "经史子集"中的子指的是（　　）。
    A. 儒家经典著作　　B. 各种题材史学　　C. 先秦诸子百家著作　　D. 文学荟萃
11. 以下各组对应错误的是（　　）。
    A. 但丁——《神曲》——意大利；莫里哀——《伪君子》——法国
    B. 司汤达——《红与黑》——法国；狄更斯——《双城记》——英国
    C. 屠格涅夫——《上尉的女儿》——俄国；海明威——《老人与海》——美国
    D. 肖洛霍夫——《静静的顿河》——苏联；伏尼契——《牛虻》——爱尔兰

12. 下列不属于中国四大佛教名山的是（　　）。
A. 山西五台山　　B. 浙江普陀山　　C. 四川峨眉山　　D. 陕西华山

13. 提出"五失本三不易"的是（　　）。
A. 鸠摩罗什　　B. 释道安　　C. 慧远　　D. 严复

14. 三十六计的最后一计是（　　）。
A. 走为上　　B. 围魏救赵　　C. 瞒天过海　　D. 声东击西

15. 五星红旗的设计者是（　　）。
A. 李宗津　　B. 曾联松　　C. 莫宗江　　D. 梁思成

16. "人不可有傲气，但不可无傲骨"是谁的座右铭？（　　）
A. 徐悲鸿　　B. 孙中山　　C. 李大钊　　D. 周恩来

17. 三权分立是由（　　）提出来的。
A. 伏尔泰　　B. 孟德斯鸠　　C. 卢梭　　D. 赫胥黎

18. 《诗经》的基本句式是（　　）。
A. 三言　　B. 四言　　C. 五言　　D. 杂言

19. 下列相同重量的食物中所含热量最多的是（　　）。
A. 烤牛肉　　B. 奶油　　C. 牛肉　　D. 苹果

20. 郑和下西洋最远到达的地方是（　　）。
A. 印度洋　　B. 太平洋　　C. 大西洋　　D. 非洲东海岸

21. 战国时期，主张人们不分贵贱等级，反对不义战争的是（　　）。
A. 孔子　　B. 孟子　　C. 老子　　D. 墨子

22. "易安体"最早是由（　　）所创立的。
A. 辛弃疾　　B. 李清照　　C. 苏轼　　D. 范仲淹

23. 人们常说"无事不登三宝殿"中的"三宝"指的是（　　）。
A. 佛、法、僧　　B. 书、剑、琴　　C. 笔、墨、纸　　D. 金、银、玉

24. 下列不属于汉字六书的是（　　）。
A. 象形　　B. 形声　　C. 会意　　D. 反切

25. 先秦时期，教育内容以"六艺"为主，下列不属于"六艺"的是（　　）。
A. 礼　　B. 乐　　C. 御　　D. 武

## 二、名词解释（每小题5分，共25分）

1. 《德伯家的苔丝》

2. 《西厢记》

3. 交际翻译

4. 英国宗教改革

5. 丝绸之路

### 三、应用文写作（40 分）

以"上海印象"为主题写一篇导游词。

### 四、现代汉语写作（60 分）

请以"野百合也有春天"为主题，写一篇不少于 800 字的散文。

# 2018 年翻译硕士专业学位研究生入学考试试题

**科目名称**：汉语写作与百科知识　　　　**科目代码**：448
**考试时间**：3 小时　　　　　　　　　　**满分**：150 分

## 一、百科知识（每小题 1 分，共 25 分）

1. 作为世界近代史的开端的标志是（　　）。
　A. 英国资产阶级革命　　　　　　B. 美国独立战争
　C. 日本明治维新　　　　　　　　D. 第一次工业革命
2. 美国和德国在 19 世纪中期至 20 世纪初，经济超过英法的共同原因是（　　）。
　A. 拥有广大殖民地　　　　　　　B. 通过垄断组织赚取高额利润
　C. 废除了黑人奴隶制　　　　　　D. 采用了科学技术的成果
3. 下列关于欧洲文艺复兴的表述，错误的是（　　）。
　A. 14 世纪首先从意大利开始
　B. 其性质是资产阶级文化运动
　C. 是希腊、罗马古典文化在经过天主教会长期压制以后的复兴
　D. 孕育了欧洲近代的资产阶级文化
4. 世界各民族的历史逐步融合为一部统一的人类历史的标志是（　　）。
　A. 佛教的传播　　　　　　　　　B. 西欧封建社会的形成
　C. 基督教的传播　　　　　　　　D. 新航路的开辟

5. 下列被认为是欧洲开始从中世纪向近代社会过渡的标志的是（　　）。
A.《蒙娜丽莎》　　B.《哈姆雷特》　　C.《神曲》　　D.《最后的晚餐》

6. 明确提出财产权是人神圣不可侵犯的权利的文件是（　　）。
A.《权利法案》　　B.《人权宣言》　　C.《宅地法》　　D.《民法典》

7. 林肯是美国历史上最受人民爱戴的总统之一，最主要的原因是他（　　）。
A. 扩大了美国的领土　　　　　　B. 维护了北方资产阶级的利益
C. 推翻了英国的殖民统治　　　　D. 解放黑人奴隶，维护了国家的统一

8. 下列对人文主义的解释最准确的是（　　）。
A. 强调人性至上，反对宗教迷信　　B. 肯定人的价值，鼓吹个性解放
C. 否定教皇权威，主张宗教自由　　D. 要求自由平等，反对特权等级

9. 英国启蒙文学作家丹尼尔·笛福的代表作是（　　）。
A.《鲁滨逊漂流记》　　　　B.《无病呻吟》
C.《伪君子》　　　　　　　D.《辛格顿船长》

10. 唐代崔颢所作的《黄鹤楼》中的"昔人已乘黄鹤去，此地空余黄鹤楼"中的"昔人"是指（　　）。
A. 朋友　　B. 父亲　　C. 古仙人子安　　D. 李白

11. "商女不知亡国恨，隔江犹唱后庭花"中的"国"是（　　）。
A. 南宋　　B. 商朝　　C. 隋朝　　D. 南陈

12. 我们常把风韵犹存的中年妇女称为"半老徐娘"，"徐娘"指的是（　　）。
A. 南朝王妃徐昭佩　　　　B. 中年妇女
C. 明朝徐文长的父亲　　　D. 以上都不是

13. 世界最著名的十大海峡中，位于印度南端和斯里兰卡北部之间的海峡是（　　）。
A. 保克海峡　　　　B. 马六甲海峡
C. 白令海峡　　　　D. 对马海峡

14. "仁者见之谓之仁，智者见之谓之智"出自下列哪部典籍？（　　）
A.《论语》　　B.《道德经》　　C.《庄子》　　D.《周易》

15. 下列哪部戏剧的作者是明朝人？（　　）
A.《汉宫秋》　　B.《赵氏孤儿》　　C.《娇红记》　　D.《清忠谱》

16. 徐志摩、胡适属于哪一文学流派？（　　）
A. 新月派　　B. 鸳鸯蝴蝶派　　C. 荷花淀派　　D. 山药蛋派

17. 我国最早的神话小说是（　　）。
A.《山海经》　　B.《三国演义》　　C.《搜神记》　　D.《世说新语》

18. 司马相如追求卓文君时所弹的是四大名琴中的（　　）。
A. 号钟　　B. 绕梁　　C. 绿绮　　D. 焦尾

19. 根据宪法和《物权法》，下列自然资源中不专属于国家所有的财产是（　　）。
   A. 矿藏　　　　　　B. 土地　　　　　　C. 水流　　　　　　D. 海洋
20. 红十字会的会标是由哪个国家的国旗演变而来的？（　　）
   A. 瑞士　　　　　　B. 法国　　　　　　C. 美国　　　　　　D. 英国
21. "一日不见，如隔三秋"最早出自（　　）。
   A.《山海经》　　　B.《诗经》　　　　C.《楚辞》　　　　D.《道德经》
22. "居安思危，戒奢以俭"出自（　　）的文章。
   A. 司马光　　　　　B. 诸葛亮　　　　　C. 魏徵　　　　　　D. 王安石
23. 在三国时期我国台湾地区被称为（　　）。
   A. 东鳀　　　　　　B. 琉球　　　　　　C. 夷洲　　　　　　D. 扶桑
24. 提出"五失本三不易"之说的古代佛经译者是（　　）。
   A. 释道安　　　　　B. 鸠摩罗什　　　　C. 玄奘　　　　　　D. 支谦
25. 我国第一部纪传体通史是（　　）。
   A.《资治通鉴》　　B.《史记》　　　　C.《战国策》　　　D.《左传》

## 二、名词解释（每小题 5 分，共 25 分）

1.《中国文化要义》
2.《海国图志》
3. 郑和下西洋
4. 京师同文馆
5. 明治维新

## 三、应用文写作（40 分）

梁启超认为：凡译书者，于华文、西文及其所译书中所言专门之学，三者具通，斯为上才；通二者次之；仅通一则不能以才称矣。请写一封信给同学，谈谈你对梁启超所说的话的看法。

## 四、现代汉语写作（60 分）

请以"译路漫漫知何处"为题，写一篇不少于 800 字的散文。

# 扬州大学（B）

# 2019年翻译硕士专业学位研究生入学考试试题

科目名称：汉语写作与百科知识　　　　科目代码：448
考试时间：3小时　　　　　　　　　　　满分：150分

## 一、百科知识（共25题，每小题2分，共50分）

这部分共25题，每题有四个选项，每题只有一个正确答案。

1. 下面哪一历史时期不是封建社会？（　　）
   A. 汉　　　　B. 秦　　　　C. 周　　　　D. 唐

2. 全国性抗日战争开始于（　　）。
   A. 九一八事变　　　　　　B. 柳条湖事件
   C. 七七事变　　　　　　　D. 八一三事变

3. 下面哪一个不属于国别文化？（　　）
   A. 中华文化　　B. 华夏文化　　C. 炎黄文化　　D. 东方文化

4. 西汉时期强调"独尊儒术"的是（　　）。
   A. 汉武帝　　B. 汉文帝　　C. 汉景帝　　D. 汉宣帝

5. 清朝官方组织编纂的最大一部丛书是（　　）。
   A.《永乐大典》　　　　　　B.《古今图书集成》
   C.《四库全书》　　　　　　D.《天下郡国利病书》

6. 实行"书同文"政策的朝代是（　　）。
   A. 西周　　　　B. 秦代　　　　C. 西汉　　　　D. 唐代

7. 史书《资治通鉴》是史学家（　　）所著。
   A. 班固　　　　B. 司马光　　　C. 司马迁　　　D. 左丘明

8.《尚书》内容所属的类别是（　　）。

A. 历史散文集 B. 哲学散文集
C. 文学散文集 D. 艺术散文集

9. "名不正则言不顺"是哪家的思想？（  ）
A. 法家 B. 名家
C. 墨家 D. 儒家

10. 中国传统政治制度的鲜明特点是（  ）。
A. 伦理政治 B. 强权政治
C. 议会政治 D. 民主政治

11. Generally speaking, the Renaissance refers to the period between the $14^{th}$ and mid-$16^{th}$ centuries, whose essence is (  ).
A. science B. philosophy
C. arts D. humanism

12. (  ) is known as "the poets' poet".
A. William Shakespeare B. Christopher Marlowe
C. Edmund Spenser D. John Donne

13. Romance, which uses narrative verse or prose to tell stories of (  ) adventures or other heroic deeds, is a popular literary form in the medieval period.
A. Christian B. knightly
C. pilgrims D. primitive

14. *Break, Break, Break* was written by (  ).
A. Alfred Tennyson B. James Joyce
C. Virginia Woolf D. T. S. Eliot

15. The main theme of Emily Dickinson is the following except (  ).
A. friendship B. love and marriage
C. life and death D. war and peace

16. The two main islands of the British Isles are (  ).
A. Great Britain and Ireland B. Great Britain and Scotland
C. Great Britain and Wales D. Great Britain and England

17. The introduction of Christianity to Britain added the first element of (  ) words to English.
A. Danish and Finnish B. Dutch and German
C. French and Italian D. Latin and Greek

18. (  ) has more Nobel Prize winners than any other institution in Britain.
A. Oxford B. Cambridge
C. The University of London D. King's College London

19. Aestheticism is the belief that artists have no obligation other than to strive for beauty "art for art's sake". The most important representative of Aestheticism is (    ).

    A. Thomas Hardy                              B. Oscar Wilde

    C. Virginia Woolf                           D. William Butler Yeats

20. The following except (    ) are all powers of the U. S. President.

    A. appointing federal judges when vacancies occur

    B. making laws

    C. issuing executive orders

    D. vetoing any bills passed by Congress

21. (    ) is renowned for its unique plant and animal species. It is estimated that there are around 20,000 to 25,000 different plants native to the land.

    A. Australia                                     B. Canada

    C. The United Kingdom              D. The United States

22. (    ) is the largest city in Canada and (    ) is the capital city.

    A. Vancouver; Toronto                B. Montreal; Ontario

    C. Toronto; Ottawa                    D. Quebec; Dawson

23. The description of a language at some point in time is a (    ) study.

    A. synchronic                                B. diachronic

    C. historical                                    D. comparative

24. The core of linguistics excludes (    ).

    A. semantics                                 B. morphology

    C. phonetics                                  D. psycholinguistics

25. According to F. de Saussure, (    ) refers to the abstract linguistic system shared by all the members of a speech community.

    A. parole                                       B. performance

    C. langue                                       D. language

## 二、应用文写作（40分）

近年来，全国不少城市的交通管理部门为了减少交通事故，推出了机动车礼让行人的严格规定，受到了市民的欢迎。礼让斑马线反映了一个城市的文明程度，但也有不少人特别是机动车驾驶员对此质疑，认为礼让斑马线可能会带来新的交通不畅。请给城市管理者写一篇不少于400字的建议信。文中严禁出现任何与考生真实身份有关的信息。

## 三、现代汉语写作（60分）

近年来，城市养狗问题，成了公众关注的热点话题之一。该怎样有效治理城市养狗所带来的城市管理问题？请自拟题目，从社会公序和城市管理两个层次，写一篇800字左右的议论文。

# 南京航空航天大学（C 211）

# 2018年翻译硕士专业学位研究生入学考试试题

**科目名称：** 汉语写作与百科知识　　**科目代码：** 448
**考试时间：** 3小时　　　　　　　　　满分：150分

## 一、选择题（共25小题，每小题2分，共50分）

1. 在清代所编的《四库全书总目》"经"部的总序中，提到了"经"部书籍的选择标准"经禀圣裁，垂型万世"。这句话说明"经"部的典籍都是经过圣人裁定的。这里的"圣"是指（　　）。
　　A. 周公　　　　B. 孔子　　　　C. 泛指古代的圣人　　D. 当时的皇上

2. 下面与成语"防微杜渐"意思不相关的是（　　）。
　　A. 差之毫厘，失之千里　　　　B. 木秀于林，风必摧之
　　C. 千里之堤，毁于蚁穴　　　　D. 一着不慎，满盘皆输

3. 刘禹锡《乌衣巷》一诗云："旧时王谢堂前燕，飞入寻常百姓家。"这里的"王谢"，是指东晋时以（　　）和谢安为首的两个家族。
　　A. 王导　　　　B. 王羲之　　　　C. 王濬　　　　D. 王戎

4. 西方现代文论认为，一部作品产生后就是独立的文本，和作者无关。然而这个原则却不适用于中国传统文学。中国古代的文学家，很多是朝廷的官员或预备官员，至少是读书人，是文明的传承者，他们的言行是社会风尚的风向标，文学承载着移风易俗的责任，因此社会价值体系对文学家的人格有较高的要求。如汉代的扬雄写过赞美王莽的文章，因而被宋人看不起；严嵩的诗写得好，但是后世读的人少，诗集也少有刊刻——怎能让祸国殃民的罪人立言不朽呢！古人虽也说过"孔雀虽有毒，不能掩文章"这样的话，但仍坚持"德艺双馨"的文艺评论原则。

根据这段文字，下列符合传统上中国古代对文学作品的看法的是（　　）。
A. 知人论世　　　B. 文以载道　　　C. 诗以言志　　　D. 文如其人

5. 对下列每组词语中相同的字的解释有误的一组是（　　）。
A. 怀古（思念）　　　　　　　少怀大志（心里存有）
   襟怀（胸怀）　　　　　　　怀瑾握瑜（胸部衣里掩着）
B. 横幅（跟地面平行的）　　　蔓草横生（纵横杂乱）
   横贯（地理上东西向的）　　横行霸道（蛮横）
C. 花灯（用花或花纹装饰的）　花言巧语（用来迷惑人的）
   火花（形状像花朵的东西）　文艺之花（比喻事物的精华）
D. 化冻（融化）　　　　　　　潜移默化（变化）
   化解（消除）　　　　　　　化险为夷（使变化）

6. 在汉字的"六书"中，一般认为不属于造字法而只是用字法的是（　　）。
A. 象形　　　B. 会意　　　C. 假借　　　D. 形声

7. 下面诗句中，"锦书"一词的意思与其他三句差别较大的一句是（　　）。
A. 青冢曾无尺寸归，锦书多寄穷荒骨。
B. 云中谁寄锦书来？雁字回时，月满西楼。
C. 山盟虽在，锦书难托，莫！莫！莫！
D. 上元锦书传宝字，王母琼箱荐金约。

8. 下面三首诗歌，各题咏一种花，按顺序排列，对应花名完全正确的一组是（　　）。
①陆龟蒙："素葩多蒙别艳欺，此花真合在瑶池。还应有恨无人觉，月晓风清欲堕时。"
②释道潜："从来托迹喜深林，显晦那求世所闻。偶至华堂奉君子，不随桃李斗氤氲。"
③赵友直："行到篱边地满霜，暴时物物已非常。自怜失意秋风后，独有寒花不改香。"
A. 兰花、白莲、菊花　　　　　B. 白莲、兰花、菊花
C. 兰花、菊花、白莲　　　　　D. 白莲、菊花、兰花

9. 元杂剧《西厢记》描写了张生和崔莺莺的爱情故事。这个故事的前身，来自唐代（　　）所作的传奇小说《莺莺传》。
A. 元稹　　　B. 李朝威　　　C. 白行简　　　D. 蒋防

10. 下列关于中国古典小说的描述中，不正确的一项是（　　）。
A. 章回小说是我国古典长篇小说的唯一形式
B. 我国古代的章回小说是由宋元讲史话本发展而来的
C. 元末明初出现的章回小说，都是在民间长期流传，经说话和说书艺人的补充，逐渐丰富，最后由文人加工改写而成的
D. 中国古代的章回小说，在内容上都与"讲史"保持着联系

11. 在下列选项中，采用多党制的君主立宪制国家有（　　）。
A. 加拿大、荷兰、意大利　　　　　　B. 澳大利亚、比利时、西班牙
C. 英国、荷兰、澳大利亚　　　　　　D. 丹麦、比利时、西班牙

12. 下列依次填入横线处的词语，恰当的一组是（　　）。
①鲁迅那一篇篇如匕首般的杂文至今仍显露着_____的思想锋芒。
②_____是可以杀人的。中国有句老话叫"人言可畏"。
③这件事已经过去多年了，但是，现在想起来，他内心深处还感到_____。
④他心烦意乱，意志消沉，经常独自_____街头。
A. 锋利　流言　内疚　流连　　　　　B. 犀利　流言　歉疚　踯躅
C. 锋利　谎言　歉疚　踯躅　　　　　D. 犀利　谎言　内疚　流连

13. 对下列作家、作品及其国别的表述，不正确的一项是（　　）。
A. 阿·托尔斯泰是俄国伟大的批判现实主义作家，也是世界著名的文学家。他的主要作品是长篇小说《战争与和平》《安娜·卡列尼娜》《复活》
B. 19世纪法国著名诗人、小说家和戏剧家雨果的代表作是长篇小说《巴黎圣母院》《悲惨世界》
C. 巴尔扎克是19世纪法国著名作家。他创作的主要小说总称为《人间喜剧》，其中包括长篇小说《欧也妮·葛朗台》和《高老头》。《人间喜剧》是一部"包罗万象的社会史"
D. 19世纪英国批判现实主义文学的创始人和杰出代表查尔斯·狄更斯的代表作是长篇小说《匹克威克外传》《艰难时世》《双城记》

14. 下列论述中不正确的是（　　）。
A. 荀子是中国先秦时期的唯物主义哲学家，主张"性恶论"
B. 休谟在认识论上主张不可知论
C. "我思故我在"是培根提出的命题
D. 叔本华是一位唯意志主义哲学家，其代表作有《作为意志和表象的世界》

15. 素质教育是中国教育的一个长期发展目标，下述关于素质教育的理解错误的是（　　）。
A. 素质教育是以提高民族素质为宗旨的教育
B. 素质教育是依据《教育法》规定的国家教育方针，着眼于受教育者及社会长远发展的要求，以面向全体学生、全面提高学生的基本素质为根本宗旨
C. 国家教委曾专门出台《关于当前积极推进中小学实施素质教育的若干意见》，因此素质教育的对象是中小学生
D. 素质教育是以注重培养受教育者的态度、能力，促进他们在德智体美等方面生动、活泼、主动地发展为基本特征的教育

16. 西藏从（　　）开始，成为中国领土不可分割的一部分。
A. 唐朝　　　　B. 元朝　　　　C. 明朝　　　　D. 清朝

17. 我国现行分税制把税种划分为（　　）。
   A. 流转税、所得税和财产税　　　　B. 中央税、共享税和地方税
   C. 增值税、营业税和消费税　　　　D. 企业所得税和个人所得税

18. 近来，在国际外汇市场上，日元再度贬值，12月2日伦敦外汇市场曾一度跌至125.03日元兑换1美元，东京外汇市场3日的收盘价也降至124.65日元兑换1美元，比前一个交易日下跌了1.23日元。这将（　　）。
   A. 有利于日本进口他国产品，促进其经济发展
   B. 是日本低迷经济走向复苏的根本出路
   C. 必然引发周边国家货币贬值，导致金融危机
   D. 有助于提高日本产品的价格竞争力，有利于出口

19. 自然界存在着四种基本的相互作用，即强作用、电磁作用、弱作用和引力作用。核子间的相互作用是（　　）。
   A. 强作用　　　B. 电磁作用　　　C. 弱作用　　　D. 引力作用

20. 在17—18世纪殖民争霸战争中，印度成为英法争夺的焦点的原因是（　　）。
   A. 印度具有重要的军事战略地位　　B. 印度当地较落后，容易被控制
   C. 印度是潜在的商品市场和原料产地　　D. 印度属于东西方交通要道，易守难攻

21. 《中华人民共和国物权法》第九十七条规定："处分共有的不动产或者动产以及对共有的不动产或者动产作重大修缮的，应当经占份额三分之二以上的按份共有人或者全体共同共有人同意，但共有人之间另有约定的除外。"根据此条规定，在共有人之间没有约定的情况下，下面说法中正确的是（　　）。
   A. 共同共有动产的重大修缮只需经占份额三分之二以上的共有人同意
   B. 按份共有不动产的处分须经全体共有人同意
   C. 按份共有动产的重大修缮只需经占份额三分之二以上的共有人同意
   D. 共同共有不动产的处分只需经占份额三分之二以上的共有人同意

22. 18世纪德国著名文学家歌德，24岁时创作的描写爱情的书信体小说（　　），曾对我国"五四"新文学产生过很大影响。
   A.《阴谋与爱情》　　　　　　B.《少年维特之烦恼》
   C.《红与黑》　　　　　　　　D.《浮士德》

23. 甲男谎称自己是国家机关干部，毕业于某名牌大学，父亲是某上市公司董事长。乙女信以为真，遂与甲结婚。婚后乙发现自己上当受骗：甲根本未上过大学，也没有固定工作，穷困潦倒。乙欲寻求法律救济，在下面的各项主张中，可能得到人民法院支持的是（　　）。
   A. 要求宣告甲、乙的婚姻无效　　B. 要求撤销甲、乙之间的婚姻
   C. 要求解除同居关系　　　　　　D. 要求离婚

24. 效益和效率是企业运营中经常用到的两个既有联系又有区别的概念。下面指标中最直接反映企业的经营效率的是（　　　）。
　　A. 销售净利率　　　B. 资产负债率　　　C. 资金周转率　　　D. 市场占有率

25. 在中国历史上，宦官专权、外戚专权、丞相专权现象出现的根本原因是（　　　）。
　　A. 皇权专制制度使然　　　　　　　　B. 皇权软弱使然
　　C. 宦官和外戚都是统治阶级中的腐朽势力　　D. 丞相有较强的能力和较大的权力

## 二、应用文写作（40分）

　　一年一度的社团申请活动开始了，学校团委要求创办新社团需提交申请，审核通过后可给予1 000元~2 000元的运营经费。你打算新申请一个社团，请根据要求提交一份申请报告。

　　要求：

　　1. 社团名称根据自己的志趣自拟。社团活动要求具有一定的时代性和创意。

　　2. 报告需阐明组建社团的意义、必要性与可行性、社团的年度工作计划、所需经费的额度及分类预算（列表说明）等。

　　3. 文字应言简意赅，详略得当。字数不超过1 000字。

## 三、现代汉语写作（60分）

　　苏轼在给弟弟苏辙的诗中写道："人生到处知何似，应似飞鸿踏雪泥。泥上偶然留指爪，鸿飞那复计东西。老僧已死成新塔，坏壁无由见旧题。往日崎岖还记否，路长人困蹇驴嘶。"（《和子由渑池怀旧》）以飞鸿、雪泥等意象，抒发了对人生种种偶然和不确定性的感悟。

　　请以"雪泥鸿爪"的意境为中心，发挥联想，自由写作，可虚构、可纪实，可议论、可抒情。

　　要求：

　　1. 题目自拟，用现代汉语写作。

　　2. 除诗歌外文体不限。

　　3. 字数不少于1 000字。

# 2017年翻译硕士专业学位研究生入学考试试题

**科目名称：** 汉语写作与百科知识　　**科目代码：** 448
**考试时间：** 3小时　　**满分：** 150分

## 一、选择题（共25小题，每小题2分，共50分）

1. "富而可求也，虽执鞭之士，吾亦为之。"这句话出自（　　）。
   A. 老子　　B. 荀子　　C. 韩非子　　D. 孔子

2. 下列成语中，来源于历史故事的是（　　）。
   A. 指鹿为马　　B. 自相矛盾　　C. 买椟还珠　　D. 叶公好龙

3. "此情可待成追忆，只是当时已惘然"中的"可待"意为（　　）。
   A. 可以等待　　B. 岂可等待　　C. 不可等待　　D. 是否可以等待

4. 西方现代文论认为，一部作品产生后就是独立的文本，和作者无关。然而，这个原则却不适用于中国传统文学。中国古代的文学家，很多是朝廷的官员或预备官员，至少是读书人，是文明的传承者，他们的言行是社会风尚的风向标。文学承载着移风易俗的责任，因此社会价值体系对文学家的人格有较高的要求。如汉代的扬雄写过赞美王莽的文章，因而被宋人看不起；严嵩的诗写得好，但是后世读的人少，诗集也少有刊刻——怎能让祸国殃民的罪人立言不朽呢！古人虽也说过"孔雀虽有毒，不能掩文章"的话，但仍坚持"德艺双馨"的文艺评论原则。

根据这段文字，下列符合传统上中国古代对文学作品的看法的是（　　）。
   A. 知人论世　　B. 文以载道　　C. 诗以言志　　D. 文如其人

5. 阅读下列楹联，依序选出最适合填入□内的选项：（　　）。
   读书取正，读易取变，读骚取幽，读庄取□，读汉文取坚，最有味□□岁月；
   与菊同野，与梅同□，与莲同□，与兰同芳，与海棠同韵，定自称花里神仙。
   A. 达/卷中/疏/洁　　B. 道/卷中/疏/逸
   C. 达/篇外/寒/洁　　D. 道/篇外/寒/逸

6. 汉字的发展经历了漫长的历史过程，这其中，后来成为"正体"的楷书，是来源于汉代通行的隶书。那么，隶书的前身则是（　　）。
   A. 甲骨文　　B. 金文　　C. 小篆　　D. 大篆

7. "乐以天下，忧以天下，然而不王者，未之有也"与（　　）所表达的观点属于同一学派。

　　A. 天之道，损有余而补不足；人之道则不然，损不足以奉有余

　　B. 刑过不避大臣，赏善不遗匹夫

　　C. 其用战也胜，久则钝兵挫锐，攻城则力屈，久暴师则国用不足

　　D. 域民不以封疆之界，固国不以山溪之险，威天下不以兵革之利

8. 王国维在《人间词话》中把境界分为"有我之境"与"无我之境"："有我之境，以我以观物，故物皆著我之色彩。无我之境，以物观物，故不知何者为我，何者为物。"下面四个词句，（　　）最具"无我之境"的特点。

　　A. "渔市孤烟袅寒碧，水村残叶舞愁红"　　B. "采菊东篱下，悠然见南山"

　　C. "泪眼问花花不语，乱红飞过秋千去"　　D. "林花谢了春红，太匆匆"

9. 古人称谓中，一般总是对自己用谦称，对别人和长辈用敬称，对平辈和晚辈可以相对随意些。下面的各组称谓中，（　　）只用于自称。

　　A. 不才；不佞　　B. 小子；竖子　　C. 夫子；先生　　D. 足下；大人

10. 下列句子中没有语病的一句是（　　）。

　　A. 由于执法理念差、立法不到位、监督程序不规范等原因，导致检察院行使法律监督权力的效果不好，现阶段的检察监督职能并未发挥应有作用

　　B. 尽管近年来中国人在海外遭遇恐怖袭击的事件时有发生，但不少中国人内心，恐怖主义距离我们还很遥远，大家的防恐反恐意识还不强

　　C. 如果只单纯地强调依靠个人的道德修养抵御不良环境的腐蚀，而不从制度上建立起制约个人行为的机制，是不能达到防腐反腐的目的的

　　D. HT3 健脑器是根据传统中医、现代西医、边缘科学与现代微电脑数字芯片技术完美结合的一种治疗保健的仪器，它具有所有物理治疗仪的功能

11. 在下列选项中，采用多党制的君主立宪制国家有（　　）。

　　A. 加拿大、荷兰、意大利　　B. 澳大利亚、比利时、西班牙

　　C. 英国、荷兰、澳大利亚　　D. 丹麦、比利时、西班牙

12. 苏轼的《水调歌头》一词，以"但愿人长久，千里共婵娟"一句，将中国文化中因月亮而生的深沉感喟揭示了出来，词中所涉及的人月关系，与（　　）这句诗相近。

　　A. "秦时明月汉时关"　　B. "海上生明月，天涯共此时"

　　C. "淮水东边旧时月，夜深还过女墙来"　　D. "今人不见古时月，今月曾经照古人"

13. 下面关于文史知识的表述，不正确的一项是（　　）。

　　A. 庄子是先秦思想家，其思想核心是"齐物论"和"逍遥游"

　　B. 王充是东汉思想家，代表作是《论衡》

　　C. 刘勰是南朝文学理论家，代表作是《诗品》

　　D. 王阳明是明代理学家，他的代表性观点是"知行合一""心即理""致良知"

14. 发现美洲以来，许多诞生于动荡之中的宝藏就在新大陆和传统的欧洲大陆之间穿梭。美洲品种多样的植物更是别具一格。由印第安人培植的，对缓解世界粮食供应紧张、促进人口快速增长起重要作用的作物是（　　）。

　　A. 马铃薯和玉米　　B. 小麦和甘薯　　C. 玉米和水稻　　D. 烟草和可可

15. "始作俑者，其无后乎！"出自《孟子·梁惠王上》，后"始作俑者"成为常用成语。下列正确使用这个成语的一句是（　　）。

　　A.《镜花缘》第七十九回："你要提起'在手如托泰山'这句，真是害人不浅！当日不知那个始作俑者，忽然用了'托'字，初学不知，往往弄成大病，实实可恨！"

　　B. 如果把1982年《浙江青年》杂志社举办的"全国青年钢笔字比赛"作为硬笔书法比赛的始作俑者，那么这个比赛从创立至今已有十多个年头了

　　C. 建议刘备联合孙权的，是鲁肃；说服孙权联合刘备的，也是鲁肃。鲁肃是孙刘联盟的始作俑者，也是孙刘联盟的第一功臣

　　D. 南宋思想家朱熹对《礼记·大学》的"格物致知"命题做了系统的阐释和论述，可以说他是儒家这一认识思想的始作俑者

16. "苟富贵，勿相忘"一句，"富贵"是"勿相忘"的（　　）。

　　A. 必要条件　　B. 充分条件　　C. 充要条件　　D. 以上皆不是

17. 中国历代统治者对户口的管理都极为重视，他们将户口多寡作为国力盛衰与社会治乱的标志，建立了从中央至州、县、乡的完备户籍管理体系。但究其原因，是将户籍作为调派劳役、征收赋税的主要依据，以此维护建立在小农经济基础上的特权。这是一种源远流长的文化烙印，纵使历史的车轮滚滚向前，但那道印痕仍难以抹去。

　　这段文字主要介绍了（　　）。

　　A. 户籍管理体系的文化背景　　B. 户籍制度存在的历史根源
　　C. 中国古代户籍管理体系的构建方式　　D. 户籍制度对维护政治统治的深远影响

18. "心理弹性"的动力可能来自大脑激素反应、基因以及行为方式的共同作用，以保证一种情绪上的＿＿＿＿状态。它不仅帮助我们在人生变故、创伤面前不至于崩溃，也让我们在好的经验上不至于沉溺，比如享受美餐、赢得球赛、受到表扬，都不会持续太久——这可能因为人是天生的＿＿＿＿动物，在愉快的经验中沉浸太久，会＿＿＿＿识别新危险的能力。

　　依次填入划横线部分最恰当的一项是（　　）。

　　A. 平衡　忧患　钝化　　B. 应激　危险　弱化
　　C. 积极　健忘　异化　　D. 稳定　懒散　退化

19. 天干常与地支配合用于纪年、纪日，下面四组干支纪年的排列，顺序正确的一组是（　　）。

　　A. 甲辰、乙巳、丙午、丁未、戊戌、己亥、壬子、癸丑、庚申、辛酉
　　B. 甲丑、乙寅、丙卯、丁辰、戊巳、己午、庚未、辛申、壬酉、癸亥

C. 甲子、乙丑、丙寅、丁卯、戊辰、己巳、壬午、癸未、庚申、辛酉

D. 甲申、乙酉、丙戌、丁亥、戊子、己丑、庚寅、辛卯、壬辰、癸巳

20. 下列俗语描述的现象与经济学名词对应错误的是（　　）。

A. 覆水难收——机会成本

B. 一山不容二虎——完全垄断

C. 入芝兰之室，久而不闻其香——边际效用递减

D. 城门失火，殃及池鱼——负外部效应

21. 下列作品中属于律诗的是（　　）。

A. 李商隐的《无题》（相见时难别亦难）　　B. 曹操的《短歌行》

C. 陶渊明的《饮酒》　　D. 陆游的《关山月》

22. 18世纪德国著名文学家歌德，24岁时创作的描写爱情的书信体小说（　　），曾对我国"五四"新文学产生过很大影响。

A.《阴谋与爱情》　　B.《少年维特之烦恼》

C.《红与黑》　　D.《浮士德》

23. 下列情形中，行为人不负刑事责任的是（　　）。

A. 14周岁的张某，贩卖冰毒0.2克

B. 15周岁的李某，因过失导致他人伤残

C. 20周岁的周某，醉酒后殴打他人致人重伤

D. 35周岁的聋哑人宋某，入户盗窃现金5 000元

24. 效益和效率是企业运营中经常运用的两个既有联系又有区别的概念。下面指标中最直接反映企业的经营效率的是（　　）。

A. 销售净利率　　B. 资产负债率　　C. 资金周转率　　D. 市场占有率

25. 在美国，癌症病人的平均生存年限（即从确诊为癌症到死亡的年限）是7年，而在亚洲，癌症病人的平均生存年限只有4年。因此，美国在延长癌症病人生命方面的医疗水平要高于亚洲。

如果（　　）为真，最能削弱上述论证。

A. 在亚洲，日本的癌症患者的平均生存年限是8年

B. 美国人的平均寿命要高于亚洲人

C. 美国医学界也承认，中医在治疗某些癌症方面，有西医不具有的独到疗效

D. 美国人的自我保健意识总体上高于亚洲人，因此癌症患者的早期确诊率要高于亚洲

## 二、应用文写作（40分）

小李原与好友合租一两室公寓，好友搬离后，小李决定另招同性室友以分担房租。为避免日后产生矛盾，细心的小李拟定了一份合租协议，就同住过程中双方可能涉及的

费用平摊、卫生清洁、起居作息、用餐用厨、交友往来及其他各种居处中可能涉及的问题都做了周详的约定。

请以此为前提，替小李拟定两份文本：

1. 拟定一份招租广告。要求信息明确，文体合宜，字数不得超过150字。（10分）

2. 拟定一份合租协议。要求内容公平合法，格式规范，条款明晰，文字流畅，字数在400~600字。（30分）

## 三、现代汉语写作（60分）

明朝遗民张岱曾说过一句名言："人无疵不可与交，以其无真气也；人无癖不可与交，以其无真情也。"（《陶庵梦忆》卷四）

请根据自己的生活经历和感悟，作文一篇，针对文中提到的观点，或批评，或应和，或延伸。

要求：

1. 题目自拟，用现代汉语写作。

2. 除诗歌外文体不限，议论、叙事、抒情皆可。

3. 不少于800字。

# 辽宁大学（C 211）

## 2020年翻译硕士专业学位研究生入学考试试题

科目名称：汉语写作与百科知识　　科目代码：448
考试时间：3小时　　　　　　　　满分：150分

## 一、百科知识（每小题3分，20小题，共60分）

1. 《春秋》
2. 班固
3. 《战国策》
4. 退避三舍
5. 东道主
6. 长安
7. 贞观之治
8. 诗圣
9. 楷书四大家
10. 书画同源
11. 第一次工业革命
12. 辩证法
13. 乔治·戈登·拜伦
14. 《巴黎圣母院》
15. 《叶普盖尼·奥涅金》
16. 综合国力
17. 中等收入国家
18. 外汇储备

19. 量子
20. 精准扶贫

## 二、应用文写作（40分）

为实现城市污水与雨水分流排放，需铺设地下管道线，请以×市城乡建设委员会的名义向×市交通局写一份请求工作协助的函。要求不少于400字。

## 三、现代汉语写作（50分）

从"民族灵魂"和"人类的精神"两个主题中任选其一写一篇作文，要求不少于800字。

# 2019年翻译硕士专业学位研究生入学考试试题

科目名称：汉语写作与百科知识　　科目代码：448
考试时间：3小时　　　　　　　　　满分：150分

## 一、百科知识（每小题3分，20小题，共60分）

1. 楚辞
2. 《孔雀东南飞》
3. 三国时期
4. 建安风骨
5. 老骥伏枥
6. 阴阳历
7. 黄帝内经
8. 甲骨文
9. 司马迁
10. 七月流火

11. 萨特的存在主义
12. 魔幻现实主义
13. 詹姆斯·乔伊斯
14. 《荷马史诗》
15. 《荒原》
16. 改革开放
17. 历史唯物主义
18. 空间站
19. 自由贸易区
20. 生态文明

## 二、应用文写作（40分）

以县中心医院的名义向卫生局写一份关于医疗诊室的请示，要求不少于400字。

## 三、现代汉语写作（50分）

以"人工智能与人类"为主题写作，要求不少于800字。

# 2018年翻译硕士专业学位研究生入学考试试题

**科目名称：** 汉语写作与百科知识　　**科目代码：** 448
**考试时间：** 3小时　　**满分：** 150分

## 一、百科知识（每小题3分，20小题，共60分）

1. 从①<u>七七事变</u>到中华人民共和国成立，中国经历了抗日战争和解放战争。当时的中国文坛，形成了特色各异的国统区文学、解放区文学、沦陷区文学及②<u>孤岛文学</u>。这一时期有影响力的文学流派有③<u>七月派</u>、白杨派和山药蛋派。在不同文学体裁中，小说的发展尤为突出。小说的主要代表作有钱锺书的④<u>《围城》</u>、老舍的《四世同堂》、巴金的《寒夜》、⑤<u>张爱玲</u>的《倾城之恋》、孙犁的《荷花淀》、赵树理的《小二黑结婚》等。

这些作品标志着中国现代小说已经发展成熟。

2. 中国古代服饰的基本形制是礼仪的象征，因而与治理天下有关。据⑥《易经》可知，衣裳形制的起源被归之于中华民族的⑦人文始祖和传说中的帝王。中国的传统服饰按穿戴部位可分为头衣，如⑧冕；体衣，如衣、裳；还有足衣，共三部分。上古时代男女都穿裙，后世裤子出现，裙才成为女服，⑨纨绔子弟一词就源于此。古人的服饰受礼制的影响，有严格的等级差别，不但天子、⑩诸侯、大夫有别，官民、主仆等各行各业都有符合身份的衣着打扮。明代甚至对各色身份人等的衣长袖宽也进行规定，不准随便使用。

3. 19世纪是一个浪漫主义时代。浪漫主义是针对理性主义而来的，当时⑪法国大革命中出现了罗伯斯庇尔的恐怖统治和拿破仑的军事独裁，使得人们对⑫启蒙主义所倡导的理性精神大失所望。这可以说是产生浪漫主义的社会背景。浪漫主义时代，人才辈出，不仅涌现了许多著名的、甚至影响人类历史进程的思想家、哲学家和文学家，还出现了许许多多的有才华、有成就的音乐家，形成了一股颇具规模、颇具特色的⑬浪漫乐派。说到浪漫乐派，首先必须提到两位跨世纪的音乐大师⑭贝多芬和舒伯特。他们的音乐融合了古典乐派和浪漫乐派的双重风格，体现了从古典到浪漫过渡的特点。而标题音乐是浪漫主义音乐中的一种特殊形式，是与浪漫主义文学紧密相连的结果，最富有浪漫风格的标题音乐形式是⑮交响诗。它的出现为作曲家开辟了一块新的创作天地，作为开拓者，李斯特写了《塔索》《匈牙利》《哈姆莱特》等13首交响诗。

4. 中国共产党十九大报告指出，经过长期努力，⑯中国特色社会主义进入了新时代，这是我国发展新的历史方位。我们既要全面建成⑰小康社会、实现第一个百年奋斗目标，又要乘势而上开启全面建设社会主义现代化国家新征程，向第二个百年奋斗目标进军。报告还提出了建设现代化经济体系的六大任务：深化⑱供给侧结构性改革、加快建设创新型国家、实施乡村振兴战略、实施区域协调发展战略、加快完善社会主义⑲市场经济体制、推动形成全面开放新格局。党的十九大报告还指出，要以⑳"一带一路"建设为重点，坚持引进来和走出去并重，遵循共商、共建、共享原则，加强创新能力开放合作，形成陆海内外联动、东西双向互济的开放格局。

## 二、应用文写作（40分）

2017年度，××公司在技术改革项目全面投产后，经受住了市场的考验，经济效益获得大幅提高，公司决定对一年来涌现出的一批敢于创新、表现突出的集体和个人进行表彰。

请根据所给材料，按照公文写作要求，以××公司的名义拟写一份不少于400字的表彰决定。

## 三、现代汉语写作（50分）

躬自厚而薄责于人，则远怨矣。——孔子《论语》

天称其高者，以无不覆；地称其广者，以无不载；日月称其明者，以无不照；江海称其大者，以无不容。——曹植《求通亲亲表》

请根据以上材料，以"宽容"为题写一篇不少于800字的文章，体裁不限，诗歌、戏剧除外。

# 西北大学（C 211）

# 2018年翻译硕士专业学位研究生入学考试试题

科目名称：汉语写作与百科知识  科目代码：448
考试时间：3小时  满分：150分

## 一、百科知识

### （一）选择题（共10小题，每小题1分，共10分）

1. 被后人称为"诗佛"，对山水田园诗的发展有着杰出贡献的是（　　）。
   A. 谢灵运　　　　B. 王维　　　　C. 孟浩然　　　　D. 陶渊明

2. 我国社会主义初级阶段起始于（　　）。
   A. 中华人民共和国成立
   B. 国民经济恢复任务完成
   C. "文化大革命"结束
   D. 对生产资料私有制社会主义改造任务完成

3. 反对霸权主义和强权政治、维护世界和平，是（　　）。
   A. 我国外交政策的基本目标　　　　B. 我国外交政策的根本原则
   C. 我国处理国际关系的基本原则　　D. 我国对外政策的纲领

4. 律师法、公证法属于（　　）这一部门法。
   A. 行政法　　　　B. 宪法　　　　C. 民法　　　　D. 诉讼程序法

5. 欧洲的中世纪，被称为"黑暗时代"。这时期所发展的一套社会制度和生活方式，大抵而言是（　　）。
   A. 城邦　　　　　　　　　　　　　B. 封建制度和庄园生活
   C. 市民政治　　　　　　　　　　　D. 议会政治

6. 英国议会起源于（　　）。
   A. 现代议会　　　　B. 上议院　　　　　C. 下议院　　　　　D. 大会议
7. 《论翻译的原则》是由（　　）所著的。
   A. 泰特勒　　　　　B. 德莱顿　　　　　C. 拉尔博　　　　　D. 蒲柏
8. 《译者的隐身》的作者是（　　）。
   A. 韦努蒂　　　　　B. 赖斯　　　　　　C. 赛义德　　　　　D. 贝尔曼
9. 下列经典不属于"五经"的是（　　）。
   A. 《周易》　　　　B. 《尚书》　　　　C. 《礼记》　　　　D. 《大学》
10. "水能载舟，亦能覆舟"是我国古代思想史上（　　）提出的著名论点。
    A. 老子　　　　　　B. 孟子　　　　　　C. 荀子　　　　　　D. 墨子

## （二）填空题（共10小题，每小题1分，共10分）

1. 张载在中国哲学史上第一次建立了比较完整的_____哲学体系，开辟了朴素唯物主义哲学的新阶段。
2. 子曰："三人行，必有我师焉；择其善者而从之，_____。"
3. 汉魏之际文坛巨匠"三曹""七子"继承了汉乐府民歌的现实主义传统，普遍采用五言形式，并具有慷慨悲凉的阳刚之气，这种独特风格被称为_____。
4. 洋务运动的重要成就就是筹建了中国历史上第一支近代化海军——_____。
5. 中国的五大名山即五岳，是指东岳泰山、西岳_____、北岳恒山、南岳衡山、中岳嵩山。
6. 欧洲人开辟新航路的主要原因是_____。
7. 我国第一篇翻译专论是_____所著的《辩证论》。他主张译经"宁贵朴而近理，不用巧而背源"。
8. 世界上最早的太阳历是由_____提出来的。
9. 生物工程包括四个方面，即酶工程、发酵工程、细胞工程和_____。
10. 犹太经文是由阿拉米文和_____写成的。

## （三）名词解释（共20小题，每小题1.5分，共30分）

1. 《双城记》　　　2. 民主共和制　　　3. 明十三陵　　　4. 汤显祖
5. 新教　　　　　　6. 《菜根谭》　　　7. 属相　　　　　8. 关学
9. 摩西　　　　　　10. 斗拱　　　　　　11. 沉鱼落雁　　　12. 地中海
13. 摇滚乐　　　　　14. 流媒体　　　　　15. 能量守恒　　　16. 欧元区
17. 比特币　　　　　18. 因特网　　　　　19. 阿喀琉斯之踵　20. 人类命运共同体

## 二、应用文写作（40分）

根据以下所提供的场景和信息写一篇400字左右的应用文。

一位在中国某大学学习的留学生欲在毕业之际向该校的留学生主管部门——国际文化交流学院写一封感谢信，感谢学院领导和全体老师提供的帮助和关爱。请替这位留学生拟写一封感谢信。

要求：格式正确、内容完整、语言得体、情感真挚。

## 三、现代汉语写作（60分）

近几年有些高校的教室墙面上挂有手机袋，供学生上课前存放手机用。请写一篇800字左右的作文，重点分析这一现象产生的原因，并从学生的角度陈述你对此现象的观点和看法。

要求：题目自拟、观点明确、逻辑性强。

# 北京邮电大学（211）

# 2018年翻译硕士专业学位研究生入学考试试题

科目名称：汉语写作与百科知识　　科目代码：448
考试时间：3小时　　　　　　　　　满分：150分

## 一、选择填空及名词解释（每题2分，共50分）

1. "蜘蛛""仿佛""奥林匹克""了"都属于（　　）。
   A. 词　　　　　B. 短语　　　　　C. 语素

2. （　　）不是单纯词。
   A. 人　　　　　B. 乌鲁木齐　　　C. 日食

3. "这张照片请您再放大一点儿"中的"再"是（　　）。
   A. 谓语　　　　B. 状语　　　　　C. 补语

4. 中国传统节日中，重视团圆的节日是（　　）。
   A. 清明节　　　B. 端午节　　　　C. 中秋节

5. 中国京剧"四大名旦"中没有（　　）。
   A. 梅兰芳　　　B. 程砚秋　　　　C. 荀小云

6. "一带一路"没有涉及的国家是（　　）。
   A. 老挝　　　　B. 英国　　　　　C. 吉尔吉斯斯坦

7. 莎士比亚的悲剧不包括（　　）。
   A.《威尼斯商人》　B.《麦克白》　　C.《李尔王》

8.《清明上河图》是北宋画家（　　）的存世精品。
   A. 张择端　　　B. 黄公望　　　　C. 顾恺之

9. 理学（也称为"程朱理学"）的代表人物为北宋时期的程颢、程颐兄弟和南宋的（　　）。
   A. 陆九渊　　　B. 朱熹　　　　　C. 韩愈

10. 海顿、莫扎特和贝多芬都属于（　　）乐派。
A. 古典主义　　　　B. 浪漫主义　　　　C. 现实主义

11. 不同的语言可以有不同的词汇分布形式。但总体来讲，我们可以根据词汇的属性特征从**基本词汇**和一般词汇、常用词汇和非常用词汇、古语词汇和新词汇、口语词汇和书面语词汇、标准语词汇和方言词汇、本土词汇和外来词汇六个角度来观察。请解释"基本词汇"。

12. 汉字字体从古到今的发展，经历了好几个阶段，根据字体的结构特点和发展顺序，大致可以分为"篆、隶、草、**楷**"。由于早期汉字数量太少，所以一般讲汉字的字体，都从甲骨文开始。请解释"楷"。

13. 很多人说，懂得并记住了"**六书**"，就懂得了汉字的微妙之处。请解释"六书"。

14. 常饮**绿茶**能防癌、降脂和减肥，对吸烟者也可减轻其受到的尼古丁伤害。请解释"绿茶"。

15. 词类是个语法概念，指根据语法方面的某个标准，即词的语法功能对词进行的分类。从语法意义和词汇意义角度同时观察，词包括**实词**和虚词两大类。请解释"实词"。

16. "**洪荒之力**"是 2016 年网络新词。请解释"洪荒之力"。

17~18. 科学家发现在**故宫**建筑中古代工匠广泛使用了**榫卯结构**。请解释"故宫"和"榫卯结构"。

19~20. 经 33 个成员国投票表决，**ISO**/IEC 正式通过了由中国技术专家牵头提交的**物联网**参考架构国际标准项目。请解释"ISO"和"物联网"。

21~22. 短短几年间，我国 **4G** 用户在整体手机用户中占比超过 60%。而网络的高速发展也催生了如**共享单车**、手机支付等各类创新应用。请解释"4G"和"共享单车"。

23~24. 一款安抚型机器人可以通过 **USB** 充电，续航达到 8 小时。目前其正在以 100 美元的价格进行**众筹**，预计明年上市。请解释"USB"和"众筹"。

25. 近年来**新能源汽车**的发展越来越成熟，成为未来汽车发展的趋势。请解释"新能源汽车"。

## 二、应用文写作（40 分）

根据下面的文字说明写一篇 300 字左右的建议书。

你所在的大学刚刚搬入新建校区。校区面积大，教学楼和宿舍楼宽敞明亮。但是由于地处城市郊区，各项辅助设施还在完善中。目前学校鼓励大家为优化学校环境献力献策，特向在校师生征集优化学校环境的建议书。

针对这种情况，请你写一封具有建设性的建议书，内容可以包括可利用的条件、改善学校环境的具体方法以及你所做的调研等。

要求：

1. 标题；

2. 正文；

3. 署名及日期。

## 三、命题作文（60分）

请以"中国名片"为题写一篇800字左右的作文。

要求：思路清晰，文字通顺，用词得体，结构合理，文笔优美。

# 国际关系学院

# 2018年翻译硕士专业学位研究生入学考试试题

科目名称：汉语写作与百科知识　　科目代码：448
考试时间：3小时　　　　　　　　　满分：150分

## 一、解词题（解释有下划线的名词，每个2分，共50分）

1. 至于对文化的结构，一般把它分为四个层次：一为**物态文化层**；二为**制度文化层**；三为行为文化层；四为心态文化层。

2. 中国的自然地势是西高东低。高原和丘陵差不多占了三分之二，有**四大高原**，都集中于西部和北部。丘陵和平原则分布于东部，有所谓**四大平原**。

3. 许慎《说文解字》一书，系统分析了汉字的六种结构，学术上称为**"六书"**。我国古代的图书分类自汉代"七分法"之后，到晋代产生了"四分法"。后来《隋书·经籍志》著录了东汉以来的大量文献，并按四部分类，从此有了**"四部"**之称。

4. 古时祭祀以**"五岳"** "四海"等最为重要，因为它们代表了帝王统治的江山社稷。我国古代现存的历史名楼，确实都在山水胜地。首先是**"江南三大名楼"**，历代文人登临览胜，吟诗作赋，留下许多名篇。

5. 殷墟甲骨文中已有用干支（即**"天干"**和**"地支"**）纪日的记载。所谓"干支"就是干枝，以天为干，以地为枝，也是一种天地阴阳观念的表现。

6. 唐代诗歌艺术的发展，到晚唐诗坛笼罩着哀伤凄凉的气氛，成就最大的诗人当数**"小李杜"**。另外，也有所谓的**"温李"**。

7. 元代有**"元曲四大家"**，创作了很多著名的戏剧作品，塑造了许多个性鲜明的艺术形象。清初杰出的戏剧家当数世称的**"南洪北孔"**。

8. 到战国末年，以五帝崇拜附会阴阳五行学说，以"五"为一组的事物于古籍中随处可见："五行" **"五方"** **"五官"** "五脏"等。

9. 我国中医学的最大特点就是诊断和治疗的整体观念，把人体的生理机能看作一个整体，因此中医诊治强调"**四诊**""**八纲**"。

10. 文艺复兴运动的兴起为人们正确认识宇宙开创了一个新契机。最早打破中世纪宇宙观的是天文学家**哥白尼**，之后**布鲁诺**进一步发展了哥白尼的理论。

11. "二战"后世界出现了**冷战**局面，1949 年成立的**北大西洋公约组织**和华沙条约组织导致东西方对立越来越严重。

12.《**伊利亚特**》与《**奥德赛**》是希腊文学的先声。

13. 中世纪文学的最高成就无疑属于**但丁**，他与**莎士比亚**、歌德齐名，是西方文学史上三大天才巨匠之一。

## 二、应用写作题（40 分）

国际关系学院英语（或日语）系拟举办全校英美（或日本）文化周，请你以系团委、学生会的名义写作一篇 450 字左右的请示，上报校团委、学生会，内容包括文化周的具体内容、经费预算并请求上级批准。

格式要求：公文标题、主送机关、公文正文、发文机关署名、成文时间五项齐全，版头和版记部分省略。

## 三、命题作文（60 分）

有人说读大学最为重要的事就是将你的心灵与那些历史上最伟大的心灵相沟通。根据你的理解，写一篇 800 字左右的议论文。要求观点鲜明、文字通顺、结构合理、议论有说服力。

# 翻译硕士 汉语写作与百科知识 448

## 学霸带你解析真题

### 解析分册

编著 ▪ 时代云图考试研究中心

北京理工大学出版社
BEIJING INSTITUTE OF TECHNOLOGY PRESS

版权专有　侵权必究

### 图书在版编目（CIP）数据

翻译硕士汉语写作与百科知识 448：学霸带你解析真题 / 时代云图考试研究中心编著. —北京：北京理工大学出版社，2020.12

ISBN 978 – 7 – 5682 – 9286 – 3

Ⅰ.①翻… Ⅱ.①时… Ⅲ.①英语 – 翻译 – 研究生 – 入学考试 – 题解 Ⅳ.① H315.9–44

中国版本图书馆 CIP 数据核字（2020）第 232486 号

| | |
|---|---|
| 出版发行 / | 北京理工大学出版社有限责任公司 |
| 社　　址 / | 北京市海淀区中关村南大街 5 号 |
| 邮　　编 / | 100081 |
| 电　　话 / | （010）68914775（总编室） |
| | （010）82562903（教材售后服务热线） |
| | （010）68948351（其他图书服务热线） |
| 网　　址 / | http://www.bitpress.com.cn |
| 经　　销 / | 全国各地新华书店 |
| 印　　刷 / | 三河市良远印务有限公司 |
| 开　　本 / | 787 毫米 × 1092 毫米　1/16 |
| 印　　张 / | 31.5 |
| 字　　数 / | 786 千字 |
| 版　　次 / | 2020 年 12 月第 1 版　2020 年 12 月第 1 次印刷 |
| 定　　价 / | 89.80 元 |

责任编辑 / 徐艳君
文案编辑 / 徐艳君
责任校对 / 周瑞红
责任印制 / 李志强

图书出现印装质量问题，请拨打售后服务热线，本社负责调换

翻译硕士汉语写作与百科知识主要考查学生对百科知识的掌握程度及其汉语写作水平，二者对于深入学习翻译这门学科以及从事翻译工作来说都十分必要。关于这门考试，各大招生院校均采取自主命题的方式，所以各校试卷的题型与考查重点都不尽相同。本书选取了25所翻译硕士招生院校往年考试的真题，邀请成功考取这些院校的学霸们分享自己的备考经验，解密不同院校在这门考试中的考查特点，分析不同院校近几年真题中考查的重点与难点，并预测今后可能出现的命题方向。

从各大院校往年真题来看，百科知识部分可能出现的题型有词条解释、选择题、填空题和简答题等，前两种比较常见，其他题型比较少见；对于汉语写作部分，多数院校均设置应用文写作与现代汉语写作两篇作文，但也有例外，如北京航空航天大学就不考查应用文，而是考查文言文翻译与理解。如果希望在这门考试上获得高分，考生需要掌握大量的百科知识和常见的应用文写作格式，且至少达到高考写作水平，熟练掌握议论文、记叙文、散文等文体的写作方法。

本书的初衷是让考生更有效率、更具针对性地复习。考生从本书学霸硬核备考分享这一模块既可了解目标院校的命题规律，又可找到合适的复习资料，同时还可借鉴学霸们的时间规划，实现最省时省力的复习。百科知识是这门考试的一大难点，因为涉及的知识范围非常广，很多考生复习起来都感觉很吃力。但如果能够掌握目标院校的查考重点，学会一定的答题方法和技巧，那复习起来便可事半功倍。本书在参考答案与考点解析中的解析和学霸支招部分分析了各大院校的考查重点、答题技巧以及复习方向，对考生而言，实用性非常高。作文部分的题目分析、考场还原和评点升格为考生提供写作思路和可借鉴的范文，分析获得高分的关键。利用这些内容，考生可以有目标、有重点地掌握目标院校常考应用文的写作格式，选择性地背诵优质范文，积累素材与优美表达。

使用本书，考生既可以利用往年真题对自己的水平进行阶段性检测，查漏补缺，及时调整复习重点，还能一窥学霸们通过自身成功总结出来的宝贵经验。认真查看学霸对真题的解析，学习其备考方法及答题技巧，并通过不断的真题练习形成属于自己的答题方式。相信广大考生在使用本书后会对汉语写作与百科知识这门考试更有信心，在考场上取得优异的成绩。

# 第一部分 外语类院校

## 北京外国语大学（A 211） ··········································································· 3
### 学霸硬核备考分享 ················································································ 3
### 2020 年试题参考答案与考点解析 ···························································· 4
### 2019 年试题参考答案与考点解析 ···························································· 13
### 2018 年试题参考答案与考点解析 ···························································· 22

## 广东外语外贸大学（A） ············································································ 31
### 学霸硬核备考分享 ················································································ 31
### 2020 年试题参考答案与考点解析 ···························································· 32
### 2019 年试题参考答案与考点解析 ···························································· 37
### 2018 年试题参考答案与考点解析 ···························································· 44

## 西安外国语大学（B） ··············································································· 51
### 学霸硬核备考分享 ················································································ 51
### 2020 年试题参考答案与考点解析 ···························································· 52
### 2019 年试题参考答案与考点解析 ···························································· 59
### 2018 年试题参考答案与考点解析（回忆版）（见题库）

## 北京第二外国语学院（B） ········································································· 67
### 学霸硬核备考分享 ················································································ 67
### 2020 年试题参考答案与考点解析 ···························································· 68

# 第二部分　非外语类院校

## 南京大学（A 985 211） ································· 77
　　学霸硬核备考分享 ···································· 77
　　2020 年试题参考答案与考点解析 ·························· 78
　　2019 年试题参考答案与考点解析 ·························· 86
　　2018 年试题参考答案与考点解析 ·························· 95

## 北京航空航天大学（A 985 211） ·························· 105
　　学霸硬核备考分享 ··································· 105
　　2018 年试题参考答案与考点解析 ························· 106

## 南京师范大学（A 211） ································ 113
　　学霸硬核备考分享 ··································· 113
　　2019 年试题参考答案与考点解析 ························· 114
　　2018 年试题参考答案与考点解析 ························· 121

## 对外经济贸易大学（A 211） ···························· 129
　　学霸硬核备考分享 ··································· 129
　　2018 年试题参考答案与考点解析 ························· 130

## 山东大学（A 985 211） ································ 140
　　学霸硬核备考分享 ··································· 140
　　2019 年试题参考答案与考点解析 ························· 141
　　2018 年试题参考答案与考点解析 ························· 147
　　2017 年试题参考答案与考点解析（见题库）
　　2016 年试题参考答案与考点解析（见题库）

## 南开大学（B 985 211） ································ 155
　　学霸硬核备考分享 ··································· 155
　　2020 年试题参考答案与考点解析 ························· 156
　　2019 年试题参考答案与考点解析 ························· 165
　　2018 年试题参考答案与考点解析 ························· 174

## 东北师范大学（B 211） ································ 183
　　学霸硬核备考分享 ··································· 183

- 2020年试题参考答案与考点解析 ... 184
- 2018年试题参考答案与考点解析 ... 190

## 中山大学（B 985 211） ... 199
- 2018年试题参考答案与考点解析 ... 199
- 2017年试题参考答案与考点解析（见题库）
- 2016年试题参考答案与考点解析（见题库）

## 上海对外经贸大学（B） ... 205
- 学霸硬核备考分享 ... 205
- 2020年试题参考答案与考点解析 ... 206
- 2019年试题参考答案与考点解析 ... 210
- 2018年试题参考答案与考点解析 ... 214

## 宁波大学（B） ... 220
- 学霸硬核备考分享 ... 220
- 2020年试题参考答案与考点解析 ... 221
- 2019年试题参考答案与考点解析 ... 228
- 2018年试题参考答案与考点解析 ... 234
- 2017年试题参考答案与考点解析（见题库）
- 2016年试题参考答案与考点解析（见题库）

## 中国海洋大学（B 985 211） ... 241
- 学霸硬核备考分享 ... 241
- 2019年试题参考答案与考点解析 ... 242

## 暨南大学（B 211） ... 250
- 学霸硬核备考分享 ... 250
- 2020年试题参考答案与考点解析（回忆版）（见题库）
- 2019年试题参考答案与考点解析 ... 251
- 2018年试题参考答案与考点解析 ... 260
- 2017年试题参考答案与考点解析（见题库）
- 2016年试题参考答案与考点解析（见题库）

## 上海大学（B 211） ... 269
- 2020年试题参考答案与考点解析 ... 269
- 2019年试题参考答案与考点解析 ... 278

2018年试题参考答案与考点解析 ……………………………………………… 286

## 扬州大学（B） ……………………………………………………………………… 295
学霸硬核备考分享 ……………………………………………………………… 295
2019年试题参考答案与考点解析 ……………………………………………… 296

## 南京航空航天大学（C 211） …………………………………………………… 302
2018年试题参考答案与考点解析 ……………………………………………… 302
2017年试题参考答案与考点解析 ……………………………………………… 311
2016年试题参考答案与考点解析（回忆版）（见题库）

## 辽宁大学（C 211） ………………………………………………………………… 320
学霸硬核备考分享 ……………………………………………………………… 320
2020年试题参考答案与考点解析 ……………………………………………… 321
2019年试题参考答案与考点解析 ……………………………………………… 327
2018年试题参考答案与考点解析 ……………………………………………… 333

## 西北大学（C 211） ………………………………………………………………… 340
学霸硬核备考分享 ……………………………………………………………… 340
2018年试题参考答案与考点解析 ……………………………………………… 341

## 北京邮电大学（211） ……………………………………………………………… 350
2018年试题参考答案与考点解析 ……………………………………………… 350

## 国际关系学院 ……………………………………………………………………… 360
2018年试题参考答案与考点解析 ……………………………………………… 360

## 武汉大学（B 985 211）（回忆版）
2020年试题参考答案与考点解析（回忆版）（见题库）
2018年试题参考答案与考点解析（回忆版）（见题库）

## 南京理工大学（211）（回忆版）
2020年试题参考答案与考点解析（回忆版）（见题库）
2019年试题参考答案与考点解析（回忆版）（见题库）
2018年试题参考答案与考点解析（回忆版）（见题库）

# 第一部分
## 外语类院校

# 北京外国语大学（A 211）

## 学霸硬核备考分享

### 1 本校考查特点

北京外国语大学的汉语写作与百科知识科目的题型有三种：名词解释、应用文、大作文。

**名词解释**：词条偏文史，整体不难，会有两三个生僻的词条，倾向于考查以下几个方面：往年原题、《红楼梦》、诺贝尔文学奖、数字类（如三大宗教、五种元素等）。每年的出题范围是有规律的，比如，今年考查三大宗教，明年或许会考查某一宗教，后年或许是某一宗教的某一分支。

**应用文**：北京外国语大学的应用文一般没有语境，会直接考查某种类型的应用文（如说明书、广告等），这就要求我们在熟练掌握格式的基础上学会适当编写内容，平时注意积累素材。

**大作文**：一直是命题作文或者话题作文，难度不大，也没有其他要求，值得注意的是北京外国语大学的老师很看重学生的批判性思维，所以有独到见解的文章更受阅卷老师们的青睐。

### 2 学霸备考经验

**名词解释**：由于每年的出题范围存在重合，因此我们可以把往年真题都收集起来，按照专题（政治、文化、宗教等）整理在一起，同时还可以对专题的内容进行适当补充，这样到了后期，我们就可以疯狂地背诵材料了。答题方面，北京外国语大学的词条是2分一个，也就是说，至少要写4点，如果是某种专有名词就不用细分这么多点，解释清楚就行。一般一个词条写50个字左右。考试时需谨记，你会的词条，一定要每个字都写在点上，比如介绍孔子，就别"思想家、教育家、文学家、政治家"写一串，这只有一点的分，写两个称号足矣。当你遇到字数写不够的词条时，可以借鉴原文或者使用万能句（比如对后世产生了深远影响），尽量达到字数要求。

**应用文**：不建议去看那种所有人都搜得到的模板，因为北京外国语大学的应用文写作是无情景的，所以，如果题目考查倡议书，那么大家写的内容可能会重合，比如都是文明养犬倡议书。建议考生多关注时事新闻，作答时结合时事新闻来写，比如北京外国语大学常考的消息，其实就属于新闻报道，平时多积累《人民日报》等的社论素材，这样在考场写作时，既可以与其他考生有所区别，又可以显得自己关注时事，给阅卷老师留下良好的印象。

**大作文**：北京外国语大学的大作文基本上是那种比较宽泛的话题，考生可以根据北京外国语大学真题的特点，多关注关于感恩、宽容、韧性等这类北京外国语大学常考的话题，在练习真题时，把这些话题逐步加入，以增强熟悉感。大作文写作最关键的是素材，建议不要用高中那些老掉牙的素材。考生在整个备考过程中可以通过阅读"高三网"上的最新时事热点作文素材和《作文素材：高考作文抢分红素材》来积累素材，也可以关注社论，遇到好的论点就积累下来，自己动手写写感想、练练手。对于有文化内涵的节目，如《百家讲坛》《中国诗词大会》《主持人大赛》等，在闲暇时可以看看，一方面可以放松，另一方面也可以增长知识。

### 3 学霸复习时间表

① 5~6月广泛涉猎，如多阅读《英美文化概况》《西方文明起源导读》以及高中历史课本等书籍。

② 7~9月练习两轮或三轮北京外国语大学历年真题，一定要熟练掌握；此外整理的材料和资料也要熟悉一下，一定要做个有心人，去广泛涉猎，这样即使在考试现场遇到没准备过的名词也知道怎样去答，这点很重要。每月定期关注热点新闻，整理资料，微博"翻译硕士考研网"上有一些整理，可以去看看。

③ 9月开始，根据整理的北京外国语大学的大作文出题风格，可以每周动手写一篇大作文，如果时间比较紧，可以每两周写一篇，但一定要动手去练。

④ 10月开始，回归真题，我的做法是先把目标院校的真题整理出来，然后参考其他院校的真题，了解重点考查类型，再把自己的目标学校没有涉及的重点应用文整理出来，这样基本上就差不多了。

⑤ 日常穿插学习和背诵微博博主整理的百科知识。

# 2020年试题参考答案与考点解析

### 本套试卷特点

名词解释涉及往年考过的真题，考查范围可根据往年的出题风格判断，总体来说，本年的试卷中规中矩，没有特别出格的考题。应用文写作往年是只给题材，比如写一篇消息、导游词等，其他都是自己发挥，而本年给了情景，这与往年相比更好写，不过也不排除明年不给情景的可能。大作文是一篇话题作文，话题不难，只对字数有所要求，容易立意。

# 一、名词解释（共25小题，每小题2分，共50分）

**1. 官渡之战**：是东汉末年发生的"三大战役"之一，也是中国历史上著名的以弱胜强的战役之一。在该战役中，曹军与袁军相持于官渡，展开战略决战，曹军奇袭袁军在乌巢的粮仓，继而击溃袁军主力。此战曹军的胜利不是偶然的，袁绍与曹操之间的兼并战争，虽属于封建割据势力之间的争斗，但它实现了地区统一，客观上符合人民的愿望。

☞**学霸支招**：该题考查历史事件，考生可从发生时间、事件内容、意义等方面作答。中国历史上以少胜多的战役不太多，建议考生将此作为一个复习方向。

**2. 王熙凤**：是《红楼梦》中的主要人物，在书中的身份是贾琏的妻子、王夫人的侄女，位列金陵十二钗正册。她深得贾母恩宠和王夫人赏识，是贾家的实际掌权者和财务管理者。王熙凤为人心狠手辣、做事决绝、八面玲珑，在打理府中事务一事上具有惊人的管理能力和治家手段，是作者笔下一个非常生动活泼的人物，也是封建时代大家庭中精明泼辣的主妇的鲜明写照。

☞**学霸支招**：该题考查《红楼梦》中的人物，考生可从人物的身份、性格、评价等方面作答。有关《红楼梦》中的人物几乎是每年必考的知识点，考生平时要注意积累。

**3. 庞氏骗局**：是非法性质的金融诈骗手法。最初是由意大利裔投机商查尔斯·庞兹趁第一次世界大战刚刚结束，在世界经济体系混乱的背景下，通过兜售子虚乌有的投资、许诺高利益回报等形式进行的一场"骗局"，后人称之为"庞氏骗局"。如今指利用新投资者的钱向老投资者支付利息和短期回报，以制造赚钱的假象，进而骗取更多投资的金融诈骗手法。与一般的金融诈骗相比，"庞氏骗局"的受害者更多，影响面更广，危害程度更深，隐蔽性更强，具有更大的社会危害性。

☞**学霸支招**：该题考查金融术语，考生可从定义、来源、特点、意义等方面作答。每年的经贸词条对考生来说都是难点，建议考生日常要注意多积累相关词汇。

**4. 江户**：是由"江之入口"简化而来。"江"是指"入江"，是日语对海、湖等水体深入陆地的地形称呼，类似港湾；"户"则是"入口"之意。"江户"作为地名，是日本东京的旧称，特别是指江户时代的东京，以江户城为城市的中心。当时统治日本的德川氏以江户城作为居所，并将幕府设置于此，使江户成为当时日本实质的政治中心。江户幕府与江户时代便是得名于此。进入明治时代后，江户被更名为东京。

**学霸支招**：该题考查地理名词，考生可从释义、历史、重要事件、当代地理位置等方面作答。由于日语翻译硕士也需要考查百科知识，故有时百科中会有与日本相关的词条。

5. **奥尔加·托卡尔丘克**：是波兰女作家、诗人、心理学家，是当代最受人瞩目的，也是最畅销的波兰作家之一，其作品以神话、民间传说、史诗与当代波兰生活景致风格著称。2019年10月10日，奥尔加·托卡尔丘克获得2018年诺贝尔文学奖。她的创作充满了对神秘和未知的探索，善于在作品中构筑神秘世界，通过神话、传说和想象描写各种鬼怪神灵，创造出属于自己的神话。其代表作有《太古和其他的时间》《白天的房子，夜晚的房子》。

**学霸支招**：该题考查诺贝尔奖获得者，考生可从身份、国家、作品风格、荣获奖项、代表作等方面作答。注意诺贝尔奖也是北京外国语大学常常考查的知识点，尤其是文学奖，建议考生多加关注。

6. **天人感应**：指天意与人事的交感相应。古人认为天能影响人事、预示灾祥，人的行为也能感应上天。这是中国古代哲学术语，是中国哲学中关于天人关系的一种唯心主义学说。天人感应学说是中国汉朝思想家董仲舒提出的一套神学理论，董仲舒把"天"人格化，认为天是有意志的，是能够支配一切的最高主宰，而君主是天的代表，受命于天。这成为当时君主获得合法统治的一个依据，同时也是儒生集团制衡君主的一个思想工具。

**学霸支招**：该题考查哲学名词，考生可从定义、提出的人物及时间、目的或意义等方面作答。基本每年会有一道题考查哲学名词，建议考生以真题为基础进行发散积累。

7. **印欧语系**：世界上的语言大致分为四大语系，印欧语系是其中一种。印欧语系最早是由18世纪的英国人威廉·琼斯提出的一个语言学概念，认为印度和欧洲的大部分语言都是从"原始印欧语"分化出来的，这些语言之间具有亲属关系和相似性。印欧语系是世界上第一大语系，拥有最多的母语人口，在世界上的影响力最大，地理分布跨度大、范围广。

**学霸支招**：该题考查语言学知识，考生可从范畴、提出人物、时间、特点等方面作答。建议考生积累四大语系的相关知识。

8. **抗生素**：指由微生物（包括细菌、真菌、放线菌属）产生的具有抑制其他类微生物生长、生存的一类次级代谢产物，以及用化学方法合成或半合成的类似化合物。人类发现的第一种抗生素——青霉素（盘尼西林），是由英国微生物学家亚历山大·弗莱明于1928年偶然发现的。发现并应用抗生素是人类的一大革命。但随着抗生素在临床上的广泛使用，人类很快便出现了耐药性，不仅使抗生素的使用出现了危机，而且"超级耐药菌"的出现使人类的健康又一次受到了严重的威胁。

**学霸支招**：该题考查医学名词，考生可从定义、发展历史、发现者、应用等方面作答。和经贸术语一样，医学名词也是每年的难点，原因在于其内容广泛、难以理解、背诵难度大，建议考生平时有意识地了解一些常见的相关词汇。

9. **凯恩斯主义**：形成于20世纪30年代资本主义世界性经济危机之后，是国家垄断资本主义发展的必然产物。凯恩斯主义主张加强国家干预和调节经济的职能，用政府的开支举办公共工程来弥补私人投资和消费的不足，以维持充分就业。在生产相对过剩的历史条件下，凯恩斯主义缓和了生产与需求的矛盾，减轻了经济危机的破坏程度，以及促进了第二次世界大战后西方国家经济的发展。20世纪60年代以后，国家对经济过度干预，压制了市场自身的调节作用，忽视了市场经济规律，西方经济出现滞胀，为应对经济滞胀，各资本主义国家开始减少国家对经济的干预。

☞ **学霸支招**：该题考查经贸相关知识，考生可从形成时间、内涵、历史发展或评价等方面作答。"……主义"的相关词汇也是每年考查的热点，建议考生有意识地积累一些。

10. **英美法系**：又称普通法法系，起源于中世纪的英格兰，是以英国普通法为基础发展起来的法律的总称。目前世界三分之一的人口生活在普通法司法管辖区或混合民法系中。从法律渊源来看，普通法法系的特点就是判例法，即反复参考判决先例，最终产生类似道德观念一般的、普遍的、约定俗成的法律。这种法系根据人们在日常生活中形成的公序良俗判别谁是谁非，不看重学历威望，由平民组成陪审团，即便没有明文规定，只要不符合陪审团判别是非的观念就是违法。该法系与大陆法系并称为当今世界最主要的两大法系。

☞ **学霸支招**：该题考查法律体系，考生可从定义、起源、适用地区、特点或地位等方面作答。这个是往年真题考查过的知识点，提醒考生要重视每年的真题，有可能会重复考查。

11. **新教**：又称基督新教，是西方基督教中不属于天主教体系的宗派的统称，中文"新教"一词主要是对应和区别于宗教改革之前的"旧教"。新教源于16世纪神学家马丁·路德、加尔文等人所领导的宗教改革运动，与天主教、东正教并列为基督教三大分支。新教强调"因信称义"，认为人要得到上帝拯救，只能凭借信心而不是靠善行。新教以《圣经》为信仰的唯一依据。因历史发展的缘故，汉语圈普遍以"基督教"一词直接称呼新教，直称天主教会为"天主教"。

☞ **学霸支招**：该题考查宗教，考生可从定义、成立时间、人物、教义等方面作答。该题体现了北京外国语大学百科考试近几年的命题在往细致化方向发展，建议考生在掌握大框架的基础上，也要有意识地深挖相关内容。

12. **《伤寒杂病论》**：为东汉张仲景所著，是中国第一部理、法、方、药皆备，理论联系实际的中医临床著作。中医所说的伤寒实际上是一切外感病的总称，包括瘟疫这种传染病。因为历史因素，本书原貌不复可见，后世分成《伤寒论》与《金匮要略》两书分别流通。该书是集秦汉以来医药理论之大成，并广泛应用于医疗实践的专书，是我国医学史上影响最大的古典医学著作之一，也是我国第一部临床治疗学方面的巨著。此书被认为是汉医学之内科学经典，奠定了中医学的基础。

👉 **学霸支招**：该题考查医学典籍，考生可从作者、特点、内容、地位等方面作答。著作类词条一般难度不大，考生平常积累一些重要著作即可，北京外国语大学百科考试不常考查比较生僻的作品。

**13. 五言律诗**：是中国传统诗歌的一种体裁，简称五律，属于近体诗范畴。此体发源于南朝齐永明时期，至初唐基本定型，成熟于盛唐时期。五言律诗每句五个字，每首四联（首联、颔联、颈联、尾联），总共八句，全诗共四十个字。在押韵方面上，第二、四、六、八句须押韵，第一句可押韵可不押韵，第三、五、七句可不押韵。代表作品有李白的《送友人》、杜甫的《春望》、王维的《山居秋暝》等。

👉 **学霸支招**：该题考查诗歌体裁，考生可从定义、历史发展、特点、代表作等方面作答。律诗分为五言和七言，建议考生自行整理七言律诗的相关知识，这有可能成为今后的考题。

**14. 霍尔木兹海峡**：是连接波斯湾和印度洋的海峡，亦是唯一一个进入波斯湾的水道。海峡的北岸是伊朗，南岸是阿曼。霍尔木兹海峡自古以来就是东西方国家间文化、经济、贸易的枢纽，也是海湾地区的石油运往世界各地的唯一的海上通道。霍尔木兹海峡又被称为世界重要的咽喉，具有十分重要的经济和战略地位，每年有大量的石油从这里运出，因此霍尔木兹海峡被誉为西方的"海上生命线""世界油阀""石油海峡"。

👉 **学霸支招**：该题考查地理名词，考生可从地理位置、别名、意义等方面作答。该题体现了北京外国语大学百科考试在地理名词方面的命题方向，常考查重要海峡，曾考过"白令海峡"等。

**15. 和平共处五项原则**：又称国际关系基本准则，由当时任中华人民共和国政务院总理的周恩来于1953年年底在会见印度代表团时提出，并于1954年成为指导中印关系以及中缅关系的基本原则。具体内容为——互相尊重主权和领土完整、互不侵犯、互不干涉内政、平等互利、和平共处。和平共处五项原则的提出是中国独立自主外交政策的完整体现，表明中国确定了独立自主的和平外交路线，标志着中国外交政策的成熟。同时，这也是国际关系史上的重大创举，为推动建立公正合理的新型国际关系做出了历史性贡献。

👉 **学霸支招**：该题考查政治相关知识，考生可从定义、提出的人物及时间、内容、意义等方面作答。通过此题，提醒考生关注每年与热点接轨的历史事件，这有可能会成为考试的命题方向。

**16. 丝绸之路**：简称丝路，一般指陆上丝绸之路，从广义上讲又分为陆上丝绸之路和海上丝绸之路。陆上丝绸之路通常是指西汉时张骞以长安为起点，经关中平原、河西走廊、塔里木盆地，到中亚、西亚，并连接地中海各国的陆上通道。因为这条路上运的货物中以丝绸制品的影响为最大，故得此名。"海上丝绸之路"是古代中国与其他国家进行贸易和文化交往的海上通道，该路主要以南海为中心，又称"南海丝绸之路"。2013

年9月，习近平主席提出了建设"新丝绸之路经济带"的倡议构想。丝绸之路对推动世界文明进程和人类社会进步有很大的意义。

☞ **学霸支招**：该题考查政治相关知识，考生可从定义、路线、命名由来、意义等方面作答。"一带一路"倡议的提出带动了人们对丝绸之路的关注，建议考生掌握相关知识。

**17. 三言**：是明代小说家冯梦龙编纂的三部文言短篇小说集的合称，包括《喻世明言》《警世通言》《醒世恒言》。常常与凌濛初的两部小说集"二拍"合称为"三言二拍"。"三言"每本书收录四十卷小说，每卷一篇，总共收录小说一百二十篇，其中多为宋、元、明话本中的艺术佳作，为历代读者称誉。

☞ **学霸支招**：该题考查文学作品，考生可从时间、作者、内容等方面作答。"三言二拍"一般连在一起，该题考查了"三言"，今后有可能考查"二拍"，建议考生掌握相关知识。

**18. 二重证据法**：指的是用发掘的出土文物和史书的记载相互验证，1925年，由王国维提出，代表人物还有陈垣、胡适等。二重证据法被认为是20世纪中国考古学和考据学的重大革新，是一种十分重要的历史研究方法，在很大程度上影响了中国学术界。后来又有人在二重证据法的基础上发展出三重证据法。

☞ **学霸支招**：该题考查考古学知识，考生可从时间、人物、定义、意义等方面作答。考古学是新出现的一个命题方向，往年鲜有涉及，提醒考生关注。

**19. 四大古国**：分别是古巴比伦、古埃及、古印度和古中国。四大古国，实际上对应着世界四大文明发源地，分别是两河流域、尼罗河流域、恒河流域、黄河流域，人类今天所拥有的很多哲学、科学、文学、艺术等方面的知识，都得益于这些古老文明的贡献。

☞ **学霸支招**：该题考查世界历史常识，像这类名词，需准确答出"四大古国"的内容，再简要介绍下四大古国的意义即可。

**20. 中亚五国**：指哈萨克斯坦、吉尔吉斯斯坦、塔吉克斯坦、土库曼斯坦、乌兹别克斯坦这五个国家。中亚这个概念最早由德国地理学家亚历山大·冯·洪堡于1843年提出。从地理位置来看，中亚五国地处亚欧大陆之间，是贯通亚欧大陆的交通枢纽。在历史上，中亚地区的主要居民是游牧民族，这块区域也是丝绸之路的重要组成部分。因此，这一区域成了东亚、西亚、南亚和欧洲的各个民族、各种宗教以及各种思想的交汇之地。

☞ **学霸支招**：该题考查地理名词，每年都会有一两道题与地理名词相关，考生可从内涵、概念由来、地理位置、发展历史等方面作答。

**21. 九月九日（原文《九月九日忆山东兄弟》）**：是中国民间的传统节日——重阳节，又称"登高节"。"九九"谐音"久久"，有长久之意。古时人们在重阳节有登高祈福、秋游赏菊、佩插茱萸、拜神祭祖及饮宴祈寿等习俗。传承至今，又添加了敬老等内涵，于重阳之日享宴高会，感恩敬老。登高赏秋与感恩敬老是当今重阳节节日活动的两大重要主题。重阳节与除夕、清明节、中元节并称为中国传统四大祭祖节日。2006年，重阳节被列入首批国家级非物质文化遗产名录。

👉 **学霸支招**：该题考查传统节日，考生可从名称由来、节日习俗、地位等方面作答。此外，建议考生积累其他传统节日的相关介绍，今后有可能再次考查相关知识点。

**22. 世界地球日**：即每年的4月22日，是一个专为保护世界环境而设立的节日。最早的地球日活动是1970年于美国校园兴起的环保运动，1990年这项活动从美国走向世界，从此，每年的4月22日成为全世界环保主义者的节日和环境保护宣传日，在这天，不同国籍的人们以不同的方式宣传和实践环境保护的观念。举办世界地球日活动有利于增强民众对现有环境的保护意识，动员民众参与到环保运动中，鼓励人们践行绿色低碳生活，从而有力地推动世界环境保护事业的发展。

👉 **学霸支招**：该题考查"世界日"，考生可从定义、发展历史、目的或意义等方面作答。各种"世界日"是每年的时政热点，建议考生积累相关知识。

**23. 喀斯特地貌**：以斯洛文尼亚的喀斯特高原命名，是具有溶蚀力的水对可溶性岩石进行溶蚀等形成的地表和地下形态的总称，又称岩溶地貌。当雨水或者地下水与地面碳酸盐类岩石接触时，就会有少量碳酸盐溶于水中，经过长时期的溶解侵蚀，形成了以地表岩层千沟万壑为标志的地表特征。在喀斯特地貌下往往存在地下河、溶洞等景象。喀斯特地形的地表崎岖，土壤十分贫瘠，不利于农业发展，因此在云贵高原有"地无三里平，天无三日晴，人无三两银"的俗谚。但其千沟万壑的特色十分受游客青睐。

👉 **学霸支招**：该题考查地理名词，考生可从定义、名称由来、特点、景观等方面作答。建议考生多关注主要的地貌形态，整理并掌握相关知识。

**24. 自由港**：指可自由进行货物起卸、搬运、转口、加工、长期储存的港口区域。自由港内的国外货物，可免征关税，不需经海关人员检查。最早的自由港出现于欧洲，其后，为了扩大对外的国际贸易，一些欧洲国家便陆续将一些港口城市开辟为自由港。至今，因全球的贸易活动与经济发展，自由港的数量已上升至130多个。自由港可以促进港口向综合性、多功能的方向发展，使港口成为外向型经济中心。同时，自由港还可以促进港口所在地区外向型经济的发展。

👉 **学霸支招**：该题考查经贸术语，考生可从定义、发展历史、目的或意义等方面作答。与此相关的还有"保税区"等经贸术语，建议考生整理在一起记忆。

**25. 纽伦港**：是世界三大国际都会的合称，即指纽约、伦敦及香港。这三个城市均是世界领先的国际都会，有相似的文化特色及经济成就，同时这三座城市因相通的经济文化而互相联系，不仅成为全球化的典范，而且解释了全球化的原因。这三座城市是世界排名前三的金融中心，意外地构建起一个能促进全球经济发展的金融网，因此，这三座城市于2008年被《时代杂志》选为21世纪全球化国际城市的模范，并列为21世纪世界三大国际都会。

👉 **学霸支招**：该题考查专有名词，考生可从内容、城市相关情况（如定位、特点、国际地位）等方面作答。北京外国语大学百科考试倾向于用一个题目考查多个知识点，故考生需要准确掌握专有名词的内涵。

## 二、应用文写作（40分）

**【题目分析】**

题目要求写活动经费申请书，首先，需要考虑申请书的格式（标题、称谓、正文、结语、落款五部分）；其次，关于主干内容可适当自行发挥，建议写自己熟悉的话题；再次，语言要简练、客观、严谨，忌用词随意；最后，要注意字数要求。

**▶ 考场还原**

企业文化知识竞赛活动经费申请书

尊敬的公司领导：

　　开年之际，为了加深员工们对公司的了解，快速进入工作状态，熟悉工作岗位中的行为规范，提高工作的积极性和主动性，打造一流的工作团队，特举办此次公司企业文化知识竞赛活动，希望得到公司领导的支持和帮助。

　　本次知识竞赛的题型分为必答题、抢答题和风险题三部分，试题范围包括《员工手册》的全部内容及公司规章制度。参赛人员由人事行政部抽签决定，每部门抽选三名员工代表部门参赛。未被列为参赛选手的员工作为部门啦啦队，负责为本部门员工呐喊助威。本次活动设置一等奖一名（800元）、二等奖两名（600元）、三等级三名（400元），另外，现场还有精美礼品相送。

　　此次活动能够加深员工对公司企业文化和各项规章制度的了解，特此为本次企业文化知识竞赛活动申请经费支持，望领导们批准！

申请部门：人事行政部<br/>××××年××月××日

### 评点升格

本文是一篇申请书，言辞恳切，颇有礼貌。结构方面：开头先引入举办企业文化知识竞赛活动的"目的"，以此表明举办此次活动的必要性；接着在第二段中具体介绍"活动的内容和开支"；最后，委婉且诚恳地表达申请经费的意愿。整篇文章逻辑清晰，结构完整。

## 三、话题作文（60分）

### 题目分析

该题属于话题作文，从题干来看，关键词为"营造……的心"，比较好立意。对于父母，我们要有孝敬之心；对于亲人，我们要有关怀之心；对于国家，我们要有爱国之心……言之有理即可。要注意文章的条理性和原创性，北京外国语大学的老师喜欢看到学生有思辨能力，在文章中体现这点更易拿到高分。

### 考场还原

中国心

泱泱中华，礼仪之邦，诗书承载五千年文明；悠悠华夏，为学圣地，诵读传递古先贤智慧。中华前辈怀着"中国心"，悬梁刺股、囊萤映雪，为中华之崛起而读书；古今无数伟大人物在"中国心"的指引下，共同努力，铸就今天的伟大中国。生而为中国人，何其有幸；生而为中国奋斗，何其光荣。

"振兴中国，乃我辈之责任。"黄大年在大学毕业纪念册上这样写道。黄大年放弃海外的丰厚待遇，毅然回国，献身祖国的航空事业，他将全部精力投入工作中，带领团队创造了多项"中国第一"！他的"中国心"映照着老一辈科学家们对祖国的深切眷恋，也在岁月中沉淀下来，成为无数科技工作者的精神标杆。以朱枞鹏为代表的"天宫二号"设计团队，凭着炫目的奇思妙想和精细、缜密的计算，让几千年的飞天梦进一步成为清晰鲜活的现实！怀着"中国心"的创造者们，他们的智慧与精神所产生的辐射，将鼓舞着每一个中国公民为祖国的发展贡献自己的所有力量。

以小我融社会，以正气振国魂。王泽山的人生意义在于火炸药的研制；刘锐的人生意义在于"巡天掠海，为国仗剑"；卓嘎和央宗的人生意义在于从阿爸手中接过五星红旗，为祖国戍守边疆。高原隔不断深情，冰雪锁不住春风，在"中国心"的坚守中，他们怀揣着理想，努力为中国创造意义，彰显了人生的意义。"少年强则国强"，我们是中国龙身上的鳞片，注定为中国的腾飞而增彩！

"中国梦"是中华儿女近代以来的不懈追求,"国家富强、人民幸福"这一梦想强调了个体发展和国家强大之间的联系。"中国心"指引着我们将自身的发展融入国家的发展中,为国家的发展添砖加瓦。祖国强大,民族强大,人民亦强大。

新时代的我们要想成为国之重器,应勇于承担责任,敢于追逐梦想,为国家无私奉献,无愧"中国心"。担负起时代的使命,迎接挑战,抓住新时代的机遇,为新时代的繁荣尽绵薄之力。习近平总书记那一句"实现中华民族的伟大复兴是中华民族近代以来最伟大的梦想"还回荡在耳边,激励着我们千千万万青年为时代奋斗,为国家奉献,为民族勇敢前行!

**评点升格**

本文从国家层面切入,将个人的命运融入国家的发展中,以小见大;条理清晰,语言精练;结合时事热点,展现了个人的思辨能力;在语言方面,用词大气,读起来气势磅礴,不失为一篇优秀的考场文章,更易受到阅卷老师的青睐。

# 2019 年试题参考答案与考点解析

**本套试卷特点**

本年的百科词条总体来说不难,命题方向延续往年,但是生僻词有"五功"和"凯瑟琳";除了要针对往年真题考查的宗教、中国文化、古代文学、中国历史、一般地理常识以及联合国组织常识等知识做深入了解,本年北京外国语大学的新方向在于对外国文学有了更高要求,考查更为细致,需要熟悉重要作品中的主要人物和情节,多多涉猎各类作品,如《永别了,武器》中的凯瑟琳。此外,还有时事方面,北京外国语大学注重考查诺贝尔奖和国家重大战略。本年考的青蒿素,属于医药领域,北京外国语大学以前基本不会涉及这个领域,不过这个词条也是和诺贝尔奖相关,所以提醒考生还是要注意热点。应用文和大作文延续往年的风格,没有太大变化。但是应用文要注意规范性,大作文要注意文字的优美性和文章的深度。

## 一、名词解释(共 25 小题,每小题 2 分,共 50 分)

1. "一带一路":是"丝绸之路经济带"和"21 世纪海上丝绸之路"的简称。这是中华人民共和国政府于2013年倡议并主导的跨国经济带，范围涵盖了历史上丝绸之路和海上丝绸之路行经的中国大陆、中亚、北亚、西亚、印度洋沿岸、地中海沿岸、南美洲、大西洋地区的国家。"一带一路"有助于推动构建人类命运共同体，共创人类共同的美好未来。

**学霸支招**：该题考查时政热点词，考生可从定义、提出的人物及时间、目的或意义等方面作答。建议考生复习时多关注热点时事，并能够用自己的语言清楚地解释热点词条。

2. **关税壁垒**：是一种以高额关税来限制商品进口的措施。因其像高墙壁垒一样把国外商品挡在墙外，从而把国内市场保护起来而得名。通过对外国商品征收高额进口关税，以提高其成本和削弱其竞争能力，从而达到限制这些商品进口，保护本国产品在国内市场上占竞争优势的目的。关税壁垒有利于发达资本主义国家迫使其他国家就关税和外贸问题做出让步，从而获取更大利润，也有利于发展中国家抵制别国低廉商品的倾销。

**学霸支招**：该题考查经济术语，考生可从定义、命名来源、目的、现实应用等方面作答。建议考生多积累常见的经济术语。

3. **安理会常任理事国**：指联合国安全理事会中的五个常任理事国，包括中国、俄罗斯、英国、法国、美国。这些国家也是第二次世界大战期间同盟国中的五大国。常任理事国各自拥有对联合国安全理事会决议草案的一票否决权，这是为了保障五个常任理事国的权益而设立的。自联合国成立以来，安理会常任理事国在维护世界和平、解决地区冲突方面发挥了重大作用。

**学霸支招**：该题考查联合国的相关组织，考生可从定义、宗旨、地位、作用等方面作答。注意联合国的各类机构，如儿童基金会、世贸组织、世卫组织等，这些一般是北京外国语大学百科考试的考查重点。

4. **《荷马史诗》**：相传是古希腊盲诗人荷马创作的两部长篇史诗《伊利亚特》和《奥德赛》的统称。《荷马史诗》是古希腊文学中最早的一部史诗，也是最受欢迎、最具影响力的文学著作。它是欧洲叙事诗的经典范例，内容丰富多彩，故事情节和人物形象为后世欧洲的诸多作家提供了丰富的素材。《荷马史诗》深具现实主义与浪漫主义色彩，被认为是最伟大的古代史诗之一。《荷马史诗》不仅在西方文学艺术上具有重要价值，还在历史、地理、考古学和民俗学方面给后世提供了很多值得研究的东西。

**学霸支招**：该题考查文学常识，《荷马史诗》是古希腊文明的经典之作，对后来欧洲文学的发展有着重要影响，这点是出题人想要考查的重点，建议表述出来。此外，还要对作品的内容、地位、影响、意义等方面进行阐述，以充实内容。

5. **凯瑟琳（海明威《永别了，武器》中的人物）**：是海明威作品中最完美的女性。凯瑟琳是一位年轻漂亮的英国护士，她身上基本具备了男人对女人的一切要求——美丽、善良、温柔、善解人意。不过在书中，她的一言一行都是由亨利（男主人公）的意志决定的，她只是站在亨利的背后，做亨利的"传声筒"。她在亨利面前完全没有自己的性格，没有自己的喜怒哀乐，丧失了自我。凯瑟琳这一形象也从侧面反映了海明威以男性为中心的女性观念。

☞ **学霸支招**：该题考查《永别了，武器》中的人物，考生可从人物出处、人物介绍、作者借该人物传达的内涵等方面作答。该题体现了北京外国语大学近两年的出题新方向，即考查的内容越来越细致，要求考生在掌握作品的基础上，也要对文中的主人公、故事梗概等有所了解。

6. **波士顿**：是美国马萨诸塞联邦的首府，是马萨诸塞乃至新英格兰地区人口最多的城市。波士顿是美国最古老的都市之一，于1630年由迁移到美洲的清教徒建立。在美国独立战争中，波士顿是多场重要事件的所在地，如波士顿大屠杀、波士顿倾茶事件。今日的波士顿急速发展，多所著名的学府坐落于此，如哈佛大学和麻省理工学院，这使它成为国际高等教育中心。它作为全球创新及创业先锋，具有2 000所初创企业，其现在的生活指数在全美最高之列，获评全球最宜居的地方之一。

☞ **学霸支招**：该题考查美国的重要城市，由于翻译学科的特点，北京外国语大学倾向在百科考试中考查英、美等国家的重要城市，可从城市情况概述、历史发展、地位等方面作答。此外，建议考生举一反三，自行整理如纽约、伦敦、旧金山等重要城市的名词解释。

7. **《战争与和平》**：是俄国作家列夫·托尔斯泰的一部长篇小说。本书讲述欧洲拿破仑时期在俄罗斯所发生的事，展示了当时俄国社会的风貌。《战争与和平》自从问世以来，一直被认为是世界上最伟大的小说之一。《战争与和平》是一部壮阔的史诗，文中交叉描写了"战争"和"和平"两种生活，一方面赞扬了俄国人民的正义抗争和爱国热情，另一方面也表达了反对战争的态度，对战争中受难的各方给予了深切的同情。

☞ **学霸支招**：该题考查文学作品，考生可从作家、内容、地位、作家思想等方面作答。鉴于北京外国语大学百科考试近年考查方向逐渐细化的特点，建议考生掌握作品中的主要人物和重要情节。

8. **形声字**：是由两个文或字复合成体，其中的一个文或字表示事物的类别，另一个文或字表示事物的读音。在构形上，形声字的结构很简单，汉字是由表义的"形符"（或称"意符""义符"）加上表音的"声符"构成的。形声字的"形符"只能表示某种意思的范围或只表示事物的属类，因而它在形声字中只是高度概括的类名，并不能表示这个形声字的具体含义；而形声字的"声符"除了标声之外，往往兼有表意的作用。清人段玉裁称形声字"形声兼会意"。

☞ **学霸支招**：本文考查汉语的造字法，考生可从定义、特点、意义等方面作答。北京外国语大学百科考试常考查该知识点，建议考生熟练掌握六大造字法。

9. **韩柳**：是唐代大家韩愈、柳宗元的并称，二人均位列唐宋八大家。韩愈、柳宗元是唐朝古文运动的倡导者，故后人将二人并称为韩柳。韩愈，唐代文学家、哲学家，字退之，世称韩昌黎，提倡先秦两汉的文章，有《韩昌黎集》传世。柳宗元，唐代著名文学家、思想家，因参加永贞革新失败而被贬为永州司马，作品有《永州八记》等。

👉 **学霸支招**：该题考查古代文学家，考生可从内容、作家基本情况（字、号、作品、地位）等方面作答。北京外国语大学百科考试喜欢通过一个词语来考查多个知识点，答题时不可仅限于答出基本内容，建议多表述一些相关内容。

10. **晴雯**：是中国古典小说《红楼梦》中的主要人物，是服侍故事主人公贾宝玉的几个大丫鬟之一，是金陵十二钗又副册之一，她首次出场在第五回。她本是赖妈妈家的丫鬟，因得贾母喜爱，故把她赐给贾宝玉。因娇生惯养，养成得理不饶人的性格，也造就她后来得罪王夫人而被撵出府，最后悲惨死去的命运。水蛇腰，削肩膀，眉眼有点像林黛玉。"晴为黛影"，书中暗示她映衬的角色是林黛玉，又称黛副。曹雪芹笔下的晴雯，率性坦荡、疾恶如仇。

👉 **学霸支招**：该题考查《红楼梦》中的人物，考生可从人物身份、有关情节、人物特点、作者思想等方面作答。《红楼梦》中的人物历年来都是北京外国语大学百科考试的考查重点，考生要注意总结和整理主要人物的介绍。

11. **《春秋》**：现在通常指唯一留存至今的鲁国《春秋》，是中国现存最早的编年体史书。《春秋》是孔子根据鲁国史官所编的史书重新修订而成，记述了从鲁隐公元年到鲁哀公十四年间二百四十二年的历史，后人把书中包括的时代称为"春秋时代"。"春秋三传"即《左传》《公羊传》《谷梁传》，是对《春秋》所记载的历史进行补充、解释、阐发的书。"春秋笔法"是《春秋》中的一种叙述方法和技巧，特点在于语言简练，故而《春秋》中几乎每个句子都暗含褒贬之意。

👉 **学霸支招**：该题考查历史传记《春秋》，考生可从地位、内容、撰写人、特点等方面作答。建议考生积累如《左传》《史记》《资治通鉴》等史书的介绍，做到举一反三。

12. **文景之治中的"文景"**：指中国汉朝的汉文帝和汉景帝。汉文帝刘恒是刘邦第四子，在位23年，享年46岁，庙号太宗，正式谥号为"孝文皇帝"，后世省略"孝"字，称其为"汉文帝"。汉文帝在位时，生活节俭，奉行"轻徭薄赋""休养生息"等政策。汉景帝刘启为西汉第六位皇帝，在位16年，享年48岁，正式谥号为"孝景皇帝"，后世省略"孝"字，称其为"汉景帝"。汉景帝在位期间，削诸侯封地，平定七国之乱，巩固中央集权，勤俭治国，发展生产。他统治的时期和他父亲汉文帝统治的时期合称为文景之治。

👉 **学霸支招**：该题考查历史名词，考生可从内涵、涉及的人物（身份、事迹）等方面作答。建议考生对历史上重要的盛世进行总结，如"贞观之治""开元盛世"等。

13. **安史之乱中的"安史"**：指安禄山与史思明。安禄山本姓康，字轧荦山，营州柳城人。安禄山是唐代藩镇割据势力之一的最初建立者，也是安史之乱的主要发动人之一，他建立了燕政权，年号圣武。史思明为突厥或昭武九姓的粟特人，初名窣干，其貌不扬，懂六种蕃语。他与安禄山同岁，也是同乡，受安禄山提拔担任平卢节度使，后来一起发动安史之乱。安禄山死后，史思明杀死其子安庆绪，称燕昭武帝。史思明与安禄山被胡人尊称为"二圣"，加上安禄山之子安庆绪、史思明之子史朝义，合称为"安史四圣"。

**学霸支招**：该题考查历史事件中的人物，考生可从人物的基本情况及其作为等方面作答。像这类题目，如果答出"安史"代指哪两个人，可获得约一半的分数，再对人物进行简要介绍即可获得更高分数。

**14. 陆王心学中的"陆王"**：指陆九渊和王守仁。陆九渊，字子静，抚州金溪人，南宋哲学家，是陆王心学的代表人物。因其讲学于象山书院，世称其为"象山先生"，学术界常称其为"陆象山"。陆九渊是"心学"的创始人，主张"吾心即是宇宙""明心见性""心即是理"，重视持敬的内省工夫。王守仁，字伯安，谥文成，明代著名的思想家、哲学家、教育家。王守仁是陆王心学的集大成者，不但精通儒、释、道三教，而且能统军征战。因他曾在会稽山阳明洞居住，自号"阳明子"，后世一般称其为王阳明。王守仁继承陆九渊强调"心即是理"的思想，从自己的内心中寻找"理"，"理"全在人"心"，提倡"致良知"和"知行合一"。

**学霸支招**：该题考查哲学方面的知识，考生可从该名词的代表人物以及人物别称、思想等方面作答。像这类题目，如果答出"陆王"代指哪两个人，可获得约一半的分数，再对人物进行简要介绍即可获得更高分数。

**15. 乾嘉之学中的"乾嘉"**：指清朝的乾隆和嘉庆两位皇帝。乾隆是清朝清高宗爱新觉罗·弘历的年号，寓意为"天道昌隆"，是全中国范围内使用时间第二长的年号，仅次于康熙。嘉庆是清朝第七位、清军入关后第五位皇帝清仁宗爱新觉罗·颙琰的年号，共使用二十五年。由于乾嘉之学在乾隆、嘉庆两朝达到鼎盛，故得此名。

**学霸支招**：该题考查古代君主，考生需要指出该名词代表的皇帝，正确表述可获得约一半的分数，再对人物进行简要介绍（如年号、朝代、政绩等）即可。

**16. 四大皆空中的"四大"**：指风、地、水、火，这四种因素构成了我们这个婆娑世界。"风"以流动为性，生长万物；"地"以坚硬为性，支持万物；"水"以潮湿为性，收摄万物；"火"以温暖为性，成熟万物。

**学霸支招**：该题考查佛教用语，考生可从含义、具体内容、寓意等方面作答。佛教用语是北京外国语大学常常考查的知识点，曾考查过三大宗教及著名佛经翻译家等，考生要注意扩展知识。

**17.《三国志》**：由西晋陈寿所著，是记载中国三国时代历史的断代史，同时也是二十四史中评价最高的"前四史"之一。《三国志》完整地记叙了自汉末至晋初近百年间中国由分裂走向统一的历史全貌。全书原分为四个部分——《魏志》三十卷、《蜀志》十五卷、《吴志》二十卷、叙录一卷，后来叙录一卷缺失。北宋时合而为一，改称《三国志》。《三国志》比较特殊，未采用《史记》和《汉书》所确立下来的一般正史的规范，缺乏记载王侯、百官世系的"表"和记载经济、地理、职官、礼乐等的"志",是二十四史中最特殊的一部。

👉 **学霸支招**:该题考查历史传记《三国志》,考生可从撰写人、内容、特点等方面作答。考生可将此题和上文的《春秋》整理在一起。

**18. 2018年诺贝尔经济学奖两位科学家**:2018年10月8日,瑞典皇家科学院宣布将2018年诺贝尔经济学奖授予保罗·罗默和威廉·诺德豪斯,以表彰二人在创新、气候和经济增长方面做出的杰出贡献。保罗·罗默,1955年生于美国丹佛,现任纽约大学斯特恩商学院教授。威廉·诺德豪斯,1941年生于美国阿尔伯克基,目前在耶鲁大学任经济学教授。保罗·罗默的贡献在于"技术变革",他的研究展示了知识如何成为推动经济长期增长的动力,并奠定了现被称为"内生增长理论"的基础,解释了创意与其他商品不同,需要特定条件才能在市场中充分发挥作用。威廉·诺德豪斯的研究与"气候变化"密不可分,涉及社会与自然之间的相互作用,他创建了描述全球经济与气候相互作用的定量模型,整合了物理学、化学和经济学的理论与实践结果。

👉 **学霸支招**:该题考查诺贝尔奖获奖者,考生可从奖项、获奖人、获奖原因等方面作答。建议考生关注诺贝尔奖的相关热点话题,北京外国语大学百科考试比较喜欢考查此点。

**19. 明治维新三杰**:指的是西乡隆盛、大久保利通、木户孝允。西乡隆盛,日本江户时代末期的萨摩藩(今鹿儿岛)武士、军人、政治家。前期一直从事倒幕运动,明治维新成功后鼓吹并支持对外侵略扩张,因坚持征韩论遭到反对而辞职回到鹿儿岛,兴办名为私学校的军事政治学校,后发动反政府的武装叛乱,史称西南战争,兵败而死。大久保利通,生于日本萨摩藩,原为武士,是日本明治维新的第一政治家,号称东洋的俾斯麦。他为了改革翻云覆雨,铁血无情,最后被民权志士刺杀身亡,但他也成就了明治维新的成功。木户孝允,长州藩出身。他在尊攘、讨幕运动中起领导作用,维新后参加起草《五条誓约》,是政府的核心人物,推进奉还版籍、废藩置县。

👉 **学霸支招**:该题考查日本重要人物,考生可从人物身份、活动、地位、作用等方面作答。重要的日本人物,尤其是有关明治维新的人物是北京外国语大学百科考试喜欢考查的知识点,建议考生掌握相关知识。

**20. 乔治·艾略特**:是英国维多利亚时期著名的女作家,原名玛丽·安·伊万斯,出生在华威郡一个中产阶级商人家庭,是19世纪英语文学最有影响力的小说家之一。她与萨克雷、狄更斯、勃朗特姐妹齐名。乔治·艾略特是位描写大师,她不仅擅长描写人物的外貌,而且擅长描写人物的内心。她的成段的细致入微的描写把人物一下子拉到了读者面前,显得真实而亲切,故塑造的人物具有很高的艺术价值。其代表作有《亚当·比德》《弗洛斯河上的磨坊》《米德尔马契》。

👉 **学霸支招**:该题考查英国作家,考生可从作家身份、时代背景、家庭、作品风格、代表作等方面作答。建议考生积累英美主要作家的介绍。

**21. 青蒿素**：提取自黄花蒿，是现今所有药物中起效最快的抗恶性疟原虫疟疾药。以青蒿素类药物为主的联合疗法，是当下治疗疟疾最有效、最重要的手段。2015年10月，屠呦呦因创制新型抗疟药——青蒿素和双氢青蒿素——的贡献，与另外两位科学家获得了2015年诺贝尔生理学或医学奖。

👉 **学霸支招**：该题考查医学类名词，考生可从药品特性、治疗病症、特点、效用等方面作答。平时要注意积累一些医学术语，尤其是与热点相关的术语。

**22. 五功**：是伊斯兰教逊尼派所用的词汇，指信仰伊斯兰教的信徒须遵守的五项基本原则。伊斯兰的五门功课要求穆斯林"念、礼、斋、课、朝"，即"证信、礼拜、斋戒、天课、朝觐"，旨在维系、坚定穆斯林的宗教信仰和宗教感情，表达对造物主安拉的虔信和敬畏，通过功修达到认主独一。中国穆斯林将"五功"称为"修持之道"，是"天命总纲、教道根本"。

👉 **学霸支招**：该题考查伊斯兰教的相关知识，考生可从内涵、内容、作用、意义等方面作答。该题清楚地表明北京外国语大学百科考试的命题方向在往细致的方向发展，提醒考生关注细节。

**23. 基督教改革后的三大宗派**：指天主教、东正教和基督新教。在1054年，东、西方教会因各种原因而分裂，西方教会便被称为天主教，东方教会被称为东正教。在16世纪的宗教改革之后，一个新教从天主教中脱离出来，即基督新教，也就是现在常说的基督教。如今世界上主要的天主教国家或地区有梵蒂冈、法国、意大利、西班牙、德国南部等；主要的东正教国家有俄罗斯、白俄罗斯、乌克兰、南斯拉夫等；主要的基督新教国家或地区有英国、美国、德国北部等。

👉 **学霸支招**：该题考查基督教的相关知识，考生可从内容、历史、特点、信奉国家等方面作答。建议考生对本知识点进行延伸，掌握宗教改革和三大宗派的详细知识，以防今后会对细节进行考查。

**24. 好望角**：意为"美好希望的海角"，是非洲西南端非常著名的岬角。因为多暴风雨，海浪汹涌，故最初被称为"风暴角"。1486年，葡萄牙航海家巴尔托洛梅乌·缪·迪亚士的船队航行至大西洋和印度洋交界的水域时，海面狂风大作，惊涛骇浪，几乎使整个船队覆没。最后巨浪把幸存船只推到一个未名岬角上，此舰队遂延存下来。迪亚士将此地命名为"风暴角"。1497年11月，另一位探险家达·伽马率领舰队经"风暴角"成功驶入印度洋，满载黄金、丝绸回到葡萄牙。葡萄牙国王约翰二世将"风暴角"改为"好望角"。由于强劲的西风急流掀起的惊涛骇浪长年不断，这里除风暴为害外，还常常有"杀人浪"出现，当浪与流相遇时，整个海面如同开锅似的翻滚，航行到这里的船舶往往会遇难，因此好望角成为世界上最危险的航海地段。

👉 **学霸支招**：该题考查地理知识，考生可从名字由来、地理位置、历史、特点、作用等方面作答。建议考生积累世界上一些重要地理位置的介绍，如重要海峡、港口等。

**25. 宝莱坞**：是印度孟买电影工业基地的别名，也被称作是"印地语的影院"。印度人将"好莱坞"（Hollywood）的首字母"H"换成了本国电影之都孟买（Bombay）的首字母"B",因此把"好莱坞"变成了"宝莱坞"(Bollywood)。尽管有些纯粹主义者对这个名字十分不满,但"宝莱坞"看上去还是会被继续沿用下去,甚至在牛津英语大词典中也已经有了自己的条目。宝莱坞对印度乃至整个印度次大陆、中东以及非洲和东南亚的一部分的流行文化都有重要的影响,并通过南亚的移民输出,传播到整个世界。

**学霸支招**:该题考查印度的电影基地,考生可从名称由来、功能、作用、影响等方面作答。注意要答"宝莱坞"与"好莱坞"的关系,这是该题考查的重点。

## 二、应用文写作(40分)

**题目分析**

该题要求写一则征订广告,先考虑格式(标题、正文、落款),主干内容可适当自行发挥,建议写熟悉的话题,语言要简练、客观、严谨,忌用词随意,注意字数要求。

**考场还原**

《××导刊》征订广告

《××导刊》是由××公司创办并主管,关注中国经济和企业融入全球经济潮流中各类重大经济事件,以××事务为主要报道内容的财经类期刊,是国内××方面的权威媒体。自2003年关注企业社会责任以来,《××导刊》在企业社会责任宣传报道、研究、培训研讨、国际交流等方面做了大量的工作,成为国内全面、持续关注企业社会责任研究动态、成果和实践的前沿媒体。

众所周知,投放广告就是投资,而投资讲究的是回报。《××导刊》面向全国发行,每期发行量×××××份,其火红而精致的封面设计和更加翔实、独到的精辟内容受到广大读者的欢迎和追捧。毋庸置疑,《××导刊》将成为相关行业产品展示、品牌推广以及企业形象宣传的绝佳平台。不管您的服务对象是企业还是个体客户,我们都能替您将服务准确地传达给目标客户群体。

期待与您合作,以优质的服务质量为您打造精英品牌。

《××导刊》编辑部<br>联系电话:××××-××××××××

**评点升格**

本文采用三段式结构。开头描述杂志情况;中间介绍刊登广告的好处,激起客户兴趣;结尾明确表达合作意向。整体结构清晰,层次分明,符合应用文的文本特点;语言准确简洁,无口语化表述,符合应用文的语言特点。

## 三、命题作文（60分）

> **题目分析**
>
> 该题属于命题作文，从题干来看，"筑牢心理的防堤"可以理解为"保持心理健康"或"如何应对困境以筑牢心理的防堤"等，本文还是比较好立意的。此外，注意文章的条理性和原创性，北京外国语大学的老师喜欢看到学生有思辨能力，在文章中体现这点，更易拿高分。

**考场还原**

筑牢心理的防堤

快节奏的现代工作和生活、不断增加的竞争压力、社会阅历的扩展和思维方式的变更都压得现代人似乎有点喘不过气，于是在工作、学习、生活、人际关系和自我意识等方面都可能遇到各种心理失衡现象，特别是在科学技术高度发达的今天，人们开始更加重视身体健康，但在某种程度上似乎忽略了心理健康，面对这样的情况，筑牢心理的防堤就显得愈加重要和紧迫。

筑牢心理的防堤需要培养良好的人格品质。首先，需要正确地认识自我，培养悦纳自我的态度，扬长避短，不断完善自我。其次，应该提高对挫折的承受能力，对挫折有正确的认识，在挫折面前不惊慌失措，采取理智的应对方法，化消极因素为积极因素。命运在许多时候是不公平的，对史铁生而言更是如此。在命运的折磨下，史铁生不但没有丧失意志，反而以笔为利器，为自己开辟出另外一条道路，从困境中找到生命的精彩。他曾说过："人生的本质是和挫折周旋，最终的成功是对未来和信仰的眺望。"倘若史铁生未筑牢心理的防堤，那么他在困境面前将不堪一击，想来也不会有《我与天坛》的震撼人心和经久不衰的激励人心。

筑牢心理的防堤还需要加强自我心理调节。自我调节心理健康的核心内容包括调整认识结构、情绪状态，锻炼意志品质，改善适应能力，等等。正视现实，学会自我调节，充分发挥主观能动性，去改造环境，努力实现自己的理想。20世纪80年代的科幻作家郝景芳凭借作品《北京折叠》获得了科幻界最高荣誉奖"雨果奖"，众人只看到她得奖的风光，殊不知从小顶着"学霸"光环的郝景芳曾经差点被打击得丧失信心。所幸的是，她积极疏导心理，卸掉身上背负的种种枷锁，在内焦外困时，坚持少想多做，只管向前动起来，最终她做到了。面对逆境，我们应当向她学习，加强心理疏导，用积极的行动和平和的心态直面一切，痛苦和不如意自然会迎刃而解。

人的一生难免沉浮，不会永远旭日东升，也不会永远穷困潦倒。反复的沉浮对人来说正是磨砺,因此浮在上面时不必骄傲,沉在底下时不必悲观,筑牢心理的防堤,凡事积极向上,乐观进取,这才是人生之路越走越宽的真理。

**评点升格**

本篇文章条理清晰,先在开头引入"筑牢心理的防堤";中间两段具体论述"筑牢心理的防堤"的途径,同时有效地结合热点例子来阐述,给人耳目一新的感觉,也会给阅卷老师留下良好的印象;结尾升华,总结"筑牢心理的防堤"的重要性。整篇文章一气呵成,浑然天成。

# 2018年试题参考答案与考点解析

**本套试卷特点**

本年的百科词条有些冲破套路,考查的词条十分细致。比如以前考《红楼梦》这个点会直接考"红学""宝黛",而本年考的是"尤三姐",只有读过的同学才有印象;以前考查外国文学大概就是《百年孤独》"马尔克斯"这样的词条,而本年却考了"马孔多"。所以可以说本年的词条解释具有很大的挑战性,对于突击复习而没有一定基础的同学来说可能就会比较难。大家在复习时应该尽量全面一点,这样才不会出现明明了解却没复习到点子上的问题。

## 一、名词解释(共25小题,每小题2分,共50分)

**1. 白令海峡:** 是太平洋的一个海峡,连接了楚科奇海(北冰洋的一部分)和白令海(太平洋的一部分),位于俄罗斯和美国的阿拉斯加中间。白令海峡的名字来自丹麦探险家维他斯·白令,维他斯·白令曾于1728年在俄国军队任职时穿过这个海峡,因其是第一个穿过北极圈的人,故以其名字命名这个海峡。白令海峡不仅是亚洲和北美洲的分界线,也是北冰洋和太平洋的分界线。

**学霸支招:** 该题考查地理名词,考生可从地理位置、地理位置意义、名称由来等方面作答。注意北京外国语大学基本每年都会考查地理名词,建议考生积累重要海峡、港湾等的相关知识。

2. **撒哈拉沙漠**："撒哈拉"为阿拉伯语中"沙漠"一词的复数形式。撒哈拉沙漠是世界上最热的荒漠，亦是世界上第三大荒漠，仅次于南极和北极，同时也是世界上最大的沙漠，其总面积与美国国土面积相当。撒哈拉沙漠东至红海，西至大西洋，南部边界则为萨赫勒和撒哈拉以南非洲中部和西部的北端地区。该地区的气候条件非常恶劣，是地球上最不适合生物生存的地方之一。

🐾 **学霸支招**：该题考查地理名词，考生可从名词由来、地理位置、面积、地位、意义、评价等方面作答。本年比较特殊，前两道题都涉及地理知识，考生平时复习时也要关注这一方面的知识。

3. **牛市或熊市**：概念来源于18世纪的欧洲。18世纪的欧洲人选择了"牛"和"熊"这两个物种来指代股市涨跌。牛市市场又被称为多头市场，是指价格长期呈上涨趋势的证券市场，市场普遍看涨，是持续时间较长的大升市，特征是大涨小跌。熊市也被称为空头市场，是指价格长期呈下跌趋势的证券市场，市场普遍看跌，是持续时间较长的大跌市，特征是小涨大跌。史上最有名的熊市是1930年的美国经济大萧条。

🐾 **学霸支招**：该题考查经贸术语，考生可从名词来源、概念、特征等方面作答。经贸术语对考生来说一直都是难点，如果事先未积累，考试时仅通过字面难以判断其意思，建议考生平常多关注经贸用语，结合往年真题的考查范围，尽量多了解这类名词。

4. **莎士比亚的四大悲剧**：是莎士比亚基于欧洲的历史传说所创作的四部悲剧，即《哈姆雷特》《奥赛罗》《李尔王》《麦克白》。很多评论家认为莎士比亚的悲剧作品代表了他的艺术高峰，他作品中的悲剧情节通常结合了主人公致命的错误和缺点，从而破坏了原有的计划，毁灭了英雄和英雄的爱人们。哈姆雷特王子失败的致命错误是犹豫不决；而奥赛罗和李尔王失败的原因是做决定时犯下轻率的错误。在《奥赛罗》中，坏蛋埃古挑起了奥赛罗的妒忌，导致他杀死了深爱他的无辜妻子。

🐾 **学霸支招**：该题考查文学知识，考生需要答出四大悲剧的内容并简要阐述四部作品如何展现了悲剧性。莎士比亚的作品一直是各大高校考查的重点，北京外国语大学也不例外，对于这样一位大文豪，建议考生要对其生平、作品、时代背景等有全面的了解。

5. **马孔多**：是哥伦比亚作家加西亚·马尔克斯在其代表作《百年孤独》中虚构的小镇，小说真实地再现了拉美社会的历史。马孔多是布恩迪亚家族逃难时发现的地方，他们在这里建立起自己家族的小镇，让家族获得了与世隔绝的孤独，也赋予了这个小镇世界文明之外的孤独，他们在这里孤独地探索着未知的文明，在这里进行科研创新，在这个过程中，有不被理解、被排斥的痛苦以及死寂般的孤独，但第一代人在马孔多坚持下来了，这个地方是他们精神与文明契合的起点，也是终点。马孔多通常被认为是加西亚·马尔克斯童年的故乡——阿拉卡塔卡。

🐾 **学霸支招**：该题考查文学作品中的关键地点，考生可从出处、在小说中的作用、现实意义等方面作答。该题体现了北京外国语大学百科考试近几年的命题趋势在逐渐往细致化方向发展，对于重要的作品，建议考生要大致掌握其主要人物和故事梗概等。

**6. 印巴实际控制线**：是指印度和巴基斯坦目前在克什米尔实际控制地区的分界线。1947年，英国政府提出蒙巴顿方案，决定印巴分治，成立印度和巴基斯坦两个独立国家，并规定当时印度各土邦均可自由决定加入印度或者巴基斯坦。克什米尔当时的情况较为特殊，一方面其土邦主是印度教徒，希望加入印度；而另一方面其大部分人口是穆斯林，希望加入巴基斯坦。因此，印巴两国均声称对克什米尔享有主权，故印巴两国经过谈判后，同意各自控制克什米尔的一部分地区，两国军队随后撤离到停火线后，该线也就成了印巴实际控制线。

**学霸支招**：该题考查国际政治的相关名词，考生可从定义、由来、历史发展等方面作答。建议考生熟悉一些国际上的热点话题，如地区争端等。

**7. 表情包**：是在社交软件或社交网站兴起后形成的一种流行文化，通常以时下流行的名人、语录、漫画、影视截图为素材，配上一系列相匹配的文字，用以表达特定的情感。1982年9月19日，史考特·法尔曼率先于卡内基梅隆大学的计算机科学BBS上使用了"：-)"及"：-("的文字符号，是颜文字出现于网络世界的开端，也被认为是表情符号的鼻祖。

**学霸支招**：该题考查流行词汇，考生可从定义、内涵、创造者、历史由来等方面作答。近几年各大高校试题中也逐渐涉及当下年轻人中的流行语，比如给力、佛系、斜杠青年等，考生在休闲娱乐之际，也可以学习一下。

**8.《牡丹亭》**：又名《还魂记》，与《紫钗记》《南柯记》《邯郸记》并称为"临川四梦"。《牡丹亭》是明代剧作家汤显祖的代表作，在思想和艺术方面都达到了其创作的最高水准，剧本推出之时，便一举超过了另一部古代爱情故事作品《西厢记》。《牡丹亭》描写了大家闺秀杜丽娘和书生柳梦梅的生死之恋。《牡丹亭》取材于唐代传奇《离魂记》，揭露社会黑暗，以情反理，故事深切动人，具有浪漫主义特色，且不拘于声律，曲调优美。它的人物栩栩如生，描写细腻；语言则在深浅、浓淡、雅俗之间。

**学霸支招**：该题考查文学作品，考生可从作者、地位、内容、作品风格等方面作答。该题可以与莎士比亚的戏剧作品进行类比整理，汤显祖和莎士比亚算是东西方同时期的两大剧作家，两人的许多作品都有可比性。

**9. 石黑一雄**：是英国籍日本小说家和剧作家。他出生于日本长崎市长崎县，1960年随父母移居英国，1983年正式入籍英国。石黑一雄是当今英语世界最著名的作家之一，四次入围布克奖，并凭借作品《长日将尽》获得此奖。2017年，石黑一雄获得诺贝尔文学奖，授奖词称他"在具有强大情感力量的小说中，揭露我们与世界联结的错觉底下的深渊"。其主要作品有《群山淡景》《浮世画家》《长日将尽》等。

**学霸支招**：该题考查诺贝尔奖获得者，考生可从作家身份、获得奖项、作品风格、代表作等方面作答。这里提醒考生，有关诺贝尔奖的热点话题历来都是北京外国语大学百科考试的考查重点。

10. **四大译经家**：指鸠摩罗什、真谛、玄奘、不空四大佛经翻译家。这四位佛经翻译家中，鸠摩罗什、真谛、不空是东来弘传佛法的外国佛学大师，玄奘则是西行求法的中国高僧。虽然他们所处的时代不同，经历不同，但他们都以自己毕生的精力从事译经事业，在他们各自的时代取得了辉煌的成就，并在中国的翻译史上留下了光辉的篇章。

　　**学霸支招**：该题考查翻译家，考生可从涉及人物、人物介绍、翻译成就等方面作答。在中国的翻译史中，佛经翻译是浓墨重彩的一笔，建议考生掌握主要的佛经翻译家及其思想和作品，如玄奘、鸠摩罗什等。

11. **激流三部曲**：是现代著名作家巴金的三部作品，也是巴金作品中成就最高、影响力最大的一个系列，包括《家》《春》《秋》，其中《家》的艺术成就最高。《激流三部曲》描写了高家这个溃败的封建大家庭四代人悲欢离合的故事。三部作品不断剖析在中国近代社会新旧历史转变时期封建大家族的种种矛盾，并且巴金以饱满的热情描绘了在破败的家庭中成长起来，充满了自信和勇气，充满了爱和恨的力量，在腐败、崩溃的事物中看到希望，充满朝气的叛逆人物。

　　**学霸支招**：该题考查文学作品，考生可从涉及作品、作家、作品内容、作用等方面作答。建议考生了解这几部作品的故事梗概和主要人物，按照北京外国语大学近几年的命题倾向，不排除以后考查其中某部作品的可能。

12. **什叶派**：原意为阿里的追随者，与逊尼派并列为伊斯兰教的两大主要教派。什叶派是早期伊斯兰教的四大政治派别之一，也是伊斯兰教中教徒第二多的教派。什叶派以古兰经及圣训上记载的先知穆罕默德的言论为基础，也包括一些什叶派视为圣书的书籍。什叶派主要可以分为三派，即十二伊玛目派、伊斯玛仪派及五伊玛目派，其中最主要的是十二伊玛目派。

　　**学霸支招**：该题考查宗教知识，考生可从来源、地位、特点、派别等方面作答。该题考查得比较细致，对于一些考生来说可能是难点，不过北京外国语大学的命题还是有迹可循的，基本每年都会考查宗教知识，这就提醒考生在备考中要深挖相关知识，防患于未然。

13. **UNICEF**：是联合国儿童基金会的英文简称。联合国儿童基金会是联合国的一个专门机构，于1946年12月11日在联合国大会上成立，总部设于美国纽约，其工作是对发展中国家的母亲和孩子进行长期的人道主义和发展援助。联合国儿童基金会曾于1965年获得诺贝尔和平奖。作为一个志愿性的基金机构，联合国儿童基金会依靠政府和私人的捐助运营。它的项目重视提高社区服务水平，以提高儿童的健康。

　　**学霸支招**：该题考查联合国的相关机构，考生可从定义、成立时间、总部位置、宗旨、发展、作用等方面作答。注意联合国的各类机构，如儿童基金会、世贸组织、世卫组织等，这一般是北京外国语大学百科考试的考查重点。

14. **《蒙娜丽莎》**：是文艺复兴时期的画家列奥纳多·达·芬奇所绘的肖像画，是其代表作，现收藏于法国卢浮宫博物馆。画中描绘了一位表情内敛、微带笑容的女士，她的笑容有时被称作"神秘的笑容"。该画作表现了女性典雅、恬静的典型形象，塑造了在资本主义上升时期一位城市有产阶级妇女的形象；充分体现了在15、16世纪意大利文艺复兴时期，新兴的资产阶级对现在富有生活的满足感与生命的活力；也体现了达·芬奇对现实生活细致入微的观察，及其对幸福生活、快乐人生的肯定与赞赏。

👉 **学霸支招**：该题考查艺术作品，考生可从创作者、内容、特点、作品意义等方面作答。文艺复兴作为欧洲文化思想发展的一大事件，历来都是考查的重点，同样重要的历史事件还有宗教改革、启蒙运动等，建议考生积累相关知识。

15. **尤三姐**：是《红楼梦》中的人物，尤二姐之妹，尤氏继母的女儿。她性情刚烈，不喜遭人玩弄。后由贾琏说媒，欲许配柳湘莲，但因柳湘莲误听传言，怀疑尤三姐是个不干净的人，要索回定礼鸳鸯剑，尤三姐为表清白，拔剑自刎，柳湘莲追悔莫及，削发出家。尤三姐在书中并不是一个重要人物，只占了三四回的篇幅，但在曹雪芹的笔下，她那万人不及的绝代风华和倔强刚烈的个性格外耀眼。

👉 **学霸支招**：该题考查《红楼梦》中的人物，考生可从身份、情节、人物性格等方面作答。北京外国语大学百科考试倾向于考查《红楼梦》中的人物，不过考得比较细致，不仅仅局限于主要人物，建议考生有时间可以通读《红楼梦》这本著作。

16. **黄道十二宫**：该概念起源于巴比伦占星术。巴比伦人注意到了与太阳同时升起的星星，在黎明之前，可以观察到靠近太阳位置的星星升起，这些星星以一个似乎规则的圆周来回运动。他们将这些星星分为十二组，并给其命名。"黄道十二宫"在占星学上大有用途，古人就以其出发，搭建起一整套复杂而庞大的占星学体系。在全世界，"黄道十二宫"的影响都十分广泛。

👉 **学霸支招**：该题考查星象知识，考生可从起源、定义、用途等方面作答。此类词条只按照字面意思解释可能会产生错误，这就要求考生事先了解该知识点，否则会严重失分。

17. **有限责任公司**：指由2个以上、50个以下的股东共同出资，每个股东以其所认缴的出资额对公司承担有限责任的经济组织。有限责任公司的特征包括限制股东人数为2个以上、50个以下；股东转让股份受到一定限制，向股东以外的人转让股份须得到其他股东过半数的同意；无法向社会公开募集公司资本；不能发行股票；设立条件和程序相对简单和灵活，等等。

👉 **学霸支招**：该题考查经济方面的知识，考生可从概念、特点等方面作答。在我国，法定公司有两种，即有限责任公司和股份有限公司。该题考查了前者，建议考生积累后者的相关知识。

18. **英美法系**：又称普通法法系，起源于中世纪的英格兰，是以英国普通法为基础发展起来的法律的总称。目前世界三分之一的人口生活在普通法司法管辖区或混合民法系中。从法律渊源来看，普通法法系的特点就是判例法，即反复参考判决先例，最终产生类似道德观念一般的普遍的、约定俗成的法律。这种法系根据人们在日常生活中形成的公序良俗判别谁是谁非，不看重学历威望，用平民组成陪审团，即便没有明文规定，只要不符合陪审团判别是非的观念就是违法。该法系与大陆法系并称为当今世界最主要的两大法系。

👉 **学霸支招**：该题考查法律体系，考生可从定义、起源、适用地区、特点或地位等方面作答。建议考生积累大陆法系的相关知识。

**19. 印欧语系**：世界上的语言大致分为四大语系，印欧语系是其中一种。印欧语系最早是由18世纪的英国人威廉·琼斯提出的一个语言学概念，他认为印度和欧洲的大部分语言都是从"原始印欧语"分化出来的，这些语言之间具有亲属关系和相似性。印欧语系是世界上第一大语系，拥有最多的母语人口，在世界上的影响力最大，地理分布跨度大、范围广。

👉 **学霸支招**：该题考查语言学知识，考生可从起源、提出人物、时间、特点等方面作答。印欧语系是四大语系之一，建议考生掌握其他语系的相关内容。

**20.《文心雕龙》**：又称作《文心》，是中国第一部系统文学理论巨著，也是一部理论批评著作，完书于中国南齐时期（南朝齐），作者为刘勰。《文心雕龙》是中国有史以来最精密的文学批评书籍，"体大而虑周"，全书的重点有两个——一个是反对不切实用的浮靡文风；另一个是主张实用的"擒文必在纬军国"之落实文风。刘勰把全部的书都当成文学书来看，所以本书的立论极为广泛。

👉 **学霸支招**：该题考查文学作品，考生可从地位、作者、时间、特点等方面作答。注意该作品和翻译学密切相关，属于必备知识点，考生需掌握。

**21. GDP**：是国内生产总值的英文缩写，指一定时期内（一个季度或一年）一个区域的经济活动中所生产出的全部最终成果（产品和劳务）的市场价值。国内生产总值有三种表现形态，即价值形态、收入形态和产品形态。国内生产总值是国民经济核算的核心指标，对衡量一个国家或地区的经济状况和发展水平有相当大的重要性，反映了一个国家或地区的经济实力和市场规模。

👉 **学霸支招**：该题考查经济知识，考生可从定义、表现形态、作用等方面作答。该题体现了北京外国语大学百科考试命题的一个思路，即通过缩略词来考查概念，考生平常也要注意重要词汇的缩略词。

**22. 宗教改革**：指16世纪欧洲发起的一场自上而下的宗教改革运动，主要由马丁·路德、加尔文、慈运理、亨利八世等神学家与政治领袖发起。1517年，马丁·路德发表的《九十五条论纲》引发了宗教改革，即德意志宗教改革。宗教改革沉重地打击了欧洲的统治支柱——天主教会，极大地解放了人们的思想，为欧洲资本主义的发展扫清了道路，为欧洲走向现代社会创造了条件。

🐟 **学霸支招**：该题考查西方重要历史事件，考生可从时间、定义、主要人物、历史意义等方面作答。宗教改革和文艺复兴都是北京外国语大学百科考试的考查重点，由于本次运动促使基督新教产生，建议考生了解一下基督新教的相关知识。

23. **会意**：用两个或几个部件合成一个字，把这些部件的意义合成新字的意义，这种造字法叫会意，是六种造字法之一。会意是为了补救象形和指事的局限而创造出来的造字方法。和象形、指事相比，会意法具有明显的优越性——第一，它可以表示很多抽象的意义；第二，它的造字功能强。《说文解字》收录了会意字1 167个，比象形字、指事字多得多。会意造字法体现了中国文字的博大精深。

🐟 **学霸支招**：该题考查造字法，考生可从定义、特点、意义等方面作答。北京外国语大学百科考试往年也考查过六种造字法中的其他造字法，建议考生掌握六种造字法的相关知识。

24. **奥林匹克格言**：又称奥林匹克口号或奥林匹克座右铭，是奥林匹克运动口号之一。内容是"更快、更高、更强"，由亨利·马丁·迪东提出。"更快、更高、更强"充分表达了奥运健将们不畏艰险、勇往直前的拼搏精神。

🐟 **学霸支招**：该题考查国际赛事，考生可从定义、内容、创造者、意义等方面作答。如果考试年份是奥运会开办年份，那么百科考试的题目中很可能会涉及相关知识，考生需要注意。

25. **北约**：是北大西洋公约组织的简称，是欧洲及北美洲国家为实现防卫合作而建立的国际组织。1949年3月18日，美国、英国及法国公开建立北大西洋公约组织，于同年4月4日在美国华盛顿签署《北大西洋公约》后正式成立。北约与以苏联为首的东欧集团国相抗衡。苏联解体后，北约成为一个地区性防卫协作组织。北约的最高决策机构是北约理事会。理事会由成员国国家元首及政府高层、外交部部长、国防部长组成。北约的总部设在比利时的布鲁塞尔。

🐟 **学霸支招**：该题考查国际组织，考生可从设立目的、时间、成员国、总部等方面作答。建议考生多了解当今世界上的重要国际组织，如世贸组织、联合国等。

## 二、应用文写作（40分）

**题目分析**

题目要求写一则消息，先考虑格式（标题、导语、主体、背景材料、结尾），关于主干内容可适当自行发挥，建议写自己熟悉的话题。此外，语言要简练、客观、严谨，忌用词随意，注意字数要求。

> 考场还原

### 特蕾莎·梅走马上任，成为英国史上第二位女首相

腾讯证券讯 北京时间××月××日凌晨消息，据BBC报道，英国新任首相特蕾莎·梅（Theresa May）做出承诺，称其将致力于建设一个服务于全体国民而非只是"少数特权者"的国度。

特蕾莎·梅在唐宁街10号英国首相官邸外发表了讲话，这位前内政大臣说道，她的使命将是"建设一个更好的英国"。

获得任命后，特蕾莎·梅首次以首相身份在唐宁街对媒体讲话，称在卡梅伦的领导下，英国政府稳定了经济，缩小了预算赤字，帮助了比以往更多的民众就业。但他真正的遗产不是经济，而是社会公正。她誓言对抗"烫手的不公正性"，称将在税收问题上把普通民众的财富放在首要位置。特蕾莎·梅这样说："我领导的政府不会受少数特权人士的利益驱使，而会以你们（低收入者）的利益为本。我们将竭尽全力让你们更有能力掌控自己的人生。"

许多保守党议员认为，在英国以52%的赞成票决定退出欧盟后，唯有特蕾莎·梅能把党内各派团结起来。她雷厉风行，着装一丝不苟，与保守党女杰撒切尔夫人有相似之处。

> 评点升格

本文在题目未给出语境的情况下，很好地选取了英国新首相上台这一热点话题作为本文的主干内容，体现了该考生关注热点，并能恰当运用热点的能力。

文章第一段中详细交代了本消息所涉及的时间、人物、事件；第二、三段进一步描述了新首相的讲话内容；结尾段进行总结，表达了对新首相的信心。本文整体结构清晰、逻辑清楚；语言精练、明确，符合新闻的表达习惯。

## 三、命题作文（60分）

> 题目分析

该题属于命题作文，从题干来看，"谈定力"指的是在面对各种风吹浪打和各种风云激荡的内、外部形势变化的考验时，所表现出来的一种坚定性、稳定性和不可动摇性。它体现的是一种自信、一种原则、一种坚守、一种底气和一种能力。立意角度比较多，可以从"定力是什么""如何保持定力""定力的可贵之处"等方面来行文。

> **考场还原**

### 谈定力

　　当下时代，最盛行的是追求房子和车子等物质财富，以及精致的利己主义。"定力"在这个时代对一些人来说不再可贵，然而故宫却有这么一批人，他们坚守着自己的信仰，用三年磨一把刀，用十八年修复一幅画。他们成全了文物，延续了历史，也成全了自己。"择一事，终一生"，十年如一日，令人深受触动。匠人精神不正是我们这个时代对"定力"的一种呼唤吗？

　　宫墙外的世界斗转星移，宫墙内的他们却要用几年的时间摩挲一件文物。一座宫廷钟表的上千个零件要严丝合缝；一件碎成一百多片的青铜器要拼接完整；一幅古画揭一两个月；一幅画的临摹耗时几年到几十年。老修复师无一例外都是从十八九岁就进入了故宫，他们初入时都是血气方刚、活泼好动的年轻人，在他们师傅的熏陶渐染下，他们的性子逐渐被磨平，心也静了下来。他们在意每一件物品的手感，他们面对文物如履薄冰、谨小慎微。职业性的敬畏与谦恭渗透了他们，变成了他们生命底色的一部分。他们用自己的一辈子来诠释"因为热爱所以坚持"的牢固信仰，用"定力"坚守着一生做好一件事的原则。在物欲横流的时代，这是多么的可贵。

　　匠人之所以称为"匠"，是因为他们拥有了某种娴熟的技能，这个技能可以通过时间的积累达到"熟能生巧"。蕴藏在技能背后的，还有更深层次的精神内涵。修复师从不炫耀自己修复过多少国之瑰宝，而是对每件文物都充分重视：这件文物我修复过，我对得起它，我放心。他们的性格都非常谦逊，修复的是国之瑰宝，态度却轻松日常。他们反复谈到的是磨性子、静下心、沉住气。静心不妄动，专注身心合一，这种"定力"既是一种手工艺，也是一种修行。

　　在这个快速奔跑的社会，"坐得住"意味着错过新风口，人们慌张焦虑，生怕一不小心就落后了。可在这群修复师身上，在他们的生活细节中，却藏着一种对时间的超然。他们那一代兴许没有受过正规教育，他们的身上还留着浓厚的匠人气息，离开了故宫，和普通人也没有什么区别。但是他们在固执地坚守着这个时代所缺失的美好"定力"，他们修的不只是文物，更是浮躁的人心、贪婪的欲望，这才是他们最与众不同，也是最打动人的地方。

　　木心在《从前慢》里写道："从前的日色变得慢，车、马、邮件都慢，一生只够爱一个人。"而这群匠人则告诉我们：如今的日色也可以变得慢，用一生来专注一件事。在喧嚣的世界里，这点尤为可贵，值得我们学习。沉淀下来，保持"定力"。

> **评点升格**

　　本题类似高考作文，如果想要得高分，考生在行文时需要注意思想的传达，以我手写我心。在内容方面，建议格局大一些，不要局限于自身，最好能和热点话题接轨，比如本文的"匠人精神"，以故宫匠人的"定力和坚守"来反衬当今社会的浮躁，以此启发当代人重拾"定力"，学习匠人精神。

# 广东外语外贸大学（A）

## 学霸硬核备考分享

### 1 本校考查特点

广东外语外贸大学的百科考试具有"外语外贸的特色"，倾向于考查考生对时事、政治、经济领域知识的了解，也会考查文化、科学、环保、历史、法律等方面的知识。要求考生"家事国事天下事，事事关心"，拓宽自己的知识面。

### 2 学霸备考经验

我是6月份开始备考百科考试的，先整理了广东外语外贸大学和各个学校的历年真题，参考李国正老师的《汉语写作与百科知识》和翻硕百科黄皮书，每天都去背诵这些材料。后来，我开始主动积累百科知识，把平时遇到的不懂的各类名词全部上百度查一遍，按照政治、经济、文化、社会、翻译理论等板块进行整理，然后大量背诵，挑重点默写（如果时间紧，也可以只默写关键词。）各位考生要阅读最近两年的政府工作报告，把不太懂的名词和概念全部圈出来，然后去网上找相应的解释，做好摘抄、整理，然后背诵。考前最后一个月可以使用《最后的礼物》一书，上面有整理好的近一年来的热点词条解释。但是一定不要等到那个时候才来背名词解释，功夫要花在平时，从现在开始就要整理各种热点词条，要搞清楚这些词条背后的意思，后期复习的时候要有重点。准备小作文的时候，我用的是夏晓鸣的《应用文写作》，研究各种模板，对各种模板都要熟悉（重点研究通知、公告、请示等）。广东外语外贸大学的小作文不难，10月中旬开始看即可。大作文跟高考作文相似，但千万不要堆砌素材，要有自己的想法，做到有论述、有逻辑。平时要紧跟时事热点，建议多看人民日报评论和《看天下》杂志，平时多动笔练习中文写作，锤炼自己的语言和思想。

# 2020年试题参考答案与考点解析

## 本套试卷特点

本年广东外语外贸大学百科考试的难度是正常水平。名词解释部分考了许多政治、经济词条,还有一些文化、环保、科技类词条,相比去年简单了不少。应用文写作和现代汉语写作中规中矩。不过广东外语外贸大学今后的MTI百科考试中仍旧可能会出现2019年真题中难度偏大的题目,各位考生还是要做好相应准备。

## 一、名词解释(共20小题,每小题2.5分,共50分)

**1. 产业链**:是产业经济学中的一个概念,用于描述一个具有某种内在联系的企业群结构,它是一个相对宏观的概念,存在两维属性——结构属性和价值属性。一个完整的产业链包括原材料加工、中间产品生产、组装、销售、服务等多个环节。产业链中大量存在着上下游关系和相互价值的交换,上游环节向下游环节输送产品或服务,下游环节向上游环节反馈信息。

☞**学霸支招**:这是一条经济类名词,答题时的得分点包括概念、属性、分布特点等。

**2. 冷链物流**:全称为冷冻冷藏供应链物流,是一项控制温度的供应链系统,从原材料供应、食品工厂内生产、贮藏运输至贩卖销售等物流环节,维持产品在一定的低温范围内,以延长和确保产品的保存期限。冷链产品大多易变质,常见的冷链产品包括农产品、水产品、冷冻食品、摄影胶卷、化学品、易受温度影响的电子元件以及药物等。冷链物流比常温物流要求更高、更复杂,建设投资也多很多。

☞**学霸支招**:这是一条经济物流类名词,答题时的得分点包括含义、适用范围、优缺点等。

**3. 供给侧结构性改革**:重点是结构性改革,要把改善供给侧结构作为主攻方向,从生产端入手,提高供给体系的质量和效率,扩大有效供给和中高端供给,增强供给侧结构对需求变化的适应性,推动我国经济朝着更高质量、更有效率、更加公平、更可持续的方向发展。推进供给侧结构性改革是我国经济发展新常态下的必然选择,是宏观经济管理必须确立的战略思路。

☞**学霸支招**:这是一条政治类名词,答题时的得分点包括改革内容、改革重点、背景等。

**4. 产业结构**:是发展经济学中的一个概念,指国民经济各产业部门之间以及各产业部门内部的构成。产业结构调整和升级能促进宏观态势下的经济增长。产业结构升级是通过产业内部各生产要素和产业之间时间、空间、层次相互转化实现生产要素改进、产业结构优化、产业附加值提高的系统工程。经济主体和经济客体的对称关系是最基本的产业结构，是产业结构升级的最根本动力。

👉 **学霸支招**：这是一条经济类名词，答题时的得分点包括定义、调整措施、示例等。

**5. 民营企业**：简称民企，其中的"民营"也可称"民办"。民营企业是公司或企业类别的名称，指所有的非公有制企业。除"国有独资""国有控股"外，其他类型的企业只要没有国有资本，均属于民营企业。改革开放40多年以来，民营经济从无到有、从小到大，涌现出华为、腾讯、阿里等一批世界级优秀企业，民营经济成为推动社会主义市场经济发展的重要力量。因此要激发民营企业新活力，促进经济高速发展。

👉 **学霸支招**：这是一条经济类名词，答题时的得分点包括概念、发展、作用等。

**6.《论语》**：是一本以记录春秋时期思想家孔子的言行为主的言论汇编，在古书中又分别以论、语、传、记等字单称。"论"为论纂、编纂的意思；"语"为谈说的意思，合起来指言论的汇编。《论语》为儒家重要经典之一，在四库全书中为经部。

👉 **学霸支招**：这是一条文化类名词，答题时的得分点包括概念、主要内容、地位等。

**7. 孔子学院**：是一个非营利性组织，一个汉语教学和文化交流的机构。由教育部下属正司局级国家汉语国际推广领导小组办公室管理，总部设在中国北京，同时在世界各地设有境外孔子学院。孔子学院承担着推广汉语、传播中国文化的任务。

👉 **学霸支招**：这是一条文化类名词，答题时的得分点包括机构性质、办学宗旨、作用等。

**8. 非营利性机构**：是指不以营利为目的的机构，其核心目标通常是解决社会问题、支持或处理个人或公众关心的议题，涉及艺术、慈善、教育、政治、公共政策、宗教、学术、环保等多个领域。非营利性机构也要产生收益，满足其机构运转和活动资金的需求。

👉 **学霸支招**：这是一条经济类名词，答题时的得分点包括概念、目标、主要特点等。

**9. 国学**：研究我国传统学术文化，包括哲学、史学、文学、考古学、中医学、语言文字学等方面的学问。国学博大精深、源远流长，融合了中华民族五千年的智慧，蕴含大量真理性、科学性内容。

👉 **学霸支招**：这是一条文化类名词，答题时的得分点包括基本概念、特点等。

**10. 和而不同**："和"的意思是"和睦"；"同"的意思是"苟同"。其意思是和睦地相处，但不随便苟同。该成语出自《论语·子路》中的"君子和而不同，小人同而不和"。"和而不同"是孔子的一个重要思想，对于我们当代人来说也具有重大意义。在人际交往中，既要善与人同，又要能保持自己的独特性。

👉 **学霸支招**：这是一条文化类名词，答题时的得分点包括成语解释、出处、启示意义等。

**11. 机器学习**：是人工智能的一个分支。它专门研究计算机怎样模拟或实现人类的学习行为，使计算机具有人的学习能力以便实现人工智能。机器学习是实现人工智能的一个途径，即以机器学习为手段解决人工智能中的问题。

　　👉 **学霸支招**：这是一条科技类名词，答题时的得分点包括定义、内容、作用等。

　　12. **生物识别技术**：是利用人体生物特征进行身份认证的一种技术。与传统的身份鉴定手段相比，基于生物特征识别的身份鉴定技术具有以下优点——不易遗忘或丢失；防伪性能好，不易伪造或被盗；"随身携带"，随时随地可用。

　　👉 **学霸支招**：这是一条科技类名词，答题时的得分点包括定义、优势等。

　　13. **对冲基金**：指由金融期货、金融期权等金融衍生工具与金融组织结合后，以盈利为目的的金融基金。其最初的目的为通过套期保值避免损失，在一定程度上可以规避和化解投资风险。

　　👉 **学霸支招**：这是一条经济类名词，答题时的得分点包括概念、作用等。

　　14. **PM2.5**：指空气中直径小于或等于 2.5 微米的颗粒物，直径还不到人的头发丝粗细的 1/20。其粒径小、活性强，易附带重金属、微生物等有毒、有害物质，能较长时间地悬浮于空气中，影响人体健康和大气环境质量。其浓度越高，空气污染越严重。

　　👉 **学霸支招**：这是一条科学类名词，答题时的得分点包括概念、指数标准、危害等。

　　15. **生态文明**：是人类对传统文明形态，特别是工业文明进行深刻反思的成果。良好的生态环境是人类发展的必要条件和重要保证，而人的发展状况也影响着生态文明的发展。生态文明强调人的自觉与自律，强调人与自然环境的相互依存、相互促进、共处共融，是人与生态、人与人、人与社会和谐共生的社会形态。

　　👉 **学霸支招**：这是一条政治类名词，答题时的得分点包括基本含义、政策、必要性等。

　　16. **云计算**：是分布式计算的一种，云是网络、互联网的一种比喻说法。云计算指的是通过网络"云"将巨大的数据计算处理程序分解成无数个小程序，然后通过多部服务器组成的系统，经搜寻、处理、分析得到结果并返回给用户。云计算可以在很短的时间内（几秒钟）完成对数以万计的数据的处理，从而形成强大的网络服务能力。

　　👉 **学霸支招**：这是一条科技类名词，答题时的得分点包括概念、特点、优势等。

　　17. **粤港澳大湾区**：简称大湾区，是由围绕中国珠江三角洲地区伶仃洋组成的城市群，包括广东省九个相邻城市（广州、深圳两个副省级市，珠海、佛山、东莞、中山、江门、惠州、肇庆七个地级市，以及香港与澳门两个特别行政区），是中国人均 GDP 最高、经济实力最强的地区之一。国务院于 2019 年 2 月 18 日印发《粤港澳大湾区发展规划纲要》，通过粤澳港协同作用、制度创新和技术创新提升经济发展质量。

　　👉 **学霸支招**：这是一条政治类名词，答题时的得分点包括含义、地理位置、意义等。

**18. 减税降费**：是一系列定向减税和普遍性降费措施，是政府简政放权在社会经济领域的深化和体现。表现在鼓励银行加大信贷支持和服务，减轻企业负担，激发市场活力。2019年2月6日，国务院发布的2018年关键词为减税降费。2018年《政府工作报告》提出，全年再为企业和个人减税8 000多亿元，为市场主体减轻非税负担3 000多亿元。

👉 **学霸支招**：这是一条政治类名词，答题时的得分点包括概念、具体数据、影响作用等。

**19. 普利策奖**：是美国为奖励报纸、杂志、数位新闻报道和文学、音乐创作的杰出表现所设的奖项。1917年根据美国报业巨头约瑟夫·普利策的遗愿设立的普利策奖，由纽约哥伦比亚大学统筹，已经发展成为全球新闻界的一项最高荣誉，被誉为新闻界的"奥斯卡金像奖"。

👉 **学霸支招**：这是一条文化类名词，答题时的得分点包括奖项内容、创始人、设立历史、地位等。

**20. 人类发展指数**：是联合国开发计划署在《1990年人文发展报告》中提出的用以衡量各国社会经济发展水平的指标，并依此将各国划分为极高、高、中、低四组。只有被列入"极高"组的国家才有可能成为发达国家。此标准的数值根据预期寿命、教育水平和生活质量计算出，在世界范围内，各国之间可进行比较，是对传统GDP指标挑战的结果。

👉 **学霸支招**：这是一条文化类名词，答题时的得分点包括定义、计算指标等。

## 二、应用文写作（40分）

**题目分析**

今年广东外语外贸大学给的材料比较长，很多内容并不是公文所需要的，考生要注意分辨，把交通运输部真正要给各省传达的信息传达出来。平时要多关注网上不同类型的新闻，获取相关的背景知识，避免出现语言不规范的现象。

**考场还原**

关于大力推动高速公路ETC发展应用工作的通知

各省政府：

取消高速公路省界收费站，加快ETC的推广和普及至关重要。

为进一步推广、普及ETC通行方式，提高高速通行效率，现决定通过智慧交通的解决方式，缓解高速公路通行压力。现将有关事项通知如下：

1. 加快取消省界收费站，实现不停车便捷收费。各省政府应调动各方面资源，加快推动高速公路ETC应用发展，争取到2019年年底全国ETC用户新增1亿以上，各省（自治区、直辖市）汽车ETC安装率达到80%以上，通行高速公路的车辆ETC使用率达到90%以上。

2. 加大ETC车辆通行优惠力度。自2019年7月1日起，严格实施对ETC用户不低于95折的通行优惠政策，并实现对通行本区域的车辆给予同样的优惠力度，即外省ETC卡和本省ETC卡在本省高速公路享受同样的通行政策。

3. 线下ETC办理渠道受到场地和流程的影响，车主通过线下渠道办理ETC的手续相对复杂，国家鼓励ETC发行机构和合作机构利用互联网资源优势，为客户提供便捷服务，支持用户通过线上自主选择产品服务、自行注册、自助安装。

4. 每月通报各地ETC安装率和使用率等指标，组织开展以"安装ETC，畅行高速路"为主题的宣传活动，坚决查处不作为、慢作为以及借机乱收费等行为。

请遵照执行。

中华人民共和国交通运输部<br>
××××年××月××日

**评点升格**

本文严格按照材料要求行文，没有把无关的新闻材料写进公文里。此类题目要对给出的材料进行整理，并深入分析。应用文写作是逻辑思维与形象思维交织在一起的产物，行文时要以逻辑思维为主。

# 三、现代汉语写作（60分）

**题目分析**

该题要求根据所给的有关实体书店的材料写一篇文章。书店早已有之，它应如何在这个时代焕发生机呢？写作时可以从"与时俱进"的角度入手，探究如今实体书店成功的方法。

**考场还原**

与时俱进，让墨香更浓

现如今，全国实体书店数量在增多，书店开始拓展各种业务，许多年轻人也开始进行电子阅读。我认为，只有与时俱进，才能让墨香更浓。

这些实体书店之所以能够成功，是因为它们与时俱进。与传统的读书不同，现代人读书更追求一种精神上的消遣。这些实体书店很好地抓住了现代读书人的心理特点：柔和的色调、温暖的灯光、精致的书籍、咖啡、文创周边成为书店标配，画展、讲座也时常可见。书店逐渐变身为以阅读为主题的文化空间，卖书、买书则显得不是那么重要，深度的阅读、有情趣的生活才是店家与读者的共同追求。实体书店越做越好，回头客就会越来越多。这既能让书店的营业额上升，增强经济效益，又能吸引更多的人读书，增强社会效益，可谓是一举两得。从这里我们就可以看出与时俱进的好处。

有人认为，现在的年轻人太过沉迷于电子产品，早已不知阅读为何物，可他们哪知，年轻人才是如今书店的"老主顾"，后浪已经开始崭露头角。如今许多年轻人得到了比上一代人更好的教育，更加认识到读书的重要性，因此书店里年轻人的比例高也就不足为奇了。既然是与年轻人打交道，那就要迎合年轻人的阅读口味。年轻人之所以愿意放下手机去实体书店，是因为去实体书店能得到手机阅读所没有的体验。谁说年轻人不爱看世界名著，只爱看日本动漫？转变一下书店的经营形式，与时俱进，生意自然红红火火。

实体书店除提供一本本高质量的纸质版书籍以外，还提供各种电子书籍资源。新时代的实体书店不再是纯粹的图书买卖场所，它更是人们精神的家园，因此书店经营者不能以老眼光看新问题，要懂得与时俱进，这样才会让书店的生意更加红火。在以前，因为某些顾客"只看不买"，店员时常出来驱逐顾客，态度很是恶劣。但现在，时代已经不同，把"书店"做成"书咖"，何愁会没有盈利？何愁会没有名声？因此，必须要懂得与时俱进，才会在当下激烈的竞争中脱颖而出。

实体书店并不会因为电子书籍的流行而衰亡，只要运营者能转变思想观念，学会与时俱进，就能发现实体书店所具有的新优势，就会让城市的墨香更浓。

**评点升格**

实体书店真的会就此消失吗？答案是否定的。我们可以做一个引申：在电商时代里，实体商店如何创新发展？在平时，我们就要有意识地去思考与时代息息相关的一些问题，这样在考场上写出的文章才会更有思想深度，更易获得高分。

# 2019年试题参考答案与考点解析

**本套试卷特点**

本年广东外语外贸大学百科考试的难度是近几年来最难的一年。名词解释部分，除了政治、经济词条，还考查了文化、科技、法律、商贸、历史、科学类的名词，难度很高。这要求考生有非常广的知识面，也是广东外语外贸大学对翻译人才的要求：He or she should know something of everything and everything of something。中文就是：通百艺，专一长。2019年的应用文写作和大作文写作不算难，正常准备即可。

## 一、名词解释（共25小题，每小题2分，共50分）

**1. 3D打印**：又称增材制造、积层制造，可指任何打印三维物体的过程，是以数据模型为基础，将材料逐层堆积，制造出实物的新兴制造技术。3D打印通常是通过使用数字技术材料打印机来实现的，打印出来的三维物体可以拥有任何形状和几何特征，被应用于各领域的模具制造、工业设计模型、产品制造等。3D打印被视为引领新一轮科技革命和产业变革的核心技术之一，发展前景广阔，但价格高，不具备规模经济性。

👉**学霸支招**：这是一条科技类名词，答题时的得分点包括定义、原理、应用、发展、局限性等。

**2. 七月流火**：出自《诗经》，意思为农历七月天气转凉时，天刚黑，可以看见大火星从西方落下去，指天气转凉，夏去秋来，寒天将至。

👉**学霸支招**：这是一条文化类名词，答题时的得分点包括该成语的出处与典故，以及成语本身的含义。

**3. 有罪推定**：指未经司法机关依法判决有罪，对刑事诉讼过程中的被追诉人，推定其为实际犯罪人。

👉**学霸支招**：这是一条法律类名词，答题时的得分点主要是概念。

**4. 程门立雪**：出自《宋史·杨时传》中的"（杨时）又见程颐于洛，时盖年四十矣。一日见颐，颐偶瞑坐，时与游酢侍立不去。颐既觉，则门外雪深一尺矣。"指杨时和游酢去拜访老师程颐，正遇上老师闭目养神，二人不忍心打扰老师休息，便站在门外耐心等候。这时天开始下雪，等到程颐醒来，积雪已经一尺深。旧指学生恭敬受教，现指尊敬师长。比喻求学心切和对有学问的长者的尊敬。

👉**学霸支招**：这是一条文化类名词，答题时的得分点包括成语的出处和典故、成语本身的含义、成语的指代意义等。

**5. 举证责任**：指当事人对自己提出的主张有收集或提供证据的义务，并有运用该证据证明主张的案件事实成立或有利于自己的主张的责任，否则将承担其主张不能成立的风险，即"谁主张，谁举证"。该证明规则最早产生于古罗马时代。

👉**学霸支招**：这是一条法律类名词，答题时的得分点主要是概念。

**6. 到岸价格**：是常见的国际贸易条款，指卖方负责货物成本、保险费及运送至买方港口的航运费用。在装运港货物越过船舷时，卖方即完成交货。交货后的风险和损失由买方承担。

👉 **学霸支招**：这是一条经济贸易类名词，答题时的得分点主要是定义。

7. **中等收入陷阱**：指一个国家由于某种优势达到了一定收入水准后，由于不能顺利实现经济发展方式的转变，导致经济增长动力不足，最终出现经济发展停滞的一种状态。由于工资上涨，既无法在劳动力成本上和别国的低成本生产相竞争，又未能处于高附加值产品的先进经济体内，无法在尖端技术研制上与发达国家竞争。

👉 **学霸支招**：这是一条经济类名词，答题时的得分点主要是含义。

8. **莱克星顿的枪声**：亦称美国独立战争的开始。1775年4月19日，莱克星顿民兵为反抗英国殖民者，和英军发生枪战，打响了美国独立战争的第一枪，这是北美殖民地人民为反对英国殖民统治、争取民族独立而进行的民族解放战争。从1775年至1783年，这场战争持续了8年之久，最终以英国在北美殖民统治的破产和北美殖民地的独立而告终。

👉 **学霸支招**：这是一条历史文化类名词，答题时的得分点包括事件、意义等。

9. **唐宁街十号**：位于英国首都伦敦西敏市西敏区白厅旁的唐宁街，传统上是第一财政大臣的官邸，但自从此职由英国首相兼领后，就成为今日为人熟知的英国首相官邸。首相在这里举行内阁会议，接待政界要人，发布重大新闻，等等。唐宁街十号象征英国政府的中枢，在伦敦是一座极具历史意义的地标性建筑。

👉 **学霸支招**：这是一条政治文化类名词，答题时的得分点包括位置、象征意义、历史渊源等。

10. **美国中央情报局**：简称CIA，创设于1947年，是美国主要的情报机构之一。其主要职责是为美国总统的国家安全决策提供依据。其主要任务是公开和秘密地收集和分类关于国外政府、公司和个人在政治、文化、科技等各个领域的情报，协调其他国内情报机构的活动，并将情报报告分享到美国政府的各个部门。

👉 **学霸支招**：这是一条政治文化类名词，答题时的得分点包括概念、职能、作用等。

11. **悉尼歌剧院**：位于澳大利亚悉尼，是20世纪最具特色的建筑之一，也是世界著名的艺术表演中心、悉尼市的标志性建筑。歌剧院外形犹如三个贝壳，又像即将乘风出海的白色风帆。该剧院设计者为丹麦设计师约恩·乌松，建设工作从1959年开始，1973年正式落成。

👉 **学霸支招**：这是一条文化类名词，答题时的得分点包括位置、特点、地位等。

12. **太阳风**：特指由太阳上层大气射出的超高速等离子体带电粒子流。非出自太阳的类似带电粒子流常被称为"恒星风"。在太阳日冕层的高温下，氢、氦等原子已经被电离成带正电的质子、氦原子核和带负电的自由电子等。这些带电粒子的运动速度极快，以至于不断有带电的粒子挣脱太阳的引力束缚，射向太阳的外围，形成太阳风。太阳风到达地球时，会与地球磁场发生相互作用，引发地磁暴、电离层暴等。

👉 **学霸支招**：这是一条科学物理类名词，答题时的得分点包括定义、组成、形成、作用等。

13. 碳九：是一种聚合混合物，是石油经过催化重整以及裂解后的副产品中含有九个碳原子芳烃的馏分在酸性催化剂存在下聚合而得，主要包含三甲苯、异丙苯、正丙苯、乙基甲苯等。碳九属于易燃危险品，可对水体、土壤和大气造成污染，危害人体健康。

👉 **学霸支招**：这是一条科学类名词，答题时的得分点包括定义、成分、作用等。

14. 核裂变：是指由较重的原子，主要是铀或钚，裂变成较轻原子的一种核反应或放射性衰变形式，裂变过程会产生大量能量。原子弹以及核电站的能量来源都是核裂变。早期原子弹是以钚-239为原料制成。而铀-235裂变在核电站最常见。

👉 **学霸支招**：这是一条科学类名词，答题时的得分点包括定义、原理、过程、应用等。

15. 自闭症：又称孤独症或孤独性障碍，是成长障碍性疾病的典型代表，是一种由脑部发育障碍导致的疾病，常见的特征有社会交往障碍、语言和非语言（动作）交流障碍，以及兴趣狭窄和重复刻板的行为方式。自闭症者又被称为"星星的孩子"。

👉 **学霸支招**：这是一条心理学名词，答题时的得分点包括病因、临床表现等。

16. 破窗效应：是由美国政治学家詹姆士·威尔逊提出的犯罪学理论，说一个房子如果窗户破了，没有人去修补，那么不用等多久，其他的窗户也会莫名其妙地被人打破。此理论认为，环境中的不良现象如果被放任不管，会诱使人们效仿，甚至变本加厉。因此，破窗效应强调着力打击轻微罪行，有助于减少更严重的罪案发生，应该以"零容忍"的态度面对罪案。

👉 **学霸支招**：这是一条犯罪心理类名词，答题时的得分点包括理论来源、含义、启示等。

17. 尼安德特人：是一群生存于旧石器时代的史前人类，1856年，其遗迹首先在德国尼安德特山谷被发现。迄今为止，对尼安德特人的研究仍然是科学界的重要课题。目前，按照国际科学分类二名法将其归类为人科人属，至于是独立物种还是智人的亚种则一直不确定。2010年的研究发现部分现代人是其混血后代后，尼安德特人也可能被归类于智人下的一个亚种。

👉 **学霸支招**：这是一条历史人文类名词，答题时的得分点包括物种学史、分类地位、研究及争议等。

18. 进博会：即中国国际进口博览会，是中华人民共和国在上海市举办的年度博览会，由中华人民共和国商务部、上海市人民政府联合主办。进博会给各国（地区）政要、工商界、著名参展商、采购商提供了一个贸易合作的平台。进博会是坚定支持贸易自由化和经济全球化、主动向世界开放市场的重大举措。

👉 **学霸支招**：这是一条政治类名词，答题时的得分点包括展会介绍、地点、内容、社会影响等。

19. **虫洞**：又称爱因斯坦－罗森桥，是宇宙中可能存在的连接两个不同时空的狭窄隧道。虫洞是1916年奥地利物理学家路德维希·弗莱姆首次提出的概念。1930年，爱因斯坦及纳森·罗森在研究引力场方程时假设黑洞与白洞通过虫洞连接，认为通过虫洞可以做瞬时间的空间转移或者时间旅行。

👉 **学霸支招**：这是一条科学类名词，答题时的得分点包括含义、来源、原理等。

20. **薛定谔的猫**：是奥地利物理学家埃尔温·薛定谔于1935年提出的关于量子理论的一个思想实验。将猫置于可能会死的情况下，关在不透明密室中，只有打开密室，才能确定猫的死活。打开密室前，由于事件发生的随机性质，猫会处于生存与死亡的叠加状态。通过这个思想实验，薛定谔指出了应用量子力学的哥本哈根在诠释宏观物体时会产生的问题，以及该问题与物理常识之间的矛盾。

👉 **学霸支招**：这是一条科学类名词，答题时的得分点包括基本概念、实验内容、影响、意义等。

21. **实证主义**：是一种以"实际验证"为中心的哲学思想，是强调感觉经验、排斥形而上学传统的西方哲学派别。广义而言，任何种类的哲学体系，只要求知于经验材料，拒绝、排斥先验或形而上学的思辨，都为实证主义。实证主义的创始人是法国哲学家奥古斯特·孔德，1830年开始陆续出版的6卷本《实证哲学教程》是实证主义形成的标志。实证一词可以解释为"发现是真的"。

👉 **学霸支招**：这是一条文化哲学类名词，答题时的得分点包括概念、代表人物、形成标志等。

22. **乔姆斯基**：是美国语言学家、哲学家、认识学家、逻辑学家、政治评论家。乔姆斯基是麻省理工学院语言学的荣誉退休教授，是转换生成语法理论的创始人。乔姆斯基的《句法结构》被认为是20世纪理论语言学研究上最伟大的贡献。

👉 **学霸支招**：这是一条文化名人类名词，答题时的得分点包括人物简介、经历、著作及地位等。

23. **蛟龙号**：是我国第一艘深海载人潜水器。它由我国自行设计、自主集成研制，是目前世界上下潜最深的作业型载人潜水器。蛟龙号当前最大的下潜深度为7 062米，最大的工作设计深度为7 000米，工作范围可覆盖全球99.8%的海洋区域。蛟龙号从诞生到使用，历经艰难险阻，凝聚了无数科研工作者的心血。

👉 **学霸支招**：这是一条政治类名词，答题时的得分点包括基本概念、应用领域、技术特点和优势等。

24. **云计算**：是分布式计算的一种，"云"是网络、互联网的一种比喻说法。云计算指的是通过网络"云"将巨大的数据计算处理程序分解成无数个小程序，然后通过多部服务器组成的系统，经搜录、处理、分析得到结果并返回给用户。简单地说，云计算早期就是简单的分布式计算，解决任务分发，并进行计算结果的合并。因而，云计算又被称为网格计算。这项技术可以在很短的时间内（几秒钟）完成对数以万计数据的处理，从而形成强大的网络服务能力。

👉 **学霸支招**：这是一条科技类名词，答题时的得分点包括概念、特点、优势等。

25. **供给侧结构性改革**：把改善供给侧结构作为主攻方向，从生产端入手，提高供给体系的质量和效率，扩大有效供给和中高端供给，增强供给侧结构对需求变化的适应性，推动我国经济朝着更高质量、更有效率、更加公平、更可持续的方向发展。推进供给侧结构性改革是我国经济发展进入新常态的必然选择，是经济发展新常态下我国宏观经济管理必须确立的战略思路。

👉 **学霸支招**：这是一条政治类名词，答题时的得分点主要有改革内容、改革重点、背景等。

## 二、应用文写作（40分）

> **题目分析**
>
> 今年广东外语外贸大学的公文是以广东省卫生厅的名义写通知，这是广东外语外贸大学常考的题型。考生需要牢记通知的格式，把通知背景单独成段，再把通知事项逐条列出。

**考场还原**

关于打击不合格饮用水包装容器的通知

全省各级卫生行政部门：

近来，我省部分地区的一些饮用水包装容器生产企业为降低成本、牟取暴利，使用非食用级PET料（聚对苯二甲酸乙二醇酯树脂）和在社会上廉价回收废的旧瓶料、报废光碟以及通过各种途径进口的塑料"洋垃圾"进行生产。一些瓶装饮用水生产企业购买用上述材料制成的瓶坯或瓶灌装饮用水销售。这种食品包装容器的原料含有大量有毒、有害物质和致病菌，同时在制作过程中有害物质乙醛不断溶于水中，严重威胁消费者的身体健康，违反了《中华人民共和国食品卫生法》等有关国家法律规定，也造成了企业间的不平等竞争，扰乱了社会经济秩序。现将有关事项通知如下：

1. 全省范围内禁止使用非食用级PET料及回收废旧瓶料制作饮用水包装容器。

2. 全省各级卫生行政部门立即对辖区内饮用水包装容器生产企业以及瓶装饮用水生产企业进行一次全面监督检查，对使用非食用级PET料及回收废旧瓶料制作饮用水包装容器，或用上述材料制成的瓶坯、瓶灌装饮用水的生产企业依法严厉查处，并追查其生产的原料来源。

3. 广东省卫生厅鼓励和支持社会各界人士对上述情况进行投诉和举报。

请认真贯彻执行。

广东省卫生厅<br>××××年××月××日

### 评点升格

第一，要看清楚要求中的文章体裁和发文的主体，根据材料提示合理选择主体对象。

第二，此条通知为上级机关对下级机关的通知，行文必须要简明清晰，一目了然，不得模棱两可。

## 三、现代汉语写作（60分）

### 题目分析

本年考查的是与自媒体相关的话题，我们可以先谈谈自媒体存在的一些问题，谈谈新时代对自媒体的要求、自媒体的优势，最后总结升华。

### 考场还原

**规范自媒体，传播正能量**

当今时代，自媒体迅速发展，使得信息传达更加迅速，获取信息的渠道更加多元。以微信公众号、微博等为代表的自媒体平台已经成为重要的信息传播渠道，庞大的创作群体和用户群体也加快了自媒体平台的发展。为了让自媒体平稳发展，为中国特色社会主义事业服务，我们必须规范自媒体，传播正能量。

现如今，一些自媒体为了流量毫无底线，公然制造矛盾，煽动网民情绪，挑战言论自由的底线。我认为，我们必须对各大自媒体进行监督，不能任其发展。舆论引导在当下中国是十分重要的，缺乏正确的引领，自媒体就会走向错误的方向，从而把民众引领到错误的方向。除抵制这些为了流量而煽动网民的自媒体以外，我们还要抵制那些随意传播负能量和不当价值观的自媒体，达到一个激浊扬清的效果。

新时代是一个需要正能量的时代，自媒体有责任、有义务担负起传播正能量的使命，积极引导大众看到我们社会光辉的一面，看到党的优秀领导。因此，每个自媒体人都要正确使用话语权。知名的自媒体人要充分意识到自己有意见领袖的身份，要谨言慎行，不能哗众取宠。各监管部门还要对自媒体的传播内容进行把关，杜绝低俗、无底线和为博取眼球而标新立异的内容出现。如今部分视频 APP 上就出现了哗众取宠、博取眼球的现象，败坏了社会风气，影响了许多国人的审美，甚至给许多未成年人带来了不良影响。我们需要阻止这样的自媒体内容在网络上传播，营造风清气正的网络环境。

　　自媒体也有其优势。它丰富了我们的生活，让我们的信息来源渠道更加多元化，形式也更加多样化，更容易让不同年龄、不同受教育程度的观众接受。许多观众通过自媒体平台能快速学习到各种知识和小技能，这比以前更加方便。许多有才艺和才华的人也通过自媒体平台闯出了属于自己的一片天，让大家明白，只要有才华，做自媒体也能发家致富。这也是社会正能量的一部分，让我们的社会更加和谐。

　　自媒体需要得到规范才能稳步向前发展，才能为新时代服务。同时，自媒体还要不断提高内容的质量，才会有更加辉煌的明天。

### 评点升格

　　要做一个生活中的有心人，不能光看书而对时代的发展不予关注，思想要时刻与党中央保持一致。谈到自媒体问题的时候，要主张自媒体为中国特色社会主义事业服务，为我们这个新时代服务。本篇文章内容积极向上，语言流畅，逻辑严谨，值得借鉴。

# 2018 年试题参考答案与考点解析

### 本套试卷特点

　　今年的百科考试真题是广东外语外贸大学典型的风格，难度中等偏上。第一部分中的许多名词都是来自政府工作报告，是从十九大报告中摘取的原文。遇到不会的题目时，一定不要空着不做或者直接看答案，要根据自己的理解先动笔写，再对照答案修改。

## 一、名词解释（共 20 小题，每小题 2.5 分，共 50 分）

### （一）

**1. 供给侧结构性改革**：指从生产端入手，通过优化要素配置和调整生产结构，提高供给体系的质量和效率，扩大有效供给和中高端供给，增强供给侧结构对需求变化的适应性，激发经济增长动力。推进供给侧结构性改革要去产能、去库存、去杠杆、降成本、补短板。供给侧结构性改革是当前我国经济工作的核心，是我国宏观经济管理必须确立的战略思路。

👉 **学霸支招**：这是一条政治类名词，答题时的得分点包括供给侧结构性改革的内涵、改革重点、背景等。

2. **全要素生产率**：也被称为总要素生产率，一般含义是资源（包括人力、物力、财力）开发利用的效率，是总产量与全部要素投入量之比，全要素生产率的提高是产业升级和生产力的发展。全要素生产率的特色是能够通过一个简单的数据说明经济增长的因素。

👉 **学霸支招**：这是一条经济类名词，答题时的得分点包括含义、特色等。

3. **实体经济**：是一国经济的立身之本，是人通过思想使用工具在地球上创造的经济，包括物质的、精神的产品和服务的生产、流通等经济活动，部分服务业，农业、工业、交通通信业、商业服务业、建筑业、文化产业等物质生产和服务部门。发展实体经济才能创造物质财富，切实改善和提高人民的生活水平。

👉 **学霸支招**：这是一条经济类名词，答题时的得分点包括定义、内涵、范围等。

4. **微观经济**：是指单个经济单位的经济活动，是市场经济中以个人、家庭、企业为单位进行的生产、分配、交换、消费活动。微观经济以市场信号和价格为指导，通过竞争自行调整和平衡。

👉 **学霸支招**：这是一条经济类名词，答题时的得分点包括定义、运行机制等。

5. **宏观调控**：是政府为了调节市场经济运营进行的一系列调控措施。在市场经济中，供给和需求受价格规律及自由市场机制的影响。市场经济带来经济增长，但会引发通货膨胀，导致经济停滞或倒退，这种周期波动对社会资源及生产力都造成了严重影响。所以政府会实施宏观调控，以政策、法规、计划等人为手段调节整体社会的经济运作，调节供应与需求，保证国民经济持续、健康、快速、协调发展。

👉 **学霸支招**：这是一条政治经济类名词，答题时的得分点包括含义、原因、方法、意义等。

（二）

1. **市场经济体制**：是指一个国家在管理社会经济活动过程中，利用市场机制来配置资源，从而促进社会经济目标实现的管理体制、制度和措施。市场经济体制建立在高度发达的商品经济基础上，政府主要起宏观调控经济运行的作用，其基本特征是经济资源商品化、经济关系货币化、市场价格自由化、经济系统开放化。

👉 **学霸支招**：这是一条政治经济类名词，答题时的得分点包括含义、目的、背景、特征等。

2. **产权制度**：产权是以所有权为核心的占有权、使用权、收益权、支配权等一系列权力。产权制度是对产权的制度化，划分、确定、界定、保护和行使产权的规则。产权制度是由既定产权关系和产权规则结合而成的，且能对产权关系实现有效的组合、调节和保护的制度安排。市场经济的存在和发展要求建立归属清晰、权责明确、保护严格、流转顺畅的产权制度。

🐟 **学霸支招**：这是一条经济类名词，答题时的得分点包括含义、特点、背景、作用等。

**3. 国有资产**：指属于国家所有的一切财产和财产权利的总和，是国家所有权的客体。具体而言，国有资产包括国家依法或依权力取得和认定的财产，国家资本及其收益形成的财产，国家向行政和事业单位拨入经费形成的财产，对企业减税、免税和退税等形成的资产，以及接受捐赠、国际援助等形成的财产。

🐟 **学霸支招**：这是一条经济类名词，答题时的得分点包括含义、范围等。

**4. 市场准入负面清单制度**：是指国务院以清单方式明确列出在中华人民共和国境内禁止和限制投资经营的行业、领域、业务等，各级政府依法采取相应管理措施的一系列制度安排。"非禁即入"，市场准入负面清单以外的行业、领域、业务等，各类市场主体皆可依法平等进入。全面实施市场准入负面清单制度是党中央为加快完善社会主义市场经济体制做出的重大决策部署，有利于发挥市场在资源配置中的决定性作用。

🐟 **学霸支招**：这是一条政治经济类名词，答题时的得分点包括含义、目的、作用等。

**5. 商事制度改革**：原有商事登记制度带有浓厚的计划经济色彩，阻碍了市场经济的发展。2013 年，商事登记制度进行改革，由注册资本实缴登记制改为注册资本认缴登记制，取消了原有的对公司注册资本、出资方式、出资额、出资时间等的硬性规定，取消了经营范围的登记和审批，从以往的"重审批、轻监管"转变为"轻审批、重监管"。登记环节简便了，更注重企业的理性投资和诚信经营。

🐟 **学霸支招**：这是一条政治类名词，答题时的得分点包括原因、内容及影响等。

（三）

**1. 绿色金融**：指支持环境改善、应对气候变化和节约并高效利用资源的经济活动，即对环保、节能、清洁能源、绿色交通、绿色建筑等领域的项目投融资、项目运营、风险管理等提供的金融服务。绿色金融可以促进环境保护，也可以引导资源流向注重环境保护且技术理念先进的项目。

🐟 **学霸支招**：这是一条经济类名词，答题时的得分点包括含义、作用等。

**2. 清洁能源**：指不排放污染物的能源，包括可再生能源（太阳能、风能、生物能、水能、地热能、氢能等）和一些低污染能源（天然气等）。在美国，许多州采取了鼓励从风能、太阳能等能源生产清洁能源的计划。清洁能源能有效缓解环境污染的问题。

🐟 **学霸支招**：这是一条环保类名词，答题时的得分点包括含义、意义等。

**3. 大气污染防治**：指为了达到区域环境空气质量控制目标，从区域大气环境整体出发，统一规划能源结构、工业发展、城市建设布局等，充分利用环境的自净能力，综合运用各种防治污染的技术措施，改善大气质量。大气污染防治对保护和改善环境、提高大气环境质量、保障公众健康、推进生态文明建设都有重要作用。

👉 **学霸支招**：这是一条科学环保类名词，答题时的得分点包括含义、措施、目的、作用等。

**4. 土壤污染管控**：指对土壤污染严加管制。土壤是经济社会可持续发展的物质基础，关系到人民群众的身体健康和美丽中国的建设，保护好土壤环境是推进生态文明建设和维护国家生态安全的重要内容。为切实加强土壤污染防治，逐步改善土壤环境，必须推行土壤污染管控。土壤污染管控要完善土壤污染防治政策及法规的标准，加强对土壤污染物来源的控制。

👉 **学霸支招**：这是一条环保类名词，答题时的得分点包括含义、措施、意义等。

**5. 农业面源污染**：指在农业生产活动中，未经合理处置的溶解的或固体的污染物，在降水和径流冲刷的作用下，通过农田地表径流、农田排水和地下渗漏进入水体造成的污染。其主要形式有化肥污染、农药污染、农膜污染、秸秆燃烧污染等。农业面源污染量大面广，难以进行集中控制。可以通过发展生态农业、投入资金政策保障、科学合理使用化肥农药等加强污染防治。

👉 **学霸支招**：这是一条环保类名词，答题时的得分点包括含义、主要形式、主要特点、防治措施等。

（四）

**1. 语言服务业**：是以跨语言能力为核心，以信息转化、知识转移、文化传播等为目标，提供专业化服务的现代服务业。语言服务业包括语言翻译产业、语言教育产业、语言知识性产品的开发、特定领域中的语言服务四大业务领域。

👉 **学霸支招**：这是一条经济类名词，答题时的得分点包括核心含义、目标、范围等。

**2. 服务贸易**：是一国的法人或自然人在其境内或进入他国境内向外国的法人或自然人提供服务的贸易行为。服务贸易是输入、输出服务的一种贸易形式，其中的服务包括商业服务、通信服务、销售服务、教育服务、环境服务、金融服务、文娱服务、健康与社会服务等。服务贸易是以服务为主体的，是服务的进出口。服务贸易是我国对外贸易的重要增长点。

👉 **学霸支招**：这是一条经济类名词，答题时的得分点包括含义、范围、意义等。

**3. 全球产业链**：随着全球化进程的推进，各个国家和地区通过发挥自己的比较优势，独立完成一件产品生产的一个环节，使得产品生产被拆分为多个环节，从而实现了产品生产的全球化，各个国家和地区在产品生产中的分工便形成了全球产业链。全球产业链的产品及服务的价值创造活动分布在不同国家和地区，从而为这些国家和地区嵌入该产业链，实现了产业调整，并为自主创新能力的发展提供了机遇。

👉 **学霸支招**：这是一条经济类名词，答题时的得分点包括含义、意义等。

4. **"一带一路"**：是"丝绸之路经济带"和"21世纪海上丝绸之路"的简称。2013年9月和10月由中国国家主席习近平分别提出建设"新丝绸之路经济带"和"21世纪海上丝绸之路"的合作倡议。"新丝绸之路经济带"重点畅通的地区为——中国经中亚、俄罗斯至欧洲（波罗的海）；中国经东亚、西亚至波斯湾、地中海；中国至东南亚、南亚、印度洋。"21世纪海上丝绸之路"的重点方向是从中国沿海港口过南海到印度洋，延伸至欧洲，从中国沿海过南海到太平洋。"一带一路"有利于促进沿线各国经济繁荣与区域经济合作，共同打造政治互信、经济融合、文化包容的利益共同体、命运共同体和责任共同体，加强不同文明的交流互鉴，使古丝绸之路焕发新的生机。

**学霸支招**：这是一条政治经济类名词，答题时的得分点包括含义、提出背景、地理范畴、政治意义等。

5. **高科技产业**：指当前经济市场上高新技术的经济行业。人才和技术培养是发展高科技产业的关键。当前我国高技术产业的投资总量不大，比重较小，但快速增长的态势符合经济转型升级的要求。特别是在传统产业产能过剩、增长乏力的情况下，有利于培育新的经济增长点，减缓了传统产业下滑的影响。总的来看，随着高新技术产业平稳增长的势头进一步巩固，产业规模进一步扩大，高科技产业在为我国传统产业转型升级提供有力支撑的同时，也将进一步成长为支撑我国经济增长的新动能。

**学霸支招**：这是一条经济类名词，答题时的得分点包括含义、关键点、现状、作用等。

## 二、应用文写作（40分）

**【题目分析】**

本年广东外语外贸大学的应用文要求写报告。材料给的是一则新闻消息，里面的内容很多，需要自己筛选一下，删一点，加一点，确定好格式。建议大家阅读一本公文写作的书籍，熟悉一下常见文体和格式。广东外语外贸大学最常考通知、通报、请示、报告等。

**【考场还原】**

关于"首届中国北京国际语言文化博览会"举办情况的报告

国家语言文字工作委员会：

9月11日至9月13日，作为第12届中国北京国际文化创意产业博览会的重要组成部分，由国家语委支持的"首届中国北京国际语言文化博览会"（以下简称"语博会"）首次单独设立展厅，供相关企事业单位参展交流，填补了世界华语区语言文化主题博览会的空白。

语言文化的繁荣是国家文化繁荣的重要标志。随着科技的进步，语言服务行业也进入全新信息化变革中。在展会上，除商务印书馆、北京语言大学、北京外国语大学、首都师范大学出版社等传统语言文化相关单位参展外，"互联网+"时代背景下的一批语言文化新兴企业也亮相展会，如中译语通、科大讯飞、声望听力、中文在线、全球说、方正字库等均带来了最新的高科技研究成果及产品创意，促进了中华民族优秀传统文化的弘扬和人类语言文化的繁荣与发展。其中"一带一路"节点国家语言资源主题展暨中国语言文化建设成就展是语博会的特色和亮点，如多语言学习平台"全球说"可提供的语言覆盖了65个国家，共有53种语言的在线课程。

　　语博会上，科技与教育成功结合。大数据、云计算与人工智能等新兴信息技术将与教育行业结合，进而促进教育行业的发展。

　　语博会召开期间，我们还设有以"语言科技与人类福祉"为主题的国际语言文化论坛及其4个分论坛，邀请了近20个国家和地区的300余名专家学者参与交流研讨。

　　特此报告。

北京市语委、北京市贸促会<br>2018年9月15日

### 评点升格

　　本篇文章语言流畅，逻辑清晰，结构完整，是一篇优质文章。写作时有两点要注意：第一，材料是新闻，新闻带有主观评论色彩，写报告、通知这类公文要客观，不要加入太多评论性话语；第二，落款时间不要写成考试当天，要根据材料提示来写。

## 三、现代汉语写作（60分）

### 题目分析

　　今年考的是文化相关的话题，我们可以以响应国家号召、学习和传承中华优秀传统文化、坚持兼容并蓄为切入点。

### 考场还原

坚持文化自信，坚持兼容并蓄

　　当今时代，国家号召我们学习中华优秀传统文化，重温那些曾经学过的古诗词，并

指出文化是民族的血脉，是人民的精神家园，文化自信是更基本、更深层、更持久的力量。作为新时代的青年，我们必须坚持文化自信，坚持兼容并蓄。

何谓文化自信？文化自信是一个民族、一个国家以及一个政党对自身文化价值的充分肯定和积极践行，并对其文化的生命力持有的坚定信心。对于一个国家和民族来说，倘若丢掉了自己的思想文化，就不可能在这个世界上立足。我们中华民族如果不珍视自己的传统文化，就遑论中华民族的伟大复兴。对于个人来说，如果崇洋媚外，对自己国家的文化都不自信，那这个人的灵魂是可悲的，他的思想更是错误的。我们必须坚持文化自信，坚持从历史走向未来，从延续民族文化血脉中开拓前进。

举办《中国诗词大会》这样的诗词类节目，有利于让我们对中国优秀传统文化更加自信。我们可以从这些古人的诗词中学习中国深厚的历史、古人的智慧和情怀，提高我们的文化修养。节目组把中国最具有文化内涵的诗词搬上综艺的舞台，以比拼竞赛的形式，寓教于乐，让更多人潜移默化地受到我们中国优秀传统文化的熏陶。这是一种对中国优秀传统文化的继承与传播，更是一种发展与创新，值得鼓励和推崇。

我们在坚持文化自信的同时，也要坚持兼容并蓄。我们既要重视传统文化的传承，也要学习、了解西方文化，做到兼容并蓄。随着经济全球化的发展，拒绝外来文化的进入既不现实，也不科学。如今，西方节日在中国有着重要的地位，使得我们的文化能够向多元化发展，还能带动节日经济的发展，可谓是一举多得。兼容并蓄，文化多元，自有其魅力所在。

但是，在坚持兼容并蓄，学习、了解西方文化的时候，绝不能搞"全盘西化"那一套。现如今一部分年轻人对西方的节日和文化十分狂热，对中国传统文化却并不了解，甚至认为没有价值，这种想法是非常错误的。对待西方的各种节日和文化，我们要学会辩证看待，取其精华，弃其糟粕，要吸收那些对我们有利的，摒弃那些对我们有害的，这样才能让我国的文化发展更加健康，更加坚定我们的文化自信。

"欲人勿疑，必先自信"。作为新时代的青年，我们要重视学习和传承中国优秀传统文化，并辩证学习、了解西方文化。只有坚持文化自信，坚持兼容并蓄，才能提高我们的文化软实力。

### 评点升格

老师看作文的时间很短，首先，会看考生字迹是否工整，排版是否美观，论述是否做到切题，思想觉悟是否正确，逻辑是否有问题；其次，会看文笔和思想内涵。写作文的时候一定要注意以上几点。

# 西安外国语大学（B）

## 学霸硬核备考分享

### 1 本校考查特点

西安外国语大学百科考试的题型有三种：名词解释、应用文、大作文。

**名词解释**：80%的题目出自参考书《中国文化读本》和《自然科学史十二讲》，由于近几年的参考书没有变化，所以题目考查得越来越细致，不仅仅局限于书上明显的知识点，还会考查由书上知识牵涉到的其他相关知识。

**应用文**：对西安外国语大学而言，最近几年常考查的是新闻稿，即题干给出一则材料，根据材料写一篇新闻报道，不过不排除今后会有换类型的可能。

**大作文**：类似于高考作文，字数要求为800字左右。

### 2 学霸备考经验

**名词解释**：结合参考书整理，《中国文化读本》这本书的内容偏历史文化多一些，平时学累了可以翻一翻，就当看故事书一样，看的同时记得圈画重点，比如一些历史事件、历史人物、名胜古迹、文化遗产等，书里找得到的要做好标记，书里没有解释但你不知道的，一定要勤动手，利用好百度百科，把释义补充在旁边或者笔记本上。而《自然科学史十二讲》相对枯燥一些，主要涉及各个历史阶段不同国家的科技文化，包括数学、物理、生物、化学等。其中涉及的重要科学理论以及科学家，一定要熟记于心，这些很难记，但必须记住，因为这些内容相对固定，自我补充的空间不大。另外还会考查4~5个时政热词，比如我国今年的新发明或者世界范围内的大事件，这就要求我们多关注时事政治，心怀天下。

**应用文**：最近几年偏向考查新闻稿，即题干给出一则材料，根据材料写一篇新闻报道。提醒大家在备考的时候可以有所侧重，但为了保险起见，最好其他类型的应用文也了解一下，注意语言措辞，不要犯低级错误。

**大作文**：推荐大家看看历年的高考范文，学习一下写作方法，同时积累一些可用素材，最好是新的素材，避免千篇一律。另外，议论文考查最重要的是逻辑，所以一定要保证逻辑清晰、结构完整、论点明确、论据充足，切忌空洞。在此基础上尽可能使语言优美流畅。

### 3 学霸复习时间表

① 6月前将《中国文化读本》和《自然科学史十二讲》尽量过一遍。

② 6月之后开始自己总结百科词条解释，边总结边背诵，持续到10月。

③ 10月开始集中背诵自己整理的内容和收集的资料，背诵过程中依然要继续发现新的知识点，把书读厚。

④ 10月开始，从真题出发，掌握应用文格式。由于西安外国语大学考查新闻稿的频率较高，所以重点了解新闻稿的格式，其他类型的应用文也略微整理一下，可以不作为重点复习，大致了解一下格式即可。

⑤ 由于大作文的出题会结合《中国文化读本》，所以平时睡前读一下，熟悉内容。

# 2020年试题参考答案与考点解析

## 本套试卷特点

本年百科考试的名词解释侧重考查《中国文化读本》上的知识，涉及《自然科学史十二讲》的内容比较少。应用文和去年一样，考查新闻稿。大作文给出了一段有关丝绸之路、郑和下西洋的材料，要求写一篇800字左右的文章。

## 一、名词解释（共25小题，每小题2分，共50分）

**1. 近者悦，远者来**：出自先秦孔子的《论语·子路》。原文为"叶公问政。子曰：'近者说（悦），远者来。'""近者悦，远者来"的意思是君主向近处的百姓施惠，使其欢悦，那么远处的百姓也会纷纷前来归附。旧指当权者给人恩惠，以便笼络人心。成语"近悦远来"即由此转化而来。

> **学霸支招**：该题考查《论语》的句子解释，考生可从出处、释义等方面作答。注意《中国文化读本》第一章讲的即是"孔子的天人之学"，只不过该题不是直接出自书本，所以建议考生以书本中的内容为基础，对知识进行扩展。

**2. 无为**：是老子哲学的重要概念，是对"自然"的保护。没有"无为"就没有"自然"，即人的一切事业都应该建立在顺应自然的基础上，不能强行改变自然的节奏。

> **学霸支招**：该题考查《中国文化读本》第二章中的内容，考生可从出处、定义、释义、启示等方面作答。关于老子的思想，书中介绍了很多，建议考生特别关注老子说过的句子。

3.《周易》：该词可以从广义和狭义两个方面来理解。狭义的《周易》指《易经》；而广义的《周易》除了指《易经》，还包括解释它的《易传》。传说有三位"圣人"参与了《周易》的创作，包括伏羲、周文王、孔子。《周易》成书以后，被列入儒家五经之一。《周易》的符号系统以阴阳为基础，由阴阳组合成八卦，由八卦叠合成六十四卦，体现了生命永远在运动的道理。

☛ **学霸支招**：该题考查《中国文化读本》第三章中的内容，考生可从定义、作者、地位、内容、思想等方面作答。此外，鉴于近几年的命题在往细致化方向发展，今后命题老师或许会考查细节，建议考生重视本章的细节内容。

4.《孙子兵法》：是记载孙武兵学思想的著作，共13篇，约6 000字。《孙子兵法》是中国古代兵书中地位最高的经典，《四库全书总目》称其为"百代谈兵之祖"。《孙子兵法》中的主要战略思想有"先计而后战""知彼知己，百战不殆""不战而屈人之兵"等。它虽然是一部兵学经典，但并不鼓励当政者好战，反而一再警告当政者要"慎战"。

☛ **学霸支招**：该题考查《中国文化读本》第四章中的内容，考生可从定义、作者、地位、思想、评价等方面作答。重要文学作品一直是每年考查的重点，考生要有意识地积累相关知识。

5.（禅宗）解会：强调"当下会得""当下开悟"，自己心中的体会才是最根本的。通过当下的体验，切断外在的纠缠，直接面对世界，确立世界自身的意义。

☛ **学霸支招**：该题考查《中国文化读本》第五章中的内容。该题给定了范围"禅宗"，故考生在答题时要围绕"禅宗"中"解会"的意思进行阐释，交代清楚内涵即可。

6.活水的"活"：活水指活性较佳的水，陆羽曾有"山水上、江水中、井水下"的妙论。"活"是中国品茶的门道，苏轼曾作"活水还须活火烹"的妙句，只有使用活水才能保留茶香，否则水煮数开，活水变老水，老水泡茶便无味。

☛ **学霸支招**：该题考查《中国文化读本》第三十四章中的内容，考生可从定义、范畴、作用等方面作答。该题考查的知识非常细，建议考生在复习《中国文化读本》时一定要关注细节。

7.不妄作劳：指不要过分劳累，是中医提出的观点，强调适度消耗能量。

☛ **学霸支招**：该题考查《中国文化读本》第十一章中的内容，考生可从内涵、出处等方面作答。该题直接来源于书本内容，书中的描述不多，答案可以简洁些。

8.经络：中医用语，中医把人体中直行的部分叫经，横行的部分叫络，经络上下、左右、内外贯穿起来，将人体联结成一个整体。中医认为，人的生命靠经络内气血运行维持，人生病是经络不畅通造成的，治病的关键是疏通经络。针灸和推拿这两个中医治疗方式中最典型的诊治手段也是建立在经络学说的基础上的。

☛ **学霸支招**：该题考查《中国文化读本》第十一章中的内容，考生可从定义、作用、地位等方面作答。除了经络，中医的针灸和推拿也是历年考查的重点，建议考生掌握相关知识。

9.**胡舞**：指西域歌舞。唐朝时，"胡舞"和"胡乐"相伴表演，其中最有名的是"胡旋舞""胡腾舞""拓枝舞"。许多著名诗人都曾在诗中描绘过"胡舞"，如白居易所写的"左旋右转不知疲，千匝万周无已时"。唐朝时期人们对于"胡舞"的喜爱也促进了西域歌舞的流行。

👉 **学霸支招**：该题考查《中国文化读本》第十二章中的内容，考生可从定义、分类、意义等方面作答。唐朝时期是我国对外交流比较频繁的一个时代，本章涉及的西域相关知识，建议考生拓展了解一下。

10.**唱念做打的"做"**：人们把京剧表演的基本手段概括为四个字，即唱、念、做、打。"做"是其中之一，指演员利用形体动作来表现人物和情景。"做"包括身段、眼神、独舞、群舞等，其中有纯粹的舞蹈，但多数是把日常生活中的动作舞蹈化。"做"体现了京剧表现的形式美和技巧美。

👉 **学霸支招**：该题考查《中国文化读本》第二十七章中的内容，考生可从来源、内涵、定义、意义等方面作答。京剧表演有四种基本手段，建议考生也重点关注其他三种，或许是今后考查的重点。

11.**琴棋书画的"琴"**：又称古琴、七弦琴，是中国最古老的丝弦乐器。中国古代著名的琴曲有《梅花三弄》《高山流水》。琴的美妙声音可以营造一个安顿心灵的空间，帮助人去除躁动、荡涤杂虑，达到心灵的平衡。

👉 **学霸支招**：该题考查《中国文化读本》第十六章中的内容，考生可从定义、代表作品、作用等方面作答。建议考生积累其他三种的相关介绍，有可能是今后的考查点。

12.**王献之一笔书**：是一种"笔势""书势"，并非指一笔写成，笔迹不间断地连在一起，而是一气相连，外在的笔迹是可以缺断的，但内在的气脉不能断。一笔书由王献之创制，他的作品《鸭头丸帖》是一笔书的经典之作。

👉 **学霸支招**：该题考查《中国文化读本》第二十章中的内容，考生可从内涵、特点、主要人物、代表作等方面作答。命题老师在"书法"这一章的考查会比较细致，建议考生关注细节。

13.**墨猪**：是中国书法中的笔法，指由于墨太浓，笔力太弱，笔画太肥，臃肿的样子，就像一头"肥猪"。不同于一笔书，这种笔法没有把线条的活力展现出来，丧失了内在流动的气脉。

👉 **学霸支招**：该题考查《中国文化读本》第二十章中的内容，考生可从内涵、名词由来、对比差异等方面作答。"墨猪"和"王献之一笔书"在《中国文化读本》中的位置接近，可见命题老师会按照顺序对知识点进行考查，在某种程度上给学生减负了。

14.**同自然之妙有**：是唐代书画家在道家思想的影响下提出的，指书画艺术应该具有造化自然一样的性质，造化自然是最朴素的，它排斥人为，排斥文饰。这种"同自然之妙有"的追求，体现在山水画的创作中，就是以水墨代替青绿着色。水墨山水画的兴起和画家在道家思想的影响下追求"同自然之妙有"的境界有必然的联系。

> 🍃 **学霸支招**：该题考查《中国文化读本》第二十一章中的内容，考生可从起源、释义、作用等方面作答。每章中涉及的古文句子一般都是命题点，建议考生多多积累书本上古文句子的相关知识。

**15. 斗彩（瓷器）**：创制于明代的成化时期。斗彩要经过两次彩画过程，烧制之前，在白色的胎质上绘以青花轮廓线；绘制之后，再在第一次所绘的画面上，以红、黄、绿、紫等色填彩。斗彩是釉上彩和釉下彩的结合，它使得釉上彩和釉下彩相映相争，盎然成趣。

> 🍃 **学霸支招**：该题考查《中国文化读本》第二十五章中瓷器的相关内容，考生可从时期、工艺、特点等方面作答。该题考查得比较细致，本章还涉及其他瓷器类型的介绍，可作为考生关注的重点。

**16. 叠山**：指假山的堆积。假山虽然不是真山，却将真山的意味凝练其中，甚至超过真山的美。园林中缺乏假山就算不上是真正的中式园林。类比来看，中国园林中的假山就好比西方庄园别墅中的雕塑，不过假山在中式园林中的地位超过西方园林中的雕塑。

> 🍃 **学霸支招**：该题考查《中国文化读本》第二十六章中江南园林的内容，考生可从含义、地位、中西方园林的比较等方面作答。中式园林的布局有很多讲究，建议考生关注相关细节内容。

**17. 望（园林）**：在园林中特别重要，用以呈现中式园林小中见大的特点。"望"指要使游览者可以望出园去，从小空间望到大空间，望到一个新的境界。中国园林中的窗、亭、台、楼、阁都是为了"望"，以此来丰富游览者对于空间美的享受。

> 🍃 **学霸支招**：该题考查《中国文化读本》第二十六章中江南园林的内容，考生可从来源、特点、作用、应用等方面作答。第16和17题都是考查中式园林的相关内容，建议考生多加关注，不过从命题来看，今后或许会考查更为细致的内容，建议掌握一些典型中式园林的介绍。

**18. 唐装四要素**：一是对襟，女式的多是斜襟，这样的处理既有民俗化的特征，又不失优雅的风韵；二是立领，唐装从上衣前中心开口，立式处理，突出人颈部的美感，又有落落大方的气度；三是连袖，袖子和衣服整体没有接缝，以平面裁剪为主，如女士唐装采用马蹄袖，宽宽大大，显得飘逸洒脱；四是盘扣，由布匹扭结而成，手工制作，彰显品位。

> 🍃 **学霸支招**：该题考查《中国文化读本》第三十一章中中国服饰的内容。该题考查得较为细致，建议考生答出"四要素"分别是什么，并简要介绍。此外，建议考生关注唐装其他的相关内容，如旗袍。

**19. 饕餮**：是古代中国神话传说中的一种神秘怪物，别名叫狍鸮，古书《山海经·北次二经》介绍其特点是"其形状如羊身人面，眼在腋下，虎齿人手"。其名也比喻贪婪之徒，人们一般称贪婪的人为"老饕"。

👉 **学霸支招**：该题考查参考书之外的知识，考生可从定义、别名、形象、象征意义等方面作答。注意西安外国语大学的题目基本来源于《中国文化读本》和《自然科学史十二讲》这两本参考书，不过有时也会有几题例外。

20. **饮酒孔嘉，维其令仪（诗经）**：出自诗经，意思是说，饮酒是件好事，但一定要保持形象。

👉 **学霸支招**：该题考查《中国文化读本》第三十五章中的内容，考生可从出处、汉语意思等方面作答。建议考生关注本书中涉及的古文句子，了解其汉语意思和出处，这是每年考试的命题方向之一。

21. **纳米技术**：是一门交叉性很强的综合学科，研究的内容涉及现代科技的广阔领域。纳米技术的发展目标之一是使人们能直接操纵单个原子来制作具有特定功能的产品。纳米技术包括利用X射线、电子束和同步辐射光作为光刻制版光源，位置重合技术的精度将达到1纳米，还包括各种超薄膜的生长技术和超精度的腐蚀技术等。美国科学家研制出弹道发射电子显微镜，可以在硅片上刻写线宽仅为几个纳米的字母。中国科学家用纳米绘制出迄今最小纳米级中国地图。这些都表明纳米技术正步入当代人类生活。

👉 **学霸支招**：该题考查《自然科学史十二讲》第十一章高科技时代中的第三节电子信息时代的内容，考生可从定义、发展目标、应用、意义等方面作答。以下几题考查了《自然科学史十二讲》中的内容，集中考查第十一章的知识点。

22. **智能革命**：也可以称作第四次产业革命，体现在智能机器制造及其广泛应用能使人的智能和机器智能的潜力爆发出来，从而促进社会智能化。人工智能为我们带来了更多的智能化应用，提高了我们的生产效率，有可能从根本上改变我们的生活方式和经济结构。

👉 **学霸支招**：该题考查《自然科学史十二讲》第十一章高科技时代中的第三节电子信息时代的内容，考生可从定义、特征、作用等方面作答。这部分内容容易和热点话题接轨，考查的可能性更大，建议考生重点关注这章的内容。

23. **微电子技术**：是微小型电子元器件与电路的研制、生产及用它们实现电子系统功能的技术领域。微电子技术是随着集成电路的发展而发展起来的一门新兴技术。在信息化时代下，微电子技术给人类生产、生活都带来了极大的影响。

👉 **学霸支招**：该题考查《自然科学史十二讲》第十一章高科技时代中的第三节电子信息时代的内容，考生可从定义、发展、作用等方面作答。建议考生关注集成电路，这与该题的"微电子技术"密切相关，有可能成为今后的考查重点。

24. **生物工程**：是以工程学的观点和方法研究生物结构、功能及其相互关系，以创造新的生物过程或新的生物品种为目的的一门综合性技术。生物工程包括五大工程，即遗传工程（基因工程）、细胞工程、微生物工程（发酵工程）、酶工程（生化工程）和生物反应器工程。生物工程的发展应用可以为人们提供巨大的经济效益和社会效益。

👉 **学霸支招**：该题考查《自然科学史十二讲》第十一章高科技时代中的第五节生

物技术和生命科学的内容，考生可从定义、内容、作用等方面作答。建议考生关注其他20世纪新兴科技的相关知识。

25. **中欧班列**：是指按照固定车次、线路、班期和全程运行时刻开行，往来于中国与欧洲以及"一带一路"沿线各国的集装箱国际铁路联运班列。中国政府和中国国家铁路集团与中亚和欧洲各国铁路系统协作，开行从中国西安、苏州、义乌、深圳盐田港、郑州、成都等地到伦敦、汉堡等地的国际联运列车，以此来加强与欧洲国家之间的商业贸易联系。

👉 **学霸支招**：该题考查时事热点，考生可从定义、途经国家和城市、意义等方面作答。本年试题考查的时事热点比较少，不过不排除今后增加考查的可能，建议考生平常多了解时事热点。

## 二、应用文写作（40分）

> **【题目分析】**
> 
> 该题要求写一篇新闻稿。首先，考虑格式（标题、导语、主体、背景材料、结尾）；其次，主干内容为"第六届丝绸之路国际艺术节"，要围绕这个内容来行文；最后，新闻稿语言要求简练、客观、严谨，忌用词随意，注意字数。

**【考场还原】**

第六届丝绸之路国际艺术节在西安盛大开幕

9月7日，第六届丝绸之路国际艺术节开幕式在陕西大剧院举行。陕西省戏曲研究院表演的秦腔历史剧《杨门女将》作为开场大戏隆重亮相。

2014年，为贯彻落实共建"丝绸之路经济带"的倡议，推动丝绸之路沿线国家人文交流，党中央、国务院批准设立丝绸之路国际艺术节。丝绸之路国际艺术节是我国首个以"一带一路"为主题的国家级综合性国际艺术盛会，每年举办一届，永久落户陕西。6年来，丝绸之路国际艺术节的规模效应不断扩大、品牌价值日益提升、国际美誉度不断提高。当前，丝绸之路国际艺术节已成为"一带一路"共享文化资源、共推文化建设的重要品牌活动。

在开幕之后的14天里，文艺演出、美术展览、文化论坛、惠民巡演等板块，以及西安数字互动娱乐文化周、2019国际现代艺术周、国际儿童戏剧周等专题活动将陆续呈现。

"相知无远近，万里尚为邻。"在丝绸之路国际艺术节的平台上，不同语言、不同地域、不同年龄的"丝路人"正在"一带一路"的倡议下，缔结友谊、深入合作、聚力前行……

### 评点升格

本文分为四段，开头段交代重要内容"事件、时间、地点"等；第二、三段作为主干内容，第二段先介绍了"丝绸之路国际艺术节"的设立目的和地位等相关情况，第三段很好地衔接到本届"丝绸之路国际艺术节"的活动内容；结尾段升华总结，以一句"相知无远近，万里尚为邻"彰显了中国的大国风范。结构清晰，逻辑清楚；语言方面简洁凝练，无口语化表达，符合新闻稿的语言特点。

## 三、话题作文（60分）

### 题目分析

该题材料中给出的两大关键词"郑和下西洋"和"海上丝绸之路"，都体现了"开放的胸怀"，要求以此为话题写一篇文章，比较好立意，考生可从"开放"二字着眼，围绕当今的"一带一路"倡议、"人类命运共同体"，以及我国的对外政策等方面行文。此外，建议考生的语言彰显大气，这样的文章在考场上更受青睐。

### 考场还原

#### 大国之开放胸怀

郑和下西洋是中国历史上一次走向开放的可贵尝试。消除海禁，七下西洋，推开了中国的开放之门，带来了永乐年间国际交往的大发展，促进了中外文化的双向交流和共同进步。不仅使中国"知异域之事"，也让远夷"知尊中国"；不仅成就了永乐时期的昌明鼎盛，也展现了泱泱大国的开放气度，开启了中华民族从海上走向世界的新纪元。自郑和下西洋至今已经600多年了，他给我们留下了一个重要的历史经验和启示：文明的建设需要开放的胸襟。没有开放的胸怀，就没有民族的未来。

几百年沧桑巨变，时代的浪潮一次次地击打着中华民族这个古老的民族，但无论何时，我们都始终秉持着这一原则。40多年前，邓小平在中国发展的关键时期毅然响应时代的号召，实行改革开放，这是一项伟大的决定：改革开放带来了中国社会的深刻变革，不断刷新着中国经济发展的记录，提升着中国的国际地位，改变着人民群众的精神面貌，推进着中华民族走向富强。

21世纪的中国屹立于世界民族之林，彰显了大国担当。"新丝绸之路经济带"和"21世纪海上丝绸之路倡议"顺应了时代要求和各国加快发展的愿望，提供了一个包容性巨大的发展平台，具有深厚的历史渊源和人文基础，能够把快速发展的中国经济同沿线国家的利益结合起来，携手推进"一带一路"建设的国际合作，让古老的丝绸之路重新焕发勃勃生机。"一带一路"并非中国的独奏，而是沿线国家的合唱，与沿线各国分享中国的发展机遇，实现共同繁荣。实践证明，"一带一路"推动了一系列重大项目落地开花，带动了各国经济的发展，创造了大量就业机会。可以说，"一带一路"的倡议来自中国，但其成效惠及世界。

21世纪的中国积极推动孔子学院建设，在不同国家和文化间搭建沟通的桥梁。自2004年韩国首尔的第一家孔子学院建立以来，目前在世界上120多个国家和地区设有400多个孔子学院，孔子学院在推广中国文化、促进中外文化交流、推动文化全球化方面发挥着重要作用。

600多年前，我们的先贤曾以海纳百川的胸怀，解缆扬帆，走出国门，开始了震古烁今的历史性远航。600多年后，我们向先贤致敬，重温历史荣耀，承继未尽之事业，以更加开放的态度高扬民族之帆，以开放、包容的心态加强同外界的对话和沟通，虚心倾听世界的声音。

> **评点升格**
>
> 本文格局很大，立足国家，开头段由"郑和下西洋"引出主题——文明的建设需要开放的胸襟；中间第二、三、四段分别选取"改革开放""一带一路""孔子学院"三个典型事例佐证主题；结尾段按照时间顺序，由古及今，既照应了开头段的"郑和下西洋"事件，也表明了当代中国会继续以开放的胸怀加强与世界的交流，文本层层推进，依次展开论述，结构清晰，逻辑清楚。

# 2019年试题参考答案与考点解析

**本套试卷特点**

本年百科考试的名词解释基本来自参考书《中国文化读本》和《自然科学史十二讲》。应用文是结合热点"第二届进博会"写一篇通知。大作文偏向议论文，侧重考查考生的说理和思辨能力。

## 一、名词解释（共25小题，每小题2分，共50分）

**1. 道法自然**：是出自老子的《道德经》第二十五章的哲学思想，意思是"道"反映出来的规律是"自然而然"的。"自然"是老子哲学最重要的概念之一，它并非指外在的自然物，而是指一种自然而然、顺应世界的态度。"道法自然"生动地显示了道家学派对世界的认识，揭示了整个宇宙的特性，即宇宙间万事万物均效法或遵循"道"的"自然而然"规律。

☞ **学霸支招**：该题考查《中国文化读本》第二章中的内容，考生可从出处、释义、意义等方面作答。书本中关于老子的思想的介绍有很多，建议考生重点掌握"道""无为""不争"等思想。该题是2018年考查过的知识点。

2. 八卦：传说由伏羲创立，是《周易》的基础。八卦由阴阳这两个符号组成，阴阳符号组成八个卦象，分别代表八种有形的事物：乾像天；坤像地；巽像风；震像雷；坎像水；离像火；艮像山；兑像泽。这些事物是上古时代人类所接触的大自然中的几种重要物象。八卦的卦象和外在的物质世界有效地建立了联系，八卦的"卦象"成了外在"物象"的替代物。

☞ **学霸支招**：该题考查《中国文化读本》第三章中的内容，考生可从起源、内涵、作用等方面作答。"八卦"和"阴阳"是两个密切相关的知识点，建议考生积累"阴阳"的相关知识。

3. 丝绸：是用蚕吐出的丝制成的丝织品，是古代中国对世界最重要的贡献之一。历史上，欧洲人对中国的了解有两个关键物品，其中之一就是丝绸。古罗马人称中国为塞里斯，即丝国。丝绸传到欧洲后，备受追捧，丝绸的魔力促进了中外贸易的交流、发展，推动建立了"丝绸之路"，加强了中西方的贸易往来。

☞ **学霸支招**：该题考查《中国文化读本》第十章中的内容，考生可从定义、历史发展、作用、意义等方面作答。由于近几年国家"一带一路"倡议的广泛推行，也使得"丝绸之路"的相关知识成为各大高校百科考试考查的热点知识，建议考生多加关注。

4. 针灸：是中医的重要治疗方法，指根据病情对不同的穴位进针。它的神奇疗效已为世人所知，有些西医无法治疗的疑难病症可通过中医的针灸疗法，疏通脉络，以达到减轻病症或者治愈疾病的功效。由于针灸治病不用开刀吃药，只是在病人身上的一定部位用细针刺入，简便易行，因此受到人们的欢迎。

☞ **学霸支招**：该题考查《中国文化读本》第十一章中的内容，考生可从范畴、定义、功效等方面作答。除了针灸，中医的推拿和经络学说也是历年考查的重点，建议考生掌握相关知识。

5. 郑和下西洋：发生在明朝永乐、宣德年间，由郑和统率中国的舰队，携带中国的瓷器、茶叶、丝绸等数不尽的珍宝，穿越岛屿众多的南海、马六甲海峡，横跨印度洋，到达亚洲、非洲的很多国家。郑和总共七下西洋，访问了三十多个国家。郑和下西洋，一方面是为了显示大明朝廷的强盛；另一方面也是为了实现和顺万邦，与远近各国相安无事，共享太平之福的外交理想。

☞ **学霸支招**：该题考查《中国文化读本》第十三章中的内容，考生可从发生时期、事件概述、意义等方面作答。本章为重点章节，是西安外国语大学百科考试历年的考查重点，建议考生多加关注。

**6. 以乐治国**：中国有以乐治国的传统。中国早期文化是一种礼乐文化，礼和乐相互配合，用于治理国家，保持社会的和谐安定，这是中国文化的一大特点。以乐治国体现了中国人建设和谐世界秩序的理念，音乐被当作实现这一理念的途径。

🐾 **学霸支招**：该题考查《中国文化读本》第十六章中的内容，考生可从定义、思想内涵等方面作答。本知识点在书中描述不多，建议考生背下来。

**7. 书法的"势"**：是一种内在的力量，书法在形式上，努力造成内在的不平衡，在不平衡中产生冲突，使力量最大化。"势"其实也是一种张力形式，将动未动，是最有张力的空间，有最大的"势"。

🐾 **学霸支招**：该题考查《中国文化读本》第二十章中的内容。这一章在介绍"势"时用了其他形象化的比喻，无须都摘抄下来，建议考生抓住重点，从内涵、特点等方面作答。命题老师在"书法"这一章的考查会比较细致，建议考生关注细节内容。

**8. 水墨画的无色世界**：用黑色的墨水在白色的纸、绢上作画，这是中国画家所钟情的"黑白世界"。黑白世界对中国人来说是无色的世界，不是说它完全没有颜色，而是说它没有绚烂富丽的颜色。

🐾 **学霸支招**：该题考查《中国文化读本》第二十一章中的内容，考生可从内涵、特点等方面作答。该题考查的也是比较细致的知识点，建议考生关注这一章中的重要观点，如"同自然之妙有"等。

**9.《清明上河图》**：是北宋时期的一幅绘画作品，创作时期距今约九百年，今藏于北京故宫博物院，作者是宫廷作家张择端。《清明上河图》由宋徽宗赐名。《清明上河图》描绘了北宋都城全盛时期的生活状况，画中处处体现了人们安乐、和谐地生活的幸福感和美感，透露出市民们满足、散淡的心态，展现了一片宁静安乐的和谐。

🐾 **学霸支招**：该题考查《中国文化读本》第二十九章中的内容。该题考查大概念，着重考查考生的信息提取能力，建议考生从时期、作家、内容、意义等方面进行概括总结。

**10. 旗袍**：是由上海人在20世纪20年代创造的服饰。旗袍是满族妇女的传统服装和中国南方服饰以及西洋晚礼服的融合，高领、紧身、无袖、两边高开衩，加上烫发、高跟鞋、玻璃丝袜、胸花，充分展现了女性的体态美和曲线美，同时也给人一种踏实、稳重、雅致的感觉。

🐾 **学霸支招**：该题考查《中国文化读本》第三十二章中中国服饰的内容。这一章的服饰部分重点介绍了唐装、旗袍和蜡染，建议考生也关注其他两个部分，有可能成为今后的考查点。

**11. 纸草文书**：指利用纸草进行书写，是埃及人的一项重要发明。尼罗河三角洲地区盛产一种酷似芦苇的植物——纸草，人们将纸草切成长度适中的小段，剖开压平、排列整齐、连接成片，晒干后即成纸草。用芦苇秆之类的东西做笔，蘸上菜汁和黑烟沫调成的墨，在纸草上进行书写，由于纸草在长时间干燥的状态下易碎，因而流传下来的很少。

🐟 **学霸支招**：该题考查《自然科学史十二讲》中的古埃及文明，考生可从起源、制作工艺、应用、意义等方面作答。由于本年考查内容逐渐细致化的特点，建议考生多关注书中细节。

**12. 吠陀文化**：公元前2000年中叶，印欧语系的雅利安人南下，进入印度次大陆，开启吠陀文化。"吠陀"原意是知识，中国古人译为"明"。吠陀文化得名于流传至今的四部以吠陀为名的神话诗集。

🐟 **学霸支招**：该题考查《自然科学史十二讲》中的古印度文明，考生可从起源、解释、得名由来等方面作答。注意古埃及时期，在吠陀文化之前，还有一种哈拉巴文化，建议考生积累相关知识。

**13. 空中花园**：是世界七大奇观之一。阿拉伯语称其为"悬挂的天堂"。公元前6世纪，空中花园由巴比伦王国的尼布甲尼撒为其患思乡病的爱妻修建，其采用立体造园手法，并有灌溉系统，园中种植各种树木，远看似悬挂在空中，故得"空中花园"之名。

🐟 **学霸支招**：该题考查《自然科学史十二讲》中的古代两河流域文明，考生可从地位、起源、工艺等方面作答。这一部分也是命题的主要范围，建议考生关注这一部分的其他知识点，有可能会成为今后的命题方向。

**14. 沙罗周期**：古代两河流域的人们发现日食是月球正好处于地日间而形成的，认为233个朔望月为一个日食周期，这个周期被称为沙罗周期。"沙罗"是巴比伦文中"恢复"的音译。

🐟 **学霸支招**：该题考查《自然科学史十二讲》中的古代两河流域文明。该题考查细致，考生可结合书本，准确答出内容和名称由来。

**15.《九章算术》**：是古代中国数学的经典著作，讲述了9大类，246个数学问题的解法，系统总结了战国、秦汉时期的数学成就。它是一本综合性历史著作，是当时最先进的应用数学，其出现标志着中国数学形成完整的体系。

🐟 **学霸支招**：该题考查《自然科学史十二讲》中古代中国的相关知识，考生可从地位、内容、作用等方面作答。这一部分涉及的作品比较多，建议考生掌握相关知识。

**16. 神话自然观**：它有两个显著特征。一是人神同构，古希腊神话中的神是人神同构的，但与人类并不完全相同，这形成了其独有的有机自然观念；二是具备完备的诸神谱系，这实际是逻辑思维的一种原始形式，突出了秩序、规则的概念，是古希腊理性精神的主要来源之一。这两个特征反映了古希腊人特有的思维方式——思想的对象性和逻辑性。

🐟 **学霸支招**：该题考查《自然科学史十二讲》中古希腊的相关知识，考生可结合书本内容，从特征等方面作答。与之相对的还有"理性自然观"，有可能成为今后的考查重点，建议考生积累相关知识。

**17. 欧洲中世纪**：指公元 5—15 世纪，自古代文化衰落到意大利文艺复兴之间 1 000 年的漫长时间，是科技水平的低谷期。中世纪的欧洲，基督教会有很大的权力，实际控制了社会的政治权力，占有西欧三分之一的土地，并向全体臣民征税。此外，在这一时期，思想文化受到垄断，科学技术停滞不前，严重阻碍了欧洲的进步和发展。

👉 **学霸支招**：该题考查《自然科学史十二讲》中中世纪的相关知识，该题考查大概念，考生可从定义、特征、影响等方面作答。该题出自《自然科学史十二讲》，建议考生答题时结合科学的相关知识，如本时期科学的发展状况。

**18. 牛顿三大定律**：牛顿第一运动定律，指任何一个物体在不受外力或受平衡力的作用时，总是保持静止状态或匀速直线运动状态，直到有作用在它上面的外力迫使它改变这种状态为止，牛顿第一运动定律又称惯性定律。牛顿第二运动定律，指物体的加速度跟物体所受的合外力成正比，跟物体的质量成反比，加速度的方向跟合外力的方向相同。牛顿第三运动定律，指相互作用的两个质点之间的作用力和反作用力总是大小相等、方向相反，并作用在同一条直线上。

👉 **学霸支招**：该题考查《自然科学史十二讲》中 16—17 世纪的科学技术，考生准确解释牛顿三大定律的内容即可。牛顿的相关知识历来是命题老师考查的重点，建议考生多加关注。

**19. 物理学三大发现**：指的是 X 射线、放射性现象和电子的发现。这三大发现使人类的认识第一次深入原子的内部，彻底打破了"原子不可分、元素不可变"的传统物理学观念。

👉 **学霸支招**：该题考查《自然科学史十二讲》中 20 世纪科学的相关知识，考生可从内容、作用等方面作答。建议考生不仅要知道三大发现，也要对三大发现的具体内容有所了解，今后有可能考查细节。

**20. 第二次科技革命**：从电磁学革命到电力技术革命，被称为第二次科技革命，发生于 19 世纪中期到 20 世纪初，其革命中心是法国和德国。第二次科技革命将人类带入电力文明时代，推动了社会的进步和发展。

👉 **学霸支招**：该题考查《自然科学史十二讲》中科技革命与未来的相关知识，考生可从时期、中心、意义等方面作答。建议考生积累三大工业革命的相关知识，并掌握每次革命带来的巨大变革。

**21. 宇宙膨胀说**：1929 年，美国天文学家哈勃根据"所有星云都在彼此远离，并且离得越远，离去的速度越快"的规律，认为整个宇宙在不断地膨胀，星云彼此之间的分离运动也是膨胀的一部分，而不是任何斥力的作用。

👉 **学霸支招**：该题考查《自然科学史十二讲》中地质学的内容。考生结合书本内容，准确解释其起源和内容即可。此外，地质演变的相关学说有很多，建议考生积累掌握相关知识点。

22. **信息高速公路**：是1993年初提出的一种新型信息网络。信息高速公路是数字化大容量光纤通信网络，用以把政府机构、企业、学校、科研机构和家庭的计算机联网，能同时高速传送语言、文字、数字、图形、图像的通信网络。

👉 **学霸支招**：该题考查《自然科学史十二讲》中科技革命与未来的相关知识。该题考点在书中描述不多，考生准确答出书本内容即可。信息技术的发展是这一章中考生需要关注的知识点，该知识点和时事热点科技话题结合比较紧密，容易成为考点。

23. **细胞工程**：又称生物工程，是以工程学的观点和方法研究生物结构、功能及其相互关系，以创造新的生物过程或生物品种为目的的一门综合性技术。它有利于重组细胞的结构，改变生物的结构和功能，并通过细胞融合、染色体或基因移植、细胞培养等方法，快速繁殖和培养出人们所需要的新物种。

👉 **学霸支招**：该题考查《自然科学史十二讲》中科技革命与未来的相关知识，考生可从定义和意义等方面作答。类似的知识点还有生物技术、酶工程等，建议考生掌握相关知识。

24. **菲利普斯曲线**：来源于新西兰经济学家威廉·菲利普斯。该曲线是表明失业与通货膨胀存在交替关系的一种曲线，体现了通货膨胀高，失业率低；通货膨胀低，失业率高的规律。

👉 **学霸支招**：该题考查《自然科学史十二讲》中科技革命与未来的相关知识。考生可结合书本内容，从作者、内容等方面作答。此外，建议考生平时多积累一些"曲线"的相关知识。

25. **《齐民要术》**："齐民"指平民百姓，"要术"指谋生方法，合起来指平民百姓的谋生方法。作者是北魏贾思勰。本书是世界上现存最早、最系统、最完整的农学著作。全书共92篇，涉及农作物栽培育种、果树林木育苗嫁接、农畜饲养、农产品加工等内容，其农学知识和生物学知识在世界上领先其他国家1 000多年。

👉 **学霸支招**：该题考查《自然科学史十二讲》中古中国的科学技术，考生可从书名解释、作者、内容、作用等方面作答。和第15题一样，都是考查中国古代的科学著作，建议考生注意这一命题方向。

## 二、应用文写作（40分）

> **题目分析**
>
> 该题要求写一则通知。首先，考虑通知的格式：标题、主送单位（受文对象）、正文、落款四部分。其次，题干已给出主干内容"中国国际进口博览会休息日调整"，考生可围绕这个内容行文。此外，注意语言的客观性、严谨性，忌用词随意。

> 考场还原

××市人民政府关于调整第×届中国国际进口博览会休息日安排的通知

各区人民政府,市政府各委、办、局:

××市将于××××年××月××日至××日举办第×届中国国际进口博览会(以下简称"进博会"),第一天举行第×届进博会开幕式。为了确保第×届进博会开幕式和重大活动顺利举办,尽量减少对社会生产生活的影响,经上级部门批准,现就调整第×届进博会休息日安排做如下通知:

(一)将××月××日(周六)、××月××日(周日)调整为工作日,相应的将××月××日(周一)、××月××日(周二)调整为休息日。除保障进博会、重大活动举办和城市运转等必要的工作岗位外,本市各级机关、事业单位和社会团体按此调休。证券交易机构正常运行,不做调休。企业和其他单位可根据实际情况,自行安排。

(二)各区、部门、单位要切实做好值班值守、安全生产、安保维稳、市场供应、卫生防疫等各项工作,确保城市运行平稳有序,确保进博会、重大活动顺利举办和社会生产生活正常进行。广大市民要自觉维护社会公共秩序,展现良好的精神风貌。

(三)各单位在放假期间请做好防火、防盗等安全防范措施,防止各类事故的发生,确保安全稳定。

××市人民政府<br>××××年××月××日

> 评点升格

本文分为四段,开头段交代重要内容"时间、事件、目的";其余段作为主干内容,分别介绍了"第×届中国国际进口博览会休息日安排"的三项通知。结构清晰,逻辑清楚,格式标准。

## 三、命题作文(60分)

> 题目分析

本篇命题作文的论述难度相对较大,题目类似一个命题,需要考生调动已有的知识体系来行文。论述思路基本有两种:一种是认可这一观点,运用各种例子来论证这一观点;另一种是驳斥这一观点,同样需要有充分的例证来佐证自己的观点。考生可自行选择。

### 知识就是权力

"权力"一词在汉语中语义广泛,从哲学的角度大致有如下四种定义:一是作为个人或国家的追求目标;二是作为政治斗争的结果;三是作为一种控制与受控制关系的表述,即在压制情况下仍能实现自己意志的能力;四是作为影响力的度量尺度。下面将从第四种定义角度出发,论述"知识就是权力",即"知识就是影响力"。

地球上有了人类以后,人类便通过自身智慧来贡献知识。书籍作为古今中外先贤们的智慧和知识的载体,以其包罗万象的知识,传承着文化,影响着无数后人。《中庸》是一部论述儒家人性修养的散文,是儒家经典论著,其中蕴含的"五达道""慎独自修""至诚尽兴"等思想,对为人处世、人性修养有着重要影响。宋、元以后,《中庸》成为学校的官方教科书和科举考试的必读书,对中国古代教育产生了极大的影响。《激荡三十年》记录了吴晓波对中国改革开放三十年的深度观察和总结,作者用激昂的文字再现了人们的激情、喜悦、呐喊、苦恼和悲愤,引导我们在纷繁复杂的表象之下,在如火如荼的创业浪潮中,理性选择,抓住变与不变的规律,非常具有现实意义。在某种意义上,知识就是影响力,影响着人类用知识丈量世界,用知识发掘无限潜力。

知识领域的每一次发展都直接或间接地推动社会和人类生活水平的提高,影响历史的发展和人类的进步,知识就是影响力。古有造纸术、指南针、火药和印刷术这"四大发明",令人惊叹中华民族的智慧;今有高铁、支付宝、共享单车、网购这"新的四大发明",为人们的生活提供便利。互联网的普及,更是打开了交流、沟通的大门,为人们提供了开阔视野、展现才华的机会。这些伟大发明和科技进步,背后都以知识为根基,其广泛的影响力推动着现代社会的发展。

当前,世界上流行这样一种说法:看一个国家、一个民族是否繁荣、富强,就看这个国家、这个民族的人民的文化知识水平。我认为这种说法不无道理。知识因其丰富性和广泛性,能够带来各种巨大变革,推动民族振兴、国家富强、人民幸福。简而言之,知识就是权力,就是影响力。在人们不断认识知识的过程中,知识也在不断地影响着人类社会,推动着社会的进步和发展。

### 评点升格

本文是篇议论文,观点明确,举例得当,论述清晰。开头段界定"权力",把本文主题"知识就是权力"固定在某一角度论证,更具说服力;中间两段以"书籍"和"发明创造"为例佐证观点,论据选取恰当;结尾段进行总结,进一步点题。整篇文章条理清晰,语言精练。

# 北京第二外国语学院（B）

## 学霸硬核备考分享

### 1 本校考查特点

北京第二外国语学院英语笔译专业汉语写作与百科知识科目的百科部分往年都是选择题，但 2020 年更换题型，改为了名词解释，名词解释相对于选择题来说更容易拿分。但因为是第一年考，所以很难总结名词解释的出题方向，因此考生在背诵时各个类型的词条都要看。应用文和现代汉语写作难度不大，掌握一般应用文格式以及达到高中写作水平即可。

### 2 学霸备考经验

**名词解释：** 此类题目分值高，需要注意，题目是采点给分，能想到的知识点在答题时要尽量全部涉及。备考时着重看"翻硕黄皮书"中的名词解释词条，最后可参考《最后的礼物》中的词条，不必按部就班地全部背诵，但是要记住关键得分点，能起到提示的作用，在考场上能够连词成句。如题目问到李白，答题时应该涉及李白所在的朝代、诗歌的风格、代表作品以及历史影响。答题时要发散思维，名词解释的改卷原则是多写不扣分，少写少给分，语言要规范、有条理。

**应用文：** 写信模板需要背熟，临考前关键类型的应用文都要练习。也可参考黄皮书中各个学校真题的小作文，对各类型的模板进行整理。

**大作文：** 往年都是命题作文，2020 年改成了材料作文。考前积累一些素材和典型例子，熟读并背诵；考前一个月每周练习一篇，以保持手感；考场上正常发挥即可，同时需要注意题目的字数要求。

北京第二外国语学院英语笔译专业汉语写作与百科知识科目的出题风格较为固定，在答题时注意把握好时间，保持字迹工整。考生在复习时把握好这些规律，便可事半功倍。

# 2020年试题参考答案与考点解析

## 一、名词解释（共20小题，每小题2.5分，共50分）

1. **《三国演义》**：是中国古典四大名著之一。由元末明初小说家罗贯中所著，是中国第一部长篇章回体历史演义的小说。全书反映了从东汉末年到西晋平定东吴为止这一百多年间的政治、军事、外交斗争，塑造了一批叱咤风云的英雄人物。

👉 **学霸支招**：该题考查《三国演义》，得分点包括本书的作者、历史地位、具体内容等。

2. **顾炎武**：南直隶昆山人，本名绛，字忠清、宁人。顾炎武是明末清初的杰出思想家、经学家、史地学家，与黄宗羲、王夫之并称为明末清初"三大儒"，著有《日知录》《天下郡国利病书》等书。他在众多学术领域的成就，终结了晚明空疏的学风，开启了一代朴实学风的先路，给清代学者带来了极为有益的影响。

👉 **学霸支招**：该题考查顾炎武，得分点包括顾炎武的字、朝代、主要作品、历史地位及影响等。

3. **辛弃疾**：原字坦夫，后改字幼安，中年后别号稼轩居士。南宋官员、将领，豪放派词人，有"词中之龙"之称，与苏轼合称"苏辛"。其词艺术风格多样，以豪放为主，词题材广阔又善于化用典故入词，表达其爱国之情、壮志难酬的悲愤以及对当时执政者的谴责。其现存词六百多首，代表作有《破阵子》《水龙吟》等。

👉 **学霸支招**：该题考查辛弃疾，得分点包括辛弃疾的字、号、诗歌风格、历史地位、代表作品等。

4. **苏轼**：字子瞻，号东坡居士，世称"苏东坡"，是北宋著名散文家、词人，宋词豪放派的代表词人。苏轼在诗、词、散文等方面，均有不俗的成就，与其父苏洵、其弟苏辙合称"三苏"，父子三人是唐宋八大家其中之三。苏轼的诗内容广阔、风格多样，以豪放派为主，笔力纵横、穷极变幻，具有浪漫主义色彩，为宋诗的发展开辟了新的道路。其代表作有《念奴娇·赤壁怀古》《水调歌头》等。

👉 **学霸支招**：该题考查苏轼，得分点包括苏轼的字、号、所处朝代、代表作品、历史地位、诗歌风格等。

5. **三教九流中的"三教"**：指三大传统学术流派——儒教、道教、佛教。儒教指信奉孔子学说的学派，该学派崇尚等级制度和用三纲五常来维护统治的学说，主张"礼、乐、仁、义"，提倡"忠恕""中庸"之道；主张"德治""仁政"，重视伦常关系。西汉以后，儒教逐渐成为我国封建社会占统治地位的学说。道教是中国先秦时期诞生的一个思想派别，以老子、庄子为主要代表。道家以"道"为核心，认为天道"无为""道法自然"，提出了"无为而治""以柔克刚""刚柔并济"等观点，具有朴素的辩证法思想。佛教的诞生距今已有2 500多年，是由古印度迦毗罗卫国王子乔达摩·悉达多所创。佛教信徒修习佛教的目的在于依照悉达多所悟到的修行方法，发现生命和宇宙的真相，最终超越生死和痛苦、断尽一切烦恼，得到解脱。

🍃 **学霸支招**：该题考查中国古代文学，得分点包括"三教"的具体所指、其学说的主要内容、代表人物以及历史意义等。

**6. 五湖四海中的"五湖"**：指的是洞庭湖、鄱阳湖、太湖、巢湖、洪泽湖。洞庭湖是中国的第二大淡水湖，跨湖南、湖北两省，号称"八百里洞庭湖"。洞庭湖最大的特点便是湖外有湖，湖中有山。鄱阳湖，是中国第二大湖。太湖位于长江三角洲的南缘，是中国五大淡水湖之一，横跨江苏、浙江两省，太湖河港纵横，河口众多。巢湖位于安徽省中部、江淮丘陵南部。洪泽湖是中国第四大淡水湖，位于江苏省西部淮河下游，苏北平原中部西侧，为淮河中下游结合部，是浅水小湖群。

🍃 **学霸支招**：该题考查中国地理知识，得分点包括"五湖"的具体所指以及各湖泊的地理位置、特点等。

**7. 三皇五帝中的"三皇"**：指燧人氏（天皇）、伏羲氏（人皇）、神农氏（地皇），也有说三皇为伏羲、女娲、神农氏，还有另外几种说法，具体说法不一，但一般以这两种为主。其中，燧人氏发明搓绳技术，创造"结绳记事"；伏羲氏创立八卦，开启了中华民族的文化之源；神农氏为农业的发展及人们的定居生活做出了贡献，还带领人们创制了陶器。三皇五帝并不是真正的帝王，而是原始社会中后期出现的为人类做出卓越贡献的部落首领或部落联盟首领，后人追尊他们为"皇"或"帝"。道教则把他们奉为神灵，以各种美丽的神话传说来宣扬他们的伟大功绩。

🍃 **学霸支招**：该题考查中国古代神话人物，得分点包括"三皇"的具体所指及其各自为世人所做的贡献，以及三皇五帝的具体含义等。

**8. 五岳**：中国五大名山的总称，是古代民间山神崇敬、五行观念和帝王封禅相结合的产物，是封建帝王仰天功之巍巍而封禅祭祀的地方，更是封建帝王受命于天的象征。五岳分别是中岳嵩山（位于河南省郑州市）、东岳泰山（位于山东省泰安市）、西岳华山（位于陕西省渭南市华阴市）、南岳衡山（位于湖南省衡阳市）、北岳恒山（位于山西省大同市）。

🍃 **学霸支招**：该题考查中国地理知识，得分点包括"五岳"所指的五座山及其所在地以及历史象征意义等。

**9. 文艺复兴**：指14世纪中叶至17世纪初发生在欧洲的思想文化运动，其核心是人文主义精神，提倡人性，反对神性，倡导个性解放，认为人是现实生活的创造者和主人，肯定人的价值和尊严。文艺复兴的本质是正在形成中的资产阶级在复兴希腊罗马古典文化的名义下发起的弘扬资产阶级思想和文化的运动。文艺复兴的主要代表人物为但丁、达·芬奇、莎士比亚等。文艺复兴推动了世界文化的发展，促进了人民的觉醒，为资本主义的发展提供了必要的思想文化准备。

👉 **学霸支招**：该题考查西方重大历史事件，得分点包括文艺复兴的含义、影响、发生时间、本质、代表人物等。

**10. 但丁**：全名是阿利盖利·但丁。他是13世纪末的意大利诗人、现代意大利语的奠基者，也是欧洲文艺复兴时代的开拓人物之一。他被认为是意大利最伟大的诗人。但丁与彼特拉克、薄伽丘被并称为"文艺复兴三颗巨星"，也被称为"文坛三杰"。其代表作有《神曲》等。

👉 **学霸支招**：该题考查西方著名人物，得分点包括但丁的年代、国籍、历史影响、代表作等。

**11. 达·芬奇**：意大利文艺复兴时期的著名艺术家、工程师、科学家。他在绘画、雕塑、建筑、科学、音乐、地质学、天文学、植物学、古生物学等领域都有极高的成就，与米开朗琪罗、拉斐尔一起被称为"文艺复兴三杰"，被广泛认为是世界上有史以来最伟大的画家之一，对后世艺术的发展影响深远。他有天才的好奇心和极富创造力的想象力，代表作有《蒙娜丽莎》《最后的晚餐》等。

👉 **学霸支招**：该题考查西方著名人物，得分点包括达·芬奇的国籍、成就、历史地位、代表作等。

**12. 米开朗琪罗**：意大利文艺复兴时期伟大的绘画家、雕塑家、建筑师和诗人，文艺复兴时期雕塑艺术最高峰的代表，与拉斐尔和达·芬奇并称为"文艺复兴三杰"。他的代表作有《大卫》《创世纪》等。他经历过人生坎坷和世态炎凉，这使他一生所留下的作品都带有戏剧般的效果、磅礴的气势和人类的悲壮。

👉 **学霸支招**：该题考查西方著名人物，得分点包括米开朗琪罗的国籍、所处时代、历史地位、代表作、作品风格等。

**13. 上市**：是一个证券市场术语。狭义的上市即首次公开募股，指企业通过证券交易所首次公开向投资者增发股票，以期募集用于企业发展资金的过程；广义的上市除了公司公开（不定向）发行股票，还包括在中国多层次资本市场挂牌交易，以及新产品或服务在市场上的发布或推出。

👉 **学霸支招**：该题考查证券市场术语，得分点包括上市所属的范畴、狭义上以及广义上的意义等。

**14. 下沉市场**：指三线以下城市、县镇与农村地区的市场，其基本特征为范围广而散、服务成本更高。随着经济发展和城镇化进程的不断推进，下沉城市的基础设施、商业配套设施日益完善，用户规模庞大的下沉市场存在巨大红利。

👉 **学霸支招**：该题考查下沉市场，得分点包括下沉市场的含义、基本特征、发展趋势等。

15. **社会裂变**：裂变本身是指物理上的原子裂变，现在已经引申为商业化含义，指用户裂变用户、粉丝裂变粉丝，人拉人，一传十，十传百，效果是很明显的。社会裂变指的是社会上出现这种裂变现象，该现象威力极大。

　　*学霸支招：该题考查社会现象，得分点包括社会裂变的含义、影响等。*

16. **粉丝经济**：泛指架构在粉丝和被关注者关系之上的经营性创收行为，被关注者多为明星、偶像和行业名人等，它是一种以口碑营销形式获取经济利益与社会效益的商业运作模式。粉丝经济为音乐、影视等娱乐行业指明了客户所在，区分了客户和用户，并差异化地对这两个群体服务，正在被业内人士普遍关注。

　　*学霸支招：该题考查社会热点词汇，得分点包括粉丝经济的含义、运作方式、影响等。*

17. **"嫦娥四号"**：指"嫦娥四号"探测器，简称"四号星"，是"嫦娥三号"的备份星，于2018年12月8日在西昌卫星发射中心发射。"嫦娥四号"分为着陆器和巡视器两部分，巡视器被命名为"玉兔二号"。其中，"嫦娥四号"的主要任务是着陆月球表面，继续更深层次、更加全面地探测月球地质、资源等方面的信息，完善月球的档案资料，从而进一步促进我国航天事业的发展。

　　*学霸支招：该题考查社会热点词汇，得分点包括"嫦娥四号"的具体含义、发射时间、发射地点、组成部分、所执行的主要任务等。*

18. **月幔**：是月球的内部构造之一，与月壳、月核一起构成月球，类似于地球的地幔，主要由相当于地球上的基性岩和超基性岩组成，物质密度一般超过每立方厘米3.5克。月幔和地幔一样也是由地震波发现的，月幔的部分融化导致了月球表面的大理石玄武岩的喷发。

　　*学霸支招：该题考查天文学名词，得分点包括月幔的体积大小、组成物质等。*

19. **阿波罗**：指阿波罗计划，又称阿波罗工程，是美国为实现载人登月飞行和人对月球的实地考察，为载人行星飞行和探测进行技术准备而组织实施的一系列载人登月飞行任务。阿波罗于1972年12月成功登月，是世界航天史上具有划时代意义的一项成就，阿波罗计划促进了人类航天事业的发展。

　　*学霸支招：该题考查航天知识，得分点包括阿波罗计划的含义、目的、历史意义、具体时间等。*

20. **"玉兔二号"**：是"嫦娥四号"的任务月球车，2019年1月3日22时22分与"嫦娥四号"着陆器成功分离，驶抵月球背面，首次实现月球背面着陆，成为中国航天事业发展的又一座里程碑。"玉兔二号"开启了中国人走向深空探索宇宙奥秘的时代，标志着中国进入具有深空探测能力的国家行列。

　　*学霸支招：该题考查社会热点词汇，得分点包括"玉兔二号"的含义、执行任务、历史意义等。*

## 二、应用文写作（40分）

**题目分析**

该题要求写一封邀请函，为常见应用文，难度适中。邀请函在本质上仍是通知（告知类）文书的一种，在格式和结构上同通知没有本质差别。重点是要把活动的相关内容写清楚，难点是要写得有文采。

**考场还原**

××大学百年校庆邀请函

亲爱的校友：

  您好！

  时光悠悠，弹指挥间。百年学府，即将迎来百年华诞。

  一百年前，一所以民族振兴、百年树人为己任的高等学府大开教育之门，开始了知识和真理的求索征途。其间，风雨兼程，仍坚守最初信仰，为国家和民族不断培养和造就大批人才。百年历程，就是××学子不断攀登学术高峰、不断创新的历史。

  中华人民共和国成立以来，在党和政府的领导下，××大学勇于创新，敢为天下先，不断探索教书育人的新途径，走出了研、教、产结合的新路子，学校取得了巨大成就，学校面貌发生了翻天覆地的变化。

  ××××年××月××日是××大学建校一百周年的重要时刻！值此光荣时刻，母校诚邀曾经在这里度过求知岁月的每一位学子，重回母校，和全体师生一起，共同见证母校百年盛典，共谋学校新的百年发展大计！

  再一次，我们热烈欢迎每一位校友回到母校参加校庆典礼！

  ××月××日，我们在母校等待您的回归！

  最后，祝您阖家欢乐，万事如意！

  校庆办公电话：××××-×××××××

  恭邀

××大学百年校庆办公室<br>××××年××月××日

**评点升格**

  本文介绍了母校的悠久历史和现在取得的成就，也向广大校友发出了诚挚邀请，同时注意到了校庆的联系方式，对文章的细枝末节处理得很好，值得考生借鉴。

## 三、现代汉语写作（60分）

**题目分析**

该题为现代汉语写作，难度适中，需围绕"不同文明的交流借鉴"这一主题展开，写一篇议论。首先，立意应该鲜明，开篇点题；其次，需列出自己的论据，围绕主题展开论述，且要能自圆其说；最后，升华观点，阐明主旨大意。

**考场还原**

### 海纳百川，有容乃大

历览前朝，文化灿烂的时代都是交流频繁、高度开放的时期；纵观中外，文化辉煌的地域都是重视交流、兼容并蓄的国度。没有交流的文化只能是一潭死水，终究避免不了消亡的命运。所以，只有保持充分交流才能让文化永远繁荣，交流才能繁荣是历史和现实共同验证的结果。

对待不同文明，需要有容乃大的态度。"海纳百川，有容乃大"，要以开放的姿态去包容别国的文化。周恩来总理在万隆会议上提出"求同存异"方针，"同"指的是共同之处；而"异"指的就是各国制度以及文化上的差异性。包容可以使各国之间和睦相处，彼此融合，让心灵之桥更加稳固。

了解不同文明，需要谦虚的态度。"骄慢倨傲，去之者多"，要以谦逊的心态去体会各国文明的真谛。大唐盛世，日本与唐王朝不仅建立了正式的邦交关系，还促成了各方面的交流。日本派遣了大量遣唐使，来唐全面学习政治、经济、文化制度，这对日本的发展产生了重大影响。大唐王朝热情地接待踏上大唐国土的日本留学生。平等的交流让我们能探索各种文明背后更深刻的内涵，使心灵之桥可以向更远处蔓延。

接触不同文明，需要开放融通的气度。"因循苟且，逸豫无为"，要以敞开的格局共同发展。一个国家如果一味地自视清高，将外来文明拒之门外，那么就会走到发展的尽头。清政府实行"闭关锁国"政策，不知不觉中与时代脱轨，纷至沓来的侵略者使当时的中国逐渐陷入半殖民地半封建社会的深渊。

"君子和而不同，小人同而不和"，君子追求和谐，这是尊重多样性的相处之道；"礼之用，和为贵。先王之道，斯为美"，制定礼乐制度，达到上下和谐，这是尊重多样性的协和万邦；"和衷共济，四海一家"，各国同家人一样共同发展，这是尊重多样性的交往之道；"故远人不服，则修文德以来之"，面对不同文明，加强文明教化，使他们主动前来，这更是尊重多样性的邦交之道。同样，中华文明非常注重通过不同文明之间的互鉴交流来促进自身文明的进步与发展。

不同文明应相互尊重、和谐共处，文明的交流互鉴是增进各国人民友谊的桥梁、推动人类社会进步的动力、维护世界和平的纽带。"美美与共"才会"天下大同"。

**评点升格**

本文开篇点明主旨，表明文化的充分交流是实现文化繁荣的前提；文章中间部分的每段开头都使用了排比句，从三个不同的方面阐明了对待文化的态度，并使用周总理、唐朝时期日本和中国的关系以及闭关锁国政策的例子，使论据更加充分；结尾部分再次点明主旨，引经据典，呼吁不同文明应相互尊重，和谐相处。全篇内容充实，逻辑清晰，语言优美，值得考生借鉴。

# 第二部分
## 非外语类院校

# 南京大学（A 985 211）

## 学霸硬核备考分享

### 1 本校考查特点

南京大学英语笔译专业汉语写作与百科知识词条涵盖内容较为广泛，考查较多的有古代著名诗人及诗作（如李白、王安石等）、中国历史概况（如洋务运动、辛亥革命等）、世界历史基础知识（如大萧条，维多利亚时代等）、文学知识（如文学体裁、文学批评、浪漫主义等）、世界组织基本常识（如联合国等）、财经类（如消费价格指数、美联储等）、科技类（如黑科技、互联网金融等），还常考与时事热点相关的知识，可以与热词、新词联系起来背诵。宗教知识、天文地理知识几乎不考。

### 2 学霸备考经验

**名词解释**：此类题目分值高，题目是采点给分，所以作答时尽量多写。建议考生分类复习，背诵时先理解词条，挑 4~5 点串联关键词记忆，考试时每个词条字数在 80~120 字，尽量用书面语作答，争取做到言简意赅。

**应用文**：多考查与学生生活相关的题目，注意答题时格式要规范、内容要完整。

**大作文**：多考传统经典话题的议论文，考生均有话可写，但是要想写得出彩则需要考生平时多积累、多练习。

总体来说，南京大学英语笔译专业汉语写作与百科知识科目出题风格较为固定，出题方向不难把握。考生在复习时把握这些规律，重点背诵，可以提高复习的效率。

# 2020 年试题参考答案与考点解析

## 本套试卷特点

本套试卷文学知识、历史知识、社会文化热点、经济热词等方面的内容占比较高。考生可根据不同词条类别所占比重的大小来规划复习时间。同时,历年真题的高频考点可能重复考查,比如本套试卷中考查的浪漫主义、女性主义和30年代经济萧条与2018年试题中考查过的浪漫主义诗歌、女权主义运动和经济大萧条基本一样,所以需要考生重点掌握往年考查过的词条。

## 一、名词解释(共25小题,每小题2分,共50分)

**1. 国家卫健委**:全称是中华人民共和国国家卫生健康委员会,是国务院的组成部门。根据党的十九届三中全会和第十三届全国人民代表大会第一次会议的审议批准,于2018年设立。设立的目的是以人民健康为中心,为人民群众提供全方位、全周期的健康服务,主要职责是保障人民健康,加强党集中统一领导卫生健康工作。国家卫建委的设立有利于推动实施健康中国战略,预防控制重大疾病,积极应对人口老龄化。

**学霸支招**:该题考查时政知识,需对国家政策、政治生活有一定了解。考生在背诵时政词条时,可以将解题思路与国家政策相联系,比如此题,国家卫健委就是在十九大提出的健康中国战略背景下组建的。该题的得分点包括组织全称、成立目的、主要职责、意义及影响等。

**2. 电子烟**:是一种模仿卷烟的电子产品。这种产品的特点是外观、烟雾、味道和感觉与烟卷一样,主要通过雾化等手段,将尼古丁等变成蒸汽后,让用户吸食。目前使用电子烟的人群主要以年轻人为主。电子烟有害公共健康,对青少年和非吸烟者危害巨大,因此已被世界卫生组织和各国加强管制。

**学霸支招**:该题考查社会文化基本常识,社会热点话题是高频考点。南京大学历年真题常考查社会热门话题中经常出现的名词,考生要重点关注。相关时事为2019年中央广播电视总台3·15晚会曝光了长时间吸食电子烟对青少年的危害,这引起社会的广泛关注,考生需要重点掌握。该题的得分点包括定义、产品特点、产品性质及原理、使用人群现状、使用危害、应对措施等。

**3. 尼古丁**:俗名烟碱。尼古丁存在于烟叶和多种茄科植物的果实之中,也是烟草的重要成分,它会使人上瘾或产生依赖性。大剂量的尼古丁危害巨大,会引起呕吐以及恶心,严重时会致人死亡。含有传统烟草有害物质尼古丁的代表产品有电子烟。

👉 **学霸支招**：该题考查生物化学基础知识，考生可以将其与电子烟、二手烟等相关名词的解释结合起来，理解背诵。该题的得分点包括历史由来、定义、主要来源、物质性质、特点、主要危害、代表产品等。

**4. 二手烟**：又称被动吸烟、环境烟草烟雾，指烟草产品燃烧端释放出的烟雾，包含数千种有害化学物质和数十种致癌物质。非自愿吸取其他吸烟者喷吐的烟雾的"强迫吸烟"或"间接吸烟"行为会对人体健康造成伤害，对少年儿童造成的危害尤为严重。它也是危害最广泛、最严重的室内空气污染，是全球重大死亡原因之一。现在在很多公共场所已建立吸烟区，划定出独立的吸烟场所，这是减少二手烟的有效途径。

👉 **学霸支招**：该题考查社会文化基本常识，得分点包括定义、有害物质、健康危害、受害群体、其他危害、应对措施等。建议复习电子烟、吸烟区等相关词条。

**5. 审查**：指审核、调查，是对某项事情或情况进行核实、核查。通常会有特定的机构或组织对特定对象进行审查，对某项事情或情况审核并对其进行客观评价，予以反馈。审查结果以报告的形式呈现。

👉 **学霸支招**：该题考查基本词语理解，得分点包括定义、解析等，考生应根据不同语境给出背景解释以作补充。

**6. 阅兵**：是对武装力量进行检阅的仪式。阅兵仪式历史久远，古代就有阅兵记录，如明朝的明成祖阅兵、清朝的乾隆阅兵等。现代阅兵通常在国家重大节日、迎送国宾和军队出征、凯旋、校阅、授旗、授奖、大型军事演习时举行，如开国大典阅兵、国庆阅兵、胜利日阅兵等。阅兵主要是为了庆祝、致敬，展示部队建设成就，也是为了让国家展示军威，鼓舞士气。

👉 **学霸支招**：该题考查国家文化常识，得分点包括定义、历史、活动内容、活动目的、活动意义等。相关时事为2019年10月1日，在北京天安门广场隆重举行了庆祝中华人民共和国成立70周年大会，庆祝大会后举行了盛大的阅兵式。

**7. 黑科技**：原是动漫中出现的词语，现指当前人类无法实现或根本不可能产生的技术或者产品，亦是网络新名词，指发展前沿的新硬件、新软件、新技术。引申为将现实中某些超乎寻常厉害的事或物，统称为"黑科技"。

👉 **学霸支招**：该题考查网络新词，这是历年真题的高频考点。考生应理解社会流行用语的意思，并掌握当下发展迅速和发展前景广阔的领域的名词含义，特别是科学技术领域，这些是南京大学历年真题的出题来源。该题的得分点包括来源背景、基本含义、引申含义等。建议复习5G、人工智能、大数据、物联网等相关词条。

**8. "撒手锏"**：旧指小说中厮杀时出其不意地用锏投掷敌手的招数，比喻关键时刻使出的最拿手的本领，强调出其不意。中国历史上的将军秦琼（秦叔宝）使双锏，"撒手锏"一词也是源于他的故事。

👉 **学霸支招**：该题考查中国文学基础常识，得分点包括解析、典故、相关人物等。

**9. 维和部队**：全称为联合国维持和平部队，别名 UN、蓝盔部队，是成立于 1956 年苏伊士危机之际的一支跨国界的特种部队。维和部队具有非强制性和中立性的主要特征，经常在非洲、美洲等地开展维和行动，主要是委派到国际上有冲突的地区，作用是阻止局部冲突扩大。

**学霸支招**：该题考查国际组织基本常识，这是历年真题的重要考点，考生要重点掌握。该题的得分点包括全称、别名、成立时间、主要特征、维和地区、重要作用等。建议复习联合国、维和行动、联合国安理会等相关词条。

**10. 联合国安理会**：全称是联合国安全理事会，成立于 1946 年，是联合国下属的主要机关之一。安理会的宗旨任务是维护国际和平与安全，实现国际争端的和平解决。安理会的职能权力具有权威性，是唯一有权采取军事行动的联合国机构。安理会有 15 个理事国，其中五大常任理事国有安理会否决权。

**学霸支招**：该题考查国际组织知识，是历年真题的高频考点。考生需要重点掌握国际组织及国际会议，特别是联合国的下属机构。该题的得分点包括成立时间、所属机构及组成、宗旨任务、权力责任等。建议复习联合国、联合国大会、《联合国宪章》等相关词条。

**11. 维多利亚时代**：指 1837—1901 年维多利亚女王的统治时期。该时期被认为是英国工业革命的巅峰和大英帝国的黄金时代。当时英国领土广阔、经济发达，贸易出口方面尤其发达；科学发明的进步，促进了工业革命的发展；文化的繁荣，催生了多种文艺运动流派，包括古典主义、新古典主义、浪漫主义、印象派艺术、后印象派等。这个时代涌现出了许多伟大的作家，如夏洛蒂·勃朗特、查尔斯·狄更斯等。

**学霸支招**：该题考查外国历史知识，这是历年真题的重要考点，考生要重点掌握。关于历史时期的名词解释，考生要掌握该时期的大事记，并从政治、经济、文化、社会发展等多个角度来答题，列举 1~2 例代表人物或代表作品。该题的得分点包括统治时期、时代特点、经济盛况、科学进步、文学发展情况等。建议复习工业革命、新古典主义、浪漫主义、印象派艺术等相关词条。

**12. 浪漫主义**：起源于中世纪法语中的 Romance。浪漫主义是文艺的基本创作方法之一，与现实主义同为文学艺术上的两大主要思潮。作为创作方法，浪漫主义在反映客观现实上侧重从主观内心世界出发，抒发对理想世界的热烈追求，常用热情奔放的语言、瑰丽的想象和夸张的手法来塑造形象。浪漫主义运动出现于 18 世纪晚期至 19 世纪初期的欧洲。浪漫主义的代表文学作品有《西风颂》《唐璜》《白鲸记》等，代表作家有雪莱、卢梭、拜伦、雨果、歌德等。

**学霸支招**：该题考查文学常识，这是历年真题的必考点，考生要重点掌握。考生对文学发展的历史背景也要有一定了解，选取 4~5 点作答，采分点越多越好，尽量答重点，比如浪漫主义最为突出的就是 19 世纪外国文学，应掌握三个以上代表人物，并列举代表作品。该题的得分点包括历史起源、文学地位、艺术特色、历史评价、代表作品、代表作家（或画家、音乐家）等。建议复习现实主义、新古典主义、法国大革命、启蒙运动等相关词条。

**13. 文学批评**：是文学活动的一个重要组成部分。文学批评随着文学作品的传播、消费和接受而产生和发展，是文学理论的重要组成部分，对于文学活动具有动力性、引导性和建设性的作用。文学批评既能推动文学创作，影响文学思想和文学理论的发展，又能推动文学的传播与接受。汉代的文学批评发展较快，内容更加丰富，并产生了文学批评的专篇论文，如班固的《两都赋序》和《离骚序》。

**学霸支招**：该题考查文学基本知识，这是历年真题的重要考点。值得注意的是，文学批评在不同历史时期发展不同，汉代的文学创作空前繁富，对文学批评的发展也有很大影响。考生要联系历史发展进行背诵，掌握相应代表作。该题的得分点包括定义、产生时期、影响及作用等。建议复习女性主义、解构主义等相关词条。

**14. 文学体裁**：简称"文体"，指文学作品的具体样式，它是文学形式的因素之一。古代文学体裁有赋、骈文、论、赠序等。现代文学体裁有诗歌、小说、散文、剧本等。文学体裁有多种分类方法，如按两分法，即按有韵和无韵分为韵文与散文两大类；按三分法，分为叙事类、抒情类、戏剧类；按四分法，分为诗歌、散文、戏剧、小说；按五分法，分为诗歌、剧本、剧小说、小说、散文。

**学霸支招**：该题考查文学基础知识，这是历年真题的重要考点。考生应掌握中国古代各时期文学体裁的相关知识，包括唐诗、宋词、元曲、明清小说，各时期的代表人物和代表作品也是高频考点，包括"唐宋八大家""元曲四大家"等。该题的得分点包括定义、古代分类、现代分类等。建议复习词牌、小说、元曲、元杂剧等相关词条。

**15. 工业革命**：又称产业革命，发源于英格兰中部地区，指资本主义工业化的早期历程，即资本主义生产完成了从工场手工业向机器大工业过渡的阶段。工业革命是以机器取代人力，以大规模工厂化生产取代个体工场手工生产的一场生产与科技革命。由于机器的发明及运用成为这个时代的标志，所以这个时代也被称为"机器时代"。

**学霸支招**：该题考查自然科学知识，这是历年真题的高频考点，考生要重点掌握。第一次、第二次工业革命是重要的历史事件，考生须了解此类历史事件对生产方式、社会环境和世界格局的影响，并掌握相关的名词解释。该题的得分点包括发生时间、发源地、开始标志、主要因素、影响及历史地位等。

**16. 冷战**：指美国和苏联及他们的盟友在1945—1991年在政治和外交上的对抗、冲突和竞争。在这段时期，虽然分歧和冲突严重，但双方都尽力避免武力对抗，其对抗通常通过局部代理战争、科技和军备竞赛、太空竞赛、外交竞争等"冷"方式进行，即"相互遏制，不动武力"，因此称之为"冷战"。

**学霸支招**：该题考查外国政治知识，这是历年真题的高频考点，南京大学2011年试题中已经考过该词条，考生要重点掌握此考点。该题的得分点包括双方阵营、对峙年代、"冷"方式内容、"冷战"的由来等。考生不仅要掌握冷战的相关知识，还要背诵此词条中出现的国际组织、国家主体、历史发展等词条的名词解释。建议复习北大西洋公约组织、军备竞赛、苏联解体等相关词条。

**17. 越战**：即越南战争，是东南亚爆发的一场大规模局部战争，其本质为越南反抗美国入侵的战争，该战发生在第二次世界大战后的冷战时期，战场在越南、老挝、柬埔寨。越南战争是美国等资本主义阵营国家支持的南越对抗中国和苏联等社会主义阵营国家支持的北越和"越南南方民族解放阵线"。战争结果为美国失败，越南人民军和越南南方民族解放阵线最终推翻了越南共和国，并统一了越南全国。越战对亚洲国际政治产生了深远的影响。

**学霸支招**：该题考查外国政治知识，这是历年真题的重要考点。对于这类历史事件，可以从背景、原因、历程、结果、影响这五个方面来展开解释。该题的得分点包括发生时间、对抗双方、战场地点、战争结果、历史影响。建议复习冷战、第二次世界大战等相关词条。

**18. 军备竞赛**：指和平时期敌对国家或潜在敌对国家互为假想敌，在军事装备方面展开的质量和数量上的竞赛。各国之间为了应对未来可能发生的战争，竞相扩充军备，增强军事实力，是一种预防式的军事对抗。

**学霸支招**：该题考查外国政治知识，这是历年真题的高频考点。考生还应当拓展了解历史上较为重要的竞赛，包括北大西洋公约组织与华沙条约组织从第二次世界大战结束后到苏联解体前展开的军备竞赛。该题的得分点包括定义、主体对象、目的等。建议复习北大西洋公约组织、苏联解体、冷战等相关词条。

**19. 女性主义**：又称女权主义、妇女解放、女性解放，指为结束性别主义、性剥削、性歧视和性压迫，促进性阶层平等而创立和发起的社会理论与政治运动。批判之外也着重于性别不平等的分析以及推动性底层的权利、利益与议题，包括生育权、教育权、性别歧视等。女性主义的目的在于了解不平等的本质并消除思想、观念、伦理等方面的不平等。女性主义运动是一个跨越阶级与种族界线的社会运动。

**学霸支招**：该题考查社会文化知识，这是历年真题的高频考点，南京大学2018年已考查过相关词条，考生应重点掌握此考点。考生在背诵词条时应了解其对社会的深远影响。该题的得分点包括别称、定义、目的、议题等。建议复习性别歧视、种族歧视、女权主义运动（南京大学2018年）等相关词条。

**20. 30年代经济萧条**：是指1929—1933年发源于美国的经济危机。这场经济危机后来波及其他资本主义国家，其主要特点是持续时间长、范围广、破坏力强，其根源在于资本主义制度的基本矛盾，也就是生产社会化和资本主义生产资料私有制之间的矛盾。大萧条产生了深远的政治、社会和国际影响，导致了长期的大规模失业，也改变了社会关系，摧毁了执政政府，帮助纳粹党上台，最终导致了第二次世界大战的爆发。罗斯福是解决此次经济危机的中心人物。

👉 **学霸支招**：该题考查历史事件，这是历年真题的高频考点，大萧条是美国历史中的重要事件，考生需要重点掌握。该题的得分点包括时间、发源地、特点、根源、影响、结果、中心人物等。建议复习罗斯福新政、资本主义、经济危机、第二次世界大战等相关词条。

**21. 互联网金融**：指传统金融机构与互联网企业利用互联网技术和信息通信技术实现资金融通、支付、投资和信息中介服务的新型金融业务模式。互联网金融不是互联网和金融业的简单结合，而是在实现安全、移动等网络技术水平上，被用户熟悉和接受后（尤其是对电子商务的接受），自然而然地为适应新的需求而产生的新模式及新业务。它是传统金融行业与互联网技术相结合的新兴领域。

👉 **学霸支招**：该题考查经济常识，这是历年真题的重要考点，与互联网相关的经济概念是热门考点，主要考查考生对社会经济发展的了解，考生应重点掌握。该题的得分点包括概念、由来、所属领域等。建议复习众筹、P2P网贷、第三方支付、数字货币、大数据等相关词条。

**22. P2P网贷**：是网络贷款的简称，包括个体网络借贷和商业网络借贷。P2P网贷是指个体和个体之间通过互联网平台实现的直接借贷，它是互联网金融行业中的子类。网贷平台发展迅速，其数量近年来急剧增加。

👉 **学霸支招**：该题考查经济常识，这是历年真题的重要考点。该题的得分点包括定义、具体内容、实现方法、发展前景等。建议复习互联网金融、众筹、第三方支付、数字货币、大数据等相关词条。

**23. 众筹**：即大众筹资或群众筹资，就是集中群众的资金、能力和渠道，为小企业、艺术家或个人进行某项活动等提供必要的资金援助。现代众筹指通过互联网方式发布筹款项目并募集资金。相对于传统的融资方式，众筹更为开放，能否获得资金也不再是以项目的商业价值为唯一标准。

👉 **学霸支招**：该题考查经济常识，这是历年真题的重要考点。该题的得分点包括定义、活动目的、优点和特征等。建议复习互联网金融、数字货币等相关词条。

**24. 数字货币**：简称为DIGICCY，是电子货币形式的替代货币。数字金币和密码货币都属于数字货币。数字货币是一种不受管制的、数字化的货币，通常由开发者发行和管理，被特定虚拟社区的成员所接受和使用。由于被公众所接受，所以可作为支付手段，也可以以电子形式转移、存储或交易。代表币种有比特币。

👉 **学霸支招**：该题考查经济常识，这是历年真题的重要考点。该题的得分点包括简称、使用特点、代表形式等。建议复习比特币、区块链、互联网金融等相关词条。

**25. 第三方支付平台**：是指具备一定实力和信誉保障的独立机构所提供的付款平台。通过与银联或网联对接来促成交易双方进行网络支付的交易。该平台可以在买方选购商品后，为其提供账户进行货款支付（支付给第三方），并由第三方通知卖家货款到账、要求发货；买方收到货物，检验货物，并且进行确认后，再通知第三方付款；第三方再将款项转至卖家账户。拉卡拉、支付宝、融宝、微信支付等是已经为社会所广泛使用的第三方支付平台。

> 🔖 **学霸支招**：该题考查经济常识，这是历年真题的重要考点。该题的得分点包括定义、支付方法、运行模式、代表产品等。建议复习移动支付、网购等相关词条。

## 二、应用文写作（40分）

> **题目分析**
>
> 该题考查倡议书写作，答题时需要注意倡议书的格式，应当包含标题、称谓、正文内容、结尾、落款。正文内容包括现存学风问题，提出学风建设的必要性和紧迫性，针对问题提出相应建议，注意建议应与问题相对应，结尾需号召同学们进行学风建设。文章格式要规范，内容要完整。

**考场还原**

××学校××学院学风建设倡议书

亲爱的同学们：

　　学风是学校的立校之本，更是我们大学生综合素质的集中反映。优良的学风是激励我们奋发向上、努力成才的精神力量，是学校树信誉、求发展的基础，加强学风建设至关重要。

　　但是本院仍有部分学风问题较为突出，迟到，旷课，课堂上玩手机，违反校纪校规；考试作弊，违背诚信原则，扰乱考场纪律；班级干部学习松懈，习惯懒散，没有严于律己。这些问题严重影响了大家的学习环境和文化氛围。

　　作为学校的一分子，作为本院的一分子，我们的一言一行、一举一动不仅体现着自己的修养素质，更深刻地反映着学校的整体学风。学风问题不容忽视，学风建设任重而道远。因此，在这里，我向全院同学提出以下三点倡议：

　　（一）加强自律意识，严守校纪校规。养成良好的学习生活习惯，遵守课堂纪律、不迟到、不早退、不旷课、不溺网，充实自己的生活，刻苦钻研，积极进取，严格遵守学校的各项规章制度，用实际行动促成校园良好风气的形成。端正学习态度，树立终身学习的理念，以开拓进取的精神投入学习生活中，营造出团结、严谨、创新、求实的学习氛围。

　　（二）严格遵守考风考纪，诚信考试。遵守考试管理规定，严肃考场纪律，坚决抵制作弊现象。树立正确的价值观、人生观、世界观，在本院精神的指引下不断完善自我，努力成为一个有理想、有目标的高素质人才。

　　（三）学生党员、入党积极分子和学生干部应该起到表率作用。各班班委应积极组织本班同学参与学风建设活动，并予以监督，成为班级创建"优良学风示范班"的倡导者。党员骨干、学习尖子帮助学习困难的同学，共同进步，形成帮学的良好氛围。

同学们，"勿以善小而不为，勿以恶小而为之"，让我们齐心协力，积极行动，营造踏实学习、不断创新、追求高效的学习氛围，共同建设我们优良的学风！

××学院学生：×××

××××年××月××日

**评点升格**

本文严格按照倡议书格式行文，内容充实，逻辑清晰，结构完整，语言流畅，是一篇优质范文。

## 三、现代汉语写作（60分）

**题目分析**

该题为现代汉语写作，难度适中。首先，要理解材料的意思，材料中引文的意思是"金钱和地位，是每个人都向往的；但是，以不正当的手段得到它们，君子不会享受。贫困和卑贱，是人们所厌恶的；但是，如果不通过正当的途径摆脱它们，君子宁可不摆脱它们。君子背离了仁的准则，怎么能够成名呢？君子不会在吃一顿饭的时间里背离仁德，即使在匆忙紧迫的情况下也一定要遵守仁的准则，在颠沛流离的时候也和仁同在。"其次，要围绕材料立意，选取的角度要合理。

**考场还原**

坚守信念，创造未来

坚守信念，是坚守一份责任、一种执着，更是一份理想。在孔子看来，每个人都想过上富裕的生活，摆脱贫困的局面，但对于君子而言，富与贵都应当取之有道，即便贫困的生活再不好，想要去之也应有道。无论是富贵还是贫贱，无论是在仓促之间还是在颠沛流离之时，都应该坚持这个原则。因此，坚守信念，才能跨过人生的坎坷，实现人生价值，创造更加美好的未来。

坚守信念，是面对人生挫折的强大支撑。苏轼少年得志，以才学为朝野瞩目，但因反对新法、评议时政，被朝中小人罗织罪名，身陷"乌台诗案"，差点丢了性命。出狱后被贬往黄州，但他仍然坚守信念，不改本色。当他被排挤出朝廷，到地方任职时，苏轼也未曾因为挫折而放弃信念，他志在造福民众，处处勤政爱民，每莅一处，政绩皆有可观。当他被贬往南荒之地惠州时，在遍地瘴疠的恶劣环境中，他写下了"日啖荔枝三百颗，不辞长作岭南人"的乐观诗句。当他被贬往穷山恶水之地的海南儋州时，他仍坦然言道："我九死一生，能到海南一游，乃平生最大快事。"把贬谪之辱说成"奇绝冠平生"。苏轼不论是身居庙堂，还是被贬蛮荒，心中总是坦然的，情绪总是乐观的。在别人眼里，他的处境糟透了，可他却能淡然处之。这皆是因为他有着坚定执着的人生信念，他所追求的是为国为民做贡献。无论身处何地，他都有为民造福的机会，故处处可以合心遂志，让生活过得精彩而充实。

坚守信念，是实现人生价值的伟大航向。当我们进入社会，奋斗在各个工作岗位上时，仍要时刻坚守自己的理想信念，唯有如此方能实现人生价值。被誉为"杂交水稻之父"的袁隆平，放弃外国专家抛出的橄榄枝，一心扎根于中国农田，潜心研究，终于实现了"禾下乘凉梦"，牢牢把中国人的饭碗端在自己手里。然而现实当中不难看到有的人渐渐偏离初心所在，在工作中贪图享乐、以权谋私从而走向罪恶的深渊，难以保持做好本职工作的初心所在，不仅丢失了个人的价值所在，更是令人惋惜哀叹。坚定的信念不仅是我们工作中的基本素养，更是我们人生航向的指南所在，无论环境如何变化，我们都应坚守信念、脚踏实地，这样我们才能在平稳向前中实现人生价值。

如果丢掉信念，人就会成为处境的奴隶，为他人的褒贬所左右，活得痛苦不堪。坚守信念，我们才能坦然面对人生挫折，实现人生价值。这不仅仅是个人的发展进程，更是一个民族、国家的前行道路。万事皆变，但信念不变。坚守信念，让我们在平凡中创造不凡，迈向美好明天。

### 评点升格

本文以坚守信念立意，开篇结合材料，引用孔子的观点，点明文章的中心论点"坚守信念，创造未来"；然后具体阐述了两个分论点，从面对人生挫折和实现人生价值两个方面分别举例论证；结尾回扣分论点，从个人坚守信念的意义升华到民族与国家的发展。考生要正确理解所给材料的文言文意思，并概括出孔子的主要观点，选取合理的角度立意，写作时注意扣题。

# 2019年试题参考答案与考点解析

## 一、名词解释（共25小题，每小题2分，共50分）

**1. 年鉴**：是按年度连续出版的资料性信息密集型工具书，主要内容是全面系统、准确地记述上年度事物运动、发展状况，汇辑一年内的重要时事、文献和统计资料。具有资料权威、反应及时、连续出版、功能齐全的特点。它博采众长，包括年表、图录、书目、索引、统计资料、指南等。

🐟 **学霸支招**：该题考查社会文化基础知识，考生应对其有基本了解。该题的得分点包括概念、主要内容、特点、类别等。

2. **箴言**：本意是形容规谏劝诫的话。该词语出现于东周，最早出自《书·盘庚上》一文中。箴言也是古代以规诫他人或自己为目的的一种文体，原意为格言、道义、劝诫，如西汉扬雄的《冀州箴》、西晋张华的《女史箴》等。

🐟 **学霸支招**：该题考查汉语词语释义，得分点包括释义、来源、代表作等。考生应根据不同语境给出背景解释以作补充。

3. **富兰克林**：全名为本杰明·富兰克林，是美国著名政治家、科学家，同时也是记者、作家、慈善家，更是杰出的外交家及发明家。1706年出生于美国马萨诸塞州波士顿。他是美国独立战争时重要的领导人之一，参与了多项重要文件的草拟，并曾出任美国驻法国大使，成功争取到法国支持美国独立。他曾经进行多项关于电的实验，并且发明了避雷针，还发明了双焦点眼镜、蛙鞋等。代表作品有《穷理查年鉴》《富兰克林自传》。

🐟 **学霸支招**：该题考查外国名人，这是历年真题的高频考点，复习时需要重点掌握。对于人物的解释，应当包括人物国籍、职业身份、主要成就、代表作品、人物评价等。人物身处的时代、在历史发展过程中的作用、与人物相关的历史事件的相关词条也需要掌握。该题的得分点包括国籍、职业、身份地位、科学发明成就、代表作品、人物评价等。建议复习美国独立战争、独立宣言、美利坚合众国宪法等相关词条。

4. **清教**：是新教中的一支，属于加尔文派，清教徒信奉加尔文主义。清教产生于16世纪后半期，源于拉丁文的Purus，意为清洁。清教兴起于伊丽莎白一世时期。清教徒是要求清除英国天主教内保有仪式的改革派，认为任何教会或个人都不能成为传统权威的解释者和维护者，《圣经》是唯一的最高权威。

🐟 **学霸支招**：该题考查宗教知识，这是历年真题的重要考点。对于宗教词条，应当了解其历史时代，掌握宗教的主要信仰，理解宗教与文化的关系和在文化传播与历史发展中的重要作用。该题的得分点包括历史起源、主要信仰、影响及地位等。建议复习圣经、天主教、加尔文主义、宗教改革等相关词条。

5. **殖民地**：是一个地理学名词。原始含义是在荒地上移民垦殖，可做贸易前哨或军事基地。后指被征服的，受宗主国经济剥削、文化入侵与政治奴役，并为宗主国获取新资源的地区或国家。殖民地的产生同资本主义生产方式的出现和发展关系密切。在资本主义时期特别是帝国主义阶段，殖民地专指领土被侵占、丧失了主权和独立，在政治上和经济上完全由资本主义强国统治、支配的国家或地区，目的是帮助资本主义强国掠夺各项资源，包括了保护国、附庸国等概念。

🐟 **学霸支招**：该题考查地理基础知识，考生应掌握相关历史知识。该题的得分点包括地理学上的概念、特定历史时期的意义、历史作用等。建议复习殖民主义、民族解放运动等相关词条。

**6. 种族**：是生物学概念，又称为人种，是在体质形态上具有某些共同遗传特征的人群。四大人种是指东亚人种、高加索人种、尼格罗人种、澳洲人种。各个文化对种族的理解不尽相同。传统种族和其他人类现象之间联系密切，包括人类的行为、智力、文化道德水平等。

**学霸支招**：该题考查基本常识。考生在写此类相关词条时，可以与延伸文化词条结合背诵，如背诵种族的名词解释时应当联想到种族主义的名词解释。该题的得分点包括基本概念、分类、与人类现象的关系等。建议复习种族隔离、种族主义等相关词条。

**7. 中世纪**：是指西罗马帝国灭亡至文艺复兴之前，即公元5—15世纪的1 000年里，封建制在欧洲建立、发展、衰落的时期。它分为前、后两段——公元5—10世纪为前期，史称"黑暗时期"；公元11—15世纪为后期。

**学霸支招**：该题考查世界历史基本常识，这是历年真题的高频考点，考生在复习时需要重点掌握。中世纪是欧洲历史上较为重要的一段时期，考生应当了解该时期的重大事件和重要人物，掌握相关名词解释。该题的得分点包括时间、历史阶段、始终标志、重大事件等。建议复习文艺复兴、诺曼征服、十字军、黑死病等相关词条。

**8. 他者**：是西方后殖民理论术语。在后殖民的理论中，"他者"和"自我"是一对相对的概念，西方人往往被称为主体性的"自我"，而将"自我"以外的非西方的世界，包括殖民地的人民称为"他者"，两者相互对立。所以，"他者"的概念实际上潜含着西方中心的意识形态。

**学霸支招**：该题考查文化理论术语，得分点包括术语概念、所属理论、引申含义等。建议复习殖民地、殖民主义等相关词条。

**9. 赛义德**：是伊斯兰教的教职称谓。中国《元史》中又称之为"赛典赤""赛以德"。赛义德是阿拉伯语音译，原意为"首领""先生"。在伊斯兰教之前，是阿拉伯部落首领的称谓。在伊斯兰教中，是对先知穆罕默德之女法蒂玛与阿里所生的后裔的专称，意为"圣裔"，也是穆斯林男性专名。在什叶派的"圣训"中，"赛义德"还被列为圣徒。

**学霸支招**：该题考查宗教知识，考生要联系主流宗教掌握相关重要概念。该题的得分点包括基本释义、别称、宗教背景等。建议复习伊斯兰教、基督教等相关词条。

**10. 东方主义**：是研究东方各国的历史、文学、文化等学科的总称，是旧时西方对东方旧式文化的一种偏见性思维方式，具有贬义色彩。它是西方对东方控制下的各种文化再现，是围绕欧洲中心论产生的一整套针对东方的学术规则、思维方式、统治制度。代表人物萨义德在其著作《东方学》中清晰表达并宣扬了此观点。

**学霸支招**：该题考查文化知识，这是历年真题的高频考点，考生要重点掌握。该题的得分点包括基本释义、性质、属性等。

**11. 冬奥会**：全称为冬季奥林匹克运动会，是国际奥林匹克委员会主办的世界性冬季项目运动会。冬季奥运会每隔4年举行一届，并与夏季奥林匹克运动会隔2年举行，按实际举行次数计算届数。该赛事的主要特征是在冰上和雪地进行冬季运动，如滑冰、滑雪等适合在冬季进行的项目。参与国分布在世界各地，包括欧洲、非洲、美洲、亚洲、大洋洲等。2015年7月31日，北京获得2022年冬季奥运会主办权。

**学霸支招**：该题考查体育赛事常识，同时这也是考生应当关注的时事热点，是历年真题的重要考点。相关时事为第24届冬奥会将于2022年2月4日至2022年2月20日在中国北京市和河北省张家口市举行。该题的得分点包括全称、主办机构、赛事类型、举办周期、主要特征、参与国等。建议复习夏季奥运会、残奥会等相关词条。

12. **鸟巢**：指位于北京奥林匹克公园中心的大型体育场馆，曾举办过2008年北京夏季奥运会，并将作为2022年北京冬季奥运会的主体育场。现已成为国家标志性建筑和奥运遗产，奥运会后多用作北京市民参与体育活动及享受体育娱乐的场所。因为体育场的形态如同孕育生命的"巢"和摇篮，因此被称作"鸟巢"，寓意寄托着人类对未来的希望。

**学霸支招**：该题考查体育基础常识。相关时事为第24届冬季奥林匹克运动会，又被称为"2022年北京冬季奥运会"，将于2022年2月4日至2022年2月20日在北京市和河北省张家口市联合举行。该题的得分点包括地点、参与赛事、主要作用、设计者、设计理念、设计特点、建筑地位等。建议复习奥运会、水立方等相关词条。

13. **水立方**：指位于北京奥林匹克公园内的大型游泳馆，曾作为2008年北京夏季奥运会的主游泳馆，是2008年北京夏季奥运会标志性建筑物之一。因为"水的立方"的设计方案而被称为"水立方"。水立方与鸟巢共同形成相对完整的北京历史文化名城形象。奥运会后成为具有国际先进水平的中心场所，成为北京市民游泳、运动、健身、休闲的场所。

**学霸支招**：该题考查体育基础常识，得分点包括地点、参与赛事、场馆用途、设计方案、设计特色、外界评价等。建议复习奥运会、鸟巢等相关词条。

14. **吉祥物**：又称萌物，是人类原始文化的产物，是原始的人类在和大自然的斗争中形成的。人类以生存需要为中心，在发展过程中自然就形成趋吉避邪的本能。吉祥物通过属性延长、谐音取意、传说附会等途径演化而成。寿吉祥物有鹿、鹤、松树、桃子，子吉祥物有兔子、鸡、百合、石榴。奥运会、世界杯等国际赛事也分别有各自的赛事吉祥物。

**学霸支招**：该题考查文化常识，这是历年真题的重要考点。相关时事：2022年北京冬奥会吉祥物名为"冰墩墩"，形象来源于国宝大熊猫；冬残奥会吉祥物为"雪容融"，形象来源于中国传统文化符号大红灯笼。该题的得分点包括基本释义、历史来源、演化途径、主要观念等。建议复习2022年北京冬季奥运会、伦敦奥运会等相关词条。

15. **高铁**：指基础设施设计速度标准高、可供火车在轨道上安全高速行驶的铁路，列车运行速度在200km/h以上。高铁的出现在世界铁路史中有着划时代的意义，它极大地提高了铁路系统的运行速度，并促进了社会经济的发展。

👉 **学霸支招**：该题考查社会基础常识，这是历年真题的重要考点。需要注意的是，中国高铁是另一个不同的词条，解释内容不同。考生也要背诵此类与中国发展相关的热门词条的解释。该题的得分点包括全称、定义、高铁标准、中国高铁发展情况等。建议复习中国高铁、扫码支付、共享单车、网购等相关词条。

**16. 供给侧结构性改革**：是相对于需求侧，涉及供给的各个方面进行的改革。它表明了宏观经济政策思路的新认知，也指明了今后宏观经济政策的走向和着力点。供给侧结构性改革促进了经济社会持续、健康的发展，提供了解读中国经济政策和经济前景的新角度。

👉 **学霸支招**：该题考查国家政策知识，这是历年真题的高频考点。此概念由习近平总书记于2015年提出。2019年3月5日，国务院总理李克强在发布的2019年国务院政府工作报告中提出，过去一年，深化供给侧结构性改革，实体经济活力不断释放。该题的得分点包括改革目的、改革目标、针对问题、改革方法、影响和作用等。建议复习三去一降一补、经济转型升级等相关词条。

**17. 去产能**：即化解产能过剩，指为了解决产品供过于求而引起产品恶性竞争的不利局面，寻求对生产设备及产品进行转型和升级的方法，主要是解决在钢铁、房地产领域产能过剩的问题。去产能是结构性改革的重要关口。发展新动能可以提供更多就业岗位，这是推动去产能的有效途径。自2017年政府报告中确定此目标后，我国在化解产能严重过剩矛盾的"去产能"工作中取得了重要进展。

👉 **学霸支招**：该题考查经济常识，这是历年真题的重要考点。对于时政，特别是政府工作报告中出现的经济学范畴的词条，是考生需要重点掌握的知识。该题的得分点包括基本含义、目的、主要方法、确定时间等。建议复习供给侧结构性改革、产业升级等相关词条。

**18. 三去一降一补**：是2015年习近平总书记根据供给侧结构性改革提出的任务，指的是去产能、去库存、去杠杆、降成本、补短板五大任务。主要是为了解决供给侧改革的问题，包括产能过剩、楼市库存大、债务高企这三个方面。

👉 **学霸支招**：该题考查国家政治知识，是历年真题高频考点。该题的得分点包括基本含义、具体内容、提出者、提出目的等。建议复习供给侧结构性改革、产业升级等相关词条。

**19. 宏观调控**：是指国家运用政策、法规、计划等手段，着重调控有关国家整体经济布局及国计民生的重大领域，对容易产生"市场失灵"的经济领域和私人力量不愿意进入的领域进行干预和调整。宏观调控是对整个市场经济的调控，主要目的是保证国民经济持续、快速、协调、健康的发展。

👉 **学霸支招**：该题考查经济常识，这是历年真题的高频考点，考生要重点掌握。该题的得分点包括实施主体、调控手段、调控目标、最终目的等。建议复习宏观经济政策、财政政策、货币政策、经济杠杆、市场配置等相关词条。

**20. 三大攻坚战**：是 2017 年习近平总书记在十九大报告中首次提出的任务，指的是防范化解重大风险、精准脱贫、污染防治。是我国经济由高速增长阶段转向高质量发展阶段后，为了全面建成小康社会所提出的重要部署。现在已经取得重大进展，2020 年是打赢三大攻坚战的重要一年。

🐟 **学霸支招**：该题考查国家政治知识，这是历年真题的高频考点。考生应当了解此类词条的提出背景，便于理解记忆，更要串联与之相关的词条重点背诵。该题的得分点包括具体内容、提出来源、提出实践、目的、影响及作用等。建议复习精准脱贫、全面建成小康社会等相关词条。

**21. 剁手党**：网络热词，专指沉溺于网络购物的人群，以女生居多。这类人群的特点是喜爱浏览各大购物网站，热衷于搜索比价、精打细算地购物。但结果往往是购买大量没有实用价值的物品，造成大量时间、金钱的浪费，是非理智消费的表现。这类人在冷静之后会意识到问题所在，甚至有痛定思痛、剁手明志的冲动，但购物瘾一犯又会忘记之前的反思，仍然冲动消费，因此被称为"剁手党"。

🐟 **学霸支招**：该题考查社会文化常识，这属于网络热词范畴。该题的得分点包括含义、主要人群、群体特点、类型、社会评价等。建议复习网购、电商平台等相关词条。

**22. 无人机**：指无人驾驶飞机，英文缩写为 UAV。无人机产生于 20 世纪 20 年代，是利用无线电遥控设备和自备的程序控制装置操纵的或由车载计算机自主操作的不载人飞机。与有人驾驶飞机相比，无人机具有应用方便、时效性强的优点，因此可以代替人工做危险的任务，主要用途是航拍、测绘、灾难救援、观察野生动物、监控传染病等。随着无人机技术的发展，其应用领域也在不断扩大。

🐟 **学霸支招**：该题考查科技基础知识，得分点包括全称、基本含义、优点、主要用途、应用领域等。建议复习无人驾驶汽车、人工智能等相关词条。

**23. 全自动流水线**：是指在一定的线路上连续不断输送货物的搬运机械生产系统。它通过工件传送系统和控制系统，将设备按照工艺顺序联结起来，自动完成产品全部或部分制造过程。其主要作用是提高生产效率，节省人力成本。在 20 世纪 20 年代之前，首先是在汽车工业中出现了流水生产线和半自动生产线，随后发展成为全自动流水线。

🐟 **学霸支招**：该题考查经济基础知识，得分点包括定义、特征、用途、发展等。

**24. 物流**：指利用现代信息技术和设备，将物品从供应地送往接受地准确的、及时的、安全的、保质保量的、门到门的合理化服务模式和先进的服务流程。物流随商品生产的出现而出现，随商品生产的发展而发展，所以物流是一种古老的传统经济活动。

🐟 **学霸支招**：该题考查经济常识，这是历年真题的重要考点。该题的得分点包括利用手段、流程、出现和发展等。建议复习电子商务、物联网等相关词条。

**25. 刷脸**：指基于人脸生物特征或脸部特征信息进行身份鉴定或认证的技术。其最大特征是能避免个人信息泄露，并采用非接触的方式进行识别。它的发展优势在于非接触、识别速度快、准确率高，因此主要应用于公安、安全、海关、金融等领域，并随之出现了智慧社区、智慧安防、智慧校园等新发展。

🔹 **学霸支招**：该题考查科技常识，这是历年真题的重要考点。该题的得分点包括基本释义、原理、技术特征、发展优势、应用范围等。建议复习生物识别、人脸识别（南京大学2018年）、人工智能等相关词条。

## 二、应用文写作（40分）

### 【题目分析】

该题考查总结类写作，为常见应用文，难度适中。一般可以用三段式：（1）概述基本情况；（2）提出问题、发表论述；（3）总结经验体会。该题要求写校学生会外联部工作总结，首先，要了解外联部的职能，然后，至少写出三种工作任务，并列出相应的具体工作内容和完成质量，根据题目要求添加其他内容，注意不要遗漏题目信息。

### 【考场还原】

#### 校学生会外联部年度工作总结

作为我校学生会内通外联的部门，外联部在过去的一年中，充分发挥了自己的职能，履行了自己的职责，努力为全体同学的活动或其他事物尽可能提供充足的物质保证，扩大了学校影响力；同时还与各部门协同合作，完成学生会的整体工作。为了总结经验，也为接下来一年的工作做好准备，争取获得更好的工作成绩，特做出以下部门年度总结。

（一）工作任务与完成质量

1. 赞助活动。我部门为校迎新晚会活动成功筹集到资金和实物赞助。大一新生们积极参加了我们的迎新晚会，各院校老师们也出席了此次活动。在这项工作任务中，我们不仅实现了自我提升，更为活动的顺利开展提供了支持，在一定程度上提高了活动的质量。

2. 院校讲座。新东方英语是与我校长期合作的赞助商家，我部门通过与新东方英语的合作，举办了一系列的英语讲座，为同学们提供了更多学习英语的平台和机会。外国语学院全体师生共同参与到此次讲座中，并给予外联部很多反馈，此系列讲座举办得非常成功。

3. 新年祝福视频。本学期我部门积极主动走访各兄弟院校进行交流，成功邀请到约20所高校的学生为我校录制新年祝福视频，为节日增添了温馨喜悦的气氛。在校学生会的宣传和我部门的组织下，全校师生和各高校学生代表都参与了此次活动。

（二）经验与收获

本学期我部门在校学生会的领导下，积极参与校学生会各项活动，营造浓厚的校园文化氛围，充实学生课余生活。同时，在过去一年的工作中，外联部全体成员不仅收获了丰富的活动经验,更在部门实践中不断提高了自己的组织协调能力。

(三)缺点与改进措施

1. 部门考核制度仍需完善,各部长、副部长之间要加强交流。部分学生会成员的责任心、主动性不强。外联部要继续完善规章制度,加强自身建设。

2. 与各校的合作形式较为单一,还有更多活动需要与其他高校交流。外联部要扩大院系之间以及兄弟院校之间的沟通往来,创建一个好的交流平台,丰富外联信息。

在这一年中外联部的工作有辉煌之处,也有诸多不足,但是外联人会本着胜不骄败不馁的态度,一直为外联部的职责和意义尽全部的努力,我们也相信外联部在以后的工作中会做得更好。

总结人:×××<br>
××××年××月××日

### 评点升格

本篇范文以校学生会外联部的工作总结为题,首段先简洁写明了外联部的职能;然后根据题目要求阐明了工作任务,列出了相应的具体工作内容,写明了参与者、工作完成情况和工作质量。接着针对工作内容总结经验与收获;再提出工作中的问题,写出改进措施;最后再进行总结。整篇工作总结包含标题、正文、结尾总结、落款,文章格式规范,内容完整。

## 三、现代汉语写作(60分)

### 题目分析

该题为现代汉语写作,难度适中。材料主要讲述了陈望道忘我翻译《共产党宣言》,错把墨汁当红糖吃进嘴的故事。故事背景:1915年年初,24岁的陈望道只身东渡日本留学。1919年,五四运动爆发,陈望道归国参加斗争,受聘在浙江第一师范学校做了一名国文教师,在反帝反封建的新文化运动中,成为"一师风潮"事件的核心人物。但陈望道更进一步地认识到改变社会制度的重要性。这时,在上海的陈独秀为他提供了英文版的《共产党宣言》,并请他翻译。于是,当时年仅28岁的陈望道毅然辞去教职,返回家乡潜心翻译《共产党宣言》。1920年4月底,《共产党宣言》终于全部译成中文,陈望道带上译稿翻山越岭赶赴上海。经过陈独秀等人的校对和努力，1920年8月，《共产党宣言》的第一个中文全译本终于印刷出版。故事背景做基本了解即可，也可以作为名词解释的基本储备。这篇材料的中心意思表达了陈望道对翻译工作的专注和潜心治学的态度。考生要围绕材料所表达的意义，选取合理角度立意。

### 考场还原

#### 以工匠精神雕琢翻译作品

随着跨文化交际的日益深入，在全球化的过程中，中国文化与世界文化也在更深更广地相互交融。文化交流促进了翻译事业的蓬勃发展，更赋予了翻译作品前所未有的全新生机。但是，快节奏的时代让我们忘记了慢工出细活。近年来，高端翻译面临一将难求的窘境，粗制滥造、质量低劣的翻译作品泛滥，翻译市场为了利益最大化牺牲了品质。这无论是对培养译员专心专注的品质，还是对创作翻译作品都造成了沉重的打击。因此，当下必须追求翻译精益求精，以工匠精神雕琢翻译作品。

践行工匠精神出翻译精品。随着数字技术的发展，当今翻译市场上出现了人工智能翻译，这是翻译在传播领域中出现的新事物。我们可以运用新技术来发展翻译，提高完成翻译作品的效率。但这种翻译新形态，绝不能替代严谨的学术翻译，尤其是替代不了富含艺术想象力的文艺翻译，所以翻译文学作品就要像手工匠人一样雕琢精致产品。如今的翻译出版市场，有学者将其概括为"遍地开花"，无论什么样的出版社和选题，只要有人敢翻就有人敢出。这样快餐式翻译下的翻译作品质量怎能得到保证？"翻译从业人员水平参差不齐、责任心强弱不一，是造成翻译质量下降的主要原因。"中国翻译协会会长刘习良说，"这不仅严重损害了翻译界的形象和声誉，还将对我国翻译事业的可持续发展造成威胁。"因此，倡导工匠精神尤其重要，践行工匠精神，才能创作出更多的翻译精品。

传承工匠精神育翻译匠人。翻译工作需要具备严谨的工匠精神，力求自己的劳动成果一丝不苟、精益求精。陈望道在翻译《共产党宣言》时十分投入，一边翻译一边吃粽子，错把墨汁当成红糖蘸着吃，自己却一直没感觉到。陈望道之子陈振新教授在接受采访时说："我父亲跟我讲，这本《共产党宣言》的确不是很好翻译的，他花了比平时翻译其他书籍要多好几倍的精力，才把它翻译出来。"倘若没有发自肺腑、专心如一的热爱，怎会有废寝忘食、尽心竭力的付出；没有冰心一片、物我两忘的境界，怎会有出类拔萃、巧夺天工的卓越。经过陈独秀等人的校对和努力，直到1920年8月，第一本中文全译本的《共产党宣言》才最终印刷出版。只有匠心才能培育出像陈望道这样潜心治学的学者。要传承这样的工匠精神，就要像翻译家杨武能、林少华那样，为翻译事业奉献一生、锲而不舍，培育出更多新时代的翻译匠人。

一个时代有一个时代的气质，在我们的时代，翻译作品将以怎样的面貌被历史记录，为后人阅读，取决于我们每个人的翻译品质。工匠精神是手艺人的安身之本，而在翻译界，是译员的金色名片，亦是社会品格、国家形象的荣耀写照。在提高国家文化软实力，特别是开展"一带一路"国际合作需要的同时，作为翻译工作者，我们需要推动更多的翻译作品走出去。我们肩负着时代赋予的光荣任务，因此更应践行工匠精神出翻译精品，传承工匠精神育翻译匠人，努力雕琢翻译作品，回报国家和社会的重视和期盼。

**评点升格**

本文围绕工匠精神的主旨，主要表达了翻译工作要精益求精的思想内涵。文章开篇先引入背景，描写翻译发展现状，从而提出社会中存在的问题，点明文章中心论点：当下需要以工匠精神雕琢翻译作品。然后具体以两个分论点"践行工匠精神出翻译精品"和"传承工匠精神育翻译匠人"来围绕中心论点阐述如何以工匠精神雕琢翻译作品。最后以小见大，从个人、社会到国家的角度，逐步升华，再回扣一次分论点，点题收尾。

# 2018年试题参考答案与考点解析

## 一、名词解释（共25小题，每小题2分，共50分）

**1. 人工智能**：英文缩写为AI。人工智能是计算机科学的一个分支中的新技术科学，它主要研究、开发用于模拟、延伸和扩展人的智能的理论、方法、技术及应用系统。它企图了解智能的实质，并生产出一种新的能以人类智能相似的方式做出反应的智能机器。该领域的研究包括机器人、语言识别、图像识别、自然语言处理和专家系统等。

**学霸支招**：该题考查科技知识，这也是社会热门话题和历年真题的高频考点，考生要重点掌握。相关时事为韩国围棋九段棋手李世石、中国围棋九段棋手柯洁分别与人工智能围棋程序"阿尔法围棋"（AlphaGo）之间开展两场比赛，比赛结果均为AlphaGo获胜，这引起了社会的广泛关注。该题的得分点包括定义、研究目的、应用领域等。建议复习生物识别、语言识别、深度学习等相关词条。

2. 人机对话：是计算机的一种工作方式。计算机将运行情况及时输出，而人对计算机输入命令或数据，形成"人机对话"。在此过程中操作人员可以观察和了解计算机的运行情况，并进行干预和控制。大多数计算机操作系统、应用软件都具有这个功能，以便操作人员或用户使用。

**学霸支招**：该题考查科技知识，这是历年真题的重要考点，也是社会热门话题中的热词，考生要重点掌握。该题的得分点包括定义、运行过程、特征优点、应用领域等。建议复习人工智能、深度学习等相关词条。

3. 阿尔法围棋：是由谷歌开发的围棋机器人。在围棋人机大战中，它分别战胜过韩国围棋九段棋手李世石、中国围棋九段棋手柯洁，是第一个击败人类职业围棋选手、第一个战胜世界围棋冠军的人工智能机器人。其主要工作原理是"深度学习"。围棋界公认阿尔法围棋的棋力已经超过人类职业围棋顶尖水平。

**学霸支招**：该题考查科技知识，人工智能的相关话题是社会热门话题，是近几年真题的高频考点，考生要重点掌握。该题的得分点包括定义、涉及事件、工作原理等。建议复习人工智能、深度学习等相关词条。

4. 人脸识别：是基于人的脸部特征信息进行身份识别的一种生物识别技术。它通过计算机语言编写人脸图像识别程序，首先用摄像机或摄像头读取被识别对象的人脸图像，然后自动提取被识别对象的特征与人脸库图像进行比对检测，得到识别结果。它的最大特征是采用非接触的方式进行识别，能避免个人信息被泄露。由于人脸识别具有非接触、识别速度快、准确率高的优势，因而被广泛使用于公安、安全、海关、金融等领域。

**学霸支招**：该题考查科技知识，这是历年真题的高频考点，人脸识别也是社会热门话题中的新词，考生要重点掌握。该题的得分点包括释义、别称、应用领域、特征等。建议复习人工智能、生物识别、刷脸（南京大学2019年）等相关词条。

5. 深度学习：是对人工神经网络的研究。它是机器学习领域中一个新的研究方向，它完善了机器学习技术并使得人工智能相关技术取得了很大进步。深度学习的最终目标是让机器能够像人一样具有分析学习能力，能够模仿视听和思考等人类的活动，能够识别文字、图像和声音等数据，从而解决复杂的模式识别难题。目前已经在很多领域都取得了成果，包括机器学习、机器翻译、自然语言处理等。

**学霸支招**：该题考查科技知识，这是历年真题的重要考点。该题的得分点包括含义、特点、目标、应用领域、发展成果等。建议复习人工智能、机器翻译、自然语言处理等相关词条。

6. 选举权：是公民的基本权利之一，是个人通过参加提名代表候选人，讨论、协商代表候选人名单，投票选举等方式选举他人的权利。选举权是人民通过宪法获取的权利，与人民主权联系最密切，与国家权力也息息相关，选举权产生的国家机关是公民权利与国家权力之间的桥梁。其权利属性表现为它具有可放弃性、利益性、意志性；其权力属性表现在它能够决定他人（候选人）的利益和命运。

🍃 **学霸支招**：该题考查政治常识，这是历年真题的重要考点，考生应当掌握基础的政治常识。该题的得分点包括定义、选举方式、与国家权利的关系、属性表现等。

**7. 女权主义运动**：是由女权革命家领导的反对歧视女性，实现男女平等的社会运动。其目的是为妇女争取在政治、经济、文化、社会及家庭各个方面的平等权利，使她们获得应有的社会地位和权利，具有与男子同等的地位，并能按自己的意愿选择职业和生活方式。女权主义运动的主要成就是消除了几千年的男权制。

🍃 **学霸支招**：该题考查社会文化知识，这是历年真题的高频考点，考生要重点掌握。考生在背诵词条时应当了解女权主义运动对社会的深远影响。该题的得分点包括别称、定义、领导主体、目的等。建议复习女性主义（南京大学2020年）、性别歧视、种族歧视等相关词条。

**8. 经济大萧条**：是指1929—1933年发源于美国的经济危机。这次的经济危机后来波及其他资本主义国家。其主要特点是持续时间长、范围广、破坏力强。其根源在于资本主义制度的基本矛盾，也就是生产社会化和资本主义生产资料私有制之间的矛盾。大萧条产生了深远的政治、社会和国际影响，导致了长期的大规模失业，也改变了社会关系，摧毁了执政政府，帮助纳粹党上台，最终导致了第二次世界大战的爆发。罗斯福是解决此次经济危机的中心人物。

🍃 **学霸支招**：该题考查历史知识，这是历年真题的高频考点，大萧条是美国历史中的重要事件，南京大学2020年真题中也考了相关词条，复习时需要重点把握。该题的得分点包括时间、发源地、特点、根源、影响、结果、中心人物等。建议复习30年代经济萧条（南京大学2020年）、罗斯福新政、资本主义、经济危机（南京大学2010年、2013年）、第二次世界大战等相关词条。

**9. 麦卡锡主义**：指从20世纪40年代末到50年代初，以美国参议员麦卡锡为典型代表，掀起的反共、排外运动，他们恶意诽谤、肆意迫害疑似共产党和民主进步人士，乃至一切有不同政见的人。它的影响波及美国政治、教育、文化、外交和社会生活等领域的多个层面，至今仍影响深远。麦卡锡主义也成为政治迫害的同义词。

🍃 **学霸支招**：该题考查政治文化知识，这是历年真题的重要考点。考生在复习词条时要了解历史缘由，"二战"结束后的美国，战争的阴影还没有消失，冷战的恐怖气氛又接踵而至。美国一方面在国际上与苏联对抗，另一方面在国内害怕共产主义兴起。该词条应当与历史背景联系起来背诵。该题的得分点包括产生时间、主要人物、受害群体、特征、历史影响等。

**10. 婴儿潮**：是指在某一时期及特定地区，出生率大幅度提升的现象。通常是因为农作物丰收、打赢战争以及赢得体育竞赛等振奋人心的因素，或者是迷信的因素。这个词的首次出现是指美国第二次世界大战后的"4664"现象，即从1946—1964年，这18年间人口高涨的现象。

**学霸支招**：该题考查社会文化知识，这是历年真题的重要考点。该题的得分点包括定义、出现原因、首次出现的缘由等。

**11. 明治维新**：指日本历史上的一次政治革命。它推翻了德川幕府，使大政归还天皇，在政治、经济和社会等方面实行大改革，促进了日本的现代化和西方化。明治维新的主要领导人是一些青年武士，他们以"富国强兵"为口号，企图建立一个能同西方并驾齐驱的国家。

**学霸支招**：该题考查世界历史基础常识，这是历年真题的高频考点，考生在复习时需要重点把握。明治维新是日本历史上的重要改革，使日本跻身世界经济、军事强国之列，但也存在一些局限性。该题的得分点包括定义、历史背景、改革内容、主要领导人等。建议复习甲午中日战争、安倍晋三等相关词条。

**12. 俳句**：是日本的一种古典短诗，产生于15世纪，以连歌及俳谐两种诗歌形式出现。由十七字音组成，首句五音，次句七音，末句五音。俳句要求严格，受"季语"的限制。俳句是由中国古代汉诗的绝句发展而来，同时在日本以每日小诗的形式发展。

**学霸支招**：该题考查文学基本常识，这是历年真题的重要考点，考生在复习时需要重点掌握。该题的得分点包括释义、产生时间、起源形式、组成形式、发展过程等。建议复习绝句、词牌等相关词条。

**13. 浪漫主义诗歌**：以浪漫主义为文艺基本创作方法的诗歌，与现实主义诗歌同为文学艺术上的两大诗歌类型。浪漫主义诗歌在反映客观现实上侧重从主观内心世界出发，抒发对理想世界的热烈追求，常用热情奔放的语言、瑰丽的想象和夸张的手法来塑造形象。以诗歌为表现形式的浪漫主义运动出现在欧洲的18世纪晚期至19世纪初期。浪漫主义诗歌代表文学作品有《西风颂》等，代表作家有雪莱、拜伦、歌德等。

**学霸支招**：该题考查文学基本知识，这是历年真题的高频考点，考生在复习时需要重点掌握。考生对历史背景也要有一定了解，掌握相关的作品与人物。该题的得分点包括历史起源、文学地位、艺术特色、历史评价、代表文学作品、代表作家等。建议复习浪漫主义（南京大学2020年）、现实主义、意象主义、新古典主义等相关词条。

**14. 意象主义**：起源于20世纪初期，是英美诗歌届掀起的一场运动。由庞德发起，他是意象派诗歌运动的重要代表人物。意象主义提倡诗歌应遵循意象的准确性，使用清晰精准的语言，倡导直接反映事物，尝试非传统的诗歌格式。意象主义强调回归到比较古典的风格，而反对浪漫主义诗歌和维多利亚诗歌中过多涉及的情感和技巧。

**学霸支招**：该题考查文学基本知识，这是历年真题的高频考点，考生在复习时需要重点掌握。考生对历史背景也要有一定了解，掌握相关的作品与人物。该题的得分点包括时间、历史起源、发起人、主张观点等。建议复习浪漫主义（南京大学2020年）、现实主义、新古典主义等相关词条。

**15. 庞德**：是美国诗人和文学评论家，意象派诗歌运动的重要代表人物，意象主义运动的发起者。庞德和艾略特同为后期象征主义诗歌的领军人物。他从中国古典诗歌、日本俳句中生发出"诗歌意象"的理论，为东西方诗歌的互相借鉴做出了卓越贡献。

👉 **学霸支招**：该题考查外国名人知识，这是历年真题的重要考点。对于文学流派人物的名词解释，应当包括人物国籍、职业身份、文学成就、代表作品、人物评价。需要特别注意的是，人物身处的时代、在文学发展过程中的作用、与人物相关的重要事件的名词解释也需要掌握。该题的得分点包括国籍、职业、身份地位、诗歌成就、代表作品、人物评价等。建议复习意象主义、浪漫主义、意象派诗歌运动、俳句等相关词条。

**16. 地球的自转**：是地球的一种重要运动形式，指地球绕自转轴自西向东地转动。从北极点上空看地球的自转是呈逆时针旋转，从南极点上空看地球自转是呈顺时针旋转。地球自转轴与黄道面成夹角，与赤道面垂直。地球自转一周耗时23小时56分。地球自转产生昼夜交替、地方时和区时的时差以及天体的周日运动。

👉 **学霸支招**：该题考查地理基础知识，这是历年真题的高频考点。该题的得分点包括地理概念、自转特点、时间变化、自转意义等。建议复习地球公转、格林尼治时间等相关词条。

**17. 生物钟**：又称生理钟，它是生物体内一种无形的"时钟"，实际上是生物体生命活动的内在节律性，是由生物体内的时间结构序所决定的生理机制。生物钟的功能是提示时间和事件、维持状态。人们可以根据自身情况调整生物钟，以合理安排节律。研究生物钟，在医学上有着重要的意义，并促进了生物学基础理论研究的发展。通过研究生物钟，如今已产生了养生保健方法以及时辰生物学、时辰药理学等新学科。

👉 **学霸支招**：该题考查生理基础常识，这是历年真题的重要考点。该题的得分点包括别称、释义、功能、影响、意义、发展情况等。

**18. 新陈代谢**：在生物学上指机体与环境之间的物质和能量交换以及生物体内物质和能量的自我更新过程，包括合成代谢和分解代谢，即同化作用和异化作用。新陈代谢也比喻新的事物发展并代替旧事物。

👉 **学霸支招**：该题考查生物基础知识，这是历年真题的高频考点。该词条包含生物释义和文化释义，考生都需要掌握。该题的得分点包括基本释义、比喻含义等。建议复习同化作用、异化作用等相关词条。

**19. 激素水平**：指人体内激素的分泌在一定的范围内波动。激素的正常水平对机体的代谢、生长、发育、繁殖等起重要的调节作用，主要是通过调节各种组织细胞的代谢活动来影响人体的生理活动。激素是我们生命中的重要物质，激素水平过高或过低都会引起人体的健康问题。

👉 **学霸支招**：该题考查生理基础知识，得分点包括概念、调节作用、调节过程、生理学意义等。建议复习内分泌系统、新陈代谢等相关词条。

20. **时差**：指两个地区地方时之间的差别。随着地球自转，一天中太阳东升西落，太阳经过某地天空的最高点时，此地的地方时为12时，从而产生不同经线上具有不同的地方时的现象。同一时区内所用的同一时间是区时，全世界所用的同一时间是世界时，即0度经线的地方时。

👉 **学霸支招**：该题考查地理基础知识，这是历年真题的重要考点。该题的得分点包括释义、形成原因、地方时与世界时的概念等。建议复习地球自转、地球公转、格林尼治时间等相关词条。

21. **索绪尔**：是瑞士作家、语言学家，祖籍法国，现代语言学理论的奠基者，也是结构主义创始人。索绪尔是现代语言学之父，他把语言学塑造成为一门影响巨大的独立学科。他认为语言是基于符号及意义的一门科学，现在一般统称为符号学。他从1907年开始讲授"普通语言学"课程，先后讲过三次。其代表作品有《普通语言学教程》。

👉 **学霸支招**：该题考查外国名人知识，这是历年真题的高频考点，考生在复习时需要重点掌握。对于人物的解释，应当包括人物国籍、职业身份、主要成就、代表作品、人物评价。考生还应重点掌握与翻译、语言学和文学相关的人物的名词解释。该题的得分点包括国籍、职业、身份地位、主要成就、荣誉、代表作品、人物评价等。建议复习结构主义、语言学、符号学、文化符号等相关词条。

22. **所指**：是由索绪尔提出的语言学概念，能指与所指是结构语言学的一对范畴。索绪尔把语言符号所表示的具体事物或抽象概念称为所指，也就是意指作用所要表达的意义。所指是语言的意义本身，因此在符号学中用来指所有符号的意义，即符号所代表的那种成分。所指不是指一种事物的实体，而是指该事物的内在本质。

👉 **学霸支招**：该题考查语言学基础知识，这是历年真题的高频考点。该题的得分点包括释义、提出者、语言学中的内容和意义等。建议复习索绪尔、能指、语言学、符号学等相关词条。

23. **能指**：起源于索绪尔的语言学理论，本来指语言符号的概念，与所指构成语言符号的整体。能指是语言文字的声音和形象，是意指作用中用以表示具体事物或抽象概念的语言符号。按照语言学家或者哲学家的划分，人们试图通过语言表达出来的东西叫"能指"。

👉 **学霸支招**：该题考查语言学基础知识，这是历年真题的高频考点。考生要重点掌握所指和能指的区别——能指是语言文字的声音和形象；所指是语言的意义本身。例如，作为语言符号的"桌子"这个词是能指，作为具体事物的桌子是"桌子"这个语言符号的所指，同时也是这个语言符号的意义。该题的得分点包括释义、提出者、语言学中的内容和意义等。建议复习索绪尔、所指、语言学、符号学等相关词条。

**24. 语言学：** 是一种语言理论，语言学被普遍定义为对语言的一种科学化、系统化的理论研究。主要研究对象是语言和文字，是客观存在的语言事实，包括现代语言和古代语言。语言学探索范围较广，包括语言的性质、功能、结构、运用、历史发展以及与语言相关的问题。语言表达能够传递共同理解的信息，因此语言是人类最重要的交际工具。在不同语言的翻译方面，语言学理论对于笔译和口译分别有具体的指导，也有助于利用科技来进行机器翻译。语言学有许多分支学科，包括语音学、语义学、语用学等。主要学派有语言学学派、结构主义学派、语符学学派等。

**学霸支招：** 该题考查语言学基础知识，这是历年真题的重要考点，考生在复习时需要重点掌握。该题的得分点包括含义、研究对象、研究范围、作用、分支学科、主要学派等，考生选取4~5点作答即可。建议复习索绪尔、符号学、结构主义等相关词条。

**25. 结构主义：** 是一种方法论，发端于19世纪，由瑞士语言学家索绪尔创立，后又经过列维·斯特劳斯等多位哲学家的发展与批判，已成为语言学中的重要概念，是目前最常用来分析语言、文化与社会的研究方法之一，也是当代世界的重要思潮。结构主义的应用领域有哲学、语言、社会、艺术。结构主义的方法有两个基本特征：对整体性的强调和对共时性的强调。

**学霸支招：** 该题考查语言学基础知识，这是历年真题的重要考点，考生在复习时需要重点掌握。该题的得分点包括概念、创立者、代表人物、应用领域、方法特征、地位及影响等。建议复习索绪尔、列维·斯特劳斯、能指、所指、语言学、符号学等相关词条。

## 二、应用文写作（40分）

**题目分析**

该题考查欢迎词写作，为常见应用文，难度适中。这类应用文通常有以下3点要求：（1）出于礼仪的需要，欢迎词要十分注重礼貌性语言。（2）写欢迎词要紧扣"迎"字，要围绕中心展开来写；行文中的语言要出于真情实感，即让游客感到亲切、热情。（3）篇幅要简短，语言要精确，语气要热情。该题明确指出地点为北京，因此内容应紧扣北京景点来写。

**考场还原**

北京一日导游欢迎词

各位游客朋友们：

大家好！

欢迎大家参加我们北京一日游的旅行团。首先向大家做个简单的自我介绍，我是来自×××旅行社的×××，是大家此次一日游的导游。

北京历史悠久，纵跨3 000年。明朝永乐元年，永乐皇帝明成祖朱棣取得皇位后，建北京城，并准备迁都城于此，这是这座城市正式被命名为北京的开始。随着历史的变革，北京也发生了翻天覆地的变化。今天，我们的一日游就将感受这座古都的历史文化，也将体会这座现代化国家中心城市的勃勃生机。

我们大家今天所看到的机场是于1958年建成的首都国际机场，坐落在顺义县天竺村附近。而在它南边的67千米处就是我们将于2019年正式通航的北京大兴国际机场了，它位于北京市大兴区和河北省廊坊市的交界处，不仅是大型国际枢纽机场，更是国家发展的新动力源。

接下来我们将去颐和园游览。这座中国清朝时期的皇家园林，以昆明湖、万寿山为基址，以杭州西湖为蓝本，是用江南园林的设计手法建成的一座大型山水园林，也是保存最完整的一座皇家行宫御苑，被誉为"皇家园林博物馆"，相信大家会不虚此行。

感受过历史人文景观，我们还将去感受北京的现代建筑魅力——参观国家体育场鸟巢。它位于北京奥林匹克公园中心区南部，曾是2008年北京夏季奥运会的主体育场，现在已成为北京市民参与体育活动及享受体育娱乐的大型专业场所。令人激动的是第24届冬季奥林匹克运动会，鸟巢将作为主体育场举办2022年北京冬季奥运会，大家此行正是来感受北京宏伟的地标建筑，传递奥运精神！

下面我将带领大家游玩，在轻松愉快的旅程中，也请各位旅客注意安全、文明旅游。希望今天大家会收获一次难忘、欢乐的北京之旅！

**评点升格**

本文以导游的身份，围绕北京旅游的主题，列举了三个标志性景点，同时在介绍景观时与历史、时事相结合，使内容更加充实。整篇欢迎词包含称谓、自我介绍、正文、结尾，格式规范，内容完整。

## 三、现代汉语写作（60分）

**题目分析**

该题为现代汉语写作，难度适中。这则寓言故事寓意深刻，可从不同角度切入。从住在水坑里的青蛙的角度来看，它最终被路过的车子轧死的结局，正是因为它安于自己的生存现状，缺乏忧患意识；也可以从它固执己见的态度获得启示：当局者迷，旁观者清，要善于理性听取他人善意的忠告；要防止惰性，锐意革新。从住在池塘里的青蛙的角度来看，要善于选择适宜的生存环境，要有前瞻意识。还可立足于寓言故事整体的角度来立意：寻求诗意的栖息地，要有居安思危的理性；不要墨守成规，幸福的生活源于变通的思维等。类比联想到社会现实，比如很多大学毕业生纷纷向北、上、广等大城市集结，茫然漂泊，苦苦挣扎而不堪重负的现象；比如根据很多大学毕业生厌弃农村、拒绝下到基层的潮流，从而反思、探讨年轻一代应当如何选择适合自己的生存环境，寻求怎样的用武之地。这样贴近生活、贴近自我来阐发启迪与感悟，自由发挥的空间会更为宽广。考生要从材料中提取中心意思，该题立意角度多样，但只需选择一种角度合理展开，写作时扣题即可。

## 考场还原

### 打破规则，懂得变通

《易经》有云："易穷则变，变则通，通则久。"意在言明生活、工作中既要有持之以恒、坚韧不拔的韧劲，也需要处事灵活、懂得变通的品格。人生旅程有平坦的大道，也有崎岖的小路；有春光明媚、生机盎然，也有寒风凛冽、万物枯荣。懂得变通才能顺应自然发展的规律，才能迎接瞬息万变的生活。敢于打破规则，懂得变通才能收获别样的精彩。

打破规则，转换自己的目标是基石。人生总是充满变数，计划总赶不上变化。原本周详的计划遇到变化，不懂变通的话，可能会出现南辕北辙的结果。只有及时改变方向，才能扭转局面，达到目标。中国曾被称为"东亚病夫"，鲁迅深感医学只能解救国人肉体的苦痛，要真正解救自己的民族，关键在于救治人的精神，唤醒民众的觉悟，于是他果断弃医学文，用手中的笔写出了唤醒民众的文章。正是因为鲁迅的弃医从文，才能让更多仁人志士获得激励，得以觉醒，拯救中国于水深火热之中。而如今的中国越来越强大，中国社会的发展更需要年轻一代的建设。以往人们认为想要出人头地，就需要在学业上学有所成，然后考上繁华都市中的知名学府进修，最后才开始自己的生财之道。但随着科技的发展和社会的进步，很多大学生却转换目标，回到家乡创业。电销和外卖等一系列业务随之崛起，各种农村的绿色产品、有机产品需求量巨大，让很多创业的大学生找到了自己的经营模式。转换工作的目标，不仅建设了自己的美好家乡，而且成就了自己的梦想。建设美好的家乡，国家和社会才会发展得更好。

打破规则，降低自己的标准是助力。当设定的目标过高，或者完成目标的条件已不复存在时，适当地降低标准，也不失为一个好办法。万达掌舵人王健林在接受专访就曾表示："想做世界首富，先定一个能达到的小目标，比如我先挣它一个亿。"心和舞台是一个逐渐放大的过程，很多创业者上来就说要当首富，但是却没有目标或者目标过于远大，最终以失败告终。无论是学习、工作还是生活，都应该结合自身的实际情况，打破规则，懂得变通，适时降低自己的标准，这样才能真正实现长远发展。

人生长路漫漫，时常会有山重水复的困境将你阻隔。若拘泥于日复一日的习惯或黯然地选择放弃，必将以失败告终。不如敢于打破规则，懂得变通，换一个角度，走出另一条属于你的康庄大路，收获别样的精彩人生。

**评点升格**

本文选取了住在水坑的青蛙的角度，以"打破规则，懂得变通"立意。文章开篇先点明中心论点：要敢于打破规则，懂得变通。然后以两个分论点具体阐述：一是转换自己的目标，运用举例论证从鲁迅弃医从文过渡到大学生回乡创业；二是降低自己的标准，引用王建林的话来证明分论点。最后首尾呼应，再次点明主旨。

# 北京航空航天大学（A 985 211）

## 学霸硬核备考分享

### 1 本校考查特点

北京航空航天大学 MTI 汉语写作与百科知识科目的考试分为三个部分：名词解释、文言文翻译与理解、现代汉语写作。第一部分的名词解释每个 2 分，采取简答题的形式，基本上有 2~3 个采分点，主要包括含义、意义和影响等。第二部分一共有两篇文言文，都出自《古文观止》，每篇翻译占 10 分，评论占 20 分。第三部分为现代汉语写作，北京航空航天大学不考应用文，只考一篇 800 字的大作文，材料选自古文，读懂之后提炼论点。

### 2 学霸备考经验

名词解释主要还是靠平时积累，所以大家要广泛接触各种信息和知识渠道，多听多看多积累。在备考时，应该多分析北京航空航天大学的真题，分类后逐项积累。大家也可以购买汉语写作与百科知识的书籍，作为知识库的补充。重要的是修炼出自己的答题模板，主要采取总分总结构，先写重要内容，然后根据要点展开，最后再总结。翻译不用太过担心，像高中备考文言文一样就可以，总结出重点实词和虚词，翻译顺畅即可。评论也可以在平时练习中整理出自己的套路，比如修辞手法，表现手法，说理如何层层递进，语言风格如何，自己的感悟怎么组织，都应该多写多练。评论套路大家可以参照古诗文网，还可以按照作者来分类复习古文，了解作者的写作风格和个人性格，这样在考场上遇到不太熟悉的文章，也不会慌张，可以根据自己的经验合理推测。《古文观止》复习一至两遍之后，大家可以筛选一些蕴含哲理的、富有启示性的文章作为重点篇目，进行翻译、评论。在提炼古文中心思想的同时，也可以为写作做准备。因为近两年的作文材料也出自《古文观止》，在复习第二部分的时候也可以发散思维，想想哪篇可以怎么展开。因此《古文观止》的学习很重要，一定要尽早看、多看。大作文基本是高考作文的模式，入手一本高考满分作文，再多写多练，慢慢就会找到感觉。也可以在网上搜一搜好的作文思路，再结合自己的写作习惯，形成自己的作文模板。考场作文不要求特别优秀，中规中矩不跑题就能拿到安全的分数。多关注时政，多思考，不要寄托于临场发挥。最后大家一定要利用好网络资源，如微博、公众号、知乎、豆瓣等，有大量优质博主总结分享材料和经验，一定要充分利用起来。

# 2018 年试题参考答案与考点解析

## 一、简要解释下列名词（共20小题，每小题2分，共40分）

1. **月宫一号**：是北京航空航天大学建立的人工闭合生态系统的实验装置，包括"人—植物—动物—微生物"四个环节，通过植物的生长释放氧气，为宇航员提供食物，再通过代谢为植物提供养料。可满足实验人员的全部气体、水和食物的需要，为人类移居月球做准备。

　　*学霸支招：该题考查科技术语，得分点包括含义、工作原理、意义等。考生还可以关注北京航空航天大学开展的其他实验。*

2. **数字家庭**：指以计算机技术和网络技术为基础，实现家用电器之间的数据和信息交换，使人们足不出户就可以更加方便快捷地获取信息，从而极大提高家庭环境的舒适性和娱乐性，数字家庭是智能化家庭的一个体现。

　　*学霸支招：该题考查科技术语，得分点包括含义、意义等。*

3. **云计算**：是分布式计算的一种，指的是通过网络"云"将巨大的数据计算处理程序分解成无数个小程序，然后通过多部服务器组成的系统进行处理和分析这些小程序得到结果并返回给用户。继个人计算机变革、互联网变革之后，云计算被看作是第三次IT浪潮，是中国战略性新兴产业的重要组成部分。

　　*学霸支招：该题考查科技术语，得分点包括含义、意义等。*

4. **十九大**：全称是中国共产党第十九次全国代表大会，于2017年10月18日至10月24日在北京召开。大会主题是"不忘初心，牢记使命，高举中国特色社会主义伟大旗帜，决胜全面建成小康社会，夺取新时代中国特色社会主义伟大胜利，为实现中华民族伟大复兴的中国梦不懈奋斗"。党的十九大是在全面建成小康社会关键阶段、中国特色社会主义发展关键时期召开的一次十分重要的大会，对鼓舞和动员全党全国各族人民继续推进全面建成小康社会、坚持和发展中国特色社会主义具有重大意义。

　　*学霸支招：该题考查时事，得分点包括全称、时间、会议主题、大会意义等。考生还应掌握诸如十一届三中全会等重要会议的名词解释。*

5. **丝路精神**：是丝绸之路精神的简称。丝路精神伴随着"一带一路"的倡议而提出，习近平主席将其概括为"和平合作、开放包容、互学互鉴、互利共赢"。丝路精神既有历史传承性，又被赋予了新的时代内涵。丝路精神把沿线各国人民紧密联系在一起，将各国视为平等的参与者、贡献者、受益者，在人类命运共同体构建中扮演着重要角色。

👉 **学霸支招**：*该题考查时事，得分点包括提出背景、内涵、意义等。*

6. **雄安新区**：是2017年4月1日中共中央、国务院决定设立的国家级新区，地处北京、天津、保定腹地，规划范围涵盖河北省雄县、容城、安新三县及周边部分区域。雄安新区是我国继深圳经济特区和上海浦东新区之后，设立的又一具有全国意义的新区，是千年大计、国家大事。设立雄安新区，对于集中疏解北京非首都功能，探索人口经济密集地区优化开发新模式，调整优化京津冀城市布局和空间结构，培育创新驱动发展新引擎，具有重大现实意义和深远历史意义。

👉 **学霸支招**：*该题考查时事，得分点包括设立的时间、地域、意义等。*

7. **全球城市**：1981年，美国经济学家理查德·科恩（Richard Cohen）基于跨国公司和国际劳动分工理论，提出"全球城市"的概念。只有当全球化高度成熟，掌控全球经济脉搏的全球城市才有可能诞生。伦敦、纽约、巴黎、东京等都是典型的全球城市。全球城市必然要在组织和控制全球经济的过程中扮演至关重要的角色，但这也有不利的一面，全球城市的发展高度依赖于金融的支持，一旦金融危机爆发，这些城市也将遭受重创。

👉 **学霸支招**：*该题考查社会热点，得分点包括理论基础、范例、意义等。*

8. **共享单车**：是一种自行车租赁业务，采用分时租赁的模式，是一种新型绿色环保的共享经济。随着移动互联网的发展，共享单车由政府主导的有桩单车发展为更加便捷的无桩单车，有助于解决公共交通工具"最后一公里"的问题，有助于构建绿色城市、低碳城市。但是共享单车也存在退押金难、乱停乱放、抢道占道、废车堆积等问题，给城市治理提出了一定挑战。

👉 **学霸支招**：*该题考查社会热点，得分点包括运营模式、发展、意义、问题等。*

9. **《汉谟拉比法典》**：是古巴比伦国王汉谟拉比大约在公元前1776年颁布的法律汇编，是最具代表性的楔形文字法典，也是世界上现存的第一部比较完备的成文法典，现存于巴黎卢浮宫。原文刻在玄武岩石柱上，故又名"石柱法"。《汉谟拉比法典》由序言、正文和结语三部分组成，语言丰富，辞藻华丽，是一篇对国王的赞美诗。《汉谟拉比法典》是古东方法从习惯法阶段进入成文法阶段的体现，代表了古东方文明的伟大成就，对后世立法具有重大影响。

👉 **学霸支招**：*该题考查法典，得分点包括时间、地位、影响等。考生还可以了解世界著名的法典，例如《十二铜表法》等。*

**10.《湄公河行动》**：该影片根据湄公河惨案改编，讲述了一支行动小组为解开中国商船船员遇难所隐藏的阴谋，企图揪出运毒案件幕后黑手的故事。影片由林超贤编剧并执导，张涵予、彭于晏等主演，于2016年9月30日在中国上映，后密钥延期一个月，最终票房居2016年年度前十。

> 🐟 **学霸支招**：该题考查电影作品，得分点包括影片内容、导演、主演等。

**11. 玫瑰战争**：又称蔷薇战争，发生于1455—1485年，是英王爱德华三世的两支后裔——兰开斯特家族和约克家族的支持者为了争夺英格兰王位而发生的内战。战争最终以兰开斯特家族的亨利七世与约克家族的伊丽莎白的联姻为结束，也结束了法国金雀花王朝在英格兰的统治，开启了新的威尔士人都铎王朝的统治。该战争同时标记着英格兰结束中世纪时期并走向新的文艺复兴时代。"玫瑰战争"之名在当时并未使用，而是源于16世纪莎士比亚的历史剧《亨利六世》，剧中以两朵玫瑰被拔作为战争开始的标志，后才成为普遍用语。

> 🐟 **学霸支招**：该题考查西方历史，得分点包括战争的时间、对战双方、战争的结局和影响等。

**12. 玛雅文化**：是世界重要的古文化之一，于5 000年前出现在墨西哥和中美洲危地马拉的太平洋海岸。玛雅文化属于丛林文化，虽然处于新石器时代，但在天文学、数学、农业、艺术及文字等方面都有极高成就。玛雅文化的突变式发展和突然消失至今仍是难解之谜，这使它成为令人着迷的古代文明之一。

> 🐟 **学霸支招**：该题考查西方文化，得分点包括玛雅文化的时间、地点、特点、地位等。考生还应关注其他诸如古巴比伦等古文明、古文化。

**13. 清教运动**：又称反国教运动，是16世纪中期英国圣公会内部的改革运动。主张清除英国国教会内残留的天主教旧制和繁文缛节，提倡勤俭清洁的简朴生活。清教运动的发动者为卡特赖特。清教运动体现了资产阶级的主张，为反封建斗争提供了思想武器，对英国革命起到了极大的推动作用。

> 🐟 **学霸支招**：该题考查西方历史，得分点包括时间、主张、代表人物、意义等。考生还应掌握宗教改革的相关概念。

**14. 梅拉尼娅·特朗普**：美国第一夫人，她的丈夫是美国第45任总统唐纳德·特朗普。她1970年4月26日出生于斯洛文尼亚，是前著名模特。

> 🐟 **学霸支招**：该题考查西方名人，得分点包括身份、生平等。

**15. 汉乐府**："乐府"是汉武帝时设立的一个官署，负责收集编纂各地民间音乐、整理改编与创作音乐、进行演唱及演奏等。它搜集整理的诗歌，被后世称为"乐府诗"，或简称"乐府"。乐府诗是继《诗经》《楚辞》之后兴起的一种新诗体，开创了诗歌现实主义的新风。《孔雀东南飞》与《木兰诗》合称为"乐府双璧"。

> 🐟 **学霸支招**：该题考查中国古代文学，得分点包括含义、意义、代表作等。考生还应掌握《诗经》《楚辞》等诗歌体裁的名词解释。

**16. 石黑一雄**：日裔英国小说家，出生于日本长崎，幼年随父亲移居英国，获得2017年诺贝尔文学奖。石黑一雄是"移民文学"三雄之一，1989年以《长日将尽》获得英语文学重要的文学奖——布克奖。他的主要作品还有《群山淡景》《浮世画家》等。石黑一雄拥有日本和英国双重文化背景，但从不操弄亚裔的族群认同，而是以国际主义的作家自诩。

👉 **学霸支招**：该题考查现代作家，得分点包括作家身份、荣誉、代表作、特点等。考生还可以关注重要的文学奖以及本年文学界的大事件等。

**17. 骑士文学**：是欧洲封建骑士的产物，指一切关于骑士的文学作品，大致包括骑士抒情诗、骑士传奇、骑士小说及后来的反骑士小说。12世纪至13世纪是骑士文学的繁荣时期，以法国为最盛。骑士文学是骑士精神特征的集中反映，现代长篇小说的种子已经在骑士文学中成熟了。

👉 **学霸支招**：该题考查西方文学类型，得分点包括含义、发展、意义等。考生还可以了解与骑士文学相关的教会文学。

**18. 新月社**：是五四运动以来最大的以探索新诗理论与新诗创作为主的文学社团，在中国现代文学史上影响较大。新月社于1923年成立于北京，前期以《晨报副刊》作为阵地，后期迁往上海并创办《新月》月刊。主要成员有胡适、徐志摩、闻一多、梁实秋等。新月社是一个涉及政治、思想、学术、文艺各领域的派别，在思想上和组织上都表现了资产阶级自由主义的特点。

👉 **学霸支招**：该题考查中国现代文学，得分点包括社团的地位、发展、代表人物、性质等。考生还可以了解五四新文学运动中的创造社、语丝社等文学团体。

**19. 拉尼娜现象**：指太平洋中东部海水异常变冷的情况。它是厄尔尼诺现象的反相，常与厄尔尼诺现象交替出现，但发生频率相对较低。拉尼娜现象出现时，我国易出现冷冬热夏，登陆我国的热带气旋个数比常年多，会出现"南旱北涝"的现象。

👉 **学霸支招**：该题考查地理知识，得分点包括含义、和厄尔尼诺现象的比较、影响等。考生还应关注厄尔尼诺等其他气候现象。

**20. 丹霞地貌**：是一种红色砂砾岩层地貌。丹霞地貌最突出的特点是"赤壁丹崖"广泛发育，形成了顶平、身陡、麓缓的方山、石墙、石峰、石柱等奇险的地貌形态，观赏价值极高。丹霞地貌主要分布在中国、美国西部、中欧和澳大利亚等地，以中国分布最广。2010年，"中国丹霞"被列入世界自然遗产。

👉 **学霸支招**：该题考查地理知识，得分点包括含义、特点、分布等。考生还应了解喀斯特地貌等其他地形地貌。

## 二、文言文翻译与理解（共2小题，每小题30分，共60分）

1.【翻译】

石碏规劝庄公说："我听说一个人爱自己的儿子，一定要以正确的礼法来教导约束他，这样才能使他不走上邪路。骄傲、奢侈、淫荡、放纵，就是走向邪路的开端。这四种恶习的产生，都是过分宠爱和赏赐的缘故。如果要立州吁做太子，就应该尽快定下来；如果还定不下来，就会逐渐酿成祸害。受宠爱而不骄傲，骄傲了而能受压制，受了压制而不怨恨，有怨恨而不为非作歹的人，是很少有的。再说卑贱的妨碍高贵的，年少的欺负年长的，疏远的离间亲近的，新的挑拨旧的，地位低的压着地位高的，淫乱的破坏有礼义的，这是人们常说的六种悖逆的行为。君主行事公正适宜，臣子服从命令，父亲慈爱儿子，儿子孝顺父亲，哥哥爱护弟弟，弟弟敬重哥哥，这是人们常说的六种顺礼的行为。不去做顺应礼义的事而去做违背礼义的事，就会招致祸害。做君主的应尽力除掉祸害，现在却反而招致祸害，这恐怕不行吧？"

【评论】

如何爱子，对一个国君来说，绝不单单是他个人的问题，这关系到国家的安危、社会的治乱，因此石碏才进谏卫庄公。但石碏进谏，没有像很多进谏者那样借古讽今，而是开门见山，一上来就切中谏旨，提出"爱子"应"教之以义方，弗纳于邪"的观点。石碏的劝谏有三层意思，层层递进，入情入理。先是指出过分宠溺会导致"骄奢淫佚"的恶习；接着话题落到州吁身上，用一组顶真句预言他不甘屈居人下，终会酿成祸害；之后根据传统的伦理关系和社会规范，总结出"六逆""六顺"，提醒庄公"去顺效逆"会招致祸患，君主应防患未然、消除祸根。这样就进一步突出了"教之以义方，弗纳于邪"这一爱子观的现实性、重要性和紧迫性。

劝谏君主，需在紧紧把握谏旨的前提下，动之以情，晓之以理，并且说理要透彻到位。《石碏谏宠州吁》选段正体现了这样的特点。另外，"教之以义方，弗纳于邪"的爱子方法，直到今天还有极好的借鉴意义和实践意义，对于大多数的独生子女，从小受到父辈、祖父辈的热切关注，很多家庭存在溺爱的问题，本文启示家长不仅要关爱孩子，给予孩子物质上的支持，还要正确地引导孩子，这才是正确的爱子之道。

🐟学霸支招：首先要读懂文章，明白主旨，即劝谏庄公"教之以义方，弗纳于邪"。然后分析作者是如何一步步展开论点，达到说理的目的的。最后结合现实情况，讨论爱子方法的现实意义。

2.【翻译】

人们之所以要追求幸福，避开灾祸，是因为幸福使人欢喜，而灾祸使人悲伤。人的欲望是无穷的，而能满足我们欲望的外物却是有限的。如果美好和丑恶的分辨在胸中纠缠，选取和舍弃的选择在眼前交织，那么能使人快活的东西就很少了，而令人悲哀的事就很多，这叫作求祸避福。追求灾祸，避开幸福，难道是人们的心愿吗？这是外物在蒙蔽人呀！他们这些人局限在事物之中，不能自由驰骋在事物之外。事物本无大小之别，如果人拘于从它内部来看待它，那么没有一物不是高大的。它以高大的形象俯视我，那么我常常会眼花缭乱、反复不定了，就像在缝隙中看人争斗，又哪里能知道谁胜谁负呢？因此，美好和丑恶交错而生，忧愁和快乐也就由此产生了，这不令人感到非常悲哀吗！

【评论】

选段主要论述不超然必会悲哀的道理。求福辞祸是人之常情，因为幸福可以使人高兴，灾祸会令人悲伤。但是，如果人不能超然于物外，任由欲望发展，必然会局限在事物之中，被一些表象所蒙蔽，美丑不一，善恶难分，祸福不辨，取舍难定。事物的假象常常令人头昏目眩，从而招致灾祸，造成悲哀。

世间的种种烦恼，无非为了财富、名誉，这些都是外物。而能满足欲望的外物终是有限的，一味追求这些物质享受、名誉地位，必然会导致痛苦。根据马斯洛需求层次理论，对外物的追求属于低层次的需求，只要保证基本生存就可以，知足才会常乐。反思当今社会，物欲横流、人心浮躁，在物质文明越来越发达的同时，人们的精神生活却空泛苍白。我们应该向苏轼学习超然达观的人生态度，降低物质欲望，遇到困难学会自我排遣，无往而不乐。

**学霸支招**：考生首先要理解清楚选段的中心意思，即劝解人们要超然物外，要拥有旷达的处世思想。其次，要结合物质文明发达而精神生活匮乏的社会现实，阐发启示。

## 三、现代汉语写作（50分）

**题目分析**

该题属于材料作文。考生需要先读懂苏轼《留侯论》中的这几句话，苏轼将匹夫之勇和大勇进行了对比，强调豪杰之士的过人之处在于他们能忍、志向深远。然后从材料中提炼观点、发表看法。考生可以从忍耐的重要性、如何忍耐等角度出发，也可以从反面立意，从是可忍孰不可忍的角度写一篇文章。

**考场还原**

### 学会忍耐

白居易诗曰："孔子之忍饥，颜子之忍贫，闵子之忍寒，淮阴之忍辱，张公之忍居，娄公之忍侮，古之为圣为贤，建功树业，立身处世，未有不得力于忍也。"忍耐的重要性从中可见一斑。学会忍耐，才能收获成功的甜美果实。

学会忍耐，可以创造生命的奇迹。海蚌拖着两片坚硬的贝壳漂浮在海水中，突然，一粒细沙进入了它柔嫩的身体。它苦苦挣扎，希望沙子可以顺利脱离出去。可是，一切都是徒劳。于是，海蚌选择了忍耐，它用忍耐代替对细沙的憎恶和报复，每天用柔软的身体打磨、包裹，日复一日，年复一年。终于，当众人在它体内发现珍珠时，无不惊叹于珍珠的光彩夺目。海蚌正是因为懂得忍耐的道理，才能够孕育出珍宝，创造奇迹。

　　大自然明白忍耐的道理，人们又何尝不是呢？廉颇是赵国赫赫有名的武将，而蔺相如出身低微，因为在完璧归赵和渑池之会中的功劳而位列上卿，官职在廉颇之上。廉颇以此为耻，扬言要羞辱蔺相如。蔺相如并没有与廉颇争斗，而是选择忍耐，避免与廉颇相会，将国家的危难置于私人恩怨之上。廉颇明白蔺相如宽容与忍让的苦心之后，负荆请罪，最终成就了将相和的历史佳话。

　　古有为了国家大义忍辱负重的蔺相如，今有为了国家海防坚守孤岛的"人民楷模"王继才。王继才从1986年上岛之日起就立下"我要永远守在开山岛，守到守不动为止！"的誓言，直到2018年7月27日突发急病，不幸逝世，王继才最终永远地留在了开山岛。32年来，他忍受着台风的巨大冲击，忍受着孤独寂寞的黑夜，忍受着夏日的高温高湿、冬季的寒风刺骨，自己动手修缮营房、建设哨所，上报了许多重要的海防信息，出色地完成了战备值勤任务。32年来，王继才忍受着荒岛的寂寞艰苦，为使命坚守、为国家坚守，矢志不渝地践行着"开山岛是我国的领土，我一定要把它守好"的承诺，用忍耐谱写出一个平凡人不平凡的一生。

　　忍耐了春寒的料峭，才能嗅到花园里百花的芬芳；忍耐了夏日的灼烤，才能摘到荷塘里娉婷的睡莲；忍耐了秋风的萧条，才能尝到田野里成熟的果子；忍耐了冬雪的凛冽，才能看到树枝上青嫩的绿叶。备考的过程也是学习忍耐的过程，忍受同伴出去玩乐的诱惑，经受题海的磨炼，承受考试不过的压力，等等。忍耐是痛的，但我们相信它的结果是甜的。

## 评点升格

　　本文开篇引用白居易的诗句作为论据，同时点明学会忍耐的论点。然后从自然到人文，从古至今，采用海蚌孕育珍珠、将相和和王继才坚守孤岛的事实论据全面充分地佐证论点。论点鲜明，论据典型，论证清晰，结构明晰紧凑。最后带出考生备考的经历，结合自身与现实，议论文的意义不言自明，同时做到了首尾呼应，是一篇合格的考场作文。

# 南京师范大学（A 211）

## 学霸硬核备考分享

### 1 本校考查特点

南京师范大学从 2012 年至 2020 年，百科考试的第一部分都是名词解释，为考生提供一段话，要求对画线名词进行解释，考查范围十分广泛，包括经济、政治、科技、人文历史、人名、地名、机构名称、国内国际时事热点等，这就要求考生在准备名词解释的时候要关注时事，多多积累、归纳总结。第二部分是写一篇 450 字的应用文，大部分都和翻译相关，比如招聘启事、申请书、计划书、翻译项目的管理文件，这一部分需要掌握常见应用文的格式。第三部分是写一篇不少于 800 字的现代汉语作文，涉及的题材也十分广泛，主要考查考生对某种社会现象的看法和认识，这就要求考生平时要多关注时事，并且要善于思考，最终形成自己的理解。其实，写作在某种程度上反映的是一个人的思维能力，平时要多多训练这方面的能力，积累素材，综合别人的看法和观点，形成自己的观点。

### 2 学霸备考经验

汉语写作与百科知识科目所考查的名词解释重在积累，范围虽广，但也有迹可循。首先，建议熟练掌握历年真题，因为南京师范大学的名词解释有时会重复考查，比如 2019 年的"亚太经合组织"（2015 年考题）、"上海合作组织"（2013 年考题）。此外，应多研究真题、感受真题，多研究答案和答题思路。其次，记关键词，不需要完全背诵，除非一些特定的时间、地点和说法，平时多积累，然后扩词成句再写成一小段话。最后，充分利用语段材料，这是非常好的答题来源，但是要相应地变换一下说法，遇到实在不会的，依据字面意思进行解释。应用文应重点掌握格式，大作文平时要多训练、多积累，遇到不熟悉的话题，可以去知乎看看别人的观点。

# 2019年试题参考答案与考点解析

## 本套试卷特点

本年名词解释题目难度偏低，主要考查考生的政治、文化和科技方面的知识，大部分都是熟悉的名词，重在平时的用心积累。其中"亚太经合组织"是2015年的考题，"上海合作组织"是2013年的考题，"金砖国家"是2014年的考题，所以考生一定要重视历年考试真题的学习。

## 一、百科知识（共20小题，每小题3分，共60分）

### （一）

**1. 亚太经合组织**：即亚洲太平洋经济合作组织，成立于1989年，总部所在地是新加坡，属于区域性经济组织，不涉及国家间的政治问题，是亚太地区开展贸易与合作的纽带。亚太经合组织通过非约束性的承诺和成员的意愿进行运作，秉着开放对话和各成员国互相尊重的原则，致力于为本地区人民的共同利益而保持经济的增长与发展，加强开放的多边贸易体制，减少区域贸易和投资壁垒。该组织在推动区域贸易投资自由化，加强成员间经济技术合作等方面发挥了不可替代的作用。

**学霸支招**：该题考查组织机构名称，是2015年南京师范大学的真题，考生需重点掌握。该题的得分点包括全称、缩写、成立时间、地点、性质、作用等。建议复习IMF、G20（2015年和2017年南京师范大学真题）、WHO等。

**2. 上海合作组织**：简称上合组织（SCO），它是中国、哈萨克斯坦、吉尔吉斯斯坦、俄罗斯、塔吉克斯坦、乌兹别克斯坦于2001年在中国上海宣布成立的永久性国际组织。上合组织对内遵循"互信、互利、平等、协商，尊重多样文明、谋求共同发展"的"上海精神"，对外奉行不结盟、不针对其他国家和地区及开放的原则。它是唯一一个在中国境内成立，以中国城市命名，总部设在中国境内的区域性国际组织。

**学霸支招**：该题考查组织机构名称，是2013年南京师范大学真题，考生要重点掌握。该题的得分点包括英文缩写、成员国、原则、性质、意义和影响等。建议复习石油输出国组织、G20、UNESCO等。

**3. 金砖国家**：即金砖五国（BRICS），指五个主要的新兴市场国家，分别为巴西、俄罗斯、印度、中国、南非。BRICS是五个国家英文名的首字母组合，由于该单词的发音与英文单词的"砖"类似，因此被称为"金砖国家"。金砖国家的标志是五国国旗的代表颜色做成条状围成的圆形，象征着"金砖国家"的合作、团结。2017年，中国正式接任金砖国家主席国。

👉 **学霸支招**：该题考查组织机构名称，是2014年南京师范大学真题，考生要重点掌握。该题的得分点包括英文缩写、成员国、来源、意义和影响等。建议复习TPP、UNDP、OECD等。

**4. "一带一路"**：是"丝绸之路经济带"和"21世纪海上丝绸之路"的简称，于2013年提出。"一带一路"贯穿亚欧非大陆，覆盖136个国家或地区，陆地上依托国际大通道，海上以重点港口为节点。它将充分依靠中国与有关国家既有的双多边机制，借助有效的区域合作平台，共同打造政治互信、经济融通、文化包容的利益共同体、命运共同体和责任共同体。

👉 **学霸支招**：该题考查组织名称，是考生比较熟悉的话题，需重点掌握。该题的得分点包括来源、提出时间、目的、覆盖范围以及意义等。建议复习AIIB、博鳌亚洲论坛、达沃斯论坛等。

## （二）

**1. 阴阳五行**：是中国传统文化和中国古代朴素唯物主义的重要组成部分。阴阳指世界上万事万物之间对立统一的两种属性。五行指水、火、木、金、土，都是自然界的构成元素，它们之间存在着相生相克的关系。阴阳五行在传统中医上有着重要的医学价值，备受道教的推崇，显示了中国独特的文化内涵。

👉 **学霸支招**：该题考查中国传统文化，华南理工大学2015年真题就考查了中国古代五行学说，建议考生复习时也要看其他学校的真题。该题的得分点包括阴阳的概念、五行的内容、五行的地位及影响等。建议复习天干地支，相生相克、《周易》、八卦等。

**2. 四诊**：即望、闻、问、切，是中医诊治疾病的方法，也是中医理论精华的一部分，具有直观性和朴素性的特点。四诊是扁鹊在总结前人经验的基础上提出来的，至今仍然得以普遍使用。望即观察病人的神、色、形、态的变化；闻指的是听病人说话的声音、呼吸、咳嗽等；问即询问病人生病的情况；切就是把脉，通过掌握病人的脉象来帮助病人确诊和治病。四者并非相互独立，就诊时需要把四种方法有机结合起来，才能更好地帮助病人恢复健康。四诊的基本原理是建立在整体观念和恒动观念的基础上，是阴阳五行、藏象经络、病因病基等基础理论的具体运用。

👉 **学霸支招**：该题考查中国传统中医的治疗方法，考生应掌握其原理，切不可只写"望、闻、问、切"。该题的得分点包括四诊的内容、特点、基本原理以及作用等。建议复习中医、《黄帝内经》、针灸等。

**3. 邪正**：属于中医药的范畴，邪即致病之气，正即抗病能力。邪气侵入人体后，人体的正气便与邪气相互斗争，致病邪气对人体的正气产生损害作用，人体的正气对致病邪气产生相应的对抗，并消除邪气的不良损伤作用。邪正的消长盛衰关系着疾病的发生、发展和转归，邪正斗争是疾病过程中的基本矛盾。

**学霸支招**：该题考查传统中医药方面的知识，考生如若不熟悉，可从字面意思、生活常识以及给出的背景材料进行推敲。该题的得分点包括范畴、两者的内涵、两者的作用以及两者的关系等。建议复习盛衰、虚实病机、疫气等。

4. **食疗**：属于中医理论的范畴，指利用食物来影响机体各方面的功能，是人获得健康或预防疾病的一种方法。食疗是中国人的传统习惯，文化源远流长。食疗是一种长远的养生行为，以前的人通过食疗调理身体，现在的人通过食疗减肥、护肤、护发，它是一种健康的健体之道。中医很早就认识到了食物的营养价值和预防、治疗疾病的作用。

**学霸支招**：该题考查中国传统医学，是考生熟悉的名词。该题的得分点包括什么是食疗、食疗的作用以及食疗与传统文化的关系等。建议复习针灸、推拿、拔罐等。

（三）

1. **英国议会**：是英国的最高立法机关，创建于13世纪，被称为"议会之母"。英国议会是由早期为君主提出治国建议的政务发展而来的，首领为英国君主，实行两院制，包括上议院和下议院。其立法机构以英国国会为原型，通常在伦敦的威斯敏斯特宫（议会大厦）举行会议，每年开会两次。

**学霸支招**：该题考查西方国家政治体制，是考生比较熟悉的话题。英国议会属于英美文化，是英语专业学习的基本知识点，考生须掌握。该题的得分点包括性质、创建时间、会议地点、议期、作用、历史意义及影响等。建议复习君主立宪制、代议制、影子内阁、上议院、下议院等。

2. **脱欧**：即英国脱离欧盟，结束其在欧盟的成员国身份。脱欧由英国首相卡梅伦于2013年首次提出，在此期间，《退出欧盟法案》由英国女王伊丽莎白二世签署并生效。2020年，英国正式"脱欧"，结束其47年的欧盟成员国身份。一方面，脱欧之后，英国就能大幅减轻对欧洲的经济援助义务，摆脱欧盟制定的生产标准和监管法规的约束，也可以加强边境防控，减少移民的涌入。另一方面，英国的对外贸易和教育优势将面临严峻挑战，英国公民在欧盟地区的行动自由也将受到限制。

**学霸支招**：该题考查国际时事热点，脱欧是近几年十分热门的话题，考生应多关注时事新闻。该题的得分点包括脱欧的内涵、时间、参与的人物、历史意义以及对国内和国际的影响等。建议复习公投、特蕾莎·梅、布鲁塞尔等。

3. **保守党**：是英国老牌政党，英国议会第一大党，前身为托利党，是在20世纪的英国占主导地位的政党，出过丘吉尔和撒切尔夫人等著名首相。保守党的支持者一般来自企业界和富裕阶层。其在国内主张自由市场经济，严格控制货币供应量，减少公共开支、限制工会权力；其在国际上强调维护英国主权，反对"联邦欧洲"，主张不加入欧元区。

**学霸支招**：该题考查欧美国家党派，这是一个难点，考生应掌握各党派所持的观点，并掌握相关党派的名词解释。该题得分点包括代表人物、演变过程、地位作用以及主张等。建议复习自由党、共和党、民主党等。

**4. 公投**：即公民投票，英文为 Referendum，是指公民就被提议的事案，表明赞成与否时所进行的投票。公民投票是一种直接民主的体现，公投主要适用于宪法修正案、领土主权变更等。公投可以集中民众的意愿，明确人民的需求，避免代议制的垄断，但不恰当的公投很有可能引发暴乱和民粹主义。

👉 **学霸支招**：该题考查政治名词，从字面意义就可以进行解释，比较简单。该题得分点包括英文名、内容、适用范围、意义以及利弊等。建议复习独立公投、宗主国、苏格兰公投等。

### （四）

**1. 改良主义**：是一种政治思想，产生于 19 世纪中叶，一般是作为暴力革命对立面出现的。改良主义排斥一切暴力革命，主张以温和的手段在细枝末节上对原有的体系制度进行补充修订。改良主义宣扬阶级合作，主张在保存资本主义制度的前提下，实行局部微小的社会改良。

👉 **学霸支招**：该题考查人文历史，题目比较简单，复习政治近代史纲要时稍加留心，类似的名词解释就不难作答。此外，复习政治时要留心一些著名历史事件、人物等以及新颁布的一些政策，这些都有可能在汉语写作与百科知识的考试中以名词解释的形式出现，比如：2017 年南京师范大学考查了孙中山、辛亥革命、半殖民地半封建社会、中国梦、封建君主专制。该题的得分点包括时间、主张、作用以及代表人物等。建议复习梁启超、暴力革命、修正主义等。

**2. 甲骨学**：是研究甲骨文和探究甲骨文自身固有规律的学科，具有系统性和科学性的特点。以此为基础可窥视上古的历史、社会和习俗。甲骨学的代表人物有号称"甲骨四堂"的罗振玉、王国维、董作宾和郭沫若，他们都是著名的甲骨学研究大师。当今，甲骨学已成为一门世界性的学问，已发展成一门成熟的重要学科。

👉 **学霸支招**：该题考查文字文化，大家比较熟悉的是甲骨文，可从甲骨文入手。以下两个名词解释也都是××学，便可以此类推。该题的得分点包括定义、特点、代表人物、历史以及影响等。建议复习甲骨文、金文、隶书等。

**3. 简牍学**：简牍是书写用的竹木片，在纸张发明之前，简牍是中国文字书写的重要载体，而简牍学就是研究这一领域的学科。简牍学主要研究的是简牍的发展历史、出土情况、保护方法以及简牍对于当今社会的价值。王国维是简牍学领域的开拓者和奠基者之一。1970 年，简牍学作为一门新兴学科被正式命名，之后该学科发展迅速，如今已成为当代之"显学"。它在研究古代历史、经济、文化以及军事等方面做出了重要贡献。

👉 **学霸支招**：该题考查文字文化，考生熟悉度不高，答题具有一定的难度，可依据语段材料进行解答。该题的得分点包括研究对象、历史年代、作用以及意义等。建议复习王国维、甲骨学、敦煌学等。

**4. 敦煌学**：是指以敦煌遗书、敦煌石窟艺术、敦煌学理论为主，兼及敦煌史地为研究对象的一门科学。它的形成时间为 20 世纪 30 年代，敦煌学与徽州学和藏学齐名，是中国三大文化区域之一。它是研究、发掘、整理和保护中国敦煌地区文物、文献的综合性学科。敦煌地区发现、保存的丰富历史文献和文物是敦煌学研究的基础和对象。

👉 学霸支招：该题考查的是石窟文化，敦煌莫高窟比较出名，大家都比较熟悉，考题不难，但基本常识需要牢固掌握。该题的得分点包括研究对象、形成时间、地点、历史意义和价值等。建议复习中国四大石窟、徽州学、藏学等。

（五）

1. 深度学习：是机器学习的分支，是一种以人工神经网络为架构，对数据进行表征学习的算法。至今已有数种深度学习框架被应用在计算机视觉、语音识别、自然语言处理、音频识别与生物信息学等领域，且获得了极好的效果。深度学习的提出时间为2006年，深度学习是科学技术领域的一大创新，它极大地改变了人们的生活。

👉 学霸支招：该题考查科技名词，是近几年的热门话题，概念比较难理解，考生可记忆关键词机器学习、人工神经网络、算法、自然语言处理。该题得分点包括内涵、应用领域、提出时间以及意义和影响等。建议复习区块链、比特币、云计算等。

2. 机器翻译：是利用计算机把一种自然源语言转变为另一种自然目标语言的过程，一般指自然语言之间句子和全文的翻译。它是自然语言处理的一个分支，与计算语言学和自然语言理解之间存在着密不可分的关系。机器翻译运用语言学原理，机器自动识别语法，调用存储的词库，自动进行对应翻译，但因语法、句法、词法会发生变化，所以难免会出现错误。

👉 学霸支招：该题考查语言翻译类名词，翻译硕士专业的考生对于这个名词并不陌生，难度较小；此外，考生在复习大作文时也可以关注下机器翻译，应全面了解其相关知识。该题的得分点包括内容、领域、发展状况以及利弊等。建议复习计算机辅助翻译、算法、深度学习等。

3. 语料库：指经科学取样和加工的大规模电子文本库，是语料库语言学研究的基础资源，也是经验主义语言研究方法的主要资源，需要经过加工才能成为有用的资源。它可以应用于词典编纂、语言教学、传统语言研究、自然语言处理等方面。语料库有多种类型，确定类型的主要依据是它的研究目的和用途。

👉 学霸支招：该题考查语言翻译类名词，有一定的难度，若考试时实在不会，可充分利用语段材料，从字面意思和背景信息着手解释。该题的得分点包括内容、作用、适用领域和类型等。建议复习译后编辑、计算机辅助翻译、符号学等。

4. 目标语：是外语翻译专业术语，它是指一个人正在学习的一种非母语语言，即被译成的语言。目标语相对应的是源语。目标语在计算机语言领域内也常常作为一种机器语言，在用一种计算机语言翻译另外一种计算机语言写成的文件时，被翻译成的计算机语言也可称作目标语。

👉 学霸支招：该题考查语言翻译类名词，难度较小。该题的得分点包括内涵、相对应的语言（在无话可说时，可解释其对立面，丰富内容）以及作用等。建议复习源语、归化、异化等。

## 二、应用文写作（30分）

**题目分析**

通过阅读题干可知，该题要求写一篇申请书。首先，认真阅读题干，捕捉重要信息：省级翻译协会招纳新会员，要求阐述加入协会的初衷和目的，以及入会后努力的方向。另外，字数一定要控制，最好不要低于450字。2014年考查过申请书的书写，即写一封交给赛事组委会的"翻译志愿者申请信"，所以一定要掌握这一应用文体及其相关的内容，考前一定要自己动手写几篇。此外，各位考生一定要认真研究南京师范大学的历年真题，并且熟练掌握考查过的应用文的写作格式。

**考场还原**

××省翻译协会入会申请书

××省翻译协会负责人：

  您好！

  首先，感谢您在百忙之中阅读我的入会申请书。

  我叫××，是××大学的学生。近日，我在××省翻译协会官网上了解到贵单位要招纳新的会员，我对此非常感兴趣，想成为你们中的一员。

  我对翻译特别感兴趣，十分仰慕该会的翻译前辈，我深知，只有向优秀的译者学习，才能更快提升自己的翻译水平，成为一名具有家国情怀的合格译者。为此，我想把握此次机会，认识更多优秀的前辈，提升自己的翻译素养，成为一名合格的译者。

  如果我能成为××省翻译协会的会员，我将从以下三个方面进行努力。首先，我会积极参加和支持贵协会举办的各类活动，虚心向前辈们学习并请教在翻译学习和实践中遇到的问题，多与前辈们沟通。其次，我会努力通过CATTI二级笔译和二级口译的考试，多多参与翻译实践活动，提高自己的实战能力和翻译水平。最后，我会一直坚持学习，不断挑战自己，做一名终身学习者，为译出更高质量的译文打下坚实的基础。

  我热爱翻译，曾多次参加过翻译志愿者的活动，我想这就是我最大的优势。我热切地希望能成为××省翻译协会的一员，如果我的愿望能够实现，我定当竭尽全力成为一名优秀的会员，成为一位不断迎接挑战的合格译员。

  此致

敬礼！

申请人：××<br/>××××年××月××日

### 评点升格

　　申请书是个人或集体向组织、机关、企事业单位或社会团体表达愿望、提出请求时使用的一种文书。申请书要求一事一议，它最核心的内容是表述愿望、提出请求。申请书的格式一般来说都是固定的，其内容主要包括五个部分：标题、称呼、正文、结尾、落款。本篇申请书首先提出了加入省级翻译协会的请求，然后阐述了自己申请的目的，接着表明了自己入会后的努力方向，最后再次表达了自己的愿望。该篇申请书格式准确、内容完整、条理清晰、语言简明扼要，值得考生借鉴学习。

## 三、现代汉语写作（60分）

### 题目分析

　　这是一篇有关翻译理论的命题作文，考生需要有一定的理论知识作为支撑，还要有自己明确的观点。作文题目围绕翻译过程中的翻译主体，给出了三种观点：作者是翻译主体；译者是翻译主体；读者是翻译主体。要求考生以"谁是翻译的主体"为题，对上述观点进行评价，行文时考生要对上述观点进行点评，再给出自己的立场，然后加以例证，给出理由，最后进行总结。

### 考场还原

谁是翻译的主体

　　翻译是人类交流思想、传播知识、促进社会发展和延续文化的重要纽带。一部优秀的译作，延长了原作的生命、拓展了生命的空间。歌德之所以成为世界性的歌德，他的文学生命之花之所以开遍异域，正是由于翻译的存在；莫言获得诺贝尔文学奖，其作品走向世界，很大程度上也是得益于翻译，若没了翻译，他的作品则无法走向世界文学的殿堂。著名学者季羡林曾经拿河流做比喻，认为中华文化这一条河从未枯竭，中华文化之所以能长葆青春，其"万物灵药"就是翻译。

　　翻译在人类发展史上有着不可磨灭的功劳，那么翻译的主体究竟是谁呢？有人认为作者是翻译的主体，原著的作者为整个翻译活动提供了基础；有人认为译者是翻译的主体，译者在这个创造性的活动中处于枢纽地位，是沟通作者和读者的桥梁，他们发挥着最积极的作用；有人认为读者是翻译活动的主体，读者是"隐形"的译者，读者并非处于无足轻重的地位，因为他们在无形中也参与了原著和译文的价值创造。于我而言，读者是翻译的主体,尽管人们常常会忽略读者在原著和译文创作过程中的作用,但读者常常于无形中引领作者和译者的创作方向,甚至会引领某种文化思潮。所以,我认为读者是翻译的主体。

读者是翻译的主体,因为翻译的目的是向读者介绍原著,让不懂这一语言的读者通过翻译获得和阅读母语作品时几乎一样的文化体验,翻译和原著的最终服务对象是读者。翻译不仅仅是传达信息的媒介,也是一种社会性的实践活动,而人又是社会活动的主体,人的需求即读者的需求是翻译活动的创作方向。一部译作,如果没有广泛的读者,就意味着其翻译作品并没有发挥传播文化和促进交流的作用,也就是说,这并不是一部成功的译作,甚至可以说是失败的译作,因为它没有满足读者的需求,没有在读者这个群体中充分发挥其价值,也就偏离了翻译的目的。所以,我认为读者是翻译的主体。

读者是翻译的主体,因为翻译要跨越的是语言或符号的障碍,一部经典的作品即便已经有了经典的译本,在我看来,仍需要对其进行再译。语言是经济社会发展的产物,是翻译的载体。语言具有时代性,为了让经典文化绵延不息,就要依靠广泛的读者,获得广大读者的认同和支持。读者需要的是自己能够理解的语言,而非晦涩难懂的文字,这就要求译者的译文要与时俱进,用时代的语言传递经典著作之精神,从而让文化的发展经久不息。所以,我认为读者是推动翻译与时俱进的催化剂,是翻译的主体。

读者以"隐形人"的身份参与了翻译活动,读者的期待与要求始终是译者所考虑的一个重要因素,能否满足读者的需求在某种意义上直接影响了翻译任务能否出色地完成,能否实现其译文的价值。所以,读者在翻译过程中起着主体性的作用。

**评点升格**

本文观点明确、结构清晰、思路明朗、论证有力,主要谈及了读者是翻译的主体,不走寻常路,具有较大吸引力。第一段谈及翻译的重要性;第二段引出自己的观点;第三段和第四段从翻译的目的是满足读者需求这个点出发,论证了自己的观点;最后一段进行总结,重申读者是翻译主体的论点。本文是典型的五段论,考生可适当借鉴。

# 2018年试题参考答案与考点解析

**本套试卷特点**

本套试卷名词解释难度适中,但仍需要考生有一定的政治、经济和历史方面的知识积累。

# 一、百科知识（共20小题，每小题3分，共60分）

## （一）

**1. 自由贸易港**：一般指在国家或地区境内关外，货物、资金、人员进出自由，绝大多数商品免征关税的特定区域，是目前世界最高水平的开放形态。国际上对自由贸易港尚未有明确的定义。香港、新加坡和鹿特丹都是比较典型的自由贸易港。中国新设了海南和上海自由贸易港，有利于扩大开放、推动资金、货物等跨境自由、有序地流动，从而推动经济的高质量发展。

👉 **学霸支招**：该题考查经济名词，2014年南京师范大学考查过"自由贸易区"，2013年考查过"自由贸易"，可见这是个高频考点，考生要全面掌握其相关知识。该题的得分点包括内容、特点、业务活动等。建议复习上海自贸区、贸易管制、离岸产业等。

**2. 转口贸易**：又称中转贸易，指国际贸易中进出口货品的生意，通过第三国易手进行的买卖。生产国与消费国之间不发生贸易联系，而是由中转国分别同生产国和消费国发生贸易联系。这种形式是遭遇反倾销的国家躲避贸易制裁的专用方式之一。

👉 **学霸支招**：该题考查经济名词，根据字面意思便可进行解释，难度较小。该题的得分点包括涉事国家、形式以及利弊等。建议复习贸易制裁、反倾销、最惠国待遇等。

**3. 国际融资租赁**：是一种跨国的借贷活动，主要包括国际贷款、国际证券投资和国际租赁。它是一种紧追银行信贷的间接融资方式，至少涉及出租方、承租方、供货方三方当事人，涉及租赁合同和贸易合同，同时也会引发类似信用和汇率等风险。它产生于第二次世界大战之后，在经济全球化的背景下，它成了各国争夺世界经济地位的重要手段。

👉 **学霸支招**：该题考查经济名词，大家对该术语比较陌生。首先，确定范围为国际；然后，按照常识和对租赁的理解进行解释，做不到术语准确也没关系，只要意思对即可。该题的得分点包括主体、内容、行为、结果等。建议复习国际直接投资、贸易顺差、税收优惠等。

**4. 商务部**：即中华人民共和国商务部，是主管国内外经贸事物的部门，隶属于中华人民共和国国务院，现任部长是钟山。其职能包括：拟定国内贸易的发展战略和政策、研究并拟定规范市场运行和流通秩序的政策、组织产业损害调查、拟定打破市场垄断和地区封锁的政策。

👉 **学霸支招**：该题考查政治名词，虽不是高频考点，但也应该牢固掌握该名词以及相关政府部门的知识。该题的得分点包括全称、性质、地位以及作用等。建议复习工信部、商事制度改革、财政部等。

**5. 政协**：全称是中国人民政治协商会议，简称人民政协。人民政协是统一战线的组织、多党合作和政治协商的机构、人民民主的重要实现形式，是社会主义协商民主的重要渠道和专门协商机构，是国家治理体系的重要组成部分，是具有中国特色的制度安排。人民政协要坚持中国共产党的领导，坚定不移地走中国特色社会主义道路。

**学霸支招**：该题考查政治名词，考生熟悉度较高，题目难度偏低。该题的得分点包括性质、地位、作用和意义等。建议复习政治协商、两会、中国民主同盟等。

（二）

1. **联邦**：联邦的政府形式是一种协约，根据协约，几个小的行政单位（如州、省、邦）根据宪法而建立起更大的国家。联邦国家各州的政府官员由自行选举产生，它们拥有联邦宪法，联邦宪法可保护各州的领土与主权不受侵犯。联邦法律为最高的法律，各州法律不得与其相抵触。美国、俄罗斯等都是联邦制国家。

**学霸支招**：该题考查国家体制，难度较大，是高频考点，考生应牢固掌握。该题的得分点包括内涵、国家、权力机关的设立、运行方式以及利弊等。建议复习邦联、三权分立、单一制、孟德斯鸠等。

2. **费城制宪会议**：于1787年在费城召开，主要参与人员有乔治·华盛顿、"联邦宪法之父"麦迪逊等。这是美国历史上最重要的历史事件之一，会议产生的美国联邦宪法对于美国乃至后来世界政治的发展都有深远独特的影响。

**学霸支招**：该题考查历史著名会议，考生应重点掌握。该题的得分点包括时间、地点、人物和历史影响等。建议复习联邦宪法之父、本杰明·富兰克林、社会契约论等。

3. **《独立宣言》**：是北美洲13个英属殖民地宣告从大不列颠王国独立，并表明此举正当性的文告。它于1776年7月4日由第二次大陆会议在宾夕法尼亚的费城批准，起草者是托马斯·杰斐逊。它是人类历史上第一个以政治纲领的形式确定了"天赋人权"和"人民主权"原则的文告，马克思称之为"第一个人权宣言"。

**学霸支招**：该题考查政治文件，是北京航空航天大学2016年真题，考生复习时要牢固掌握。该题的得分点包括时间、地点、事件、人物和意义等。建议复习《解放宣言》、农奴制、美国独立战争等。

4. **美国奴隶制的原罪**：即美国人倾向于将奴隶制视为一种前现代制度，并试图证明对黑人实行种族隔离制度并剥夺他们的公民权利这一做法是合理的，因此白人至上主义是奴隶制的产物。美国奴隶制的原罪曾引发黑人对白人至上主义的不满和社会动荡，黑人一直在为真正的解放而不懈努力。

**学霸支招**：该题考查美国历史，考生对该名词熟悉度不高，可根据字面意思和生活常识进行解答，根据近几年的时事热点，奴隶制这一概念比较热门，考生应重点把握。该题的得分点包括内涵、做法、历史意义和影响等。建议复习种族隔离、种植园经济、美国内战、殖民主义等。

5. **开国元勋**：指签署《独立宣言》和《美国宪法》的政治领导人以及参与美国革命的领袖，他们多数参加过独立战争，其中最具代表性的开国者为国父乔治·华盛顿、本杰明·富兰克林、托马斯·杰斐逊。他们拥有卓越的领导才能和张弛有度的人格魅力，促进了美国经济社会的大步发展。

  🐟 **学霸支招**：该题考查重要政治人物，难度较低，属于基本常识，考生要牢固掌握。该题的得分点包括人物、事迹成就、历史贡献和意义等。建议复习《美国宪法》、乔治·华盛顿、费城制宪会议等。

## （三）

  1. **5G**：即第五代移动通信网络，英文为 5th Generation Mobile Networks，是 4G 之后面向移动通信需求而发展的新一代移动通信系统。5G 将具有更高的性能，在传输速率和资源利用率等方面都优于 4G 网络，系统的安全性和用户的体验感也将得到显著的提升。5G 可用于无人驾驶和远程手术，将极大地改变人类的生活方式。

  🐟 **学霸支招**：该题考查科技，是热议的话题，也是热门考点，复习时要重点把握。该题的得分点包括性质、性能、优势以及影响等。建议复习 3D 打印技术、5G 商用牌照、低延迟等。

  2. **生物识别**：即生物识别技术，它是基于个体生物特征的自动识别技术，将计算机与光学、声学、生物传感器和生物统计学结合，依靠人体生理特征进行身份识别，具有唯一性和终身不变的特性。它是数字社会的重要基础，是科学技术发展到一定阶段的产物。生物识别是人工智能和信息安全技术在生产生活领域应用的最具代表性的成果之一。它广泛应用于金融、交通和司法等领域，极大地提高了工作效率。

  🐟 **学霸支招**：该题考查科技，是热门的话题和考题，考生要重点掌握。该题的得分点包括原理、作用、特点、性能和影响等。建议复习人脸验证、智慧城市、基因编辑等。

  3. **"黑科技"**：即人类现有的知识水平和世界观所无法理解的科学技术，超出了人们的研究和认知范围，但这并不代表它们不存在。黑科技是个外来语，该词来自日本的动漫《全金属狂潮》。黑科技在某种程度上改变了人们的生活方式，现实生活中有许多丰富人们生活的黑科技，比如讯飞语计、时光相册、袋鼠遥控等。

  🐟 **学霸支招**：该题考查科技，是热门话题和考点，考生需要重点掌握。该题的得分点包括来源、功能、性质以及影响等。建议复习云计算、区块链、人工智能等。

  4. **物物互联**：即将人、流程、数据和事物结合在一起使得网络变得更加相关，更有价值。物物互联将信息转化为行动，给企业、个人和国家创造新的功能，并带来更加丰富的体验和前所未有的经济发展机遇。它依赖于网络的力量，在物物互联中，网络的价值与联网的用户数成正比，深深地改变了人们的生活和推动了世界的发展。

  🐟 **学霸支招**：该题考查科技，根据字面意思加上平时的积累，很容易就能写出答案，该词与"物联网"有一定关联，考生复习时要重点把握。该题的得分点包括内容、工作原理、作用和影响等。建议复习物联网、"互联网+"、跨境电商等。

  5. **大数据**：即巨量资料，是需要新处理模式才能具有更强的决策力、洞察发现力和流程优化能力的海量、高增长率和多样化的信息资产。大数据的五大特点为大量、高速、多样、低价值密度、真实性。其用法倾向于预测分析、用户行为分析或高级数据分析方法的使用，主要适用于人工智能、云计算、物联网、"互联网+"。

🖐 **学霸支招**：该题考查科技，是大家熟悉的名词，难度较小，但话题比较热门，不排除再考的可能，考生应重点把握。该题的得分点包括内容、特点、用法和使用领域等。建议复习区块链、新零售、工业4.0等。

（四）

1. **第三世界**：指亚洲、非洲、拉丁美洲以及其他地区的130多个国家，占世界陆地面积和总人口的70%以上，一般来说经济实力相对较弱。这些国家地域辽阔、人口众多，有广大的市场和丰富的自然资源，拥有多处战略要地，占有重要的战略地位。

🖐 **学霸支招**：该题考查政治术语，难度较小，不难记忆。该题的得分点包括所指范围和地区、经济状况、优劣势以及世界地位及其影响等。建议复习南南合作（2016年南京师范大学真题）、后发优势（2015年南京师范大学真题）、发达国家等。

2. **地缘政治**：是政治地理学中的一项理论，地缘政治把地理因素，如地理位置、国土面积、人口、民族、资源等，视为影响甚至决定国家对外政治决策的一个基本因素，并依据这些地理因素和政治格局的地域形成，分析预测世界或地区范围的战略形势以及有关国家的政治行为。

🖐 **学霸支招**：该题考查国际政治术语，考生复习时应牢牢掌握。该题的得分点包括内容、成因、影响因素以及影响等。建议复习国家治理体系、话语权、贸易保护主义等。

3. **犹太复国主义**：指犹太人发起的一种民族主义政治运动，号召全世界的犹太人联合起来，返回自己的家园，建立自己独立的国度。这源于第一次世界大战后，犹太人比较集中的东欧建立了新的民族国家，破坏了犹太人生存的家园，犹太复国主义联盟要求犹太人返回家园，实现自己的统治，于是形成了犹太复国主义这一概念。犹太复国主义运动的发展对现代以色列国家的建立和世界犹太人地位的提升具有极大的意义。

🖐 **学霸支招**：该题考查国际政治，根据字面意思即可作答，难度较小。该题的得分点包括定义、目的、原因以及历史意义等。建议复习恐怖主义、以色列等。

4. **《旧约》**：是基督教的经典著作，原文为希伯来文，原是犹太教经典，包含《律法书》《先知书》《圣录》三个部分，主要内容是关于世界和人类起源的故事传说，犹太民族古代历史的宗教叙述和犹太教的法典、先知书、诗歌、格言等。

🖐 **学霸支招**：该题考查《圣经》，这一著作尤为经典，考生在复习时要牢固掌握该知识点。该题的得分点包括所属教派、文字、内容、来源以及意义等。建议复习《新约》、希伯来文、耶稣等。

5. **文明体系**：文明体系的形成是一个民族的历史积淀，美国政治学家塞缪尔·亨廷顿提出了八大文明体系，该观点记载于其著作《文明的冲突》。他对文明体系进行划分的依据是宗教，他将文明分别划分为：基督教文明、伊斯兰文明、东正教文明、儒教文明、日本文明、拉美文明、佛教文明、非洲文明。不同文明体系的形成都离不开特定的地理环境、人口因素以及社会的发展状态。

🐾 **学霸支招**：该题考查历史文化，概念比较常见，但解释起来并不容易，考生可从形成原因、提出人物、类别、划分依据以及影响等方面进行解答。该题的得分点包括以上各要素。建议复习赎罪、佛教文明、文明的冲突等。

## 二、应用文写作（30分）

**题目分析**

通过阅读题干可知，该题要求写一篇招聘启事。招聘启事一般简明扼要、直截了当地说明需求，一般由标题、开头、正文等构成。标题主要分为两种：一种直接命名为××招聘启事；另一种是标语口号式，能引人注意。开头主要点明招聘原因，正文包括招聘岗位人数、职责、要求、薪资待遇、联系方式等内容。另外需要注意的是，2016年考过一次翻译公司的招聘广告，这一类型的文章一定要熟练掌握格式和内容。

**考场还原**

中国驻×国大使馆招聘启事

（一）招聘简介

随着中国与×国的联系与合作日益加深，中国驻×国大使馆参与当地新闻发布会的频率加大，合作项目日益增多，为了两国的繁荣发展以及两国人民的互动交流，新闻和公共外交处对人才的需求增大，因此人事部诚聘一名职员负责翻译与外宣事务。

（二）招聘岗位及人数

招聘岗位：英语翻译兼外宣

招聘人数：1人

（三）岗位职责

从事文件和会议的翻译工作，并且负责外宣事务。

（四）岗位要求

1. 英语专业研究生及以上学历；
2. 具有三年及以上新闻领域口笔译工作经验；
3. 持有二级及以上口笔译全国翻译专业资格证书；
4. 形象气质佳、具有外宣工作经验者优先考虑。

5. 熟练使用 Office 办公软件，具有较强的学习能力，会使用 SDL、Trados、Wordfast 等翻译软件者优先考虑。

（五）薪资待遇

试用期基本工资××元/月，试用期为 3~6 个月。试用期满并合格，缴纳五险一金，实行基本工资加奖金的薪酬制度，每年可获得一次免费旅游机会。

（六）招聘程序及办法

有意者可将简历发送至联系人邮箱。本次招聘按照发布招聘信息、投递简历、面试、体检、聘用五个步骤实施。

（七）联系方式

联系人：×××

邮箱：newshr@translation.com

地址：××市××路××大厦×楼××××

**评点升格**

该范文标题直截了当、格式正确、内容完整、语言简洁明了、信息传达准确无误，值得考生借鉴学习。

## 三、现代汉语写作（60 分）

**题目分析**

这是一篇有关人工智能（AI）是否会毁灭人类的自命题材料作文，所给材料主要讲了 AI 给人类带来的恐慌以及机器人索菲亚扬言要毁灭人类的事例，材料中已经给出了明确的讨论话题：AI 是否会毁灭人类及其文明。AI 在近些年是个热门的话题，考生可以结合材料，从 AI 发展的现状、带来的社会影响及其无法取代人类的原因等方面进行阐述。

**考场还原**

人工智能不会毁灭人类

人工智能是人类发展史上的一大创举，是时代的产物，它极大地促进和改变了人类发展的步伐，它也终将会成为未来的潮流。尽管随着 AI 的发展，许多工作和决策都由机器和算法来完成，并且史上第一个拥有公民身份的机器人索菲亚扬言要毁灭人类，但是，人工智能只是服务于人类社会发展进步的工具，我对人类的未来仍持乐观态度。我认为，人工智能不会毁灭人类，不会毁灭人类的文明。

人工智能不会毁灭人类，它的使命是服务于人类社会的发展。如今，人工智能可以通过手环监视员工的"劳动效率"，通过"绩效的量化分析"筛选出要末位淘汰的员工，还可以通过大数据提前发现心怀不满的"潜在不稳定因素"，这些都极大地提高了社会生产的效率。再比如：阿里巴巴旗下的无人超市和盒马生鲜，节省了人力和物力，使得人们的生活更加便利和高效。

人工智能不仅不会毁灭人类，反而还会催生出具有更高素质和创造力的劳动人口，从而促进社会更为良性的发展。的确，它给人类带来了失业、阶层流动的恐慌，许多流水线的工作正在被人工智能取代，这使得21世纪全球数十亿人变得"毫无价值"，成为一种"无用阶层"。但是，它取代的都是一些流水线上的、机械的、程式化的、没有创造力的工作，这种取代有利于社会阶层向上发展。取代这些廉价的流水线工作，能够逼迫原来流水线的工种接受训练，催生出更加富有创造力的从业人员，从而提高社会生产效率。

人工智能无法毁灭人类，人类发明创造了人工智能，人类是人工智能的主宰。而人工智能是为社会发展进步而发明的工具，没有任何感情，但社会的主体是有丰富感情的人，人类几千年的文明积淀，是机器人所无法取代的。如果，人工智能毁灭了人类及其文明，那么脱离了人类，人工智能的存在也将毫无意义。并且，我相信，在人工智能威胁到全人类的生存之前，世界各个国家定会联手共同应对，制定出相关的政策，计算机专家会制定出相应的算法和程序来控制人工智能的发展。

人工智能是一把双刃剑，我们要充分利用这一科技成果来促进社会经济发展，同时居安思危，不断更新自己的知识和提高自己的工作技能，培养自己的创造力以及无法取代的能力。我始终相信，人工智能的使命是服务于人类，而非消灭人类。决定人类发展进程的不是人工智能，而是我们人类。

## 评点升格

这篇范文观点明确、逻辑清晰、层次分明。首段提出明确观点：人工智能不会消灭人类及其文明。第二、三、四段紧紧围绕论点给出了人工智能不会取代和消灭人类的三点理由：人工智能的使命是服务于人类社会的发展，人工智能催生出具有更高素质和创造力的劳动人口，以及人工智能是没有感情的机器。最后一段进行总结，重申观点，并提出倡议。本文是典型的五段论，考生在写论说文的时候可以加以借鉴。

# 对外经济贸易大学（A 211）

## 学霸硬核备考分享

### 1 本校考查特点

对外经济贸易大学英语笔译专业的汉语写作与百科知识科目的单选题考查范围较广，文学、文化、历史、时事热点等各方面均有涉及，对考生要求较高，共有 50 个选择题，每题 1 分，选择题的分数占比较大。对外经济贸易大学汉语写作与百科知识科目不考查名词解释，考生复习时以选择题为重点即可。每年的诺贝尔文学奖获得者（如 2018 年的石黑一雄）、古诗词名家名作（如 2018 年陶渊明的《归去来兮辞》，考查要点多为高中需要背诵的课文）、西方的文化常识（如美国一些著名的宪法修正案以及有名的黑人作家）、各种"首次×××"或"第一位×××"（如中国古代文学常识类各种第一）、一些最新成果或社会热点问题（如 AlphaGo 在和人类的围棋比赛中第一次和第二次分别战胜的选手）等都是对外经济贸易大学汉语写作与百科知识科目考试的重点。其次，对外经济贸易大学百科考试的两篇作文常为应用文写作和议论文，难度不大。

### 2 学霸备考经验

对外经济贸易大学该科目考查的范围广，考生需要尽早开始备考，在准备的时候要尽可能全面，平常也需要多关注一些时事热点。平时可以利用碎片化时间学习，争取选择题多得分。应用文需要熟悉格式，对于邀请函、策划书、广告词、导游词、开幕词等常见应用文文体，一定要提前积累相关知识，在考场上结合题目要求做具体化补充。大作文考查议论文，需要注意议论文的基本格式。考前大小作文都需要独立练习几篇，严格控制写作时间，以免在考场不知所措。最后，在考场上要注意审题，思路清晰后再动笔书写。

# 2018年试题参考答案与考点解析

## 一、选择题（共50小题，每小题1分，共50分）

1.【答案】B。解析：该题考查名言出处。"民为贵，社稷次之，君为轻"出自《孟子·尽心下》。孟子曰："民为贵，社稷次之，君为轻。是故得乎丘民而为天子，得乎天子为诸侯，得乎诸侯为大夫。"这是孟子民本思想的体现。根据上述分析可知，B项正确。

2.【答案】D。解析：该题考查中国古代文学知识。纵横，即合纵连横，战国时期纵横家所宣扬并推行的外交和军事政策。"纵者，合众弱以攻一强也；横者，事一强以攻众弱也。"合纵连横的实质是战国时期各大国为拉拢其他国家而进行的外交、军事斗争。合纵的目的在于联合许多弱国抵抗一个强国，以防止强国的兼并。连横的目的在于侍奉一个强国并以它为靠山从而进攻另外一些弱国，以达到兼并和扩展土地的目的。根据上述分析可知，D项正确。

3.【答案】C。解析：该题考查史书体例。编年体以年代为线索编排有关历史事件，如《左传》《资治通鉴》《春秋》。纪传体通过记叙人物活动反映历史事件，如《史记》。国别体以国家为单位分别记叙历史，如《国语》《战国策》。通史指不间断地记叙自古以来的历史事件，如《史记》。断代史指记录某一时期或某一朝代的历史，如《汉书》。根据上述分析可知，C项正确。

4.【答案】D。解析：该题考查古代文学知识，古人把研究文字训诂音韵方面的学问叫小学，如字形、字音、字义。这些知识学成之后才能继续学习四书五经，四书即《大学》《中庸》《论语》《孟子》这四部著作的总称。根据上述分析可知，D项正确。

5.【答案】A。解析：该题考查历史典故。周文王，姓姬名昌，史称西伯，是商末周族领袖。他广施仁德，礼贤下士，发展生产，深得人民的拥戴。由此引起商纣王（后称殷纣王）的猜忌和不满，纣王将姬昌囚禁于当时的国家监狱——羑里城。姬昌被囚禁7年，将伏羲的先天八卦改造成后天八卦。八卦代表世间万物的八种基本性质，而八卦中的每一卦都可以为太极，以本气相推，与八卦相叠，遂成八八六十四卦，他完成的千古不朽的著作《周易》，被誉为"群经之首"。春秋时代，诸侯挟持天子，大夫放逐诸侯，家臣反叛大夫，"周文"等级森严的礼乐制度此时只能成为美好的回忆。厄，意为困顿窘迫。孔子曾周游列国宣扬自己的学说而得不到认可，困厄于陈、蔡，穷困不堪，退而著《春秋》。根据上述分析可知，A项正确。

6.【答案】D。解析：该题考查文学常识。六艺指六种技能，即礼、乐、射、御、书、数。礼指礼节（类似今天的德育教育）。乐指音乐。射指射箭技术。御指驾驶马车的技术。书指指书法（书写、识字、作文）。数指理数、气数（运用方法时的规律），即阴阳五行生克制化的运动规律。根据上述分析可知，D项正确。

7.【答案】D。解析：该题考查基本乐理知识。"五音"，即"五声音阶"，依次为：宫、商、角、徵（zhǐ）、羽。乐器八音原为中国历史上最早的乐器科学分类法，西周时已将当时的乐器按制作材料，分为金、石、丝、竹、匏、土、革、木八类。根据上述分析可知，D项正确。

8.【答案】C。解析：该题考查基本文学知识。岱宗，又称岱山、岱岳、东岳、泰岳等，都是对泰山的尊称。泰山是"五岳之首"，五岳是指东岳泰山、西岳华山、南岳衡山、中岳嵩山、北岳恒山。泰山位于山东泰安，被誉为"天下第一山"。泰山之称最早见于《诗经》，"泰"意为极大、通畅、安宁。根据上述分析可知，C项正确。

9.【答案】B。解析：该题考查基本文学派别。桐城派，也称"桐城古文派"，是我国清代文坛上最大的散文流派。桐城派以地域命名，主要是因为其早期重要作家皆为江南安庆府桐城人。戴名世、方苞、刘大櫆、姚鼐被尊为桐城派"四祖"。桐城派的文章多宣传儒家思想，尤其是程朱理学，语言则力求简明达意、条理清晰、"清真雅正"。唐宋派，明代嘉靖年间的文学流派，因提倡唐宋古文，被称为"唐宋派"。代表人物有王慎中、唐顺之、归有光、茅坤。竟陵派，因明后期其首领钟惺和谭元春都为湖广竟陵人而得名，提倡"幽深孤峭"的风格，用怪字、押险韵，把不同的句式凑在一起，其作品往往刻意追求新奇，结果反而似通非通，幽塞寒酸。公安派是明代后期以湖北公安人袁宗道、袁宏道、袁中道三兄弟为代表的诗文流派。公安派主张"独抒性灵，不拘格套"，要求文学作品充分表现出作者的个性、感情。根据上述分析可知，B项正确。

10.【答案】C。解析：该题考查科举制度。科举制三级考试指乡试、会试、殿试。乡试在省城举行，考后发布正、副榜，正榜所取的叫举人，第一名叫解（jiè）元，第二名至第十名称为亚元。会试在京城举行的一次考试，录取三百名为贡士，第一名叫会元。殿试是皇帝主持的考试，参加殿试的是贡士，取中后统称为进士。殿试分三甲录取，第一甲录取三名，第一名俗称状元，第二名俗称榜眼，第三名俗称探花，合称为三鼎甲。根据上述分析可知，C项正确。

11.【答案】A。解析：该题考查靖难之役。靖难之役，又称靖难之变，是建文元年（1399年）到建文四年（1402年）明朝统治阶级内部争夺帝位的战争。明太祖朱元璋第四子朱棣起兵反抗削藩，随后挥师南下，战乱中建文帝下落不明。同年，朱棣即位，是为明成祖。根据上述分析可知，A项正确。

12.【答案】B。解析：该题考查近代西方侵略历史。1900年（庚子年），中国的义和团运动引致八国联军侵华，清政府与德、法、俄、英、美、日等11国驻华公使，于1901年9月7日在北京签订了《解决1900年动乱最后议定书》，即《辛丑条约》。条约规定，中国从海关银等关税中拿出4亿5千万两白银赔偿各国，这笔钱史称"庚子赔款"。根据上述分析可知，B项正确。

13.【答案】D。解析：该题考查文学知识。工：美好、精致。穷：穷苦。殆：极尽。该句意思为：旧时认为文人越是穷困不得志，诗文就写得越好。根据上述分析可知，D项正确。

14.【答案】C。解析：该题考查名家名作，这段文字出自陶渊明的《归去来兮辞·并序》，故C项正确。

15.【答案】B。解析：该题考查绘画艺术。丹指丹砂，青指青雘（huò），本是两种可作颜料的矿物。我国古代绘画常用朱红色和青色两种颜色，丹青后成为绘画艺术的代称。根据上述分析可知，B项正确。

16.【答案】C。解析：该题考查名家名作。汴州：即汴京，北宋的都城，今河南省开封市。临安：南宋王朝的都城，位于今浙江省杭州市。"直把杭州作汴州"，直斥南宋当局忘了国恨家仇，简直把临时苟安的杭州当作了故都汴州，辛辣的讽刺中蕴含着极大的愤怒和无穷的隐忧。根据上述分析可知，C项正确。

17.【答案】D。解析：该题考查基本地理知识。秦岭—淮河一线，为中国南北地理分界线。以此线划分的南方和北方，无论是自然条件、农业生产方式，还是地理风貌以及人民的生活习俗，都有不同。根据上述分析可知，D项正确。

18.【答案】A。解析：该题考查古代历史知识。毛笔的发明者是秦朝时期的蒙恬。秦统一六国后，蒙恬率军击溃匈奴，收复了大片土地。当时秦始皇军纪很严，凡重大军情均限时呈报，延误者都以极刑处置。蒙恬为奏报战争，就急中生智发明了毛笔。根据上述分析可知，A项正确。

19.【答案】A。解析：该题考查地理知识。云冈大佛位于山西大同。四大石窟分别为河南洛阳龙门石窟、甘肃敦煌莫高窟、山西大同云冈石窟、甘肃天水麦积山石窟。根据上述分析可知，A项正确。

20.【答案】B。解析：该题考查中国古代文化常识。"社"在古代指司土地之神，春社为春季祭祀土地神的日子，是最为古老的中国传统民俗节日之一，春社日期在立春后第五个戊日。后来因历法变动改用阴历定节期，定在二月初二。根据上述分析可知，B项正确。

21.【答案】C。解析：该题考查西方历史。《米兰敕令》是罗马帝国皇帝君士坦丁一世和李锡尼在313年于意大利的米兰颁发的一个宽容基督教的敕令。君士坦丁一世为维护统治，在皇位争夺中获得更多的支持，对基督教采取一系列宽松政策，《米兰敕令》正式承认基督教的合法地位，并归还所没收的基督教财产。《米兰敕令》的发表，宣告了基督教的合法性，促进基督教走向正统地位，而基督教为统治阶级服务。克劳狄乌斯是罗马帝国克劳狄王朝的第四任皇帝，统治时期采取中庸之道，和平完成了罗马帝国初期政治的中央集权统治形式。尼禄是罗马帝国第五位皇帝，朱里亚·克劳狄王朝第五位亦是最后一位皇帝，世人称之为"嗜血的尼禄"，是古罗马乃至欧洲历史上著名的暴君。尼禄在位期间，行事残暴，奢侈荒淫，沉湎于艺术、建筑等。马可·奥勒留是罗马帝国最伟大的皇帝之一，有《沉思录》传世。根据上述分析可知，C项正确。

**22.【答案】B。解析：**该题考查著名雕塑作品。《大卫》是意大利雕塑家米开朗琪罗创作的大理石雕塑。《大卫》取材于《圣经》，大卫推翻了异族非利士人的统治，使以色列得到统一。非利士人人侵以色列，其中有一位武士，名叫哥利亚，身高八尺，头戴钢盔，身穿铠甲，力大无穷，在战场上所向披靡，使以色列人死伤无数。少年大卫到达前线，要求出战，以雪民族之耻。他率众走上战场，大声地痛骂哥利亚，接着甩出石头打昏了哥利亚，拔出利刃割下了哥利亚的头，挽救了以色列。达·芬奇是意大利文艺复兴时期著名艺术家、工程师、科学家，与米开朗琪罗、拉斐尔并称"文艺复兴三杰"，代表作品有《蒙娜丽莎》《最后的晚餐》《哈默手稿》等。贝尼尼是意大利雕塑家、建筑家、画家，代表作品有《阿波罗和达芙妮》《大卫》、巴贝里尼宫、蒙地卡罗王宫等。拉斐尔是意大利著名画家，"文艺复兴后三杰"之一，创作了大量的圣母像，作品风格安宁、协调、和谐、对称、完美、恬静。根据上述分析可知，B项正确。

**23.【答案】C。解析：**该题考查西方历史知识。摩西是希伯来人的早期领袖，犹太教的创始者。摩西受上帝之命率领被奴役的以色列人逃离古埃及，前往富饶之地迦南。摩西十诫，是《圣经》记载的上帝（天主）借由以色列的先知摩西（梅瑟）向以色列民族颁布的十条规定。犹太人奉之为生活的准则，也是最初的法律条文。亚伯拉罕相传是古希伯来人的祖先。以赛亚是《以赛亚书》的作者，公元前8世纪以先知的身份侍奉上帝（耶和华）。耶利米是"流泪的先知"，是《圣经》中犹大国灭国前，最黑暗时期的一位先知。根据上述分析可知，C项正确。

**24.【答案】D。解析：**该题考查时事热点。碳足迹（carbon footprint）表示一个人或者团体的"碳耗用量"，即企业机构、活动、产品或个人引起的温室气体排放的集合。"碳"就是石油、煤炭、木材等由碳元素构成的自然资源。"碳"耗用得越多，导致地球暖化的元凶"二氧化碳"也就制造得越多，"碳足迹"就越大；反之，"碳足迹"就越小。根据上述分析可知，D项正确。

**25.【答案】C。解析：**该题考查西方文学知识。19世纪初，英国批评家阿诺德对"文化"做过著名论述。他在《文化与无政府》中说道："文化可以恰当地描述为并非起源于好奇心，而是起源于对完美的热爱；它是一种对完美的探索。它不仅或者不主要由追求纯粹知识的科学激情所驱动，而是要由追求善的道德和社会激情所驱动。"阿诺德进一步解释说，这种完美是一种"和谐的完美"，包含了"美"和"理智"两个特征。阿诺德认为，文化是世界上已经被想出和说出的最好的东西，这就是真善美的价值观念。如果越来越多的人追求真善美，那么世界就会变得越来越美好。穆勒是德国女作家，第十二位获得诺贝尔文学奖的女性。边沁是英国法理学家、功利主义哲学家、经济学家和社会改革者，被公认为伦敦大学学院的"精神之父"。佩特著有《文艺复兴史研究》，提出"为艺术而艺术"的美学主张。根据上述分析可知，C项正确。

**26.【答案】D。解析：**该题考查时事热点。2017年度诺贝尔文学奖颁给了日裔英国作家石黑一雄，其主要作品有《群山淡景》《浮世画家》《长日将尽》等，故D项正确。

27.【答案】B。解析：该题考查世界著名人物。曼德拉于1994年至1999年间任南非总统，是首位黑人总统，被尊称为"南非国父"。曼德拉是积极的反种族隔离人士，1993年10月，诺贝尔和平委员会授予他诺贝尔和平奖，以表彰他为废除南非种族歧视政策所做出的贡献。根据上述分析可知，B项正确。

28.【答案】A。解析：该题考查世界历史知识。《九十五条论纲》是德国宗教改革领袖马丁·路德关于赎罪券效能的辩论序言，提出"信仰耶稣即可得救"，反对用金钱赎罪的办法，即提出赎罪券可以免罪的说法是错误的，对天主教关于只有通过教会和教皇才能赎罪的说教予以公开否定，被认为是新教的宗教改革运动之始。马丁·路德·金是非裔美国人，是美国黑人民权运动领袖。1963年，马丁·路德·金在林肯纪念馆的台阶上发表演讲——"我有一个梦想"。注意不要混淆马丁·路德和马丁·路德·金。加尔文是法国著名宗教改革家、神学家、基督教新教的重要派别加尔文教派（在法国称胡格诺派）的创始人。廷德尔是16世纪著名基督教学者、宗教改革先驱，被认为是第一位清教徒，是英国宗教改革家和《圣经》译者。根据上述分析可知，A项正确。

29.【答案】C。解析：该题考查中国古代文学知识。汤显祖被誉为东方的莎士比亚。其成就以戏曲创作为最高，戏剧作品《还魂记》《紫钗记》《南柯记》《邯郸记》合称"临川四梦"，其中《还魂记》（即《牡丹亭》）是他代表作。根据上述分析可知，C项正确。

30.【答案】B。解析：该题考查英国社会问题。北爱尔兰问题主要涉及30年来在北爱尔兰的民族主义者（主要是罗马天主教徒）社区和联合主义者（主要是新教徒）社区的成员之间不断重复发生的激烈暴力冲突。冲突是由北爱尔兰在联合王国内的争议性地位与对占少数的民族派社区的统治，以及占多数的联合派对民族派的歧视导致的。根据上述分析可知，B项正确。

31.【答案】D。解析：该题考查时事热点。2016年3月的"人机大战"中，谷歌"AlphaGo"（阿尔法围棋）击败韩国职业围棋手、世界围棋冠军李世石。2017年，"AlphaGo"战胜了中国职业围棋手、世界围棋冠军柯洁。根据上述分析可知，D项正确。

32.【答案】B。解析：该题考查演艺知识。斯坦尼斯拉夫斯基是俄国演员、导演、戏剧教育家、理论家，著有《演员自我修养》《我的艺术生活》等。马雅可夫斯基是苏联诗人、剧作家，深受未来主义派影响，著有戏剧《宗教滑稽剧》、长诗《好！》、讽刺喜剧《臭虫》《澡堂》等。屠格涅夫是19世纪俄国批判现实主义作家，主要作品有《贵族之家》《前夜》《父与子》《处女地》等。波波夫是俄罗斯作家、诗人、评论家，曾获1989年苏联作家协会最佳图书奖，著有《该去萨拉热窝了》《伊杰娅》《莫斯科佬》《火红色的猴子》等。根据上述分析可知，B项正确。

33.【答案】A。解析：该题考查文学作品。《格列佛游记》是英国作家乔纳森·斯威夫特创作的一部长篇游记体讽刺小说，通过格列佛在利立浦特（小人国）、布罗卜丁奈格（大人国）、飞岛国、慧骃国的奇遇，反映了18世纪前半期英国统治阶级的腐败和罪恶。根据上述分析可知，A项正确。

34.【答案】B。解析：该题考查西方文化知识。《伊利亚特》和《奥德赛》是古希腊最重要的两部史诗，相传是盲诗人荷马所作。《伊利亚特》主要叙述希腊人远征特洛伊城的故事，重点描写特洛伊战争第10年中51天内发生的故事，歌颂骁勇善战、维护集体利益的英雄。《奥德赛》描绘了俄底修斯的10年海上历险经历，呈现出古希腊人同自然的斗争和最终胜利。根据上述分析可知，B项正确。

35.【答案】B。解析：该题考查时事热点。2016年，我国在酒泉卫星发射中心用长征二号丁运载火箭成功将世界首颗量子科学实验卫星（简称"墨子号"）发射升空，这将使我国在世界上首次实现卫星和地面之间的量子通信，构建天地一体化的量子保密通信与科学实验体系。根据上述分析可知，B项正确。

36.【答案】B。解析：该题考查影视知识。蒙太奇（Montage）在法语中是"剪接"的意思，到了俄国被发展成一种电影中镜头组合的理论，即将不同镜头拼接在一起，以此产生各个镜头单独存在时所不具有的特定含义。根据上述分析可知，B项正确。

37.【答案】D。解析：该题考查西方历史知识。钦定版《圣经》(King James Version of the Bible )，是《圣经》的诸多英文版本之一，由英王詹姆士一世下令翻译，又称英王钦定版、詹姆士王译本或英王詹姆士王译本等，故D项正确。

38.【答案】A。解析：该题考查地理知识。亚马孙河（又译"亚马逊河"），位于南美洲北部，是世界上流量最大、流域最广、支流最多的河流，为世界第二长的河流，世界流量第一的河流，流域面积达691.5万平方千米，占南美洲总面积的40%。密西西比河是美国最大的河流，为世界第四长的河流。科罗拉多河是发源于科罗拉多州，流入太平洋的著名河流。圣劳伦斯河位于北美洲中东部，连接美国圣路易河源头和加拿大卡伯特海峡。根据上述分析可知，A项正确。

39.【答案】C。解析：该题考查乐理知识。爵士乐于19世纪末20世纪初发源于美国，诞生于南部港口城市新奥尔良，音乐根基来自布鲁斯（Blues）和拉格泰姆（Ragtime）。爵士乐讲究即兴，是非洲黑人文化和欧洲白人文化的结合。根据上述分析可知，C项正确。

40.【答案】C。解析：该题考查文学著作。《新教伦理与资本主义精神》是德国哲学家马克斯·韦伯创作的社会学著作，致力于探讨近代资本主义为什么仅仅出现在西方，而在同时期的东方呈现停滞之势。卡尔·马克思是马克思主义创始人之一，全世界无产阶级和劳动人民的伟大导师，主要著作有《资本论》《共产党宣言》等。托克维尔是法国历史学家、政治家，社会学（政治社会学）的奠基人，主要代表作有《论美国的民主》《旧制度与大革命》等。齐美尔是德国社会学家、哲学家，代表作品有《历史哲学问题》《道德科学引论：伦理学基本概念的批判》等。根据上述分析可知，C项正确。

41.【答案】C。解析：该题考查文学知识。威廉·莎士比亚，又称为莎翁，是英国文学史上最杰出的戏剧家，也是欧洲文艺复兴时期最重要、最伟大的作家。十四行诗是欧洲一种格律严谨的抒情诗体。十四行诗最初流行于意大利，彼特拉克的创作使其臻于完美，又称"彼特拉克体"，后传到欧洲各国。莎士比亚进一步发展并丰富了这一诗体，一生写下154首十四行诗。英雄双行体是英国古典诗体，由十音节双行诗体演化而来，每行五个音步，每音步两音节，第一个是轻音，第二个是重音。自由诗，是没有规则的音节、韵律及其他正规设计的诗。无韵诗，每行用五个长短格音步——十个音节组成，每首行数不拘、不押韵。根据上述分析可知，C项正确。

42.【答案】A。解析：该题考查地理知识。圣索菲亚大教堂位于现今土耳其伊斯坦布尔，因巨大的圆顶而闻名于世，是一幢拜占庭式建筑。世界五大教堂指的是梵蒂冈圣彼得大教堂、意大利米兰大教堂、西班牙塞维利亚大教堂、意大利佛罗伦萨大教堂、英国圣保罗大教堂。根据上述分析可知，A项正确。

43.【答案】B。解析：该题考查美国宪法。美国宪法第十三修正案明确宣布奴隶制和强制劳动不能存在，意义在于明确否定奴隶制，保证黑人人身自由和基本权利，故B项正确。

44.【答案】A。解析：该题考查中国历史知识。陆上丝绸之路起源于西汉，为汉武帝派张骞出使西域开辟的以首都长安（今西安）为起点，经甘肃、新疆，到中亚、西亚，并连接地中海各国的陆上通道。根据上述分析可知，A项正确。

45.【答案】D。解析：该题考查宗教知识。耶路撒冷是犹太教、基督宗教（包括天主教、新教、东正教）、伊斯兰教（包括逊尼派、什叶派）的圣地。十字军东征是罗马天主教教皇发动的一系列宗教性军事行动，目的之一在于收复耶路撒冷，故D项正确。

46.【答案】C。解析：该题考查文学知识。"反乌托邦"是文学，尤其是科幻文学中的一种文学体裁和流派。这一类小说通常叙述技术的泛滥表面提高了人类的生活水平，而本质是在掩饰空虚的精神世界。反乌托邦主义的代表作有英国赫胥黎的《勇敢新世界》。英国乔治·奥威尔的《动物庄园》和《一九八四》，俄国扎米亚京的《我们》，并称为"反乌托邦"三部曲。《理想国》是古希腊哲学家柏拉图创作的哲学对话体著作，主要论述了柏拉图心中理想国的构建、治理和正义。《上帝之城》是古罗马奥古斯丁所著的基督教书籍，主要论述神圣的照管及人类的历史。《新大西洋大陆》也称《新亚特兰蒂斯》，是培根的作品，为"乌托邦"文学作品。根据上述分析可知，C项正确。

47.【答案】B。解析：该题考查世界历史知识。1773年的波士顿倾茶事件是一场政治示威事件。为反抗英国国会于1773年颁布的《茶税法》，示威者们装扮成印第安人潜入船中，将东印度公司运来的一整船茶叶倒入波士顿湾，故B项正确。

48.【答案】C。解析：该题考查文学名著。《悲剧的诞生》（德文原名《悲剧从音乐精神中诞生》）是德国哲学家尼采的哲学著作，全书围绕日神和酒神的激烈斗争而展开，认为古希腊艺术产生于日神冲动和酒神冲动，悲剧产生于二者的结合。根据上述分析可知，C项正确。

49.【答案】D。解析：该题考查世界历史知识。麦哲伦是完成了人类首次环球航行的葡萄牙探险家、航海家、殖民者。达·伽马是葡萄牙航海家、探险家，是从欧洲绕好望角到印度航海路线的开拓者。哥伦布是意大利探险家、航海家，是大航海时代的主要人物之一。郑和是明代航海家、外交家。郑和七下西洋，是15世纪初叶世界航海史上的空前壮举，对中外经济、文化交往起到了积极作用。根据上述分析可知，D项正确。

50.【答案】C。解析：该题考查宗教知识。开斋节与"宰牲节"为伊斯兰教的两大节日。节日中，家家户户炸馓子、油香之类的食品，赠送他人。每个家庭应在节日开始前向穷人发放食物，开斋布施。圣纪节亦称圣忌节，是纪念先知穆罕默德复兴伊斯兰教的节日。逾越节是犹太人最重要的上帝的节日，也是初代基督教最重要的上帝的节日。盖德尔夜，是伊斯兰教历斋月的第27夜，引意为前定、高贵之夜。根据上述分析可知，C项正确。

## 二、应用文写作（40分）

> **题目分析**
>
> 该题考查活动策划书，需要做到主题明确，活动要围绕主题进行并尽量具有良好的可执行性。作答时围绕题干要求如大赛的缘起、主旨、选题策略、创意形式、参赛细则等展开写作。

**考场还原**

"讲好中国故事，传播中国声音"创意传播大赛策划书

"一带一路"倡议自2013年被提出以来，深入推动中国文化融入世界，与世界各国一道，促进共同繁荣，推动构建人类命运共同体。推动"一带一路"背景下的中华文化传播，要讲好中国故事，展现真实、立体、全面的中国，提高国家文化软实力。讲好中国故事，让外界更好地认识中国，让中国文化走出去，这无疑是一条重要路径。为进一步推动中华文化传播，丰富大学生校园生活，我校新闻传播学院拟开展"讲好中国故事，传播中国声音"创意传播大赛。相关事项如下：

（一）活动主题及名称

活动主题：讲中国故事，传中华文化。

名称："讲好中国故事，传播中国声音"创意传播大赛

（二）活动对象

×××大学全体学生。

（三）创意形式

各参赛单位及个人可选择使用短视频、自媒体推文、照片、文字等形式参赛，视频

时长不超过30分钟，照片不超过30张。

（四）活动流程

1. 参赛：××月××日12点前，参赛选手将参赛作品及参赛人员名单（名单表格见附件）上传至工作人员邮箱。

2. 评选：××月××日到××月××日，主办方组织资深教授及自媒体人进行评选，选出一等奖三名、二等奖四名、三等奖五名。

3. 颁奖：××月××日，获奖队伍在礼堂举行颁奖仪式。

（五）评选标准

1. 创意性：该部分满分为30分，评委将从作品创意、构思、内容策划等角度进行评分。

2. 可执行性：该部分满分为40分，评委将从内容的可操作性、传播性角度进行评分。

3. 观众喜爱程度：该部分满分为30分，入选作品将会在学院公众号进行投票展示，以投票数量进行评分。

（六）联系方式

工作人员邮箱：×××××××@163.com

联系方式：××××××××××

×××大学新闻传播学院

××××年××月××日

---

**评点升格**

本文从"一带一路"深入发展背景下，中国文化走出去的迫切需求出发，引出大赛主旨。全文结构清晰，活动流程分为参赛、评选、颁奖三个环节，简洁明了，可执行性强。创意形式结合当下潮流，可选取视频、文字、图片各种形式，包容性强。整体来说，本文是一篇优质的考场作文。

## 三、现代汉语写作（60分）

**题目分析**

该题写作内容与当下网络时代结合，命题接近生活，使考生有话可言。考生可从网络时代网购买卖双方是否诚信（如卖家刷单、买家差评）、社交媒体是否扩大人们言论自由权（如键盘侠）、主流媒体是否遵循本心（如为收视率不择手段）等角度立意。

### 网络时代的诚信

随着公民意识的逐渐复苏,公众愈发重视自由表达的权利,一些网购的网站也设置了评论栏,以供网民对商品、服务发表评论。这本没有什么不好,但自从类似"张三因商家服务不到位给以辱骂性的差评后,遭商家报复"的事件发生后,公众的目光再次聚焦于此。

一方面,的确是因为商家的服务不周引起了冲突;而另一方面,买家的侮辱性语言激化了矛盾,以致悲剧发生。有人说,这分明是素质低下加利益驱使酿就了悲剧,毕竟对于一些中小营业店,一个差评就意味着客户的大量流失。这样说不无道理,但私以为在背后起主导作用的,是诚信精神的缺乏,对诚信的背叛。

网购之中因为卖家的原因而打差评,以致受到人身伤害的事件层出不穷,不难发现,首先,是卖家背叛了对产品、服务质量的保证引起了矛盾,而买家也背叛了自由表达的诚信,激化矛盾。熊培云说过:"在公域,我们因互相妥协而保全社会;在私域,我们因互不干涉而保全自身。"双方对诚信的背叛,对规则的破坏,才是酿成悲剧的罪魁祸首。

更可怕的是,对诚信的漠视还会拉低守信门槛,令守诚之人受到伤害,让背叛者大行其道;原本守诚之人为防利益受到更大的伤害,也选择降低道德准线。于是那区区几人背弃承诺,便造成了集体的道德坍塌,信任危机四起,所谓的诚信也烟消云散,上述事件的发生也就不足为奇。

"人忍受不了互相为狼的处境,才需要道德标准,所有成员让渡一部分权利与利益,以谋求更大的资源和幸福。"利用道德以及诚信准则所带来的秩序,让整个集体有条不紊地前行,这才是它的根本所在。因此,评论机制的出现,就是为了在平等的前提下对行业事物进行修正,以警醒心怀叵测的商家。可现在,评论机制却暴露了我们如此狰狞的面孔,可以说愤慨大过羞愧。

怎样才能让诚信重新焕发生机?一方面,公民要增强自己的公民意识,最起码要对自己的言行负责;另一方面,法律必须让不法商家及恶意差评者付出必要的代价,以维持秩序。当然,匿名评论也是一种保护买家隐私的办法,但终是治标不治本,最根本的还是要更清楚契约的意义,每一个人都有责任维护契约,否则,诚信成为笑话的悲剧将层出不穷,甚至对整个社会产生难以估量的影响。

诚然,处于转型期的国家总有重重障碍,但只要我们坚守信念,大地迎来的将是诚信的曙光。

### 评点升格

本文以网购时代买家的差评引入,首先,分析了差评产生的原因:卖家以次充好,买家借机发挥言论自由权利。然后,由网购时代的差评问题引出当今社会的诚信问题,表明差评这一小问题可能会引发连环效应,导致社会诚信危机。最后,从公民自身以及社会法律环境方面提出建议,结尾表达对诚信社会的期盼。全文结构清晰,文笔流畅。

# 山东大学（A 985 211）

## 学霸硬核备考分享

### 1 本校考查特点

山东大学汉语写作与百科知识科目的题型有三种：名词解释、应用文、大作文。名词解释自2017年起变成在一段话中用下划线标出词语的方式后，沿用至今。这样做有一个好处，可以根据文本了解词语背景和关联词。应用文和大作文命题中规中矩，一般会给出材料，根据材料写作，比较容易立意。

### 2 学霸备考经验

**名词解释**：下载百度百科应用软件，浏览上面的精彩推荐，包括热门词条、特色词条、分类词条和精选词条榜；汇总前辈们整理的词条，装订成册，方便随时阅读。个人认为该题考查学生对于词汇的宏观把握，考生准确地将词语解释清楚即可，注意语言的严谨性，避免口语化表达。

**应用文**：格式比较固定，而且命题老师非常贴心，会给出一些相关背景材料和格式方面的具体要求，方便考生行文。个人认为无须花费太多时间，只需抽一个月时间熟悉一下常见应用文格式，并整理往年真题考查的类型，在考前相应地练习几篇即可。

**大作文**：首先，关注《人民日报》《新京报》、红辣椒评论等报刊或公众号的评论，并摘抄；其次，练笔是提高大作文写作最有效的方式，每周选定话题进行专项练习，这样做进步会很大。

### 3 学霸复习时间表

①9月前开始看李国正的百科知识和微博博主整理的词条。

②10月开始集中背诵自己整理的内容和收集的资料，背诵过程中依然要继续发现新的知识点，把书读厚。

③11月开始，从真题出发，掌握常见应用文格式，其他应用文也略微整理一下，但不作为重点，大致了解格式即可。此外，开始了解议论文格式和论述特点，并每周练习一篇。

④背诵各种整理的材料，预测考题，整理素材。

# 2019年试题参考答案与考点解析

## 一、百科知识（共20小题，每小题2.5分，共50分）

（一）

1. **大众创业**："创"指创业，"业"指家业、成就，即中国的大众在中国改革提供的政策优势下创立自己的家业，积累财富和资产。"大众创业"和"万众创新"一起被称为"双创"，出自2014年9月夏季达沃斯论坛上李克强总理的讲话，他提出，要在960万平方千米的土地上掀起"大众创业""草根创业"的新浪潮，形成"万众创新""人人创新"的新势态。

**学霸支招**：该题考查热点词汇，考生可从定义、解释、来源、发展等方面作答。"大众创业"和"万众创新"是一起提出的，建议考生积累后者的相关知识。

2. **劳动力**：广义上指全部人口；狭义上指工作人群，通常指在一间公司、各个行业工作的人，多指体力劳动者、工人，通常不包括雇佣者（老板）和管理层。在我国，劳动人口的年龄规定为男性在16岁到60岁之间，女性在16岁到55岁之间。

**学霸支招**：该题考查经济学名词，建议考生从广义和狭义两个方面回答，同时补充一些相关知识，如年龄层、社会阶层等。

3. **市场**：起源于古时人类对固定时段或地点进行交易的场所的称呼，本词中的"市"指的并非"城市"，而是古时的"买卖""交易"之意。今日，市场具备了两种意义——一个意义是交易场所，如传统市场、股票市场、期货市场等；另一个意义是交易行为的总称，不仅仅是表示场所，还包括了在此场所进行交易的行为。

**学霸支招**：该题考查经济学名词，建议考生采用纵向发展思维来答题，先表述起源，再延伸到现在的发展。

4. **公平竞争**：一是竞争者应当公开地用正当竞争手段去进行竞争，禁止欺诈和恶意串通；二是在竞争中各类市场主体的法律地位一律平等，无论权利享有抑或义务承担均应平等，公平竞争且竞争机会均等，禁止滥用市场优势、行业垄断、政府垄断等不正当竞争行为。公平竞争有助于调动参与者的积极性，使其不断提高自身竞争力，推动行业和整个社会进步。

**学霸支招**：该题考查市场交易原则之一——公平竞争，考生可结合时政的相关内容，从定义、特点、作用等方面作答。

5. **精神追求**：是人内心最渴望、最在意的东西，相当于人的精神支柱，是人生的一种信仰，是人一生追求的目标。精神上的享受同物质追求是两条不同的线路，精神追求把物质上的东西看得很淡，对物质要求很低，只需要满足一日三餐的温饱就可以。

👉 **学霸支招**：该题考查心理学术语，考生可从其意思及其与"物质追求"的对比等方面作答。

（二）

1. **舞台艺术**：广义上指在舞台上展示的技艺，包括舞蹈、戏剧（含戏曲）、曲艺、音乐、杂技等；狭义上专门用来指戏剧表演艺术，包括表演艺术、舞台美术、舞台音乐。表演是舞台艺术的核心，占据主导地位，演员需要演出特定情节，并利用个人表演将观众带入情境中；通过各种艺术形式，包括舞蹈、音乐等给人以美的享受。

👉 **学霸支招**：该题考查艺术术语，考生可从定义、内容、特点等方面作答。值得注意的是，该题属于大概念，建议考生备考时关注其广义定义和狭义定义。

2. **喜剧**：是戏剧的一种类型，也可称为笑剧或趣剧。喜剧运用夸张的手法、通过人物性格的刻画和诙谐的台词引发人们对丑恶和滑稽事物的嘲笑，对美好人生和理想的肯定。基于描写对象和写作手法的不同，喜剧可分为讽刺喜剧、抒情喜剧、荒诞喜剧和闹剧等形式。著名的喜剧大师有希腊时期的阿里斯托芬、英国的莎士比亚、俄国的果戈里等。

👉 **学霸支招**：该题考查戏剧类别，考生可从定义、分类、代表人物等方面作答。戏剧的类型很多，建议考生适当积累一些。

3. **叙事艺术**：是一门研究叙事作品的艺术，叙事作品包括神话、民间故事、小说等类型。叙事艺术包括叙事手法和情节结构手法。叙事手法是指作者是如何叙述的，包括叙事视角、叙事人称、叙事方式；情节结构手法是作者在安排开端、发展、高潮、结局的过程中综合运用的各种技巧，比如线索、悬念、伏笔、对比、衬托等。

👉 **学霸支招**：该题考查文学术语，考生可从定义、研究对象、类型等方面作答。山东大学会在试题中考查一些抽象概念，考生平常要注意积累。

4. **因果联接**：有两种理解。一种理解是两个时间的作用关系，其中后一事件被看作是前一事件的结果，而该事件又可以称为其他事件的原因；另一种理解是多种因素和一个结果之间的关系，对该事件结果产生影响的任何事件都可以看作其中的一个因素。自古以来，中西方对于因果联接的哲学研究由来已久，甚至是现代哲学的重要专题。

👉 **学霸支招**：该题考查文学术语，考生可从定义、发展等方面作答，解释清楚概念即可得分，也可做适度扩展，结合马克思主义哲学中对因果关系的相关论述作答。

5. **情节**：是作品中整个叙事的变化过程，由一系列展现作品人物性格、人物之间的关系以及人物和环境之间关系的具体事件构成，主要包括开头、发展、高潮、结尾等部分。情节是一切书写的和口述的叙事所必有的因素，没有情节，叙事是不可想象的。

👉 **学霸支招**：该题考查文学术语，考生可从定义、内容、地位等方面作答。山东大学与其他大学的考查侧重点不同，会考查这类文学的相关知识，建议考生重视积累。

（三）

**1. 鲁迅**：原名周树人，字豫才，以笔名鲁迅闻名于世，浙江绍兴人，为中国近代著名作家、新文化运动的领袖之一、中国现代文学的奠基人和开山巨匠，亦是在西方世界享有盛誉的中国近代文学家、思想家。鲁迅的主要成就包括杂文、短中篇小说、文学、思想和社会评论、散文、现代散文诗等。鲁迅的代表作有《华盖集》《呐喊》《彷徨》《朝花夕拾》《野草》等。鲁迅对五四运动以后的中国社会思想文化发展产生了一定的影响。

👉 **学霸支招**：该题考查著名作家，考生可从原名、字、籍贯、地位、作品、影响等方面作答。鲁迅的作品和本人一样出名，是各大高校历年命题的一个方向，建议考生积累鲁迅重要作品的相关知识。

**2. 民间形式**：起源于民间，是劳动者为满足自己的生活和审美需求而创造的，包括民间工艺美术、民间音乐、民间舞蹈和戏曲等多种形式。以民间形式创作的作品充分反映了民间社会大众的审美需求和心理需要。

👉 **学霸支招**：该题考查文学形式，这一术语比较抽象，考生可从概念、起源、意义等方面作答。当然也可适度结合本段文本内容，这样答案才会更加完善。

**3. 讽刺**：是一种文学手法，常采用夸张或反讽等方式，用于暴露对象的矛盾或缺点，从而产生幽默的效果。讽刺小说有法国拉伯雷的《巨人传》、英国斯威夫特的《格列佛游记》、西班牙塞万提斯的《堂吉诃德》等；现代中国讽刺小说名篇有鲁迅的《阿Q正传》、老舍的《骆驼祥子》、钱锺书的《围城》等。

👉 **学霸支招**：该题考查文学手法，考生可从含义、代表作等方面作答。这类文学手法需要考生重点关注，要重视日常积累。

**4. 幽默**：意为滑稽、诙谐。此词出自林语堂在《晨报》副刊上所撰的文章，自英文"humor"一词音译而来，指使人感到好笑、高兴、滑稽的行为举动或语言，与"风趣"含义相近。与此同时，幽默和讽刺一样，也是一种文学手法，作者通过运用这种手法，让文章既使人忍俊不禁，又使人深思不已。

👉 **学霸支招**：该题考查词语解释，和上个词条"讽刺"都可作为文学手法，建议考生在答题时结合文本内容从定义、来源、意思等方面作答，不要局限于解释该词本身。

**5. 民族特点**：即各个民族在政治、经济、文化、风俗习惯等方面的特点。各民族生活区域内的自然环境、经济发展水平等形成了各民族独特的特点。中国有56个民族，为了更好地团结各族人民，党从中国国情出发，把马克思主义普遍原理和各民族的具体情况结合起来，更好地建设国家。

👉 **学霸支招**：该题考查文化术语，考生可从定义、影响因素等方面作答。建议考生在答题时结合本国特点，使解释更加完整。

(四)

1. **文化遗产**：是指具有历史、艺术、科学等文化保存价值，并经政府机构或国际组织认定的物品。在概念上可分为"有形文化遗产"和"无形文化遗产"。"有形文化遗产"包括历史文物、历史建筑、人类文化遗址等；"无形文化遗产"包括民间文学、表演艺术、手工制品、传统节日庆典等。文化遗产有利于保护文化的多样性，在不同文化的相互交流和协调中起着至关重要的作用。

👉 **学霸支招**：该题考查文化术语，考生可从含义、类型、意义等方面作答。该题和下个词条属于同一范畴，考生可一起积累记忆。

2. **文物**：指人类在社会生活中遗留下来的具有历史、艺术价值的事物，包括具有突出价值的建筑物、碑刻、雕塑、书籍、书法、绘画等和具有考古性质成分或结构的铭文、洞窟等。文物具有社会教育、历史借鉴、科学研究等方面的作用。

👉 **学霸支招**：该题考查文化术语，考生可从定义、类型、作用等方面作答。该题和上个词条属于同一范畴，考生可一起积累记忆。

3. **载体**：在特定领域中有不同含义。在交通运输和军事领域，指各种运载工具；在化学领域，指在化学反应过程中的催化剂或中间生成物；在生物学领域，指疾病的携带者和传播者；在本段，指物质、讯息和文化等的运载物。

👉 **学霸支招**：该题考查词语解释，该词在不同领域有不同的意思，考生可全面答题，列举其常见的意思。注意要结合本段内容指出该名词在本段的意思，这是重要得分点。

4. **学术研究**：指通过借助已知的理论、知识、经验对科学问题进行假设、分析、探讨并得出结论，其结果力求符合事物的客观规律，在某种程度上达到对未知科学问题的揭示。随着现代科学技术的发展，学术研究更趋向于科学、规范和系统化，技术更为先进，手段更为多样，成果更是丰盛浩繁，显示出人类社会及其科学文明的不断进步与发展。

👉 **学霸支招**：该题考查文化术语，考生可从含义、发展、意义等方面作答。此外，这是一个较为专业的名词，在答题时注意语言的严谨性，忌随意。

5. **传统文化**：是因文明演化而汇集成的一种反映民族特质和风貌的民族文化，是各民族历史上各种思想文化、观念形态的总体表征。世界各地、各民族都有自己的传统文化，中国的传统文化以儒家为内核，同时也受到道教、佛教文化的影响，包括古文、民族音乐、民族戏剧、国画、书法等。传统文化既是民族振兴的精神动力，又是建设先进文化的重要基础。

👉 **学霸支招**：该题考查文化术语，考生可从定义、特点、内容、意义等方面作答。该题考查的是大概念词汇，建议考生在答题时结合本国传统文化的相关知识。

## 二、应用文写作（40分）

**题目分析**

该题要求写一份调查简报，题干详细交代了格式的相关信息：标题、发文字号、正文、结尾语、落款等，考生需满足题目格式要求；其次，关于主干内容，题目要求表述现象并分析原因，按照要求行文即可；此外，注意语言的客观性、严谨性，忌用词随意。

**考场还原**

关于"出国留学低龄化现象和原因"的调查简报
×××〔20××〕12号

随着经济和科技的发展，出国留学不再是一个遥不可及的梦想，为了有更广阔的发展空间，越来越多的国人开始把出国留学看作一个行之有效的成功方式。在这样的大环境下，国人掀起了出国留学狂潮。近年来出国留学潮出现了新现象——低龄化留学者人数迅速上升。《中国留学发展报告（2014）》指出，中国高中生赴美国留学呈现明显的"低龄化"趋势：高中生已经成为继研究生、本科生之后的第三大出国留学人群。2014年，低龄学生出国留学人数达到近年来的最高峰。

关于出国留学低龄化现象出现的原因：有人认为国外学校教育质量比较高，注重对学生创造力的培养，有利于孩子的全面发展；有人认为出国留学可以避开高考，避开"应试教育"，增长见识，提高技能；还有人认为，"海归"拥有比国内毕业学生更大的优势，更易受到招聘单位的青睐，找到好工作。

国家教育发展研究中心的专家表示，出国留学低龄化是不正常现象，作为家长，一定要以孩子的自我意愿和实际情况来作决定，从这层因素考虑，留学并不是越早越好。所以家长应该克服一些传统的误区，不要盲目跟风，不是贴了"海归"的标签就一定身价翻倍，就一定是通行证。与其给孩子勾勒一幅美好的未来图画，不如给他一段快乐的人生旅程，用心倾听孩子的心声！

××教育发展中心咨询委员会<br>××××年××月××日

**评点升格**

本文采用三段式结构，开头段交代出国留学低龄化现象；第二段解释该现象出现的原因；结尾段总结全文，指出这一现象不可取，家长不可盲目效仿，应结合孩子的实际需求。全文格式标准、条理清晰、语言简练。

## 三、现代汉语写作（60分）

**题目分析**

这是一篇材料命题作文，题目为"历史不能遗忘，英雄不容亵渎"，题目和热点话题接轨，考查学生对热点话题的掌握。考生在行文时可结合材料内容来引入话题，接着详细论述，建议在中间穿插相关时事新闻，让论述更具说服力。此外，题目要求完成一篇议论文，注意议论文的格式和语言特点，忌句式随意、表达口语化，建议论述清晰、表达严谨。

**考场还原**

### 历史不能遗忘，英雄不容亵渎

人民英雄是国家的精神基石。崇敬英雄，是构筑民族精神的基本价值观。山因脊而雄，屋因梁而固。在国家、民族危难之际挺身的英雄们是中华民族的"脊"和"梁"。英雄先烈们身上充盈着的熠熠生辉的民族精神，不断锻造着我们的民族品格，强化着我们的民族自信和身份认同，激励了无数后来人为民族解放而战斗，为国家强盛而拼搏。由此，我们郑重纪念每一个为国家和民族而牺牲的英雄。

在森林火灾事件中，数名扑火队员不幸遇难，其中一些是"90后"和"00后"，众多年轻的生命为了国家和人民的利益而献身，让人痛惜和哀悼。哪有什么岁月静好，不过是有人替我们负重前行！

但近段时间网络上出现了一些对人民英烈的诋毁言论，造成了极其恶劣的社会影响。自由不代表"无节制"和"肆意妄为"，网络空间不是一个随意喷洒口水而不用负责任的地方，不良行为也是要承担法律后果的。恶意解构英雄、模糊历史，是挑战我们最基本的道德底线。不负责任的轻慢和质疑，是远逝的英雄不应承受的屈辱。

近年来，有不少烈士名誉侵权事件发生，"狼牙山五壮士"和邱少云烈士名誉权侵权案、黄继光名誉权案等，一些人通过各种媒体渠道歪曲历史，丑化甚至诋毁英雄烈士，扭曲价值判断，以歪风邪气冲击社会共识。英烈们用自己的生命捍卫了祖国的领土完整和人民的生命财产安全，他们牺牲了自己最宝贵的东西——生命，换来了我们的和平与安宁。对英雄烈士做出的任何形式或者任何程度的侮辱行为，我们都应当旗帜鲜明地反对，坚决依法追究行为人的责任，自觉维护烈士们的名誉而非借助网络平台胡言乱语、颠倒黑白。

习近平总书记曾言，一个有希望的民族不能没有英雄，一个有前途的国家不能没有先锋。无数英雄先烈奉献了自己，为我们铺出了一条康庄大道，在历史的天空下为我们指明前进的方向，面对歪曲历史的污名化行为，我们不能让英雄既流血又流泪，要坚决捍卫英烈的名誉，坚决抵制历史虚无主义的歪风邪气，旗帜鲜明地捍卫英烈荣光。

"天地英雄气，千秋尚凛然"。崇尚英雄、尊重英雄不仅是民族进步、国家发展的精神动力，还是法律规定的公民责任。英雄烈士不容侮辱、诽谤，这是全民族的共识和信仰，是对历史和良知的尊重和捍卫，是对正义和秩序的坚守，是对信仰和未来的守望。英雄不容亵渎，先烈不容诋毁。英雄虽逝，浩气长存。

**评点升格**

本文结构清晰，论述有条理。开头两段论述英雄的重要性；第三段论述当今出现的"污名化英雄"现象；第四段举例，进一步论述主题"历史不能遗忘，英雄不容亵渎"；最后两段总结全文，深化主题，引人深思。

# 2018年试题参考答案与考点解析

## 一、百科知识（共20小题，每小题2.5分，共50分）

### （一）

**1. 金砖国家**：英文为"BRICS"，由巴西（Brazil）、俄罗斯（Russia）、印度（India）、中国（China）和南非（South Africa）的英文名首字母缩写而成，由于该英文单词的发音与砖块（bricks）相似，因此被称为"金砖国家"。金砖国家最初是指巴西、俄罗斯、印度和中国这四个国家，即"金砖四国"。2009年，金砖国家领导人在俄罗斯叶卡捷琳堡举行首次正式会晤，正式启动了金砖国家之间的合作机制。2010年南非正式加入后，改称为"金砖国家"。金砖国家领导人会晤机制的建立，为金砖国家之间的合作与发展提供了政治指引和强大动力。

**学霸支招**：该题考查国际政治知识，得分点包括由来、成员国构成、意义。建议复习金砖四国、亚洲四小龙等相关词条。

**2. 博鳌亚洲论坛**：总部设在中国，具有非官方、非营利性、定期、定址的特点。其由澳大利亚和25个亚洲国家发起，于2001年2月在海南省琼海市博鳌镇召开大会，正式宣布成立。博鳌镇为论坛总部的永久所在地。从2002年开始，博鳌亚洲论坛每年定期召开年会。博鳌亚洲论坛以平等、互惠、合作和共赢为主旨，立足亚洲，推动亚洲各国间的经济交流、协调与合作，同时又面向世界，增强亚洲与世界其他地区的对话与经济联系。

👉 **学霸支招**：该题考查国际政治知识，得分点包括成立时间、成立地点、发起国、性质、意义。建议复习东盟、二十国集团等相关词条。

**3. 国际规则**：指在国家相互交往过程中形成的，以国家之间的关系为主要调整对象的具有约束力的原则、规则和规章制度的总称。它是适应国际社会的需要而产生的，是国际关系发展的产物。国际规则是实现国际社会稳定发展的前提和基础。国际规则不是一成不变的，而是不断丰富、发展、完善的。国际关系最为重要的就是国际规则，各国要共同合作，遵守原则，共同应对和解决国际问题。

👉 **学霸支招**：该题考查国际政治知识，得分点包括定义、特点、存在的原因、作用以及影响。建议复习国际交往、和平共处五项原则等相关词条。

**4. 发展中国家**：指经济、技术、人民生活水平程度较低的国家。其人均国内生产总值（人均GDP）相对比较低，通常指包括亚洲、非洲、拉丁美洲及其他地区的130多个国家。发展中国家地域辽阔，人口众多，有广大的市场和丰富的自然资源，还有许多战略要地，无论从经济、贸易上，还是从军事上，都有举足轻重的战略地位。中国是全球最大的发展中国家。

👉 **学霸支招**：该题考查国际政治知识，得分点包括定义、涵盖的国家、特点、地位以及影响。建议复习发达国家、新兴经济体等相关词条。

**5. 丝绸之路**：是指起始于中国，连接亚洲、非洲和欧洲的古代商业贸易路线，简称丝路。狭义上一般指陆上丝绸之路，广义上还包括海上丝绸之路。陆上丝绸之路是由西汉时张骞出使西域开辟的以首都长安（今西安）为起点，经甘肃、新疆，到中亚、西亚，并连接地中海各国的陆上通道，是一条东方与西方之间经济、政治、文化进行交流的主要道路。海上丝绸之路是指从广州、泉州等沿海城市出发，经南洋到阿拉伯海，甚至远至非洲东海岸的一条古代中国与外国交通贸易和文化交往的海上通道。它萌芽于商周，发展于春秋战国，形成于秦汉，兴盛于唐宋，转变于明清，是已知最古老的海上航线。

👉 **学霸支招**：该题考查历史知识，得分点包括定义、起始路线、形成和发展时间、意义、陆地丝绸之路以及海上丝绸之路。建议复习"一带一路"、郑和下西洋等相关词条。

## （二）

**1. 神话传说**：包括神话和传说两个部分。神话侧重指关于人神起源万物初始的来历；传说侧重指口头流传的关于世界来源及英雄故事的说法。该题材的内容和各种神话人物对历代文学创作及各民族史诗的形成具有多方面的影响，特别是它丰富奔放、瑰奇多彩的想象和对自然事物形象化的理解，与后代作家的艺术虚构及浪漫主义创作方法的形成都有直接关系，为后世的创作提供了丰富的题材。

👉 **学霸支招**：该题考查神话典故知识，得分点包括定义、内容、特点以及影响。建议复习典故、寓言等相关词条。

**2. 个人色彩**：指带有某个人的印记。比如某件制作品，作者有其自身的风格；某本书籍，作者也有其风格。个人色彩就是一个人不同于别人的个性鲜明的审美、价值观、世界观及言论。不同的人有不同的色彩，每种个人色彩都是独一无二的。

    📖 **学霸支招**：该题考查文化艺术知识，得分点包括定义、特点。建议复习个人风格、主观色彩等相关词条。

    3. **民俗**：又称民间文化，指民间的风俗习惯，是一个国家或民族中广大人民群众所创造、享用和传承的生活文化。其涵盖各类民俗，如物质、社会、精神、语言等方面。民间文化不是一成不变的，既有可继承性，又有发展性，它在社会的每个阶段都会发展和变化，在变化中发展。

    📖 **学霸支招**：该题考查社会文化知识，得分点包括定义、内容、特点。建议复习物质民俗、社会民俗、精神民俗等相关词条。

    4. **东南亚**：又称"南洋"，指亚洲东南部的中南半岛和马来群岛中的所有国家和地区。东南亚地区共有11个国家，面积约457万平方千米。东南亚地处亚洲和大洋洲，沟通太平洋与印度洋，地理位置十分重要。东南亚高温多雨，盛产稻米、天然橡胶、油棕、香料、木材等。

    📖 **学霸支招**：该题考查国际地理知识，得分点包括地理位置、涵盖国家、特点以及地位。建议复习马六甲海峡、好望角等相关词条。

    5. **浮世绘**：指日本的风俗画、版画。它是日本德川时代（亦称江户时代）兴起的一种民间绘画。其题材大都取自民间风俗、市民生活的欢乐场面，衬以简单的背景。它的造型简练，色彩明艳，富有装饰效果。其常被认为是彩色印刷的木版画，但也有手绘的作品。在世界文化艺术中，它的影响遍及亚欧各地，在19世纪的欧洲，从古典主义到印象主义的各流派大师都受到这种画风的影响。因此，浮世绘具有很高的艺术价值。

    📖 **学霸支招**：该题考查文化艺术知识，得分点包括出现时间、地点、题材出处、特点、意义以及影响。建议复习风俗画、版画等相关词条。

（三）

    1. **西罗马帝国**：公元286年，罗马开始有东、西两部分。公元395年，罗马帝国正式分裂为东罗马帝国和西罗马帝国，西罗马帝国被认为是在这一年正式建立的。西罗马帝国的正式名称与东罗马帝国相同，均用罗马共和时代的元老院与罗马人民。公元476年，西罗马帝国覆灭。在欧洲历史中，由于罗马帝国的存在有着重大的影响力，所以西罗马帝国的灭亡，一般被认为是古代欧洲的结束，至此欧洲进入中古时代。

    📖 **学霸支招**：该题考查历史知识，得分点包括由来、时间、地位。建议复习罗马帝国、十字军东征等相关词条。

    2. **日耳曼人**：在罗马帝国时期与凯尔特人、斯拉夫人一起被罗马人并称为欧洲的三大蛮族，也是现今欧洲人的代表民族之一。约从公元前5世纪起，分布在欧洲斯堪的纳维亚半岛南部、日德兰半岛、波罗的海和北海南岸的一些部落。日耳曼人在西罗马帝国灭亡后的废墟上建立了多个国家，并吸收和继承了古希腊与古罗马的科学知识。现今的德意志人、盎格鲁撒克逊人、荷兰人、丹麦人、瑞典人、挪威人、冰岛人等都是日耳曼人，其中以德意志人和盎格鲁撒克逊人为代表。

👆 **学霸支招**：该题考查历史知识，得分点包括时间、地点、涵盖的国家以及特点。建议复习凯尔特人、斯拉夫人等相关词条。

**3. 基督教**：原为犹太教一宗派，信奉上帝和救世主耶稣，亦称基督宗教。其包括天主教、东正教、新教三大教派以及一些较小的派别，以《旧约全书》《新约全书》为基本经典，合称《圣经》。公元1—2世纪开始流传于罗马帝国，4世纪被称为国教，1054年分裂为天主教和东正教，16世纪又从中分裂出新教派，即新教。基督教信仰以耶稣基督为中心，以《圣经》为蓝本，其核心思想是福音。基督教与佛教、伊斯兰教并称为三大宗教，按其信仰人数和地域分布，为世界第一大宗教。

👆 **学霸支招**：该题考查宗教文化知识，得分点包括定义、由来、派别、特点、地位。建议复习《圣经》、佛教、伊斯兰教等相关词条。

**4. 中世纪**：是欧洲历史三大传统划分（古典时代、中世纪、近现代）的一个中间时期，即介于古典时代和近现代之间的历史时期，一般指始于公元476年西罗马帝国灭亡，终于17世纪英国资产阶级革命前的这一时期，即欧洲封建社会时期。在此期间，封建制在欧洲建立、发展、衰落。中世纪历史自身也分为前、中、后期三个阶段。

👆 **学霸支招**：该题考查历史知识，得分点包括起始时间、标志性事件、特点。建议复习古典时代、近现代等相关词条。

**5. 教士**：一般指基督教会传教的神职人员。他们是坚定地信仰宗教，并且远行向不信仰宗教的人们传播宗教的修道者。虽然有些宗教很少到处传播自己的信仰，但大部分宗教使用传教士来扩散它的影响。一般传教士这个词是指基督教的宣教师。

👆 **学霸支招**：该题考查宗教文化知识，得分点包括定义、作用以及影响。建议复习基督教、教会等相关词条。

（四）

**1. 环保主义者**：指以环境保护主义作为行为准则或信仰的人。环境保护主义是20世纪70年代初在西方国家兴起的绿色运动的基础上产生的一种社会思潮，其核心思想是维持生态平衡（尤其是自然生态的原始面貌）是人类的职责和需要。他们认为人类的环境利益高于其他一切追求，诸如政治目标、经济效益等。这些人对环境保护事业做出了积极贡献。

👆 **学霸支招**：该题考查生态知识，得分点包括定义、出现时期、思想、特点以及意义。建议复习环境保护、绿色生态等相关词条。

**2. 公共图书馆**：指由国家中央或地方政府管理、资助和支持的，免费为社会公众服务的图书馆，是人类社会文明发展的产物。馆内提供非专业的图书（包括通俗读物、期刊和参考书籍）、公共信息、互联网的连接及图书馆教育，也会收集与当地方特色有关的书籍和资讯，并提供社区活动的场所。其服务对象从儿童到成人，即所有的普通居民。

👉 **学霸支招**：该题考查社会文化知识，得分点包括定义、特点、作用。建议复习图书馆、公园等相关词条。

3.**青少年**：指在青春期年龄段的人，青春期是儿童转变为成人角色的过渡时期，即指年龄10~19岁的人。年龄较小的青少年指的是10~14岁的孩子，而年龄较大的青少年指的是15~19岁的孩子，一般是指从上初中到高中毕业这个阶段。古时指年轻的男女、今指青年和少年。

👉 **学霸支招**：该题考查生物生活知识，得分点包括定义、年龄段、特点。建议复习幼年、童年、中年、老年等相关词条。

4.**生态**：源于古希腊的外来词，原指住所或者栖息地。而如今，关于其概念早已超出了它的本义。环境是与生态如影随形的。生态是指生物在一定的自然环境下生存和发展的状态，也指生物的生理特性和生活习性。也可以说，生态就是一切生物的生存状态，以及生物之间和生物与环境之间环环相扣的关系。目前，"生态"一词涉及的范畴越来越广，人们常常用"生态"来定义许多美好的事物，如健康的、美的、和谐的事物均可用"生态"来修饰。

👉 **学霸支招**：该题考查生态知识，得分点包括来源、含义、特点。建议复习生态系统、生态平衡等相关词条。

5.**自然**：指宇宙万物，或者说宇宙生物界和非生物界的总和，即整个物质世界和自然界。广义的自然指包括人类社会在内的整个客观物质世界。该物质世界是以自然的方式存在和变化着的。人的意识也是自然界长期发展的产物。物质世界具有系统性、复杂性和无穷的多样性。它既包括人类已知的物质世界，也包括人类未知的物质世界。狭义的自然指与人类社会相区别的物质世界，即自然科学所研究的无机界和有机界。

👉 **学霸支招**：该题考查生态知识，得分点包括广义含义、狭义含义以及特点。建议复习社会、生态等相关词条。

## 二、应用文写作（40分）

> **题目分析**
>
> 该题考查倡议书的写作。倡议书主要由标题、发文字号、称谓、正文内容、结尾与落款这几部分组成。其中，标题应当体现文体类型，最好直接点明倡议的主题内容；称谓要根据倡议的具体对象而定；正文内容是整个写作的核心，一般需要交代发出倡议的背景原因和目的，写明倡议的具体内容与要求等，即需要告知倡议对象做什么、这样做的意义是什么、如何做等内容；结尾处要表现出倡议的决心，通常可写上表达希望之类的话语；最后是落款，即在右下角处的拟写倡议的发起部门及日期。

> **考场还原**

××市"文明交通"倡议书
××办发〔20××〕18号

广大市民朋友们：

在社会交通面貌日新月异、交通车辆川流不息的今天，道路交通安全和我们每个人息息相关。自觉遵守交通安全法规，摒弃不文明交通陋习，是每一个公民应尽的责任和义务，我们理应成为文明交通的支持者、参与者和实践者。但环顾身边，一些与城市文明形象格格不入的交通乱象仍然存在。为进一步创造有序、畅通、安全、绿色、文明的城市道路交通环境，我们向全体市民朋友发出如下倡议：

（一）遵守交规，倡导文明。自觉遵守交通法规，做到各行其道、不闯红灯、不逆向行驶、不乱停乱放、不随意横过道路、不翻越护栏、不车窗抛物、文明使用灯光、斑马线上主动礼让。

（二）依法交通，有序出行。坚决抵制酒后驾驶、超速行驶、闯红灯、强行超车、超员超载等危险驾驶行为，自觉维护社会公共秩序。

（三）身体力行，共建文明。积极参与文明交通志愿服务活动，主动劝阻不文明交通行为，爱护交通安全设施，注意交通安全。自觉排队上下车，关爱自己和他人的生命，影响、带动更多的人遵章守纪、文明出行。

广大市民朋友们，平安连着全家福，幸福系着你我他。为了我市道路交通能够更加安全、有序、畅通，使这座城市更加文明、温馨，让我们从自身做起，自觉遵守交通法规，做到文明礼让、安全出行，让我们携手并肩，为创建全国文明城市而努力奋斗！

××市文明办公室
××××年××月××日

> **评点升格**
>
> 本文结构清晰，标题直接点明倡议的主要内容，即"文明交通"倡议书。正文内容完整，详细地介绍了倡议的背景原因、目的以及具体做法。结尾表达了倡议的决心和期望。全篇语言规范、流畅，是一篇优质的考场范文。

## 三、现代汉语写作（60分）

**题目分析**

该题为材料类命题作文，试题明确给出了写作题目"评诚信建设契合时代发展要求"，同时还附有提示性材料。"评诚信建设契合时代发展要求"的核心是"诚信建设"，让考生去"评"的就是"为什么说诚信建设契合时代发展要求"。材料中主要讲的是诚信建设对我国的经济发展、企业以及个人的重要意义，从而指出诚信建设契合时代发展要求。所以该题可以从国家、企业（也就是社会）以及个人这三个角度去论说观点。命题作文的一个优点就是角度固定，立意明确。不过该题要注意的是题目要求写论说文，所以不要写其他体裁的文章。

**考场还原**

### 评诚信建设契合时代发展要求

泱泱古国，悠悠华夏。五千年的历史轨迹，五千年的文化传承，五千年的风霜雨雪，没有将龙的传人的那些优良传统埋没，而是历久弥新、薪尽火传，古时推崇诚信者，如今厚爱诚信者，历史选择诚信者。

人无诚信不立。无论是伟人还是平民，都要诚实守信，坦诚做人。诚实守信是为人之本，是中华民族的优良道德传统。诚信是公民的第二身份证，也是人与人之间交往不可或缺的。孔子曰："人而无信，不知其可也。"什么是诚信？诚信是诚实和守信的有机统一。诚信就是要求我们待人处事要真实诚恳，做到"言必信，行必果"。千百年来，诚信已成为人与人之间、人与社会之间正常交往的重要道德规范。

业无诚信不兴。加强诚信建设，尤其是企业信用建设，十分契合时代的发展要求。改革开放以来，我国企业顺势创造了许多举世瞩目的经济奇迹。现如今，如何让企业更好地适应社会经济大形势的发展要求，以更加卓越的品质和优秀的姿态应对国际化竞争，方法就是完善诚信体系。对于企业来说，诚信与社会责任是一致的，是企业真正的立身之本。企业不分大小，都要意识到诚信是企业最重要的无形资产，是企业的生命力所在，也是其畅通无阻地走向世界的重要基石。特别是一些优秀企业，更应充分发挥诚信典范的引领效应，传递诚信。

国无诚信不强。诚信是民族生存发展的精神支柱和国家稳定、持续发展的精髓所在，还是我国在国际舞台展现良好国际形象的必要前提。目前我国的社会发展不断深入推进，在这场重大历史变革和社会重要转型的过程中，出现了较为严重的诚信危机。诚信为何缺失？社会诚信缺失的原因是多方面的。金钱至上的价值观和高尚信仰的缺失、社会诚信体系的不健全、法制的不健全以及监管的不到位等。当前诚信缺失现象已经对社会公正、群众利益、民族和社会文明进步产生了很大的负面影响。所以党的十八大明确提出要将治理道德失范、诚信缺失等现象列入今后的重要任务之一,并提高到了一个新的高度。

花可以不结果,但不可以失去色彩;人可以不得志,但不可以失去诚信。中国是一个文明古国、礼仪之邦,历来重视诚实守信的道德信仰。"人无诚信不立,业无诚信不兴,国无诚信不强。"诚信的缺失不仅影响人与人以及人与社会的健康关系的确立,而且还不利于和谐社会的构建以及中国梦的实现,因此加强诚信道德建设刻不容缓,也十分契合当今时代的发展要求。

**评点升格**

文章围绕"诚信建设契合时代发展要求"这一论点展开论说。首先,开篇总论诚信对于中华民族历史发展的重大意义。其次,结合材料分层论说"人无诚信不立,业无诚信不兴,国无诚信不强"这三个方面,即分别从个人、企业(社会)、国家三个层面去论说"诚信建设契合时代发展要求"这一论点。最后,再次结合材料与开头呼应,进行点题收尾,指出加强诚信建设的重要性。整篇文章逻辑清晰,读者容易理解。

# 南开大学（B 985 211）

## 学霸硬核备考分享

### 1 本校考查特点

总体来说，南开大学的汉语写作与百科知识科目的出题风格较为固定，出题方向不难把握。

名词解释类题分值高，出题风格基本是以政治经济时事词条为主，因此这是复习时要掌握的重点。近几年较多地考查了国际组织知识（如欧盟、世界贸易组织、亚投行等）、国际政治时事（如英国脱欧、萨德系统、APEC峰会、巴黎协定等）、国际政治重要人物（安倍晋三、特蕾莎·梅、文在寅、朴槿惠等）、国家政治经济知识（如供给侧改革、百年目标、中国特色社会主义思想等），还有科技常识（如二维码、移动支付、人脸识别等）的相关热点也是高频考点。此外，地理知识（如中东、保加利亚等）、历史文化知识（如希腊危机、丝绸之路等）、文学基础知识（如《易经》《本草纲目》、乡土文学等）也会有所涉及，宗教知识考得较少。然后就是两篇作文，一篇应用文、一篇现代汉语作文，难度不大。

### 2 学霸备考经验

因为南开大学考查的词条常与时事热点相关，可以与新闻热词联系起来背诵，考生可根据词条分类所占的比重来规划时间。应用文写作通常考常见问题，需要注意格式规范和内容完整。大作文大多考命题议论文，题目背景都是社会热门话题（如新四大发明、剩女现象、道德与法律的关系等），需要考生平时多积累素材和关注时事新闻。

# 2020 年试题参考答案与考点解析

## 本套试卷特点

本套试卷中国际政治时事、社会文化热点、文学知识等方面的内容占比较高。注意应当将与真题相关联的知识点一起记忆,如本套试题中出现的莫言是魔幻现实主义的代表人物,与国外的加西亚·马尔克斯是同领域的作家,考生也应当掌握;考到的国际货币基金组织,在历年试题中还考过其他国际组织词条(在学霸支招中已标出,供考生参考)。考生在复习时应把握这些规律,重点背诵,提高复习效率。

## 一、名词解释(50 分)

**1. 经济改革**:指国家运用一定手段对经济体制和发展方向进行调整。其目的是促进经济发展方式的转变。我国的经济改革主要包括经济制度、市场体系等方面。经济改革是全面改革的重点,核心问题是处理好政府和市场的关系,使市场在资源配置中起决定性作用和更好地发挥政府的作用。

**学霸支招**:该题考查国家经济知识和政治知识。相关时事为党的十八届三中全会通过《中共中央关于全面深化改革若干重大问题的决定》,紧紧围绕经济、政治、文化、社会、生态文明、党建等六大改革主线,其中经济体制改革是重点。该题的得分点包括定义、目的、运用领域、核心问题。建议复习全面深化改革、宏观调控等相关词条。

**2. 中国特色社会主义思想**:是习近平总书记在中国共产党第十九次全国代表大会上首次提出的思想,2017 年写入党章。习近平新时代中国特色社会主义思想是马克思主义中国化的最新成果,是党和人民实践经验和集体智慧的结晶,是中国特色社会主义理论体系的重要组成部分,是全党和全国人民为实现中华民族伟大复兴而奋斗的行动指南,必须长期坚持并不断发展。

**学霸支招**:该题考查国家政治知识,是历年真题的高频考点,考生应重点掌握。考生需掌握基础政治知识,并与国家时事结合起来背诵。该题的得分点包括提出时间、提出者、思想内涵、影响及地位。建议复习十九大、两个一百年、中国梦等相关词条。

**3. 莫言**:中国当代著名作家,其作品深受魔幻现实主义影响,代表作有《红高粱》《檀香刑》《丰乳肥臀》等,其中《蛙》获第八届茅盾文学奖。2012 年莫言获得诺贝尔文学奖,颁奖词称莫言"用魔幻般的现实主义将民间故事、历史和现代融为一体"。

**学霸支招**:该题考查中国现当代文学知识,是历年真题的高频考点,考生复习时需要重点掌握。对于作家人物的名词解释,应当包括人物国籍、职业身份、主要成就、代表作品、作品人物及作品评价。需要特别注意的是,人物身处的时代、对文学发展的作用、与人物相关的文学作品的名词解释也需要掌握。该题的得分点包括国籍、职业、写作领域、代表作品、主要成就、作品评价。建议复习乡土文学、《红高粱》、魔幻现实主义、《百年孤独》、加西亚·马尔克斯等相关词条。

**4. 陈忠实**：中国当代著名作家，中国作家协会副主席。《白鹿原》是其成名著作，获得第四届茅盾文学奖。其他代表作有短篇小说集《乡村》《到老白杨树背后去》，文论集《创作感受谈》，中篇小说集《初夏》《四妹子》《陈忠实小说自选集》《陈忠实文集》，散文集《告别白鸽》，等等。当代作家贾平凹评价陈忠实"为中国文学做出了重要的贡献"。

👉 **学霸支招**：该题考查中国现当代文学知识，考生需掌握当代作家人物的名词解释。该题的得分点包括国籍、职业、代表作品、主要成就、人物评价。建议复习《白鹿原》、茅盾文学奖等相关词条。

**5. 路遥**：中国当代作家，在陕北出生，代表作有长篇小说《平凡的世界》《人生》等。他于1988年完成百万字的长篇巨著《平凡的世界》，这篇小说以恢宏的气势和史诗般的品格，全景式地表现了改革时代中国城乡的社会生活和人们思想感情的巨大变迁，作品还未完成即在中央人民电台广播。路遥因此荣获第三届茅盾文学奖。路遥深入生活、扎根人民，将文学创作融入改革开放的伟大实践中，产生了广泛而深远的社会影响。

👉 **学霸支招**：该题考查中国现当代文学知识，考生需掌握当代作家人物的名词解释。该题的得分点包括国籍、职业、代表作品、主要成就、作品影响及人物评价。建议复习《平凡的世界》、茅盾文学奖等相关词条。

**6. 孙犁**：现当代著名小说家、散文家，原名孙树勋，出生于河北省衡水市。孙犁是"荷花淀派"的创始人，代表作品有《荷花淀》《芦花荡》等。他自幼接受新文学，深受鲁迅和文学研究会的文学影响，担任过多个报刊的编辑，并著有关于编辑的作品，包括《平原杂志》《天津日报》等。

👉 **学霸支招**：该题考查中国现当代文学知识，考生需掌握当代作家人物的名词解释。该题的得分点包括身份、主要成就、代表作品、人物经历。建议复习"荷花淀派"、路遥、陈忠实、莫言等相关词条。

**7. 乡土文学**：又称乡土小说，是在鲁迅的影响下创作的以农村生活为题材的文学小说。它最早出现在鲁迅的《故乡》，经过现代文坛中一批比较接近农村的年轻作家的创作后，形成了所谓的"乡土文学"。乡土文学源于20世纪20年代，作品内容主要反映农民生活疾苦。乡土文学的代表作家有彭家煌、许杰、台静农、莫言、屈远志等。

👉 **学霸支招**：该题考查中国现当代文学知识，是历年真题的高频考点，复习时需要重点掌握。该题的得分点包括定义、来源、时间、主要内容、代表作家。建议复习莫言、城市文学等相关词条。

**8. 阿里巴巴集团**：是中国电子商务金融领先的大型网络技术公司。由以马云为首的创业者们于1999年在浙江省杭州市创立。阿里巴巴集团经营多项业务，围绕电商核心业务及支撑电商体系的金融业务，包括生活服务、健康医疗、游戏、视频、音乐等娱乐业务和智能终端业务等。阿里巴巴集团的主要产品有淘宝网、天猫、全球速卖通、阿里巴巴国际交易市场、阿里云、蚂蚁金服等。

**学霸支招**：该题考查社会经济常识。电子商务行业和电商平台的发展是社会热门话题，考生应对相关词条有基本的了解，同时也要掌握电子商务、跨境电商等热点。该题的得分点包括定义、创始人、成立时间、成立地点、主要业务范围、主要产品。建议复习电子商务、网上支付、网购等相关词条。

9. **光棍节**："光棍"即"单身"，"光棍节"指每年的11月11日，也称"双十一"，是年轻群体中流行的以庆祝自己仍是单身一族的新兴娱乐性节日。由于这天的日期里有四个阿拉伯数字"1"，形似四根光滑的棍子，所以这天被定为"光棍节"。"光棍节"当天各大商家都会大力宣传打折促销，寓意脱光，告别单身。随着网络和电商平台的发展，逐渐形成了"光棍节文化"。

**学霸支招**：该题考查社会文化常识，考生应了解这类社会热门话题。该题的得分点包括含义、由来、影响和发展。建议复习黑色星期五、剁手星期一、电商平台等相关词条。

10. **黑色星期五**：指11月的最后一个星期五，美国商场在这一天会举办圣诞促销。感恩节后的这个星期五是美国人为准备圣诞节而进行大采购的第一天，美国的商场都会借此机会在年底进行最后一次大规模的促销。由于大量的打折和优惠活动，人们会在这天疯狂抢购，通常会给商家带来很大的盈利。美国商场一般以红笔记录赤字，以黑笔记录盈利，因此利润大增的这天被商家们称作黑色星期五。

**学霸支招**：该题考查社会文化常识，考生应当掌握外国社会文化的基本常识，并了解相关的名词解释。该题的得分点包括定义、日期、名称由来、影响及意义。建议复习网络星期一、剁手星期一等相关词条。

11. **剁手星期一**：指"黑色星期五"之后的第一个星期一，是美国一年当中最火爆的购物日之一。许多商家会在网上商店提供相当大的折扣幅度吸引顾客。这一说法起源于2005年，由全美零售商联合会下属的网站首创，因为美国商家发现，越来越多的消费者选择在感恩节过后的周一上网购物。由于其英文名称Cyber Monday中的Cyber是希腊语里"剁手"的谐音，故被中国网友称为"剁手星期一"。

**学霸支招**：该题考查社会文化常识。该题的得分点包括定义、日期、名称由来、影响。建议复习黑色星期五、双十一等相关词条。

12. **VR技术**：指虚拟现实技术，是近年来出现的高新技术，也称灵境技术或人工环境。虚拟现实技术是利用电脑模拟产生一个三维空间的虚拟世界，给使用者提供关于视觉、听觉、触觉等感官的模拟，让使用者如同身临其境一般，可以及时地、没有限制地观察三维空间内的事物。虚拟现实技术可应用在影视娱乐、教育、医学等领域。

👉 **学霸支招**：该题考查科技常识，是历年真题的高频考点，考生应重点掌握。该题的得分点包括基本含义、应用方法、优势、应用领域。建议复习人肉搜索、生物识别、人工智能等相关词条。

**13. G20峰会**：是一个由原八国集团以及其余十二个重要经济体组成的国际经济合作论坛。1999年在德国柏林成立，是属于布雷顿森林体系框架内的非正式对话机制。其目的是研究和解决工业化的发达国家和新兴市场国家之间的问题，促进国际金融合作，推动经济持续增长。G20峰会的召开对世界经济的稳定和发展具有重要意义和影响。

👉 **学霸支招**：该题考查国际组织基础知识，是历年真题的高频考点，考生应重点掌握。相关时事为2020年3月26日，二十国集团领导人应对新冠肺炎特别峰会开始举行，中国国家主席习近平在北京出席。该题的得分点包括定义、成立时间、地点、背景、会议目的、主体对象、影响和作用。建议复习布雷顿森林体系、欧盟等相关词条。

**14. 安倍晋三**：日本政治家，日本第90、96、97、98任首相，出生于日本东京，是第二次世界大战后日本首位最年轻且任期最长的首相，所属政党为自由民主党。其任首相期间在经济上推出"安倍经济学"。2018年11个国家参与的"全面与进步跨太平洋伙伴关系协定"开始生效，日本安倍政府成为自由贸易的赢家。

👉 **学霸支招**：该题考查外国政治人物常识，是历年真题的重要考点。该题的得分点包括国籍、身份、所属政党、为政举措。建议复习"安倍经济学"、特朗普等相关词条。

**15. 国际货币基金组织**：英文简称为IMF，1945年在华盛顿成立，总部在华盛顿特区。其来源是1944年在布雷顿森林会议签订的《国际货币基金组织协定》。其主要职责是稳定国际汇率，为会员国提供资金和技术的支持，促进国际间金融与货币合作，维持各国贸易和全球金融秩序。1969年根据会员国认缴的份额分配、发行特别提款权。它与世界银行同时成立，并列为世界两大金融机构。

👉 **学霸支招**：该题考查国际组织基础知识，是历年真题的必考点，南开大学在2016年已考过此词条，其他国际组织的相关词条也在历年试题中频繁出现，考生应重点掌握。对于国际组织和会议的名词解释，应当包括成立（举行）时间、成立地点、成立由来、主要职责、影响或地位。该题的得分点包括成立时间、成立地点、总部地点、签订协定、主要职责。建议复习特别提款权、亚投行、TPP、上海合作组织、世界卫生组织、APEC、欧盟、金砖四国、世界贸易组织等相关词条。

**16. 欧元区**：指欧盟成员中统一使用货币——欧元的国家区域。1999年欧盟国家开始使用统一货币。欧元区共有19个成员国，包括德国、法国、意大利、比利时等，另有9个国家和地区采用欧元作为当地的单一货币。但是作为世界储备货币的竞争者，欧元的流通已经不限于上述地区。

👉 **学霸支招**：该题考查国际组织基础知识，是历年真题的高频考点，考生应重点掌握。该题的得分点包括定义、实行时间、主要成员国、国际影响。建议复习欧盟、申根区等相关词条。

**17. 希腊危机**：指希腊债务危机，希腊政府于2009年12月公布政府财政赤字后，全球三大信用评级相继调低希腊主权的信用评级，从而揭开了希腊债务危机的序幕。其直接原因是政府的财政赤字，除希腊外欧洲大部分国家都存在较高的财政赤字，因此，希腊债务危机也引爆了欧洲债务危机。此次危机是继迪拜债务危机之后全球又一大债务危机。从长期来看，欧洲国家要想解决债务问题，还是要找到经济增长点。除了财政救援这一短期救急方法，"督促各成员国进行经济改革，改正自由市场经济模式的缺陷，向社会市场经济模式靠拢"，才能从根本上解决问题。

👉 **学霸支招**：该题考查国际热点时事，是历年的高频考点，考生应重点掌握。该题的得分点包括发生的时间、原因、影响和解决办法。建议复习30年代大萧条、2008年金融危机等相关词条。

**18. 通货膨胀率**：又称物价变化率，主要用来反映通货膨胀、货币贬值的程度。通常用货币超发部分与实际需要的货币量之比来计算。它反映物价平均水平的上升幅度，也表现货币购买力的下降程度。由于作为最终价格的消费者价格能够反映商品流通对货币的需要量，因此世界各国常用消费者价格指数CPI来充分、全面地反映通货膨胀的程度。

👉 **学霸支招**：该题考查经济知识，是历年真题的高频考点，考生应重点掌握。该题的得分点包括定义、计算方法、目的、作用、衡量指标。建议复习居民消费价格指数、生产价格指数、恩格尔系数、基尼系数等相关词条。

**19. 保加利亚**：全称是保加利亚共和国，位于欧洲东南部，与希腊、土耳其接壤，东部濒临黑海。其首都是索非亚，政体是议会共和制，官方语言为保加利亚语，主要宗教为东正教。保加利亚传统上是农业国，工业以食品加工业和纺织业为主，玫瑰、酸奶和葡萄酒历来在国际市场上享有盛名，近年来旅游业也有所发展。保加利亚是中欧自由贸易协定组织的成员，也是欧盟成员国。

👉 **学霸支招**：该题考查地理基础知识，是历年真题的高频考点，考生应重点掌握。对于国家和地区的名词解释，应当包括国家全称、地理位置、首都、政体、官方语言、主要宗教、经济支柱产业、外交关系等。其他要点还可以包括政治、文化、社会等内容。（选取5～6点作答，得分点越多越好，每个得分点的字数可以适当少一点）该题的得分点包括国家全称、地理位置、首都、政体、官方语言、主要宗教、主要发达行业、外交情况。建议复习欧盟、中欧自由贸易协定等相关词条。

**20. 丝绸之路**：通常是指亚欧大陆北部的商路，与南方的茶马古道形成对比，是西汉张骞出使西域所开辟的通道。在通过这条漫漫长路进行贸易的货物中，中国的丝绸最具代表性，"丝绸之路"也因此得名。丝绸之路不仅是古代亚欧各国互通有无的商贸大道，还是促进亚欧各国和中国友好往来、沟通东西方文化的友谊之路。

👉 **学霸支招**：该题考查地理和历史基础知识，是历年真题的重要考点，考生应重点掌握。相关时事为2013年9月和10月，中国国家主席习近平提出建设"新丝绸之路经济带"和"21 世纪海上丝绸之路"的合作倡议,简称"一带一路"。该题的得分点包括定义、开创时期、名称由来、影响及意义。建议复习茶马古道、"一带一路"等相关词条。

**21. 佛教**：是世界上最早的宗教,三千多年前,由古印度的迦毗罗卫国王子乔达摩·悉达多创立,最迟在秦始皇时期传入中国。佛教包含知错就改,随时改变错误的信仰。佛教的思维是不脱离实际的、发展的、辩证的思维。所以,佛教的特点为既思想自由,又理性科学。

🐟 **学霸支招**：该题考查宗教常识,历年真题考查得较少,考生适当了解即可。该题的得分点包括诞生时间、地点、传播时期、宗教信仰和思维、宗教特点。建议复习基督教、伊斯兰教、天主教等相关词条。

**22. 中东**：位于亚洲西部、非洲东北部,包括从地中海东部和南部到波斯湾沿岸的约 23 个国家与地区,如伊朗、埃及、沙特等。中东地区主要信仰伊斯兰教、犹太教和基督教,并主要以灌溉农业为主。中东战略地位极其重要,是东西方的交通枢纽,为"两洋三洲五海"之地。不仅沟通了亚洲、欧洲和非洲,也沟通了大西洋和印度洋。由于淡水资源稀缺、石油资源宝贵、宗教文化差异,各国之间的争夺使中东常年局势动荡。

🐟 **学霸支招**：该题考查地理基础知识,是历年真题的重要考点,不仅会考查中东地区的地理知识,与之相关的政治、宗教、文化的词条也是高频考点,考生复习时需重点掌握。该题的得分点包括地理位置、国家与地区、宗教信仰、支柱产业、位置作用、发展情况。建议复习耶路撒冷、中东战争、巴勒斯坦、巴以冲突等相关词条。

**23. 奈良**：一般指日本地域中近畿地方的奈良县,位于日本纪伊半岛中央,是日本大阪都市圈的组成部分,也是日本历史和文化的发祥地之一。奈良古称大和,是深受唐朝长安、洛阳的影响而建成的都城,中国唐朝的鉴真在此主持建造了著名的唐招提寺。其主要产业有纤维产品制造业、木材及木制品制造业、畜产业等。

🐟 **学霸支招**：该题考查地理基础知识,是历年真题的重要考点,考生复习时可以与它的著名景点、姐妹城市的历史文化联系起来背诵。该题的得分点包括地理位置、历史特色、著名景点、支柱产业。建议复习东大寺、唐招提寺、鉴真、堪培拉等相关词条。

**24. 鉴真**：唐朝僧人,著名医学家、翻译家,出生于江苏扬州,是日本佛教南山律宗的开山祖师。鉴真曾东渡日本,担任扬州大明寺主持,修建唐招提寺,促进了大唐文化的传播与交流。鉴真在中、日两国都享有很高的声誉。

🐟 **学霸支招**：该题考查宗教人物常识,是历年真题的重要考点。该题的得分点包括身份、主要成就、影响、地位、代表作品。建议复习唐招提寺、奈良等相关词条。

**25. 唐招提寺**：是日本佛教律宗建筑群,位于日本奈良市西京五条,由中国唐朝的高僧鉴真所建,是日本唐风建筑中的明珠。唐招提寺最盛时曾有僧徒 3 000 人,最大建筑物是金堂,以建筑精美著称。金堂、经藏、鉴真像等被誉为国宝。唐招提寺是日本奈良的著名景点,国内外旅游者众多。

> **学霸支招**：该题考查历史基础知识，是历年真题的重要考点。该题的得分点包括建筑地点、建立时期、建立人物、影响及地位。建议复习鉴真、奈良、东大寺等相关词条。

## 二、应用文写作（40分）

**题目分析**

该题考查通知类写作，为常见应用文，难度适中。此类应用文主要有两个特点：（1）广泛性。使用范围广泛，社会团体、企事业单位均可使用，该题是社区居委会。内容范围也广泛，重大行动和日常工作安排均可使用通知行文。（2）时效性。通知事项一般都要求及时办理、执行或知晓，在行文中往往需要明确写出时间要求。此外，还应根据题目要求添加内容，不能遗漏题目信息。

**考场还原**

关于老年旅游活动的通知

尊敬的幸福里小区全体业主：

为了构建和谐社区，丰富社区老年人的文化生活，认真贯彻"社会参与、全民关怀"的老龄方针，结合我市老龄工作的实际和小区老年业主的需求，我们将组织开展小区老年人旅游活动，为使活动有序进行，现将有关事项通知如下：

（一）开展老年旅游的目的和意义

本次老年旅游活动旨在通过组织社区老年人外出旅游来让各位老年业主扩大视野、陶冶情操，在欣赏美丽风景时也感受日新月异的城市变化，既可以满足老年人精神文化生活的需要，又可以促进我市的旅游经济发展。

（二）旅游时间及方式

××××年××月××日上午8点在本小区门口集合，乘坐大巴出发，中午含餐，预计下午4点返回。

（三）参加对象

幸福里小区里80岁以下有独自外出能力的老年人均可报名参加此次老年旅游活动，并享受相应的优质服务，组织人数为50名，按照报名顺序登记。

（四）旅游活动内容

本次旅游是以休闲疗养放松、感受历史文化、体验城市风光为主要线路的观光游，主要参观两个著名景点。上午参观五大道，欣赏天津乃至全中国保留最为完整的洋楼建筑群。下午将漫步天津文化古街，体会一下古味、中国味、天津味和文化味。导游将为各位旅客详细讲解。

（五）报名方式及联系方式

此次老年旅游活动由幸福里社区居委会精心组织，统筹安排，协调处理有关问题，确保老年人的安全和旅游活动的顺利开展。希望各位老年业主积极参加，在居委会办公室登记或打办公室电话报名，××××年××月××日下午5点截止。

联系人：×××

居委会办公室联系电话：××××-××××××××

幸福里社区居委会<br>××××年××月××日

**评点升格**

本篇范文包含标题、称谓、正文内容和落款。正文内容包括开展老年旅游的目的和意义、时间及方式、参加对象、旅游活动内容和报名联系方式，并结合题目背景加入了两个天津市的旅游景点，格式规范，内容完整。

## 三、现代汉语写作（60分）

**题目分析**

该题为汉语写作，难度适中。考生可以结合社会文化，选取合理角度，可以从分析产生剩女现象的原因、阐述怎样对待剩女现象以及剩女现象带来的启示等方面展开论述，自圆其说即可。

**考场还原**

剩女现象

快节奏的城市生活成为主旋律，很多女性在奋斗中获得更高的学历、体面的工作和稳定的收入，但随着年龄的增长，迟迟徘徊在婚姻的殿堂外。于是，大龄女青年得到了"剩女"这样的网络标签。如今"剩女"这个热词已经逐渐从网络空间进入普通大众的日常生活话语中。现在剩女现象越来越严重，究竟是什么原因导致的呢？

首先，剩女现象源于城市化的发展。在城市化浪潮的推动下，"剩女"问题由此出现。随着互联网的发展，社交软件的广泛使用，社会成员之间的沟通逐渐减少，距离感拉开，许多高学历、高素质的女性因为工作紧张而没有广泛的生活交际圈子，在工作中结交的一些男性朋友也很少有时间发展恋爱关系。城市交往的短暂性和疏离性、紧张性和竞争性缩小了"剩女"们的择偶范围，也控制了她们的恋爱时间，使得那些渴望爱情和家庭的女性不得不处于无奈的等待之中。

其次，随着时代的进步，年轻一代的婚恋观正在发生变化，"婚恋观"的巨大变化为"剩女"的出现提供了土壤。改革开放以来受多种因素的影响，中国人的婚恋观念逐步从传统走向多元化，婚姻和家庭早已不是现代年轻人追求的生活主线。而"剩女"们正是受到了多元化的婚恋方式和非传统婚恋观念的熏陶和影响。同时，知识也赋予了"剩女"这一群体强大的力量，越来越多的女性追求的是事业上的成功以及社会地位的显著提高。由于各方面的独立，她们不再把婚姻看作寻求生活依赖的主要途径。不少女性经济独立，她们更多的是想通过自己的努力来寻求自己想要的生活。

在城市化环境和婚恋观发生变化这两个外部因素和内部因素的影响下，单身女性的数量在不断增加，各类媒体的关注和社会争论展现了剩女现象下的多种压力，但是这种现象其实也有可取之处。从女性个人来看，在自由和竞争并存的当代社会中，越来越多的女性可以追求自己的事业和学业，通过学习提升自己或者争取工作晋升机会。争论尚存，但仍需理性选择自己的道路。对于社会来说，有更多有能力、有学识的女性进入社会，能够推动社会的发展，而尊重女性有选择自己人生道路的权利才是社会进步的体现。在呼吁"二孩"的国家政策下，女性在家庭中的角色也越来越重要，因此社会也应当给予大龄女性更多的包容。

剩女现象是客观存在的社会现象，我们关注这个现象应当是为了促进社会更加长远的发展，而不应当把"剩女"当作一种标签去定义任何年龄段的女性。撕掉"剩女"的标签，理性对待剩女现象，这将更有利于构建一个平等、相互尊重的和谐社会。

**评点升格**

本篇范文总体思路清晰。开头先引入社会背景，阐述现状，从而引出剩女现象出现的原因，分别从外部环境和内部因素分析，然后从女性个人、社会、国家角度去阐述剩女现象的好处，最后明确我们应该理性对待剩女现象，从而构建和谐社会，点题并升华主旨。

# 2019年试题参考答案与考点解析

## 一、名词解释（50分）

1. **亚文化**：又称集体文化或副文化，是1950年由大卫·雷斯曼提出的，指与主文化相对应的那些非主流的、局部的文化现象，是属于某一区域或某个集体所特有的观念和生活方式。20世纪50年代，第二次世界大战后出现了婴儿潮的现象，在西方世界，以青少年为主体的年轻文化逐渐受到重视。按照罗伯逊的分类方法，亚文化可以分为人种的亚文化、年龄的亚文化、生态学的亚文化等。亚文化拥有自己独特的价值与观念，它的影响力通常比主文化更大，直接影响人们生存的社会心理环境，能显现人的特殊身份和气质。

**学霸支招**：该题考查文化基础知识，是历年真题的高频考点，考生应重点掌握。该题的得分点包括定义、提出者、提出时间、文化起源、分类方法、影响及作用。（考生可选取5~6点作答，得分点越多越好，每个得分点的字数可以适当少一点。）建议复习婴儿潮、大众文化、女权运动等相关词条。

2. **动画**：是一种综合艺术，是集中表现绘画、摄影、音乐等众多艺术门类的一种表现形式。动画起源于19世纪上半叶的英国，兴盛于美国。1892年，在巴黎葛莱凡蜡像馆，埃米尔·雷诺首次向观众放映光学影戏，标志着动画的正式诞生。中国动画起源于20世纪20年代。经过了百年发展，动画的艺术魅力深受越来越多的人喜爱，动画产业也逐渐走向成熟。

**学霸支招**：该题考查社会文化基础知识，是历年真题的重要考点。该题的得分点包括定义、起源时间、地点、诞生标志、发展和影响。建议复习漫画、大众文化、亚文化等相关词条。

3. **漫画**：用夸张、比喻、象征等绘画手法所展示的图画作品来讽刺或歌颂生活和时事的艺术形式。起源于16世纪的日本，经过发展现已成为人们的普遍读物。漫画常用简单而夸张的手法构成幽默、诙谐的图画，直接或隐晦地表达作者对生活或世事的理解及态度，是一种含有讽刺或幽默的浪漫主义绘画。漫画具有较强的社会性，也有娱乐性较强的作品，往往还存在搞笑型漫画和人物创造型漫画。漫画经过漫长的发展过程后，具有专业的画面效果和欣赏价值，逐渐成为大众消费的文化读物。

**学霸支招**：该题考查社会文化基础知识，是历年真题的重要考点。该题的得分点包括定义、起源时间、地点、发展、表现方法、表达目的、主要特点。建议复习动画、大众文化、亚文化等相关词条。

**4. 詹姆斯·艾利森：** 美国著名免疫学家，出生于美国得克萨斯州。艾利森主要对T细胞进行研究，并致力于促进癌症的免疫治疗。2018年詹姆斯·艾利森和本庶佑因在发现负性免疫调节治疗癌症的疗法方面做出贡献，共同荣获诺贝尔生理学或医学奖。

☞ **学霸支招：** 该题考查社会文化常识，主要考查诺贝尔奖获得者的人物知识，考生应当关注重要奖项的相关时事，了解获奖者的基本情况、主要贡献等。该题的得分点包括国籍、职业、研究领域、主要成就。建议复习本庶佑、诺贝尔生理学或医学奖、诺贝尔文学奖等相关词条。

**5. 本庶佑：** 日本著名免疫学家，出生于日本京都府京都市。2013年，本庶佑根据1992年发现的T细胞抑制受体开创了癌症免疫疗法。由于在发现负性免疫调节治疗癌症的疗法方面做出重要贡献，2018年他与詹姆斯·艾利森共同获得诺贝尔生理学或医学奖。

☞ **学霸支招：** 该题考查社会文化常识，主要考查诺贝尔奖获得者的人物知识。该题的得分点包括国籍、职业、研究领域、主要成就。建议复习詹姆斯·艾利森、诺贝尔生理学或医学奖、诺贝尔文学奖等相关词条。

**6. 特朗普森林：** 是由反对美国退出《巴黎协定》的环保主义者发起的项目。美国在2015年曾根据《巴黎协定》做出承诺，到2025年将排放量在2005年的基础上至少减少26%，但美国总统唐纳德·特朗普背弃了这一承诺，废除奥巴马时代的清洁能源计划，宣布美国退出《巴黎协定》。因此环保主义者发起了这项行动，他们计划最终在全球种下100亿棵树来抵消这部分排放量。

☞ **学霸支招：** 该题考查国际时事，是历年真题的重要考点。该题的得分点包括定义、发起原因、主要目的、采取措施。建议复习碳足迹、清洁能源、《巴黎协定》、唐纳德·特朗普等相关词条。

**7. 清洁能源：** 指不排放污染物的能源，包括核能和可再生能源。清洁能源主要分为狭义和广义两种概念。狭义的清洁能源是指可再生能源，这些能源消耗之后可以恢复、补充，很少产生污染。广义的清洁能源则包括在能源的生产及消费的过程中，选用对生态环境低污染或无污染的能源，如天然气、清洁煤和核能等。

☞ **学霸支招：** 该题考查生态环境知识，是历年真题的高频考点，复习时需要重点掌握。该题的得分点包括定义、组成分类、狭义概念、广义概念。建议复习可再生能源、温室气体、温室效应、气候变化等相关词条。

**8. 环保主义：** 在政治言论斗争中，环保主义是一种倡导自然环境的保存、恢复和改善的意识形态，包括保护自然资源、污染防治和合理利用土地等行为。其主要思想是人与自然和谐相处，不给地球、环境造成更大的伤害。

☞ **学霸支招：** 该题考查社会文化常识，是历年真题的重要考点。该题的得分点包括定义、具体例子、主要思想。建议复习环境保护、清洁能源、碳足迹等相关词条。

**9. 温室气体**：指的是存在于大气中能吸收和释放红外线辐射，使地球表面变得更暖的一些气体，即大气中会引起温室效应的气体，如二氧化碳、臭氧、一氧化二氮、甲烷等。人类大规模排放这些温室气体是引起全球变暖等气候变化的重要原因。

　　🐟**学霸支招**：该题考查生态环境知识，是历年真题的高频考点，考生应重点掌握。相关时事背景为1997年12月，《联合国气候变化框架公约》参加国三次会议在日本京都制定了《京都议定书》。其目标是将大气中的温室气体含量稳定在一个适当的水平，进而防止剧烈的气候变化对人类造成伤害。该题的得分点包括定义、主要气体、主要危害。建议复习温室效应、环保主义、气候变化、《京都议定书》《联合国气候变化框架公约》等相关词条。

**10. 巴黎协定**：是各国为2020年后全球应对气候变化行动做出安排而制定的长期目标协定。该协定在2015年巴黎气候变化大会上通过，2016年在纽约签署后正式生效。一些国家领导人和国际机构高管发表讲话或声明，对这一协定的诞生表示支持。它是继《联合国气候变化框架公约》和《京都议定书》之后，第三个人类历史上应对气候变化的里程碑式的国际法律文本。

　　🐟**学霸支招**：该题考查国际协定知识，是历年真题的高频考点，南开大学2017年的汉语写作与百科知识试题中已经考过此词条，复习时需要重点掌握。相关时事为2017年6月1日，美国总统唐纳德·特朗普在华盛顿宣布，美国将推出应对全球气候变化的《巴黎协定》。建议复习生态文明、温室效应、环保主义、《京都议定书》《联合国气候变化框架公约》等相关词条。

**11. APEC峰会**：指亚太经济合作组织召开的领导人非正式会议。作为成立于1989年的亚洲—太平洋地区级别最高、影响最大的区域性经济组织，自1993年起，亚太经济合作组织领导人非正式会议共举行了近二十次。APEC峰会为推动区域贸易投资自由化、加强成员国之间经济技术合作等方面发挥了不可替代的作用，是亚太各地区之间促进经济成长、合作、贸易、投资的论坛。

　　🐟**学霸支招**：该题考查国际组织常识，是历年真题的高频考点，南开大学2015年的汉语写作与百科知识试题中已经考过此词条，复习时需要重点掌握。该题的得分点包括定义、成立时间、会议发展、目的及作用。建议复习G20峰会、金砖国家峰会、上海合作组织峰会等相关词条。

**12. 金砖国家峰会**：是由巴西、俄罗斯、印度、中国和南非五个金砖国家召开的会议。由于这五个国家的英文首字母与英语单词的砖"BRICS"类似，因此它们被称为"金砖国家"。首届金砖国家峰会在2009年召开。金砖国家峰会使"金砖国家"合作机制逐渐形成，作为全球新兴经济体代表的金砖国家的国际影响力也日益增强。

　　🐟**学霸支招**：该题考查国际组织常识，是历年真题的高频考点，复习时需要重点掌握。该题的得分点包括定义、首届召开时间、影响及作用。建议复习G20峰会、APEC峰会、上海合作组织峰会等相关词条。

**13. 吉布提**：全称是吉布提共和国，位于非洲东北部，首都是吉布提市，政体是总统共和制，官方语言为法语、阿拉伯语，主要宗教为伊斯兰教。吉布提是世界上最不发达的国家之一，自然资源贫乏，工农业基础薄弱，95%以上的农产品和工业品依靠进口，交通运输、商业和服务业在经济中占主导地位。吉布提的战略位置非常重要，国内有美军、法军的重要军事基地和中国人民解放军的保障基地，是非盟、阿盟、伊斯兰会议组织、东南非共同市场等地区组织的成员国。

👉 **学霸支招**：该题考查地理基础知识，是历年真题的重要考点。对于国家和地区的名词解释，应当包括国家全称、地理位置、首都、政体、官方语言、主要宗教、经济支柱产业、外交关系等。其他要点还可以包括政治、文化、社会等内容。（选取5～6点作答，得分点越多越好，每个得分点的字数可以适当少一点）该题的得分点包括国家全称、地理位置、首都、政体、官方语言、主要宗教、主要产业、外交情况。建议复习伊斯兰教、非盟等相关词条。

**14. 海湾国家**：指波斯湾沿岸的8个国家，分别是伊朗、伊拉克、科威特、卡塔尔、巴林、沙特阿拉伯、阿拉伯联合酋长国和阿曼。在中东地区，海湾及其周围地区是重要的国际通道。从经济的角度来说，海湾国家贸易频繁，并以蕴藏丰富的石油资源而闻名于世，被誉为"世界石油宝库"，占有重要的地位。从军事战略的角度来说，海湾国家也是战略要地。

👉 **学霸支招**：该题考查地理基础知识，是历年真题的重要考点。该题的得分点包括8个国家名称、经济地位、军事地位、名誉名称。建议复习伊朗、伊拉克、海湾战争等相关词条。

**15. 新自贸区**：是指2017年国务院在辽宁省、浙江省、河南省、湖北省、重庆市、四川省、陕西省新设立的7个自贸试验区。其主要目的是进一步对接高标准的国际经贸规则，以在更广的领域、更大的范围形成各具特色、各有侧重的试点格局。新自贸区的设立促进了我国贸易自由化、便利化。

👉 **学霸支招**：该题考查经济时事，是历年真题的重要考点，考生在复习时要关注经贸类的时事。该题的得分点包括设立时间、7个具体自贸区、主要目的、影响及作用。建议复习自由贸易区、自由贸易协定、中国—东盟自由贸易区等相关词条。

**16. 百年目标**：是2012年在党的十八大报告中提出的两个宏伟目标。实现中华民族伟大复兴是中华民族近代以来最伟大的梦想。在中国共产党成立一百年时，全面建成小康社会，这是中国梦的第一个宏伟目标；在中华人民共和国成立一百年时，建成富强民主文明和谐的社会主义现代化国家，这是中国梦的第二个宏伟目标。

👉 **学霸支招**：该题考查国家政治知识，是历年真题的高频考点，考生应重点掌握。该题的得分点包括提出时间、提出会议、目标内容。建议复习人类命运共同体、新常态、十九大等相关词条。

17. **欧盟**：是欧洲联盟的简称，是根据1992年签署的《欧洲联盟条约》所建立的国际组织，现拥有28个会员国，正式官方语言有24种。欧盟是世界上最有影响力的国际组织之一，是世界上第二经济实体，而在内政、国防、外交等其他方面则类似一个独立国家所组成的同盟。2012年欧盟被授予诺贝尔和平奖。

👉 **学霸支招**：该题考查国际组织知识，是历年真题的必考点，南开大学在历年的汉语写作与百科知识试题中都会考1~2个重要的国际组织词条，考生复习时要重点掌握。对于国际组织和会议的名词解释，应当包括成立（举行）时间、地点、成立由来、主要职责、影响或地位。该题的得分点包括成立时间、基本概况、影响、地位、主要成就。建议复习欧盟峰会、亚投行、TPP、上海合作组织、国际货币基金组织、世界卫生组织、APEC、金砖四国、世界贸易组织等相关词条。

18. **英国脱欧**：指英国脱离欧洲联盟的计划，从提出到正式脱欧经过了近7年的进程。2013年英国前首相卡梅伦首次提及脱欧公投。最终公投时间是2016年6月23日。2020年1月，欧盟正式批准了英国脱欧。英国脱欧对英国和欧洲其他国家在国际地位、贸易关系等各个方面都将产生长远的影响。

👉 **学霸支招**：该题考查国际政治常识，是历年真题的重要考点，考生应当了解国际热门政治话题并掌握高频出现的词条。该题的得分点包括事件概述、提出时间、提出者、国际影响。建议复习欧盟、欧盟峰会等相关词条。

19. **特蕾莎·梅**：英国政治家，出生于英国伊斯特本，曾担任保守党领袖和第76任英国首相，也是英国历史上第二位女首相。特蕾莎·梅上任后主要处理英国脱欧的工作，同时在外交、经济、社会等方面做出重要为政举措。但她最终因迟迟未能带领英国民众走向预期发展而不得不告别政治舞台。

👉 **学霸支招**：该题考查国际政治知识，主要考查政治人物常识，是历年真题的高频考点，考生应重点掌握。考生应对各国重要政治人物有一定了解。该题的得分点包括国籍、职业、党派、为政举措、人物评价。建议复习卡梅伦、朴槿惠、文在寅、安倍晋三等相关词条。

20. **朴槿惠**：韩国政治人物，第18届韩国总统，是韩国历史上第一位女总统，也是东亚首位民选的女性国家元首。其执政期间，主要在外交方面做出重要为政举措。2017年，韩国宪法法院通过了对朴槿惠的弹劾案，朴槿惠因"亲信干政"案的贪腐丑闻被免去总统职务。

👉 **学霸支招**：该题考查国际政治知识，主要考查政治人物常识，是历年真题的高频考点，考生应重点把握。该题的得分点包括国籍、职业、为政举措、人物评价。建议复习文在寅、安倍晋三、卡梅伦、特蕾莎·梅等相关词条。

21. **文在寅**：韩国政治家，现任第19届韩国总统，从政于共同民主党。其执政期间，2017年主持举办平昌冬奥会，并被委任为平昌冬奥会宣传大使。在国内事务上，文在寅于 2018 年签署修宪案。在外交方面，文在寅于 2018 年与朝鲜最高领导人金正恩实现朝韩初次会面，推动朝鲜半岛无核化并签署和平协定。

🎓 **学霸支招**：该题考查国际政治知识，主要考查政治人物常识，是历年真题的高频考点，考生应重点掌握。该题的得分点包括国籍、职业、政党、为政举措、人物评价。建议复习朴槿惠、安倍晋三、卡梅伦、特蕾莎·梅等相关词条。

22. **萨德系统**：即末段高空区域防御系统，一般称为萨德反导系统，是美国导弹防御局和美国陆军隶下的陆基战区反导系统。2016 年 7 月，美国和韩国正式宣布在韩国部署萨德反导系统，引发韩国国内的巨大争议以及本地区国家的强烈不满。

🎓 **学霸支招**：该题考查国际政治时事，是历年真题的高频考点，考生应重点掌握，复习时应关注国际时事类新闻及相关词条。该题的得分点包括定义、主导国家、主要作用、影响。建议复习《中导条约》《不扩散核武器条约》等相关词条。

23. **《本草纲目》**：是由明朝伟大的医药学家李时珍为修改古代医书中的错误而编写的，他以毕生精力，亲历实践，广收博采，对本草学进行了全面的整理总结，历时 20 多年编成，是他 30 余年心血的结晶。《本草纲目》不仅为中国药物学的发展做出了重大贡献，而且对世界医药学、植物学、动物学、矿物学、化学的发展也产生了深远的影响。

🎓 **学霸支招**：该题考查中国文学知识，是历年真题的高频考点。该题的得分点包括作者、成书年代、主要内容、影响及评价。建议复习李时珍、扁鹊、华佗等相关词条。

24. **李时珍**：字东璧，别称李东璧、李三七，晚年自号濒湖山人，明代著名医药学家。明朝廷封他为"文林郎"。其主要成就是编写了《本草纲目》，被后世誉为"药圣"。此外，他对脉学及奇经八脉也有研究，主要作品有《奇经八脉考》《濒湖脉学》等。

🎓 **学霸支招**：该题考查中国文学知识，是历年真题的高频考点，考生要掌握基本文学和历史人物。该题的得分点包括历史人物的字和号、所处朝代、身份、主要成就、主要作品、后世评价。建议复习《本草纲目》、扁鹊、华佗等相关词条。

25. **扁鹊**：春秋战国时期的名医。《史记》称其姓秦，名越人，由于他的医术高超，受人尊敬，被认为是神医，人们就把他比作会给人带来喜讯的吉祥喜鹊，而尊称其为"扁鹊"。扁鹊奠定了中医学的切脉诊断方法，开启了中医学的先河。相传有名的中医典籍《难经》为扁鹊所著。

🎓 **学霸支招**：该题考查中国文学知识，是历年真题的重要考点。该题的得分点包括人物所处时代、主要成就、代表作品、后世影响。建议复习李时珍、《本草纲目》、华佗等相关词条。

## 二、应用文写作（40分）

**题目分析**

该题考查开场词写作，为常见应用文，难度适中，是在重要会议或重大活动开始时，会议主持人讲话所用的文稿。开场词的主要作用有以下三点：（1）宣告，标志着会议或活动的正式开始。（2）提示，阐明会议或活动的性质、宗旨、任务、要求和议程安排等。（3）指导，对会议或活动朝着既定的正确方向顺利进行，保证圆满成功，有着重要意义。根据题目要求添加文章内容，注意不要遗漏题目信息。语言上要通俗明快、简洁明了、短小精悍，最忌长篇累牍、言不及义，多使用祈使句表示祝贺和希望。

**考场还原**

外事素养及外交礼仪学术会议开场词

尊敬的各位领导、嘉宾、老师，亲爱的同学们：

大家下午好！

在天高气清的时节，我们相聚在滨海大学外国语学院报告厅，参加由滨海大学与××省人民政府外事办公室共同主办的，外国语学院承办的外事素养及外交礼仪学术会议。

中国是礼仪之邦。礼与和是华夏文明的核心要素。子曰："礼者天地之序也。"在座的各位同学，作为外语方面的人才，未来有人可能会走出国门留学深造，有人可能会从事外事类工作，也有人可能会到外企部门工作。而迎接外宾时，不但要求我们学好、说好外语，更要求我们把外语与外交紧密融合，做一名有礼有节、有修养、懂外交的优秀外语人才。

那么今天下午我们很荣幸邀请到××省人民政府外事办公室秘书处××领导。××领导曾任中国驻埃塞俄比亚大使馆外交官，具有25年的外事工作经历，先后从事过礼宾、外事管理等方面的工作，具有丰富的外事工作阅历和经验。今天将就外事素养、外交礼仪等内容和心得给我们做精彩演讲。

出席本次会议的领导和嘉宾还有××大学校长×××教授、滨海大学外国语学院A领导、院长×××教授。今天下午参加会议的听众有滨海大学外国语学院的本科生、翻译专业硕士和青年教师，还有来自××大学的学生代表，欢迎你们的到来！

本次会议将于下午两点正式开始，为了给您创造一个安静有序的会场环境，请将您的手机调至静音状态。会议正式开始之后，请不要随意走动，感谢大家的配合！

会议即将开始，下面有请A领导致辞，请大家热烈欢迎！

**评点升格**

该题考查开场词写作，答题时需要注意开场词的作用。本篇范文包含标题、称谓、开头、主体和结束语。主体部分首先引入会议举办的背景，其次介绍领导、嘉宾和参会人员，最后明确会议时间和要求，并根据题目要求以邀请领导致辞结束。格式规范，内容完整。

## 三、现代汉语写作（60分）

**题目分析**

该题为汉语写作，难度适中。需要注意的是，如果只谈理论层面，文章会比较空洞，建议考生用举例论证来证明论点，特别是可以联系与我们生活相近的例子，从小的切入点展开论述。比如热门话题人工智能、网络舆论等讨论较多的是关于道德与法律之间的界限，还有引发大家关注的社会事件江歌案、高空抛物、高铁"霸座"等也是切题的事例。考生应选取合理角度，自圆其说即可。

**考场还原**

道德与法律的关系

法安天下，德润人心。道德和法律就好比圆心与圆，道德为圆心，法律为圆，没有圆心，做不出圆，也没有无圆心的圆。在经济急剧增长、城市不断扩张中，法治和德治更是不可分离、不可偏废。法律的有效实施依赖于道德的支持，而道德的践行也离不开法律的约束。因此，法律与道德有着密切联系，它们相辅相成、互相渗透。

法律是道德传播的有效媒介，也是道德的保障。高空抛物曾带来很大的社会危害，但由于没有具体的法律制约，此类事件屡禁不止。一个不道德的小小的举动，就可能带来严重的后果。"抛砖砸死女婴"事件经媒体报道后引起社会广泛关注。人们在为百日女婴过早地离开这个世界感到痛惜，其父母因悲痛欲绝而扼腕的同时，一个有关城市高空抛物威胁人们"头顶安全"的社会问题再次引起人们的热议。在法律的强力保障下，已明确规定高空抛物是违法行为。通过立法的不断完善以及法律制度的不断构建，将社会中的道德理念上升为法律，形成了更为明确的行为规范。这也就更加有效地促使人们自觉遵守道德的信念和要求，从而在更大范围内维护社会秩序和人身安全，道德的法律化正是最好的体现。

道德是衡量法律价值性的标尺，也是推动法律进步的积极力量。"法律是成文的道德，道德是内心的法律"。发生在日本的刑事案件——江歌案，和美国的绑架事件——章莹颖案持续引起国内关注，即使在案件法律事实还不尽明了时，道德层面已经掀起了舆论的激烈讨论。我国有自己的公序良俗，中国传统道德水平很高，这些事件触痛那么多人，说明人心向善。法律是实现正义的基本途径，但并不能实现全部的正义，还需要用公序良俗、舆论监督和非正式制度来对法律形成补充，在更大的程度上捍卫正义，也正是这些道德的力量推动着正义的实现、法律的进步。

因此，法律与道德关系紧密，能够互补互益，都具有约束作用。正所谓"道之以政，齐之以刑，民免而无耻；道之以德，齐之以礼，有耻且格。"要强化道德对法治的支撑作用，需要发挥道德的教化作用，为全面依法治国创造良好的人文环境。然而仅靠道德教化的力量是不够的，还必须由法律的严厉性和强制性来维护社会秩序。只有依法治国和以德治国相结合，才能让这两只手有效地联合起来，弹出和谐安定的华丽乐章。

习近平总书记指出："当高楼大厦在我国大地上遍地林立时，中华民族精神的大厦也应该巍然耸立。"一个民族要实现复兴，既需要强大的物质力量，也需要强大的精神力量。今天，全社会对法律健全和道德风尚的期待更高。这需要国家和政府加强法治宣传教育，引导全社会树立法治意识，但同时更需要人们发自内心地信仰和崇敬法律，每个人都应提高道德水平，弘扬中华民族传统美德，从而提升全社会思想道德素质，汇聚起实现中华民族伟大复兴的磅礴力量。

**评点升格**

本篇范文首先阐明中心论点，法律与道德是相辅相成、互相渗透的密切关系。其次，具体写明两个分论点，分别从法律对道德、道德对法律的角度论述。法律是道德传播的有效媒介，也是道德的保障；而道德是衡量法律价值性的标尺，也是推动法律进步的积极力量。从而得到我们应当采取德治与法治相结合的结论。最后，从国家、政府以及个人角度论述应如何实现道德与法律的结合，升华主旨点明德治与法治相结合能推动实现中华民族的伟大复兴。行文中适当引用孔子、习近平语录来充实论点，使论述道德与法律的关系时更有依据。

# 2018 年试题参考答案与考点解析

## 一、名词解释（50 分）

**1. 特朗普**：美国政治家、企业家、商人，出生于美国纽约。他是美国第 45 任总统，从政于共和党。执政期间，他在税改、金融监管立法、签署行政令、强硬贸易政策、外交军事布局等方面做出重要为政举措。因"通俄门"事件、弹劾案而引起争议。

**学霸支招**：该题考查国际政治知识，主要考查政治人物常识，是历年真题的高频考点，考生应重点把握，考生应对各国重要政治人物有一定了解。该题的得分点包括国籍、职业、党派、为政举措、人物评价。建议复习特朗普森林、特蕾莎·梅、文在寅、朴槿惠、安倍晋三、奥巴马、罗斯福等相关词条。

**2. TPP**：是跨太平洋伙伴关系协定的英文名缩写，原名亚太自由贸易区，前身是跨太平洋战略经济伙伴关系协定。2002 年亚太经济合作组织成员国中的新西兰、新加坡、智利和文莱四国发起这个多边关系自由贸易协定，主要是为了亚太地区的贸易自由化，它对亚太经济一体化进程产生了重要影响。

**学霸支招**：该题考查国际组织知识，是历年真题的高频考点，南开大学 2017 年的汉语写作与百科知识试题中已经考过此词条，考生应重点掌握。该题的得分点包括全称、前身及由来、发起时间、发起国家、主要目的、影响及作用。建议复习国际货币基金组织、金砖峰会、APEC 峰会、亚投行、上海合作组织、世界卫生组织、APEC、欧盟、金砖四国、世界贸易组织等相关词条。

**3. 亚马逊**：是美国最大的网络电子商务公司。1995 年由杰夫·贝佐斯创立，总部位于美国华盛顿州的西雅图，是最早开始经营网络电子商务的公司之一。经营范围从一开始的书籍逐渐扩大到电子产品、家居产品等。它促进了电子商务行业的发展，现已成为全球第二大互联网企业、世界 500 强企业之一和全球商品品种最多的网上零售商。

**学霸支招**：该题考查社会文化常识，是历年真题的重要考点。电子商务是社会热门话题，考生应掌握相关词条。该题的得分点包括定义、创立者、成立时间、总部地点、经营范围、影响。建议复习电子商务、网购、第三方支付等相关词条。

**4. 新兴亚洲工业国**：指 20 世纪 90 年代涌现的发展中经济体，包括中国、印度、韩国、新加坡，以及东盟四国的菲律宾、印度尼西亚、马来西亚、泰国等新兴工业化国家。新兴亚洲工业国具有举世瞩目的高经济增长率和现代化发展速度，是全球经济增长的重要动力。

👉 **学霸支招**：该题考查经济常识，是历年真题的高频考点，考生应重点掌握。该题的得分点包括出现时间、典型国家、特点、影响及地位。建议复习亚洲四小龙、东盟十国等相关词条。

5. **李嘉诚**：中国香港著名实业家、慈善家，出生于广东潮州，是香港首富，也是长江集团的创办人。其主要成就有连续15年为华人首富，成立了李嘉诚基金会。他曾收购英国第二大移动电信运营商O2。李嘉诚被评为"世界最具影响力十大华商人物"之一。

👉 **学霸支招**：该题考查社会文化人物知识，是历年真题的重要考点。该题的得分点包括国籍、职业、主要成就、地位、人物评价。建议复习马云、阿里巴巴集团等相关词条。

6. **复兴号**：指复兴号电力动车组，是中国自主研发并具有完全自主知识产权的标准动车组。由中国铁路总公司牵头组织，于2012年开启研制。"复兴号"不仅达到了世界先进水平，而且CR400系列的部分车次是世界上运营时速最高的动车组列车。"复兴号"于2017年在京沪高铁正式双向首发，2018年首次投入运营。它的成功研制和投入运用对中国全面、系统地掌握高铁核心技术具有重要战略意义，加快了我国高铁"走出去"的进程。

👉 **学霸支招**：该题考查科技知识，是历年真题的高频考点。新四大发明的相关词条是社会热门话题，考生应重点掌握。该题的得分点包括定义、研发时间、研发团队、地位、发展历程、意义和作用。建议复习和谐号、高铁、支付宝、共享单车、网购等相关词条。

7. **和谐号**：指和谐号电力动车组，是由中国中车、清华大学等于2004年借鉴和引进德国、日本等国的高速动车组技术后创新生产出的高速动车组。和谐号电力动车组于2007年上线并投入运营。和谐号的成功研制和投入运用，标志着我国铁路客运装备达到了世界先进水平，对我国铁路全面实施自主创新战略具有重要意义。

👉 **学霸支招**：该题考查科技知识，是历年真题的高频考点。新四大发明的相关词条是社会热门话题，考生应重点掌握。该题的得分点包括定义、引进时间、运营时间、影响和意义。建议复习复兴号、高铁、支付宝、共享单车、网购等相关词条。

8. **知识产权**：又称智慧产权，指一定有效期限内，权利人对其智力劳动所创作的成果享有的财产权利。知识产权一般是某一个人或组织所拥有的智力创造，包括发明、文学和艺术作品、外观设计等。在商业范围中，知识产权是指使用的标志、名称等。知识产权在第一次工业革命中首次提出。它随着科技的发展而发展，目的是更好地保护产权人的利益。

👉 **学霸支招**：该题考查社会文化知识，是历年真题的高频考点，考生应重点掌握。该题的得分点包括别称、定义、涵盖范围、提出时间、主要目的。建议复习自主知识产权、专利等相关词条。

9. **二维码**：是按一定规律在二维方向（平面）上分布的、黑白相间的某种特定几何图形，它通过比特流概念中的计算机代码编制"0""1"来记录数据符号信息。二维码的主要特点是信息量大、易识别、成本低，通过图像输入或光电扫描设备，可实现自动识读信息处理，主要作用是记载信息。二维码主要应用在商业活动、网络链接、信息读取等方面，常见应用方式有扫码支付、营销、电商平台。

👉 **学霸支招**：该题考查科技常识，是历年真题的重要考点，考生应重点掌握。该题的得分点包括定义、主要特点、主要作用、应用范围、营销方式。建议复习生物识别、人脸识别、第三方支付等相关词条。

10. **人脸识别**：是基于人的脸部特征信息进行身份识别的一种生物识别技术。它通过计算机语言编写人脸图像识别程序，首先用摄像机或摄像头读取被识别对象的人脸图像，然后自动提取被识别对象的特征与人脸库图像进行比对检测，得到识别结果。它的最大特征是采用非接触的方式进行识别，能避免个人信息泄露。由于人脸识别具有非接触、识别速度快、准确率高的优势，因而被广泛使用于公安、安全、海关、金融、车站等领域。

👉 **学霸支招**：该题考查科技知识，是历年真题的高频考点。人脸识别也是社会热门话题中的新词，考生要重点掌握。该题的得分点包括释义、别称、应用领域、处理方法。建议复习人工智能、生物识别、刷脸等相关词条。

11. **移动支付**：也称手机支付，就是允许用户使用其移动终端（通常是手机）对所消费的商品或服务进行账务支付的一种服务方式。单位或个人通过移动设备、互联网或直接近距离传感或间接向银行等金融机构发送支付指令产生货币支付与资金转移行为，从而实现移动支付功能。

👉 **学霸支招**：该题考查经济知识，是历年真题的高频考点。移动支付的相关词条也是社会热门话题，考生复习时应重点掌握。建议复习第三方支付、电子商务、支付宝等相关词条。

12. **应用软件**：是和系统软件相对应的，针对不同领域的应用需求为用户提供的各种程序设计语言及其编制的应用程序。应用软件由应用软件包和用户程序构成。它的主要功能是拓宽计算机系统的应用领域，如网络通信、媒体播放、企业工作管理等。应用软件的主要分类有互联网软件、多媒体软件、商务软件等。

👉 **学霸支招**：该题考查社会文化常识，是历年真题的重要考点。该题的得分点包括定义、构成、主要功能、应用领域、用途分类。建议复习移动支付、第三方支付、电子商务等相关词条。

13. **ATM**：是自动取款机的英文简称，它是一种可代替银行柜面人员的工作，高度精密的机电一体化装置。持卡人可以使用信用卡或储蓄卡，输入密码后在自动取款机上办理自助服务。ATM可以实现现金存款和提取、查询存款余额、账户之间实时转账、余额查询等工作。自动取款机方便快捷，是很多场合常用的存取款设备。

👉 **学霸支招**：该题考查经济常识，是历年真题的重要考点。该题的得分点包括定义、工作范围、主要特点、作用。建议复习支付宝、第三方支付等相关词条。

**14. 连锁店**：指在总部同一品牌下分支的众多分散的、小规模的、经营同类商品和服务的零售店。连锁店的类型有直营连锁和特许加盟连锁两种。通常采取共同的经营方针和营销方式。连锁店的主要特点是结合集中采购和分散销售，通过连锁店规范化经营可以扩大品牌规模，实现联合的品牌效应和规模经济效益。

👉 **学霸支招**：该题考查经济常识，是历年真题的重要考点。该题的得分点包括定义、类型、主要特点、作用。建议复习 ATM、特许经营权、电商平台等相关词条。

**15. 日本内阁**：是日本最高行政机关，在日本中央政权机关的领导中处于核心地位。它由日本首相和其他国务大臣组成，天皇根据国会的提名任命内阁总理大臣。内阁机构的主要任务是辅助总理大臣，审理需要提交至内阁进行决策的事项。日本内阁必须得到日本国会众议员的信任，职权主要有执行法律、处理国务和制定政令、处理条约与外交关系等。

👉 **学霸支招**：该题考查政治基础知识，是历年真题重要考点。该题的得分点包括属性及地位、组成人员、主要任务、职权。建议复习日本天皇、自由民主党、英国内阁、众议院、参议院等相关词条。

**16. 日本天皇**：日本君主的称号，是日本国家的象征，神道教的最高领袖。日本天皇制是世界历史上最长的君主制度，实行皇位世袭制。日本天皇的主要职责是任命内阁总理大臣、批准国务政令、出席礼仪性外交事务活动和国家仪典等。天皇拥有根据国会的提名任命内阁总理大臣的权力。

👉 **学霸支招**：该题考查政治和历史知识，是历年真题的重要考点。该题的得分点包括地位、皇位继承、主要职责、权力。建议复习日本内阁、自由民主党、英国内阁、众议院、参议院等相关词条。

**17. 自由民主党**：是指日本国政党，简称自民党，是日本第一大党和执政党，曾连续单独执政长达38年。自民党的前身是在1955年由两个保守自由主义政党——自由党和民主党合并产生。该党安倍晋三的政治立场是保守主义，他主张民主政治，修改宪法，维护自由经济体制，增强自主防卫力量；在外交上强调与美国同盟，坚持日美安保体制。

👉 **学霸支招**：该题考查政治基础知识，是历年真题的高频考点。日本、美国、英国等国家政党都是热门考点，考生应重点掌握。该题的得分点包括成立日期、历史前身、政治立场、主张内容。建议复习日本内阁、自由民主党、英国内阁、众议院、参议院等相关词条。

**18. 川端康成**：日本著名小说家，出生于大阪，是日本文学界"泰斗级"人物，新感觉派作家。1968年，他获得诺贝尔文学奖，是亚洲第三位获诺贝尔文学奖的人。他的作品善于抒情表达，受佛教思想和虚无主义的影响较多，善用意识流写法展示人物内心世界。他的代表作品有《雪国》《古都》《千只鹤》《伊豆的舞女》。

👉 **学霸支招**：该题考查外国文学人物知识，是历年真题的高频考点，考生应重点掌握。对于作家人物的名词解释，应当包括人物国籍、职业身份、主要成就、代表作品、人物及作品评价。该题的得分点包括国籍、职业、主要成就、写作特点、代表作品。建议复习诺贝尔文学奖、莫言、詹姆斯·艾利森、本庶佑等相关词条。

19. **诺贝尔文学奖**：是根据1895年诺贝尔的遗嘱，将奖金颁给在文学方面创作出具有理想倾向的最佳作品和一年来在文学方面对人类做出最大贡献的人。诺贝尔捐献全部财产设立基金，把每年的利息作为奖金。瑞典政府根据他的遗嘱建立了"诺贝尔基金会"，文学奖是把其基金的年利息按五等分授予的其中之一，该奖由瑞典文学院颁发。

☞ **学霸支招**：该题考查社会文化知识，是历年真题的高频考点，考生应重点掌握。该题的得分点包括创立时间、提出者、表彰对象、创立由来、颁发单位。诺贝尔奖其他领域获得者的人物背景也是需要掌握的。建议复习川端康成、莫言、詹姆斯·艾利森、本庶佑等相关词条。

20. **党章**：指《中国共产党章程》，是中国共产党规定的党建立和活动的根本法规，效力等同于最高党法和根本大法。其主要目的是实现党的纲领和规定党内事务，为党组织、全体党员提供需要明确遵守的行为准则，以开展党的正规活动。经过多次修正，现行版本为2017年中国共产党第十九次全国代表大会通过的党章，将习近平新时代中国特色社会主义思想写入了党章。

☞ **学霸支招**：该题考查国家政治知识，是历年真题的重要考点。该题的得分点包括全称、主要地位、主要目的、现行版本。建议复习十九大、习近平新时代中国特色社会主义思想等相关词条。

21. **反腐败**：是国家廉政建设的模式。反腐败是我国思想道德建设的集中体现，是党的廉政建设纲领。反腐败可以有效解决违纪违法问题，倡导廉洁风气。习近平总书记所强调的"'老虎''苍蝇'一起打"指坚持采取反腐败的措施。目前我国进入反腐败信息化时代，反腐机构抓住网络带来的机遇，积极引导和充分发挥网络的正面效用，实现了反腐与网络的良性互动。

☞ **学霸支招**：该题考查国家政治常识，是历年真题的重要考点。该题的得分点包括定义、地位、主要作用、反腐败具体表现、网络反腐的发展。建议复习中国特色社会主义思想、习近平新时代中国特色社会主义思想、十九大等相关词条。

22. **供给侧改革**：是相对于需求侧，涉及供给的各个方面进行的改革。它表明宏观经济政策思路的新认知，也指明了今后宏观经济政策的走向和着力点。供给侧改革促进了经济社会持续健康发展，提供了解读中国经济政策和经济前景的新角度。

☞ **学霸支招**：该题考查国家政治知识，是历年真题的高频考点。此概念是习近平总书记于2015年提出的。2019年3月5日，国务院总理李克强在发布的2019年国务院政府工作报告中提出，过去一年，深化供给侧改革，实体经济活力不断释放。该题的得分点包括改革目的、改革目标、针对问题、改革方法、影响和作用。建议复习三去一降一补、产业升级等相关词条。

**23. 老子**：姓李名耳，字伯阳，中国古代伟大哲学家和思想家，春秋末期人，道家学派创始人，被唐皇武后封为太上老君。其著有《道德经》（又称《老子》），主张"无为而治"。其学说对中国哲学发展具有深刻影响，在道教中老子被尊为"道祖"。

👉 **学霸支招**：该题考查中国文学常识，是历年真题的高频考点，考生应重点掌握。对于文学历史人物的名词解释，应当包括人物的字和号、所处时代、身份地位、主要成就、主要作品、人物评价。该题的得分点包括姓名和字、身份地位、主要作品、人物评价。建议复习孔子、孟子、庄子、墨子、荀子、韩非等相关词条。

**24. 孔子**：名丘，字仲尼，春秋时期鲁国人，是中国古代的大思想家和大教育家、政治理论家。他的主要成就是创立儒家学派，编纂《春秋》，修订《六经》，并创办私学。他的弟子记录了孔子及其弟子的言行并编撰成《论语》，集中体现了孔子的政治主张和伦理思想。孔子是当时社会上最博学的人之一，被后世统治者尊称为孔圣人、至圣先师、至圣、万世师表，是"世界十大文化名人"之首。

👉 **学霸支招**：该题考查中国文学知识，是历年真题的高频考点，考生应重点掌握。该题的得分点包括人物的字和号、所处时代、身份地位、主要成就、后世尊称。建议复习老子、孟子、庄子、墨子、荀子、韩非等相关词条。

**25.《易经》**：简称《易》，是中国最古老的文献之一，被儒家尊称为"五经"之首。《易经》事实上集合了古代的《连山》《归藏》《周易》，但《连山》和《归藏》已经失传。《易经》以一套符号系统来描述状态的变易，表现了中国古典文化的哲学和宇宙观。它的中心思想是以阴阳两种元素的对立统一去描述世间万物的变化。

👉 **学霸支招**：该题考查中国文学基础知识，是历年真题的重要考点。该题的得分点包括主要地位、书籍、主要内容、中心思想。建议复习《论语》《礼记》《道德经》等相关词条。

## 二、应用文写作（40分）

> **题目分析**
>
> 该题考查请示的写作，为常见应用文，难度适中。需要注意几点：（1）请示的目的要明确。应做到既提出问题，又有自己的看法、设想或处理意见。（2）请示的理由要充分。一般包括两个部分，一是需要，二是可能。二者缺一不可。（3）要把握请示的内在逻辑。通常包括请示的背景和缘由。（4）要把握好语言分寸。请示语言要简明扼要，语气要谦敬。

### 关于滨海大学F学院增加招生名额的请示

尊敬的滨海大学研究生院领导：

　　研究生招生工作是高校教育发展的关键，也是我校提高办学质量的重点任务。××××年我校F学院已完成研究生入学考试工作，我校生源充裕，有很多品学兼优的学生报考我院，生源质量也在进一步提高，目前正在招生录取统计阶段。本届研究生原计划招生31人，现有张明和赵娜两位同学出现同分的情况。经我院领导组慎重研究讨论，特向研究生院领导请示增加一个招生名额，以录取并列第31名的两位同学，顺利完成招生任务。

　　我院秉承培养优秀专业人才的政策，积极提高研究生的综合素质与能力，以提升毕业生就业竞争力，因此需要给予具有专业能力的同学教育平台。同时，教育公平是我校的优良传统，也是全社会所共同关注的。依托教学资源优势，我院师资力量不断扩大，教学硬软件资源达到与生源相适应的水平，可以为达到录取分数线的考生提供同等的教育机会，培养有潜力的研究生和更多优秀的专业人才，经核查张明和赵娜两位同学都通过了我院考试标准。因此恳请研究生院领导考虑我院的实际情况，批准本届研究生招生计划增加一个招生名额。

　　以上请示当否，请批示。

滨海大学F学院院长：李强

××××年××月××日

**评点升格**

　　本篇范文表达简洁，首先，表明了请示的背景和缘由，明确请示的内容；其次，给予充足申述的理由，先表明需要性，再明确可行性；最后，重申请示目的。文章格式规范、内容完整、语言流畅。

## 三、现代汉语写作（60分）

**题目分析**

　　该题为汉语写作，难度适中。新四大发明是社会热门话题，也是考生平时会关注到的，这样的作文都有话可说，选取合理角度展开论述即可。写作时需要贴近生活，阐发启迪与感悟，自由发挥的空间会更为宽广。

## 共享单车走好共享路

共享单车是"互联网+"新技术的一片蓝海，开启了现代文明的一道风景，实现了绿色健康出行的愿望，解决了市民出行的"最后一公里难题"。但自共享单车问世以来，问题也随之而来。给共享单车加锁，共享变私享；给共享单车喷漆，借用变抢夺；砸共享单车出气，工具变出气筒。可怜的共享单车，即使有三头六臂，也难逃开多灾多难的命运。要让共享单车走好"共享路"，需要政府、企业和用户共同努力。

让共享单车走好"共享路"，要系上监管的"紧箍咒"。我国的城市道路在规划的时候缺乏对单车的规划，对非机动车的道路、停车区域等规划严重不足，导致当前共享单车在管理过程中出现了拥堵路口，阻碍交通的情况。共享单车属于企业经营，而企业在发展的过程中更多的是关注自己的利益，只顾市场占有率而不顾具体的道路情况。因此，政府需要给共享单车提供发展的空间。从当前来看，政府要承担起部分责任，对共享单车的停车空间进行划定，同时要规范企业的行为，保障进入城市的车辆比例，规范共享单车的发展。

让共享单车走好"共享路"，要筑牢责任的"安全网"。企业作为新时代国家发展的重要组成部分，不仅要承担发展经济的重担，更要兼顾社会责任，要生产出促进社会进步的产品。共享单车不仅能够解决人民的出行问题，还能增加社会公共资源，为社会创造财富。但是现在仍然有些企业在发展的过程中，只顾增加市场份额，快速占领市场，而忽视企业发展过程中可能会带来的负面影响。比如共享单车快速扩张时就会占领城市空地，造成交通堵塞，人们出行困难。与此同时，如果企业不承担起责任，只顾恶性竞争，还会导致企业运营困难，群众财产受损，造成非常大的负面影响。因此，企业应该准确把握共享单车的服务区域，并对其进行精准投放，体现共享单车的经济价值和社会价值。

让共享单车走好"共享路"，要抓紧素质的"生命线"。共享单车在某种程度上是一种便民的公共资源，在一定程度上缓解了人们出行的压力，是一种更加环保、更加绿色的出行方式，给用户带来很多方便。但共享单车的出现，将国民素质一览无余地照了出来，它映射了国民素质的不足之处——乱停乱放、恶意损坏共享单车或将共享单车占为己有，这不仅是共享单车企业面临的危机，更是国民素质面临的危机。使用者应该自觉爱护共享单车，让自己和别人都能长期使用共享单车。

共享单车要走好"共享路"，需要政府做好天然的协调人；共享单车要走好"共享路"，需要企业做好责任人；共享单车要走好"共享路"，需要公民做好使用人。只有各方共同努力，各司其职，各尽其责，才能让共享单车的"共享路"走得不那么艰难，使共享单车成为人们低碳出行、绿色出行的新常态。

**评点升格**

本篇范文主要是从如何让共享单车更好地发展这个角度来写的。开篇先写了共享单车的发展现状,引出中心论点,共享单车需要政府、企业和用户共同努力。然后分别从这三个主体的角度提出具体解决方法及理由,即政府加强监管、企业负起责任、用户提高素质。最后总结三个分论点,首尾呼应,紧扣中心。全篇结构完整,逻辑清晰,语言优美,是一篇优质范文。

# 东北师范大学（B 211）

## 学霸硬核备考分享

### 1 本校考查特点

东北师范大学英语笔译专业汉语写作与百科知识科目的题型比较常规，为名词解释、应用文以及大作文。名词解释涉及的知识面非常广，会考查中西方文学知识、重要历史事件以及时事热点等，复习时要尽量扩充自己的知识储备。

### 2 学霸备考经验

**名词解释**：此类题目分值高，近几年的题型都是名词解释。备考时能想到的知识点要尽量全部复习，有备无患。可着重复习翻译硕士黄皮书中的名词解释词条，结合《最后的礼物》以及翻硕百科蜜题 APP 进行背诵。记住关键得分点，能起到提示的作用，在考场上能够连词成句。如科举制，答题时应该涉及科举制的起源时间、创立人、历史意义、具体内容等。答题时要发散思维，名词解释的改卷原则是多写不扣分，少写少给分。语言要规范、有条理，内容要尽可能充实。历年考过的名词解释一定要会，每年都会出以往出过的原题。

**应用文**：写信模板需要背熟，临考前关键文章类型的格式都要练习一下，也可参考各个学校真题中的小作文，对其进行整理。内容要充实，传达关键信息。可以关注东北师范大学的研究生公众号，上面会发布一些通知、节日的祝词，这些都可以用来学习。

**大作文**：往年都是命题作文，2018 年是材料作文。考前在《作文素材》中积累一些典型例子，也可利用作文纸条 APP，熟读并背诵范文，考前一个月每周练笔一篇，以保持手感，考场上正常发挥即可，注意字数要求。

东北师范大学英语笔译专业汉语写作与百科知识科目的出题风格较为固定，在答题时注意把握好时间，字迹工整。考生在复习时把握这些规律，便可事半功倍。

# 2020年试题参考答案与考点解析

## 一、名词解释（50分）

1. 新文化运动：是由陈独秀、李大钊、鲁迅、胡适等发起的一次"反传统、反孔教、反文言"的思想文化革新、文学革命运动。这场运动开始于1915年，提倡民主与科学，反对封建文化，沉重地打击了统治中国2 000多年的传统礼教，促进了人们的觉醒，推动了现代科学在中国的发展，为马克思主义在中国的传播和五四爱国运动的爆发奠定了思想基础。

👉 学霸支招：该题考查中国重大历史事件，得分点包括新文化运动的发起人、开始时间、主要内容、历史意义。

2. 甲骨文：主要是指殷墟甲骨文，又称殷墟文字、契文，是殷商时代刻在龟甲古兽上的文字，是中国已发现的古代文字中时代最早、体系较为完整的文字。现代汉字是由甲骨文演变而来的。

👉 学霸支招：该题考查中国文字历史，得分点包括甲骨文的含义和历史地位。

3. 圈地运动：最早出现在12世纪，是指在14、15世纪农奴制解体过程中，英国资产阶级强占农民土地，并把土地圈起来做成大农场的一场运动。圈地运动为资本主义的发展提供了自由劳动力，牺牲了农民的利益，积累了原始资本，为资本主义提供了廉价的雇佣劳动力和国内市场，为英国发展成为资本主义强国奠定了基础。

👉 学霸支招：该题考查英国重大历史事件，得分点包括圈地运动的具体内容、历史意义、开始时间。

4. 世博会：是由主办国举办的在各个方面产生深远影响的一项国际性博览活动，涉及文化、产业、科技等方面的成果。英国于1851年在水晶宫举办的万国工业博览会是最早的世博会。世博会促进了国与国之间的文化交流、经济进步以及人员流动。

👉 学霸支招：该题考查重要国际活动，得分点包括世博会的含义、开始时间、历史意义。

5. 《最后的晚餐》：由意大利艺术家列奥纳多·达·芬奇创作，以《圣经》中耶稣跟十二门徒共进最后一次晚餐为题材。画中人物各式各样的神态，以及手势、眼神和行为，都刻画得十分细腻，这幅画收藏于意大利米兰圣玛利亚感恩教堂。《最后的晚餐》不仅标志着列奥纳多·达·芬奇艺术成就的最高峰，也标志着文艺复兴时期艺术创造的成熟与伟大。

👉 学霸支招：该题考查国外著名画作，得分点包括《最后的晚餐》的作者、描绘内容、画作特色以及历史意义。

6. **通天塔**：一般指巴别塔，是《圣经·旧约·创世记》中人们建造的塔。人类联合起来兴建希望能通往天堂的高塔；上帝通过使人类说不同的语言阻止了人类的计划。通天塔解释了不同语言和种族的产生原因。

👉 **学霸支招**：该题考查文学知识，得分点包括通天塔的来源和意义。

7. **《狂人日记》**：由鲁迅创作，是中国第一篇短篇白话日记体小说，写于1918年4月。该小说通过对狂人形象的描写和刻画，揭示了封建礼教的"吃人"本质，批判了中国黑暗腐朽的旧社会，对中国文坛乃至中国社会产生了深远的影响。

👉 **学霸支招**：该题考查中国重要文学作品，得分点包括《狂人日记》的作者、发表时间、主要内容、主旨、产生的社会影响。

8. **堰塞湖**：指的是山崩滑坡体等堵截山谷、河谷或河床后贮水而形成的湖泊，它是因火山熔岩流、冰碛物或地震活动使山体岩石崩塌而形成的。堰塞湖一般有两种溃决方式：逐步溃决和瞬时全溃。一旦决口对下游形成洪峰，破坏性不亚于洪灾。治理方法为爆破泄洪以及修建安全排水渠。

👉 **学霸支招**：该题考查地理知识，得分点包括堰塞湖的形成过程、溃决方式、危害以及治理方法。

9. **《四库全书》**：是在乾隆皇帝的支持下，由纪昀等360多位高官、学者费时13年编撰而成的大型丛书。丛书分经、史、子、集"四部"，故名四库。丛书基本囊括了中国古代所有图书，故称"全书"。当年，乾隆皇帝命人手抄了七部《四库全书》，下令分别藏于全国各地，为中华传统文化最丰富、最完备的集成之作，覆盖了中国文、史、哲、理、工、农、医几乎所有的学科。

👉 **学霸支招**：该题考查中国古代重要典籍，得分点包括《四库全书》的作者、撰写朝代、历史意义、覆盖学科及地位。

10. **六经**：是《诗》《书》《礼》《易》《乐》《春秋》的合称，是指经过孔子整理并传授的六部先秦古籍。这六部经典著作的全名依次为《诗经》《书经》《礼记》《易经》(即《周易》)《乐经》《春秋》。六经是历代中华先王累积遗传下来的文教经典、中华文化早期的六大经典学术，经过周公完善、孔子整理编撰以后，成为中华文明礼教的基础。六经的思想符合当时的政治观，符合当时的宗教追求，同时也是当时的文化纲领。

👉 **学霸支招**：该题考查中国古代重要典籍，得分点包括六经的具体书目、历史意义、整理人。

11. **雨果**：是法国代表作家，出生于19世纪，是浪漫主义代表诗人，被人们称为"法兰西的莎士比亚"。其作品涉及诗歌、小说、剧本、各种散文、文艺评论及政论文章，在法国文坛影响深远。其代表作有长篇小说《巴黎圣母院》《九三年》《悲惨世界》。

👉 **学霸支招**：该题考查法国著名文学家，得分点包括雨果的代表作、所处时代、所处国家、历史影响。

12. **雾霾**：是雾和霾的组合词，它是特定气候条件与人类活动相互作用的结果。高密度人口的经济及社会活动必然会排放大量细颗粒物，一旦排放超过大气循环能力和承载度，细颗粒物将会聚集，此时极易出现大范围的雾霾。霾对人体健康的危害更大，影响最大的就是人的呼吸系统，造成的疾病主要有呼吸道疾病。

> 学霸支招：该题考查热点名词，得分点包括雾霾的含义、产生原因、危害。

13. **玄奘**：本名陈祎，洛州缑氏人，出生于唐代，是中国佛教三大翻译家之一。游学天竺各地，遍学了当时大小乘各种学说，并与一些学者展开辩论。长期从事翻译佛经的工作，将他西游的亲身经历编写成《大唐西域记》十二卷。玄奘被世界人民誉为中外文化交流的杰出使者，对中外文化交流做出了巨大贡献。

> 学霸支招：该题考查佛教重要人物，得分点包括玄奘所处的朝代、成就、历史影响等。

14. **歌舞伎**：是日本民族表演艺术，起源于17世纪江户初期，是日本独有的一种戏剧，为非物质文化遗产。现代歌舞伎的特征是布景精致、舞台机关复杂，演员所穿的服装华美靓丽，深受日本人民喜爱。

> 学霸支招：该题考查日本文化，得分点包括歌舞伎的含义、开始时间、具体内容。

15. **温室效应**：大气能使太阳短波辐射到达地面，但地表受热后向外放出的大量长波热辐射线却被大气吸收，地表与低层大气温度随即增高，故名为温室效应。自工业革命以来，大气的温室效应不断增强，其引发的一系列问题已引起了世界各国的关注。温室效应会导致全球变暖、海平面上升和土地沙漠化等严重问题。

> 学霸支招：该题考查热点名词，得分点包括温室效应的产生原因、造成的危害等。

16. **二维码**：近几年来在移动设备上非常流行的一种编码方式，能表示更多的数据。二维码是用某种特定的几何图形按一定规律在平面上分布的图形，用以记录数据符号信息。它具有对不同行的信息自动识别及处理图形旋转变化点的功能。它的信息容量大、成本低、易制作、持久耐用。

> 学霸支招：该题考查热点名词，得分点包括二维码的含义、优点、设立目的。

17. **国内生产总值**：是指计算一个国家或地区所有常驻单位在一定时期内生产活动的最终结果，用以衡量国家的经济发展水平。国内生产总值反映了一国的经济实力和市场规模。国家政府可参照国内生产总值数据进行适当的宏观调控，保证经济的健康发展。

> 学霸支招：该题考查国际重要指标，得分点包括国内生产总值的具体含义和意义。

18. **财政赤字**：是指财政支出超过财政收入的部分。因为国家在发展过程中经常需要大量财富来解决一些问题，所以会出现入不敷出的情况，这种情况是不可避免的。通常赤字增加，很容易导致通货膨胀。

> 学霸支招：该题考查经济学名词，得分点包括财政赤字的含义以及影响。

19. **哥白尼**：是文艺复兴时期的波兰天文学家、数学家、教会法博士。哥白尼提出了日心说，改变了人类对自然和自身的看法，更正了人们的宇宙观。哥白尼是欧洲文艺复兴时期的一位巨人，他用毕生的精力去研究天文学，为后世留下了宝贵的遗产。

👉 **学霸支招**：该题考查欧洲著名历史人物，得分点包括哥白尼的所处时期、国籍、学说、贡献。

20. **蒙太奇**：是一种电影制作手法，指不同镜头拼接在一起时，会产生各个镜头单独存在时所不具有的特定含义。由画面剪辑和画面合成构成，不同镜头的组接比单个镜头所能产生的含义更为多样化。蒙太奇能够使影片自如地交替使用叙述的角度，且能通过镜头更迭运动的节奏，影响观众的心理。

👉 **学霸支招**：该题考查摄影艺术手法，得分点包括蒙太奇的含义和作用。

21. **南北战争**：是美国历史上南北方之间一场最大规模的内战，北方最终取得了胜利。该战争从开始的维护国家统一，到后来演变为一场消灭奴隶制的革命战争。它具有极伟大的、世界历史性的、进步的和革命的意义。在内战后的重建时期，黑人虽仍受到多方面的歧视和种植场主的剥削，但在政治上逐渐取得公民权及选举权，从奴隶的枷锁下解放出来。因此，这场战争在美国历史及世界人权史上都具有重要意义。

👉 **学霸支招**：该题考查美国重大历史事件，得分点包括南北战争的具体内容和历史意义。

22. **科举制**：是中国古代选拔官吏的考试制度，开始于隋朝。科举制的主要考试都是定期举行的。在封建时代，科举制是一种最公平的选举方式，它既为统治者广纳贤才，同时又推动了中国古代社会的发展，具有进步意义。

👉 **学霸支招**：该题考查中国古代著名考试制度，得分点包括科举制的含义、开始时间、历史意义、作用。

23. **阿基里斯之踵**：原指阿基里斯的脚后跟，因是其身体唯一一处没有浸泡到冥河水的地方而成为他唯一的弱点。现引申为致命的弱点、要害。后人常以"阿基里斯之踵"说明这样一个道理——即使是再强大的英雄，也有致命的死穴或软肋。

👉 **学霸支招**：该题考查外国文学典故，得分点包括阿基里斯之踵的含义及所蕴含的道理。

24. **"一带一路"**：是"丝绸之路经济带"和"21世纪海上丝绸之路"的简称，由中国国家主席习近平提出。"一带一路"旨在促进中国与丝绸之路沿线国家的经济、政治、文化上的交流，从而促进共同的繁荣进步，构建人类命运共同体。

👉 **学霸支招**：该题考查热点名词，得分点包括"一带一路"的含义、目的、意义。

## 二、应用文写作（40分）

> **题目分析**
>
> 该题需写一封慰问信，为常见应用文，难度适中。慰问信在本质上仍是信函的一种，在格式和结构上，同信函没有本质差别。难点是要写得有文采。

**考场还原**

致全校师生的春节慰问信

老师们、同学们：

一元复始，万象更新。值此春节即将到来之际，我谨代表学校党委和行政向你们致以新春的问候和美好的祝愿。

刚过去的这一年，是全校教职工忙碌奋进的一年，也是求实创新的一年。学校党政领导以科学发展观统领学校各项工作，带领广大教职工奋力拼搏、不懈努力，开创了学校工作的新局面，学校事业发展蒸蒸日上。学校坚持特色发展、优势取胜，内涵建设取得重大进展；人才培养、科学研究、社会服务、文化传承与创新、国际化水平显著提升；学校在国家高等教育体系中的地位和影响、对社会经济发展的贡献明显提高，所取得的成绩令人振奋。

奋斗伴随艰辛，成绩来之不易。一年来，学校广大教职工以高度的主人翁责任感、奋发有为的精神状态、忘我的工作热情和巨大的创造力，积极投身于学校迎接教育部本科教学工作合格评估工作中，迎评促建工作得到好评和肯定。这些成绩的取得，是学校党政领导班子不畏艰难、团结奋进、开拓创新的结果；是全体教师甘为人梯、辛勤耕耘、潜心育才的结果；是广大行政、教辅、后勤人员不辞辛劳、竭诚服务、无私奉献的结果；是广大辅导员、班主任老师倾注爱心、无微不至、日夜操劳的结果；也是全体教职工家属关心理解、鼎力支持的结果。在此，向全体教职工及其家属们表示崇高的敬意！

回顾过去，我们信心百倍；展望未来，我们重任在肩。崭新的一年，是学校事业发展中加强内涵式发展建设的关键之年，机遇与挑战并存，困难与荣誉同在。让我们携手并肩，锐意进取，用激情和智慧、勤劳和汗水去开创更加灿烂辉煌的明天！

衷心祝愿大家新春愉快，身体健康，阖家幸福，吉祥如意！

校长：××<br>××××年岁末

> **评点升格**
>
> 本篇慰问信以学校校长的名义，在春节来临之际，向全校师生致以敬意，表示问候。开头简明扼要地交代了慰问信的原因、背景和目的；主体部分夹叙夹议地总结了过去一年中学校取得的进步；结语部分结合形势提出了对未来的期望；最后以表达祝愿的祝颂语结束。整体结构完整，内容充实。

## 三、现代汉语写作（60分）

> **题目分析**
>
> 该题为现代汉语写作，难度适中，需围绕着"慢走""欣赏"这两个主题展开，写一篇文章。首先，立意应该鲜明，开篇点题。其次，需要列出自己的论据，围绕主题自圆其说。最后，升华观点，阐明主旨大意。

▶ **考场还原**

慢慢走，欣赏啊

"霜天闻鹤唳，雪夜听鸡鸣，得乾坤清纯之气；晴空看鸟飞，活水观鱼戏，识宇宙活泼之机。"慢慢走，欣赏啊！人生的本源意义并不在于劳顿终生，而在于悠闲自得地享受生活。如果我们只是将短暂的生命抛掷在虚无的奔走中，那就不可能给生命的存在意义增添什么色彩。慢慢走，需要的是时间，需要的是安闲，需要不过分强求自我的豁达，需要淡泊名利的气度；欣赏，不只需要外在的生理器官，更需要一份平心静气的执着，需要理解生活本真的能力，需要时时刻刻都能感知事物美好的心灵，需要细腻高雅而深邃敏锐的眼光。只有这样，才有可能品味生活的醇美滋味。既然如此，对于我们人生的每一步，都要"慢慢走"，而且还要"慢慢欣赏"。

在阿尔卑斯山的一个急转弯处常常发生车辆因为不减速而坠落山岸的事故，当局采取了很多办法都不见成效，后来不知是谁在此处立了一个广告牌，上面写着"慢慢走，欣赏啊！"从此那里便成了一个安全的地方。

朱光潜先生在《无言之美》一书的开头和结尾都写到这样一段话：我们所生活的这个世界是非常美的。大自然的怀抱中，有群山、河流、大海、草原，它们在日月星辰的照耀辉映下，向我们展示出一幅又一幅美不胜收的风光画卷。祖先们在生存劳动之余，开始在陶罐、岩壁上涂涂画画，一代又一代，创造了许许多多瑰丽灿烂的诗文书画、优美动人的音乐舞蹈。当我们有幸站在这些美好的事物面前，怎能不驻足流连，去欣赏、去领略、去感悟这美丽的世界呢？

泰戈尔说："天空没有翅膀的痕迹，而我已经飞过。"一路走来，我们无法猜测将迎接什么样的风景，可是前进的脚步却始终不能停下。只有在前进中不断学会选择、学会体会、学会欣赏，只有留心欣赏悠然的闲云，认真品味野鹤之美，阅览幽鸟相逐，清风与归，在人生的尽头，才会不留后悔，少有遗憾。人生会因为欣赏、因为品味、因为阅览而丰满充实。那么，请不要忽略道路旁的风景，学会欣赏、学会品味。

"生者为逆旅，死者为归客。"人生如同走路，慢慢走，注意欣赏。人生之美随处显现，有时候不妨放慢脚步，好好欣赏啊！不要那么急功近利，多一些禅意，生活就放得开些。

**评点升格**

本文开头引用诗句切入主题，增加了文章的美感；其后在文章的中间部分列举了阿尔卑斯山、朱光潜等例子，使论证更加充分，阐明人生因欣赏而充实；结尾部分再次引用诗句，升华主旨，值得借鉴。

# 2018年试题参考答案与考点解析

## 一、百科知识（50分）

**1. 克己复礼：** 出自《论语·颜渊》，孔子讲仁也就是讲自身修养，即克己，也即克制约束自己；复礼的意思是回到礼的规范上来，即使言行合于礼。孔子认为，仁与礼相互并存，缺一不可。礼，是以仁即道德为基础，通过礼实践自身的道德。孔子"克己复礼"的思想具有两重性。从社会政治的发展来看，孔子以"克己复礼"来调和当时社会的矛盾，避免社会变革，表现他文化保守主义的立场。

**学霸支招：** 该题考查中国哲学知识，是孔孟文化中的常见考点。该题的得分点包括出处、释义、提出背景。建议复习中庸之道、兼爱非攻、"仁"等相关词条。

**2. 志怪小说：** 志怪，就是记录怪异。志怪小说主要指魏晋南北朝时期产生的一种以记述神仙鬼怪为内容的小说，也可包括汉代的同类作品。志怪小说是受当时盛行的神仙方术之说的侈谈鬼神、称道灵异的社会风气的影响而形成的。志怪小说的内容很庞杂，大致可分为三类：炫耀地理博物的琐闻，如东方朔的《神异经》等；记述正史以外的历史传闻故事，如托名班固的《汉武故事》等；讲述鬼神怪异的迷信故事，如东晋干宝的《搜神记》等。志怪小说对唐代传奇产生了直接的影响。

🐟 **学霸支招**：该题考查魏晋南北朝时期的文学知识，名词解释中经常出现对于中国文学体裁的考查。该题的得分点包括定义、出现时间、出现背景、主要类型、影响。建议复习志人小说、《搜神记》《世说新语》等相关词条。

3. **古文运动**：是唐宋时期的文学革新运动，其内容主要是复兴儒学，其形式是反对骈文，提倡古文。所谓"古文"，是相对骈文而言的。南北朝以来，文坛上盛行的骈文华而不实，不适于用。韩愈、柳宗元是古文运动的先驱，提出了一套完整的古文理论，并写出了相当多的优秀古文作品，当时有一批学生或追随者热烈响应，终于在文坛上形成了颇有声势的古文运动，把散文的发展推向了一个新的阶段。唐代的韩愈、柳宗元和宋代的欧阳修、王安石、曾巩、苏洵、苏轼、苏辙等人都是其中的代表性人物。

🐟 **学霸支招**：该题考查中国古代文学知识，该词条是各大高校的高频考点，建议熟记背诵。该题的得分点包括定义、特点、发起人、发起目的、代表人物。建议复习新乐府运动、建安七子、苏门四学士等相关词条。

4. **洋务运动**：又称晚清自救运动、自强运动。该运动是19世纪60年代到19世纪90年代洋务派进行的一场引进西方军事装备、机器生产和科学技术以维护封建统治的"自强""求富"运动。洋务运动的主要指导思想是"中学为体，西学为用"。其代表人物有曾国藩、李鸿章、张之洞、左宗棠。洋务运动进行了30多年，虽然没有使中国富强起来，但引进了西方先进的科学技术，使中国出现了第一批近代企业，在客观上对中国民族资本主义的产生和发展起到了促进作用。

🐟 **学霸支招**：该题考查历史事件，是每年汉语写作与百科知识考试的必考点。该题的得分点包括定义、时间、指导思想、代表人物、影响。建议复习甲午战争、洋务派、李鸿章、曾国藩等相关词条。

5. **四大盆地**：指的是塔里木盆地、准噶尔盆地、柴达木盆地、四川盆地。塔里木盆地是中国最大的内陆盆地，位于天山山脉和昆仑山脉之间；准噶尔盆地位于新疆北部的阿尔泰山与天山之间，是中国第二大的内陆盆地，也是中国第二大盆地；柴达木盆地位于青海省西北部，是世界上海拔最高的盆地；四川盆地是中国著名红层盆地，是中国各大盆地中形态最典型、纬度最南、海拔最低的盆地，也是中国最大的外流盆地。

🐟 **学霸支招**：该题考查地理知识，属于汉语写作与百科知识考试必须要掌握的知识点。该题的得分点包括定义、各自特点。建议复习三大平原、四大高原、三山五岳等相关词条。

6. **郑和下西洋**：指明朝初年郑和奉命下西洋，于1405—1433年进行七次远洋航行。郑和远航西太平洋和印度洋，拜访了30多个印度洋的国家和地区，目前已知最远曾达东非、红海。郑和的航行之举远远超过将近一个世纪之后的葡萄牙、西班牙等国的航海家麦哲伦、哥伦布、达·伽马等人，堪称是"大航海时代"的先驱，是唯一的东方人。

**学霸支招**：该题考查明朝历史事件，是名词解释的常见考点。该题的得分点包括时间、事件经过、意义。建议复习鉴真东渡、张骞出使西域、玄奘西行等相关词条。

**7. 通货膨胀**：指因货币供给大于货币实际需求，即现实购买力大于产出供给，导致货币贬值，从而引起一段时间内物价持续而普遍地上涨的现象。其实质是社会总需求大于社会总供给（供远小于求）。纸币、含金量低的铸币、信用货币的过度发行都会导致通货膨胀。

**学霸支招**：该题考查经济学知识，专业性较强，需要考生平时加强记忆。该题的得分点包括定义、实质、出现原因。建议复习通货紧缩、量化宽松、滞胀、泡沫经济等相关词条。

**8. 《独立宣言》**：是英属北美殖民地人民宣布独立的纲领性文件，在1776年7月4日第二届大陆会议上通过。杰斐逊是《独立宣言》的主要起草人。《独立宣言》宣布，一切人生而平等，并向全世界庄严宣告北美殖民地脱离英国，自由独立的美利坚合众国正式成立。《独立宣言》第一次以政治纲领的形式确立了资产阶级的革命原则和人权原则，在一定程度上反映了北美殖民地人民争取自由独立的政治愿望。另外，由于屈从于种植园奴隶主的压力，《独立宣言》没有宣布废除奴隶制，天赋人权也不包括黑人和印第安人，暴露了美国资产阶级革命的不彻底性和人权的局限性。《独立宣言》对推动后来的欧洲各国资产阶级革命，特别是对法国大革命及《人权宣言》的通过产生了积极影响。

**学霸支招**：该题考查世界近代史知识，该词条考查的频率很高，必须掌握。该题的得分点包括出现时间、起草人、内容、历史影响。建议复习杰斐逊、《人权宣言》、南北战争等相关词条。

**9. 玫瑰战争**：指1455—1485年英国兰开斯特家族与约克家族两大封建贵族集团为争夺王位而进行的战争。因两者各以红玫瑰和白玫瑰为标志，所以这场争斗也被称为"玫瑰战争"。1461年，约克家族夺得王位，建立约克王朝，后发生内讧。1485年，兰开斯特家族的远亲都铎家族的亨利乘机起兵，打败约克军，取得王位，建立都铎王朝。这场战争异常残酷，双方都大肆屠杀对方大贵族，英国全部大贵族几乎被杀。为了纪念这次战争，英格兰以玫瑰为国花，并把皇室徽章改为红白蔷薇。

**学霸支招**：该题考查欧洲战争，该词条对大部分考生来说较为陌生，在复习时容易忽略。该题的得分点包括战争背景、事件经过、结果、历史影响。建议复习都铎王朝、诺曼征服、百年战争等相关词条。

**10. 马歇尔计划**：官方名称为欧洲复兴计划，该计划是1947年6月5日美国国务卿乔治·马歇尔在哈佛大学发表演说时首先提出的，故名为马歇尔计划。该计划于1947年4月正式启动，目的是拯救欧洲经济，使其快速复苏，与东欧苏维埃赤化对立，以确保资本主义欧洲的核心地位，以便美国公司开辟欧洲市场。马歇尔计划整整持续了4个财政年度之久。在这段时期内，西欧各国以经济合作发展组织的形式，接受了美国包括金融、技术、设备等各种形式的援助。

👉 **学霸支招**：该题考查近代世界史知识，是名词解释的常见考点。该题的得分点包括定义、时间、内容。建议复习杜鲁门主义、雅尔塔体系、北约、华约等相关词条。

**11. 金融危机**：又称金融风暴，是指一个国家或几个国家与地区的全部或大部分金融指标（如短期利率、货币资产、证券、房地产、土地商业破产数和金融机构倒闭数）的急剧、短暂和超周期的恶化，比如1930年引发西方经济大萧条的金融危机，又比如2008年9月15日爆发并引发全球经济危机的金融危机。其特征是人们对于未来经济产生更加悲观的预期，整个区域内货币出现幅度较大的贬值，经济总量与经济规模出现较大的损失，经济增长受到打击。金融危机往往伴随着企业大量倒闭，失业率提高，社会普遍经济萧条，甚至有些时候伴随着社会动荡或国家政治层面的动荡。金融危机可以分为货币危机、债务危机、银行危机等类型。

👉 **学霸支招**：该题考查金融学知识，是各大高校汉语写作与百科知识考试的高频考点。该题的得分点包括定义、典型例子、特征、影响、主要类型。建议复习经济泡沫、大萧条、信贷危机等相关词条。

**12. 语际翻译**：指两种（或多种）语言在它们共同构成的跨语言语境中进行的意义交流。语际翻译关注的是如何在更为广阔的领域和跨文化天地中实现异质语言的相互对接和转换——以意义为标尺，以交流为目的的语符转换。语际翻译有地域性倾向。

👉 **学霸支招**：该题考查翻译学知识，解释起来较为费劲，需要考生多加记忆。该题的得分点包括定义、特征、性质。建议复习语内翻译、符际翻译、交际翻译等相关词条。

**13. 异化翻译**：由美国著名翻译理论学家劳伦斯·韦努蒂提出。异化翻译是指在翻译上迁就外来文化的语言特点，吸纳外语表达方式，要求译者向作者靠拢，采取作者所使用的源语表达方式来传达原文的内容，即以源语文化为归宿。使用异化策略的目的在于考虑民族文化的差异性，保存和反映异域民族特征和语言风格特色，为译文读者保留异国情调。

👉 **学霸支招**：该题考查翻译学知识，在翻译学理论中属于基本常识。该题的得分点包括提出者、定义、目的。建议复习归化翻译、直译、意译等相关词条。

**14. 日心说**：由尼古拉·哥白尼提出，是关于天体运动的和地心说相对立的学说，它认为太阳是宇宙的中心，而不是地球。"日心说"的提出，有力地打破了长期以来居于宗教统治地位的"地心说"，实现了天文学的根本变革。

👉 **学霸支招**：该题考查自然科学知识，该词条是汉语写作与百科知识考试的高频考点。该题的得分点包括提出者、内容、意义。建议复习地心说、宇宙大爆炸理论、哥白尼等相关词条。

**15. 达尔文**：英国生物学家，进化论的奠基人。达尔文曾乘贝格尔号舰进行了历时5年的环球航行，对动植物和地质结构等进行了大量的观察和采集。他出版了《物种起源》这一划时代的著作，提出了生物进化论学说。恩格斯将"进化论"列为19世纪自然科学的三大发现之一，进化论的提出对人类有着杰出贡献。

👉 **学霸支招**：该题考查历史人物，在名词解释中难度属中等偏下，较容易得分。该题的得分点包括人物背景、主要贡献、地位。建议复习《物种起源》、进化论、牛顿、列奥纳多·达·芬奇等相关词条。

16. **"一国两制"**：是"一个国家，两种制度"的简称，是邓小平同志提出的具有中国特色社会主义的理论之一，是为解决台湾问题，恢复对香港、澳门行使主权，实现祖国和平统一而提出的重大战略决策和科学构想。其主要内容是在中华人民共和国境内，国家的主体实行社会主义，香港、澳门和台湾实行资本主义。

👉 **学霸支招**：该题考查政策知识，对于考生来说是必须掌握的内容。该题的得分点包括主要含义、提出背景、主要内容。建议复习九二共识、中国特色社会主义、邓小平理论等相关词条。

17. **许渊冲**：是我国当代杰出的翻译家，译作涵盖中、英、法等多种语种，多为中国古诗英译，形成韵体译诗的方法与理论，被誉为"诗译英法唯一人"。其主要译作有《诗经》《楚辞》《李白诗选》《西厢记》《红与黑》《包法利夫人》《追忆似水年华》等中外名著。2014年，许渊冲荣获国际翻译界最高奖项之一的"北极光"杰出文学翻译奖，系首位获此殊荣的亚洲翻译家。

👉 **学霸支招**：该题考查翻译名家，是初试中考查翻译理论的高校的常见出题点。该题的得分点包括人物概况、主要作品、成就。建议复习林语堂、杨绛、杨宪益等相关词条。

18. **《千字文》**：是中国旧时的蒙学课本，由梁朝周兴嗣编纂。其拓取了王羲之遗书中不同的一千个字，编为四言韵语，内容涉及自然、社会、历史、伦理、教育等知识。现存有多种续编本、改编本。其与《三字经》《百家姓》合称为"三百千"，是中国传统蒙学三大读物之一。

👉 **学霸支招**：该题考查中国古代典籍，是各大高校汉语写作与百科知识考试的高频考点。该题的得分点包括定义、内容、地位。建议复习《百家姓》《三字经》《弟子规》等相关词条。

19. **知识产权**：是指人们基于自己的智力活动创造的成果和经营管理活动中的标记、信誉而依法享有的权利，一般只在有限时间内有效。各种智力创造比如发明、文学和艺术作品，以及在商业中使用的标志、名称、图像以及外观设计，都可被认为是某一个人或组织所拥有的知识产权。

👉 **学霸支招**：该题考查法律术语，该类词条专业性较强，备考时需要仔细甄别。该题的得分点包括定义、主要内容。建议复习专利权、著作权、版权等相关词条。

20. **"三言二拍"**：是明代五本著名传奇小说集的合称。"三言"是指明代冯梦龙创作的《喻世明言》《警世通言》《醒世恒言》，"二拍"是指凌濛初所编的《初刻拍案惊奇》和《二刻拍案惊奇》。这些经典之作以一回一个世俗小故事成就了中国古典短篇白话小说的巅峰。

👉 **学霸支招**：该题考查中国古代典籍，要求考生对古代著作有所了解。该题的得分点包括基本定义、地位。建议复习四大名著、明代小说、清代小说等相关词条。

21. **参议院**：也称上议院，是两院制国家的最高立法机构。在政府中拥有最高审议和立法功能的公民的议会或理事会。参议院一般较众议院更具有威望。参议员任期较长、人数较少，与众议员相比，参议员能代表更多的选民。

👉 **学霸支招**：该题考查西方国家政治机构，是名词解释中的常见考点，建议考生熟练掌握。该题的得分点包括定义、权利、特点。建议复习众议院、国会、内阁制度等相关词条。

22. **温室气体**：是指大气中能够吸收地面反射的太阳辐射并且重新发射辐射的气体，其作用相当于温室，截留太阳辐射，从而使温度升高。这种使地球温度升高的影响称为温室效应。水汽、甲烷、一氧化二氮、二氧化碳等均为温室气体。

👉 **学霸支招**：该题考查地理知识，在近几年都是高频考点。该题的得分点包括定义、影响、主要类型。建议复习温室效应、全球变暖、热岛效应、碳交易等相关词条。

23. **中世纪**：是欧洲历史上的一个时代（主要是西欧），指自西罗马帝国灭亡到文艺复兴和大航海时代的这段时期。这个时期没有一个强有力的政权来统治欧洲。封建割据带来频繁的战争，基督教对人民思想的禁锢，造成科技和生产力发展停滞，人民生活在毫无希望的痛苦中，所以中世纪或者中世纪早期在欧美普遍被称作"黑暗时代"，传统上认为这是欧洲文明史上发展比较缓慢的时期。

👉 **学霸支招**：该题考查欧洲历史，该词条在考查欧洲历史部分时出现的频率极高。该题的得分点包括时间、背景、特点。建议复习文艺复兴、十字军东征、宗教改革等相关词条。

24. **WiFi**：全称 Wireless Fidelity，是一种允许电子设备连接到一个无线局域网（WLAN）的技术。它的最大优点是传输速度较高，可以达到 11Mbps，可与各种设备兼容。连接到无线局域网时通常是有密码保护的，但也可以是开放的，这样就允许任何在 WLAN 范围内的设备都可以连接上。

👉 **学霸支招**：该题考查计算机知识，专业性强，对考生来说较为陌生，需要多花时间记忆。该题的得分点包括定义、优点、使用特点。建议复习路由器、4G、5G 等相关词条。

25. **帽子戏法**：本为魔术表演的一种，指演员从魔术帽中变出鸽子等（一般以三只为限），最早源于童话《爱丽丝漫游奇境记》。现用于足球领域，指一名球员在同一场比赛中连进三球，但不包括在决定比赛胜负的点球大战中的进球，意为像魔术师变戏法一样，让人惊奇和赞叹。另外，人们还用"帽子戏法"形容连续三次的成功。

> 📎 **学霸支招**：该题考查体育领域术语，需要考生在平时有一定的积累。该题的得分点包括定义、来源、用法。建议复习乌龙球、点球、梅开二度等相关词条。

## 二、应用文写作（40分）

### 题目分析

该题要求考生写一则500字左右的征稿启事。征稿启事一般是为了某项活动而进行的一次性征求稿件的通知。征稿启事一般由标题、正文、落款这三部分组成。（1）标题：征稿启事的标题可以有几种构成方式。其一，由事由直接构成。如"征文""征稿"。其二，由文种名称和事由共同构成。如"征文启事"。其三，由具体内容、事由、文种名构成。如"爱我中华绿化城市征文启事"。其四，由征文单位、内容、事由、文种名共同构成，如"某某杂志社爱情散文作品征文启事"。（2）正文：征稿启事的正文一般要求写明以下几项内容：①写明征文的缘由、目的。要把征文单位征文的意图交代清楚，这样可以使作者对这次活动的意义有充分的认识，从而积极参与这次活动。②征文的具体要求。征文的具体要求视征文的情况而定，通常可以包括作者的条件、征文内容、征文范围、体裁、字数、征文的时间等。③征文的评选、评奖办法。要在该部分说明评选稿件的具体方法，如评选的时间、评委的组成、评选的各种奖项情况等。④对投递稿件的具体要求及方法。（3）落款：注明征文举办单位的名称和发文日期。若标题或正文中已写明主办单位，此处可以省略。在报纸上发表的征文，也可不必写明发文日期。

### 考场还原

**××大学第二届"校园杯"笔译竞赛征稿启事**

为促进全国英语翻译教育事业和翻译实践能力的发展，调动广大翻译爱好者，尤其是广大学生对于英语翻译及应用技能的积极性，为我校和国家未来的翻译事业和经济建设培养和输送具有较好翻译基础的青年人才，我校外国语学院决定举办第二届"校园杯"笔译竞赛，选拔和奖励在翻译学习与实践方面取得一定成效的优秀学生。

（一）参赛对象：我校在校研究生、本科生（不限专业）。

（二）比赛内容、方式和程序：比赛采取笔试方式，分初赛和决赛两个阶段。初赛在各学院进行，由各个学院自行安排比赛时间、内容与方式。决赛统一进行，试题由我校翻译协会统一命题，总分为100分，考试时间为2.5小时。试题包括英译汉和汉译英两个部分，每个部分由一到两个短篇组成。

（三）推选和奖励方式：各学院在初赛的基础上推选约5%的选手集中参加决赛。各学院推选的决赛人员中必须至少含有一位非英语专业的选手。经初步决定，决赛按照约

40%的比例对参赛选手进行嘉奖,其中,非英语专业的选手获奖率应不低于获奖总人数的20%。获奖者将获得相应的证书和奖品。

(四)参赛费用:各学院对于初赛报名人员每人收取15元考务费。对于参加决赛的人员,各学院需按照推选人员的数量每人缴纳100元比赛费用。

(五)奖励等级:奖励分为特等奖、一等奖、二等奖、三等奖若干名。对于决赛的作品,还将挑选出最佳译文登载在本校外国语学院网站的翻译资源栏目。

(六)决赛译文评定:决赛选手的译文经密封选手姓名之后,由指导老师及我校翻译协会理事成员共同评定,评定结果在比赛当日宣布,同时颁发奖励和证书。

(七)比赛时间与地点:初赛时间与地点由各学院自行安排,并在9月底之前报送选手及指导老师姓名至123@126.com。本次决赛定于××××年××月××日(星期天)上午9:00~11:30在我校外国语学院举行。

主办:××大学<br>
承办:××大学外国语学院<br>
××大学翻译研究中心<br>
××××年××月××日

## 评点升格

该启事做到了内容全面、条理清晰,开头就表明了征稿的意图、要求、征稿对象,让人一目了然。关于比赛内容和奖励方式的表达也非常细致,增强了本次活动的可信性,有利于提高读者的参与度。整篇文章格式标准,符合要求,是用来学习借鉴的典范。

# 三、现代汉语写作(60分)

## 题目分析

该题要求学生从所给材料中任选一到两句,写一篇800字以上的作文,题目需要自拟。从所给材料来看,诗句所要表达的意思并不难理解,按顺序依次解读材料:1.在你真正把知识应用于实际中的时候,才发现自己所学的知识不够;很多事情不亲身经历,是不会知道它的难处的。总之,要把"知"和"行"结合起来,仅学会书本的知识是不够的。2.事物终究会由量变走向质变。3.如果学习中缺乏与学友之间的交流切磋,就必然导致自己知识狭隘,见识短浅。4.强调日积月累的重要性。5.强调终身学习的重要性。6.劝人珍惜时间。每个素材都有较大的发挥空间,在这里我们选择"吾生也有涯,而知也无涯"来写一篇作文。

## 人生有涯，知无涯

许多人的生命目标就是追寻幸福，但幸福是什么？怎样才能得到幸福？幸福是个虚无缥缈之物，似乎没有确切的衡量标准，那我们怎样才能知道自己是幸福还是不幸福呢？与其在追寻幸福的道路上迷茫，不如将追求幸福的目标转化为成为有用之人，成为对社会、对他人有贡献的人，这是我认为的可视化的幸福衡量标准。正如法国著名作家巴尔扎克所说："人生最美好的主旨和生活最幸福的结果，莫过于学习。"人生有涯而知无涯，成为有用之人就必须保持着终身学习的人生态度。

终身学习的意义在哪里？著名人文学者钱理群曾说，他人生道路上必须面对的问题是，怎样使自己始终如一处在探讨、发现的状态，并由此获得永恒的快乐。这种状态就是终身学习的状态，他称之为"黎明的感觉"。"黎明的感觉"就是每天早上睁开眼睛，你便获得了一次新生，你的生命开始新的一天，就有了黎明的感觉，一切对你来说都是新鲜的，你用新奇的眼光与心态去重新发现这个世界。这就是古人说的："苟日新，日日新，又日新。"每天醒来都以新生儿的好奇心来求知，而这种好奇探索的学习心态，让自己在每天的寻常生活中衍生出全新的成长体验。

终身学习强调酣畅淋漓的全身心投入，也重视细水长流的日积月累。全身心投入是在以终身学习为志向的基础上，每时每刻都认真专注地学习当下的东西，学在当下，酣畅淋漓。有人问怎样让自己的每一天都过得有意义呢？最好的答案是学习，让自己每天迈出一小步。而这些日积月累的一小步终将成为一大步，在人生长跑中飞速跨越，细水长流的积累终究引发质的飞跃。

在高中时，我的语文老师曾这样说："你们有没有用王国维引用的三种境界去学习，有没有像苏轼那样深厚的学习耐心，为什么要学习，苏轼写的《赤壁赋》一字一句地展现出他那豪放的气派，只有你不断学习，才有突破的可能，身体是可以老的，但学习能使人保持在最高境界。"终身学习，不断地去学习，不断地去思考，集纳出自己的价值观念，明白自己的理想是要用一生的学习和努力才能实现的，学习永远是最快乐的。

学无止境，其乐无穷。终身学习，让我们成为有用之人，也让我们找到追寻幸福的生命方向。

### 评点升格

这是一篇强调终身学习重要性的议论文。全文行文流畅，结构合理，引用了多个名人事例和名言，给全文增添了不少美感与文采。整篇文章紧扣题目，在后面也加入了自身实际事例进行说明，符合题干要求，能够引发读者的共鸣与思考，在考场上能够拿到较高的分数。

# 中山大学（B 985 211）

## 2018年试题参考答案与考点解析

### 一、百科知识（50分）

**（一）选择题（每题2分，共20分）**

1.【答案】B。解析：《汉书》是由我国东汉著名史学家班固编撰的中国第一部纪传体断代史，主要记录了从西汉的汉高祖元年到新朝王莽地皇四年间共230年的史事，有着极高的历史价值。司马迁的著作为《史记》。范晔是南朝史学家，著作为《后汉书》。欧阳修为北宋著名文学家、政治家，著有《新五代史》。由上述分析可知，B项正确。

2.【答案】D。解析：金砖国家（BRICS）包括巴西、俄罗斯、印度、中国和南非。金砖国家特指世界新兴市场，其标志是由五国国旗的代表颜色做成条状围成的圆形，象征着"金砖国家"之间的合作、团结关系。D项墨西哥不属于金砖国家，故D项正确。

3.【答案】C。解析：亨利·詹姆斯是美国著名小说家、文学批评家、剧作家和散文家。《黛西·密勒》《一位女士的画像》《鸽翼》均为亨利·詹姆斯的作品。《耻》为南非作家库切创作的长篇小说，故C项正确。

4.【答案】A。解析：世界三大短篇小说巨匠为法国的莫泊桑、俄国的契诃夫和美国的欧·亨利。埃德加·爱伦·坡是19世纪的美国诗人、小说家和文学评论家，不属于世界三大短篇小说巨匠，故A项正确。

5.【答案】D。解析：世界环境日为每年的6月5日。随着环境污染与生态破坏的加剧，环境问题日益为国际社会所重视。1972年6月5日，第一次人类环境会议在瑞典首都斯德哥尔摩举行，通过了著名的《人类环境宣言》及保护全球环境的"行动计划"。大会开幕日由此被定为"世界环境日"，它的确立体现了世界各国人民对环境问题的重视，表达了人类对美好环境的向往和追求。由上述分析可知，D项正确。

6.【答案】D。解析："落霞与孤鹜齐飞，秋水共长天一色"出自唐代王勃所作的《滕王阁序》，诗中用落霞、孤鹜、秋水和长天四个景象勾勒出一幅宁静美好的图画，被传唱至今。《登幽州台歌》是唐代诗人陈子昂创作的一首五言古诗。《水调歌头》为苏轼所作的词。《洛桥晚望》是唐代诗人孟郊所写的一首七言绝句。由上述分析可知，D 项正确。

7.【答案】A。解析：世界上最大的宫殿是中国的故宫，为世界五大宫殿之首，占地面积为 72 万平方米。世界五大宫殿分别是中国的故宫、法国的凡尔赛宫、英国的白金汉宫、俄罗斯的克里姆林宫、美国的白宫。爱丽舍宫是法国巴黎古建筑、法国总统官邸，面积为 1.1 万平方米。由上述分析可知，A 项正确。

8.【答案】A。解析：每年的 2 月 15 日，罗马年轻的贵族会手持羊皮鞭，脱掉上衣在街道上奔跑。年轻妇女们会聚集在街道两旁，祈望羊皮鞭抽打到她们头上。人们相信这样会使她们更容易生儿育女。该节日流传到别的国家，年轻女子的名字被放置于盒子内，然后年轻男子上前抽取。抽中的一对男女会成为情人。由上述分析可知，A 项正确。

9.【答案】C。解析：我国劳动法规定了试用期最长不得超过 6 个月。劳动合同期限 3 个月以上不满一年的，试用期不得超过 1 个月；劳动合同期限一年以上、三年以下的，试用期不得超过 2 个月；三年以上固定期限和无固定期限的劳动合同试用期不得超过 6 个月。由上述分析可知，C 项正确。

10.【答案】A。解析：现代企业制度一般采用公司制。公司制是现代企业主要的、典型的组织形式，具有两个特点——公司就是法人；公司实现了股东最终财产所有权与法人财产权的分离。公司制有着有限责任、筹资方便、高管理水平、方便所有权转移、发展稳定等优点。由上述分析可知，A 项正确。

（二）名词解释题（请从以下 10 个名词中选择 6 个进行解释，每题 5 分，共 30 分）

1.甲骨文：是中国的一种古老文字，主要指中国商朝晚期王室用于占卜记事而在龟甲或兽骨上镌刻的文字，又称"契文""甲骨卜辞""殷墟文字"，是目前能见到的最早的成熟汉字，具有对称、稳定的格局。现在的汉字就是从甲骨文演变而来的。甲骨文是中国及东亚已知最早的成体系的商代文字的一种载体。

🐟 学霸支招：该题考查中国古代文化知识，得分点包括特点、意义、用途。

2.意识流小说：指 20 世纪 20 年代兴起的小说样式。意识流是现代西方文艺流派之一和文艺创作的重要方法。意识流小说注重对内部流动的意识，特别是潜意识的描写，试图直接表现连续发生的种种心像、情绪和记忆。在时序上将过去、现在和将来交织和叠合，以大量的象征手法来为意识流动寻找等值物和寓意，在语言上背离正常的语法规则。其代表作有乔伊斯的《尤利西斯》《都柏林人》。

🐟 学霸支招：该题考查西方文学知识，得分点包括定义、特点、写作手法和代表作品。

3.市场调节：是由价值规律来调节商品生产和流通的一种表现形式。在市场调节下，由供求关系的变化引发价格的涨跌，调节社会劳动力和生产资料在各个部门的分配，调节生产和流通。市场调节的优点是符合商品经济的客观要求，能够合理配置资源，使企业的生产经营与市场直接联系起来，促进竞争与进步。但是市场调节也具有盲目性，要与宏观调控相配合才能达到最优效果。

**学霸支招**：该题考查经济学术语，得分点包括定义、运作方式、优势与劣势。

**4. 文艺复兴**：指发生在 14 世纪到 16 世纪的一场反映新兴资产阶级要求的欧洲思想文化运动。该运动从意大利开始，一直传播到欧洲其他地区，其影响力在艺术、建筑、哲学、文学、音乐、政治等方面都得到了体现。文艺复兴的中心思想是人文主义，即以人为中心而不是以神为中心，肯定人的价值和尊严。文艺复兴主张人生的目的是追求现实生活中的幸福，倡导个性解放，反对愚昧迷信的神学思想。文艺复兴时期的代表人物有但丁、薄伽丘、列奥纳多·达·芬奇、米开朗琪罗等。

**学霸支招**：该题考查西方文学知识，得分点包括定义、中心思想、主要主张、影响和代表人物。

**5. 供给法则**：又叫供给定理，反映商品本身价格和商品供给量之间的关系，对于正常商品来说，在其他条件不变的情况下，商品价格与供给量之间的变动关系是同方向的，即价格越高，供给量就越大；价格越低，供给量就越小，这就是供给法则。也有一些例外，劳动的供给和一些特殊商品如古董文物的供给不符合供给法则。

**学霸支招**：该题考查经济学术语，得分点包括定义、运作方式以及例外情况。

**6. 波士顿倾茶事件**：1773 年 12 月 16 日，为反抗英国国会颁布的《茶税法》，波士顿的示威者们乔装成印第安人的模样潜入商船，将东印度公司运来的一整船茶叶倾入波士顿湾，这就是有名的波士顿倾茶事件。英国政府认为，这是对殖民当局正常统治的恶意挑衅，因此颁布了四项强制法令，即《波士顿港口法》《马萨诸塞政府法》《司法法》《驻营法》。波士顿倾茶事件是美国独立战争的导火索。

**学霸支招**：该题考查历史事件，得分点包括发生时间、地点、起因、事件经过、结果和影响。

**7. 中世纪**：该词最早是由意大利人文主义者比昂多开始使用的，指公元 5 世纪后期到公元 15 世纪中期这一段时期，是欧洲历史三大传统划分的一个中间时期。从文艺复兴至 19 世纪，西方学者把中世纪视为一个充满混乱、愚昧、迷信和野蛮的时代，因而中世纪又被称为"黑暗时代"。

**学霸支招**：该题考查西方历史知识，得分点包括来源、时间范围、时代特点。

**8. 信天游**：也叫顺天游，是流传在中国西北一带的一种汉族民歌形式，其歌词是以七字格二二三式为基本句格式的上下句变文体，以浪漫主义的比兴手法见长。其特点包括形式自由灵活，每两句为一小节；押韵；调子自由，单纯易唱；每段常转韵，多用比兴叠字和衬字。

**学霸支招**：该题考查民歌，得分点包括定义、格式特点、常用手法等。

**9. 归纳法**：又称归纳推理，是在认识事物的过程中所使用的思维方法，是以一系列经验事物或知识素材为依据，寻找出其服从的基本规律或共同规律，并假设同类事物中的其他事物也服从这些规律，从而将这些规律作为预测同类其他事物的基本原理的一种认知方法。归纳法与演绎法相对应。

👉 **学霸支招**：该题考查逻辑学知识，得分点包括定义、流程等。

**10. 编年体**：是中国传统史书的一种体裁，一种以年代作为线索，编排、整理有关历史事件的史书体例。编年体史书以时间为中心，按年、月、日的顺序记述史事。编年体史书的特点是以时间为经，以史事为纬，因而比较容易反映出同一历史时期的各个历史事件的联系。著名的编年体史书有《春秋》《左传》《资治通鉴》等。

👉 **学霸支招**：该题考查中国古代文学的史书部分，得分点包括定义、特点、优点、代表史书等。

## 二、应用文写作（40分）

### 题目分析

应用文写作最重要的便是格式正确、要素齐全。只要掌握了各种文体格式，剩下的内容从题干中提取关键信息进行扩充写作即可。该题考查的是表扬信的写作，要求以郑光明妈妈的名义给民华中学的校领导写一封表扬信。表扬信的写作格式一般包括标题、称谓、正文、结尾和落款五项内容。

### 考场还原

**表扬信**

民华中学的校领导：

  我是民华中学初三（2）班的郑光明同学的妈妈。郑光明因为不幸感染了肺炎，只能停课住院接受治疗，郑光明也因此耽误了很多功课。我们全家人都以他的身体健康为重，但对于他落下的课程也甚是担忧。初三毕竟正是学习紧张的时候，我很担心他会因此耽误中考的复习。就在我手足无措的时候，郑光明的同班同学赵晓亮主动在他出院后，每天晚上都来家中为郑光明补课，整整坚持了一个月，在他的帮助下，郑光明才补上了所有落下的课程。赵晓亮同学的这种行为让我们全家人都深受感动，深深为郑光明有一个这么优秀、善良、热情的同学而高兴。同为初三的学生，赵晓亮同学一定明白时间对于现在的自己有多么重要，但他还是发挥了乐于助人、无私奉献的宝贵精神，坚持给郑光明补课，向郑光明伸出了援助之手。

  今后我们全家都要像赵晓亮同学学习，学习他帮助同学的雷锋精神，无私热情的同学之谊，坚持到底的优秀品格，让温暖的火炬继续传递下去。请求校领导对赵晓亮同学给予表扬。

最后，我还想再次感谢赵晓亮同学的无私之举！

郑光明妈妈<br>××××年××月××日

**评点升格**

这篇范文做到了语言规范、格式正确、要素齐全，包括了标题、称谓、正文、结尾和落款五项内容，满足了表扬信的写作要求。文章还根据材料中所给的信息进行了合理的发挥填充，达到了字数要求。

## 三、命题作文（60分）

**题目分析**

大作文要求以"仅靠功夫深，铁棒难成绣花针"为题进行写作，考查的是议论文写作，要求论点与论据充分。这类题目按照高考作文的要求准备复习即可，要做到语言优美流畅、旋律积极、紧扣主题、字迹工整。复习期间要注意多搜集各种素材，尽量每两周动笔写一篇作文。

**考场还原**

仅靠功夫深，铁棒难成绣花针

中国有句老话："只要功夫深，铁杵磨成绣花针"，比喻只要有决心，肯下功夫，再难的事也能做成功。类似的还有"有志者事竟成"等用来鼓舞人、激励人的话语。相信也有很多人和我一样，从小就被老师或者家长在各种场合用这样的话来激励自己，以至于在人生困难阶段总会下意识地想起这句话。"功夫深"主要是指锻打或者磨制的时间长，工序多，做这个事情的人必须耐得住寂寞，经得起失败。这似乎是一个经典的励志故事，以至于传承千年，激励了无数的人。但应该清楚这样几个问题，首先，这句话说的是单人劳动，不是团队工作。其次，工作性质简单重复，没有技术含量，仅靠一种偏执的努力去完成。最后，这是不动脑筋，缺乏灵活变通的手段。

"只要功夫深，铁杵磨成绣花针"，这话乍一看似乎没有问题，但仔细一想，这话其实有个时间问题，如果放在过去或许不是什么问题，可要是把这话放在今天就有些不合时宜了。至少在今天这个讲究团队精神和借力的时代，仅凭一己之力要想取得成功是很困难的。"只要功夫深，铁杵磨成绣花针"只能说精神可嘉，但方法不当。

现在很多人学外语，把外语当作一个步入高薪阶层的捷径，以至于学了多年还停留在哑巴英语阶段。"只要功夫深，铁杵磨成绣花针"这句话成了勉励自己继续坚持下去的理由，殊不知学习外语最讲究开口大胆试错，光一味地在家里对着书本看，不敢大声地与人交流或者写出文字性的东西，这类人就是典型的闭门造车型。他们整天熬夜学习英文，没有时间去休闲，任何时候都是在看书，给人感觉很努力，可就是没有突破自己，他们忙忙碌碌，却又碌碌无为，历经艰辛可却是最容易被自己打败的一部分人。这些人的努力看起来毫无意义。真正的努力需要智慧和借力，智慧是集体和团队的结晶，借力需要向比你强大的人或者团队学习。

现在社会不再讲究单打独斗，毕竟一个人的能力有限，自身所处的平台有限，要向上发展就要拓宽你的人脉，整合你的资源，靠集体的智慧去做一件事情，这样才能最大化地发挥团队每个成员的创造性，减少重复劳动的时间。由集体智慧总结出的方法能使你事半功倍，借力或者借势能为你扫清前进路上的障碍，何乐而不为呢？其实我们更加鼓励团队精神下的"只要功夫深，铁杵磨成绣花针"，只有团队的共同努力和成员的个人钻研精神相结合，这样的集体才是有战斗力的团队。

**评点升格**

该篇范文观点明确、论理深刻、结构严谨、层层深入、层次分明，文章多次恰到好处地引用了具体例子作为辅助，让人信服，称得上是一篇佳作。

# 上海对外经贸大学（B）

## 学霸硬核备考分享

### 1 本校考查特点

上海对外经贸大学英语笔译专业汉语写作与百科知识科目的出题风格固定，百科知识部分题型为填空和名词解释，且填空题和名词解释题会重复考往年的真题。填空题大部分考查的是中国传统文化知识，如中国古代文学、中国古代哲学家的哲学思想、中国古代历史事件等，题目较为简单，名词解释题的考查大多来自《中国文化读本》中的相关内容，少数出自《中国文化概览》。中国著作、中国历史人物、哲学观点等皆有涉及，考查外国类名词解释的情况较少。应用文这些年上海对外经贸大学考的都是给党的一封信，大作文多从《论语》中给出一句话，然后要求写命题作文，如"论快乐""论孝顺"等。

### 2 学霸备考经验

针对填空题，可从《中国文化读本》中积累相关知识点，也可参考翻硕百科蜜题APP中的相关知识点进行整理背诵，同时要注重日常的积累。名词解释类题分值高，题目是采点给分，能想到的知识点要尽量全部涉及。比如四书五经，答题时应该涉及四书五经的具体内容、作者、朝代、时代背景、历史意义以及作者的成就。对于应用文，写信模板需要背熟，临考前一个月应每周写一篇应用文练手。针对大作文，考前积累一些热点例子，熟读并背诵。

# 2020 年试题参考答案与考点解析

## 一、填空题（每题 2 分，共 10 分）

1.【答案】道。解析："上善若水"出自《老子》，意思是说，最高境界的善行就像水的品性一样，泽被万物而不争名利，处于众人所不注意的地方，如果来势凶猛，没有什么可以阻挡的。老子用水性来比喻有高尚品德者的人格。

2.【答案】变化。解析：《周易》中的"易"是变化的意思。中国人认为，世界上的一切都有阴阳两面，阴阳的相互作用形成了无所不在的运动态势。宇宙中的一切都处在永恒的变化之中，没有固定不变的东西。

3.【答案】大乘。解析：禅宗是中国佛教的一个宗派，它是在融合了印度大乘佛学和中国的道家学说的基础上形成的，发轫于六朝，至隋唐而趋于成熟。慧能是它最主要的代表人物，记载慧能思想的《六祖坛经》是禅宗最重要的著作。

4.【答案】丝绸。解析：丝绸之路是公元前 2 世纪出现的一条联通中国和亚欧大陆的交通要道。丝绸之路开通后，中国和欧洲诸国才有了交往，丝绸促使了古代人类文明的交换。

5.【答案】小篆。解析：小篆又称秦篆，是秦朝统一后经过丞相李斯整理的一种通行字体，一直在中国流行，到西汉末年才逐渐被隶书取代。中国文字发展到小篆阶段逐渐开始定型，象征意味削弱，文字变得更加符号化，减少了书写和认读方面的混淆和困难。小篆在中国文字发展史上扮演着重要的角色。

## 二、名词解释（每题 8 分，共 40 分）

1. **礼**：在中国古代是社会的典章制度和道德规范，由孔子首先提出。作为典章制度，它是社会政治制度的体现，是维护上层建筑以及与之相适应的人与人交往中的礼节仪式。作为道德规范，它是人一切行为的准则。

**学霸支招**：该题考查孔子的思想，是历年真题的高频考点，考生复习时需要重点掌握。该题的得分点包括提出人、含义、历史意义及影响等。建议复习仁、中庸、四书五经、孔子等相关词条。

2. **唐装**：指西式裁剪的具有马褂特点的一种服装，而不是唐朝的服装。唐装是 20 世纪形成的服装样式。它是在清代满人服装（主要是马褂）的基础上发展而来的，并融入了一些西方服装的元素，男女款式都有。唐装的四大要素是对襟、立领、连袖、盘扣。

**学霸支招**：该题考查中国服饰，得分点包括含义、形成时间、样式区别等。

3. 郑板桥：原名郑燮，字克柔，号理庵，又号板桥，人称板桥先生，为"扬州八怪"的重要代表人物。郑板桥一生只画兰、竹、石。其诗、书、画，世称三绝，是清代比较有代表性的文人画家。书亦有别致，隶、楷参半，自称"六分半书"，著有《郑板桥集》。

👉 **学霸支招**：该题考查名家生平，得分点包括所处朝代、地位、主要事迹、主要作品、历史贡献等。

4. 苏绣：是汉族优秀的民族传统工艺之一，主要产生于苏州一带，现已遍布很多地区。苏绣有"以针作画、巧夺天工"的美名。清代是苏绣的全盛时期。刺绣是针线在织物上绣制的各种装饰图案的总称，是中国民间传统手工艺之一，在中国至少有两三千年的历史。刺绣又分为丝线刺绣和羽毛刺绣两种。中国刺绣主要有苏绣、湘绣、蜀绣和粤绣四大门类。

👉 **学霸支招**：该题考查中国民间艺术，得分点包括含义、影响、发源地。同时应解释刺绣的含义，并列出中国的四大刺绣种类，以完善回答。

5. 石库门：是一种融汇了西方文化和汉族传统民居特点的新型建筑，是最具上海特色的居民住宅。这种建筑大量吸收了江南地区汉族民居的式样，以石头做门框，以乌漆实心厚木做门扇，这种建筑因此得名"石库门"。

👉 **学霸支招**：该题考查上海老建筑特色，得分点包括石库门的含义、样式。

## 三、应用文写作（40分）

> **题目分析**
>
> 该题为常见应用文，难度适中。写作时需要注意回复函的格式，信头、标题、结尾都是必要部分。信的内容应包含阐明问题和提建议，应从国家、政府和个人三个角度提出建议。

▶ **考场还原**

给党的一封信

尊敬的党组织：

　　您好！

　　我是×××，近期出现了一种农业生产创新力不够，农户积极性不足的现象。这是因为为了加快全面建设小康社会的步伐，大家把工作重心放在了城市，而忽视了农村以及农业的发展。贫困地区的农户因而对自身的农业发展感到茫然，无从下手。这种现象不仅不利于个人的发展，从全局来说，更不利于国家富强与中国梦的实现。因此，我提出了以下建议：

从个人层面来说，个体小农户应提高自身创新能力，加强与各农户之间的合作，努力奋斗，锐意进取，以一己之力为社会发展和农业进步贡献一分力量。

　　从社会层面来说，农村地区的企业应更好地贯彻落实政府所提出的政策安排，为农户营造一个积极向上的市场环境，如发展多种形式的农业生产经营，加快农户间合作社的发展，从而带动农户积极性，加快现代化农业的发展。

　　从国家层面来说，政府应该制定更加有效的农业改革政策，加快农业的科技创新水平，推动农业农村现代化发展。国家应以更精准的政策，推动一、二、三产业的融合创新，从而实现国家的繁荣发展。

　　以上是我的个人建议，希望未来能对农业的健康发展带来一点裨益。也希望党组织能接受我的建议。我相信，在政府的正确领导之下，在人民的努力之下，定能够进一步发展农业，在2020全面建成小康社会，实现伟大复兴的中国梦。衷心祝愿我们的国家越来越好！

　　此致

敬礼！

建议人：×××<br/>××××年××月××日

### 评点升格

　　本篇文章开篇直接点名写信的背景，又从国家、政府和个人三个角度为农业的健康发展提出建议，符合给党的一封信的写作规范，值得考生借鉴。

## 四、现代汉语写作（60分）

### 题目分析

　　该题为汉语写作，难度适中，需围绕"诚信"这一主题展开，写一篇议论文。首先，立意应该鲜明，开篇点题。其次，需列出自己的论据，可采用排比句来使文章更加生动，但论据需围绕"诚信"这一中心，且要能自圆其说，使全文更有说服力。最后，升华观点，阐明主旨大意。

### 考场还原

论诚信

　　孔子说过"言必信，行必果"。诚信是人类内心深处的一汪清泉，诚实的人才能够赢得他人的尊重，只有种下诚信的种子，才能开出万里繁花，飘香四溢。拥有诚信，一根小小的火柴可以燃亮一整片星空；拥有诚信，一朵小小的浪花能够飞溅起整个海洋。相信诚信的力量，它可以点石成金、触木为玉。

诚信就像一轮圆月，唯有与高处的皎洁相伴，才能显示对待生活的态度；诚信就像一个砝码，在生命的天平上放上它，摇摆不定的天平就会稳稳地倾向他；诚信更像是高山之水，能够在浮动的社会里，洗尽铅华，露出真诚。

周幽王沉浸在褒姒的莞尔一笑之中，却把国家抛在千里之外。为了讨好褒姒，他听信奸臣逸言，毫不考虑地点燃了烽火。各路诸侯见之，披甲携刀、快马加鞭赶到，却发现根本没有敌军，而是被糊弄了一番。褒姒见千军万马招之即来，挥之即去，如同儿戏一般，禁不住嫣然一笑。周幽王为此数次戏弄诸侯们，诸侯们也渐渐不再前来。不久犬戎兵进犯，当周幽王再次点起烽火时，诸侯们因多次遭受愚弄，这次都不再理会。没有诸侯国的救援，周幽王也因此把自己送上了断头台，成了一场千古笑话。

大家都曾听闻商鞅变法的故事，其新法之所以能够成功实行，是因为他之前的种种措施以及他诚信的品德。战国时期，商鞅为了树立自己在百姓中的威信，下令在城南门外立一根三丈长的木头，并承诺只要把木头从南门搬到北门，就奖励30金，可百姓因为恐于官吏欺压，没有人敢去搬。后来他把奖励提高到50金，才有人去搬，最后商鞅真的奖赏了50金给这个人，后来新法得以在全国推广。新法的实施使秦国强盛起来，最后得以一统中原。正是因为商鞅的诚信，才成就了秦国的强盛。

诚信就像人生的楫桨，控制着人生的去向。因为诚信，晏殊自请换题，毫不胆怯地在庙堂之上对答如流，不负神童之名；因为诚信，季布洗脱罪名，一身正气，赢得刘邦青睐，免于牢狱之灾。在不同时代中熠熠生辉的正是"诚信"二字，唯诚信亘古不变，得以永存。历史长河中多少俯拾即是的例子印证着"人无信不立"的道理，纵使当今社会所恶者甚多，吾辈又怎能迷失于物欲横流之中，丧失诚信之本呢？

人而无信，纵诗纶满腹，才高八斗，亦不知其可也。因而无论在生活中，或者踏入社会，诚信不可抛，做人应讲究诚信。

---

**评点升格**

本文以"论诚信"为题，开篇引用孔子的名言，并采用排比句，使人眼前一亮；接着，文章列举了周幽王以及商鞅变法的例子，表明了诚信的重要性，紧扣主旨；结尾再次重申诚信的重要性，点明做人应讲究诚信，总结了全文。

# 2019 年试题参考答案与考点解析

## 一、填空题（每题 2 分，共 10 分）

1.【答案】唐三彩。解析：唐三彩是盛行于唐代的一种陶瓷烧制工艺的珍品，最早出土于洛阳，釉彩有黄、绿、白、褐、蓝、黑等色彩。唐三彩具有独特的艺术风格和鲜明的民族特色，因而有着极高的文化价值，世代流传，为人们所喜爱。

2.【答案】孙武。解析：孙武，字长卿，齐国乐安人，春秋时期著名的军事家、政治家，尊称"兵圣"。后人尊其为孙子、孙武子、百世兵家之师、东方兵学的鼻祖。他是兵法家孙膑的先祖。其著作有《孙子兵法》。

3.【答案】张骞。解析：张骞是西汉时著名的外交家、探险家。他不畏艰难两次出使西域，使汉朝开始对西域各国有所了解，汉朝和西域的政治、经济、文化交流频繁，他对开辟从中国通往西域的"丝绸之路"做出了卓越贡献。

4.【答案】甲骨文。解析：甲骨文，中国最古老的文字之一，又称"契文""殷墟文字""龟甲兽骨文"。甲骨文是目前我们能见到的最早的成熟汉字，主要指中国商朝晚期王室用于占卜记事而刻在龟甲上的文字。

5.【答案】墨。解析："兼爱、非攻"是春秋时期墨子提出的一种思想观念。兼爱是指同时爱不同的人或事物。墨子主张爱是无差别、没有等级之分的爱。

## 二、名词解释（每题 8 分，共 40 分）

1. **四书五经**：是四书和五经的合称，是中国儒家经典的书籍。"四书"，又称四子书，是《论语》《孟子》《大学》《中庸》的合称。南宋著名理学家朱熹取《礼记》中的《中庸》《大学》两篇单独成书，与记录孔子言行的《论语》和记录孟子言行的《孟子》合为"四书"。"四书"蕴含了儒家思想的核心内容，是儒学认识论和方法论的集中体现。"五经"指的是《诗经》《尚书》《礼记》《周易》《春秋》，简称为《诗》《书》《礼》《易》《春秋》。经孔子整理的一共有六部经书，还有一本是《乐经》，但后来毁于秦火，只剩下五经。这五本书是我国保存至今的最早的文献，也是我国古代儒家的主要经典。

   **学霸支招**：该题考查四书五经。答题时应详尽解释四书五经所包含的内容、蕴含的哲学观念、撰写人、整理人以及历史影响等。

2. **唐宋八大家**：是唐代和宋代八位散文家的合称，分别为唐代柳宗元、韩愈和宋代欧阳修、苏洵、苏轼、苏辙、王安石、曾巩八位散文家。其中韩愈、柳宗元领导了唐代古文运动，欧阳修、苏洵、苏轼、苏辙这四人是宋代古文运动的核心人物，而王安石、曾巩则是临川文学的代表人物。古文运动指的是唐宋时期以提倡古文、反对骈文为特点的文体改革运动，其目的在于恢复古代的儒学道统，该运动促进了诗文的发展。

👉 **学霸支招**：该题考查唐宋八大家，得分点包括具体所指的人物、所代表的文学流派、历史影响及意义等。

3. **《古诗十九首》**：是中国古代文人五言诗选辑，由南朝萧统从传世无名氏古诗中选录十九首编入《文选》而成。分别为《行行重行行》《青青河畔草》《青青陵上柏》《今日良宴会》《西北有高楼》《涉江采芙蓉》《明月皎夜光》《冉冉孤生竹》《庭中有奇树》《迢迢牵牛星》《回车驾言迈》《东城高且长》《驱车上东门》《去者日以疏》《生年不满百》《凛凛岁云暮》《孟冬寒气至》《客从远方来》《明月何皎皎》。《古诗十九首》深刻地再现了文人在汉末社会动荡、思想急剧变迁的时期，心灵的觉醒与痛苦，抒发了文人的思绪。全诗语言朴素，描写生动，具有极高的艺术价值。

👉 **学霸支招**：该题考查《古诗十九首》，得分点包括具体内容、历史意义、语言风格等。

4. **二十四节气**：是干支历中表示自然节律变化以及确立"十二月建"的特定节令。二十四节气是中华民族悠久历史文化的重要组成部分，凝聚着中华文明的历史文化精华。它表达了人与自然宇宙之间独特的时间观念，蕴含着中华民族悠久的文化内涵和历史积淀。它指导着农业生产，影响着古人的衣食住行以及文化观念。

👉 **学霸支招**：该题考查二十四节气，得分点包括含义、划定方法、历史意义、作用等。

5. **中国古代四大发明**：是指古代中国对世界具有很大影响的四种发明，即造纸术、指南针、火药和印刷术。此说法最早由英国汉学家李约瑟提出并为后来很多中国的历史学家所继承。这四种发明对中国古代的政治、经济、文化的发展产生了巨大的推动作用，且这些发明经由各种途径传至西方，对世界文明的发展也产生了很大的影响。

👉 **学霸支招**：该题考查四大发明。答题时需列出四大发明的具体所指、影响、历史意义等。

## 三、应用文写作（40分）

> **题目分析**
>
> 该题考查常见应用文，难度适中。此篇文章需给党写一封信，因此应以提建议的口吻展开，并且需要围绕"如何通过创业来拉动就业"这一主题展开叙述。内容需要积极向上，具有参考价值，条理要清晰。

**给党的一封信**

尊敬的党组织：

　　您好！

　　我是×××。近期两会提到了运用"互联网+"技术，推动毕业生以创业促就业这一观点。如今的社会，出现了毕业生不敢于通过创业来打拼出属于自己的一片天地的现象，毕业生大都按部就班地采取传统的就业模式。毕业生的这一固有思维模式不仅不利于个人的发展，从全局来看，更不利于国家富强与中国梦的实现。因此，我提出了以下建议：

　　从个人层面来说，毕业生应提高自身创新能力，提高创业的意识，努力奋斗，锐意进取，以一己之力为社会和国家的发展进步贡献一分力量。毕业生应该去参加更多的职业技能培训，以提高自身的职业素养。

　　从社会层面来说，各地的企业应更好地贯彻落实政府所提出的政策安排，为毕业生营造一个积极向上的创业就业环境，如组织更多的招聘会以及职业培训会，从而带动毕业生的积极性。

　　从国家层面来说，政府应该制定更加有效的毕业生创业就业政策，加快毕业生创新创业的发展，推动大众创业，万众创新。政府应以更精准的政策，推动"互联网+"政策的实行，实现国家的繁荣发展。

　　以上是我的个人建议，希望未来能对毕业生创业就业带来一点裨益，也希望党组织能接受我的建议。相信在政府的正确领导之下，在人民的努力之下，定能够进一步促进毕业生发展，在2020年全面建成小康社会，实现伟大复兴的中国梦。衷心祝愿我们的国家越来越好！

　　此致

敬礼！

建议人：×××

××××年××月××日

### 评点升格

　　本篇范文开篇直接点明了通过创业创新推动毕业生就业的观点，又从国家、社会及个人这三个角度为毕业生创业就业提出建议，符合给党的一封信的写作规范，值得考生借鉴。

## 四、现代汉语写作（60分）

**题目分析**

该题为现代汉语写作，难度适中，需围绕着"成长"这一主题展开，写一篇议论文。首先，立意应该鲜明，开篇点题。其次，需列出自己的论据，可采用排比句来使文章更有气势，但论据需围绕"快乐"这一中心，且要能自圆其说。最后，升华观点，阐明主旨大意。

**考场还原**

### 论成长

成长是淡淡墨香中的一首首小诗，或欢快，或哀怨，开心时高声吟唱，低落时黯然泪流；成长是匆匆人生路上的赛跑，跌倒了再爬起，没有埋怨，没有气馁，没有停留；成长是苏轼遭人陷害后"一蓑烟雨任平生"的淡然。成长也要经历风雨，只有经过风雨的洗礼，我们才能真正地成长。

在风雨中我们需要坚强。在面对华丽的风景时，我们要看清脚下的路；在别人取得成功时，我们要细细品味自己的失败。在成长的路上我们要坚强，哪怕风雨来袭，我们也要从容面对，这样才会品味到"宝剑锋从磨砺出，梅花香自苦寒来"的精髓所在。

古今中外，有谁不是因成长而成就自我呢？苏轼官场失意，被贬于黄州，但他并没有因此而自暴自弃，而是以一种乐观旷达、积极向上的人生态度坦然面对一切。他成长了，因此才会写出流传于后世且令人拍案叫绝的美文《赤壁赋》。成长必定会丢掉一些东西，然而这意味着你得到的东西将会更多。所以抛弃一些低俗的东西，或许能得到更崇高的东西。

成长是一件好事，它可以让我们更好地看待世事，体察不同的个性，品味更精彩的人生。在味觉中，苦尽甘来为首，成长又何尝不是如此呢？痛并快乐着，这才是真正的成长。

成长是一种境界，有了它这个世界不一定完美，但是没有它，这个世界肯定不完美。文化的形成，社会的分裂，世界也伴随着人们一起成长。战争也是成长的一大体现，或许战争要付出很大的代价，但只有这样才能完成王朝的统一。弱肉强食，这才是成长最真实的写照。成长就是不断地使自己变强大，并吞噬掉弱小的动物。这是生存的原理，也是自然界的潜规则。

成长是一种经历。俗话说："玉不琢，不成器。"要成为人才，不是靠说，而是靠做。要去经历，要去遭受挫折，然后才能沉淀和释怀。每一个过程都是那么重要，温室里的花朵只是娇嫩之物，无法经受大自然无情的摧残和洗礼，只有在大风大雨之后仍能存活下来的花朵，在我眼中，才是世界上最美丽的，因为它们的美并不仅仅拘泥于外表，更存在于它的精神、它的内在之中。后者可以很快地适应新的环境，可是前者一到新环境下，就变成了霜打的茄子。成长的重要性可见一斑。

成长纵然痛苦，却乐趣无穷，那么何不苦中作乐，乐享美好人生。

---

**评点升格**

该题考查现代汉语写作。开篇采用排比句，将成长比作小诗、赛跑，并以苏轼为例展开论述，文章简明有力；中间段落的开头构成了排比句，成长是好事、境界，也是一种经历，使文章更加的生动、有气势，值得考生借鉴。结尾点题，表明成长即使痛苦，却乐趣无穷，升华全文。

---

# 2018年试题参考答案与考点解析

## 一、填空题（每题2分，共10分）

1.【答案】勿施于人。解析："己所不欲，勿施于人"是一个汉语词语，意思是自己不喜欢的，也不要强加给对方，出自《论语·颜渊》第十二章。

2.【答案】印度。解析：公历纪元前后，佛教开始由印度传入中国，经过长期发展融合，形成具有中国民族特色的中国佛教。由于传入的时间、途径、地区和民族文化、社会历史背景的不同，中国佛教形成三大系，即汉传佛教（汉语系）、藏传佛教（藏语系）和云南地区上座部佛教（巴利语系）。

3.【答案】路有冻死骨。解析："朱门酒肉臭，路有冻死骨"出自杜甫的《自京赴奉先县咏怀五百字》，意思是贵族人家里的酒肉吃不完都放臭了，穷人们却在街头因寒冷和饥饿而死。

4.【答案】陕西临潼。解析：秦始皇兵马俑是20世纪震惊中外的考古发现，是中国古代劳动人民智慧和魅力的体现。1974年，在临潼县发现了秦始皇陵埋藏的兵马俑，发掘出的兵马俑坑共有3个，其中有七八千件兵马俑。

5.【答案】北宋。解析：《清明上河图》，中国十大传世名画之一，为北宋风俗画，是北宋画家张择端仅见的存世精品，属国宝级文物，现藏于北京故宫博物院。《清明上河图》宽24.8厘米、长528.7厘米，绢本设色。作品以长卷形式，采用散点透视构图法，生动地记录了中国12世纪北宋都城东京（又称汴京，今河南开封）的城市面貌和当时社会各阶层人民的生活状况，见证了北宋时期都城汴京的繁荣，也是北宋城市经济情况的写照。

## 二、名词解释（每题4分，共40分）

1. **汉字**：亦称中文字、中国字、国字，属于表意文字的词素音节文字，由汉族发明并改进，是世界上最古老的四大自源文字（两河流域的楔形文字、古埃及的圣书字、中国商朝的甲骨文、玛雅文字）之一，亦是其中唯一沿用至今的文字。汉字是用于书写汉语普通话及方言的文字，是中国的唯一官方文字，也是新加坡的官方文字之一，目前确切历史可追溯到商朝的甲骨文。

☞ **学霸支招**：该题考查汉字。答题时应详尽解释汉字意义、别称、影响、历史意义等。

2. **李白**：字太白，号青莲居士，是唐代伟大的浪漫主义诗人，被后人誉为"诗仙"，与杜甫合称"李杜"。其诗歌总体风格豪放俊逸、磅礴大气，具有浪漫主义精神。其代表诗篇有《蜀道难》《行路难》《将进酒》等。

☞ **学霸支招**：该题考查李白，得分点包括字、号、所处朝代、诗歌风格、主要作品等。

3. **丝绸之路**：简称丝路，一般指陆上丝绸之路，广义上又分为陆上丝绸之路和海上丝绸之路。陆上丝绸之路起源于西汉，汉武帝派张骞出使西域开辟的以首都长安为起点，连接地中海各国的陆上通道。它最初的作用是运输中国古代出产的丝绸。海上丝绸之路是古代中国与外国交通贸易和文化交往的海上通道，形成于秦汉时期，发展于三国至隋朝时期，繁荣于唐宋时期，转变于明清时期，是已知的最为古老的海上航线。丝绸之路促进了古代中国和外国在经济、政治、文化上的交流，意义非凡。

☞ **学霸支招**：该题考查丝绸之路，得分点包括陆上丝绸之路和海上丝绸之路的具体含义、历史渊源、历史意义等。

4. **纪传体**：是我国史书的一种体裁，以人物传记为中心叙述当时的史实，是记言、记事的进一步结合。因其以本纪、列传为主，故名为"纪传体"。纪传体首创于司马迁的《史记》。《史记》分为本纪、世家、表、书志、列传五个部分，班固在创作《汉书》的过程中又把这种体例加以调整，分为纪、表、志、传四体。纪传体的出现促进了我国古代史传文学的发展。

☞ **学霸支招**：该题考查纪传体，得分点包括含义、代表作品、历史意义等。

5. **姓氏**：表明家族的字。姓和氏本是区分开来的，姓起于女系，氏起于男系。后来说的姓氏，专指姓。姓氏是标示家族血缘关系的符号。中华古姓来源于图腾崇拜，也就是氏族徽号或标志。姓氏传承了中华文明，推动了国学发展。

> **学霸支招**：该题考查姓氏。答题时需列出姓氏的含义、来源、历史影响等。

**6. 岁寒三友**：是指松、竹、梅三种植物。因这三种植物在寒冬时节仍可保持顽强的生命力而得名，它们是中国传统文化中高尚人格的象征，也可比喻忠贞的友谊，传到日本后又加上了长寿的意义。

> **学霸支招**：该题考查岁寒三友。答题时需列出岁寒三友具体所指的植物、得名原因、象征含义、历史意义等。

**7. 避讳**：是指封建时代为了维护等级制度的尊严，在说话和写文章时遇到君主或尊亲的名字都不直接说出或写出，以表尊重，避免利用名字进行人身攻击，而冒犯君主或尊亲超然的地位。该词语出自《淮南子·要略》《颜氏家训·风操》《蒲剑集·屈原考》等。《公羊传·闵公元年》说："春秋为尊者讳，为亲者讳，为贤者讳。"这是古代避讳的一条总原则。

> **学霸支招**：该题考查避讳。答题时需指出避讳的具体含义、来源等。

**8. 郑和下西洋**：是明朝初年的一场海上远航活动。明成祖朱棣命郑和率领200多艘海船、2.7万多人远航西太平洋和印度洋，拜访了30多个国家和地区。郑和下西洋是中国古代规模最大、船只最多、海员最多、时间最久的海上航行，比欧洲国家开始航海的时间早半个多世纪，是明朝国力强盛的直接体现。郑和下西洋为促进中国与东南亚、印度、阿拉伯和东非各国人民的友好往来做出了卓越的贡献。它是明朝政治、经济以及综合国力强盛的标志。

> **学霸支招**：该题考查郑和下西洋。答题时需详细阐明郑和下西洋这一历史事件、所处朝代、历史意义及深远影响等。

**9. 京剧**：曾称平剧，是中国五大戏曲剧种之一，腔调以西皮、二黄为主，用胡琴和锣鼓等伴奏，被视为中国国粹，是中国戏曲三鼎甲的"榜首"。2010年，京剧被列入"人类非物质文化遗产代表作名录"。生、旦、净、丑是京剧角色的分行。生，指男子；旦，指女子；净，指性格刚烈或粗暴的男性；丑，指滑稽人物，鼻梁上抹白粉，称小丑、小花脸。作为成语时，生旦净丑则表示生活中形形色色的角色。

> **学霸支招**：该题考查京剧。答题时需解释京剧的含义、影响以及京剧中涉及的一些细碎知识点，如角色分行等，可详尽展开解释。

**10.《红楼梦》**：原名《石头记》，中国四大名著之首，章回体长篇小说。该书前80回由曹雪芹所著，系统地总结了中国封建社会的文化制度，对封建社会的各个方面进行了深刻的批判，被认为是中国最具文学成就的古典小说及章回体小说的巅峰之作。

> **学霸支招**：该题考查《红楼梦》。答题时需阐明《红楼梦》的内容、作者、影响、历史意义等。

## 三、应用文写作（40分）

**题目分析**

该题考查的是常见应用文，难度适中。此篇文章需给党写一封信，因此应以提建议的口吻展开，并且需要围绕着"如何通过关心爱护青年来实现中国梦"这一主题展开。内容需积极向上，具有参考价值。

**考场还原**

给党的一封信

尊敬的党组织：

　　您好！

　　我是×××。近期十九大报告中提到了中国梦终将在一代代青年的接力奋斗中变为现实，全党要为他们实现人生出彩搭建舞台。这是因为，青年是一个国家的支柱，青年在实现中国梦的过程中发挥着重大作用。这个殷切的期许让无数年轻人心潮澎湃，并感受到一种强烈的责任感。因此，我提出了以下建议：

　　从个人层面来说，青年应该既有理想，也去实干，努力奋斗，锐意进取，以一己之力为社会和国家的发展进步贡献一分力量。青年有了理想，国家才有未来，青年人将个人梦融入中国梦，梦想才能实现。

　　从社会层面来说，各地的各个部门应更好地贯彻落实政府所提出的政策安排，为青年营造一个积极向上的生活环境，如组织更多的志愿者活动等，让青年更好地融入社会中，练就一身过硬本领，学以致用、脚踏实地，从而担得起重任，托得起梦想。

　　从国家层面来说，政府应该制定更加有效的政策，以促进青年的茁壮成长，并以更精准的政策，推动青年人的进步，实现国家的繁荣发展。创新是时代对青年的深切呼唤，也是青年自身发展的必然选择。

　　以上是我的个人建议，希望未来能对青年人的发展带来一点裨益，也希望党组织能接受我的建议。相信在政府的正确领导之下，在人民的努力之下，定能够进一步促进青年人的发展，在2020年全面建成小康社会，实现伟大复兴的中国梦。衷心祝愿我们的国家越来越好！

　　此致

敬礼！

建议人：×××<br>××××年××月××日

**评点升格**

本篇范文开篇直接点明了青年在实现中国梦中的重要作用,又从国家、社会及个人这三个角度为青年人的发展提出建议,符合给党的一封信的写作规范,值得考生借鉴。

## 四、现代汉语写作(60分)

**题目分析**

该题为现代汉语写作,难度适中,需围绕着"快乐"这一主题展开,写一篇议论文。首先,立意应该鲜明,开篇点题。其次,需要列出自己的论据,论据需要围绕"快乐"这一中心,且要能自圆其说。最后,升华观点,阐明主旨大意。

**考场还原**

### 论快乐

曾听过这样一则故事,一位画家屋里,有一张特别的画,白纸中间偏左的位置上有一块黑渍。画家给这幅画起名叫《快乐》,然而旁边的人却说除了那块黑渍,并看不出快乐。画家解释道:"中间这块黑渍是痛苦,人们都只看到了痛苦的黑渍却看不到背景的快乐。我们总对多少快乐视而不见,却被微小的痛苦遮住双眼。没有痛苦我们便见不到快乐。"

总之,快乐需要人们用另一种眼光去看待,更要我们懂得欣赏和创造。

要明白快乐对于人生的作用。人们总是追求快乐,快乐就好比引诱人的糖果,如果快乐太多,就失去了对人们的吸引力,那样的人生没有追求,没有目标,没有希望,这无疑是十分可怕的。然后你得知道快乐的对象是人的精神而非肉体。"快乐"一词,其意义本来也是只有精神才能感受的,即使因肉体舒适而快乐,那享受快乐的本体也是精神。

人们常说"苦中作乐",何为苦,何为乐?"苦"和"乐"就像两个半圆,拼起来就组成了人的感情,中间隔着一条宽度无限趋近于零的分界线,跨过去就是"乐",跨不过去就是"苦",是"苦"是"乐"只在一念思量。可这一步对于人们来说又极为艰难,并不是每个人都能以"苦"为"乐",看到悲痛之中的幸福,那此时这条细线便成了永远无法跨过的咫尺天涯。

而有的时候,人们感到痛苦完全是自寻烦恼,因为人们有一颗不会满足的心。人有上进心是很好,可当这种上进心延伸到生命的每个角落,那就不妙了。它会使人们永远也无法静下心来体验已得到的快乐，而总是希望得到更大的快乐，那么人就会不满足地去苦苦追求，于是快乐变成了痛苦，因为它预示着下一次拼搏的开始。当一个人处于快乐之中却苦恼快乐太少，连体验一下都来不及便立刻出发，那么一个奔跑在没有停靠点和终点的路上的人是永远没有快乐可言的。

快乐无常，快乐无时，我愿做一个"若愚"的智者，一个"苦中作乐"的强者，一个张弛有度的聪明人，让快乐常伴我心。

乐观者让挫折将他的人生磨砺成坚不可摧的金刚石；悲观者驻足于坎坷之前，永无成功。

人生亦如此，一生漫漫长路，总会遇到挫折和坎坷，没有挫折的痛苦就体会不到真正的快乐。

有光就有影，不能因影的黑暗而否认光的存在。让我们放下心头的痛苦，伸出双臂，去拥抱我们忽视许久的快乐吧！

只有快乐，才是生命的主流！

**评点升格**

本文开篇通过一个有关快乐的故事引入，引发读者思考；然后文章中表明了快乐的具体作用，以及"苦"与"乐"的关系，并进一步阐明了要将烦恼化为快乐的原因；结尾升华主旨，倡导人们放下痛苦，做一个乐观的人，追求快乐，从而总结全文，使议论文结构更为紧凑。

# 宁波大学（B）

## 学霸硬核备考分享

### 1 本校考查特点

宁波大学汉语写作与百科知识考试的题目分三种：百科知识、应用文、大作文。百科知识历年真题的重复率较高，题目难度中等。应用文的考查中规中矩，基本是常见的应用文类型。大作文倾向考查散文，比如 2018 年的"一本难忘的书／一篇难忘的文章"、2019 年的"映入心影的同学"和 2020 年的"一个难忘的人"等。

### 2 学霸备考经验

**百科知识**：此类题分值高，近几年的题型都是百科词条解释，每段文字有五个词条需要解释。需要注意该题型是采点给分，备考时，可能考到的知识点要尽量全部涉及，有备无患。建议理解记忆，遇到不熟悉的名词，可上百度查一下资料，了解该名词，然后记忆，而非死记硬背佶屈聱牙的长句或术语。做名词解释题一般是有套路的，基本按照"概括性解释、具体描述、升华句（意义、价值、影响）"这三部分进行答题，只要完整连贯，就可以保证一定的分数。记住关键得分点，它们可以起到提示作用，让你在考场上能够连词成句。如解释"杜甫"，答题时应该涉及杜甫所在的朝代、其诗歌的风格、代表作品，以及历史影响等。答题时要发散思维，名词解释的改卷原则是多写不扣分，少写少给分，语言要规范、有条理。

备考时着重看翻硕黄皮书中词条的名词解释，可结合《最后的礼物》和翻硕百科蜜题 APP 进行背诵。

**应用文**：首先，需要熟悉常见应用文写作模板，由于题目重复率较高，所以建议结合历年真题复习；其次，围绕不同应用文类型去理解背后的写作目的，比如说"求职信"，写作时可以设身处地地去想一下"如何写可以打动用人单位"，把阅卷老师当作招聘单位，这样文本会更加真实，得分也会更高。

**大作文**：整理宁波大学历年的作文题目会发现，该题的难度很小，容易作答，不过还是要提醒大家，虽然题目容易，但若想脱颖而出，还是要下一番功夫的。建议积累一些颇具文学色彩的句子，应用在开头和结尾段，这样能使文章更加出彩，从而获得阅卷老师的青睐。

### 3 学霸复习时间表

① 8~10月背诵掌握市面上各类百科书籍以及黄皮书上的百科词条。
② 10月开始熟悉并掌握常见和历年考查过的应用文格式。
③ 11月开始每周写一篇作文，保持手感，以免考场生疏。
④ 12月可以疯狂背诵手头材料，并查漏补缺。

# 2020年试题参考答案与考点解析

### 本套试卷特点

今年百科知识部分的词条重复率很高，有10道题是2018年的真题。应用文"工程预算额谈判结果的报告"也类似2018年的真题。大作文为"一个难忘的人"，题目中规中矩，难度一般，很多同学反映这套题约有120分的原题。

## 一、百科知识（50分）

1.

（1）**诺贝尔经济学奖**：是表彰经济学领域杰出研究者的奖项，被广泛认为是经济学的最高奖。诺贝尔经济学奖不属于诺贝尔遗嘱中所提到的五大奖项之一，而是由瑞典银行在1968年为纪念诺贝尔而增设的。获奖者由瑞典皇家科学院评选，其评选标准与诺贝尔奖其他奖项是相同的。2019年诺贝尔经济学奖得主是阿比吉特·班纳吉（Abhijit Banerjee）、埃丝特·迪弗洛（Esther Duflo）及迈克尔·克雷默（Michael Kremer）。

**学霸支招**：有关诺贝尔奖的知识一直是各大高校考查的重点内容，提醒考生在备考时，需关注诺贝尔奖最新的相关消息并积累。考查最多的是诺贝尔文学奖，其次是诺贝尔经济学奖。该题考查诺贝尔经济学奖，考生可以从含义、意义、设立及获奖者等方面作答。

（2）**世界贸易组织**：是独立于联合国的国际组织，简称世贸组织，成立于1995年1月1日，总部位于瑞士日内瓦。其主要职能包括监督管理各成员国的贸易政策和法规，组织实施其管辖的各项贸易协定和协议，协调该组织与其他国际机构的关系以保证全球经济决策的一致凝聚力，调节成员国之间的冲突，为成员国提供谈判场所及必要技术援助等。世贸组织是当代最重要的国际组织之一。

**学霸支招**：该题考查国际组织。考生可从性质、成立时间、总部、主要职能及作用等方面作答。

（3）**经济一体化**：是指两个或两个以上的国家在现有生产力发展水平和国际分工的基础上，由政府间通过协商缔结条约，让渡一定的国家主权，从而建立两国或多国经济联盟。其特点包括无贸易壁垒，商品、资本和劳务可自由流动，拥有统一的机构进行监督和管理，等等。经济一体化包括自由贸易区、关税同盟、共同市场和经济联盟四种形式。经济一体化的发展有力地推动了世界贸易自由化的进程。

**学霸支招**：该题考查政治术语。建议考生答题时尽量全面一些，可从定义、特点、形式、作用等方面作答。

（4）**经济体制**：是经济运行中的制度安排，是资源配置的制度模式。经济体制包括整个国民经济的管理体制，也包括各行各业的管理体制和企业的管理体制等。社会制度的差异决定了经济体制的差异，不同的经济制度，实行不同的经济体制。我国实行的是社会主义市场经济体制，通过政府调控和市场机制两种手段进行社会资源的合理配置和实现收入分配平等。

**学霸支招**：该题考查政治术语。考生可从定义、内容、特点等方面作答。由于这类术语比较专业，故需要考生在答题时注意语言的严谨性；此外，这些术语基本上是比较抽象的概念，建议考生答题时适度结合本国情况进行阐述。

（5）**国内生产总值**：是衡量一个国家或地区经济状况的核心指标，常用英文缩写GDP表示。国内生产总值按照国家市场价格计算一个国家或地区的所有常驻单位在一定时期内生产活动的最终成果，该指标可反映国家或地区的经济实力和市场规模，同时各国中央银行可根据该指标合理调整利率，以对国家经济进行宏观调控。但是该指标也有其局限性，如忽略了对环境的影响，无法反映个人收入的巨大差异等。

**学霸支招**：该题考查常见的经济术语。考生可从性质、定义、功能、意义及局限等方面作答，建议作答时尽量全面一些。

2.

（1）**太监**：是中国古代官名。最早出现于北魏，为女官称号；唐代时为外朝官职大监的别称；宋代为高级女官职称；辽代是政府高级职位的名称；明朝时，由于太监职位常由宦官担任，于是"太监"变成了高级宦官的称谓；清朝时，成了宦官的统称。1912年清朝覆灭后，太监开始消失。代表人物有改进造纸术的蔡伦、七次下西洋的郑和等。

**学霸支招**：该题是2018年的原题。考生可从起源、发展、代表人物等方面作答。注意明朝时期宦官制度最为发达，甚至出现了宦官专权乱政的祸事，建议了解一下明朝的宦官制度。

（2）**菩萨**：全称菩提萨埵，菩提指佛道，萨埵指众生。菩萨即为众生发心求入佛道。另一种解释说上求菩提，下化众生，故为菩萨。佛教中的四大菩萨指的是文殊菩萨、观音菩萨、普贤菩萨、地藏菩萨四位法力高深的菩萨。

**学霸支招：** 该题是2018年的原题。考生可从含义、来源等方面作答。该题考查大概念"菩萨"，需要交代清楚这一名词的含义和由来，再简要补充一些诸如"四大菩萨"或者其他相关知识会更好。

（3）**四品：** 是中国古代官位级别，分为正四品和从四品两个官阶。明朝时期，郑和任内官监太监时，官至四品，地位仅次于司礼监。

**学霸支招：** 该题是2018年的原题。注意宁波大学的百科词条是从文本中选取的，该词条所在文本聚焦明朝，所以建议考生答题时不仅要解释四品，还要结合该题背景，适度补充与词条所在文本相关的内容，如郑和（明朝有名的太监）曾官至四品。

（4）**明成祖：** 是明朝第三位皇帝朱棣的庙号，其在位二十二年，年号永乐，也称永乐帝。他统治的时期被称为永乐盛世。他的政绩包括改善明朝的政治制度、发展经济、编修《永乐大典》、派遣郑和下西洋等。但他强化了太祖以来的专制统治，加强锦衣卫并成立东厂，重用宦官，给明朝中叶后的宦官专政留下了祸根。

**学霸支招：** 该题是2018年的原题，考查中国古代有名皇帝。考生可从基本信息、政绩及带来的负面影响等方面作答。

（5）**西洋：** 是一个地理名词，现指西方世界，但在中国历史上不同时期有不同的含义。以明朝为例，在明洪武年间，西洋只包含具体的国度；到了永乐三年，开始了郑和下西洋年代，西洋一词发生巨大变化，它所包含的地域扩展到包括忽鲁姆斯在内的"西洋诸国"。

**学霸支招：** 该题是2018年的原题。建议考生从范畴、概念、来源等方面作答。注意结合文本，答案中需体现明朝的相关内容。

3.

（1）**罗马帝国：** 是历史上的一个文明帝国，承接着先前的罗马共和国。公元前44年，罗马共和国将领恺撒成为终身独裁官，象征着共和制的结束；公元前27年，屋大维成为奥古斯都，象征着罗马帝国的开端；随后，帝国的领土因滥权、内战、野蛮人入侵等负面因素被日益蚕食，完全分裂成东西两部分，之后再也没有统一过。罗马帝国是世界历史上一个伟大的帝国，在经济、文化、政治和军事上都达到过很高的水准。

**学霸支招：** 该题是2018年的原题，考查世界历史上的著名帝国。考生可从时间、发展演变、评价等方面作答。罗国帝国、罗马共和国和古代西方文明是很多学校的考查方向，建议考生平时多积累。

（2）**天主教：** 是基督教的宗派之一，是对天主教会（罗马公教会）发展的一系列基督教神学、哲学理论、礼仪传统、伦理纲常等信仰体系的总括，是基督教的最大宗派。其拉丁文本意为"普世的"，又译为公教会。天主教的中文名称源自明朝万历年间耶稣会将基督信仰传入中国，经当朝礼部尚书徐光启与利玛窦等耶稣会士讨论，取儒家古话"至高莫若天，至尊莫若主"，称其信仰的独一神灵为"天主"，故称"天主教"。

**学霸支招：** 该题是2018年的原题，考查宗教相关知识。建议考生从含义、发展、名称由来等方面作答。基督教有不同派别，建议考生掌握其他派别的相关知识，这有可能成为明年的命题方向。

（3）**利玛窦**：天主教耶稣会意大利籍神父、传教士、学者。明神宗万历十一年来到中国，明朝时颇受士大夫的敬重，被尊称为"泰西儒士"。他是天主教在华传教的开拓者之一，也是第一位阅读中国文学并对中国典籍进行钻研的西方学者。他的著作不仅对中西交流做出了重要贡献，也对日本等其他国家认识西方文明产生了重要影响。

**学霸支招**：该题是2018年的原题，考查中西方交流史上的重要人物。考生可从国籍、地位、来华时间、贡献等方面作答。

（4）**康熙**：是清朝入关后第二位皇帝——清圣祖玄烨的年号，前后共使用61年。康熙在位期间，注重缓和阶级矛盾，采取"轻徭薄赋、与民生息"的农业政策，努力调节满汉关系，尊崇儒学，等等。此间，中国社会出现了"天下初安，四海承平"的相对稳定的局面，为开启百余年的康雍乾盛世奠定了坚实的基础。

**学霸支招**：该题是2018年的原题，考查康熙皇帝的相关知识。考生可从身份、朝代、功绩等方面作答。在解释人物名词时，建议在最后客观表述对人物的相关评价。

（5）**历法**：是用年、月、日等时间单位计算时间的方法。历法主要分为阳历、阴历和阴阳历三种。阳历即太阳历，历年为一个回归年，现时国际通用的公历（西历）即为阳历的一种；阴历亦称月亮历，或称太阴历，历年为12个朔望月，大月30天，小月29天，伊斯兰历即为阴历的一种；阴阳历的平均历年为一个回归年，历月为朔望月，因为12个朔望月与回归年相差太大，所以阴阳历中设置闰月，中国的农历就是阴阳历的一种。

**学霸支招**：该题是2018年的原题，考查天文术语。考生可从定义、分类及简要介绍等方面作答。该题属于比较难的知识点，概念较抽象，不易背诵，考生需要多下功夫。

4.

（1）**政治体制**：即政体，是一个国家政府的组织结构和管理体制。政体主要分为民主政体、立宪政体、专制政体、独裁政体等，在不同的历史时期，不同的国家和地域，政治体制都不尽相同。我国的政体是人民代表大会制度。

**学霸支招**：该题考查政治术语。考生可从定义、类型、特点等方面作答，建议考生结合中国的情况，指出中国在这一方面采用何种形式。

（2）**法治国家**：指国家法治的状态或法治化的国家。其条件标准包括：通过法律保障人权，限制公共权力的滥用；良法的治理；赋予广泛的公民权利等。形式标志为完备统一的法律体系、普遍有效的法律规则、严格公正的执法制度和专门化的法律职业。实质标志为法律与政治关系、权利与责任关系、权利与权力关系、权利与义务关系的理性化制度。长期以来，中国共产党都在带领人民群众为建设社会主义法治国家而不懈努力。

**学霸支招**：该题考查政治术语。考生可从定义、条件标准、形式标志、实质标志以及中国在这方面的努力等方面作答。

（3）**民主制度**：是由民主和民众组合而成的社会政治秩序和规则。在该制度下，人民是社会的主人，统治者是人民的公仆。民主制度社会的基本规范是一个国家的宪法。中华人民共和国自成立以来，一直致力于完善民主制度，并已取得可观成果。

☞**学霸支招**：该题考查政治术语。考生可从定义、含义及基本规范等方面作答。

（4）**民主选举**：指自下而上公平的选举，选民可根据自身意愿，民主且合法地选出候选人。我国的民主选举有两种形式：所有民众直接投票选举的直接选举和民众代表投票选举的间接选举。民主选举更能体现大多数人的意见，集思广益，群策群力。

☞**学霸支招**：该题考查政治术语。考生可从定义、形式、作用等方面作答，并结合中国的情况，这样答案会更加全面。

（5）**政治文明**：是人类在社会历史发展过程中不断积累形成的政治成果，包括一定的政治制度，如国体、政体、法律等的发展状况和进步程度以及与该制度相适应的社会意识形态。其目的为不断促进社会主义物质文明，体现了社会的进步与发展。政治文明的发展使人类的政治生活越来越平和与合理，越来越能够有效地解决人类的矛盾和冲突，有利于良好社会风尚的形成。

☞**学霸支招**：该题考查政治术语。考生可从性质、含义、目的、意义及作用等方面作答。

**5.**

（1）**优贡**：是清代科举制度中五类贡生之一，这五类都是正途出身资格。优贡是每三年由各省学政从儒学生员中考选一次，每个省只有数名，也没有录用条例。同治年间规定，优贡经廷试后可按知县、教职分别任用。

☞**学霸支招**：该题考查科举贡生的相关知识。考生可从定义、名额、录取过程等方面作答。建议考生积累其他四类贡生的相关知识，这有可能成为明年的命题方向。

（2）**顺天府**：是中国明清行政区划单位之一，相当于现在中华人民共和国的首都北京市市区，但管辖面积不同。它也可指该地区的地方政府衙门，相当于现今北京市政府。作为中国古代首都的最高地方行政机关，顺天府府尹的地位特别显赫，品级为正三品，高出一般的知府。

☞**学霸支招**：该题考查中国古代行政单位。考生可从定义、地位、职能、官吏等方面作答。建议考生积累和北京有关的历史名词，这有可能成为明年的命题方向。

（3）**刑部郎中**：是中国古代的官名，是分掌刑部事务的官员，官阶为从五品，是地位仅次于丞相、尚书、侍郎的高级官员。

☞**学霸支招**：该题考查古代官职。考生准确答出该官职的行政事务和官阶即可得分。注意区分该职位和"侍郎"不是一个概念。从严格意义上说，"刑部郎中"和"侍郎"是两种官职。

（4）**举人**：一种士人的身份，等级在生员之上，雅称"孝廉""发解""发达""乡进士""乡先进""乡进"等。汉代没有考试，都是由郡太守、诸侯举荐贤士，被举荐的人被称为举人。唐、宋时称可以应进士考试者为举人。明、清时，则称乡试中试者为举人，也称为"大会状""大春元"。

☞**学霸支招**：该题考查士人身份。注意本词并不局限于某一朝代，而是从汉朝一直沿用到明清，不过其内涵有所变化，考生需要大致答出这一名词在各个朝代的不同含义才可得分。

（5）疆寄：是疆臣寄政的简称，即被赋予全权的地方高级官吏，清朝大官李鸿章曾身膺疆寄数十年。

👉 学霸支招：本词难度系数较高，如果考前未积累这一点，几乎无法猜测出来其意思，算是百科知识题中最难的一个词条，考生准确解释出其含义即可，可以适度扩展更好，但这一点不做强制要求。

## 二、应用文写作（40分）

【题目分析】

题目要求起草一份关于工程预算额谈判结果的报告。首先，考虑格式，题目中已给出一些要求，考生写作时需体现以下要素：标题、发文字号、正文、结尾、落款、年月日等；其次，关于写作内容，题目已将范围限定为"工程预算额谈判结果"，考生需围绕这一主题写作。

【考场还原】

中国××股份公司关于××工程预算额谈判结果的报告

××字〔××××〕×号

中国××办公室：

根据你办和商务部××司的指示，我司于××月××日至××日派人去××，了解了××工程预算额谈判结果，现将有关情况报告如下：

中国××股份公司与××外资企业合作完成××工程，但两个公司在该工程的预算额度上存在分歧。××公司要求每辆××型载重卡车的预算成本为××元，但我司认为该型号的卡车成本预算过低，应增加为×××元/辆。由于我司准备充分，我方专家从市场情况到技术上都提供了有力的论证，经过半个月的谈判，××公司接受了我方要求，将每辆卡车的预算成本定位×××元/辆，并在预算额度同意书上签字。

一直以来，我国汽车制造企业与外资企业合作时，外资企业所给的预算成本都比较低，主要原因是外资企业认为中国国内劳动力成本较低，且各类零部件价格低。除此之外，国内企业在汽车制造方面技术不足，经常需要依赖外资企业的技术指导，所以谈判时常处于不利地位。

为促进国内汽车制造业的发展、保障国内汽车制造企业的利益，建议加强汽车领域技术研发，减少对外资企业技术指导的依赖。

以上报告如无不妥，请转报商务部。

中国××股份公司<br/>××××年××月××日

**评点升格**

本文格式标准，符合题目在格式方面的要求。内容上结构清晰：首先，介绍谈判的相关情况；其次，分析分歧产生的原因；最后，对今后工作提出建议。全文逻辑清楚，语言精练、明确、客观。

## 三、现代汉语写作（60分）

**题目分析**

该题要求完成一篇关于人物的散文，注意体裁为散文，建议写作时结合事件来写。有两种思路：一是选取一件最能反映人物品质或性格的典型事例，以小见大；二是通过多个事件来表现一个人的品质。写作角度多样，切合题目即可。

**考场还原**

一个难忘的人

时间没有因为我们的不舍而停下匆匆的脚步，我们也在时光中不断前行，在这一过程中，我们的记忆中总会留下一些难忘的人……

每个人的生命中总会有一些难忘的人，我也不例外，我的启蒙恩师是我一生珍重的，在任何时候，无论在多远的地方都难以忘却的人。她对我的影响可谓是"随风潜入夜，润物细无声"，虽然她有时让人感到压力很大，十分疲累，但也推动着我在最该奋斗的年纪勇往直前，不曾后退。

恩师的双眸如明媚的春光，亲切而澈亮；恩师的双手似和煦的春风，轻柔而温暖；恩师的关怀像淅沥的春雨，贴心而缠绵……她教会了我许多人生道理，引导我无论何时，无论遇到多大的艰难险阻，始终要阳光快乐地微笑面对生活的每一天。我的每一点进步，每一点成绩的取得，无一不浸透着她的辛劳付出。

她是一个爱书的人，假日里经常去买书，一买就是十套、二十套，她常常把这些书籍作为激励我们努力学习的奖励。她也是一个爱看书的人，只要一空闲，教室里、食堂里、休息室里随处可见她捧着书聚精会神阅读的身影，身旁必定有着厚厚的笔记本和笔，她喜欢边阅读书籍边做摘录。每每阅读到经典美文，她还会声情并茂地诵读给我们听。她阅读书籍的身影和沉醉于书中的恬静笑容总是给我克服困难的信心。她曾说："努力不一定成功，但放弃却必然失败。"这句话深深鼓舞了我。在她潜移默化的影响下，我和班里的很多同学都成了爱读书的孩子。课余时、闲暇时，我们都喜欢拿出各式各样的书，阅阅、读读、品品，悟一悟书中的真理，领一领天地之精华。在她的影响下，我不仅仅爱读书，更是养成了做读书笔记、做摘录、写感悟的好习惯。直到现在我才明白，阅读是一个多么好的习惯。阅读时，我不知不觉地从书籍中汲取作家的智慧和经验，这些智慧与经验让我克服生活中的重重困难，不断成长。语言难以穷尽我对恩师的感激之情。

恩师，感谢您！您对我的影响，就像阵阵微风潜入心底，默默的、静静的、暖暖的、深深的……无论何时我都无法忘记您，也无法忘记您对我的教诲和启迪，这些让我终身受益！

**评点升格**

本文是篇散文，语言优美，言语恳切，处处流露出考生对启蒙恩师的感激之情，令读者为之动容。此外，文章在行文过程中适度结合了具体事例来充实内容，使文章更加完整、全面。

# 2019年试题参考答案与考点解析

## 一、百科知识（50分）

**1.**

（1）**自强不息**：意思是自己努力向上，不松懈。它来源于《周易》中的"天行健，君子以自强不息"。

👉 **学霸支招**：该题考查成语解释，得分点包括含义及出处。

（2）**舍生取义**：意思是为了正义事业不怕牺牲，为历代儒家所推崇，常用于赞扬别人难能可贵的精神。它出自《孟子·告子上》中的"生，亦我所欲也；义，亦我所欲也。二者不可兼得，舍生而取义者也"。

☛ 学霸支招：该题考查成语解释，得分点包括含义及出处。

（3）民惟邦本：意思是百姓是国家的根本。它出自同谷子《尚书·五子之歌》中的"皇祖有训，民可近，不可下，民惟邦本，本固邦宁。"它反映了人们从政治实践中看到了统治者与被统治者之间的相互依存关系。这种思想在实际政治生活中影响较大，曾经成为促进封建盛世形成的指导思想和抑制专制君主暴虐无道、残害百姓的思想武器。

☛ 学霸支招：该题考查成语解释，得分点包括含义、出处及历史意义。

（4）协和万邦：意思是告诫统治者处事要公正，去除一己之偏爱，好恶一同于天下。它出自《尚书》中"百姓昭明，协和万邦"的理想，该理想主张人民和睦相处，国家友好往来。"协和万邦"是中国文化的基因与核心价值之一。

☛ 学霸支招：该题考查成语解释，得分点包括含义、出处及历史意义。

（5）和而不同：意思是和睦相处，但不随便附和。它出自《论语·子路》中的"君子和而不同，小人同而不和"。

☛ 学霸支招：该题考查成语解释，得分点包括含义及出处。

2.

（1）中国佛教协会：是中国各民族佛教徒联合的爱国团体和教务组织，由二十多位全国佛教界知名人士发起，于1953年在北京成立。该协会旨在为促进经济社会发展发挥积极作用。其主要任务是带领中国佛教徒遵守法律道德，促进社会发展。

☛ 学霸支招：该题考查宗教组织，得分点包括组织性质、发起人、成立时间、成立目的以及主要任务。

（2）人间佛教：由太虚大师提出，其提出"人间佛教"的思想是倡导用佛教解决人生问题，指出佛教要为活人服务，并与世俗社会紧密联系，即成佛在人间，人成佛成，是为真现实。经过赵朴初居士等人的完善，爱国爱教也成为"人间佛教"的重要组成部分。

☛ 学霸支招：该题考查宗教术语，得分点包括提出人、思想内容、组成部分等。

（3）庄严国土：是佛教的一项重要理念。这里的"国土"有多重含义，既指佛国净土，又有自心净土与他方净土两意。佛教认为，创造人间净土、回归自心净土是根本目的。人人的自心清静了，整个世界就会变得无限美好，这是人们追求的目标。

☛ 学霸支招：该题考查佛教术语，得分点包括理念来源、含义、目的及追求的目标等。

（4）两个一百年：在中共十五大报告中首次被提出，具体内容为到建党一百年时，国民经济更加繁荣，各项制度更加完善；到世纪中叶建国一百年时，基本实现现代化，建成富强、民主、文明、和谐的社会主义国家。"两个一百年"是全国各族人民共同的奋斗目标，是我们奋斗发展的方向

☛ 学霸支招：该题考查政治术语，得分点包括提出时间、具体内容及意义。

（5）中国梦：是党的十八大召开以来，习近平总书记提出的重要指导思想和重要执政理念。"中国梦"是指"实现中华民族伟大复兴，就是中华民族近代以来最伟大梦想"，这个梦"一定能实现"。"中国梦"以"两个一百年"的目标为核心目标，具体表现为国

家富强、民族振兴、人民幸福,实现途径为走中国特色社会主义道路、坚持中国特色社会主义理论体系、弘扬民族精神、凝聚中国力量,实施手段为政治、经济、文化、社会、生态文明五位一体建设。

👉 **学霸支招**:该题考查政治术语,得分点包括提出者、提出时间、具体含义、核心目标、具体表现、实现途径、实施手段等。

3.

(1)**吏部侍郎**:是吏部副长官,它在明代为正三品,在清代为从二品。在吏部,其职位仅次于尚书。其职责为主管丞相御史公卿之事。

👉 **学霸支招**:该题考查古代官职,得分点包括含义、官阶及职责。

(2)**县尉**:是一种官名,位在县令或县长之下,主管治安。县尉是唐代县级政府中的重要官员,于秦汉时期流传。

👉 **学霸支招**:该题考查古代官职,得分点包括含义、职责及流传时期。

(3)**《长恨歌》**:是唐代诗人白居易的一首长篇叙事诗。全诗讲述了唐玄宗与杨贵妃的爱情悲剧。《长恨歌》通过对历史人物的形象刻画,描绘了一个动人的故事,语言优美,具有艺术感染力,使读者身临其境。该诗对后世诸多文学作品产生了深远的影响。

👉 **学霸支招**:该题考查古代诗歌,得分点包括作者、体裁、内容、语言特色及影响等。

(4)**乡试**:是中国古代科举考试之一。唐宋时称"乡贡""解试"。乡试的举行时间为每年的八月。明、清两代定为每三年一次。各省主考官均由皇帝钦派。中试称为"举人",第一名称为"解元",第二名称为"亚元"。凡中试者均可于京师参加会试。

👉 **学霸支招**:该题考查科举制度,得分点包括含义、举行时间、具体内容。

(5)**翰林院**:从唐朝开始设立,翰林分为两种,一种是翰林学士,供职于翰林学士院,另一种是翰林供奉,供职于翰林院。翰林学士地位最高,是知识分子中的精英,他们致力于文化学术事业的传承,议论朝政。翰林制度使得文学界和思想界的主流处于皇帝的监管之下,压抑了学术界的自由思想,有利于皇帝进行专制统治。

👉 **学霸支招**:该题考查中国古代机构,得分点包括设立时间、发展过程、作用、历史意义等。

4.

(1)**中国铁路总公司**:是经国务院批准、依据《中华人民共和国公司法》设立、由中央管理的国有独资公司。经国务院批准,公司由财政部代表国务院履行出资人职责。它以铁路客货运输为主业,实行多元化经营,自觉接受行政监管和公众监督,旨在保证运输安全,提升服务质量,提高经济效益,增强市场竞争能力。

👉 **学霸支招**:该题考查中国重要企业,得分点包括含义、主要任务、设立目的、出资人等。

(2)**京沪高铁**:全称为京沪高速铁路,连接了北京与上海,是"八纵八横"高速铁路主通道之一。于2008年4月18日正式开工，2011年6月30日全线正式通车。这条铁路的起点为北京南站，终点为上海虹桥站，通行里程为1 318千米，最高速度可达380千米/小时。高铁的开通，加快了两大经济区的联系，同时使内陆地区与沿海地区的联系更为紧密。

**学霸支招**：该题考查京沪高铁，得分点包括具体含义、开工时间、时速、连接城市及意义等。

（3）**国际品牌**：指在国际市场上有着高知名度的高质量品牌。一般是指该品牌历史悠久，影响力大，有的在本国有着几十年甚至上百年的历史，经常能引领业界的发展方向，有支撑该品牌的知识。

**学霸支招**：该题考查经济术语，得分点包括含义、特点及影响等。

（4）**实时监测**：指"复兴号"所采用的先进安全保障技术。利用该技术可设置智能化感知系统，建立强大的安全监测系统。"复兴号"全车部署了2 500余项监测点，能够对轴承温度、冷却系统温度、制动系统状态、客室环境进行全方位实时监测。

**学霸支招**：该题考查科技术语，得分点包括具体含义及作用。

（5）**数据传输**：指数据从一个地方传送到另一个地方的通信过程。"复兴号"的网络控制系统首次引入了高速以太网数据传输和网络维护，传输带宽由1兆级提升到了100兆级。采用远程数据传输，可在地面实时获取车辆信息，提升地面同步监测、远程维护的能力。

**学霸支招**：该题考查科技术语，得分点包括定义及作用等。

## 二、应用文写作（40分）

> **题目分析**
>
> 该题为常见的应用文，难度适中。该题需写一篇公文，主要内容为教育部关于建设高水平本科教育的意见，因此需注意公文的写作格式，注意不要遗漏信息。

### 考场还原

**教育部关于加快建设高水平本科教育、全面提高人才培养能力的意见**
教高〔2018〕2号

各省、自治区、直辖市教育厅（教委），新疆生产建设兵团教育局，有关部门（单位）教育司（局），部属各高等学校、部省合建各高等学校：

为加快建设高水平本科教育、全面提高人才培养能力，特此提出关于加快建设高水平本科教育全面提高人才培养能力的意见。

一、建设高水平本科教育的重要意义和形势要求（共2条规定）

二、建设高水平本科教育的指导思想和目标原则（共3条规定）

三、把思想政治教育贯穿高水平本科教育全过程（共4条规定）

四、围绕激发学生学习兴趣和潜能深化教学改革（共6条规定）

五、全面提高教师教书育人能力（共4条规定）

六、大力推进一流专业建设（共4条规定）

七、推进现代信息技术与教育教学深度融合（共3条规定）

八、构建全方位全过程深融合的协同育人新机制（共5条规定）

九、加强大学质量文化建设（共4条规定）

十、切实做好高水平本科教育建设工作的组织实施（共5条规定）

教育部

2019年9月17日

### 评点升格

范文按照公文的写作格式，将该意见的各种细节，包括发文标题、落款、具体内容等详尽写出，具有参考价值。

## 三、现代汉语写作（60分）

### 题目分析

该题为现代汉语写作，难度适中，需围绕"映入心影的同学"这一主题展开。首先，立意应该鲜明，开篇点题。其次，需详细说明这位同学，以及自己和这位同学的故事，且要能自圆其说。最后，结尾升华观点，阐明主旨大意。

### 考场还原

#### 映入心影的同学

同学，你现在还好吗？同学情是什么？为什么令人时常想起，难以忘怀？为什么令人风雨同舟，同甘共苦？那是因为，同学情至纯至真，像玉壶冰心，似银色月光，让人心境透明，让人备感温馨。没有名利的杂质，没有物欲的浊流，只有共同走过的一段黄金岁月。我们有多少的思念要诉说，我们有多少的牵挂要传递。我们走过年轻的冲动，变得成熟，我们懂得了生活，懂得了忍让、包容和迁就。那是因为我们把彼此深深地刻在了记忆里，时时回忆，映入我的心影。

同学，你还记得吗？在那个发试卷的日子里，由于我粗心大意，没有认真检查试卷，期中考试只考了70多分，我的心像被石头打中的玻璃一样，前所未有的糟糕成绩令我沮丧不已。这时你带着安慰走来了，像涌进我心田的一股暖流。你说："考试就像人生一样，不可能一帆风顺，总会有一些挫折，我们要勇敢地面对，我们要努力向前，而不是就此停滞。"我的心情慢慢平静下来了，仔细地分析每一道题，吸取教训，争取下一次超越自我。可是,当我要出去时,却听到你躲在一个小隔间里,为考试失利而痛哭,我知道,你是为了我才装作平静,你是为了我才抑住心中的悲痛,感谢你,我的朋友!

  同学,你还记得吗?在那个演讲比赛的日子里,由于我过分紧张导致发挥失常,我小声地哭了,为我的面子、为我的耻辱而哭了。这时,你来了,你带着阳光走来,是那么温暖,给予我力量。你说:"一两次的失败是正常的,一个人不可能完美无缺,正是那些细小的缺点构成了闪闪发光的我们啊!我们要学会从失败中汲取经验,不要过分伤心。"听了你的话,我振作起来了,勇敢地继续努力着。可是,当我走过老师的办公室时,却听见老师在责怪你没有帮我做好准备工作,我知道,你是为了我才忍住眼泪,你是为了我才绽放笑容。

  同学,现在你还好吗?同学情,多么珍贵的情谊!无论你的职位是崇高还是低微,无论你的生活是富裕还是贫穷,同学一直都在默默关心、祝福你。这才是世界上最无私、最纯洁的感情,让人难忘的同学情,映入我的心影。

### 评点升格

  文章开篇点名同学情对于作者的重要性,从而在文中引出对作者来说十分重要的那个同学。文章中间部分举了两个关于那位同学的故事,引发读者的共鸣。最后一段阐明主旨,激起了对同学的思念。全篇语言生动具体,内容充实感人,值得借鉴。

# 2018年试题参考答案与考点解析

## 本套试卷特点

  宁波大学2018年汉语写作与百科知识词条解释的五段文本分别涉及时事热点、中国古代历史、世界历史、政治、文学。时事热点需结合生活常识作答;中国古代历史难度较高;世界历史考点较为常见;政治考点与考研政治重合,较为简单;文学部分考点难度较高,容易失分。考生在复习时需要做到尽量全面,文学部分尽量加强理解,复习时需要对真题做透彻了解及分析。2018年应用文写作摒弃了历年常考的邀请函,考生在复习时需要多做准备,常见的应用文如报告、会议纪要、备忘录等都需要掌握。复习应用文时从格式和内容两方面着手,格式包括常见套话、语言规范、常见开头结尾等。2018年大作文也摒弃了往年常考的议论文，所以稳妥起见，除了学校常考的题型，考生对其他题型也需稍作了解，平时需要多积累一些好词好句。

# 一、百科知识（50分）

1.

（1）**企业**：是指依法成立并具备一定组织形式、以营利为目的、专门从事商业生产经营活动和商业服务的经济组织。企业存在三种基本形式：独资企业、合伙企业、公司。

**学霸支招**：该题考查企业的相关知识，得分点包括定义、基本形式等。

（2）**公共服务区**：公共服务是使公民某种具体的直接需求得到满足的服务，如衣、食、住、行、生产、发展和娱乐的需求。公共服务区即为提供公共服务的区域。

**学霸支招**：该题考查公共服务区的相关知识，得分点包括定义、内容及公共服务区的定义等。

（3）**分时租赁**：是租车行业新兴的一种租车模式，指按小时或天计算，提供汽车的随取即用租赁服务，消费者可以按个人的用车需求和用车时间预订租车的小时数，其收费按小时来计算。采用分时租赁模式的有共享单车、共享充电宝、共享汽车等。

**学霸支招**：该题考查分时租赁的相关知识，得分点包括定义、常见类型等。

（4）**共享经济**：是一种将闲置的资源共享，使物品使用权暂时转移，提高资源利用率，并从中获得一定报酬的新型经济模式。其本质是整合线下的闲散物品、劳动力、教育医疗资源等。常见的共享经济形式有共享单车、共享充电宝、共享汽车等。

**学霸支招**：该题考查共享经济的相关知识，得分点包括定义、本质等。

（5）**低碳**：指较低（更低）的温室气体（二氧化碳为主）排放。由于二氧化碳排放量大，地球臭氧层遭受巨大破坏。推崇低碳生活是为了应对日益严重的气候问题，减少二氧化碳的排放，保护生态环境和人类安全。

**学霸支招**：该题考查低碳的相关知识，得分点包括定义、目的、背景等。

2.

（1）**太监**：又称宦官、阉人、寺人、宦者、中官、内官、内臣、内侍、内监。隋唐之前，太监原指宦官中的高级官员。隋唐之后指被阉割生殖器后失去性能力，专供古代都城皇室役使的要员。明朝时期，宦官权势日增，人们就把所有宦官都称为"太监"。

**学霸支招**：该题考查古代官职称谓，得分点包括别称、定义及演变等。

（2）**菩萨**：全称菩提萨埵，菩提指佛道，萨埵指众生。菩萨即为众生发心求入佛道。另一种解释说上求菩提，下化众生，故为菩萨。佛教中的四大菩萨指的是文殊菩萨、观音菩萨、普贤菩萨、地藏菩萨。

**学霸支招**：该题考查大概念"菩萨"，需要交代清楚这一名词的含义和由来，再简要补充一些诸如"四大菩萨"或者其他相关知识会更好。

（3）四品：是中国古代官位级别，分为正四品和从四品两个官阶。明朝时期，郑和任内官监太监时，官至四品，地位仅次于司礼监。

🐟 **学霸支招**：注意宁波大学的百科词条是从文本中选取的，该词条所在文本聚焦明朝，所以建议考生答题时不仅要解释四品，还要结合该题背景，适度补充与词条所在文本相关的内容，如郑和（明朝有名的太监）曾官至四品。

（4）明成祖：指朱棣，明太祖朱元璋第四子，明朝第三位皇帝，年号永乐，故后人称其为永乐帝、永乐大帝。其主要成就为：完善中央制度，开创永乐盛典，收复安南，五次征漠。

🐟 **学霸支招**：该题考查中国古代帝王，得分点包括生平、主要成就等。

（5）西洋：古代地域名、海域名，是古代中国人以中国为中心提出的一个地理概念，不同时代的含义不尽相同。元明朝时期的西洋是指文莱以西的东南亚和印度沿岸地区，晚清用西洋一词指欧美国家。

🐟 **学霸支招**：该题考查地理知识，得分点包括定义、主要区域及演变等。

3.

（1）罗马帝国：是以地中海为中心，跨越欧、亚、非三大洲的大帝国，存在时间长达1 000多年，是古罗马文明的一个阶段。罗马帝国分为前期罗马帝国（公元前27年至公元284年）和后期罗马帝国（公元284年至公元476年）。公元395年，罗马帝国分裂为东罗马帝国和西罗马帝国。

🐟 **学霸支招**：该题考查西方历史知识，得分点包括定义、历史概况等。

（2）天主教：是耶稣创立的教会。在天主教会史上，教会经历过两次大分裂，一次是1054年东正教的分裂，另一次是马丁·路德的分裂。天主教是基督教中在历史上传承最悠久、文化沉淀最深刻、信徒最多的教派，其与新教、东正教并称为基督教三大派。

🐟 **学霸支招**：该题考查西方宗教知识，得分点包括教会概况、地位等。

（3）利玛窦：是明朝万历年间来到中国传教的意大利天主教传教士、学者。利玛窦在中国期间，钻研中国典籍，传播天主教教义、西方天文、数学、地理等科学技术知识，对中西文化交流做出了重要贡献。

🐟 **学霸支招**：该题考查西方传教士知识，得分点包括生平简介、影响等。

（4）康熙：是清朝第四位皇帝——清圣祖爱新觉罗·玄烨的年号。康，安宁；熙，兴盛。康熙取"万民康宁、天下熙盛"的意思。统治时间为1662年至1722年，共61年，是中国历史上在位时间最长的皇帝。其主要成就有：擒鳌拜，平三藩、台湾，亲征准噶尔，大败沙俄侵略军，发展经济。

🐟 **学霸支招**：该题考查中国古代帝王，得分点包括生平简介、主要成就等。

（5）历法：是用年、月、日等时间单位计算时间的方法。历法主要分为阳历、阴历和阴阳历三种。阳历即太阳历，历年为一个回归年，现时国际通用的公历（西历）即为阳历的一种；阴历亦称月亮历，或称太阴历，历年为12个朔望月，大月30天，小月29天，伊斯兰历即为阴历的一种；阴阳历的平均历年为一个回归年，历月为朔望月，因为12个朔望月与回归年相差太大，所以阴阳历中设置闰月，中国的农历就是阴阳历的一种。

**学霸支招**：该题考查天文术语。考生可从定义、分类及简要介绍等方面作答。该题属于比较难的知识点，概念较抽象，不易背诵，考生需要多下功夫。

4.

（1）**十六大**：全称是中国共产党第十六次全国代表大会，于2002年在北京召开。这次大会的主题是：高举邓小平理论伟大旗帜，全面贯彻"三个代表"重要思想，继往开来，与时俱进，全面建设小康社会，加快推进社会主义现代化，为开创中国特色社会主义事业新局面而奋斗。十六大的灵魂是"三个代表"重要思想，精髓是坚持解放思想、实事求是、与时俱进。

**学霸支招**：该题考查政治会议，得分点包括召开概况、主题等。

（2）**邓小平理论**：是邓小平同志提出的适合中国国情的社会主义现代化建设的理论观点。其基本内容包括：坚持实事求是的思想路线和独立自主的原则；社会主义初级阶段的科学论断；社会主义的根本任务和根本性质；改革是一场革命；对外开放是改革和建设不可缺少的条件；四项基本原则是立国之本；"一国两制"推动祖国统一大业。邓小平理论是马克思列宁主义同中国实际相结合的第二次历史性飞跃。

**学霸支招**：该题考查重要政治思想，得分点包括基本内容、地位等。

（3）**"三个代表"重要思想**：由江泽民于2002年提出，要求中国共产党：要始终代表中国先进社会生产力的发展要求；要始终代表中国先进文化的前进方向；要始终代表中国最广大人民的根本利益。"三个代表"重要思想是基于中国特色社会主义提出的一套理论，为中国共产党提供了在中华人民共和国长期执政的理论依据。

**学霸支招**：该题考查重要政治思想，得分点包括基本内容、地位等。

（4）**社会主义初级阶段**：特指我国在生产力落后、商品经济不发达条件下建设社会主义必然要经历的特定阶段，即从1956年社会主义改造基本完成到21世纪中叶社会主义现代化基本实现这一阶段。十三大系统阐述了社会主义初级阶段理论和党在社会主义初级阶段的基本路线。

**学霸支招**：该题考查社会主义初级阶段，得分点包括定义、时间跨度等。

（5）**科学发展观**：在党的十七大上，胡锦涛提出，科学发展观的具体内容包括：第一，以人为本的发展观；第二，全面发展观；第三，协调发展观；第四，可持续发展观。党的十七大把科学发展观写入党章，党的十八大把科学发展观列入党的指导思想。

**学霸支招**：该题考查重要政治思想，得分点包括基本内容、地位等。

5.

（1）**夷狄**：古称东方部族为夷，北方部族为狄。夷狄常用以泛称除华夏民族之外的各族，出自《论语》。

👉 **学霸支招**：该题考查古代文化知识，得分点包括释义及出处等。

（2）宋祚："宋"意为宋朝，"祚"意为福运或君主的位置。"宋祚"指宋朝的国运。

👉 **学霸支招**：该题考查古代文化知识，得分点包括释义及内涵等。

（3）天运：指上天赋予国家民族及个人的命运。天运宣扬"生死有命，富贵在天""君权神授"，意在维护国家秩序和统治阶级的稳定。

👉 **学霸支招**：该题考查古代文化知识，得分点包括内涵释义、意义影响等。

（4）礼义：指礼法道义，同"礼仪"，即人们在日常生活中需要遵循的行为规范和道德准则。

👉 **学霸支招**：该题考查古代文化知识，得分点包括释义及内涵等。

（5）中夏：指华夏，即中原地区的中国。"夏"为中国历史上第一个王朝的名称，后亦将"夏"作为古代中原地区的居民的自称。

👉 **学霸支招**：该题考查古代文化知识，得分点包括释义及内涵等。

## 二、应用文写作（40分）

### 题目分析

该题要求起草一份索赔案答复报告，为陈述性文体，写作时要以事实材料为主要内容，以概括叙述为主要表达方式。报告的内容要求以摆事实为主，要客观地向上级反映具体情况，不要过多采用议论和说明的表达方式，以概括叙述为主。语气要求委婉谦和，不宜用指令性的语言。报告内容要有针对性，不能答非所问。因此，主体部分即报告事项部分依题目要求作答即可。结尾用"专此报告"或"以上报告，请审阅"之类的习惯语收尾。

### 考场还原

中国××股份公司关于××工程价格索赔案谈判结果的报告
××字〔××××〕×号

中国××办公室：

根据你办和商务部××司的指示，我司于××月××日至××日派人去××，了解了××工程价格索赔案的谈判结果，现将有关情况报告如下：

××进出口公司和我司××股份公司自去年开始合作，订购了××型工程设备×套。在近期的使用过程中，出现了各种质量问题，如工程设备轮胎磨损、挡风玻璃爆裂等严重质量问题，严重拖慢施工工作进程。我司当即组织用户和技术人员赴×××等地考查，经调查发现，质量问题主要是由于××进出口公司在制造产品时偷工减料。我司为此向××进出口公司提出索赔。同时联系了商务时报记者，给××进出口公司施加压力，最终两方代表团于××月××日在京谈判。谈判期间，我方专家从技术上提出了有力的论证，××进出口公司最终承认自身产品设计和制造的质量问题，同意全部退货，更换"重新设计试验、精工细作、制造优良的"新设备，并向我司支付×日元（占全部车价的×分之一）的经济损失赔偿金。××进出口公司于××月××日在赔偿确认书上签字。

去年以来，市场上的工程设备质量良莠不齐，偷工减料现象比比皆是，主要原因是众多制造商无视商业信誉，以次充好，以假充真。而买方市场近年来需求量大，交货期短，各单位购买设备时过于求快，导致各种产品流入市场。为避免市场损失，建议国家制定《进口工程设备管理办法》，并要求各部门、各地方切实执行。

以上报告，请审阅。

落款（公章）<br>××××年××月××日

### 评点升格

本文符合商务报告的基本格式，标题、发文字号、正文、结尾语、落款、公章、年月日等均按题目要求一一呈现。开头先写报告目的，开门见山，接着阐释索赔案的具体过程、结果及建议。文章思路清晰，行文流畅，用词合理。

## 三、现代汉语写作（60分）

### 题目分析

该题为命题写作，体裁为散文。考生在作答时可选择内涵意义较为丰富的书籍，从书籍带给自身的启示出发进行写作，注意体现自己的真情实感，不要过于依赖作文模板。

### 考场还原

一本难忘的书

虽然已经成了烂大街的鸡汤名言，但至今对我影响最大的还是《明朝那些事儿》结尾的那句话：成功只有一个，按照自己的方式去度过人生。

《明朝那些事儿》洋洋洒洒百万字，说起明朝三百年间的那些事，跌宕起伏，兴衰成败，几乎是为结尾这句话做铺垫的。当年明月回答说："我之所以写徐霞客，是想告诉你，所谓百年功名、千秋霸业、万古流芳，与一件事情相比，其实算不了什么。这件事情就是——用你喜欢的方式度过一生。"这句话也许才是他真正想告诉世人的。

始终记得数年前读到这个结尾的惊诧。一部历史书的结尾，不是王侯，不是将相，而是一个游山玩水的徐霞客，还有当年明月从无名日历上摘出的那句话。那时我还年轻，并不太懂，总觉得依照自己的意愿生活不过是件简单的事情。无非是强调勇敢、坚强、不认输，何必用一个朝代的历史来铺陈。年岁见长，我才明白能内心强大到不惧怕他人眼光，不屈从现实逼迫，不动摇初心，并且有足够的能力去执行这一点，到底是太难了。

人仅此一生，人生仅此一次，所以"活出自我"最为要紧。但我们大多数人却活成了别人，追求跟别人一样的标配生活，追求跟别人一样的标配人生。

但徐霞客不，他不想"泯然于众"，他只想遵从内心真实的感受，用自己喜欢的方式度过一生。他曾说："我不求功名、不求富贵、不求权力，我只想游历天下、踏遍山河，你冷嘲也好，你热讽也罢，我一点都不在乎，我喜欢，我开心，这就足够。"

那一年隆冬，大雪封了黄山。徐霞客用一根铁棒，在峭壁之上凿出一个个冰坑，一步一步地爬上了黄山绝顶。于是便有了《徐霞客游记》中的一句："初四日，兀坐听雪溜竟日。"

那一天，山下的我们，正忙着追逐富贵与功名。但徐霞客却坐在黄山绝顶，听了一整天的大雪融化声。

山下，灯火辉煌，喧嚣成海。徐霞客却端坐山顶，不作一语。他举头眺望星空，身心俱净。

想来依旧唏嘘，兴衰起落、王侯将相、无奈更替、风云变幻，时过境迁之后只不过是"古今多少事，都付笑谈中"而已。而徐霞客看起来是不合时宜和不识时务的，但无论世道多么无常，无论希望多么渺茫，总有那么一群不识时务的人，一直坚持，绝不妥协。面对冷酷的世间、无奈的场景，妥协是大多数人在大多数时间的选择，因为妥协退让很现实、很有好处。但我认为，在人的一生中，至少有那么一两件事，不应该妥协。因为不妥协、坚持到底虽既不现实也无好处，却是正确的。

人，是要有一点精神的，至少有一点。

### 评点升格

本文以《明朝那些事儿》的结束语开题，将当年明月笔下风云变幻的官场诡谲笔锋一转，与"不合时宜"的旅行家徐霞客做对比，表现了作者对书籍的思考以及对人生的深刻见解。最后结尾的精神之说升华主题，与前文对徐霞客的抒情化描写衔接，文笔流畅，立意深远。

# 中国海洋大学（B 985 211）

## 学霸硬核备考分享

### 1 本校考查特点

中国海洋大学是翻译自主命题学校中最特别的学校，其百科知识的题目和其他学校有所区别，题目分三种：选择填空题、填空题、现代汉语写作。值得注意的是，该校不考查应用文写作。

### 2 学霸备考经验

**选择填空和填空**：中国海洋大学的百科知识真题很独特，一定要吃透真题，根据往年真题整理出题范围，分析命题人的命题套路，并结合百度百科扩展知识。选择填空题喜欢考查三块内容：西方文化、中国古代文化、时事热点；填空题出题五花八门，考查对联、诗词填空等，可相应地去网上积累一些对联，特别是有典故的对联，平时可以把初高中的诗词背诵熟练，以免考场上回忆不出来。此外，建议利用好一切碎片时间看百科相关知识。从学长学姐那购买资料，还可以购买一本百科方面的书籍，如刘军平或者李国正的书，系统了解古今中外各领域的知识。同时也要重点关注热点话题，比如2019年真题有四段文本都和热点接轨，未考查科技类相关知识，但往年常考查科技类，所以建议积累科技领域最新的重大突破。

**大作文**：命题方向是根据给出的材料完成一篇作文，材料内容一般是热点话题，考生平常可以多锻炼自己独立思考的能力，多看看各类社论，学习别人的论述思路，吸纳好的观点。与此同时，推荐考生多阅读高考优秀范文，多积累例子。

### 3 学霸复习时间表

① 9月开始看李国正的百科书籍、《西方文化知识》和黄皮百科书。
② 10月开始按照往年真题出题范围，结合百度百科补充知识，背诵记忆，同时穿插背诵诗词。

③ 11 月开始积累热点素材，每周欣赏一篇社论，学习论述思路和观点，并自行针对话题独立思考，写出自己的见解。

④ 12 月份开始全力冲刺，背诵手头各类材料，预测考题。

# 2019 年试题参考答案与考点解析

### 本套试卷特点

选择填空题考查了四大古文明、时事热点、联合国机构等。在此提醒考生，这一题基本是由古代文明和时事热点知识组成的；填空题考查了中国传统文化和高中重点诗句；现代汉语写作提供了一段有关"人工智能"的材料，要求完成一篇题为"发展"的作文。

## 一、选择填空题（每小题 1 分，共 60 分）

1. 很多人认同"世界上有四大古文明"这一说法，这个说法没有把南、北美洲的古文明计算在内。

四大古文明中被认为最古老的是发源于幼发拉底河和底格里斯河流域的古巴比伦文明，或称两河文明，也因其所在地区平原被称作美索不达米亚文明。该古文明现存于世的重要成就之一是已经发现的世界上最早的一部较为完整地保存下来的成文法典——《汉谟拉比法典》，还有传说公元前 6 世纪由巴比伦王国的尼布甲尼撒二世建立并在现代被列为世界七大奇迹之一的空中花园。古巴比伦王国主要位于现在的伊拉克境内。

四大古文明中名列第二的是古埃及文明，发源于尼罗河流域。古埃及的最高统治者汉语称作法老，其陵墓汉语称为金字塔，胡夫金字塔还被列为世界七大奇迹之一。现在还能在埃及看到一尊闻名世界的狮身人面像，此雕像起源于埃及神话中的斯芬克斯，而且斯芬克斯在西亚神话和古希腊神话中也有传诵。

四大古文明中名列第三的是古印度文明，而名列第四的是中华文明。

所谓四大古文明中真正至今从未中断过的只有中华文明。

所谓四大古文明全部都是原生文明或称自源性文明，所谓古希腊文明因为很明显受到了古埃及文明和古巴比伦文明的影响才产生并发展起来，是派生文明或称借源性文明。

**答案：**（01）B　（02）E　（03）K　（04）H　（05）J
　　　　（06）V　（07）L　（08）D　（09）M　（10）X

**学霸支招：** 该题考查四大古文明，注意这个知识点历年都是中国海洋大学考查的重点，基本每年会考查。有时总体考查，题目涉及四大古文明概述；有时命题更细致，如具体考查某一古文明的相关知识。

2. 20世纪下半叶，世界上已经有了数个拥有核武器的所谓核大国。早在只有美国、苏联和英国拥有核弹的1953年10月，美国艾森豪威尔政府就提出了大规模报复战略，并由国务卿杜勒斯于1954年1月正式宣布。这是最早出现的核威慑战略。其中心是美国以其绝对优势的核力量为后盾，用发动全面核报复对敌方进行讹诈与威胁。60年代初期，美、苏核力量趋于平衡，美国政府提出以灵活反应战略替代核威慑，即在继续发展核力量的同时，加强常规兵力；以常规兵力为"剑"，以核力量为"盾"。60年代中期，美国又提出了以确保相互摧毁（即相互威慑，英语为Mutual Assured Destruction，缩写为MAD）为基础的核政策，认为核战争的结果是同归于尽，强调加强第二次核打击的能力，以遏制对方发动核战争。

西方理论界把威慑的手段分为"惩罚性威慑"与"抑阻性威慑"。前者亦称"进攻性威慑"，即采取迅速和压倒一切的报复行为，迫使进攻者认识到得不偿失，立足点是反击能力。后者亦称"防御性威慑"，即以足够的、有效的防御能力，使敌方感到无法实现预期目的。

美国与苏联两个超级大国展开了核军备竞赛，既拖累了经济建设，也令许多人产生了核战争恐惧。于是，世界上出现了裁减军备的呼声。

1987年，美、苏两国签订了《美苏消除两国中程和中短程导弹条约》，简称《中导条约》，规定双方都销毁射程介乎500至1 000公里的短程导弹，以及射程介乎1 000至5 500公里的中程导弹，包括搭载常规与核弹头的导弹、导弹的陆基发射器。1991年12月25日苏联解体以后，俄罗斯联邦继承了苏联《中导条约》的签署国地位及条约权利和义务。

2018年10月20日，美方指责俄方4年来多次违反条约规定，宣布拟以此为由退出《中导条约》。美国此举导致世界舆论一片哗然。到美国宣称将退出之日为止，双方总共已经销毁导弹2 692枚。

**答案：**（11）Y　（12）O　（13）R　（14）J　（15）E
　　　　（16）M　（17）N　（18）H　（19）G　（20）U

**学霸支招：** 该题考查"核威慑"的相关内容，这是2018年的时事热点话题，该题文本主要来自百度百科，同时结合了其他时事热点新闻。

3. 中非合作论坛（Forum on China-Africa Cooperation，简称FOCAC），是中华人民共和国和非洲国家之间在南南合作范畴内的集体对话机制，成立于2000年。论坛的宗旨是平等磋商、增进了解、扩大共识、加强友谊、促进合作。

论坛现成员包括中华人民共和国、与中国建交的53个非洲国家以及非洲联盟委员会。

中非合作论坛后续机制建立在三个级别上：部长级会议每三年举行一届；高官级后续会议及为部长级会议作准备的高官预备会分别在部长级会议前一年及前数日各举行一次；非洲驻华使节与中方后续行动委员会秘书处每年至少举行两次会议。部长级会议及其高官会轮流在中国和非洲国家举行。中国和承办会议的非洲国家担任共同主席国，共同主持会议并牵头落实会议成果。部长级会议由外交部部长和负责国际经济合作事务的部长参加，高官会由各国主管部门的司局级或相当级别的官员参加。

2018年第七届中非合作论坛北京峰会于2018年9月3日至4日在北京举行，本次峰会主题为"合作共赢，携手构建更加紧密的中非命运共同体"。中国国家主席习近平主持峰会并举行相关活动，并在开幕式上发表了题为《携手共命运　同心促发展》的主旨讲话，强调中非要携起手来，共同打造责任共担、合作共赢、幸福共享、文化共兴、安全共筑、和谐共生的中非命运共同体，重点实施好产业促进、设施联通、贸易便利、绿色发展、能力建设、健康卫生、人文交流、和平安全"八大行动"。

**答案**：（21）A　（22）H　（23）L　（24）W　（25）X
（26）I　（27）V　（28）R　（29）J　（30）T

👉 **学霸支招**：该题考查"中非合作论坛"，属于时事热点话题，该题文本主要来自百度百科。

4. 中国国际进口博览会（China International Import Expo，简称CIIE）。

2017年5月，习近平主席在"一带一路"国际合作论坛上宣布，中国将从2018年起举办中国国际进口博览会。

2018年11月4日，首届中国国际进口博览会新闻中心正式运营。

首届中国国际进口博览会由中华人民共和国商务部、上海市人民政府主办，于2018年11月5日至10日在国家会展中心（上海）举行，中国国家主席习近平出席开幕式并举行相关活动。

许多人士指出，中国国际进口博览会将成为共建"一带一路"的又一个重要支撑。

举办中国国际进口博览会是中国坚定支持贸易自由化和经济全球化、主动向世界开放市场的重大举措，有利于促进世界各国加强经贸交流合作，促进全球贸易和世界经济增长，推动开放型世界经济发展。

中国政府诚挚欢迎各国政要、工商界人士，以及参展商、专业采购商参展参会，拓展中国市场，分享各国经贸合作商机，实现互惠互利，共赢发展。中国愿与各国一道，将中国国际进口博览会打造成为世界一流的博览会，为各国开展贸易、加强合作开辟新渠道，促进世界经济和贸易共同繁荣。

中国国际进口博览会是世界上第一个以进口为主题的大型国家级展会，包括展会和论坛两个部分。展会即国家贸易投资综合展（简称国家展）和企业商业展（简称企业展），论坛即虹桥国际经贸论坛。国家展是本届中国国际进口博览会的重要内容，共有82个国家、3个国际组织设立71个展台，展览面积约3万平方米，各参展国意图展示国家形象、经贸发展成就和特色优势产品。国家展中，印度尼西亚、越南、巴基斯坦、南非、埃及、俄罗斯、英国、匈牙利、德国、加拿大、巴西、墨西哥等12个主宾国均设立了独具特色的展馆。作为东道主，中国设立了中国馆，包括港澳台展区。

中国馆以"创新、协调、绿色、开放、共享"的新发展理念为主线,旨在展示中国改革开放的巨大成就,以及中国发展、共建"一带一路"给世界带来的新机遇。企业展分7个展区、展览面积为27万平方米,来自130多个国家的3 000多家企业签约参展。

**答案:**（31）M　（32）S　（33）V　（34）U　（35）J
　　　（36）C　（37）R　（38）X　（39）W　（40）L

🌟 **学霸支招**:该题考查时政热点话题"中国国际进口博览会",该题题干是百度百科和热点新闻的结合,提醒考生在备考时一定要关注重要的国际事件。

5. 贸易战（trade war）又称"商战",指一些国家通过高筑关税壁垒和非关税壁垒,限制别国商品进入本国市场,同时又通过倾销和货币贬值等措施争夺国外市场,由此引起的一系列报复和反报复措施。如果贸易战的武器仅限于相互提高关税税率,则称为"关税战"。

贸易战的背后是贸易保护主义理论,该理论主张,在对外贸易中通过多种政策和措施,限制进口,以保护本国商品在国内市场免受外国商品竞争,并向本国商品提供各种优惠,以增强其国际竞争力。

贸易保护主义在限制进口方面,主要是采取关税壁垒和非关税壁垒两种措施。前者主要是通过征收高额进口关税阻止外国商品的大量进口;后者则包括采取进口许可证制、进口配额制、外汇管制等一系列非关税措施来限制外国商品自由进口。

鼓励出口的常见措施主要有出口信贷、出口信贷国家担保、出口补贴、商品倾销、外汇倾销等。

近年来的贸易保护主义有以下特点:①主要保护手段由关税转到非关税措施。一系列的国际贸易与关税谈判中形成的决议,大大降低了关税总水平,于是各国转而采取非关税措施来推行保护主义政策。这些措施灵活、隐蔽、限制性强,世界贸易总额一半以上受到各种非关税限制。②保护政策对产品的针对性越来越强,如减少和降低对工业品的限制,但对农产品的保护却极少松动,对工业品中不同商品的限制也有很大差别。③实行保护政策所针对的国家和地区的区分加强了。一般来说,一国总是针对自己直接、强劲的竞争对手加强保护主义政策,而对其他国家则适当放松。世界多数国家都是根据自己的国情和竞争对手的状况,分别采用自由贸易和保护主义政策,以期保护本国经济的持续发展,增强其在国际上的竞争力。

贸易保护的目的主要是保护国内市场以促进国内生产力的发展,这与早期的重商主义的保护贸易目的很不相同。重商主义限制进口、鼓励出口,目的是积累金银财富;贸易保护主义主张保护贸易的目的则是提高创造财富的能力。

**答案:**（41）Y　（42）V　（43）E　（44）K　（45）B
　　　（46）S　（47）X　（48）L　（49）P　（50）D

👉 **学霸支招**：该题考查"贸易战"和"贸易保护主义"的相关知识，该题题干来源于百度百科关于这两个关键词的介绍。

6.联合国教育、科学及文化组织（简称：联合国教科文组织，英文：United Nations Education, Scientific and Cultural Organization，缩写 UNESCO）成立于 1945 年 11 月 6 日，是联合国旗下的专门机构之一。

1945 年 11 月 1 日—16 日，"二战"刚刚结束，根据盟国教育部长会议的提议，在伦敦举行了旨在成立一个教育及文化组织的联合国会议（ECO/CONF）。约四十个国家的代表出席了这次会议。在饱经战争苦难的两个国家——法国和英国的推动下，会议决定成立一个以建立真正和平文化为宗旨的组织。按照他们的设想，这个新的组织应建立"人类智力上和道义上的团结"，从而防止爆发新的世界大战。会议结束时，三十七个国家签署了《组织法》，联合国教育、科学及文化组织由此诞生。

1946 年 11 月正式成立，同年 12 月成为联合国的一个专门机构。

总部设在法国巴黎丰特努瓦广场。其宗旨是促进教育、科学及文化方面的国际合作，以利于各国人民之间的相互了解，维护世界和平。

1983 年 12 月 28 日，美国通知联合国教科文组织，从 1984 年 12 月 31 日起退出该组织。1984 年 12 月 19 日，美国助理国务卿乔治·纽厄尔在一次记者会上宣布，美国正式退出教科文组织。他指称教科文组织在上一年所做的改革还不够彻底，办公费用太高并向巴勒斯坦解放组织提供经费等。2003 年 10 月 1 日，在小布什任内，美国第一夫人劳拉·布什访法期间，美国正式重返联合国教科文组织。2017 年 10 月 12 日，美国国务院发表声明称，美国退出联合国教科文组织，但将设立一个常驻该组织的观察团，仍愿作为观察员国继续参与该组织，协助该组织处理保护世界遗产、促进科学合作和教育等重要事务。声明称，美国的这一决定并不轻率，而是反映了美国的关切，即不断增加的欠费问题、该组织进行基本改革的必要性以及该组织持续的对以色列的偏见。联合国教科文组织总干事博科娃发表声明对美国此举深表遗憾，并称这是联合国教科文组织、联合国大家庭以及多边主义的损失。

2017 年 12 月 22 日，以色列总理本杰明·内塔尼亚胡正式宣布，以色列将于 2018 年年底退出联合国教科文组织。

教科文组织主要设大会、执行局和秘书处三大部门。其中大会为最高机构，由会员国的代表组成，一般每两年举行一次，一般在总部巴黎举行。执行局负责监督该组织各项计划的实施，每年至少举行 2 次会议。秘书处是日常工作机构，分成若干部门，分别负责教育、自然科学、社会科学、文化和交流等领域的业务活动，或进行行政和计划工作。另外，该组织在包括中国在内的 200 多个其成员和准成员国家和地区设有全国委员会，作为其在各个成员国的常设机构。我国的全国委员会 1979 年 2 月 19 日成立于北京。

**答案**：（51）Q　（52）F　（53）T　（54）M　（55）C
（56）B　（57）L　（58）G　（59）Z　（60）A

👉 **学霸支招**：该题考查时政热点，该题题干选自"美国退出教科文组织"的新闻。注意，以上有多数题目考查的均是时事热点，考生在备考时一定要关注重要的国际事件。

## 二、填空题（每小题1分，共30分）

中国传统历法中的每个月都是月亮盈亏的一个<u>周期</u>，月圆之日称作"<u>望日</u>"，一般为<u>十五</u>日或<u>十六</u>日，约略处于每个月的中间，即"<u>望月</u>"。而月亮整夜不见的那一天历法上称作"<u>朔日</u>"，即每月的<u>初一</u>。上联描述的正是这种历法与月相的对应。但是，"中华民国"政府和中华人民共和国政府采用西历作为官方历法，其中的"月"实际上已经与月球的运动没有关联，所以，西方语言中才有了"<u>蓝月亮</u>"之说，指的是一个日历月份中第二次圆月或者出现四次月圆的一个日历年度中的第三个圆月。

下联中的"今夕"指的是<u>今夜</u>，"明朝"指的是<u>明天</u>。整句叙述了传统历法中旧岁新年交替的客观情况。当然，所谓阳历的旧岁新年也是如此交替。

**答案**：（61）周期　（62）望日　（63）十五　（64）十六　（65）望月
　　　　（66）朔日　（67）初一　（68）蓝月亮　（69）今夜　（70）明天

👉 **学霸支招**：这两段考查对联与中国传统历法的相关知识，属于本套试卷的难点内容，难度系数高，提醒考生要掌握相关知识点，该校出题范围比较固定，这有可能成为今后的命题方向。

《诗经》是中国文学的主要起源标志之一，由<u>西周</u>时期尹国人<u>尹吉甫</u>（字<u>吉父</u>）编订。因为《诗经》共收录商周诗歌305篇，所以常被称作"<u>诗三百</u>"。又因为《诗经》中的诗篇分为《<u>风</u>》《<u>大雅</u>》《<u>小雅</u>》和《颂》四个部分，所以最晚至<u>汉</u>代就有班固在其《东都赋》中以能概括指代第一、二、三部分的"<u>风雅</u>"二字指代《诗经》，此词后来常被用来夸奖文人的风度或举止，也被用来泛指与诗文相关之事。

**答案**：（71）西周　（72）尹　（73）尹吉甫　（74）吉父　（75）诗三百
　　　　（76）风　（77）大雅　（78）小雅　（79）汉　（80）风雅

👉 **学霸支招**：该段考查《诗经》的相关知识，考生要注重积累文学常识，尤其是地位较高的文学著作，建议全面了解。

81. 众里寻他千百度，<u>蓦然回首</u>，那人却在，灯火阑珊处。

82. 人生自古谁无死，<u>留取丹心照汗青</u>。

83. 出师未捷身先死，长使英雄泪满襟。

84. 问渠那得清如许？为有源头活水来。

85. 星垂平野阔，<u>月涌大江流</u>。

86. 雄关漫道真如铁，<u>而今迈步从头越</u>。

87. 马上相逢无纸笔，凭君传语报平安。

88. 恰同学少年，风华正茂；书生意气，挥斥方遒。
89. 江山代有才人出，各领风骚数百年。
90. 行到水穷处，坐看云起时。

> **学霸支招**：这10题主要考查初高中重点诗句，建议考生在备考过程中重视积累和回顾以前学过的诗词。

## 三、现代汉语写作（共60分）

> **题目分析**
>
> 题目要求考生结合材料，以"发展"为主题，完成一篇现代文；考生应结合材料，将眼光聚焦在"人工智能"发展方面，对此谈谈自己的观点和看法，可以是对"人工智能时代的推崇"，也可以是对"人工智能发展的担忧"，或者是综合以上两种角度从正反两面行文，论述角度多样，言之有理即可。

> **考场还原**

人工智能时代要保持清醒

近年来，科技的发展日新月异，"智能"一词逐步登上时代舞台。在21世纪，人工智能的发展是大势所趋。发展成果正在广泛应用于各个领域，为人们提供高品质生活，让生活更便捷智能。

腾讯推出的新闻写作机器人，十多分钟便能撰写和编辑上千字的文章，大大提高了工作效率，让新闻工作者从低效、重复的工作中解脱出来，去完成更高难度的工作，大众也能在最短的时间里获得最新的资讯。与此同时，人工智能的快速发展也已渗透到个人生活与公众领域的方方面面，包括医疗、卫生、娱乐、安全、教育等。它们遵循既定的程序，重复特定的工作，让人类摆脱各种麻烦、解除不少威胁、享受许多便利。不可否认，人工智能的普遍运用的确给人类带来了极大的便利和实实在在的好处。

但是凡事皆有利弊，我们在为人工智能发展欢呼的同时，也要保持一颗清醒的头脑来审视这种技术的发展。我们应该，也必须看到，人工智能发展目前并不完善，会在某些领域造成困扰，如自动驾驶汽车连连发生交通事故致人死亡，娱乐公司依靠写作机器人撰写文章，安保机器人不分目标地攻击儿童等事件，威胁人类的生命安全。它甚至将挑战人类的伦理道德、法律底线、文化沉淀，当AlphaGo在人机围棋大战中战胜了人类最强棋手柯洁后，人类的又一块堡垒再次被人工智能侵占了。

从石器时代开始，人类通过劳动创造出来的每一样工具和器物，都是牢牢把握在我们自己手中的，因为它们不会拥有自己的意识，而人工智能却不同，终有一天它会站在那道名为"意识"的大门前。它如今的发展态势如同箭在弦上,一旦我们松手,这支不在我们手中掌控的"箭"将飞往何方?它会是人类的福音,还是潘多拉的魔盒?在那一天来临前,我们都不得而知。不过科学家也提出,想象力和创造力或许是我们面对人工智能时的骄傲和自豪。人工智能能够利用网络大数据,凭借其超凡的计算能力进行学习。但它所拥有的知识都是现成的,而人类只靠一双手和一个大脑,充分发挥想象力,便能够在理论的基础上创造出新的知识和技术,这是目前我们在面对人工智能的挑战时最重要的制高点。

面对人工智能的发展,保持清醒和理智,将人工智能的发展把握在人类自己手中,方能不将人类的命运齿轮交由冷冰冰的机器掌控。

**评点升格**

本文内容充实,对材料的理解准确,论述条理清晰。先从材料出发,在开头段指出"人工智能的发展是大势所趋";第二段结合例子论证人工智能的好处;第三段转折,指出在看到好处的同时,也要警惕弊端;最后两段进行总结,照应题目,深化主题,引人深思。

# 暨南大学（B 211）

## 学霸硬核备考分享

### 1 本校考查特点

暨南大学不同于其他院校，出题时并没有公布指定书目，所以准备起来就需要花费更多心思，百科知识部分各个领域的知识都有可能涉及，如中外文学、地理、生物、物理、化学等，都在往年的试卷中出现过。看似范围很广但还是有一定规律可循，观察2011年以来的百科试卷，不难发现文学常识似乎是必考的内容，外国文学多考查诺贝尔奖得主以及文艺复兴时期、启蒙运动时期的相关知识，中国文学多考查古代诗词、鲁迅同时代人物等。金融类知识考查少，略作了解即可。大作文主要分为材料作文和命题作文，这两种类型基本上是轮流着考。

### 2 学霸备考经验

暨南大学的百科选择题经常出原题，可以多分析往年的出题思路。平常除了看书刷题，考生还可以看《一站到底》等益智答题类节目，巩固知识。这一科最大的特点就是，毫无范围可言，什么都有可能考，考生需要尽自己所能多积累。

### 3 学霸复习时间表

①大三的寒假就要开始看百科的书了，因为内容实在是太多了，后期抱佛脚来不及。

②7~8月开始背名词解释，背了两遍左右就开始每天抽10个左右的词条进行默写。网上有名词解释的答题模板。

③应用文和大作文写作可以到快11月才开始，一周写两三篇，不用太早准备。

# 2019年试题参考答案与考点解析

## 本套试卷特点

2019年百科选择题的考查重点是中国古代、近代文学知识,以及西方近代历史文化常识,地理知识的考查量略有缩减。名词解释以文学概念为主;应用文写作也出现了之前未考查过的文学赏析点评;大作文则是命题议论文,难度适中。

## 一、百科知识("百科知识"分为两部分,共50分)

### (一)选择题:从四个选项中选择正确的一项(25题,每题1分,共25分)

1.【答案】C。解析:该题考查的是中国古代诗人。刘长卿,唐朝开元二十一年进士,主要作品有《逢雪宿芙蓉山主人》《送灵澈上人》。他的诗多写贬谪漂流的感慨和山水隐逸的闲情。他擅长近体,尤工五律,曾自称为"五言长城"。他的风格含蓄温和,清雅洗练,接近王孟一派。根据以上分析可知,该题正确答案为C项。

2.【答案】D。解析:该题考查的是中国古代诗人。黄庭坚,号山谷道人,北宋著名文学家、书法家,是盛极一时的江西诗派开山之祖,其诗被称为"山谷体",与杜甫、陈师道和陈与义素有"一祖三宗"(黄庭坚为其中一宗)之称。与张耒、晁补之、秦观都游学于苏轼门下,合称为"苏门四学士"。生前与苏轼齐名,世称"苏黄"。根据以上分析可知,该题正确答案为D项。

3.【答案】A。解析:该题考查的是中国古代诗人。温庭筠,唐代诗人、词人。其词注重词的文采和声情,今存七十余首,收录于《花间集》《金荃词》等书中。他被尊为"花间词派"之鼻祖,与韦庄并称为"温韦"。题干中提到"晚唐",而白居易(772—846年)、刘禹锡(772—842年)、张志和(732—774年)均是中唐时期的人。根据以上分析可知,该题正确答案为A项。

4.【答案】B。解析:该题考查的是中国古代戏曲。《墙头马上》是元代著名戏曲家白朴的作品,源于唐代白居易的《井底引银瓶》,诗曰:"妾弄青梅凭短墙,君骑白马傍垂杨。墙头马上遥相顾,一见知君即断肠。"该剧歌颂了对自由婚姻的追求,虽以爱情为题材,却别具一格。而《倩女离魂》是郑光祖的杂剧,《救风尘》是关汉卿的作品,《汉宫秋》是马致远的历史剧。根据以上分析可知,该题正确答案为B项。

5.【答案】A。解析:该题考查的是中国古代戏曲。《琵琶记》是元末戏曲作家高明(即高则诚)创作的一部南戏,此剧叙写汉代书生蔡伯喈与赵五娘悲欢离合的爱情故事,是中国古代戏曲中的一部经典名著,被誉为"传奇之祖"。南戏《赵贞女》,全称为《赵贞女蔡二郎》,是温州人作;《王魁》是是今知最早的南戏作品之一,作于南宋光宗时,作者不详；明传奇《荆钗记》，是南戏剧本，作者不详。根据以上分析可知，该题正确答案为 A 项。

6.【答案】D。解析：该题考查的是中国古代诗人。钱谦益，号牧斋，晚号蒙叟，自称东涧老人，学者称虞山先生，主要作品有《初学集》《有学集》《投笔集》，是清初诗坛的盟主之一，与吴伟业、龚鼎孳并称为"江左三大家"。根据以上分析可知，该题正确答案为 D 项。

7.【答案】C。解析：该题考查的是中国古代诗人。高适为唐代著名的边塞诗人，主要作品有《燕歌行》《别董大》。其与岑参并称为"高岑"，后人又把高适、岑参、王昌龄、王之涣并称为"边塞四诗人"。题干提到该诗人是盛唐时期的，而李宝嘉、吴沃尧、曾朴均为清朝人。根据以上分析可知，该题正确答案为 C 项。

8.【答案】B。解析：该题考查的是中国近代文学。新月派是现代新诗史上一个重要的诗歌流派，受泰戈尔《新月集》的影响。新月派的主要成员有闻一多、徐志摩、朱湘、饶孟侃、孙大雨等。闻一多，原名闻家骅，中国现代伟大的爱国主义者，坚定的民主战士，中国民主同盟早期领导人，新月派代表诗人和学者，1923 年 9 月出版了第一本新诗集《红烛》。根据以上分析可知，该题正确答案为 B 项。

9.【答案】C。解析：该题考查的是中国现代文学。田汉，剧作家、戏曲作家、电影编剧、小说家、歌词作家、诗人、文艺批评家、文艺活动家、中国现代戏剧三大奠基人之一。《回春之曲》是田汉于 1935 年创作的三幕话剧，是融会了现实主义和浪漫主义的杰出代表，是田汉早期的诗意性的浪漫风格与政治内容的需要完美的结合，标志着田汉艺术创作的新发展。其他代表作有《咖啡店之一夜》，属于独幕剧，中华书局于 1924 年 12 月初次出版该书，不符合题干中的时间；《上海屋檐下》是夏衍的三幕悲喜剧，创作于 1937 年 3~4 月；《北京人》是曹禺先生写的第四部杰作，故事发生在 20 世纪 30 年代初的北平。根据以上分析可知，该题正确答案为 C 项。

10.【答案】D。解析：该题考查的是神话历史。三皇五帝，是历史神话人物"三皇"与"五帝"的合称。"三皇"指的是伏羲、神农、黄帝；"五帝"指的是少昊、颛顼、帝喾、尧、舜。根据以上分析可知，该题正确答案为 D 项。

11.【答案】C。解析：该题考查的是欧洲历史知识。《自由大宪章》是英国封建专制时期的宪法性文件之一；《权利法案》是 1689 年英国议会颁布的确立资产阶级君主立宪制的宪法性文件；《独立宣言》是北美洲英属殖民地人民宣布独立的纲领性文件；《人权宣言》是 18 世纪末资产阶级反封建革命斗争的著名纲领性文件，并且后来成为法国宪法序言。根据以上分析可知，该题正确答案为 C 项。

12.【答案】D。解析：该题考查的是金融知识。欧元区是指欧洲联盟成员中使用欧盟的统一货币——欧元的国家区域。截至 2015 年 1 月 1 日，欧元区共有 19 个成员国，包括奥地利、比利时、芬兰、法国、德国、爱尔兰、意大利、卢森堡、荷兰、葡萄牙、西班牙、希腊、斯洛文尼亚、塞浦路斯、马耳他、斯洛伐克、爱沙尼亚、拉脱维亚、立陶宛，英国尚未加入欧元区。根据以上分析可知，该题正确答案为 D 项。

13.【答案】D。解析：该题考查的是德国古典哲学。德国古典哲学最著名的代表人物是康德、谢林和黑格尔。康德继承和发展了西方哲学史上关于认识过程的三分法，用"感性""知性""理性"三个环节构成了他的整个认识论的体系；黑格尔创立了西方哲学史上最庞大的哲学体系，第一个系统地、自觉地阐述了辩证法的一般运动形式；谢林也是德国古典哲学的主要代表之一；尼采是唯意志论和生命哲学的主要代表。根据以上分析可知，该题正确答案为 D 项。

14.【答案】A。解析：该题考查的是外交知识。中华人民共和国成立后，英国与中国就建立了代办级外交关系。1972 年 3 月 13 日，英国与中国升级为大使级外交关系。1964 年 1 月，法国与中国建交。1972 年 10 月 11 日，中国与德国建交。1950 年 9 月 14 日，中国与瑞士建立外交关系。题干并没有区分是代办级外交关系还是大使级外交关系，故总的来说，英国应该是第一个与我国建立外交关系的西方国家。1950 年 1 月 6 日，英国政府宣布承认中华人民共和国，是第一个承认新中国的西方国家。1954 年 6 月 17 日英国与中国建交，当时为代办级外交关系。1972 年 3 月 13 日升格为大使级外交关系。但真正意义上承认中华人民共和国的第一个西方国家是法国。根据以上分析可知，该题正确答案为 A 项。

15.【答案】A。解析：该题考查的是金融知识。我国的个人储蓄存款有活期储蓄、定期储蓄、定活两便储蓄三种。活期储蓄即活期存款，不规定存期，客户随时可以存取款，存款金额不限。活期储蓄的特点是：存款金额、时期不限，随时存取，灵活方便。由于随时存取，这样就能够最大限度地吸收社会闲散资金。根据以上分析可知，该题正确答案为 A 项。

16.【答案】D。解析：该题考查的是古代书籍著作。《天工开物》由宋应星于 1637 年（明崇祯十年丁丑）初刊，共三卷十八篇，是世界上第一部关于农业和手工业生产的综合性著作，是中国古代一部综合性的科学技术著作，有人也称它是一部百科全书式的著作，外国学者称它为"中国 17 世纪的工艺百科全书"。其余三项中，徐霞客著有地理名著《徐霞客游记》，沈括著有《梦溪笔谈》，郦道元撰有《水经注》。根据以上分析可知，该题正确答案为 D 项。

17.【答案】B。解析：该题考查的是现代文学。《朝花夕拾》创作于 1926 年，是鲁迅所写的唯一一部回忆性的散文集；《子夜》是茅盾的著作，原名《夕阳》，中国现代长篇小说，约 30 万字；《激流三部曲》是现代著名作家巴金的代表作；《白洋淀纪事》是孙犁第一部比较完整的小说、散文选集。根据以上分析可知，该题正确答案为 B 项。

18.【答案】B。解析：该题考查的是百科常识。自然科学中最早出现的学科是天文学。天文学是研究宇宙空间天体、宇宙的结构和发展的学科。天文学的内容包括天体的构造、性质和运行规律等。天文学主要通过观测天体发射到地球的辐射,发现并测量它们的位置,探索它们的运动规律,研究它们的物理性质、化学组成、内部结构、能量来源及演化规律。天文学是一门古老的科学,自有人类文明史以来,天文学就有重要的地位。根据以上分析可知,该题正确答案为 B 项。

19.【答案】B。解析:该题考查的是计算机知识。CPU 是中央处理器,它是电脑的中心,其他设备都是围绕这个中心来设计的。CPU 通过主板和外界相连接,比如显卡、声卡、硬盘、光驱等都是通过主板和 CPU 进行数据交换的。一句话概括,CPU 就是电脑的核心。×86 代表的就是计算机 CPU 的型号和级别。根据以上分析可知,该题正确答案为 B 项。

20.【答案】B。解析:该题考查的是法律知识。犯罪预备亦称预备犯罪,是为犯罪准备工具、制造条件的行为;犯罪未遂是指已经着手实行犯罪,但由于犯罪分子意志以外的原因而未得逞的行为;犯罪中止是指犯罪分子在实施犯罪过程中,自动放弃犯罪或者自动有效地防止犯罪结果发生的行为;犯罪既遂是犯罪的一种基本形态,指行为人所实施的行为已经具备了刑法分则对某一具体犯罪所规定的全部构成要件。解某在实施犯罪时,因听到室主回家的脚步声而越窗逃跑属于意志以外的原因导致其犯罪不能实施(想干也干不了),因此构成犯罪未遂。根据以上分析可知,该题正确答案为 B 项。

21.【答案】A。解析:该题考查的是马克思主义哲学。德国古典哲学是马克思主义哲学的理论来源。德国古典哲学是指从康德、费希特、谢林、黑格尔直到费尔巴哈时期的哲学,它是在 18 世纪末至 19 世纪上半叶德国资本主义发展的特殊条件下产生的。其中,黑格尔哲学和费尔巴哈哲学是马克思主义哲学的直接理论来源。根据以上分析可知,该题正确答案为 A 项。

22.【答案】D。解析:该题考查的是政治知识。1997 年召开的党的十五大确立了邓小平理论为党的指导思想,提出党在社会主义初级阶段的基本纲领,明确了我国跨世纪发展的奋斗目标和任务。根据以上分析可知,该题正确答案为 D 项。

23.【答案】B。解析:该题考查的是地理知识。我国的地势是西高东低,呈三级阶梯分布,所以 A、D 两项错误。我国地形复杂多样,山地面积广大,所以 C 项错误。根据以上分析可知,该题正确答案为 B 项。

24.【答案】A。解析:该题考查的是地理知识。其他三项的正确表述应该是:B 项,匈牙利—布达佩斯—多瑙河;C 项,德国—汉堡—易北河;D 项,埃及—开罗—尼罗河。根据以上分析可知,该题正确答案为 A 项。

25.【答案】B。解析:该题考查的是纪念日。1987 年 11 月,世界卫生组织建议将每年的 4 月 7 日定为"世界无烟日",并于 1988 年开始执行。根据以上分析可知,该题正确答案为 B 项。

**（二）名词解释题：简要解释下列文章片段中画线部分的名词和术语（25分）**

1.**《诗经》**：是中国最早的一部诗歌总集，最初称为《诗》，共有诗歌305首，收集了西周初年至春秋中叶的诗歌，因此又称"诗三百"。汉代儒者将其奉为经典，乃称《诗经》，它开创了我国古代诗歌创作的现实主义的优秀传统。《诗经》的体裁风、雅、颂和修辞手法赋、比、兴合称为"诗经六义"。《诗经》中的乐歌，原来的主要用途有三：一是作为各种典礼仪式的一部分；二是娱乐；三是表达对社会和政治问题的看法。到后来，《诗经》成了贵族教育中普遍使用的文化教材。

☞ **学霸支招**：该题考查古代典籍，是中国古代文学的高频考点，必须重点记忆和掌握。该题的得分点包括地位、出现时间、影响、主要内容、用途等。建议复习"乐府双璧""诗经六义"、现实主义文学、《离骚》等相关词条。

2.**《楚辞》**：是一部收录战国时期楚地诗歌的诗集，是中国历史上仅次于《诗经》的第二部诗歌作品集，是中国文学史上第一部浪漫主义诗歌总集。全书以屈原的作品为主，其余各篇也是承袭屈赋的形式。因其运用楚地的文学样式、方言声韵和风土物产等，遂具有浓厚的地方色彩，故名《楚辞》，其对后世诗歌产生了深远影响。它开创了中国浪漫主义文学的诗篇，因此后世称此种文体为"楚辞体""骚体"。

☞ **学霸支招**：该题考查古代典籍，是中国古代文学的高频考点，应重点背诵记忆。该题的得分点包括地位、出现时间、影响、主要内容等。建议复习"骚体""芳草美人"、浪漫主义文学、《离骚》、屈原、宋玉等相关词条。

3.**美学**：是关于审美现象的综合性的人文科学，是将以艺术活动为典范的现实审美活动作为研究对象的学问，是一门以人类生存实践为出发点，通过集中审视社会性的审美关系和历史性的审美活动，对审美主客体、审美形态、审美经验、艺术存在和审美及审美教育等进行思考、解释和论述的学科。它以丰富的现实的审美活动和集中体现审美活动的最典型和最高级的艺术活动为研究对象。美学展开的是对审美关系中主体与客体以及二者之间复杂内容的研究。

☞ **学霸支招**：该题考查文学概念，是暨南大学每年的必考内容，应重点背诵记忆。该题的得分点包括定义、研究对象、研究意义等。建议复习达达主义、美学研究对象、王国维、狄德罗等相关词条。

4.**文学批评**：是以一定的文学观念、文学理论为指导，以文学欣赏为基础，以各种具体的文学现象为对象的评价和研究活动，是对文学的研究、评价和解释。文学批评往往是在一篇文章中出现或是以书的形式出版。

☞ **学霸支招**：该题考查文学概念，涉及的内容较多，是考生需要花较多时间进行辨析的领域。该题的得分点包括定义、研究对象、研究内容、常见形式等。建议复习《文心雕龙》、刘勰、《诗品》、曹丕等相关词条。

5.**亚里士多德**：古希腊吉斯塔拉人，是世界古代史上最伟大的哲学家、科学家和教育家之一。他是柏拉图的学生，亚历山大的老师，与苏格拉底、柏拉图并称为"古希腊三贤"。他在雅典创办了一所叫吕克昂的学校，被称为"逍遥学派"。马克思曾称亚里士多德是古希腊哲学家中最博学的人物，恩格斯称他是"古代的黑格尔"。他的思想对人类产生了深远的影响。他创立了形式逻辑学，丰富和发展了哲学的各个分支学科，对科学等做出了巨大的贡献，是最早论证地球是球形的人。

🐟 **学霸支招**：该题考查古希腊文学，是历年考查的重点，考生需熟记。该题的得分点包括人物背景、人物地位、成就、影响等。建议复习"古希腊三贤"、苏格拉底、柏拉图、"逍遥学派"等相关词条。

## 二、应用文写作（40分）

### 题目分析

该题要求学生写一篇500字左右的赏析短评。作为文学评论的一种，赏析短评必须是一篇结构完整、层次清晰、观点鲜明、语言流畅、短小精悍的文章。写作时要以文艺理论为指导，以作品材料为依据，紧扣作品，有的放矢，评析原文的主要内容或主要特色。在写作角度与内容方面，要做到以下四点：第一，赏析作品的主题思想及其表现。主要是评析作品的思想内容和作者的观点态度，分析作品运用了哪些主要的表现手法（如想象、联想、象征、渲染、烘托、对比、先抑后扬、托物言志、借景抒情、寓情于景等），表现了怎样的主题思想，反映了怎样的社会现实，指出作品有何积极意义或局限性。第二，分析作品的形象。分析作品的人物形象主要应从两个方面展开，一是揭示人物的典型意义，二是简要分析人物的主要性格特征。第三，赏析作品的艺术手法。文学作品的艺术手法是多种多样的，如表达方式、表现手法、叙述方式、描写方式、意境的创设、修辞的运用等。第四，谈谈作品的构思技巧。作品的构思技巧主要包括写作思路、文章线索、层次结构。在格式方面，需根据题目要求写清标题，不宜一段到底，建议分为2~3段。2019年的试卷中出现了一个小乌龙，题目中要求以《舒婷〈雨巷〉简析》为题，但实际给的内容却是《致橡树》，在这里我们还是以《舒婷〈致橡树〉简析》为题展开赏析短评。

### 考场还原

**舒婷《致橡树》简析**

《致橡树》是一首绝美的爱情诗，其作者舒婷是中国当代杰出的女诗人，她宣扬的且被人接受的对旧伦理、旧观点、旧婚姻的彻底否定也的确激励过整整一代人。《致橡树》是朦胧诗派的代表作之一。作为新时期文学的代表作，《致橡树》在文学史上的地位是不言而喻的。

《致橡树》是一首优美而深沉的爱情诗。诗篇一开始就用了两个假设和六个否定性比喻，表达了诗人的爱情观："我如果爱你——/绝不像攀援的凌霄花，/借你的高枝炫耀自己；……甚至日光，/甚至春雨。"——她既不想高攀对方，借对方的显赫来炫耀自己；也不想一厢情愿地淹没在对方的冷漠浓荫下，独唱那单恋的歌曲。舒婷别具一格地选择了"木棉"与"橡树"两个中心意象，让主人公化作一株木棉，以橡树为对象，采用内心独白的抒情方式，坦诚、开朗地倾诉了自己对爱情的热烈、诚挚和坚贞，表达了爱的理想和信念。"橡树"象征着刚硬的男性之美，而有着"红硕的花朵"的"木棉"显然体现着具有新的审美气质的女性人格，她脱弃了旧式女性纤柔、妩媚的秉性，而充溢着丰盈、刚健的生命气息，这正与舒婷歌咏的女性独立自重的人格理想互为表里。全诗感情色彩强烈，又具有清醒的理性思考，蕴含着丰富的社会内涵，耐人咀嚼，令人回味。将细腻委婉而又深沉刚劲的感情蕴藏在新颖生动的意象之中，体现了诗歌的主题思想：真正的爱情就应该既爱对方的人品，也爱他的理想——忠于祖国。它所表达的爱，不仅是纯真的、炙热的，而且是高尚的、伟大的。在艺术表现上，诗歌采用了内心独白的抒情方式，便于坦诚、开朗地直抒诗人的心灵世界；同时，以整体象征的手法构造意象，使得哲理性很强的思想、意念得以在亲切可感的形象中生发、诗化，因而这首富于理性气质的诗却使人感觉不到任何说教意味，而只是被其中丰美、动人的形象所征服。

　　舒婷以新奇瑰丽的意象、恰当贴切的比喻热情而坦诚地歌唱了她的人格理想——比肩而立，各自以独立的姿态深情相对的橡树和木棉。她用她的敏感、清醒和深刻喊出了女性对独立人格、健全心智、男女平等的向往和追求。她不被世俗羁绊，表达了一个成熟的知识女性对理想爱情的憧憬，也由此造就了一首伟大的爱情诗！

**评点升格**

　　本文采用了"总体—部分—总体"的分段方式，结构清晰。开头段对诗歌的作者进行了简要介绍，符合文学赏析的写作习惯。在主体段中，作者采用了"一定调、二摘要、三整合"的经典模式：首先，确立自己的观点；其次，从作品中摘录相关语句作论据来分析和证明观点；最后，将论点论据整合成简要文字。这一模式真正做到了述评结合，是一个重要的得分点。结尾段重申了诗歌作者的爱情观，照应开头，进一步明确、深化论点，并发出了感慨，是一篇标准的短评赏析。

## 三、现代汉语写作（60分）

**题目分析**

该题要求考生写一篇1 000~1 200字的命题议论文。这要求我们做到以下几点：第一，找准中心论点。比如自由与枷锁之间具体是什么关系呢？可以联系马克思主义哲学中的辩证统一。那例子怎么找？首先，从日常积累的例子中筛选或者改写。假如一时想不到的话有两种思路可供参考，一是家国，即从社会、国家的角度去考虑；二是尽量联系自己，比如说自己的专业，可以从学业与就业的方向来写。第二，注重逻辑。建议花两分钟列一个提纲（如果不会列提纲，一定要多练习几次）。如果从辩证统一的角度来写，那文章就采取"总—分—总"的结构，中间的分述可以采用递进式的例子来支撑。比如，国家的自由与枷锁如何辩证统一，社会的自由与枷锁如何辩证统一，再到个人的自由与枷锁如何辩证统一。既然是辩证统一，那么就需要两个对象来论证。这样就构成了一个五段式的议论文。列提纲的时候顺便把每一段的字数计划一下，明确目标。第三，紧扣题目要求。做好以上工作以后，注意语言措辞。记得使用书面语，名人名言也可以适当引用。

**考场还原**

### 自由与枷锁

卢梭在《社会契约论》中说道："人生而自由，却无往不在枷锁之中，一些自以为是别人主人的人，其实比起别人来，才是更大的奴隶。"我认为，没有规矩，不成方圆。规矩于我们而言，就像是无形的枷锁、镣铐，规范着每个人的行为举止。如果说自我是放肆的，那么自由是克制的。所以说，自由是戴着镣铐的舞蹈，必须加以束缚，才能舞出真正的美。

严复先生曾将自由翻译为"群己权界""在私域内可以由着性子来，在公域内却必须顾及他人的感受"。有报刊曾发文公开斥责过一些华人大妈在华尔街街头跳广场舞严重扰民的行为。那些误以为美国是自由天堂的华人大妈们，把中国广场舞蹈健身的一套照搬了过去，却不幸因涉嫌"噪声扰民"而被拘——这肯定出乎习惯了在国内公共场合大跳健身舞的大妈们的预料了。在国内，我们误以为大声地鸣放音乐，开心自由地舞蹈，就是自由的自我——关卿何事？所以，无论在道德层面还是法律层面，终是要靠对制造噪声的成俗约定、法律规定和处罚来规范自由。

醉酒的自由人人都有，但是不能因此危害他人的生命安全。还记得曾经轰动一时的高晓松醉驾案吗？2011年5月酒驾刚加入刑法，可偏有"敢越雷池"的人。在全国哗然中，高晓松向公众诚恳道歉："酒令智昏，以我为戒。"严厉的刑罚督促我们遵守法律法规，这不仅是对个人自由的制约，更是对所有人安全的保障，是每个公民都应该承担的责任。只有人人都遵守法律法规，享受戴着镣铐的自由，我们的社会才能舞出和谐美好的旋律。

　　然而，戴着镣铐的舞蹈也意味着舞者本人失去了一些可贵的东西。但如果谁为了这其中的金钱或者名利，放弃了宝贵的自由，那么他也必定丧失了公众对他的信任。上海福喜食品事件持续发酵，使用过期变质肉，优先运送至中国，做阴阳账掩盖，等等，这一系列行为使这家有着105年历史的老牌食品企业，在一夜之间成了众矢所指的对象。为了贪图小利，原本"食品安全免检"的餐饮巨头一下子丧失了所有的殊荣待遇和自由经营，更是寒了消费者的心。正如西塞罗所说："谁因为害怕贫穷而放弃比财富更加富贵的自由，谁就只好永远做奴隶。"别害怕失去，否则，你的自由便不复存在。

　　自由是戴着镣铐的舞蹈。当自由失去了道德的底线时，就不再是自由。思想的自由受限于肉体和道德。我们无法做到只身翱翔，也无法做到畅游海底。这种受限制、有边界的自由，不仅需要严格的法律法规约束，更需要我们具有对社会契约的敬畏感、执行性和服从力。否则，法规再多，道德传统再悠久，都只是虚无的自由，都将归为零。

　　自由之美，并非飘浮在真空里，而是脚踏实地在"没有规矩，不成方圆"的现实世界里。愿每个人都能戴着镣铐，舞出美好。

---

**评点升格**

　　这篇文章以《自由与枷锁》为题，文章开篇语言简洁明了，开门见山地表明了作者的观点——没有规矩，不成方圆。然后，作者从"自由是戴着镣铐的舞蹈"这句话谈起，解释含义，引人思考。接着，作者选取了典型的事例来论证自己的观点，如华尔街街头的广场舞、醉驾的危害以及福喜食品事件，思路清晰，论述过程有理有据、形象生动。主体段过渡自然，论证层次清晰，循序渐进，结构明朗。由个人到国家，论述深刻，发人深省。文章的结构也很完整，开头结尾遥相呼应，突出了主题，既注意了辩证性，又不乏较强的感染力，是一篇精彩的议论文。

# 2018年试题参考答案与考点解析

## 一、百科知识（"百科知识"分为两部分，共50分）

### （一）选择题：从四个选项中选择正确的一项（25题，每题1分，共25分）

1.【答案】C。解析：该题考查的是诺贝尔奖得主。石黑一雄是2017年诺贝尔文学奖得主，其代表作品有《群山淡景》（1983）、《浮世画家》（1986）和《长日将尽》（1989）等。《且听风吟》则是日本著名作家村上春树创作的一部中篇小说。根据以上分析可知，该题正确答案为C项。

2.【答案】B。解析：该题考查的是中国古代画家。《溪山行旅图》是北宋范宽创作的一幅绢本墨笔画，现藏于台北"故宫博物院"。其余三位画家中，张择端的代表作是《西湖争标图》《清明上河图》，顾闳中的代表作是《韩熙载夜宴图》，顾恺之的代表作是《洛神赋图》《女史箴图》。根据以上分析可知，该题正确答案为B项。

3.【答案】A。解析：该题考查的是古代文学知识。明朝著名思想家、史学家、语言学家顾炎武，与黄宗羲、王夫之并称为明末清初"三大儒"。该名言是顾炎武在《日知录·正始》中提出的观点，而八字成文的语型则出自梁启超。顾炎武在《日知录·正始》中的原话是："保天下者，匹夫之贱与有责焉耳矣。""天下兴亡，匹夫有责"是梁启超概括的。根据以上分析可知，该题正确答案为A项。

4.【答案】C。解析：该题考查的是地理知识。我国各省区按煤炭资源总储量排序依次为：新疆、内蒙古、山西、陕西、宁夏、甘肃等，这些省区均拥有全国煤炭资源总量的2%以上。陕西省矿产资源分布区域特色明显：陕北和渭北以优质煤、石油、天然气、水泥灰岩、黏土类及盐类矿产为主。山西省具有资源优势的矿产有煤、煤层气、铝土矿、铁矿、铜矿、金红石、白云岩、耐火黏土、灰岩、芒硝、石膏、硫铁矿等13种，其中，煤炭保有资源储量2 767.85亿吨，煤层气保有资源储量1 825.16亿立方米。内蒙古是世界最大的"露天煤矿"之乡。因为四川和山东不属于煤炭资源主要的分布区域，所以A、B、D三项均排除。根据以上分析可知，该题正确答案为C项。

5.【答案】A。解析：该题考查的是人类历史大事件。人类第一次登月是在美国东部时间1969年7月20日下午4时17分42秒，阿姆斯特朗将左脚小心翼翼地踏上了月球表面，这是人类第一次踏上月球。阿姆斯特朗在遍布砾石和陨石坑的月球表面冷静地找到一处适合着陆的地方，并驾驶登月舱稳稳地降落在月球上。根据以上分析可知，该题正确答案为A项。

6.【答案】D。解析：该题考查的是音乐知识。黑管即单簧管，是一种音域宽广的簧片乐器。其根源可以追溯到号角和风笛，一般认为是从一种类似竖笛的单簧片乐器芦笛演变而来的。现代的单簧管是德国笛子制作人约翰·丹纳在1690年发明的,此后屡经改进,最终由德国长笛演奏家特奥巴尔德·波姆定型。莫扎特是第一位在交响乐中采用单簧管的作曲家,他觉得这是最接近人声的乐器。根据以上分析可知,该题正确答案为D项。

7.【答案】B。解析:该题考查的是地理知识。安第斯山脉属于科迪勒拉山系,也称安蒂斯山脉,位于南美洲的西岸,其范围从巴拿马一直到智利。从北到南全长8 900余千米,是世界上最长的山脉,纵贯南美大陆西部,素有"南美洲脊梁"之称,山脉有许多海拔6 000米以上、山顶终年积雪的高峰。洛基山脉位于北美洲西部,从加拿大横越美国西部,直到新墨西哥州,绵延超过4 800千米;高加索山脉主轴分水岭为南欧和西亚的分界线,位于黑海与里海之间;乌拉尔山脉是欧洲和亚洲的分界线,北起北冰洋喀拉海的拜达拉茨湾,南至哈萨克草原地带,绵延2 000多千米,介于东欧平原和西伯利亚平原之间。根据以上分析可知,该题正确答案为B项。

8.【答案】D。解析:该题考查的是成语知识。D项的正确写法应为墨守成规,其他选项均为正确写法。根据以上分析可知,该题正确答案为D项。

9.【答案】C。解析:该题考查的是地理知识。尼罗河和印度河都是外流河,都流经热带沙漠地区,都是古代文明的摇篮。尼罗河、阿姆河、印度河都是沿岸地区重要的灌溉水源。根据以上分析可知,该题正确答案为C项。

10.【答案】D。解析:该题考查的是地理知识。海洋的主体部分是洋,海是洋的边缘部分,海沟是海洋底部最深的地方,等深线最密集,一般出现在大陆坡下。根据以上分析可知,该题正确答案为D项。

11.【答案】A。解析:该题考查的是地理知识。自古以来,澳门一直是中华民族的居住地,古称濠镜澳,与香山的历史关系极其密切。早在春秋战国时期,香山已属百粤海屿之地。秦始皇统一中国时(约公元前3世纪),澳门就正式纳入中国版图,属南海郡地的番禺县。根据以上分析可知,该题正确答案为A项。

12.【答案】A。解析:该题考查的是金融知识。对外贸易量是为剔除价格变动的影响,准确反映一国对外贸易的实际数量化而确立的一个指标,它能确切地反映一国对外贸易的实际规模。对外贸易额是一个国家或地区在一定时期(一年、一季或一月)内出口额和进口额的总和,亦称对外贸易值。对外贸易依存度又称为对外贸易系数(传统的对外贸易系数),指一国的进出口总额占该国国民生产总值或国内生产总值的比重。对外贸易值是以货币表示的贸易金额。一定时期内一国从国外进口的商品的全部价值,称为进口贸易总额或进口总额;一定时期内一国向国外出口的商品的全部价值,称为出口贸易总额或出口总额。根据以上分析可知,该题正确答案为A项。

13.【答案】B。解析:该题考查的是音乐知识。理查德·格奥尔格·施特劳斯(Richard Georg Strauss)出生于1864年。一般以理查德·施特劳斯(R. Strauss)称呼他,来和以写圆舞曲著称的小约翰·施特劳斯所代表的施特劳斯家族相区分。他是德国浪漫派晚期最后一位伟大的作曲家，同时又是交响诗及标题音乐领域中最伟大的作曲家。1902年，理查德·施特劳斯在柏林观看了王尔德《莎乐美》戏剧版本的演出后，次年便开始了该剧的创作。这部歌剧获得了极大的成功，让他从此一鸣惊人。根据以上分析可知，该题正确答案为B项。

14.【答案】C。解析：该题考查的是古诗词。唐代诗人李白的《忆秦娥·箫声咽》一词："乐游原上清秋节，咸阳古道音尘绝。音尘绝，西风残照，汉家陵阙。"此诗词多用来衬托国家的残破和心境的凄凉。根据以上分析可知，该题正确答案为C项。

15.【答案】C。解析：该题考查的是体育知识。空手道是日本传统格斗术结合琉球武术唐手形成的，起源于日本武道和琉球的唐手。空手道有三大禁忌，分别是：用脚；用肘；出击触及对方身体。根据以上分析可知，该题正确答案为C项。

16.【答案】B。解析：该题考查的是古诗词。此诗句出自唐代诗人李商隐的《宿骆氏亭寄怀崔雍崔衮》中的"竹坞无尘水槛清，相思迢递隔重城。秋阴不散霜飞晚，留得枯荷听雨声。"根据以上分析可知，该题正确答案为B项。

17.【答案】D。解析：该题考查的是科学常识。现代避雷针是美国科学家富兰克林发明的。富兰克林认为闪电是一种放电现象。为了证明这一点，他在1752年的一个雷雨天，冒着被雷击的危险，将一个系着长长金属导线的风筝放飞进雷雨云中，并在金属线末端拴了一串银钥匙。避雷针的发明是科学的进步，是整个人类的进步，它的出现让人们不用再担心建筑物会遭受雷击，无论是对建筑物的保护还是对人类自身的安全都有非常积极的作用。根据以上分析可知，该题正确答案为D项。

18.【答案】C。解析：该题考查的是百科常识。杖朝，代指八十岁，出自"八十杖于朝"（《礼记》），指姜子牙八十岁垂钓渭水遇文王的典故，常用来代指八十岁的人。耄耋，泛指晚年。耄，八九十岁的年纪。耋，七八十岁的年纪。耄耋指八九十岁。《毛传》又云："耋，老也，八十曰耋。"因此后人称八九十岁的老人为"耄耋"。综上所述，"朝杖"是指大于或等于80岁，"耄耋"是指大于或等于70岁，且小于100岁，所以只能选80岁以上100岁以下的选项。根据以上分析可知，该题正确答案为C项。

19.【答案】A。解析：该题考查的是百科常识。"四大书院"指应天书院（今河南商丘睢阳南湖畔）、岳麓书院（今湖南长沙岳麓山）、白鹿洞书院（今江西九江庐山）、嵩阳书院（今河南郑州登封嵩山）。根据以上分析可知，该题正确答案为A项。

20.【答案】A。解析：该题考查的是古代典故。有人给杨震送礼，杨震拒收，对方说无人知道，杨震说了这几句，意为"天知道，地知道，我知道，你知道，怎么说没人知道？"表现了杨震的清廉自律。根据以上分析可知，该题正确答案为A项。

21.【答案】D。解析：该题考查的是文化常识。下半旗，也称"降半旗"，是公众表示哀悼的重要礼节。所谓下半旗，并不是将国旗下降至旗杆的一半处，也不是直接把国旗升至旗杆的一半处,而是先将国旗升至杆顶,然后再将国旗下降到离杆顶约 1/3 处。根据以上分析可知,该题正确答案为 D 项。

22.【答案】B。解析:该题考查的是百科常识。围棋有 361 枚棋子。围棋的棋盘其实有很多种,我们生活中最常见的棋盘就是由 19 条纵横线组成的,总共形成了 361 个交叉点,每一个交叉点对应着一颗棋子。换句话来说,就是棋子的总数和交叉点的数量相等,并且棋子总共有两种颜色,分别是黑色和白色,其中黑棋有 181 颗,白棋有 180 颗。根据以上分析可知,该题正确答案为 B 项。

23.【答案】B。解析:该题考查的是天文知识。牛郎星属于天鹰座,又被称作"牵牛星"。牛郎星是天鹰座中最明亮的恒星,可以在北半球的夜空中清楚地用肉眼看到。牛郎星在中国的正式名称为"河鼓二",它和其他几颗星合成一个星座,俗称天鹰星座,与织女星隔银河相对。根据以上分析可知,该题正确答案为 B 项。

24.【答案】A。解析:该题考查的是政治知识。当前和今后的一个时期,政法工作服务大局的目标任务就是要紧紧围绕保障和促进中国特色社会主义事业,不断强化服务社会主义经济建设、政治建设、文化建设与和谐社会建设的措施。根据以上分析可知,该题正确答案为 A 项。

25.【答案】D。解析:该题考查的是音乐知识。《胡笳十八拍》是汉末三国时期的才女蔡文姬(蔡琰)创作的古乐府琴曲歌辞,这首曲子反映的主题是"文姬归汉",也是中国古代十大名曲之一。蔡琰,字文姬,别字昭姬,汉末三国时期女性文学家,东汉文学家蔡邕之女,博学多才,擅长文学、音乐、书法。根据以上分析可知,该题正确答案为 D 项。

(二)名词解释题:简要解释下列文章片段中画线部分的名词和术语(25 分)

1. **法国资产阶级大革命**:又称法国大革命、法国资产阶级革命,是指 18 世纪末爆发于法国的、各阶层广泛参与的革命,以巴黎市民攻占巴士底监狱为标志,1789 年 7 月 14 日巴士底狱被攻陷,法国大革命爆发。该革命持续时间长,革命进程激烈。法国大革命推翻了法国的君主专制政体,并为以后的革命扫清了道路。

**学霸支招**:该题考查欧洲历史,是百科考试的常见考点,也是名词解释的重点。该题的得分点包括时间、人物、标志、结果、历史意义和影响等。建议复习启蒙运动、卢梭、法国二月革命、《人权宣言》等相关词条。

2. **普法战争**:时间为 1870 年 7 月 19 日—1871 年 5 月 10 日,是普鲁士王国为了统一德国,并与法兰西第二帝国争夺欧洲大陆霸权而爆发的战争,由法国发动,最后以普鲁士大获全胜,建立德意志帝国而告终。普法战争使普鲁士王国完成了德意志的统一,取代了法国在欧洲大陆的霸主地位。这场战争极大地改变了欧洲的历史。

**学霸支招**:该题考查欧洲历史,普法战争的出现率较低,很多同学容易在复习时漏记,建议复习时对该类历史大事件做全面的归类整理。该题的得分点包括时间、人物、起因、结果以及历史意义和影响等。建议复习八十年战争、法兰西第二帝国、普鲁士、德意志帝国、英国内战等相关词条。

**3. 新古典主义**：指18世纪在罗马兴起并迅速在欧美地区扩展的艺术运动。新古典主义的艺术家刻意从风格与题材两个方面模仿古代艺术，保留了古典艺术作品典雅端庄的高贵气质。一方面反对巴洛克和洛可可艺术，另一方面则希望以重振古希腊、古罗马的艺术为信念。这一风格很快取得了成功，欧洲各地纷纷效仿，新古典主义自此成为欧洲家居文化流派中特色鲜明的重要一支，至今长盛不衰。

👉 **学霸支招**：该题考查欧洲艺术概念，是暨南大学的考查重点，建议考生重点记忆。该题的得分点包括时间、起源地、特点、历史意义等。建议复习古典主义、巴洛克、洛可可、现代主义、文艺复兴等相关词条。

**4. 后印象派艺术**：后印象派是从印象派发展而来的一种西方油画流派。在19世纪末，许多曾受到印象主义鼓舞的艺术家开始反对印象派，他们不满足于刻板、片面地追求光色，强调作品要抒发艺术家的自我感受和主观感情，于是开始尝试对色彩及形体表现性因素的自觉运用，后印象派从此诞生。后印象派代表人物有塞尚、高更及梵高等。后印象派更加强调构成关系，认为艺术形象要异于生活的物象，用作者的主观感情去改造客观物象，要表现出"主观化了的客观"。后印象派颠覆了西方客观再现的艺术传统，启迪了两大现代主义艺术潮流——强调结构秩序的抽象艺术与强调主观情感的表现主义。所以，在艺术史上，后印象派被称为西方现代艺术的起源，这种变革具有划时代的意义。

👉 **学霸支招**：该题考查欧洲艺术概念，对大部分考生来说比较陌生，需要考生反复理解和记忆。该题的得分点包括时间、起源地、出现原因、特点、代表人物、历史意义等。建议复习印象派画派、超现实主义画派、抽象主义画派、古典主义画派等相关词条。

**5. 梵高**：是荷兰后印象派画家。梵高出生于新教牧师家庭，是后印象主义的先驱，并深深地影响了20世纪的艺术流派，尤其是野兽派与表现主义。梵高早期只以灰暗色系进行创作，直到他在巴黎遇见了印象派与新印象派，融入他们的鲜艳色彩与画风，创造了其独特的个人画风。梵高去世之后，梵高的作品，如《星夜》《向日葵》《有乌鸦的麦田》等，都跻身全球最著名、最珍贵的艺术作品的行列。

👉 **学霸支招**：该题考查欧洲艺术家，是大多数院校的高频考点，考生应熟练掌握。该题的得分点包括人物地位、人物背景、绘画风格、代表作等。建议复习《有乌鸦的麦田》《星夜》《向日葵》、印象派、拉斐尔、毕加索、莫奈等相关词条。

## 二、应用文写作（40分）

> **题目分析**
>
> 该题要求考生写一则400~450字的演讲稿。演讲稿具有针对性、可讲性的特点。它为了以思想、感情、事例和理论来晓喻听众、打动听众和"征服"群众，必

须要有现实的针对性。由于演讲要诉诸口头，拟稿时必须以"易说、能讲"为前提。好的演讲要有一种激发听众情绪、赢得好感的鼓动性。要做到这一点，首先，演讲稿思想内容要丰富、深刻；其次，见解需精辟，有独到之处，发人深思；最后，语言表达要形象、生动，富有感染力。这是演讲稿写作最重要的三个得分点。演讲稿有自己的格式，一般由标题、称谓、导语、主题、结尾这几个部分组成。（1）标题。有的演讲稿需要拟标题，有的则不需要，考生需视具体情况而定。当然，拟定一个好的标题至关重要，它可以给阅卷老师耳目一新的感觉。本文已经给定了题目，无须再拟标题。（2）称谓。称谓即点名演讲稿的受众，与自己的听众打招呼，引起听众注意。（3）导语。导语是演讲者导入正题不可缺少的部分，是演讲者与听众建立感情的第一道桥梁。演讲稿的导语有多种写法，常见的有以下几种：第一，直接揭示主题，使听众对演讲内容有概括性的了解；第二，提出一个发人深省的问题，使听众警觉，从而调动听众思考的积极性，自然而巧妙地引入正题；第三，引用名言、警句等富有哲理性的话开头，引起听众的兴趣。（4）主题。主题是演讲稿的核心部分。这部分内容的写法犹如议论文，要紧扣演讲的主旨，逻辑严密，层次分明。为了让听众心服口服，还必须大量引用事实论据和理论论据，做到旁征博引，深入浅出。该题给出了达·芬奇的名言，可以在此基础上适当发挥，加入其他类似的论据深化主题。（5）结尾。演讲稿的结尾要简短有力。结尾的写法多种多样，常见的有以下几种：第一，总结全文，再次点明演讲的主旨。第二，鼓舞人心，展示前景。这种结尾方式鼓动性极强，容易使演讲进入高潮。第三，使用风趣幽默的话语结构。这种结尾方式能给人轻松愉快之感，也容易给听众留下深刻的印象。第四，以哲理性的语言结尾。哲理性的语言往往深刻、精辟，能起到画龙点睛的作用，使听众得到深刻的启示。

### 考场还原

**贫穷与富有**

尊敬的老师，亲爱的同学们：

　　大家好！

　　今天我演讲的主题是《贫穷与富有》。在当今世界经济不断发展的时代，人人都渴望变得富有。富有意味着生活质量的提高，意味着大多数人奋斗一生、拼尽全力也想要得到的东西。但真的只有坐上高位，用尽锱铢，能够放心大胆地挥霍钱财时才能称得上富有么？若真是要以此为标准来衡量人，那这世界便没有几人能真正做到"富有"了。

　　古代著名田园诗人陶渊明弃官务农，心向原野而不愿沉溺世俗，虽生活中少了那些金银珠宝，他却在那一方小小的田地里参悟出人生的真谛，挖掘出人性中对生命最真切的感悟，挥笔成就了一篇篇影响古今的诗章。毫无无疑，陶渊明虽选择了表面上的贫穷，却收获了无限比财宝俗物更加难能可贵的东西。如今又有多少人能真正明白那份隐藏在浅山、清溪中的富有呢？不为奢侈的鱼肉，清淡的素汤白饭也自有它的"财富"。

有人不知疲倦地将那些拥有巨大资产的人物进行排列，有人感慨那些名单上不停波动的数字，有人用尽手段爬上高位只为用行动争取财富。但"富"其实就在我们身边，每一位拥有独立思想以及创造才华的人都是一位"富人"。不为"陋室"而悲，应以欲望而耻。

我想告诉大家，我们并不需要一种贫穷的富有，而是需要一种真正的富有。做一个富人，富在志气，富在简朴！

我的演讲到此结束，谢谢。

### 评点升格

该演讲稿主题突出，内容丰富，行文流畅，格式标准。开头便对题目进行了简要的个人理解说明，为听众点明了主题。接着，引用了切合主题的例子，如陶渊明，论据充分，论述完整，逻辑清晰，能给听众留下较深的印象。结尾简短有力，再次点明了主题，真正做到了针对性、可讲性，是考场上的高分佳作。

## 三、现代汉语写作（60分）

### 题目分析

这是一篇自命题材料作文，在拟题时需紧紧围绕中心思想。体裁限定为抒情小说或散文，可根据个人情况量力而行，选择最适合自己的。题干中提到选择其中一首即可。这便要求考生抓住诗的中心思想。第一首的观点可以提炼为，你会不会因为人言可畏而放弃一段爱情，即是否因为困难、阻碍而放弃一段爱情。第二首的观点可以提炼为，游子在归乡途中愈演愈烈的思乡之情。记住散文写作的要旨即可。这种题目的重难点是读懂诗的中心思想，可以根据古诗文中的意象寓意回顾一下。当然，就诗中的一个观点展开也是可以的。题干中说，选择其中之一作为引子，意思就是要深入一步。比如第一首中的人言可畏，就可以延伸为爱情中遇到的困难和阻碍。这样延展一下也会好写很多，让我们有话可说，有例子可举，还可以把散文"形散神不散"的特点表现出来。这种题目也不难，平时需适当积累素材。当然，引用其他古诗文来做支撑也是可以的。

## 有这样一种愁绪

有这样一种愁绪，一个人望着平林，伴着残烟，踏着古道，看寒山寂景。有这样一种愁绪，一个人踏上玉阶，望着归鸟，听着风声，看暮色闱楼。有这样一种愁绪，一个人独立高处，喝着苦酒，借着秋日山景，看长亭短亭。

那是乡愁，是从古至今生生不息地涌动在我们血脉里的对故乡的惦念，是一种无法抛却的如同落叶归根的情愫，是一种淡淡的如水般的愁绪……

让我时时魂牵梦绕的故乡，其实是一个风景秀美的小山村。山村四周连绵起伏的山峦手挽手呵护着这里的人们，如同一个慈祥的母亲深情地凝视着怀中的孩子。多少次蹚过记忆的长河，多少回穿越时空的隧道，跋山涉水，梦回这山清水秀的故乡。

我思念故乡的那座高山。它虽没有南岳衡山那般秀丽，也没有西岳华山那样险峻，但也挺拔俊秀，主峰直插云霄，把故乡的天撑得高远深邃。它四季常青，绿树成荫，十分清幽。山稔花开时，满山遍野都点缀着粉红色的花朵，繁星点点，煞是好看；山稔果熟时，令人垂涎三尺，更逗得孩子们满山乱跑，至今耳畔还萦绕着当年的童谣："七月半山稔酸溜溜，八月半山稔红一半，九月九山稔好浸酒。"其实，我喜欢故乡的山，是因为我人生的底色就是山的本色，我个性里就有山的影子和山的秉性。我向往故乡的山，是因为它像故乡人一样勤劳、率真，清晨捧着日出，给朝霞以亮丽，傍晚守候日落，给晚霞以辉煌。我崇拜故乡的山，是因为它像父亲一样忠厚、坚强，有着跟父亲一样挺拔的脊梁、宽阔的胸膛，"站起来就是一座山。"

我思念故乡的那条路，崎岖而又蜿蜒。不知祖先们何时从何地搬来，只知道他们在此生活了好几百年。应是有人居住的时候，就有了那条路。祖辈们耕种劳作、连通外界，全凭那一条陡峭的山路。那条山路有母亲守候的牵挂，有乡亲盼望的视线，也有游子依依回望的目光，更有我的欢乐、向往与追求，当然也有过我的梦幻与彷徨。小时候我常常望着那条山路发呆，不知它通向何方，更不知重重大山之外是什么模样。于是便常常幻想有一天能长出一双翅膀，飞过万水千山，去看一看山外的世界。如今，天堑变通途，展现在眼前的是一条水泥大道，故乡的父老乡亲再也用不着在斗折蛇行的羊肠小道上苦苦挣扎了。

人在他乡，只要提起故乡，就像品味童年的记忆，就像咀嚼岁月的风霜……离家还有多远呢，你忍不住焦急，却在这春意中忍不住困倦起来，靠着船篷，沉沉地进入美好的梦境。

有这样一种愁绪叫乡愁，是中国人骨子中、血脉里，过了千年仍然生生不息的一种愁绪。那乡愁便是归来路上饮下的酒，敬献给游子一颗沧桑的心。

### 评点升格

本文杂而不乱，详略得当，重点突出。全文语言流畅，行文舒展自如，自然洒脱，称得上是一篇较成功的佳作。文章对思乡的气氛渲染充分而恰到好处，对文章重点，也就是家乡的光景做了细腻而传神的刻画。对诗词的理解和想象切合实际，蕴含着朴素而深刻的情感。全文融情于景，边绘景边抒情，善于运用打比方的手法，使文章生动形象，且事例叙述生动、具体，与诗中的意象一脉相承。全文可圈可点的佳句不少，给文章增添了一些文学情趣。最后，作者用寥寥数语，表达了自己对家乡的情感，令人感动。

# 上海大学（B 211）

## 2020 年试题参考答案与考点解析

### 本套试卷特点

百科知识单选题较多考查中国古代文学文化知识（如中国古代文学类第一）、中国历史概况（如洋务运动、辛亥革命等）、世界历史基础知识（如法国大革命、日本明治维新等）、文学名著（如《西厢记》《牡丹亭》等）、古代著名诗人及诗作（如白居易、王勃、辛弃疾等）、世界组织基本常识（如国际法庭等）等，适当加入一些常识考题（每年都有两三题，难度较高，不太可能拿满分）。较少考查的内容：财经类知识几乎不考（财经院校如上海财经大学、对外经贸大学等考查较多）、时事热点几乎不考（复习时不需要太关注）、地理知识（如地理类世界第一几乎不考）。名词解释题多考查名著解释、翻译理论、历史事件、著名人物等。名词解释题分值高，需要注意采点给分，如《牡丹亭》，答题时应该涉及朝代、作者、主要人物、故事梗概、影响意义等，不要只在故事梗概一点上大着笔墨。应用文多考查常见类型，大作文多考查散文。总体而言，上海大学英语笔译专业汉语写作与百科知识科目出题风格较为固定，且经常会考查历年原题，出题方向不难把握。以本套试卷为例，中国文学文化常识、基础历史知识、著名人物、著作、翻译理论等方面内容占比较高。考生在复习时把握这些规律，便可事半功倍。

## 一、百科知识（每小题 1 分，共 25 分）

1.【答案】A。解析：该题考查传教士利玛窦。利玛窦，教皇国马切拉塔（今意大利马切拉塔）人，耶稣会传教士、学者。明朝万历年间，来到中国传教。利玛窦是天主教在中国传教的最早开拓者之一，也是第一位阅读中国文学并对中国典籍进行钻研的西方学者。南怀仁，西属尼德兰皮特姆（今比利时布鲁塞尔附近）人，耶稣会传教士，清代天文学家、科学家，是清初最有影响的来华传教士之一，为近代西方科学知识在中国的传播做出了重要贡献。严复，近代极具影响力的资产阶级启蒙思想家，著名的翻译家、教育家。孟德斯鸠，法国伟大的启蒙思想家、法学家。

2.【答案】A。解析：该题考查中国古代历史知识。唐朝时长江流域的商业城市，以扬州、益州（成都）为两个中心。安史之乱以后，北方经济地位下降，长江流域地位上升。扬州、成都成为全国最繁华的工商业城市，经济地位超过了长安、洛阳。所以有"天下之盛，扬为首"的说法，而成都物产富饶，所以当时谚语称"扬一益二"。

3.【答案】B。解析：该题考查法国大革命相关知识，法国大革命为历年真题高频考点。法国大革命爆发的标志是：攻占巴士底狱。18世纪末期，巴士底狱成了控制巴黎的制高点和关押政治犯的监狱。凡是胆敢反对封建制度的著名人物，大都被监禁在这里。巴士底狱成了法国专制王朝的象征。1789年7月14日，法国人民终于攻占了巴士底狱。攻占巴士底狱成了法国大革命的信号。各个城市纷纷仿效巴黎人民，武装起来夺取市政管理权，建立了国民自卫军。不久，由人民组织起来的制宪会议掌握了大权。A、C、D三项都发生在攻占巴士底狱之后。

4.【答案】C。解析：该题考查国际组织概况，往年真题考查过联合国的成立时间，该题是对此的延伸考查。国际法庭，或作国际法院，位于荷兰海牙，是联合国的司法裁决机构，根据《国际法院规约》于1946年2月成立。国际法院的主要功能是对各国所提交的案件做出仲裁，或在联合国大会及联合国安理会的请求下提供咨询性司法建议。

5.【答案】B。解析：该题考查诺贝尔奖的颁布时间。1901年12月10日，即诺贝尔逝世5周年时，诺贝尔奖首次颁发。自此以后，除因战时中断外，每年的这一天分别在瑞典首都斯德哥尔摩和挪威首都奥斯陆由国王举行隆重的授奖仪式。诺贝尔奖主要设置的奖项有：诺贝尔化学奖、诺贝尔物理学奖、诺贝尔生理学或医学奖、诺贝尔文学奖、诺贝尔和平奖、诺贝尔经济学奖。（没有数学奖）

6.【答案】D。解析：该题考查世界历史常识，与历年真题相似。A项不符合美国，美国独立战争爆发的根本原因是英国的殖民压迫阻碍了北美资本主义经济的发展。B项不符合美国，美国是反抗殖民统治获得独立的国家。C项不符合英国，英国是君主立宪制国家。D项是三国革命的共同特点，都为本国资本主义的发展扫清了障碍，促进了资本主义的发展。

7.【答案】A。解析：该题考查基础常识。来自肯尼亚、马里、英国和美国的专家对非洲儿童进行调查后发现，O型血的人在感染疟疾之后，症状最不容易恶化。专家称，这一发现为人类征服疟疾迈出了坚实的一步。据报道，O型血的儿童与其他血型的儿童相比，出现昏迷和贫血等疟疾恶化症状的概率少2/3。

8.【答案】A。解析：该题考查希腊人文主义。公元前6世纪到前4世纪是人类历史发展的奴隶社会时期，古希腊在这一时期产生了早期人文主义思想，对后来的欧洲文明产生了深远影响。古希腊的人文主义是近代西方人文主义的滥觞。

9.【答案】B。解析：该题考查文艺复兴运动。从材料信息可以看出，中世纪的欧洲，上帝和教会主宰一切，文艺复兴猛烈抨击教会独裁统治，提倡以人为本、解放思想的人文主义，第一次对这种认识形成了重大冲击，故选B项。新航路的开辟，改变了各洲间基本封闭的状况，为后来欧洲的掠夺和三角贸易打下了基础，为资本主义发展提供了巨大的生产资料和市场，但也给美洲和亚洲等国家带来了深重的灾难。宗教改革，开始于欧洲16世纪基督教自上而下的宗教改革运动，瓦解了从罗马帝国颁布基督教为国家宗教以后由天主教会所主导的政教体系。启蒙运动，是发生在17—18世纪的一场资产阶级和人民大众的反封建、反教会的思想文化运动，是继文艺复兴后的又一次伟大的反封建的思想解放运动。

10.【答案】C。解析：该题考查"师夷长技以制夷"，历年真题也有考查过。鸦片战争时，魏源辑成《海国图志》，提出"师夷长技以制夷"，当时清政府向西方学习的技术应为第一次工业革命的成果，而汽车是第二次工业革命的成果，故C项不正确。

11.【答案】D。解析：该题考查五四运动。五四运动是中国近代史上具有划时代意义的事件，标志着中国新民主主义革命的开端，故选D项。北伐战争、国共合作、中国共产党成立都发生在新民主主义革命期间。扩展延伸：五四运动的口号是"外争国权，内惩国贼""废除二十一条"。"外争国权，内惩国贼"的口号最能体现反帝反封建的性质；运动前期重心在北京，主力是学生；运动后期重心转移到上海，主力是工人。五四运动取得了初步成果，北洋政府被迫释放被捕学生，罢免了三个卖国贼的职务，中国代表拒绝在巴黎和约上签字。

12.【答案】A。解析：该题考查丝绸之路。西汉张骞通西域以后，汉朝和西域各国的商人把中国的丝和丝织品从长安等地运往西亚和西欧等地，又把西域的奇珍异宝输入中国内地，开辟了"丝绸之路"，故选A项。

13.【答案】B。解析：该题考查生理基础常识，上海大学每年都会有几道生理基础常识题，考生平时需要多加积累。产妇的分娩方式与其妊娠后期饮食中锌的含量有关，每天摄锌元素丰富，其自然分娩的概率较大，反之则只能借助产钳或剖宫产了。含锌食物的均衡是很重要的。

14.【答案】D。解析：该题考查鲁迅经典作品。《阿Q正传》是鲁迅创作的中篇小说，小说以辛亥革命前后的中国农村为背景，塑造了一个叫阿Q的人物来代表中国人，在他身上表现出的愚昧、自私、自卑、狭隘、欺软怕硬等负面人格都代表了国民人性中的种种弱点，故选D项。《药》最初发表于1919年5月，通过茶馆主人华老栓夫妇为儿子小栓买人血馒头治病的故事，揭露了长期的封建统治给人民造成的麻木和愚昧，暗中颂扬了革命者夏瑜英勇不屈的精神，指出了辛亥革命未能贴近群众的局限性。《故乡》以"我"回故乡的活动为线索，着重描写了闰土和杨二嫂的人物形象，从而反映了辛亥革命前后农村破产、农民痛苦生活的现实。《孔乙己》是鲁迅在五四运动前夕继《狂人日记》

之后所创作的第二篇白话小说，小说描写了孔乙己在封建腐朽思想和科举制度毒害下的悲惨形象，深刻揭露了当时的科举制度对知识分子精神的毒害和封建制度"吃人"的本质。

15.【答案】C。解析：该题考查生理基础常识。人类的恒牙共有32颗，其中最后萌出的4颗第三大臼齿，因为萌出在智能成长后的16到24岁，所以又有智能齿之称，简称智齿。因此，理论上成年人应该有32颗牙齿，左右对称，每半边上下两排各有2颗切牙、1颗尖牙、2颗前磨牙和3颗磨牙，排在最后面的4颗磨牙叫智齿，很多成人一辈子都不会长智齿，只拥有28颗牙齿，有的人会长出1颗、2颗、3颗，甚至4颗智齿，所以成人牙齿的正常数量应该在28~32颗。

16.【答案】A。解析：该题考查名家名作。"落霞与孤鹜齐飞，秋水共长天一色"出自唐朝王勃所作的《滕王阁序》。作者以落霞、孤鹜、秋水和长天四个景象勾勒出一幅宁静致远的画面，此句被奉为写景的精妙之句，广为传唱。扩展延伸：初唐四杰是中国唐代初年，文学家王勃、杨炯、卢照邻、骆宾王的合称，简称"王杨卢骆"。

17.【答案】A。解析：该题考查辛弃疾及稼轩体。辛弃疾，号稼轩，他是一位具有英雄气概的词人，才气纵横，笔力超拔。这种在宋代词坛别开生面，既慷慨豪放又温婉妩媚，以豪放悲壮为主导风格的词，被人们称为"稼轩体"。李清照是宋词婉约派大家。她的词婉约而不流于柔靡，清秀而具逸思，富有真情实感，语言清新自然，流转如珠，音调优美，故名噪一时，被称为"易安体"。颜体是由唐代书法家颜真卿所创的一种字体，柳体是指唐朝最后一位大书法家、楷书四大家之一的柳公权的书法作品中字的总称，二者合称为"颜柳"，有"颜筋柳骨"之称。

18.【答案】B。解析：该题考查欧洲中世纪历史。公元8世纪初，法兰克王国推行采邑制，实行土地分封。国王将土地分封给臣下，臣下又将分得的土地分封给自己的下属，下属又将土地再分封。经过层层分封，形成了国王、公爵、侯爵、伯爵、子爵、男爵和骑士等封建主等级。各封建主之间以主臣关系依次隶从，构成一座封建等级金字塔，塔的最底层是农奴。大大小小的封建主占有土地，形成封建庄园，封建庄园遍布西欧。教会是西欧最顽固的封建精神堡垒，教会的统治严重影响了西欧社会的进步，历史上把教会统治的时代称为"黑暗时代"。这段时期所发展的一套社会制度和生活方式是封建制度和庄园生活。

19.【答案】A。解析：该题考查名家名作，这是历年选择题及名词解释题的高频考点，复习时需要重点把握。《长恨歌》是唐代诗人白居易的一首长篇叙事诗，全诗形象地叙述了唐明皇与杨贵妃的爱情悲剧。《桃花扇》是清代文学家孔尚任创作的传奇（剧本），所写的是发生在明末时期南京的故事。全剧以侯方域、李香君的悲欢离合为主线，展现了明末时期南京的社会现实。以男女情事来写国家兴亡，是此剧的一大特色。《唐明皇秋夜梧桐雨》（简称《梧桐雨》）是元代文学家白朴创作的杂剧，该剧讲述了唐明皇宠幸杨贵妃，后安禄山叛乱，明皇赐杨妃缢死的故事。该剧被誉为元杂剧四大悲剧之一。《长生殿》是清初剧作家洪昇创作的传奇（戏剧），前半部分写杨贵妃命殒黄沙的经过，后半部分大都采自野史传闻。《长生殿》重点描写了唐朝天宝年间皇帝昏庸、政治腐败给国家带来的巨大灾难，导致王朝几乎覆灭。

20.【答案】B。解析：该题考查中国古代文学常识，这是历年真题的高频考点，复习时需要重点把握。纪传体，以为人物立传记的方式记叙史实。通史是一个国家或地区或世界从最早文明到现在的历史。断代史是只记述某一时期或某一朝代的历史，以朝代或时代为断限。东汉班固作《汉书》，首创其例。扩展延伸：第一部编年体史书——《春秋》；第一部纪传体史书——《史记》；第一部国别体史书——《国语》；第一部断代体史书——《汉书》；第一部编年体通史——《资治通鉴》。

21.【答案】D。解析：该题考查新航路的开辟。从资本主义发展的角度而言，新航路开辟，最重要的本质意义是促进了资本的原始积累，A、B、C三项都不及D项概括性强，因此选择D项。扩展延伸：关于新航路的开辟，考生还需掌握以下几点。根本原因——欧洲商品经济的发展；动力——欧洲人对黄金的追求；条件——指南针、航海技术、造船术的进步；航海家及其航线——迪亚士、达·伽马、哥伦布、麦哲伦及各自的航线。

22.【答案】D。解析：该题考查基本常识。18K金指的是黄金含量为75%的合金。K金的计算方式是将纯黄金分为24份，24K金即足金，18K金即金含量为18/24的合金，其余25%为其他贵金属，包括铂、镍、银、钯金等。

23.【答案】A。解析：该题考查孔子生平。孔子、老子、孟子都是上海大学汉语写作与百科知识科目的高频考点，往年真题考查过孔子"韦编三绝"。"韦编三绝"出自《史记·孔子世家》，本指孔子勤读《易经》，致使编联竹简的皮绳多次脱断，后用来比喻读书勤奋，刻苦治学。"三月不知肉味"出自《论语·述而》："子在齐闻《韶》，三月不知肉味，曰：'不图为乐之至于斯也。'"孔子在齐国听到了舜时的《韶》乐，之后很长时间尝不出肉的滋味，他说，"想不到《韶》乐的美达到了这样迷人的地步。"《韶》，是雅乐的一种，相传为舜所作，主要是用来"明帝德"，即歌颂并展示帝王之德，传说舜作此曲，是为了表明自己要继承尧的帝王之德。

24.【答案】B。解析：该题考查诗经相关知识，这是历年真题的高频考点，曾经考查过风、雅、颂。六义，诗经学名词，出自《诗·大序》："故诗有六义焉：一曰风，二曰赋，三曰比，四曰兴，五曰雅，六曰颂。"风、雅、颂是诗的分类；赋、比、兴是诗的表现手法。《诗经》根据乐调的不同分为风、雅、颂三类。风是《诗经》的精华，是各地的民间歌谣，即不同地区的地方音乐，大部分是民歌。雅是周王朝直辖地区的音乐，即所谓的正声雅乐，是宫廷宴享或朝会时的乐歌，大部分是贵族、文人的作品。颂是宗庙祭祀的舞曲歌辞，内容多是歌颂祖先的功业的。赋、比、兴是《诗经》的三种主要表现手法。赋，平铺直叙，铺陈、排比。比，比喻。兴，托物起兴，先言他物，然后借以联想，引出诗人所要表达的事物、思想、感情，即象征。"肤如凝脂"运用了比喻，即"比"的手法。

25.【答案】A。解析：该题考查中国文学基础知识。《雷雨》是剧作家曹禺创作的一部话剧，此剧以1925年前后的中国社会为背景，描写了一个带有浓厚封建色彩的资产阶级家庭的悲剧。该剧情节扣人心弦、语言精练含蓄，人物各具特色，是"中国话剧现实主义的基石"，中国现代话剧成熟的里程碑。《日出》是近代剧作家曹禺创作的戏剧，表达了作者对现实生活强烈的爱憎和迫切期待东方红日的心情。《原野》是曹禺先生唯一一部描写中国农村的作品。《北京人》着力反映出封建主义精神统治对人的吞噬。

## 二、名词解释（每小题5分，共25分）

1.《牡丹亭》：全称《牡丹亭还魂记》，是明代剧作家汤显祖所创作的传奇（戏剧）。该剧描写了官家千金杜丽娘对梦中书生柳梦梅倾心爱慕，竟伤情而死，人鬼相恋，最后起死回生、永结同心的故事。该剧是中国戏曲史上杰出的作品之一，与《崔莺莺待月西厢记》《桃花扇》《长生殿》合称中国四大古典戏剧。该剧标志着明代传奇发展的最高峰，其浪漫主义的表现方法对后世影响深远。作者将现实社会同阴曹地府统一起来，将人与鬼统一起来，展现了反封建礼教的主题。

👉 **学霸支招**：该题考查文学名作，这是历年真题的高频考点，曾经考查过《崔莺莺待月西厢记》，考生复习时需要重点把握。该题的得分点包括作者、朝代、主要人物、故事情节、写作特点、主体、历史意义及影响等。（选取5～6点作答，采分点越多越好，每个采分点的字数可以适当少一点。）建议复习《崔莺莺待月西厢记》《桃花扇》《长生殿》等相关词条。

2.《齐民要术》：是中国北朝北魏时期的贾思勰所著的一部综合性农书，也是世界农学史上最早的专著之一，是中国现存的最早的一部完整的农书。书名中的"齐民"，指平民百姓，"要术"指谋生方法。《齐民要术》大约成书于北魏末年，系统总结了在此之前的黄河中下游地区劳动人民的农业科学技术，对中国古代农学的发展产生了重大影响，被誉为"中国古代农业百科全书"。

👉 **学霸支招**：该题考查中国历史常识，这是单选题的高频考点。该题的得分点包括作者、朝代、主要内容、历史意义及影响等。

3.欧阳修：字永叔，号醉翁，晚号六一居士，北宋政治家、文学家、唐宋八大家之一、千古文章四大家之一。欧阳修领导了北宋诗文革新运动，继承并发展了韩愈的古文理论。在史学方面也有较高成就，他曾主修《新唐书》，并独撰《新五代史》，有《欧阳文忠集》传世。

👉 **学霸支招**：该题考查名家生平，"唐宋八大家""千古文章四大家"都是单选题的高频考点。该题的得分点包括朝代、地位、主要事迹、主要作品、历史贡献等。

**4. 金雀花王朝**：是英国历史上的第三个王朝，是英国最长寿的一个王朝。金雀花王朝，在法国又名安茹王朝，后世称此时的英国为"安茹帝国"。著名统治者有亨利二世和被称为"狮心王"的查理一世等。侠盗罗宾汉、最能表现中世纪文学精神的诗人乔叟、作为君主立宪制基石的《大宪章》、议会的雏形、玫瑰战争、百年战争都出现在这一时期，著名的高级学府如牛津大学、剑桥大学也是在这个时期建立的。

👉 **学霸支招**：该题考查世界历史基本常识，这是历年真题的必考点。该题的得分点包括定义、主要统治者、文化发展、政治概况（战争）、法律制度等。

**5. 翻译目的论**：英文是 Skopos theory，是将 Skopos 概念运用于翻译的理论，Skopos 是希腊语"目的"。汉斯·弗米尔（Vermeer）提出了目的论，将翻译研究从原文中心论的束缚中摆脱出来。该理论认为翻译是以原文为基础的有目的和有结果的行为。弗米尔认为原文只是为目标受众提供部分或全部信息的源泉。可见原文在目的论中的地位明显低于其在对等论中的地位。也就是说，译文取决于翻译的目的。翻译目的论的三大基本原则是目的原则、连贯性原则、忠实性原则。目的论摆脱了以原文为翻译标准的传统，丰富了翻译理论，使翻译研究不再局限于研究语言本身，而可以从翻译以外的因素去研究翻译，给译界提供了一种新的翻译思路。目的论允许译者对源文本进行一定程度的改写，可是却没有指明改写的程度，赋予了译者太大的自主性，容易导致断章取义、译文失真。

👉 **学霸支招**：该题考查翻译理论知识，翻译理论名词解释是历年真题必考查的题型，复习时需要掌握一些基本常识，如谁提出了这个理论，理论主要说的是什么，理论包含的基本原则，理论的优缺点等。该题的得分点包括理论家、内容、基本原则、优势、劣势等。建议复习交际翻译、语义翻译、文本类型理论、功能对等等相关词条。

## 三、应用文写作（40分）

> **题目分析**
>
> 该题为回复函，属于商务信函的一种。商务信函属于商务礼仪文书范畴，是指企业与企业之间在各种商务场合或商务往来过程中所使用的简便书信。其主要作用是在商务活动中建立经贸关系，传递商务信息，联系商务事宜，沟通和洽谈产销询问和答复问题，处理具体交易事项。商务信函需要表达友好、热情，不需要使用华丽的词句，使用简洁朴实的语言，简明扼要，短小精悍，切中要点，充分体现真诚礼貌即可。商务信函需要包含称呼、正文、署名、日期。

## 出版意向回复函

×××出版社负责人：

您好！

我司收悉贵司于××××年××月××日发出的合作意向联系函，现回复如下：

1. 我司同意与贵司出版社在海外合作出版《三国演义》英译版。

2. 我司与贵司出版社共同商定出版事宜，协商、签订出版合同及该合同的补充、变更条款。前述合同对本作品全体著作权人具有法律约束力。

3. 我司与贵司出版社共同确定本作品的主编及译者的署名方式、署名顺序和报酬。

4. 现推荐×××大学×××教授担任《三国演义》英译版译者，×××教授毕业于×××大学，为×××大学翻译学硕士、语言学博士，现担任×××杂志主编，××市翻译家协会会员，先后翻译出版《×××》《×××》等作品，翻译作品质量上乘。

5. 我司将另行书面通知贵司签署共同合作协议书。

祝工作顺利！

中国×××出版社<br>××××年××月××日

**【评点升格】**

该题考查商务回复函。本文遵循回复函的基本格式，信头、标题、结尾等必需部分一应俱全。内容包括是否同意意向、后续相关事宜、推荐译者等，具体内容根据情况做了适当补充，文章内容全面细致。

## 四、现代汉语写作（60分）

**【题目分析】**

该题为命题写作，体裁不限，而往年以散文为主。考生在作答时可选择议论文或散文形式，需要注意紧扣题目不要离题。考生可从人心多变、人心难定、社会人心浮躁等各个角度立意。

## 人　心

　　人心是什么？不知从哪里被灌输的神奇概念，我曾一度以为人心是那样神秘，云波诡谲，深不可测。所谓人心，似乎离自己那么远，远在天涯。

　　但伴随着成长，慢慢地，我发现了它的靠近。

　　公交车上的人潮随着广播有节奏地挤来挤去，我坐在椅子上优哉地听着歌。耳畔突然传来一位女士的惊呼——"啊，我的包！"一位憨厚的中年男子歉意地赔笑道："抱歉啊，人太挤，我不是故意的。"而那位女士，却眯起狭长的凤眼，"哼"的一声，狐疑地打量着男子，一边搂紧了自己的包。那男子脸涨得通红，不知所措。我突然意识到，人心，是敏感而多疑的吗？

　　放学时，操场上挥洒着汗水的少年们，眼神是如此的青春有活力，笑容是如此的明朗，笑声伴随着篮球落地的声响一齐跳跃。少年们举手投足间，自然地散发着一股明媚而张扬的气场。想必，他们心中一定是深爱着运动的吧。蓦然回首，忽惊觉，人心，应该也可以是明朗向上的吧？

　　你看，患了绝症等待死神的病人们，眼神是死寂的。那没有神采，没有灵气，更没有希望的瞳孔里，清楚地写着绝望与恐惧。他们的心也是灰的吧，没有亮丽风景的一颗死寂的心。人心，也同样可以是如此悲观而消极的吧？

　　可并不是所有濒死的人都是这般悲观。你看，上了年纪的打着太极拳的老爷爷，患了重病却仍坚持每个清晨出门散步的老奶奶，他们眼中、心中，没有对死亡的恐惧，只有对眼前生活满满的憧憬和对待世事的处变不惊，淡然，宁致，深沉，悠远。他们的心，似乎就是这般淡泊而宁静吧？

　　驰骋赛场的运动健儿，心中燃烧着对运动的热情与对祖国的热爱；双目失明的小姑娘，心怀憧憬，渴望触摸春天，明媚的笑容漾在嘴边；爱琴的少年抚摸琴键时流露出浅浅的眷恋，心中对音乐的热情潺潺流淌……

　　知道了……我知道了！

　　何谓人心？所谓人心，哪有那般复杂，那般难懂。

　　人心，虽是多变，但总而言之，却只不过是不同的人在不同情境下的不同的心态罢了。无谓敏感或淡漠，无谓消极或积极。那其实是，怕也只是一个普通人的心中所思罢了。

　　何谓人心？到头来，反倒，是无谓人心了。

> **评点升格**
>
> 该题考查现代汉语写作。本文从人心的神秘引题，正文部分描写公交车上敏感而多疑的人心，学生明朗向上的人心，疾病缠身时悲观消极的人心，以及老年人淡泊宁静的人心，最后结题写人心的复杂多变，只不过是普通人的心中所思。文章前后连贯，衔接流畅，主题明确。

# 2019年试题参考答案与考点解析

## 本套试卷特点

百科知识单选题多考查历年真题高频考点，包括中国古代文学历史知识（如第一部纪传体通史、诸子百家思想、四大佛寺、六书、六义、三十六计等）、中国历史概况（如郑和下西洋）、世界历史基础知识（如英国宗教改革、启蒙思想家）、文学名著（如《西厢记》《德伯家的苔丝》等）、古代著名诗人及诗作（如李白、李清照等）、翻译理论（古代著名佛经翻译家等），适当加入一些常识考题（如睡觉朝向、食物的热量等，每年都有两三题，难度较高，不太可能拿满分）。考生在复习单选题时着重掌握这些方面的知识、对于地理知识、时事热点、财经常识等可以适当带过。名词解释题多为历年真题延伸，《西厢记》《德伯家的苔丝》、交际翻译、丝绸之路都在扩展范围内，注意不要将英国宗教改革与马丁·路德宗教改革混淆。应用文为导游词，较为常见，需要注意导游词不应只局限在景点介绍方面。大作文散文题难度不大，需要注意文章体裁，不要写成议论文。

## 一、百科知识（每小题1分，共25分）

**1.【答案】**B。**解析**：该题考查天干地支，这是历年真题的高频考点。按照天干地支纪年法推算，辛丑年的下一年是壬寅年。天干承载的是天之道，地支承载的是地之道。天干地支简称"干支"。《辞源》里说，"干支"取义于树木的"干枝"。十天干：甲、乙、丙、丁、戊、己、庚、辛、壬、癸。十二地支：子、丑、寅、卯、辰、巳、午、未、申、酉、戌、亥。十二地支对应十二生肖：子对鼠、丑对牛、寅对虎、卯对兔、辰对龙、巳对蛇、午对马、未对羊、申对猴、酉对鸡、戌对狗、亥对猪。计算公式：天干＝（年份 –3）/ 10……余数，余数为几就数几个天干；地支＝（年份 –3）/12……余数，同上。如

2013年为（2013-3）/10……余数为0，天干为癸；（2013-3）/12……余数为6，地支为巳，所以2013年为癸巳年。

2.【答案】A。解析：该题考查《说文解字》，这是历年真题的高频考点。《说文解字》，简称《说文》，为东汉时期的文字学家许慎所作，是中国第一部系统地分析汉字字形和考究字源的字书，是中国第一部按部首编排的字典。《说文》首次对"六书"做出了具体的解释，是科学文字学和文献语言学的奠基之作，在中国语言学史上有极其重要的地位。

3.【答案】B。解析：该题考查中国古代历史著名战役，这是历年真题的高频考点。官渡之战是东汉末年"三大战役"（官渡之战：曹操与袁绍。赤壁之战：三分天下。夷陵之战：刘备和孙权）之一，也是中国历史上著名的以弱胜强的战役之一。建安五年，曹操军与袁绍军相持于官渡（今河南中牟东北），在此展开战略决战。此战奠定了曹操统一中国北方的基础。巨鹿之战，是在秦末大起义中，项羽率领数万楚军，同秦名将章邯、王离所率四十万秦军主力在巨鹿（今河北平乡）进行的一场重大决战性战役，也是中国历史上著名的以少胜多的战役之一。项羽破釜沉舟，带领诸侯义军全歼王离军，迫使秦军投降，从而确立了项羽在各路义军中的领导地位。"作壁上观"也出自巨鹿之战。牧野之战，是武王伐纣的决胜战，是周武王联军与商朝军队在牧野（今淇县以南、卫河以北，河南新乡附近）进行的决战。长平之战，是秦国率军在赵国的长平（今山西晋城高平西北）一带同赵国军队发生的战争。此战是秦、赵两国之间的战略决战，"纸上谈兵"即出自此战役。赵国经此一战元气大伤，加速了秦国统一中国的进程。此战是中国古代军事史上最早、规模最大、最彻底的大型歼灭战。

4.【答案】B。解析：该题考查历史典故。"不鸣则已，一鸣惊人"比喻平时没有突出的表现，一下子做出惊人的成绩。成语出自西汉司马迁《史记·滑稽列传》："此鸟不飞则已，一飞冲天；不鸣则已，一鸣惊人。"最早的蓝本为战国韩非子记载的春秋楚庄王的典故。楚庄王即位三年以来，国内、国外的事都不处理，政事都交给成嘉、斗般和斗椒处理，楚庄王天天喝酒作乐。当楚国处于危急之时，伍举进宫对楚庄王说："我这有一个谜语，请大王猜一猜，有一只鸟落在土山上，三年不飞不鸣，是什么鸟？"楚庄王说："三年不飞，一飞冲天；三年不鸣，一鸣惊人。"

5.【答案】A。解析：该题考查李白生平，李白的诗歌是上海大学赵教授的研究方向之一，考生复习时需要重点把握。李白小时候读书不用功，打算辍学。有一天，在路上碰见一位老大娘正在磨铁棒，说要把它磨成针。李白深受触动，从此发愤学习，终于取得了很大的成就。

6.【答案】A。解析：该题考查基础生理知识。研究表明，睡觉时头北脚南朝向最为健康，采取这种睡向时人体内的气血运行方向与地球磁力线方向一致，容易使气血畅通、代谢率降低、能量消耗减少，一觉醒来自然觉得身心爽快。

7.【答案】D。解析：该题考查历史常识。一贯是指一千枚铜钱。贯的原意是绳子，后来因为古人把铜钱穿在绳子上，所以成了钱的单位，一般一千枚铜钱称为一贯。

8.【答案】A。解析：该题考查重要思想流派，这是历年真题的高频考点。"名正言顺"提倡等级制度，为儒家思想。儒家思想内容丰富，从个体来讲有仁、义、礼、智、信、恕、忠、孝、悌等德目，为历代儒客尊崇。道家思想用"道"来探究自然、社会、人生之间的关系。道家提倡道法自然，无为而治，与自然和谐相处。道家思想是无所不能、永恒不灭，有辩证法因素和无神论倾向。法家是中国历史上研究国家治理方式的学派，提出了富国强兵、以法治国的思想。法家强调"不别亲疏，不殊贵贱，一断于法"。

9.【答案】C。解析：该题考查《水经注》，历年单选题及名词解释题均有涉及此考点。《水经注》是古代中国地理名著，其作者是北魏晚期的郦道元。《水经注》详细记载了一千多条大小河流及有关的历史遗迹、人物掌故、神话传说等，是中国古代最全面、最系统的综合性地理著作。祖冲之，南北朝时期杰出的数学家、天文学家。徐霞客，明代地理学家、旅行家和文学家，被称为"千古奇人"，他经30年考察撰成60万字地理名著《徐霞客游记》，记录观察到的各种现象、人文、地理、动植物等状况。郭守敬，元朝著名的天文学家、数学家、水利工程专家，著有《推步》《立成》等十四种天文历法著作，在天文、历法、水利和数学等方面都取得了卓越的成就。

10.【答案】C。解析：该题考查中国古代文学知识，这是历年真题的高频考点。"经史子集"是古人将古籍按内容区分的四大部类。经：经书，是指儒家经典著作。史：史书，即正史。子：先秦诸子百家著作，宗教。集：文集，即诗词汇编。泛指我国古代典籍。

11.【答案】C。解析：该题考查名家作品，难度较高。《上尉的女儿》是俄国作家普希金所创作的中篇小说，小说采用第一人称的叙述方式，以贵族青年军官格里尼奥夫和上尉的女儿玛丽娅之间曲折而动人的爱情故事为主要线索，把格里尼奥夫的个人命运与普加乔夫领导的农民起义紧密地结合在一起。《上尉的女儿》是俄国文学史上第一部描写农民起义的现实主义作品。

12.【答案】D。解析：该题考查中国四大佛教名山，这是历年真题的高频考点。中国佛教四大名山分别是山西五台山、浙江普陀山、四川峨眉山、安徽九华山，分别是文殊菩萨、观世音菩萨、普贤菩萨、地藏菩萨的道场。扩展延伸：五岳，中国汉文化中五大名山的总称。五岳分别是中岳嵩山（位于河南省）、东岳泰山（位于山东省）、西岳华山（位于陕西省）、南岳衡山（位于湖南省）、北岳恒山（位于山西省）。

13.【答案】B。解析：该题考查翻译理论知识，这是历年真题的高频考点。"五失本三不易"，原出自前秦释道安。此中"五失本"，指允许译文在语法修辞和体裁结构上同原本有所差别，以适应中国人的语言习惯和文风，具体是：（1）汉语文法结构与原文不同；（2）汉语比原文有较多修饰；（3）汉译多略去原文重复之语句；（4）汉译多略去原文夹注引起混乱之处；（5）汉译多略去原文两事承接处重复之部分。"三不易"要求译籍所传旨趣能适应不同时代、国家习俗和民众需要，而又不失佛教的本意和原旨。鸠摩罗什、玄奘、不空和真谛并称中国佛教四大译经家。鸠摩罗什写过一篇《为僧论西方辞体》，总结翻译心得，有妙喻曰："改梵为秦，失其藻蔚，虽得大意，殊隔文体，有似嚼饭与人，非徒失味，乃令呕秽也。"慧远大师，俗姓贾，为东晋时的高僧，随从道安法师修行。严复，近代极具影响力的资产阶级启蒙思想家，也是著名的翻译家、教育家，提出"信、达、雅"的翻译标准和原则。

**14.【答案】A。解析：**该题考查三十六计。三十六计的最后一计是走为上。孙子兵法中的三十六计分为六套。第一套胜战计：瞒天过海、围魏救赵、借刀杀人、以逸待劳、趁火打劫、声东击西。第二套敌战计：无中生有、暗度陈仓、隔岸观火、笑里藏刀、李代桃僵、顺手牵羊。第三套攻战计：打草惊蛇、借尸还魂、调虎离山、欲擒故纵、抛砖引玉、擒贼擒王。第四套混战计：釜底抽薪、浑水摸鱼、金蝉脱壳、关门捉贼、远交近攻、假道伐虢。第五套并战计：偷梁换柱、指桑骂槐、假痴不癫、上屋抽梯、树上开花、反客为主。第六套败战计：美人计、空城计、反间计、苦肉计、连环计、走为上。

**15.【答案】B。解析：**该题考查中国历史知识，难度较高。五星红旗的设计者是曾联松。中华人民共和国国徽由清华大学建筑系梁思成、林徽因、李宗津、莫宗江、朱倡中等人的设计小组与中央美术学院张仃、张光宇等人的设计小组集体创作而成。

**16.【答案】A。解析：**该题考查名家生平。徐悲鸿，汉族，原名徐寿康，江苏宜兴县屺亭镇人，为中国现代画家、美术教育家，1949年后任中央美术学院院长。他擅长人物、走兽、花鸟，主张现实主义，于传统尤推崇任伯年，强调国画改革融入西画技法，作画主张光线、造型，讲求对象的解剖结构、骨骼的准确把握，并强调作品的思想内涵，对当时的中国画坛影响甚大，所作国画彩墨浑成，尤以奔马享名于世。"人不可有傲气，但不可无傲骨"出自《徐悲鸿学画的故事》，是徐悲鸿的座右铭。

**17.【答案】B。解析：**该题考查法国启蒙运动思想家。伏尔泰：法国启蒙运动思想家中的领袖人物，主张建立君主立宪制，抨击君主专制，但又希望通过"开明"的君主实行改革。孟德斯鸠：代表作《论法的精神》既表达了批判法国旧政权的立场，又充实和发展了洛克分权的思想，三权分立学说对反对封建专制制度有一定的进步意义。卢梭：《社会契约论》继承和发展了英国霍布斯的观点。卢梭认为人是生而平等的，社会存在着人们的共同利益——"公益"，为了维护这种利益，人们都要遵守契约。他主张在社会契约面前，人们遵守同样的制约，享受同样的权利，以此反对专制和封建等级制度。他明确提出了人民主权说，反对君权神授论。赫胥黎：英国生物学家，因捍卫查尔斯·达尔文的进化论而有"达尔文的坚定追随者"之称，代表作有《进化论和伦理学》（严复将其译为《天演论》）。

**18.【答案】B。解析：**该题考查《诗经》，这是历年真题的高频考点。《诗经》的句式，以四言为主，四句独立成章，其间杂有二言至八言不等。二节拍的四言句带有很强的节奏感，是构成《诗经》整齐韵律的基本单位。四字句节奏鲜明而略显短促，重章叠句和双声叠韵读起来又显得回环往复，节奏舒卷徐缓。

19.【答案】B。解析：该题考查基本生活常识。奶油是从牛奶、羊奶中提取的黄色或白色脂肪性半固体食品。每100克奶油含有879大卡，每100克烤牛肉含有101大卡，每100克牛肉约含有80大卡，每100克苹果含有52大卡，因此选择B项，此题也可结合生活经验进行选择。

20.【答案】D。解析：该题考查郑和下西洋相关知识，这是历年真题的高频考点。永乐三年，明成祖命令郑和率领大部队乘坐海船出海远航。郑和下西洋加深了中国与东南亚、东非之间的交流。民间也有故事将郑和下西洋的经历称作三宝太监下西洋。郑和下西洋曾经到过爪哇、苏门答腊、天方、古里等地，最远到达的地方是非洲东海岸、红海沿岸。

21.【答案】D。解析：该题考查诸子百家思想，这是历年真题的高频考点。墨子创立了墨家学派，主张"兼爱""非攻"，不分贵贱等级，反对不义战争。儒家思想主张仁、义、礼、智、信、恕、忠、孝、悌，推崇"君君臣臣，父父子子"等级制度下的"有差别的爱"，代表人物为孔子、孟子。道家思想提倡道法自然，无为而治，与自然和谐相处，有辩证法因素和无神论倾向，代表人物为老子。

22.【答案】B。解析：该题考查文学常识，为历年真题的延伸。南宋女词人李清照，号易安居士。她的词婉约而不流于柔靡，清秀而具有逸思，富有真情实感，语言清新自然，流转如珠，音调优美，名噪一时，被称为"易安体"。宋代的大文豪苏轼，号东坡居士，他的诗有着"东坡体"之称，议论博辩，滔滔莽莽而才气纵横。辛弃疾，号稼轩，其词慷慨豪放，以豪放悲壮为主导风格，人们称之为"稼轩体"。范仲淹，北宋著名的政治家、思想家、军事家、文学家，世称"范文正公"，著有《岳阳楼记》。

23.【答案】A。解析：该题考查文学常识。佛教以佛、法、僧为三宝。"无事不登三宝殿"是指当佛教寺庙中有礼拜、供养等法事时方入佛殿，无事不得随便在佛殿走动吵嚷。后引申为有事而来。"三宝"是佛教名词，指佛教徒尊敬供养佛宝、法宝、僧宝三宝，又作三尊。

24.【答案】D。解析：该题考查中国古代文学常识，这是历年真题的高频考点。汉字六书指汉字的六种构造条例：象形、指事、形声、会意、转注、假借。其中象形、指事、会意、形声主要是"造字法"，转注、假借是"用字法"。反切是中国传统注音方法，即用两个汉字为一个汉字注音。反切的基本原则是上字与被切字的声母相同，下字与被切字的韵母（包括介音）和声调相同，上下拼合就是被切字的读音，例如，"孤，古胡切"。

25.【答案】D。解析：该题考查中国文学基础知识。六艺指六种技能：礼、乐、射、御、书、数。礼：礼节（类似于德育教育）。乐：音乐。射：射箭技术。御：驾驶马车的技术。书：书法（书写、识字、作文）。数：理数、气数（运用方法时的规律），即阴阳五行生克制化的运动规律。"武"不在六艺之内。

## 二、名词解释（每小题 5 分，共 25 分）

1. 《德伯家的苔丝》：英国作家哈代的长篇小说。小说讲述了出生于一个贫苦小贩家庭的女主人公苔丝被少爷亚历克诱奸，之后在新婚之夜她把昔日的不幸向丈夫坦白，却没能得到原谅。最后苔丝将亚历克杀死而被捕并被处以绞刑。小说通过苔丝一生的悲惨遭遇，对资产阶级的伦理道德及法律提出了抗议；也展现了农村经济的破产和农民的悲惨命运，谴责了资本家的残酷剥削。作品风景描写优美，人物刻画细腻，故事情节生动。

👉 **学霸支招**：该题考查文学名作，这是历年真题的高频考点，考生复习时需要重点把握。该题的得分点包括作者、国籍、主要人物、故事情节、写作特点、历史意义及影响等。（选取 5~6 点作答，采分点越多越好，每个采分点的字数可以适当少一点。）

2. 《西厢记》：全名《崔莺莺待月西厢记》，为元代王实甫所作的杂剧剧本。全剧本描写书生张生与相国之女崔莺莺产生爱情，通过婢女红娘帮助，冲破封建礼教约束结合的故事，表达了自由追求爱情、婚姻的理想和愿望。此剧本文辞优美，在戏曲文学上影响很大，曾被改编成各种剧本广泛上演，并被译成多种外国文字。

👉 **学霸支招**：该题考查文学名作，这是历年真题的高频考点，考生复习时需要重点把握。该题的得分点包括作者、朝代、主要人物、故事情节、写作特点、历史意义及影响等。

3. 交际翻译：英国翻译理论家纽马克（Peter Newmark）提出的两种翻译模式（语义翻译和交际翻译）之一，交际翻译的关注点是目的语读者，尽量为这些读者排除阅读或交际上的困难与障碍，使交际顺利进行，而不仅仅是忠实复制原文文字。交际翻译强调以目的语读者为中心，一定程度上将译者从原文束缚中解放出来，但是交际翻译允许译者对原文本进行改写，在一定程度上失去了译文的忠实性原则。

👉 **学霸支招**：该题考查翻译理论知识，翻译理论名词解释是历年真题必考查的题型，复习时需要掌握一些基本常识，如谁提出了这个理论、理论主要说的是什么、理论包含的基本原则、理论的优缺点等。该题的得分点包括理论家、内容、基本原则、优势、劣势等。建议复习目的论、语义翻译、文本类型理论、功能对等等相关词条。

4. 英国宗教改革：指 16 世纪发生在英格兰的一系列事件，旨在使英国教会脱离教皇和罗马教廷的控制，是由英王亨利八世领导的一场自上而下的宗教改革运动。宗教改革废除了教皇特权，将权力转移到了王室手中，加强了国王权力。此运动加速了圈地运动的进程，促进了英国资本主义的发展，顺应了英国社会的历史发展潮流，是英国发展过程中的重大历史性事件。

👉 **学霸支招**：该题考查世界历史基本常识，这是历年真题的常考点。注意不要混淆英国宗教改革和德国马丁·路德宗教改革。该题的得分点包括时间、背景、目的、性质、意义、影响等。

5. **丝绸之路**：简称丝路，一般指陆上丝绸之路，广义上讲又分为陆上丝绸之路和海上丝绸之路。陆上丝绸之路源于西汉汉武帝派张骞出使西域，由中国古代都城长安（今西安）起，经阿富汗、伊朗、伊拉克、叙利亚等国家到达地中海，以罗马为终点。这条路被认为是连接欧亚大陆古代东西方文明的交汇之路，而丝绸是主要货物。海上丝绸之路，是指古代中国与世界其他地区进行经济文化交流的海上通道，最早始于秦汉，是从广州、泉州、宁波等沿海城市出发远达非洲东海岸的海上贸易之路。丝绸之路是横贯亚洲、连接欧亚大陆的著名商贸通道，促进了沿线地区的经济发展和文化交流。

👉 **学霸支招**：该题考查丝绸之路，这是历年真题的常考考点。该题的得分点包括概念解释、组成部分、作用、意义等。

## 三、应用文写作（40 分）

**题目分析**

导游词是导游人员引导游客观光游览时的讲解词，是导游人员同游客交流思想、向游客传播文化知识的工具，也是应用写作研究的文体之一。一篇完整的导游词，其结构一般包括习惯用语、概括介绍、重点讲解三个部分。习惯用语包括见面时的开头语和离别时的告别语。开头语包括问候语、欢迎语、介绍语、游览注意事项和对游客的希望等。告别语包括感谢语、惜别语、征求意见语、致歉语和祝愿语等。概括介绍是用概述法介绍旅游景点的位置、范围、地位、意义、历史、现状和发展前景等，可长可短，可详可略。重点讲解是对旅游线路上的重点景观从景点成因、历史传说、文化背景、审美功能等方面进行详细的讲解。

**考场还原**

各位朋友：

　　下午好！我是本次旅行的导游，欢迎大家来到上海。

　　上海是一座极具现代化而又不失中国传统特色的世界性大都会：外滩老式的西洋建筑与浦东当代的摩天大厦交相辉映，徐家汇大教堂圣诗声声，玉佛寺香烟袅袅……

　　上海建城始于元朝初期，到 16 世纪时上海已成为世界棉纺织手工业中心，19 世纪中叶，上海已成为商贾云集的富贵口岸。鸦片战争后，上海被殖民主义者辟为通商港口。中华人民共和国成立后，上海慢慢走出了一条特大型都市成长新路，成为我国最大的经济中心。上海拥有两个大型机场：浦东机场和虹桥机场。

　　上海也是一座新兴的旅游目的地，文化内涵丰富，高楼大厦林立。上海的地标外滩和新天地、东方明珠广播电视塔与金茂大厦、上海环球金融中心等配合构成了全球最绚丽的风景线之一，而上海中心大厦，更为"东方巴黎"添上光辉灿烂的一笔。

上海还是国内仅次于香港的"购物乐土"："中华贸易第一街"南京路、富贵雅致的淮海路是有名的世界贸易大街；正大广场、港汇广场商品琳琅满目；恒隆广场、美美百货顶级品牌云集，时尚商品、公共用品等不胜枚举。

最后，欢迎大家来到上海，预祝各位旅途愉快！

**评点升格**

该题考查导游词。本文着眼于导游词的基本语调，从上海的概况、著名景点、经济地位、发展历史等角度加以介绍，语言优美，富有感召力，同时并未局限于景点介绍，而是对上海各个方面一一做了简要介绍，详略得当。

## 四、现代汉语写作（60分）

**题目分析**

该题主题为"野百合也有春天"，体裁限定为散文，考生需要注意，切勿写成议论文。考生可从"野百合也有梦想""普通人也需要努力奋斗"等角度立意，适当选用例子进行论述。

**考场还原**

### 野百合也有春天

自在做自己，静静等风来，就算是野百合那又怎样？它们一样会有春天。

玫瑰何必嘲讽充满希冀的野百合，它们有梦、有希望，就会有生命的繁荣。

曾看过一个专访，谈及成功前的故事，那位歌手不禁潸然泪下。他并非一帆风顺，当下人们只看得见其光鲜亮丽的外表和镁光灯下绚烂如花般的笑容，可又有几人知道他背后的辛酸历程。他刚出道时只是一个小小的龙套。他住过北京的地下室，夏天被叮得满身是包，冬天冷得瑟瑟发抖。天气晴朗还算好，一旦天公不作美，阴雨天便会有潮湿发霉等问题。谈及这些，他还是会哽咽，台下的观众也会诧异。当歌手再回忆起，他曾拿几块钱换几个白馒头求着烤番薯的老人热一下的时候，眼里尽是泪水。那时候又有多少鄙夷的眼光，又有多少人冷嘲热讽。他也想过要放弃，可那是梦，那是光，他终于等到成功的那一天，还好没有放弃。

因此，追梦路上，即使有再多的苦痛，也千万别辜负自己。即使是无名小卒又怎样，努力坚持，生命便会大放异彩。想起中学课本上大家熟悉的典故：卧薪尝胆，三千越甲可吞吴。也许大家对这个故事了如指掌，但又有几个人真正读懂了呢？勾践在复国这条路上所遭遇的怀疑与羞辱，可能是我们现在完全不能想象的。他也许就像那朵野百合，旁人的嘲讽和复国的壮志，令他犹豫、纠结。仅仅三千越甲，何以抵挡强大的吴国？为了这个几乎不可能实现的梦想，他在吴国时就精心准备。为取得吴王的信任，他甚至亲尝其粪便，在忍辱负重后终获自由。他回到故土后时刻不忘自己受过的苦，卧薪尝胆，以此一次次来提醒自己不忘初衷。几度春秋，他成功了，当初那些冷言冷语的人现在如何自处？

所有美好的前夕都是丑陋不堪的，再多的苦痛，不过是生命的内容。有梦想的人何必在意他人的目光？

当那位歌手家喻户晓，当越王勾践再度黄袍加身，那些流言蜚语，似乎被风一吹就散了，隐约中那分明是一片坦途。

也许我们一时会被阳光遗忘，也许我们只是平凡的野百合，可我们还是要坚持自己的梦想，等风来吹散阴霾时，阳光便会散落在心上。

### 评点升格

本文从野百合开篇，借用歌手的成功事迹和越王勾践卧薪尝胆的故事，以证明苦痛过后会有美好，平凡如野百合也有自己的春天，并需要通过努力实现自己的梦想。结尾处再次点题，升华了主题。

# 2018年试题参考答案与考点解析

### 本套试卷特点

百科知识单选题较多考查中国古代文学文化知识（如中国古代文学常识之最早：最早的纪传体通史）、中国历史概况（如洋务运动、辛亥革命等）、世界历史基础知识（如法国大革命、日本明治维新、美国独立战争、英国资产阶级革命、新航路的开辟、文艺复兴等）、文学名著（《神曲》《鲁滨逊漂流记》等）、翻译理论基本知识（主要是中国古代佛经翻译家及其翻译理论）、古代著名诗人（以及诗作、意象等）、世界组织基本常识（如红十字会等），适当加入一些常识考题（每年都有两三题，难度较高，不太可能拿满分）。地理知识较少考查，本套考查的地理知识是历年唯一一道地理知识考点，之后都没有考查，在复习时可以适当跳过地理知识部分。名词解释题多考名著解释、翻译理论、重要历史事件、著名人物等。本套中的《中国文化要义》一题难度较高，但另外四题都是高频考点，不难把握。如《海国图志》和京师同文馆都是历年真题之洋务运动的衍生考点，明治维新也是历年单选题和名词解释题的高频考点。应用文和大作文都以翻译理论为考点，这也是历年考查的基本规律。

## 一、百科知识（每小题1分，共25分）

1.【答案】A。解析：该题考查世界历史基础知识。英国资产阶级革命是从1640年查理一世召开新议会开始，到1688年光荣革命结束，成果是推翻了封建专制统治，并在1689年颁布《权利法案》，确立了议会制君主立宪制。英国资产阶级革命揭开了欧洲和北美革命运动的序幕，推动了世界历史发展的进程，是世界近代史的开端。

2.【答案】D。解析：该题考查世界历史基础知识。19世纪中期，欧洲国家和美国、日本的资产阶级革命或改革的完成，促进了经济的发展。19世纪60年代后期，开始了第二次工业革命。人类进入了"电气时代"。第二次工业革命主要发生在美国和德国，科学与技术的结合极大地促进了经济的发展。

3.【答案】C。解析：该题考查重要历史事件。文艺复兴（Renaissance）是指发生在14世纪到16世纪的一场反映新兴资产阶级要求的欧洲思想文化运动。文艺复兴最先在意大利各城邦兴起，之后扩展到西欧各国，于16世纪达到顶峰。文艺复兴的实质并不是古典文化的再流行，而是借助古希腊、古罗马的文化来表达新兴资产阶级的要求，和古典文化在本质上是不一样的，反映的阶级利益和呼声也不一样。

4.【答案】D。解析：该题考查重要历史事件。新航路开辟后，西班牙和葡萄牙、荷兰和英国等西方国家马不停蹄地进行了殖民扩张，使殖民国家和被殖民国家之间建立起越来越密切的联系，世界各民族的历史逐步融合为一部统一的人类历史。

5.【答案】C。解析：该题考查文艺复兴运动。文艺复兴运动首先发生在意大利，意大利诗人但丁是文艺复兴的先驱，被誉为旧时代的最后一位诗人，同时又是新时代的最初一位诗人。他创作的《神曲》，率先对教会提出批评，被认为是欧洲开始从中世纪向近代社会过渡的标志。《蒙娜丽莎》是意大利文艺复兴时期的画家达·芬奇所创作的油画，该画作塑造了资本主义上升时期一位城市有产阶级的妇女形象，主要表现了女性典雅和恬静的典型形象。《哈姆雷特》是由英国剧作家威廉·莎士比亚于1599年至1602年间所创作的一部悲剧作品。《最后的晚餐》是意大利文艺复兴时期的画家达·芬奇以《圣经》中耶稣跟十二门徒共进最后一次晚餐为题材所创作的画作。扩展延伸：文艺复兴三杰包括"文坛三杰"（文艺复兴前三杰）——但丁、彼特拉克、薄伽丘，"美术三杰"（文艺复兴后三杰）——达·芬奇、米开朗琪罗和拉斐尔。

6.【答案】B。解析：该题考查重要法律文件。《权利法案》是英国资产阶级革命中的重要法律性文件，奠定了英国君主立宪政体的理论和法律基础，确立了议会权力高于王权的原则，标志着君主立宪制开始在英国建立。《人权宣言》是在法国大革命时期颁布的纲领性文件，宣布自由、财产、安全和反抗压迫是天赋不可剥夺的人权，肯定了言论、信仰、著作和出版自由，阐明了权力分立、法律面前人人平等、私有财产神圣不可侵犯等原则。《宅地法》是美国政府于1862年颁布的土地法，同时也是在美国南北战争的第二年，由林肯总统签署的关于西部土地分配的法令。《拿破仑法典》，又称《法国民法典》或《民法典》，总共分为三大部分：第一部分是有关民事权利的人法；第二部分是有关各类财产所有权和其他物权的物法；第三部分是获取各类所有权的方法的规定，具体包括继承、遗嘱、还债、赠予、夫妻共同财产等相关法律条文。

7.【答案】D。解析：该题考查世界历史基础知识。亚伯拉罕·林肯，美国政治家、战略家、第16任总统。林肯在任期间主导废除了美国黑人奴隶制。美国南北战争爆发后，林肯颁布了《解放黑人奴隶宣言》，为北方获得南北战争的胜利奠定了基础。在美国爆发南北战争期间，林肯坚决反对国家分裂。他废除了叛乱各州的奴隶制，击败了南方分离势力，维护了美利坚合众国的统一及其领土上不分人种、人人生而平等的权利。

8.【答案】B。解析：该题考查人文主义。文艺复兴的核心是人文主义，它支配了文艺复兴时期的文学、艺术、哲学和科学的发展。其思想核心是以"人"为中心而不是以"神"为中心，肯定人的价值和尊严，认为人是现实生活的创造者和主人，反对基督教的来世观念和禁欲主义，提倡追求自由、幸福和物质享受，鼓励发财致富和冒险精神，崇尚理性和科学，追求知识。A项具有强干扰性，强调从宗教的束缚中解放出来，其内涵是人性解放的部分体现。但人文主义最根本的核心在"人"，B项最为合适。

9.【答案】A。解析：该题考查名家名著，属于易得分的题目。《鲁滨逊漂流记》是英国作家丹尼尔·笛福的著作，主要讲述了英国青年鲁滨逊踏上了航海的征途，却意外流落荒岛，开始了艰辛而漫长的孤岛生涯。作者通过这部小说塑造了鲁滨逊这样一个敢于冒险、勇于开拓的典型形象，鲁滨逊成了当时青少年心目中的英雄人物，是西方文学中第一个理想化的探险家形象。

10.【答案】C。解析：该题考查古诗词知识。《黄鹤楼》中的"昔人"是指传说中的仙人子安乘鹤过此和蜀人费文祎登仙，二人曾在此地休憩。（见《太平寰宇记·一二一·武昌府》）

11.【答案】D。解析：该题考查古诗词知识，难度较高。《后庭花》，即《玉树后庭花》，据说是南陈后主（陈朝，史称南陈，是中国南北朝时期南朝的最后一个朝代）所制的乐曲。"隔江"二字，承上"亡国恨"故事而来，指当年隋兵陈师江北，一江之隔的南陈小朝廷危在旦夕，而陈后主依然沉湎声色。

12.【答案】A。解析：该题考查古代文化知识，难度较高。人们常以"半老徐娘"称尚有风韵的中年妇女，该词源于南北朝的徐昭佩，她是南朝梁元帝的妃子，年过芳龄，却还着意打扮，极不得体。《南史·后妃传下·梁元帝徐妃》中对其有极简要的记载。后人常用"半老徐娘"或"徐娘半老"来讽喻那些年过芳龄还精心打扮的妇女。

13.【答案】A。解析：该题考查地理知识，是历年真题较少考查的考点，稍作了解即可。保克海峡，是位于印度南端与斯里兰卡北部之间的海峡。马六甲海峡，是位于马来半岛与印度尼西亚的苏门答腊岛之间的漫长海峡，由新加坡、马来西亚和印度尼西亚三国共同管辖。马六甲海峡对于日本、中国、韩国，都是最主要的能源运输通道，是"海上生命线"。（注意：被西方国家誉为"海上生命线"的是霍尔木兹海峡。）白令海峡位于亚欧大陆最东点的俄罗斯杰日尼奥夫角和美洲大陆最西点之间。对马海峡是从日本通往中国东海、黄海和进出太平洋必经的航道出口，人们称它为进出日本海的"咽喉"，交通战略位置非常重要。

14.【答案】D。解析：该题考查名句出处，难度较高，这是历年真题的高频考点，复习时需要着重把握。《周易·系辞上》有言："仁者见之谓之仁，智者见之谓之智。"比喻对同一个问题，不同的人从不同的立场或角度有不同的看法。

15.【答案】C。解析：该题考查著名戏剧作品，这是历年真题的高频考点。马致远是元代颇负盛名的杂剧作家，又是著名的散曲作家，杂剧《汉宫秋》是他的代表作，描写的是王昭君和亲的故事。《赵氏孤儿》是元代纪君祥所创作的杂剧，讲述春秋时晋国上卿赵盾遭到大将军屠岸贾的诬陷，全家三百余口除赵武外皆被杀，二十年后，赵武由程婴抚养长大，尽知冤情，亲自拿住屠岸贾并处以极刑，终于为全家报仇。《娇红记》是明代孟称舜所创作的传奇（戏剧）。该剧讲述书生申纯与娇娘一见钟情，密约成欢，后受到重重阻挠，两人双双死去，申、王二家遂将二人合葬，二人之魂化鸳鸯双飞冢上。《清忠谱》是清代传奇剧本，李玉著，是以天启年间东林党人和苏州人民反抗阉党魏忠贤黑暗统治的斗争为题材的剧本。扩展延伸：元杂剧四大悲剧包括关汉卿的《窦娥冤》、马致远的《汉宫秋》、白朴的《梧桐雨》以及纪君祥的《赵氏孤儿》。

16.【答案】A。解析：该题考查文学流派。新月派是现代新诗史上一个重要的诗歌流派，受泰戈尔《新月集》的影响，主要成员有胡适、闻一多、徐志摩、朱湘、饶孟侃、孙大雨、陈梦家、方玮德、卞之琳等。鸳鸯蝴蝶派始于20世纪初，盛行于辛亥革命后，其内容多写才子佳人情爱，把文学作为游戏、消遣的工具，以言情小说为骨干，情调和风格偏于世俗、媚俗，主要作家有包天笑、徐枕亚、周瘦鹃、李涵秋、李定夷等。荷花淀派，源于孙犁的短篇小说《荷花淀》，主要作家还有刘绍棠、从维熙、韩映山等，此派一般充满乐观精神，风格清新朴素，描写逼真，心理刻画细腻，抒情味浓，富有诗情画意。山药蛋派是指以赵树理为代表的一个当代的文学流派，又称为"赵树理派""山西派"或"火花派"，主要作家还有西戎、李束为、马烽、胡正、孙谦等，人称"西李马胡孙"，他们都是山西农村土生土长的作家，农村生活基础深厚。

17.【答案】C。解析：该题考查中国古代文学常识，这是历年真题的必考点。中国最早的神话故事：《山海经》。最早的神话小说：东晋干宝——《搜神记》。最早的笔记小说：南朝刘义庆——《世说新语》。最早的长篇章回体小说：罗贯中——《三国演义》，全称《三国志通俗演义》。

18.【答案】C。解析：该题考查中国古代文化常识，难度较高。中国古代四大名琴指的是齐桓公的号钟、楚庄王的绕梁、司马相如的绿绮和蔡邕的焦尾。"绿绮"是汉代著名文人司马相如的一把琴。司马相如原本家境贫寒，徒有四壁，但他的诗赋极有名气，梁王慕名请他作赋，以自己收藏的"绿绮"琴回赠。

19.【答案】B。解析：该题考查基本常识。根据法律规定，城市的土地属于国家所有。农村和城市郊区的土地，除由法律规定属于国家所有的以外，属于集体所有；宅基地和自留地、自留山，也属于集体所有。所以土地并不是国家专属所有的。矿藏和水流（包括海洋）是专属于国家所有的。

20.【答案】A。解析：该题考查国际组织相关常识，这是历年真题的高频考点。红十字作为救护团体（即红十字会）的识别标志，始于1863年10月，采用"白底红十字的臂章作为伤兵救护团体志愿人员的识别标志"。随后的《日内瓦公约》对之更予具体化，明文指出红十字标志系掉转瑞士国旗的颜色而成。之所以这样做是因为对红十字会的发祥地瑞士表示敬意。

21.【答案】B。解析：该题考查中国古代文学知识，这是历年真题的必考点。"一日不见，如隔三秋"，出自《诗经·王风·采葛》，比喻度日如年的心情（常用来形容情人之间思慕殷切，也可用于形容良师益友之间的思念之情）。《山海经》是中国最早的神话故事。《楚辞》是我国第一部浪漫主义诗歌总集，作者是屈原。《道德经》是春秋时期老子（李耳）的哲学作品，是道家哲学思想的重要来源。

22.【答案】C。解析：该题考查中国古代文学常识，难度较高。"居安思危，戒奢以俭"出自魏徵的《谏太宗十思疏》，意思是在安逸的环境中要想着危难，戒奢侈，行节俭。

23.【答案】C。解析：该题考查历史知识，难度较高。春秋战国时期称台湾为"岛夷"；秦朝称"瀛州"；三国时期称"夷洲"；隋朝至元朝称"流求"。东鲲是古国名，扶桑指日本。

24.【答案】A。解析：该题考查翻译理论，这是历年真题的必考点。"五失本三不易"出自释道安，为早期汉文佛典翻译的一种理论和原则。此中"五失本"，指允许译文在语法修辞和体裁结构上同原本有所差别，以适应中国人的语言习惯和文风。"三不易"要求译籍所传旨趣能适应不同时代、国家习俗和民众需要，而又不失佛教的本意和原旨。鸠摩罗什与玄奘、不空、真谛并称中国佛教四大译经家。鸠摩罗什写过一篇《为僧论西方辞体》，总结翻译心得，有妙喻曰："改梵为秦，失其藻蔚，虽得大意，殊隔文体，有似嚼饭与人，非徒失味，乃令呕秽也。"支谦，三国时期翻译家，著有《法句经序》，相传是我国第一篇谈翻译的文章。此文章在中国译论史上的意义有三:(1)首次提出译事不易;(2)反映了早期质派的译学观点;(3)说明我国译论从一开始便深植于传统文化土壤之中。

25.【答案】B。解析:该题考查中国古代文学基础常识,这是历年真题的必考点。《资治通鉴》是中国第一部编年体通史,在中国官修史书中占有极重要的地位。《史记》是我国第一部纪传体通史,记载了从传说中的黄帝到汉武帝时期长达三千年的历史。《战国策》是一部国别体史书。《左传》是我国现存的第一部叙事详细的编年体史书。

## 二、名词解释(每小题 5 分,共 25 分)

1.《中国文化要义》:1949 年由上海人民出版社出版的一本图书,是国学大师梁漱溟先生的代表作。这本书被誉为中国文化研究和西方文化比较的经典作品,书中充满着"问题意识",主要是"中国问题"和"人生问题"。

☞ 学霸支招:该题考查文学名作,难度较高。该题的得分点包括作者、出版时间、主要内容、意义及影响等。

2.《海国图志》:魏源受林则徐嘱托编著,于 1842 年出版的一部世界地理历史知识的综合性图书,以林则徐编译的《四洲志》为基础,详细叙述了世界各地和各国的历史政治制度、风土人情。主张学习西方的科学技术,是一部划时代的著作,其中"师夷长技以制夷"的提出传播了近代自然科学知识,给闭塞已久的中国人以全新的近代世界概念,使中国人跨出国界,见识到了近代世界的新鲜事物。

☞ 学霸支招:该题考查《海国图志》,洋务运动、"师夷长技以制夷"为高频考点,考生复习时需要重点把握。该题的得分点包括作者、出版时间、主要内容、重要主张、历史意义及影响等。

3.郑和下西洋:指明成祖朱棣派郑和七次率领团队出使西洋的海上远航活动。郑和率领船队穿过马六甲海峡,进入印度洋再到印度半岛和波斯湾,最远到达非洲东海岸和红海沿岸,途经 30 多个国家。郑和下西洋是中国古代规模最大、船只和海员最多、时间最久的海上航行,是世界航海史上的壮举,加强了我国同亚非各国的联系。

☞ 学霸支招:该题考查郑和下西洋,这是历年真题的高频考点。该题的得分点包括性质、时间、活动内容、意义等。

4.京师同文馆:中国近代第一所新式学校,由洋务派于 1862 年创建。最初这是一所外国语专门学校,目的是培养清政府所需要的外事专业人才。之后陆续增设近代学科,包括算学、天文地理、矿学等,成为名副其实的近代学校,于 1902 年并入京师大学堂。

☞ 学霸支招:该题考查近代文化知识,难度较高。该题的得分点包括时间、性质、目的、教学内容、意义影响、后续发展等。

**5. 明治维新**：指 1868—1873 年日本史上的一次不彻底的资产阶级改革。19 世纪中期，日本遭到欧美列强的侵略，国内封建统治危机深重。明治政府进行了一系列的资本主义性质的改革，促进了资本主义的发展，史称"明治维新"。这是日本从封建社会向资本主义社会过渡的转折点。但明治维新之后，仍保留了大量的封建残余，致使日本走上军事封建帝国主义的道路。

👉 **学霸支招**：该题考查明治维新，这是历年真题的高频考点。该题的得分点包括性质、时间、主要事迹、积极影响、消极影响等。

## 三、应用文写作（40 分）

**题目分析**

该题主要考查信函，且与翻译思想相结合，考生需要正确理解梁启超话语的内涵后再进行分析，分析时可以使用例子说明论点。信函的基本格式包括称呼、正文、署名、日期等。

**考场还原**

×××：

展信佳。

近日读梁启超《论译书》，感触颇深。梁启超提出，作为一个译者，如果在精通中文和西文的同时，也精通书中所描述的专业知识，便是最杰出的译者；如果只精通其中两个方面便稍逊一等；如果三者只精通其中一个方面，便不能算作合格的译者。梁启超认为有关算学的书籍翻译得最好，其中《几何原本》则更是上乘之作，究其原因大概是利玛窦、徐光启都精通算学，而他们的文采又能准确传达原文的内容，因此这些译作得以流传百世。

私以为梁启超所言极是。语言作为传播文化的工具，是沟通不同文化、不同专业之间的桥梁和纽带。而专业知识通过这一工具进行传达，如果译者能在精通语言知识的前提下，熟悉专业知识，其译作也必定更为专业、准确。著名翻译家严复14岁入福州船政学堂学习海军知识，后赴英留学。在此期间，严复主要学习自然科学和军事科学，并阅读亚当·斯密、边沁、穆勒、卢梭、孟德斯鸠、达尔文、赫胥黎、斯宾塞等人的著作，这为他日后翻译如《天演论》等西方名著奠定了基础。作为未来的译者，这也是我们学习的方向所在，即不仅仅集中在两种语言本身，更应该广泛涉猎各种专业知识。

对此，君以为如何？盼来信。

×××

××××年××月××日

### 评点升格

本文先准确地分析了梁启超话语的内涵，指明一个译者需要精通中文、西文以及所译的专业知识。再从自身角度对梁启超的观点表示同意，说明译者需要在精通语言知识的前提下熟悉专业知识。然后以严复精通自然科学和语言知识，并成功翻译《天演论》为例，证明自己的观点。最后对友人观点进行询问。全文逻辑清楚，格式准确，内容充实。

## 四、现代汉语写作（60分）

### 题目分析

该题为现代汉语写作，难度适中。主题限定为翻译之路，考生需要注意写作时紧扣翻译这一要点，不要从别的角度立意。可从名家的译路、普通译者的译路、当前翻译存在的问题、文学翻译之路道阻且长等角度展开，可适当选用名家事迹进行论述。

### 考场还原

译路漫漫知何处

无意中打开电视，我被节目上精神矍铄、侃侃而谈的翻译家许渊冲先生吸引。这位名片上印着"书销中外百余本、诗译英法唯一人"的老人，一直在翻译这条路上坚定不移地向前迈进。央视综艺节目《朗读者》将这位学界泰斗重新拉回到大众视野，那一句"生命呐，并不是你活了多少日子，而是你记住了多少日子，要使你过的每一天，都值得回忆"不知红了多少人的眼眶。

17岁，年少的他为心仪的女生翻译了第一首情诗，只可惜最后没表白成功。他也不恼，而是一下子扎进了翻译的世界，如今已经近百岁高龄的他，还给自己定了一个小小的"目标"——在自己百岁之前，翻译完莎士比亚全集。

有人这样介绍许渊冲：因为他，我们遇见了包法利夫人，遇见了于连，遇见了李尔王，也因为他，西方世界遇见了李白、杜甫，遇见了崔莺莺、杜丽娘。一字一词一句的精雕细琢，搭建起东西方沟通的桥梁。他的翻译领域广泛，风骚古诗、宋词元曲、明清戏曲、英法名著无所不及，样样精通。是他，让西方人领略了李白的浪漫飘逸、李清照的语浅情深、西厢记的真挚情感；更是他，让东方人认识了巴尔扎克笔下的高老头、莎士比亚剧中的罗密欧与朱丽叶、福楼拜书里的包法利夫人。当西方的莎士比亚遇上东方的汤显祖，同一时代人物的美丽邂逅，是东西方文化自身所饱含的美，也是文学翻译所创造出来的美。

他这一辈子历经了战争、"文革"等诸多坎坷，种种磨难，光是想想都会觉得苦不堪言。但是，即便是处在最恶劣的条件下，在翻译这件事上，许渊冲先生却从未妥协过，从未停下自己的笔头。在纪录片《我的时代和我》中，主持人问许渊冲先生："您在翻译的过程中，最痛苦和最快乐的时刻是什么时候？"他毫不迟疑地回答道："没有痛苦，没有痛苦，没有。"三个坚定的"没有"便表明了他对翻译的态度。他解释道："我翻译同样一句话，我翻译得比人家好，又或是翻译得比自己更好，这就是乐趣所在，并且这个乐趣是别人夺不走的。"

一晃多年，面对着自己喜欢的翻译事业，许老依然是那么的精力充沛、乐此不疲。然而其实在 2007 年的时候，许老就已经查出得了直肠癌，医生说最多只有 7 年的生命。谁曾想，7 年过去了，老人不光打破了医生的预言，而且在 2014 年一举获得了国际翻译界最高奖项之一的"北极光"杰出文学翻译奖，在 90 多岁的高龄获此殊荣，实在让人敬佩。

翻译之路漫漫，道阻且长，年近百岁的许渊冲先生在这条路上披荆斩棘，不断向前，虽任重道远，却始终不忘初心，何尝不是我们这些译者的精神楷模呢？

### 评点升格

该题考查现代汉语写作。本文以许渊冲的翻译之路为核心，首先以《朗读者》节目上的许渊冲开篇，再着眼于许渊冲的生平，包括 17 岁初入翻译之门、主要翻译内容、纪录片中侃侃而谈翻译之乐趣、身体不便依旧笔耕不辍等事迹，最后表明翻译之路漫漫，道阻且长，而许渊冲先生在路上为我们做出了榜样，表现主旨，升华主题。

# 扬州大学（B）

## 学霸硬核备考分享

### 1 本校考查特点

扬州大学汉语写作与百科知识的题目有三种：选择题、应用文、大作文。选择题往年真题的重复率较高，备考时多关注《英语专业8级人文知识》，很多选择题来源于此。应用文难度中等，基本上考查的都是常见的应用文类型。大作文侧重考查议论文，可参照高考议论文，多积累素材。

### 2 学霸备考经验

**选择题**：画重点，一定要关注真题和参考书。很多选择题都是出自往年真题和《英语专业8级人文知识》上的内容，请重点关注并掌握，一定要背诵下来。有些题目是其他学校的往年真题，建议好好利用跨考的黄皮书，也熟悉下其他学校的题目。后15道题跟改革前的"专八"一样，可以搜集"专八"改革前的题目，并利用好《英语专业8级人文知识》这本书，这部分比重较大，需重点关注。

**应用文**：关键在格式方面，建议考生熟练掌握常见应用文格式，网上有很多博主整理的常见应用文格式和范文，要善于搜集材料。此外，建议备考后期结合黄皮书真题和扬州大学往年真题进行练习，提前模拟考场环境。

**大作文**：推荐大家看看往年的高考范文，学习议论文的写作方法，保证逻辑清晰、结构完整、论点明确、论据充足，切忌空洞。此外，建议考生关注热点话题，可以将其作为论述的素材。写作时，避免辞藻华丽、语言空洞，阅卷老师希望看到考生在文章中表达出自己的思想。

### 3 学霸复习时间表

① 8~10月根据百科资料背诵，整理形成自己的笔记，并同步背诵。

② 10月开始，疯狂背诵百科资料，完成往年百科真题，整理错题并拓展积累相关知识点。同步关注热点话题，积累作文素材。

③11月开始，根据往年百科真题和其他资料熟悉常见应用文的格式，坚持一周至少写一篇。此外，根据之前积累的素材，一周至少完成一篇议论文，并找专业人士帮忙修改，发现问题并解决问题。

④最后的冲刺阶段，继续背诵百科知识，与此同时，根据热点和往年出题风格，预测出题方向，进行专项练习。

# 2019年试题参考答案与考点解析

## 本套试卷特点

2019年的选择题基本来自《英语专业8级人文知识》和往年真题。应用文要求结合材料，完成一篇建议信。大作文自拟题目，偏向议论文，侧重考查考生的说理和思辨能力。

## 一、百科知识（共25题，每小题2分，共50分）

1. 【答案】C。解析：该题属于历史常识题。中国的封建社会是从战国时期开始的，A、B、D三项均属于封建社会，不符合题意。周属于奴隶社会，符合题意，故答案为C项。

2. 【答案】C。解析：该题属于历史常识题。全国性抗日战争爆发的标志是七七事变，故答案为C项。九一八事变是抗日战争开始的标志；柳条湖事件是九一八事变的别名；八一三事变是指1937年8月13日，继七七事变以后，日本帝国主义蓄意已久的为扩大侵华战争而在中国上海制造的事变。

3. 【答案】D。解析：该题属于文化常识题。中国文化又称中华文化、华夏文化、炎黄文化，故A、B、C三项均属于国别文化。"东方"不是一个具体的国家，东方文化不属于国别文化，故答案为D项。

4. 【答案】A。解析：该题属于历史常识题。汉武帝时期实施"罢黜百家，独尊儒术"的统治思想，将董仲舒的"大一统"儒家思想作为国家统治意识形态指导，强调儒法并用，使汉代中期的社会整合与控制极具效力，也使汉代政治与经济、文化达到前所未有的水平，故答案为A项。

5. 【答案】C。解析：该题属于文化常识题。所谓丛书就是按照一定意图，把若干种书汇编在一起，并冠以总名。清朝乾隆年间，政府组织大批学者，由学者纪昀主持编纂的《四库全书》是我国古代最大的一部丛书，也是当时世界上最大的丛书，故答案为C项。《永乐大典》是明永乐年间由明成祖朱棣先后命人编纂的一部集中国古代典籍于大成的类书；《古今图书集成》是清朝康熙年间的陈梦雷所编辑的大型类书；《天下郡国利病书》是明末清初顾炎武撰写的记载中国明代各地社会政治经济状况的历史地理著作。

**6.【答案】B。解析：**该题属于文化常识题。秦始皇统一中国后，采取了"书同文"的政策，将文字统一为小篆，故答案为 B 项。

**7.【答案】B。解析：**该题属于文化常识题。《资治通鉴》是由北宋政治家、史学家司马光历时19年编辑而成的中国历史上规模最大、成就最高的编年体通史，故答案为 B 项。

**8.【答案】A。解析：**该题属于文化常识题。《尚书》是一部多体裁文献汇编，被认为是中国现存最早的史书，类别是历史散文集，故答案为 A 项。

**9.【答案】D。解析：**该题属于文化常识题。"名不正则言不顺"出自《论语》，属于儒家思想，原指在名分上用词不当，言语就不能顺理成章。后多指说话要与自己的地位相称，否则道理上就讲不通，故答案为 D 项。

**10.【答案】A。解析：**该题属于文化常识题。中国传统政治制度重伦理、礼仪道德、等级制度等，故答案为 A 项。

**11.【答案】D。解析：**该题属于文化常识题。题目考查"文艺复兴的本质/核心是什么"？文艺复兴的核心是人文主义，它支配了文艺复兴时期的文学、艺术、哲学和科学的发展。其思想核心是以"人"为中心而不是以"神"为中心，肯定人的价值和尊严，认为人是现实生活的创造者和主人，反对基督教的来世观念和禁欲主义，提倡追求自由、幸福和物质享受，鼓励发财致富和冒险精神，崇尚理性和科学，追求知识。A、B、C、D 四项分别为科学、哲学、艺术和人文主义，故答案为 D 项。

**12.【答案】C。解析：**该题属于文化常识题。题目考查"谁是'诗人中的诗人'"？Edmund Spenser（斯宾塞），是16世纪英国文艺复兴时期最伟大的诗人之一，被称作"诗人中的诗人"，故答案为 C 项。William Shakespear（威廉·莎士比亚）是英国文艺复兴时期剧作家、诗人；Christopher Marlowe（克里斯托弗·马洛）是英国诗人、剧作家；John Donne（约翰·邓恩）是17世纪英国玄学派诗人、教士。

**13.【答案】B。解析：**该题属于文化常识题。题目考查"传奇故事讲述谁的冒险故事"？Romance（传奇故事）一词源于南欧一些古罗马省府的语言和文学作品。在11—12世纪，大量地方语言文学中的传奇故事和民谣就是用这种语言写成的。这些作品着重描写中世纪骑士的神奇事迹、侠义气概及神秘非凡，具有这类特点的故事后来逐渐被称为 Romance，即骑士故事或传奇故事，故答案为 B 项。

**14.【答案】A。解析：**该题属于文化常识题。题目考查"《溅吧，溅吧，溅吧》是谁的作品"？Alfred Tennyson（阿尔弗雷德·丁尼生）是英国维多利亚时期最有名的诗人，*Break, Break, Break* 这首诗是他于1834年为悼念英年早逝的朋友哈勒姆而创作的，故答案为 A 项。James Joyce（詹姆斯·乔伊斯）是爱尔兰作家、诗人，后现代文学的奠基者之一；Virginia Woolf（弗吉尼亚·伍尔芙）是英国女作家，意识流文学代表人物，被誉为20世纪现代主义与女性主义的先锋；T. S. Eliot（托马斯·斯特尔那斯·艾略特）是英国诗人、剧作家和文学批评家，诗歌现代派运动领袖。

15.【答案】D。解析：该题属于文化常识题。题目考查"哪个不是艾米莉·狄金森作品的主题"？Emily Dickinson（艾米莉·狄金森）是美国女诗人，终生未嫁。其诗歌主题为爱情、自然、友谊、死亡与不朽，故答案为D项。

16.【答案】A。解析：该题属于文化常识题。题目考查"不列颠群岛的两个主要岛屿是什么"？不列颠群岛的两个主要岛屿是大不列颠岛和爱尔兰岛，故答案为A项。

17.【答案】D。解析：该题属于文化常识题。题目考查"基督教将什么语言带到英语中"？公元前597年，奥科斯丁将基督教带入英国，带来许许多多新思想和新风俗，也带来了拉丁语，随后拉丁词汇中大量的宗教术语被英语吸收，而拉丁语是罗马帝国时期的官方语言，曾受到过希腊语的影响，故答案为D项。

18.【答案】B。解析：该题属于文化常识题。题目考查"英国哪所大学的诺贝尔奖得主最多"？英国诺贝尔奖得主最多的五所院校分别是剑桥大学、牛津大学、伦敦大学学院、曼彻斯特大学和伦敦政治经济学院，故答案为B项。

19.【答案】B。解析：该题属于文化常识题。题目考查"'艺术至上主义'的代表人物是谁"？art for art's sake是英国唯美主义艺术运动的倡导者、著名的作家、诗人Oscar Wilde（奥斯卡·王尔德）的主张，故答案为B项。Thomas Hardy（托马斯·哈代）是英国诗人、小说家；Virginia Woolf（弗吉尼亚·伍尔芙）是英国女作家，意识流文学代表人物；William Butler Yeats（威廉·巴特勒·叶芝）是爱尔兰诗人、剧作家和散文家。

20.【答案】B。解析：该题属于文化常识题。题目考查"哪项不是美国总统的权力"？美国总统的权力包括任命联邦大法官、发布行政命令、否决议会通过的法案，不包括制定法律。在美国，法律是由立法机构所制定的，故答案为B项。

21.【答案】A。解析：该题属于文化常识题。题目考查"哪个国家因具有独特的动植物物种而著名"？和美国、英国、加拿大相比，澳大利亚有很多独特的动植物和自然景观，被称为"世界活化石博物馆"，据统计，澳大利亚有动植物资源2万到2.5万种，故答案为A项。

22.【答案】C。解析：该题属于文化常识题。题目考查"加拿大的最大城市和首都分别为哪两个城市"？加拿大首都是渥太华（Ottawa）；多伦多（Toronto）是加拿大第一大城市、金融中心，也是安大略省的省会；蒙特利尔（Montreal）坐落于渥太华和圣劳伦斯河交汇处，是加拿大第二大城市；温哥华（Vancouver）坐落于不列颠哥伦比亚省西南部，是加拿大第三大城市。综上可知，最大城市是多伦多，首都是渥太华，故答案为C项。

23.【答案】A。解析：该题属于语言学相关知识题。题目考查"在某个时间点对语言的描述是什么研究"？共时性和历时性是语言学的两个概念，是索绪尔提出的一对术语，指对系统的观察研究的两个不同方向。The description of a language at some point in time is a synchronic study; the description of a language as it changes through time is a diachronic study. 故答案为A项。

24. 【答案】D。解析：该题属于语言学相关知识题。题目考查"哪项不是语言学的核心内容"？A、B、C 三项分别为：semantics（语义学）、morphology（形态学）、phonetics（语音学），均属于语言学核心内容。心理语言学不属于语言学的核心内容，故答案为 D 项。

25. 【答案】C。解析：该题属于语言学相关知识题。题目考查"什么是讲同种语言的群体中所有成员共有的抽象语言系统"？F. de Saussure（索绪尔）是瑞士语言学家，现代语言学理论的奠基者，按照他的观点，langue（语言，和 parole 相对）：refers to the abstract linguistic system shared by all the members of a speech community，故答案为 C 项。parole（言语）：refers to the realization of langue in actual use；performance（语言运用）：the actual realization of this knowledge in linguistic communication；language（语言）：a system of arbitrary vocal symbols used for human communication。

## 二、应用文写作（40 分）

> **题目分析**
>
> 该题要求完成一篇建议信。首先，考虑信件格式：标题、称谓、正文、结尾、落款五部分。内容是提供有关机动车礼让行人规则方面的建议，考生可围绕这一主题，恰当提出自己的建议，注意建议要切实可行，尽可能贴合实际情况。此外，语言方面要求客观、严谨，忌口语化表达。

**考场还原**

建议信

城市管理者们：

我国《道路交通安全法》规定"机动车行经人行横道时，应当减速行驶；遇行人正在通过人行横道，应当停车让行"，将对机动车行经斑马线不礼让行人的违法行为进行处罚。鉴于新交规的实施和日益严峻的交通状况，为了缓解交通压力和人车通行矛盾，我提出以下建议，希望可以有所助益：

1. 建议相关部门完善交通标识系统，对全市交通标志的数量和使用状况进行调研，分类登记。对交通事故较多区域、车辆拥堵严重道路、中小学校出入口、商圈周围等进行重点调查，并根据调查结果来更换、维修和设置交通标识系统。

2. 建议合理设置人行通道和斑马线。对主城区未设置信号灯的路口进行人流量和车流量排查，合理设置、调整斑马线，并在斑马线处设置明显减速标志，提醒驾驶员礼让行人。

3. 建议加大宣传、监管和处罚力度，提高驾驶员和行人的安全意识。相关部门应严格执法，通过加强巡逻、监控抓拍等措施，严查严处斑马线不礼让违法行为，同时加强严管行人闯红灯违法行为。

4. 建议设置交通疏导员等岗位，协助交警引导车辆行人有序通过。

我相信在大家的共同努力之下，全市最终可以形成"车让人、人让车"的和谐文明交通环境。

热心市民：×××

××××年××月××日

### 评点升格

本文结构清晰：开头段介绍情况并给出提供建议的原因；中间建议部分采用分点罗列方式，清楚明了，方便阅读；最后一段总结，进行呼吁，提出设想，引发读者共鸣。此外，本文语言客观、明确，符合应用文的语言风格。

## 三、现代汉语写作（60分）

### 题目分析

题目要求完成一篇议论文，规定了大致的论述方向，即从社会公序和城市管理这两个层次论述如何有效治理城市养狗带来的城市管理问题，考生应从以上两个方面展开，结合实际情况，谈谈自己的观点和看法，注意语言的严谨性。

### 考场还原

#### 我对城市养狗的看法

近年来，城市养狗问题成了公众关注的热点话题之一。随着社会的发展，越来越多的居民饲养宠物犬，犬通人性，一直被认为是人类的朋友。在城市中，除了警犬、导盲犬等工作犬，养犬主要是出于居民的精神性需要，犬在家庭中扮演着朋友、伙伴和家人的重要角色，它们忠诚地陪伴空巢老人、家庭主妇、独生子女，为他们减少了孤独、增添了温暖。养狗甚至已经成为一部分人的生活方式，与生活品质密不可分。养犬本不是问题，但养得多了，管理又没跟上，就容易引发多种问题，这给城市管理者带来了不少管理难题，因此加强对养狗问题的管理已刻不容缓。

一方面，现代城市生活中人与狗和谐相处，最终依靠的就是狗主人的自律，即责任心。具体来说，这种责任心，又可以分为两层：一是狗主人对狗的责任心；二是狗主人对社会的责任心。首先，养狗的前提是爱狗，而爱意味着责任。在现代城市中养狗，要让狗成为一条快乐的、健康的、幸福的狗，需要付出大量的时间、金钱等成本，这都是需要在决定养狗之前想清楚的。如果自己没有能力养狗而去养狗，其后果不仅是狗本身的不幸，还可能使狗主人官司缠身、麻烦不断。当然，养狗产生的负外部性主要是狗主人之外的他人利益的减损，因而减少、避免这种对他人的影响，是狗主人社会责任心的体现。可以说，养狗是狗的社会化和狗主人的社会化的双重过程。狗主人必须训练狗如何与人相处，如何不伤害他人，如何减少对环境、邻居的不良影响。同时，带着狗的狗主人在进入社会公共空间时，也要学会遵守公序良俗、社会公德，学会"己所不欲，勿施于人"式的换位思考。

另一方面，城市管理者也应从源头抓起，加强对宠物狗交易行为的监管，规范买卖行为，以确保宠物狗的出售、流通都由专业化的销售商进行，确保宠物狗都接种了疫苗、带有健康证书和身份标牌。此外，还应加强立法，完善"狗籍"制度，确保狗有其主。法律一旦形成，管理者还必须做到"执法必严、违法必究"，对缺乏看管意识和公德意识的养狗人士加大处罚力度，并对其加强思想教育。最后，还应降低登记门槛，确保"低收费、严管理、重处罚"。登记费用低，绝大多数养狗人士就能自觉登记。发现养狗而没有登记者，可以严厉处罚。

相信通过养狗人士和城市管理者的共同努力，城市养狗所带来的城市管理问题将会得到有效解决，从而有利于社会的和谐稳定。

**评点升格**

本文是篇议论文，观点明确，论述清晰，语言精练。先是在开头段引入"养狗"这一话题，中间二、三段分别从"养狗人士"和"城市管理者"两方面出发，提出切实可行的建议，结尾段简略总结，整个文章结构完整，读下来一气呵成。

# 南京航空航天大学（C 211）

## 2018年试题参考答案与考点解析

### 一、选择题（共25小题，每小题2分，共50分）

1.【答案】D。解析：该题考查中国古代文学。"经禀圣裁，垂型万世"中的"经禀圣裁"的意思是"经禀报圣上裁决"，因此这里的"圣"是指"当时的皇上"，故该题答案为D项。

2.【答案】B。解析：该题考查成语和文言文意思。"防微杜渐"的意思是：在错误或坏事刚露出苗头时就加以预防和制止，不让它继续发展。出自《后汉书·丁鸿传》。A项"差之毫厘，失之千里"的意思是：虽然开始时相差很微小，但结果会造成很大的错误。出自《礼记·经解》。B项"木秀于林，风必摧之"的意思是：高出森林的大树总是会先被大风吹倒，比喻才能或品行出众的人，容易受到嫉妒和指责。出自三国时魏国文学家李康的《运命论》。C项"千里之堤，毁于蚁穴"的意思是：一个小小的蚂蚁洞，可以使千里长堤毁于一旦，比喻不注意细节会造成大乱子。出自《韩非子·喻老》。D项"一着不慎，满盘皆输"的意思是：下棋时关键性的一步棋走得不当，整盘棋就输了，比喻某一个对全局具有决定意义的问题处理不当，导致全局失败。出自李元蔚的《将神灵应》。该题要求选出与所给成语"防微杜渐"意思不相关的，由以上分析可知，该题答案为B项。

3.【答案】A。解析：该题考查中国古代文学。"旧时王谢堂前燕，飞入寻常百姓家。"的意思是：当年豪门檐下的燕子啊，如今已飞进寻常百姓家里。"王谢"具体指东晋时以王导和谢安为首的左右朝廷的两姓豪门望族，但至唐时，皆衰落不知其处，故刘禹锡感叹王谢旧居早已荡然无存。由以上分析可知，该题答案为A项。

4.【答案】D。解析：该题考查中国古代文学。"知人论世"原指了解一个人并研究他所处的时代背景，现也指鉴别人物的好坏，议论世事的得失；"文以载道"的意思是用写文章来阐述道理；"诗以言志"指用诗来表达自己的志向和决心；"文如其人"指文章的风格同作者的性格特点相似,现也指文章必然反映作者的思想、立场和世界观。由文段中"西方……一部作品……和作者无关。然而……不适用于中国传统文学""社会价值体系对文学家的人格有较高的要求""坚持'德艺双馨'的文艺评论原则"可知,文段说的是"文章作品"和"人格"之间的关系,因此"文如其人"符合题意,故该题答案为D项。

5.【答案】D。解析:该题考查文字解释。"潜移默化"中的"化"是"感化"的意思,故该题答案为D项。

6.【答案】C。解析:该题考查汉字的造字法。古人将汉字的构造规律归结为六种,称为"六书",即象形、指事、会意、形声、转注和假借。一般来说,汉字的造字方法是这六种,但严格说来,象形、指事、会意、形声四项是造字的原理,称为"造字法",而转注、假借两项是使用的方法,称为"用字法",故该题答案为C项。

7.【答案】D。解析:该题考查古诗词。A、B、C三项中的"锦书"都表示"书信",D项中的"锦书",意为紫锦装的书,指华美的文书,与前三项不一样,故该题答案为D项。

8.【答案】B。解析:该题考查古诗词。①出自陆龟蒙的《白莲》;②出自释道潜的《送兰花与毛正仲运使·其二》;③出自赵友直的《观菊有感》。故该题答案为B项。

9.【答案】A。解析:该题考查中国古代文学。《西厢记》故事的本源,来自唐代元稹的传奇小说《莺莺传》(又名《会真记》),故该题答案为A项。《莺莺传》是一个爱情悲剧,主要人物张生和崔莺莺与后来王实甫所作的剧作《西厢记》中的人物有很大的不同。小说中的崔莺莺,深受封建礼教的束缚,是一个感情深沉、充满矛盾而又听任命运摆布的少女,和王实甫《西厢记》中大胆挣脱礼教枷锁、追求爱情幸福的崔莺莺大相径庭。

10.【答案】D。解析:该题考查中国古代文学有关章回小说的知识点。章回小说是中国古典长篇小说的唯一形式,其形式特点是分章叙事、标明回目,故被称为"章回小说"。章回小说是在宋元讲史话本的基础上发展起来的。宋元"讲史"开始是以口头讲述为主,分节讲述,连续讲若干次,每节用题目的形式向听众揭示主要内容,这就是章回小说分章叙事、标明回目的形式起源,对章回小说形式的产生有直接影响。经过宋元两代的长期孕育,元末明初出现了一批章回小说,这些小说都是在民间长期流传,经说话和讲史艺人补充内容,最后由文人加工改写而成。它们比起"讲史"有了很大的发展,其中的人物和故事的核心虽然是历史的,但更多的内容是后人创造的,篇幅比"讲史"更长了。到了明代中叶,章回小说发展得更加成熟。这些章回小说故事情节更趋复杂,描写更为细腻,内容和"讲史"已没有多大的联系,只是在体裁上保持着"讲史"的痕迹,D项说法错误,故该题答案为D项。

11.【答案】D。解析:该题考查国际常识性知识。A项中的"加拿大"属于两党制国家,不符合题意;B、C两项中的"澳大利亚"属于两党制国家,不符合题意。丹麦、比利时、西班牙三国既实行君主立宪制又实行多党制,符合题意,故该题答案为D项。

12.【答案】B。解析：该题考查词语辨析。对于第①句："犀利"和"锋利"都有言论、文笔等尖锐的意思，但"锋利"语义较轻，且句中有"锋芒"二字，填"锋利"显得重复，故该空选择"犀利"。对于第②句："人言可畏"的"言"指的是流言而不是谎言，故该空选择"流言"。对于第③句："歉疚"指觉得对不住别人，对自己的过失感到不安，"内疚"指内心感觉惭愧不安，而且前面有"内心深处"，填"内疚"显得重复，故该空选择"歉疚"。对于第④句："流连"指留恋不止，舍不得离去，"踯躅"指徘徊，"流连"与语意不符，故该空选择"踯躅"。由以上分析可知，该题答案为B项。

13.【答案】A。解析：该题考查西方文学知识。阿·托尔斯泰是一位跨越了沙俄和苏联两个历史时期的俄罗斯作家。阿·托尔斯泰善于描绘大规模的群众场面，安排复杂的情节结构，塑造各种不同类型的人物形象，是俄罗斯文学的语言大师，其代表作品是《苦难历程》。列夫·托尔斯泰是俄国伟大的批判现实主义作家，也是世界著名的文学家。他的主要作品有长篇小说《战争与和平》《安娜·卡列尼娜》《复活》。A项说法有误，故该题答案为A项。

14.【答案】C。解析：该题考查哲学常识。"我思故我在"是笛卡尔在《谈谈方法》中的第四部分提到的。"我思故我在"可理解为：当我使用理性来思考的时候，我才真正获得了存在的价值。笛卡尔是唯心主义者，但并不是从此命题看出来的，"我思故我在"并不是唯心命题，而是纯粹认识论的内容。C项说法有误，故该题答案为C项。

15.【答案】C。解析：该题考查教育学的知识点。《教育法》明确提出，素质教育"以面向全体学生、全面提高学生的基本素质为根本宗旨"，因此不应局限在中小学生，C项说法有误，故该题答案为C项。

16.【答案】B。解析：该题考查历史知识。1271年，忽必烈改国号为元，并于1279年统一全中国，建立了统一的中央政权，西藏成为中国元朝中央政府直接治理的一个行政区域。元朝在中央设置宣政院，专门管理藏族地区事务，标志着西藏正式成为中国的一个行政区，故该题答案为B项。

17.【答案】B。解析：该题考查我国税收制度。我国从1994年开始实行分税制，将税种统一划分成中央税、地方税、中央和地方共享税。故该题答案为B项。A项"流转税、所得税和财产税"是征税对象按其性质不同，划分为流转额、所得额、财产、资源、特定行为这五大类，因此通常就将税收分为相应的五大类，即：流转税、所得税、财产税、资源税和特定行为税。C项"增值税、营业税和消费税"中的三种税都是流转税，即销售环节纳税。D项"企业所得税和个人所得税"是根据课税对象不同来划分的。

18.【答案】D。解析：该题考查经济学知识。货币贬值是指单位货币所含有的价值或所代表的价值的下降，即单位货币价格下降。货币贬值能在国内引起物价上涨现象。

但由于货币贬值在一定条件下能刺激生产,并且降低本国商品在国外的价格,因此有利于扩大出口和减少进口。日元的贬值会降低日本产品在国外的价格,因此有助于提高日本产品的价格竞争力,有利于出口,故 D 项正确。A 项说法错误,本国货币贬值,会减少进口他国产品。B、C 两项说法都太过绝对。由以上分析可知,该题答案为 D 项。

19.【答案】A。解析:该题考查物理知识。题干问的是"核子间的相互作用",在物理学中,核子包含质子和中子,质子之间的相互作用是斥力,中子间的相互作用一般表现为引力,也就是说,核子间的相互作用不仅仅是"引力作用";另外,核子间的相互作用比电磁作用强 1 000 倍,显然不会是"弱作用",而应该是"强作用",故该题答案为 A 项。

20.【答案】C。解析:该题考查西方历史知识。17—18 世纪时,英法资本主义都已有了一定的发展,因此对印度的争夺是在所难免的。17、18 世纪西方即将开始工业革命,对原材料和商品销售市场的潜在需求使他们加大了对资源丰富地区和人口密集地区的争夺,如北美和印度,故该题答案为 C 项。A 项并不是那个时期英法争夺印度的主要原因;B 项说法错误,亚洲地区并不落后;D 项只是一个方面,并不是主要的原因。

21.【答案】C。解析:该题考查的是《中华人民共和国物权法》第九十七条规定。注意该题给出的前提是:在共有人之间没有约定的情况下。因此,A 项说法错误,根据规定,对共有的不动产或者动产作重大修缮的,应当经全体共同共有人同意;B 项说法错误,根据规定,须经全体共有人同意的不是对按份共有不动产的处分,而是对共同共有不动产的处分;D 项说法错误,根据规定,共同共有不动产的处分应当经全体共有人同意。故该题答案为 C 项。

22.【答案】B。解析:该题考查西方文学知识。《阴谋与爱情》是德国著名作家席勒的长篇小说;《少年维特之烦恼》是德国作家歌德创作的描写爱情的书信体小说;《红与黑》是法国著名作家司汤达创作的长篇小说,也是其代表作;《浮士德》是德国作家歌德创作的一部长达 12 111 行的诗剧,不是书信体小说。该题问的是歌德创作的描写爱情的书信体小说,故答案为 B 项。

23.【答案】D。解析:该题考查《中华人民共和国婚姻法》。依据《中华人民共和国婚姻法》,如果采用欺骗手段隐瞒了法律上禁止结婚的情形,这种类型的婚姻应归于无效。如果是采用欺骗手段隐瞒了自己的家庭经济条件等的情况,这种类型的婚姻还是有效的,此题中的甲就是采用欺骗手段隐瞒了自己的家庭经济条件,故 A 项不支持。我国可撤销婚姻的情形指因胁迫结婚的,受胁迫的一方可以向婚姻登记机关或人民法院请求撤销该婚姻,故 B 项也不支持。解除同居关系是指在同居双方中,存在有配偶者与他人同居的情况,为了保护合法的婚姻关系,法院受理这种同居关系解除的请求,故 C 项也不支持。由以上分析可知,该题答案为 D 项。

24.【答案】A。解析：该题考查经济学常识。A 项"销售净利率"，又称销售净利润率，是净利润占销售收入的百分比。该指标反映每一元销售收入带来的净利润的多少，表示销售收入的收益水平。它与净利润成正比关系，与销售收入成反比关系，企业在增加销售收入额的同时，必须相应地获得更多的净利润，才能使销售净利率保持不变或有所提高。B 项"资产负债率"通过将企业的负债总额与资产总额相比较得出。该指标是评价公司负债水平的综合指标，同时也是一项衡量公司利用债权人资金进行经营活动能力的指标，也反映债权人发放贷款的安全程度。如果资产负债比率达到 100%，或超过 100% 则说明公司已经没有净资产或资不抵债。C 项"资金周转率"是反映资金流转速度的指标。企业资金在生产经营过程中不间断地循环周转，从而使企业取得销售收入。企业如果能用尽可能少的资金占用，取得尽可能多的销售收入，说明资金周转速度快，资金利用效果好。D 项"市场占有率"，亦称市场份额，指某企业某一产品（或品类）的销售量（或销售额）在市场同类产品（或品类）中所占比重。该指标反映企业在市场上的地位，通常市场份额越高，竞争力越强。由以上分析可知，A、B、C、D 四项都可以反映企业的经营效率，但最直接的还是销售净利率，故该题答案为 A 项。

25.【答案】A。解析：该题考查历史知识。宦官专权是皇权旁落、皇权与相权、皇帝与朝臣、中央与地方矛盾斗争的结果，其实质乃是封建皇权的变形和延伸。宦官又多是统治阶级中最腐朽、最反动的代表，其专权极易导致统治阶级内部矛盾激化，使政治更加黑暗，进而导致农民起义爆发，最终旧王朝覆亡。可以说，宦官专权主要依附于封建专制制度的产生和发展，又加速了封建专制制度下中央集权的腐败和王朝的灭亡。外戚专权是封建社会常有的历史现象，外戚作为一个强有力的政治集团而存在，在封建政治历史上占有重要的地位。外戚以及外戚专权的存在与封建专制制度密切相关。随着皇权的不断加强，皇帝的猜忌心理不断地发展，总认为用自己亲近的人比较可靠，所以外戚就成为不二的人选，外戚在参与政治活动获得了差不多与王权或皇权相等的权力，当王或皇帝权力被架空，就产生外戚专权。虽然皇权专制，但全国繁多的事务不可能都由君主全部亲自过问，因此便需要有人协助处理军政大事，由此丞相一职便产生。相权与皇权是封建专制主义中央集权制中的一对基本矛盾，是此消彼长的。由此看来，丞相专权的根本原因是皇权专制。宦官专权、外戚专权、丞相专权现象出现的根本原因都要从社会制度本身去思考，即皇权专制制度是产生这种弊端的温床。B、C、D 三项都是宦官、外戚、丞相专权的原因，但不是最根本的，故该题答案为 A 项。

## 二、应用文写作（40分）

### 题目分析

申请报告是个人、单位、集体向组织、领导提出请求，要求批准或帮助解决问题的专用书信。申请报告的使用范围相当广，种类也很多。按作者分类，可分为个人申请报告和单位、集体公务申请报告。按解决事项的内容分类，可分为入团、入党、困难补助、调换工作、建房、领证、承包、贷款申请报告等。其中，标题有两种写法：一是直接写"申请报告"，二是在"申请报告"前加上内容，一般采用第二种。称谓：顶格写明接受申请报告的单位、组织或有关领导。正文：该部分是申请报告的主体，先提出要求，再说明理由，理由要写得客观、充分，事项要写得清楚、简洁。结尾：写明惯用语"望给予批准""恳请领导帮助解决""特此申请"等，也可用"此致""敬礼"等礼貌用语。署名和日期：个人申请要写明申请者姓名，单位、集体申请要写明单位、集体名称，注明日期。

### 考场还原

成立"英语辩论社"的申请报告

尊敬的校团委领导：

　　我是本校外国语学院英语专业三年级的学生，非常喜欢本专业，擅长英语口语。为了本校其他专业的学生也能找到一个英语学习的平台，我希望能通过组织一个专门的社团来和广大的英语爱好者一起交流、学习，特在此申请成立英语辩论社，并将本社团成立的初步构想汇报如下：

　　一、社团名全称：英语辩论社。

　　二、社团的宗旨：让每位英语爱好者找到属于自己的交流平台和表现舞台！

　　三、社团的精神：互助互爱、团队合作、创新求变、超越自我、挑战极限。

　　四、社团组织构成：社长一名，负责社团的统一管理工作；副社长一名，负责日常活动的具体实施和社团成员的组织安排；宣传部，主要负责活动的宣传；秘书部，主要负责各项审核整理，以及向各部下达决定信息；外联部，主要负责社团对外的联系等；财务部，主要负责管理和监督社团各种财务收支活动；活动组织策划部，策划活动方案、开展组织工作；智囊团，主要为辩手提供专业知识帮助。

　　五、社团年度工作计划：1.定期举行英语交流会，以提高社团成员口语水平为主，一学年举行若干次；2.定期举办英语辩论赛（一学年四次，每学期两次）；3.与其他社团联盟，互相支持工作。

六、社团费用来源：1.学校资助费用，预计1 500元；2.社费收入，预计1 000元；3.社团内部由部分个人筹集的费用，预计1 000元。

七、成立社团的必要性和可行性：现如今英语学习越来越重要，大学期间，任何专业的学生都要参加大学英语四、六级的考试，都离不开英语，英语辩论社团有助于学生提高自身英语水平，还可丰富其校园生活。通过一年多的观察和调查，我发现学校里对英语感兴趣的人有很多，因此成立本社团有人数保障。经过了解我还得知学校里有一个辩论社，但是始终没有一个英语辩论社，因此成立本社团可以填补我校社团的一项空白，使我校社团文化向多元化发展。

英语辩论社，是我步入大学生活以来组织的第一个社团，虽然组织经验少，个人能力有限，但我相信，在学校的领导、校团委的指导以及我们筹备人员不懈的努力下，英语辩论社一定会很快成立并发展起来，我们有理由相信，随着英语辩论社的成立，我们学校的社团活动一定会得到新的发展。我愿以百倍的热情和激情，努力管理好社团，服务好社团成员。

特此申请，望给予批准！此申请如有不当之处，还请给予指正，万分感谢！

×××

××××年××月××日

**评点升格**

本篇申请报告开门见山，先提出了申请的内容，然后列出了一系列构想，包括题目要求的年度工作计划、所需经费额度及分类预算，也给出了所申请之事的必要性和可行性。最后，结尾，标注了署名、日期。本篇申请事项清楚、具体，语言准确、简洁，态度诚恳、朴实。

## 三、现代汉语写作（60分）

**题目分析**

该题是一道材料作文，材料给的是苏轼写给弟弟苏辙的一首诗，很多考生可能无法完全理解这首诗的意思，不过没关系，材料中已经告诉了考生，这首诗所表达的是诗人对人生种种偶然和不确定性的感悟，这句话无疑是写这一篇文章的关键。该题要求考生以"雪泥鸿爪"的意境为中心，自由写作。那么"雪泥鸿爪"在这首诗中又有什么含义呢？"人生到处知何似，应似飞鸿踏雪泥。泥上偶然留指爪，鸿飞那复计东西"的意思是：人的一生到处奔走像什么呢？应该像飞鸿踏在雪地吧。偶尔在雪地上留下几个爪印，但转眼它又远走高飞，哪还记得这痕迹留在何方？苏轼用巧妙的比喻，把人生看作漫长的征途，所到之处，诸如曾在渑池住宿、题壁之类，就像万里飞鸿偶然在雪泥上留下爪痕，接着就又飞走了。前程远大，这里并非终点；人生的遭遇既为偶然，则当以顺其自然的态度去对待人生。如果能如此，怀旧便可少些感伤，处世亦可少些烦恼。苏轼的人生观如此，其劝勉爱弟的深意亦如此。苏轼用"鸿"来作比，并不是随便一写。"鸿"是大雁，常与"鹄"一起出现，二者常用来代表飞行极为高远的鸟，表示一个人有远大的志向。如《史记·陈涉世家》里，陈涉早年曾感叹说："燕雀安知鸿鹄之志哉！"苏轼也借此希望兄弟二人都能志存高远，像鸿鹄一样高飞万里，不要在意小小的挫折或不如意。因此考生要紧紧围绕"雪泥鸿爪"这个意境去写文章，文章可虚构，可纪实，可议论，可抒情。

**立意角度：**
1. 面对人生的种种偶然和不确定性，要随遇而安，不可一味抱怨，停滞不前。
2. 要志存高远，像鸿鹄一样高飞万里，不要在意小小的挫折或不如意。
3. 人生所到之处没有彩排，没有固定，也不是终点。
4. 遇事无须太过执着，无须纠结于当下，顺其自然。

**注意：**立意必须与材料有联系，而且该题要求考生以"雪泥鸿爪"的意境为中心，所以不管哪种立意，都要在文章中体现出这个意境。

### 考场还原

既来之，则安之

人的一生到处奔走像什么呢？应该像飞鸿踏在雪地吧。偶尔在雪地上留下几个爪印，但转眼它又远走高飞，哪还记得这痕迹留在何方？苏轼借此抒发了对人生种种偶然和不确定性的感悟，同时也希望自己和弟弟能够志存高远，像鸿鹄一样高飞万里，不要在意小小的挫折或不如意。人生路上，有着太多的偶然和不确定性，偶尔的得与失、成与败，都在改变着我们命运的走向。世事难料，遇事无须太过执着，谁都无法带走什么，又何必纠结于当下。既来之，则安之。

人生是五彩缤纷的，但人生的道路难免会有各种各样的坎坷和磨难，会碰到种种挫折和不幸，当我们不幸遇到时，就要坦然面对。只有看开了，才能随缘、随心而为，不急不躁，不悲不欢，享受那份自在安然。

诗人刘禹锡被贬谪后，家庭环境变得很差，可他仍写道："斯是陋室，惟吾德馨……

无丝竹之乱耳，无案牍之劳形。"如此洒脱，如此充满个性，简简单单的几句用一种"既来之，则安之"的豁达态度表达出了自己依然对生活存有美好向往的感慨。他并未因被贬而自我堕落，更未因此而做出有悖本心的事情，反倒因如此便可过上"谈笑有鸿儒，往来无白丁。可以调素琴，阅金经。无丝竹之乱耳，无案牍之劳形"这样幸福、逍遥自在的生活而感到开心。纵使心中有那么一丝的不满，也因如此美好的生活而被抹平了。"既来之，则安之"可以带给刘禹锡不一样的生活，亦可带给别人不一样的幸福生活。

"我和谁都不争，和谁争我都不屑。"杨绛先生这样翻译英国诗人拜伦的诗句，而她自己充满种种偶然和不确定性的一生又何尝不是这样呢？战争的残酷、"文革"的动荡、失去亲人的悲痛等经历，无一不具有将她击垮的力量，而她却选择了在乱世中坦然、在痛苦里微笑。她将自己的一生过得平静坦然，就连离开也不希望引起注意。当今社会不是人人都能拥有杨绛先生那般坦荡的胸怀和超脱的心境，并能以此笑对人生中的种种偶然和不确定性。

人生没有彩排，每一天都是现场直播，时而风平浪静，时而洪波涌起，时而喜笑颜开，时而愁眉不展。种种平凡与不平凡，构成了我们多彩的人生。每个人都渴望一帆风顺，然而不可能事事如意，生活中难免会有小插曲，这就需要我们坦然面对。

既然种种偶然和不确定性已经发生，无法改变，我们就不要一直往回看，从而待在原地。洒了的牛奶、遗失的钱包、走散的爱人、断掉的友情……当你做什么都于事无补时，唯一能做的，就是努力让自己好过一点。丢都丢了，就别再哭了。凡事顺其自然就好，既来之，则安之，这才是生存之道。那些你不能释怀的人与事，总有一天会在你的念念不忘中被遗忘。无论黑夜多么漫长，黎明终会如期而至。

### 评点升格

文章选取的角度是"面对人生的种种偶然和不确定性以及挫折和痛苦，要随遇而安，坦然面对，'既来之，则安之'"。文章开篇首先由古诗的含义入手，开门见山，直接点题"既来之，则安之"。其次，写到"人生的道路难免会有各种各样的坎坷和磨难，当我们不幸遇到时，就要坦然面对"，用刘禹锡和杨绛先生的事迹来做进一步论证。最后，结合材料与开头呼应，进行点题收尾，指出"既来之，则安之"的人生态度。整篇文章逻辑清晰，举例也较为典型，易于读者理解。

# 2017年试题参考答案与考点解析

## 一、选择题（共25小题，每小题2分，共50分）

1.【答案】D。解析：该题考查《论语》知识。"富而可求也，虽执鞭之士，吾亦为之。"这句话出自《论语·述而篇》，原文为："子曰：'富而可求也，虽执鞭之士，吾亦为之。如不可求，从吾所好。'"意思是"孔子说：'如果财富合乎正道就可以去追求，即使是执鞭这样的下等差事，我也愿意去做。如果财富不合乎正道就不必去追求，还是按我的喜好去做事。'"故该题答案为D项。

2.【答案】A。解析：该题考查成语知识。A项"指鹿为马"是真实发生过的历史故事，讲的是秦朝二世时，赵高想造反，怕别的臣子不附和，就先试验一下。他把一只鹿献给二世，说："这是马。"二世笑着说："丞相错了吧，把鹿说成马了。"问旁边的人，有的不说话，有的说是马，有的说是鹿。事后赵高就暗中把说是鹿的人杀了。"指鹿为马"用来比喻颠倒是非。B项"自相矛盾"是寓言故事，不是历史故事，出自《韩非子·难势》，讲的是有个人又卖矛又卖盾。他卖矛的时候说他的矛无比锋利，什么东西都能刺透；卖盾的时候又说他的盾无比坚固，什么东西都穿不透。有人就问他，要用你的矛刺你的盾怎么样呢？他无言以对。后用"自相矛盾"比喻自己说话做事前后抵触。C项"买椟还珠"是寓言故事，不是历史故事，出自《韩非子·外储说左上》，原意是买来珠宝，却只留下漂亮的盒子而不要里面真正价值高的珠宝。"买椟还珠"用来比喻取舍不当，抓了次要的，丢了主要的。D项"叶公好龙"是寓言故事，不是历史故事。讲的是古代有个自称为叶公的人，他特别喜欢龙，他的屋梁、柱子、门窗及所有家具甚至连衣服上都雕刻或绣制了龙的图案。天上的真龙得知后，专程去探望叶公，从窗户上探进头去。叶公一见真龙，吓得魂不附体，连忙逃跑。"叶公好龙"比喻说是爱好某事物，其实并不是真的爱好。由以上分析可知，该题答案为A项。

3.【答案】B。解析：该题考查古诗含义。"此情可待成追忆，只是当时已惘然"出自唐代诗人李商隐的《锦瑟》，意思是：此情此景为什么要现在才追忆，只因为当时心中只是一片茫然。"此情"总揽所抒之情，"可待"即"岂可等待"，说明这令人惆怅伤感的"此情"，早已迷惘难遣，此时更是令人难以承受。那些美好的事和年代，只能留在回忆之中。而在当时的那些人看来，那些事都只是平常罢了，不知珍惜。由以上分析可知，该题答案为B项。

4.【答案】D。解析：该题考查中国古代文学。"知人论世"原指了解一个人并研究他所处的时代背景，现也指鉴别人物的好坏，议论世事的得失；"文以载道"的意思是用写文章来阐述道理;"诗以言志"指用诗来表达自己的志向和决心;"文如其人"指文章的风格同作者的性格特点相似,现也指文章必然反映作者的思想、立场和世界观。由文段中"西方……一部作品……和作者无关。然而……不适用于中国传统文学""社会价值体系对文学家的人格有较高的要求""坚持'德艺双馨'的文艺评论原则"可知,文段说的是"文章作品"和"人格"之间的关系,因此"文如其人"符合题意,故该题答案为D项。

5.【答案】A。解析:该题考查楹联。此联为清代同治年间状元陆润庠所撰,题于苏州园林。上联"读书取正,读易取变,读骚取幽,读庄取达,读汉文取坚,最有味卷中岁月"的意思是:读《尚书》要严谨求实,也就是正;读《易经》汲取变通,知道世间事物相生相克,凡物盛极必衰的道理;读《离骚》需理解那种幽怨里展现的高尚情操和境界;读《庄子》感受豁达的胸怀;读汉人的辞赋,体会汉代文学的张扬,多为建功立业的豪气,可以培养人的坚强和伟志,充分领略书卷中岁月的情趣。下联"与菊同野,与梅同疏,与莲同洁,与兰同芳,与海棠同韵,定自称花里神仙"的意思是:和菊花一样野性怒放,不受约束;和梅花一样闲疏超逸;和莲花一样高洁干净,和兰花一样芬芳美好,和海棠一样韵味十足,一定可以自称花界里的神仙。由以上分析可知,该题答案为A项。

6.【答案】C。解析:该题考查汉字的发展史。隶书,有秦隶、汉隶等,一般认为由小篆演变而来,后来又发展成了楷书,故该题答案为C项。

7.【答案】D。解析:该题考查诸子百家思想。题干中"乐以天下,忧以天下,然而不王者,未之有也。"出自《孟子·梁惠王章句下》,是典型的儒家"王道乐土"的政治理想,强调施行仁政,为政以德,以道德教化治天下。A项出自道家学派代表作《老子》,老子认为,人道是逆天而行的,天道才是好的,要道法自然,无为而治,因此A项不符合;B项出自《韩非子·有度》,强调惩罚、奖赏对所有人要一致,法律面前人人平等,是法家思想,因此B项不符合;C选项出自《孙子兵法》,是典型的兵家理论思想,因此C项不符合;D项出自《孟子·公孙丑下》,强调强国的关键在于民心,是典型的儒家思想,故该题答案为D项。

8.【答案】B。解析:该题考查"有我之境"和"无我之境"。由题干可知,"有我之境"的意思是作者在描写自然景物时,诗人移情入景,景物并非完全呈现出它原有的样子,而是带有诗人自己的主观感情色彩,所表达的思想感情是比较明确和强烈的,因此,A、C、D三项偏向"有我之境"。"无我之境"的意思是作者在对客观事物的描述中,将自己的情感隐藏起来,事物还是那个事物,我还是我,但两者又似乎合而为一。"采菊东篱下,悠然见南山"就是典型的"无我之境"。归隐的陶渊明,采菊东篱,在闲适与宁静中偶然抬起头看见南山,这种人与自然的和谐交融,达到了王国维所说的"不知何者为我,何者为物"的"无我之境",故该题答案为B项。

9.【答案】A。解析:该题考查古代称谓。A项中的"不才"和"不佞"都是谦词,是对自己的谦称;B项中的"小子"旧时多指长辈称呼晚辈,也会有轻蔑的含义,偶尔也会用于自称,"竖子"指的是童仆、小子,是对他人的蔑称;C项中的"夫子"多指对年长而学问好的人的尊称,"先生"多指对老师的尊称;D项中的"足下"是对尊长者和用于朋辈之间的敬称。只有A项只用于自称,故该题答案为A项。

10.【答案】C。解析:该题考查病句修改。A项句式杂糅,导致主语残缺,可以去掉"由于"或者"导致";B项成分残缺,"不少中国人内心"后缺少谓语,可在"内心"后加"认为";D项成分赘余,去掉"根据"。故该题答案为C项。

11.【答案】D。解析:该题考查国际常识性知识。A项中的"加拿大"属于两党制国家,不符合题意;B、C两项中的"澳大利亚"属于两党制国家,不符合题意。丹麦、比利时、西班牙三国既实行君主立宪制又实行多党制,符合题意,故该题答案为D项。

12.【答案】B。解析:该题考查古诗含义。"但愿人长久,千里共婵娟"的意思是:只希望自己思念的人平安长久,不管相隔千山万水,都可以一起看到明月皎洁美好的样子。这句话常用于表达对远方亲人的思念之情以及美好祝愿。A项"秦时明月汉时关"出自唐朝诗人王昌龄的《出塞(其二)》,意思是:秦汉时的明月,秦汉时的边关。这句话表明战事自秦汉以来一直没有停过,暗示了时间的久远。B项"海上生明月,天涯共此时"出自唐朝诗人张九龄的《望月怀远》,意思是:茫茫的海上升起一轮明月,此时的你我都在天涯共相望。诗人望月思念远方的亲人,借此表达了思念之情。C项"淮水东边旧时月,夜深还过女墙来"出自唐代诗人刘禹锡的《石头城》,意思是:淮水东边,古老而清冷的圆月,夜半时分,窥视这昔日的皇宫。诗人感慨深沉,实寓有引古惜兴亡之意,希望君主能以前车之覆为鉴。D项"今人不见古时月,今月曾经照古人"出自唐代诗人李白的《把酒问月·故人贾淳令予问之》,意思是:现在的人见不到古时候的月亮,而现在的月亮却曾经照过古人。月亮还是那个月亮,人类却世代更替,可贵的生命倏忽即逝,是诗人对人生短暂的感慨。由以上分析可知,该题答案为B项。

13.【答案】C。解析:该题考查中国古代文学。刘勰是南朝文学理论家,代表作是《文心雕龙》,因此C项表述有误。《诗品》是由南朝文学批评家钟嵘所著,它是在《文心雕龙》以后出现的一部品评诗歌的文学批评名著,故该题答案为C项。

14.【答案】A。解析:该题考查世界历史知识。由印第安人培植的,对缓解世界粮食供应紧张、促进人口快速增长起重要作用的作物是马铃薯和玉米。B项中的"小麦"不是美洲原产,最早是在西亚地区被发现。C项中的"水稻"不是美洲原产,最早是由我国栽培的。D项的"烟草和可可"不属于粮食作物。由以上分析可知,该题答案为A项。

15.【答案】A。解析:该题考查成语用法。"始作俑者"一般用来比喻恶劣先例或者风气的创始者。该成语带有贬义,因此只有A项用法正确,故该题答案为A项。

16.【答案】B。解析:该题考查逻辑关系。"苟富贵,勿相忘"的意思是:如果有一天富贵了,一定不要互相忘记。说明如果"富贵"了,则必然不会相互忘记,但是如果不"富贵",或许还是不会相互忘记,因此,"富贵"是"勿相忘"的充分条件。这里可以把"富贵"用 a 表示,"勿相忘"用 b 表示。a 推不出 b,但 b 可以推出 a,则 a 是 b 的必要条件,所以 A 项不符合;如果有 a,则必然有 b,如果没有 a,未必没有 b,这时,a 就是 b 的充分不必要条件,简称充分条件,所以 B 项正确。如果 a 能推出 b,b 也能推出 a,则 a 是 b 的充分必要条件,b 也是 a 的充分必要条件,简称充要条件,所以 C 项不可选;由 B 项可知,D 项不可选。由以上分析可知,该题答案为 B 项。

17.【答案】A。解析:该题考查中国历史知识。题干中,以"究其原因"为标志讲了为什么会出现户籍制度并沿用至今,所以重点并不是讲它的构建方式,所以排除 C 项;D 项中的"维护政治统治"这一表述扩大了题干中的"维护……特权",所以排除 D 项;题干的最后一句指出这种"户籍管理体系"是一种源远流长的文化烙印,尽管过去了很多年,但这种烙印依然存在,其为主旨句,提到了"户籍管理体系"与"文化"的关系,且以"纵使"引导让步条件句,突出了"文化"的重要,而非"历史",所以排除 B 项。故该题答案为 A 项。

18.【答案】A。解析:该题考查词语辨析。对于第一个空:根据后面的"不仅帮助我们……不至于崩溃,也让我们……不至于沉溺"可知,需要在"崩溃"与"沉溺"之间寻找一个恰当的点。A 项中的"平衡"指对立的各方面在数量上相等或相抵;D 项中的"稳定"指稳固安定,没有变动,因此此处 A、D 两项均符合题意。B 项中的"应激"指由危险的或出乎意料的外界情况的变化所引起的一种情绪状态,即对刺激产生反应;C 项中的"积极"指肯定的、正面的、有利于发展的,因此此处 B、C 两项均不符合文意,故排除 B、C 两项。对于第二个空:根据"这可能因为人是天生的_____动物"可知,"这"之后的内容是上一句子的原因。A 项中的"忧患"指困苦患难,能够体现出人会考虑到可能出现的困苦,与"也让我们在好的经验上不至于沉溺"照应,符合题意;D 项中的"懒散"形容人精神松懈,行动散漫,不振作,不符合题意,因此排除 D 项。这个时候答案已经可以选出来了。对于第三个空:A 项中的"钝化"指不锋利,不灵活。"钝化能力"搭配恰当,符合题意。D 项中的"退化"指生物体在进化过程中某一部分器官变小,构造简化,机能减退甚至完全消失,不符合题意。由以上分析可知,该题答案为 A 项。

19.【答案】D。解析:该题考查干支纪年法。干支是中国自古以来就一直使用的纪年方法。干支是十天干和十二地支的总称。天干有:甲、乙、丙、丁、戊、己、庚、辛、壬、癸。十二地支有:子、丑、寅、卯、辰、巳、午、未、申、酉、戌、亥。把干支顺序相配正好六十为一周,周而复始,循环记录。按照顺序,以下为六十种排列:甲子、乙丑、丙寅、丁卯、戊辰、己巳、庚午、辛未、壬申、癸酉、甲戌、乙亥;丙子、丁丑、戊寅、己卯、庚辰、辛巳、壬午、癸未、甲申、乙酉、丙戌、丁亥;戊子、己丑、庚寅、辛卯、壬辰、癸巳、甲午、乙未、丙申、丁酉、戊戌、己亥;庚子、辛丑、壬寅、癸卯、甲辰、乙巳、丙午、丁未、戊申、己酉、庚戌、辛亥；壬子、癸丑、甲寅、乙卯、丙辰、丁巳、戊午、己未、庚申、辛酉、壬戌、癸亥。由以上分析可知，该题答案为 D 项。

20.【答案】A。解析：该题考查经济学知识。A 项中的"机会成本"是指企业为从事某项经营活动而放弃另一项经营活动的机会，或利用一定资源获得某种收入时所放弃的另一种收入。另一项经营活动应取得的收益或另一种收入即为正在从事的经营活动的机会成本。"沉没成本"是机会成本的反面，是已发生或承诺、无法回收的成本支出，因此覆水难收是"沉没成本"，所以 A 项错误；B 项中的"完全垄断"是指在市场上没有竞争者，所以 B 项正确；C 项中的"边际效用递减"是指在一定时间内，在其他商品的消费数量保持不变的条件下，当一个人连续消费某种物品时，随着其所消费的该物品的数量增加，其总效用虽然相应增加，但物品的边际效用（即每消费一个单位的该物品，其所带来的效用的增加量）有递减的趋势，所以 C 项正确；D 项中的"负外部效应"是指未能在价格中得以反映的，对交易双方之外的第三者所带来的不好影响，所以 D 项正确。由以上分析可知，该题答案为 A 项。

21.【答案】A。解析：该题考查律诗。律诗是中国传统诗歌的一种体裁，对字句、押韵、平仄、对仗等各方面都有严格规定。其常见的类型有五言律诗和七言律诗。律诗是八句四联，第二、四、六、八句押韵，首句可押可不押，第二联和第三联的上下句对仗。《无题》（相见时难别亦难）属于律诗，因为每小句七个字，所以是七言律诗；《短歌行》是四言诗，它属于古体诗范畴，通常都是或基本是四字句写成的诗歌；《饮酒》是五言古诗，它没有一定的格律，不限长短，不讲平仄，用韵也相当自由，但每句五个字的句式是固定不变的；D 项的《关山月》是七言古诗，它篇幅较长，容量较大，用韵灵活，诗体全篇每句七字或以七字句为主。由以上分析可知，该题答案为 A 项。

22.【答案】B。解析：该题考查外国文学知识。《少年维特之烦恼》是德国作家歌德创作的描写爱情的书信体小说；《阴谋与爱情》是德国著名作家席勒的长篇小说；《红与黑》是法国著名作家司汤达创作的长篇小说，也是其代表作；《浮士德》是德国作家歌德创作的一部长达 12 111 行的诗剧，不是书信体小说。该题问的是歌德创作的描写爱情的书信体小说，故该题答案为 B 项。

23.【答案】B。解析：该题考查我国的法律知识。《刑法》第 17 条第 2 款规定："已满十四周岁不满十六周岁的人，犯故意杀人、故意伤害致人重伤或者死亡、强奸、抢劫、贩卖毒品、放火、爆炸、投毒罪的，应当负刑事责任。"因此，A 项中的张某应当负刑事责任；B 项中的李某因过失导致他人伤残，不负刑事责任。《刑法》第 18 条第 4 款规定："醉酒的人犯罪，应当负刑事责任。"因此，C 项中的周某应当负刑事责任。D 项中的宋某虽为聋哑人，但仍是完全刑事责任能力人，应当负刑事责任，只不过依据《刑法》相关规定可以从轻、减轻或免除处罚。由以上分析可知，该题答案为 B 项。

**24.【答案】A。解析：**该题考查的是经济学知识。A项"销售净利率"，又称销售净利润率，是净利润占销售收入的百分比。该指标反映每一元销售收入带来的净利润的多少，表示销售收入的收益水平。它与净利润成正比关系，与销售收入成反比关系，企业在增加销售收入额的同时，必须相应地获得更多的净利润，才能使销售净利率保持不变或有所提高。B项"资产负债率"是通过将企业的负债总额与资产总额相比较得出。该指标是评价公司负债水平的综合指标，同时也是一项衡量公司利用债权人资金进行经营活动能力的指标，也反映债权人发放贷款的安全程度。如果资产负债比率达到100%或超过100%，说明公司已经没有净资产或资不抵债。C项"资金周转率"是反映资金流转速度的指标。企业资金在生产经营过程中不间断地循环周转，从而使企业取得销售收入。企业如果能用尽可能少的资金占用，取得尽可能多的销售收入，说明资金周转速度快，资金利用效果好。D项"市场占有率"指某企业某一产品（或品类）的销售量（或销售额）在市场同类产品（或品类）中所占比重。该指标反映企业在市场上的地位，通常市场份额越高，竞争力越强。通过以上分析可知，A、B、C、D四项都可以反映企业的经营效率，但最直接的还是"销售净利率"，故该题答案为A项。

**25.【答案】D。解析：**该题考查逻辑思维能力。题干中最后得出的结论是"美国在延长癌症病人生命方面的医疗水平要高于亚洲。"如果D项是真的，那就说明美国癌症病人的平均生存年限高于亚洲国家，是因为他们自己发现的时间早，在发现的那天就已经开始被计入生存年限了，而亚洲人因为保健意识不强，发现癌症时已经晚了，所以生存年限就延迟记录了，这才导致美国癌症病人的平均生存年限（即从确诊为癌症到死亡的年限）高于亚洲地区的国家，而与医疗水平无关。由以上分析可知，该题答案为D项。

## 二、应用文写作（40分）

### 题目分析

该题的招租广告要求字数简短，内容醒目。标题直接以"合租"点明目的。正文内容应明确写出招租的对象、人数、合租房的住址、构造、周边环境。合租费用此处可提也可不提，面议详谈也是可以的。最重要的是联系方式，最好留下电话联系方式，方便及时沟通。合租协议的标题直接点明即可。正文内容要包含协议当事人的身份信息，其具体协议要求要分条列出，协议包括合租可能涉及的各类问题，比如该题明确要求列出的费用平摊、卫生清洁、起居作息、用餐用厨、交友往来等各类居处中可能涉及的问题。合租协议的结尾处要有协议当事人的签字或盖章。

### 诚招室友合租

本人女，现寻求一名女性室友合租公寓住房。住址系×××小区公寓住房×栋××号，二室一厅，一卫一厨，面积80平方米，中等装修，家电齐全。小区无电梯，附近有地铁站、公交车站、大型超市。月租1 200元（不含水、电、燃气费用），有意者可与我联系，详情面议。电话：××××××××××（微信同号）。非诚勿扰，谢谢。

### 住房合租协议

协议当事人：

甲方：_____ 身份证号：_____ 联系电话：_____

乙方：_____ 身份证号：_____ 联系电话：_____

第一条：合租房系×××小区公寓住房×栋××号，其中一室租给乙方。

第二条：甲方负责和房东联系。乙方向甲方支付房租，享有卧室的完全独立使用权，以及公共区域的共同使用权。

第三条：该房间租赁期为____年____月____日起至____年____月____日终止。租金为每月1 200元（不含水、电、燃气费用），每月15日支付下月房租。支付形式为：每月交付房租，每月交付水、电、燃气费用。押金800元，入住时交（押金会在合租关系正常中止时退还）。有下列情况之一时，甲方可不予退还押金，并保留民事诉讼的权利：

1. 房屋和家具电器有重大的人为损坏，且责任在乙方。

2. 协议未到期提前退租，未付满三个月房租，或退租前一个月未通知甲方。

第四条：共同使用区域为客厅、厨房、卫生间以及里面的相关设施，公共区域的卫生环境由甲方和乙方每周共同负责。

第五条：卧室的电费各自承担，水、电、燃气费用由甲、乙两方共同支付且不得有浪费水、电、燃气的行为。

第六条：要有良好的起居作息规律，夜间不得无故制造噪声。朋友来访，尽量保持安静，以不干扰对方生活为宜。

第七条：乙方有下列情况之一的，甲方可以终止协议，收回房屋使用权。

1. 乙方未经甲方许可擅自将房屋转租、转让或转借。

2. 乙方利用承租房进行非法活动，损害社会公共利益，产生噪音，影响办公及周围居民生活。

3. 乙方拖欠租金超过15天。

第八条：乙方具有续租的优先权。因为合租的特殊性质，甲方和房东租赁关系中止时，本协议自动失效，甲方不负违约责任，甲方也必须在与房东解除合约前半个月告知乙方。

本协议自订立之日起,即告生效。协议一式两份,由甲方、乙方各执一份。

甲方签字:＿＿＿＿＿＿＿　　　　　乙方签字:＿＿＿＿＿＿＿

签署日期:＿＿＿＿＿＿＿　　　　　签署日期:＿＿＿＿＿＿＿

### 评点升格

所给范文的招租广告字数简短,内容醒目。标题"诚招室友合租"直接点明目的。正文内容明确写出了招租的对象、人数、合租房的住址、构造、周边环境,以及合租费用,最后留下了手机号码和微信号。格式正确,内容符合要求。合租协议的标题"住房合租协议"直接点明主题。正文内容包含了协议人的身份信息,具体协议要求部分也分条列出了题目要求的费用平摊、卫生清洁、起居作息、用餐用厨、交友往来等各类合租中可能涉及的问题。结尾处有协议人的签字。格式正确,内容符合要求。

## 三、现代汉语写作(60分)

### 题目分析

该题是一道材料作文,材料给的是明朝遗民张岱曾说过的一句话,即"人无疵不可与交,以其无真气也;人无癖不可与交,以其无真情也。"这句话的意思是:一个人如果没有瑕疵、缺点,是不可和他交往的,因为这样的人没有真气;一个人如果没有癖好,也是不可和他交往的,因为这样的人没有真情。题目要求考生根据自己的生活经历和感悟,针对材料中提到的观点,或批评,或应和,或延伸。也就是说,考生写作的角度可以多种多样,可以反对材料中所提到的观点,也可以赞成,当然也可以延伸,延伸的角度必须建立在材料提到的观点之上。文章可议论,可叙事,也可抒情。

### 考场还原

无疵无癖之人不可与交

"人无疵不可与交,以其无真气也;人无癖不可与交,以其无真情也。"乍看这句话,我曾持有怀疑态度。没有瑕疵、没有癖好的人难道不好吗?就不能和他交往了吗?但细细想来,或许有一定的道理。

正因为人们本身存在缺点,所以相处起来才更加真实、随性和自然。

真正完美的人是不可能存在的，一个朋友如果在多次的交往或者多年的交往后，还是让你看不到任何缺点，那么这样的朋友其实是很可怕的。人的一生会遇到各种各样的人，也会结识各种各样的朋友。结合我自身的经历来看，细细想来，我所深交的朋友身上都有明显的缺点，我和她们也偶尔会吵吵架。虽然会有矛盾，但事实就是朋友之间的关系越吵越亲，正所谓是"不打不相识"。那些在和你成为朋友后，和你聊天相处一直井井有条的人反而显得不那么真实。你的缺点完全在这样的人面前暴露出来，而你却完全察觉不出她们的缺点，这样的交往关系本身就不平等，走不长远。而且你会发现，这样的人身边不会有特别深交的朋友。所以，人不能过于追求完美，世间也没有十全十美的事物，我们应该保留几份身上的残缺，做个真真实实、有血有肉的人，而不要去做"完美无缺"的假好人。

　　同样，也正因为人们对于某种事物有着特别的爱好，这里特指良癖，才有了生活的乐趣和脑子里不断散发的灵感，和这样的人相处也会更加有趣。

　　这个世界上好看的皮囊太多，有趣的灵魂太少。一个有趣的人，一定会有某种痴迷的爱好。但凡人有了一种癖好，也就有了看世界的一种特别眼光，甚至有了一个属于他的特别的世界。在我的生活中，能看到很多没有什么癖好的人，除了上课、工作别无他事，似乎生活的全部就是生存本身。我并不是想要指责他人的生活方式，但是于我个人而言，以我的性格，我和没有什么癖好的人不会有过多的交往。一个人若没有什么癖好，对什么都提不起兴趣，眼前空无一物，无深情可言，那么和这样的人相处一定不会有趣。没有癖好，生活必定千篇一律，没有一丝波澜。而一个有癖好的人，他的生活必定是鲜活的、生动的。

　　人们喜欢有瑕疵和有癖好的人，是因为他们接近了赤子之心，不圆滑、不欺心、真情且深情，随心所欲，和这样的人相处也会更加随性、自然和有趣。对于张岱所提出的"人无疵不可与交，以其无真气也；人无癖不可与交，以其无真情也"这一观点，现在我深以为然。

---

**评点升格**

　　文章选取的写作角度是赞成"人无疵不可与交，以其无真气也；人无癖不可与交，以其无真情也"这个观点，不过作者给出的前提是这个"癖"得是良癖。文章开篇作者由材料入手，点明了自己支持的态度。其次，分别结合自身的生活经历去论述这一观点。最后，总结与开头呼应，进行点题收尾，再次表明自己的支持态度。整篇文章脉络清晰，论述有理，易于理解。

# 辽宁大学（C 211）

## 学霸硬核备考分享

### 1 本校考查特点

辽宁大学的百科知识科目只考查名词解释，出题较为规律，试题一般是由 5 个中国古代文学、5 个中国现当代文学和传统文化、5 个外国文学和 5 个时政词条构成。题目大多来源于学校指定的两本参考书，即林青松的《中国文学与中国文化知识应试指南》与庄锡昌的《西方文化史》。所以备考时考生要把这两本书的内容当作重点去复习。时政部分则需要考生平时多注意积累与整理。虽然在 2020 年的试卷中，中国文学部分只考查了中国古代文学和传统文化的知识，没有考查中国现当代文学的知识，但考生不能因此放松对现当代文学知识的复习，该部分的知识依旧是重点内容。公文写作部分，考生根据学校指定的参考书，即白延庆的《公文写作》进行复习即可。大作文的出题与往年相比没有什么出入，依旧可以按照高考作文的标准进行复习。

### 2 学霸备考经验

百科知识科目的记忆量非常大，我从三四月份就着手进行复习了，我先从参考书中整理出自己的笔记，然后就开始了有规律的背诵。关于这部分的复习，建议考生每天都抽出固定的时间进行背诵。暑假期间完成第一遍的背诵是比较理想的进度，这样考试前就可以把百科知识背诵五至六遍。复习时不要纠结能否把每个字都原封不动地记忆下来，这样只会徒增记忆负担，按照关键词进行背诵即可。公文写作部分，考生要熟练掌握各个文体的写作格式和要素，保证字数达到考试要求。大作文则要注意多积累素材，自己勤动笔练习。

# 2020年试题参考答案与考点解析

## 一、百科知识（每小题3分，20小题，共60分）

1. **《春秋》**：相传是由孔子修订的周朝时期鲁国的国史，是我国第一部编年体史书，也是儒家经典"六经"之一，具有很高的史料价值。该史书记载了从鲁隐公元年（公元前722年）到鲁哀公十四年（公元前481年）的历史。《春秋》的语言极为简练，句子暗含褒贬之意，后人称之为"春秋笔法"。后来对《春秋》所记载的历史进行补充、解释、阐发的书，被称为"传"，代表作品为"春秋三传"。

🖐 **学霸支招**：该题考查中国古代文学的史书部分，这属于高频考点。参考书中的史书部分较为繁杂，容易混淆，考生应专门进行点对点的区别记忆。作答时应写明作者、别名、主要内容、历史意义等。

2. **班固**：字孟坚，今陕西咸阳人，东汉著名史学家、文学家、辞赋家。班固出身儒学世家，自小博览群书，精通儒家经典和历史。其父死后，班固继承父业，历时二十载，以《史记》的汉代部分和《史记后传》为基础编撰了"前四史"之一的中国第一部纪传体断代史——《汉书》。班固还是"汉赋四大家"之一，他的《两都赋》开创了京都赋的范例。

🖐 **学霸支招**：该题考查中国古代人物部分。作答时应写明字、号、所属时代、所从事的工作、有什么样的贡献等。如果是作家，要写明其代表作；如果是思想家，要写明其主张；如果是政治家，要写明其做出了怎样的改革。

3. **《战国策》**：是战国时代史料汇编和历史散文的总集，是一部国别体史书，又名《国策》《国事》《短长》，作者不可考，后由刘向重新整理，定名为《战国策》。其基本内容为战国时代各谋臣策士纵横捭阖的斗争及与其有关的谋议或辞说。该部史书的文学价值极高，语言明快流畅，常用铺排、夸张手法，人物塑造生动形象，所记策士说辞常引用寓言，用文学手段帮助说理。

🖐 **学霸支招**：该题考查中国古代文学的史书部分，这属于高频考点。作答时应写明作者、别名、主要内容、历史意义等。

4. **退避三舍**：出自《左传·僖公二十三年》中的"晋楚治兵，遇于中原，其辟君三舍。"春秋时，晋国同楚国在城濮作战，晋文公遵守以前的诺言，把军队撤退了九十里。舍：古代行军以三十里为一舍，所以"退避三舍"意为主动退让九十里，比喻为避免冲突而选择主动退让和回避，不与相争。

🖐 **学霸支招**：该题考查成语解释。作答时要写明该成语的出处与典故，并解释成语本身的含义，有些成语的古义与今义不同，要进行区别说明。

5. **东道主**：出自《左传·僖公三十年》中的"若舍郑以为东道主，行李之往来，共其乏困，君亦无所害。"东道主原意为东方道路上的主人，因当时郑国在东，秦国在西，郑国接待秦国的使节，故称"东道主"。后来人们把接待或宴客的主人称作"东道主"。现在"东道主"也可以指某项赛事的主办国家、主办城市或主办单位等。

👉 **学霸支招**：该题考查词语解释。作答时要写明该词语的出处与典故，并解释词语本身的含义。此类题目出题不规律，如果复习中没有覆盖到，那么在考场上就可以写一些自己对该词条含义的理解。

**6. 长安**：西安的古称，周文王时就定都于此。长安是十三朝古都，是中国历史上建都朝代最多、建都时间最长的都城，居中国四大古都之首，同时它还是陆上丝绸之路的起点，是中华文明的发祥地、中华民族的摇篮，其灿烂夺目的文化和悠久的历史吸引了众多国内外游客，因此西安如今也是国际著名旅游城市。

👉 **学霸支招**：该题考查对地名的解释。作答时可以从该地在历史上和当代的政治、经济、文化等方面的地位入手进行解释。

**7. 贞观之治**：指唐朝初年，唐太宗在位期间出现的政治清明、社会稳定、经济发展、文化繁荣的治世局面。唐太宗李世民即位后，悉心总结了隋朝灭亡的经验教训，重视发展生产，以农为本，厉行节约，并且知人善用，虚心纳谏，因此成就了唐朝的第一个治世，为后来的开元盛世奠定了重要基础，将中国的传统农业社会推向鼎盛时期。因唐太宗在位时年号为"贞观"，故史称"贞观之治"。

👉 **学霸支招**：该题考查中国古代历史部分。作答时要写明该文化名词的含义、具体内容、涉及人物、意义、影响等。

**8. 诗圣**：杜甫，字子美，自号少陵野老，是唐代伟大的现实主义诗人，有"诗圣"的美誉，其诗被誉为"诗史"。杜甫的诗语言精练，沉郁顿挫，充满了现实主义精神，反映了社会现实，具有明显的时代特征，且他的诗形式多样，长篇短制、古体近体都运用自如。其代表作品为"三吏"（《石壕吏》《新安吏》《潼关吏》）、"三别"（《新婚别》《无家别》《垂老别》）。

👉 **学霸支招**：该题考查中国古代人物部分，这属于重点内容，考生应着重把握。作答时需要写明人物的字、号、所属时代、写作风格、主要代表作品、人物影响与地位等。

**9. 楷书四大家**：是对书法史上以楷书著称的四位书法家的合称，也称四大楷书。分别指唐朝欧阳询（世称欧体）、颜真卿（世称颜体）、柳公权（世称柳体）、元代赵孟頫（世称赵体）。楷书四大家风格迥异，各自的特点十分鲜明，他们的作品在东亚书画史上产生了深远的影响，把中国书法艺术推向了一个历史高潮，为后世的书法写作奠定了坚实的基础。

👉 **学霸支招**：该题考查中国传统文化的书法部分。对于这种合称类词条，作答时首先要写明该词条所包括的内容，然后说明其意义与影响。

**10. 书画同源**：意为中国的传统书画联系密切。第一，二者有着共同的起源，最初的文字就是从图画发展而来的；第二，二者共同的工具为文房四宝；第三，二者皆为线性艺术；第四，二者你中有我，我中有你，难以分割。因此历来有"书画同源"之说。书与画皆重视尚意、写神与气韵，关注整体和谐。

　　☞**学霸支招**：该题考查中国传统文化的书法部分。作答时主要从书与画的共同点方面进行解释。

　　11. **第一次工业革命**：指18世纪60年代从英国发起的技术革命，是技术发展史上的一次巨大革命，它以蒸汽机作为动力机被广泛使用为标志，开创了以机器代替手工劳动的时代。它不仅是一次技术改革，更是一场深刻的社会变革，工业资产阶级和工业无产阶级自此形成和壮大。第一次工业革命加强了世界各地间的联系，最终确立了资产阶级对世界的统治地位，率先完成工业革命的英国很快成为世界霸主。

　　☞**学霸支招**：该题考查西方历史。作答时需写出事件时间、背景、内容、意义与影响等。

　　12. **辩证法**：即辩证的方法，西方哲学的专有名词，是思辨与实证相统一的方法。其三种基本形式为古代的朴素辩证法、以黑格尔为代表的唯心辩证法、马克思主义的唯物辩证法。马克思主义的唯物辩证法认为世界是普遍联系和永恒发展的，探讨了联系和发展环节上的逻辑问题，其三大规律为对立统一规律、量变质变规律、否定之否定规律。

　　☞**学霸支招**：该题考查哲学名词。作答时可以参照考研政治复习中哲学部分的内容，对辩证法的类别、特点、范畴、规律等进行解释。

　　13. **乔治·戈登·拜伦**：英国19世纪初期的浪漫主义诗人，他的诗歌富有热情和想象力，被后人誉为"抒情史诗"，他的诗中塑造了一批孤独、高傲、叛逆的"拜伦式英雄"，这些英雄具有作者本人的思想性格特征，对后世影响很大。拜伦还是一个为理想战斗的勇士，他参加了希腊民族解放运动，并成了领导人之一。拜伦的代表作有《她走在美丽的光彩里》《唐璜》等。

　　☞**学霸支招**：该题考查西方文学部分。作答时可从人物的国籍、头衔、经历、写作风格特点、主要代表作品、人物的影响与地位等方面入手。

　　14. **《巴黎圣母院》**：是法国杰出文学家维克多·雨果所创作的长篇小说，该作品反映了15世纪末路易十一统治下的巴黎社会生活。雨果运用浪漫主义的手法，表现了人类的美与丑之间的对立和斗争，他的小说充满了浪漫主义所追求的强烈的艺术效果。小说淋漓尽致地揭露了教会的黑暗、僧侣的虚伪和统治者的残酷，反映了雨果的人道主义思想，具有极高的文学价值。

　　☞**学霸支招**：该题考查外国文学名著。作答时要写明作者、作品体裁、主要内容、写作手法与特点、意义与地位等。

　　15. **《叶普盖尼·奥涅金》**：是俄国作家普希金所创作的长篇诗体小说。作者在主人公奥涅金身上反映了当时一部分受到进步思想影响，但最终又未能跳出其狭小圈子的贵族青年的思想面貌和悲剧命运，塑造了俄国文学中第一个"多余人"形象。该作品展现了俄国社会生活的广阔画面，是俄国现实主义文学的奠基作，揭示了沙皇主义专制制度下俄国社会生活的种种矛盾和丑恶，对当时和以后的俄罗斯文学产生了巨大影响。

👉 **学霸支招**：该题考查外国文学名著。作答时要写明作者、作品体裁、主要内容、写作手法与特点、意义与地位等。

**16. 综合国力**：是衡量一个国家基本国力和基本资源的最重要的指标，也是衡量一个国家的经济、政治、军事、文化、科技、教育、人力资源等实力的综合性指标。国家战略资源可划分为8类资源和23个指标，这些指标的总和构成了综合国力。综合国力的发展是个全面的过程，不是一蹴而就的，其根本在于国力资源的强劲，需要科技、人力、资本这些高级生产要素的不断提升。

👉 **学霸支招**：该题考查时政部分。作答时主要从综合国力的定义、主要构成、提升方法等方面入手。时政部分每年一共考查5个词条，考生在复习时要多关注时事政治，可以从公众号和新闻中总结这一年的热点词汇。时政部分出题范围较广，需要考生多多关注。

**17. 中等收入国家**：世界银行按照人均国民总收入把世界各国经济发展水平进行分组，共分为四组，即低收入国家、中等偏下收入国家、中等偏上收入国家和高收入国家，其划分标准会随着经济的发展不断进行调整。中等偏下收入国家和中等偏上收入国家合称为中等收入国家。中国目前已经属于中等偏上收入国家。

👉 **学霸支招**：该题考查时政部分。作答时主要从中等收入国家的定义、分类、我国目前所属的类别等方面入手。

**18. 外汇储备**：又称为外汇存底，指为了应付国际支付的需要，各国的中央银行及其他政府机构所集中掌握并可以随时兑换成外国货币的外汇资产。外汇储备的来源通常是贸易顺差和资本流入，然后集中到该国央行内形成外汇储备。

👉 **学霸支招**：该题考查时政部分。作答时主要从外汇储备的定义、来源与形成等方面入手。

**19. 量子**：现代物理的重要概念，即一个物理量如果存在最小的不可分割的基本单位，则这个物理量是量子化的，并把最小单位称为量子。量子一词来自拉丁语，意为"有多少"，代表"相当数量的某物质"，最早由德国物理学家普朗克提出。现在已经建立了完整的量子力学理论，绝大多数物理学家将量子力学视为理解和描述自然的基本理论。

👉 **学霸支招**：该题考查时政部分。作答时主要从量子的定义以及该词的来源、提出者等方面入手。量子是近几年出现频率很高的热点词汇，此类年度热点内容很容易成为词条考点，考生在复习中要保持敏感，注意多多搜集与积累。

**20. 精准扶贫**：是指针对不同贫困区域环境、不同贫困农户状况，运用科学有效的程序对扶贫对象实施精确识别、精确帮扶、精确管理的治贫方式，与粗放扶贫相对应。"精准扶贫"重要思想最早出现在2013年11月，习近平到湖南湘西考查时首次做出"实事求是、因地制宜、分类指导、精准扶贫"的重要指示。精准扶贫是全面建成小康社会、实现中华民族伟大中国梦的重要保障。

👉 **学霸支招**：该题考查时政部分。作答时主要从精准扶贫的定义、提出、意义等方面入手。

## 二、应用文写作（40分）

**题目分析**

公文写作最重要的便是格式正确、要素齐全。只要掌握了各种公文的文体格式，剩下的内容从题干中提取关键信息并进行扩充写作即可。该题考查的是函的写作，要求以×市城乡建设委员会的名义向×市交通局写一份请求工作协助的函。函的写作一般包括标题、收文单位、正文、结尾和落款五项内容。

**考场还原**

×市城乡建设委员会关于请求×市交通局工作协助的函

×市交通局：

现阶段正处于雨季，对于雨水与污水分流排放的需求较大，我市目前部分地下管道还处于待铺设状态，为了早日实现城市污水与雨水分流排放，优化城市排水系统，建设健康美丽城市，现请求交通局参与协助地下管道线铺设工作，帮助解决以下问题：

1. 在铺设地下管道期间会暂时封锁部分城市路段，可能会造成部分市民出行不便，因此请求交通局提前向全市告知此次施工，说明铺设的起止时间，并提前做好交通疏导与安排工作，以免造成交通拥堵。

2. 为保证此次施工的效率与安全，建成高效的排水系统，请交通局安排专业人员对此次铺设工作进行指导与帮助，我方施工人员会全力配合交通局的工作。

3. 在管道维护方面，考虑到日后维护与修缮工作的展开，请交通局做好标识与告知工作，禁止在地下管道铺设地区进行大面积深度挖掘。

为建设一个更加美丽整洁的×市，×市城乡建设委员会恳请交通局的工作协助。

特此函告，请复。

×市城乡建设委员会<br>××××年××月××日

**评点升格**

该篇范文做到了语言规范、格式正确、要素齐全，包含了标题、收文单位、正文、结尾和落款五项内容，满足了对函的考查。文章根据材料所给信息进行了合理的发挥填充，达到了考试的字数要求。

## 三、现代汉语写作（50分）

**题目分析**

大作文要求围绕"民族灵魂"或"人类的精神"进行写作，该题考查的是议论文写作，要求论点与论据充分。要做到语言优美流畅、旋律积极、紧扣主题、字迹工整。

**考场还原**

### 民族的灵魂

古往今来，历史的车轮如狂风般呼啸而过，卷起的风沙曾湮灭了多少辉煌？然而，一直有一群人昂首在天地之间！他们是历史的弄潮儿，他们永远忠于自己民族的灵魂，他们称自己为：中国人。

《周易》有云："天行健，君子以自强不息。"诚然，这是中华民族自古便有的民族精神，它作为一代又一代人的精神支柱，屹立千年，时至今日，这种不畏艰险、勇往直前的精神仍深埋在我们民族的灵魂之中。

灵魂是不可弃的。若连灵魂都可以遗弃，又谈何精神？又谈何民族？然而，中华民族的历史上却又不乏丢失灵魂的时候。君可记得曾经的丧权辱国？君可知晓"文革"中的人心惶惶？这都是我们曾经的"落魄"。但君又可记得虎门上空熊熊的热浪？君又可知晓粉碎"四人帮"时的举国欢庆？没错，中国人一直未曾忘记民族的灵魂！那是他们永恒的、不屈的精神。

"必须敢于正视，这才可望敢想、敢说、敢做、敢当。"这是鲁迅对曾经的中国人的告诫。而这句话又是否适用于现代的中国人？在我们中不乏缺少民族精神的人，没有上进心者、崇洋媚外者、民族歧视者怕是大有人在。然而人们总以一种抱怨教育、抱怨社会、抱怨国家的心态回避问题，却不是从自身调整。而那些问题也并未有所解决。我们应该反省，我们是不是错了？我们是不是已经丢失了民族的灵魂？我们是不是应该正视这"惨淡的人生"？

中华民族的灵魂是坚定不移的磐石，是勇往直前的激流，是不朽不折的古树，是昂首挺胸的雄狮！

中华民族是自强不息的民族，是不向任何人低头的民族！所有的辉煌我们都记着，所有的屈辱我们也记着，因为我们知道，这辉煌是所有不屈的脊梁支撑起来的！我们要让所有的后代都知道，中国人在面对屈辱时并没有妥协，而是在忍辱中丰满羽翼，等待崛起后的一飞冲天!

正如毛主席所说:"数风流人物,还看今朝。"长江后浪推前浪,一浪更比一浪强!我们不能遗忘曾经,我们要铭记历史,铭记所有的屈辱与辉煌,更要铭记那永垂不朽的民族的灵魂。

> **评点升格**
>
> 此篇范文开篇开门见山地亮明论点,议论过程情理交融,情感激昂,主题鲜明,立意深远,段落清晰,结构有序,极富感染力,并在文中多处合理引用了名人名言与历史事件,起到了画龙点睛的效果。

# 2019年试题参考答案与考点解析

## 一、百科知识(每小题3分,20小题,共60分)

**1. 楚辞**:产生于战国后期,是中国文学史上第一部浪漫主义诗歌总集,与楚文化关系密切。楚辞作为一种新诗体,直到屈原等人的一系列作品出现于楚国文坛后,才真正形成一代成熟的文学样式。《楚辞》是继《诗经》后的又一座诗歌高峰,它开创了中国浪漫主义文学的诗篇,因此后世称此种文体为"楚辞体""骚体"。

🐟 **学霸支招**:该题考查中国古代文学部分,属于先秦文学范围,该部分是复习的重点。作答时主要从意义、影响与文学地位等方面入手。

**2.《孔雀东南飞》**:是长篇叙事诗,为汉乐府诗中最长的一篇,原题为《古诗为焦仲卿妻作》,是乐府诗发展史上的高峰之作,后人盛称它与北朝的《木兰诗》为"乐府双璧"。该诗描写了一个封建社会中常见的家庭悲剧,主要讲述了焦仲卿、刘兰芝夫妇被迫分离而双双自杀的故事,控诉了封建礼教的残酷无情,歌颂了焦刘夫妇的真挚感情和反抗精神。

🐟 **学霸支招**:该题考查中国古代文学,作答时应写明作者、别名、主要内容、历史意义等。

**3. 三国时期**:指中国汉朝与晋朝之间的一段历史时期,时间为220年至280年,分为曹魏、蜀汉、东吴三个政权。赤壁之战中,曹操被孙权和刘备联军击败,形成三国鼎立的雏形。220年曹丕篡汉称帝,国号"魏",史称曹魏,三国历史正式开始。221年刘备称帝，定都成都，史称蜀汉。229年孙权称帝，定都建邺，国号"吴"，史称东吴。至此，三国鼎立的局面正式形成。280年，西晋灭东吴，统一中国，三国时期结束。

👉 **学霸支招**：该题考查中国古代历史，往年真题中也出现过朝代解释的题目，考生需要多留心这部分的复习。作答时一般多从起始时间、开国皇帝、相关史实、政治、经济、文化、发展状况、覆灭原因等方面入手。

**4. 建安风骨**：建安是东汉末年汉献帝的年号，这个时期以及魏初若干年的文学创作被称为"建安文学"。建安诗人继承了汉乐府民歌的传统，以现实主义的创作精神，在诗歌史上树起了一面旗帜，其雄健深沉、慷慨悲凉的艺术风格，被誉为"建安风骨"。代表人物主要有"三曹"（曹操、曹丕、曹植）、"七子"（孔融、陈琳、王粲、徐干、阮瑀、应场、刘桢）。

👉 **学霸支招**：该题考查中国古代文学，作答时应先简要解释一下建安，再对建安风骨作具体的解释，最后补充建安风骨的主要代表人物。

**5. 老骥伏枥**：出自三国时期魏国曹操的《龟虽寿》中的"老骥伏枥，志在千里。"老骥指年老的骏马，多喻年老而壮志犹存之士。骥指良马、千里马。枥指马槽、养马的地方。老骥伏枥比喻人虽然年老，但仍有雄心壮志。

👉 **学霸支招**：该题考查成语解释，作答时要写明该成语的出处与典故，并解释成语本身的含义。这部分内容没有明确的复习范围，故而要多注意平时的积累。

**6. 阴阳历**：在天文学中是指兼顾太阳、月亮与地球关系的一种历法，它既考虑太阳的活动，也考虑月亮的活动，根据地球绕太阳旋转的规律，把一年的十二个月分成二十四个节气。同时它以月亮的圆缺变化为依据，称月亏最甚之日为朔日（每月初一），月圆之日为望日（每月十五）。

👉 **学霸支招**：该题考查中国古代传统文化的天文学成就，作答时应解释清楚阴阳历的定义，以及朔日、望日的定义等。

**7. 黄帝内经**：中国最早的医学典籍，成书于春秋战国时期，是传统医学四大经典著作之一，分《灵枢》《素问》两部分。该书总结了先秦的医学实践和理论知识，强调人体的整体观念，运用阴阳五行的自然哲学思想，形成了一套脏腑和经络学说。《黄帝内经》奠定了人体生理、病理、诊断以及治疗的认识基础，是对中国影响极大的一部医学著作，被称为医之始祖。

👉 **学霸支招**：该题考查中国古代传统文化部分的医学成就，同时也是对文献典籍的考查。作答时应写明作者、主要内容、历史意义与影响等。

**8. 甲骨文**：中国的一种古老文字，又称为"契文""甲骨卜辞""殷墟文字"，是目前能见到的最早的成熟汉字，具有对称、稳定的格局。主要指中国商朝晚期王室用于占卜记事而在龟甲或兽骨上镌刻的文字，是中国及东亚已知的最早的成体系的商代文字的一种载体。

👉 **学霸支招**：该题考查中国古代文化部分，作答时主要从甲骨文的特点、意义等方面入手。

**9. 司马迁**：字子长，西汉历史学家、文学家、思想家。司马迁曾师从董仲舒、孔安国，一生漫游全国各地，曾任太史令，但因替李陵辩护而触怒汉武帝，加之其在《景帝本纪》中直言景帝与武帝的过失，被武帝处以宫刑。他呕心沥血，历经多年创作了中国第一部纪传体通史——《史记》。《史记》被公认为是中国史书的典范，该书记载了从上古传说中的黄帝到汉武帝时期长达3000多年的历史，是"二十五史"之首，被鲁迅誉为"史家之绝唱，无韵之离骚"。

👉 **学霸支招**：该题考查中国古代文学部分，作答时主要从人物身份、生平、典型事迹、人物成就、结局、影响等方面入手。

**10. 七月流火**：出自《诗经·豳风·七月》中的"七月流火，九月授衣。一之日觱发，二之日栗烈。无衣无褐，何以卒岁。"意指农历七月天气转凉的时节，天刚黑的时候，可以看见大火星从西方落下去。"七月流火"常被误认为形容暑热。

👉 **学霸支招**：该题考查成语解释，作答时一般要写明该成语的出处与典故，并解释成语本身的含义。这部分内容没有明确的复习范围，故而平时要多注意积累。

**11. 萨特的存在主义**：存在主义是当代西方哲学的主要流派之一，包括有神论的存在主义、无神论的存在主义和人道主义的存在主义三大类别。萨特是法国无神论的存在主义的主要代表人物，主要作品有《存在与虚无》。他主张以人为中心，尊重人的个性和自由，认为人是在无意义的宇宙中生活，人的存在本身也没有意义。

👉 **学霸支招**：该题考查西方哲学部分，作答时主要从该流派的起源、主要主张、代表人物、作品等方面入手。

**12. 魔幻现实主义**：是20世纪50年代前后在拉丁美洲兴盛起来的一种文学流派。该流派运用丰富的想象和夸张的艺术手法对现实生活进行特殊表现，把现实变成一种神奇现实。该流派的代表作有《百年孤独》，作者为加西亚·马尔克斯，该作品是再现拉丁美洲历史社会图景的鸿篇巨制。

👉 **学霸支招**：该题考查西方文学部分，作答时主要从该流派的出现时间、写作手法与特点、代表作品、代表作家等方面入手。

**13. 詹姆斯·乔伊斯**：爱尔兰作家、诗人，20世纪最伟大的作家之一，也是后现代文学的奠基者之一。他擅长对人物内心进行细致刻画，其写作语言变化多端。他的作品及意识流思想对世界文坛影响巨大，他的大部分作品都以爱尔兰为背景和主题。代表作品有《都柏林人》《尤利西斯》。

👉 **学霸支招**：该题考查西方文学部分，作答时主要从人物身份、成就、评价、写作特点、代表作品等方面入手。

**14.《荷马史诗》**：相传公元前8世纪的古希腊盲诗人荷马，把一些口头流传的诗歌整理编纂成《伊利亚特》和《奥德赛》两部史诗，即著名的《荷马史诗》。《荷马史诗》

是研究"黑暗时代"希腊社会的唯一文字史料。《荷马史诗》以迈锡尼时代晚期的特洛伊战争为题材,是欧洲文学史上最早的文学巨著,成为欧洲文学的渊源,在西方文学乃至世界文学史上占有极为重要的地位。

👉 **学霸支招**:该题考查西方文学著作,作答时主要从创作时期、作者、主要内容、地位、影响等方面入手。

**15.《荒原》**:是英国现代著名诗人艾略特的代表作。全诗共分为五章:《死者葬仪》《对弈》《火的布道》《水中的死亡》《雷霆的话》。其内容庞杂,语言支离破碎,层次结构凌乱,运用多种外语和古语。全诗打乱时序,由许多片段组成。该作品反映了第一次世界大战后西方知识分子的"迷惘"和"幻灭",它将世界比喻为一片荒原,因此荒原成为充满危机的西方社会的象征。

👉 **学霸支招**:该题考查西方文学著作,作答时主要从作者、写作特点、内容等方面入手。

**16. 改革开放**:是1978年12月中共十一届三中全会中国开始实行的对内改革、对外开放的政策。中国的对内改革首先从安徽省凤阳县小岗村开始,实行"农村家庭联产承包责任制",由此拉开了中国对内改革的新篇章。对外开放是中国的一项基本国策,是中国成为强国的必经之路,是社会主义事业发展的强大动力。

👉 **学霸支招**:该题考查政治常识,改革开放是高频考点,考生对此应该都不陌生。作答时主要从改革开放的定义、改革的起点和实行的制度、开放的意义与影响等方面入手。

**17. 历史唯物主义**:是哲学中关于人类社会发展一般规律的理论,是马克思主义哲学的重要组成部分,其创立者为德国哲学家马克思和恩格斯。它的研究对象是社会发展的一般规律,任务是为各门具体的社会科学提供历史观和方法论的理论基础。历史唯物主义认为历史是一种客观存在,其发展是有特定规律的,即生产力决定生产关系,生产关系反作用于生产力,生产关系一定要适应生产力的发展。

👉 **学霸支招**:该题考查哲学部分的知识,考生可以将这部分知识与考研政治的复习联系起来,用政治上学到的知识点进行答题。作答时主要从历史唯物主义的定义、创立者、研究对象、任务、主要观点等方面入手。

**18. 空间站**:又称太空站、航天站,是一种在近地轨道长时间运行,可供多名航天员巡访、长期工作和生活的载人航天器。空间站分为单模块空间站和多模块空间站两种。空间站的特点是体积比较大、结构复杂,在轨道飞行时间较长,有多种功能,可展开多种太空科研项目。空间站不具备返回地球的能力。

👉 **学霸支招**:该题考查时政方面的内容,作答时主要从空间站的定义、分类、特点等方面入手。在复习这部分内容时要多关注时事政治,可以从公众号和新闻中总结这一年的热点词汇。时政部分出题范围较广,需要考生多多关注。

**19. 自由贸易区**：指签订自由贸易协定的成员国相互彻底取消商品贸易中的关税和数量限制，使商品在各成员国之间处于自由流动状态，而非成员国进口商品仍然受到限制。对我国来讲，自由贸易区使我国的经济变得更加开放，向世界展示了我国进一步推进改革的决心，为提升我国经济全球竞争力、支撑我国经济向稳向好发展提供了有利条件。

> **学霸支招**：该题考查时政方面的内容，自由贸易区是近年来的热点话题。作答时主要从自贸区的定义以及对我国的影响等方面入手。

**20. 生态文明**：是人类文明发展的一个新的阶段，即工业文明之后的文明形态；生态文明是人类遵循人、自然、社会和谐发展这一客观规律而取得的物质与精神成果的总和。它的前提是尊重和维护自然，宗旨是人与人、人与自然、人与社会和谐共生，以建立可持续的生产方式和消费方式为内涵，以引导人们走上持续、和谐的发展道路为着眼点。

> **学霸支招**：该题考查时政方面的内容，作答时主要从生态文明的定义、前提、宗旨、内涵、着眼点等方面入手。

## 二、应用文写作（40分）

> **【题目分析】**
>
> 公文写作最重要的便是格式正确，要素齐全。只要掌握了各种公文的文体格式，剩下的内容从题干中提取关键信息并进行扩充写作即可。该题考查的是请示的写作，要求以县中心医院的名义向卫生局写一份关于医疗诊室的请示。请示的写作一般包括标题、收文单位、正文、结束语和落款这五项内容。

**【考场还原】**

县中心医院关于医疗诊室的请示

卫生局：

　　现在正值流感爆发的高峰期，县内感染流感的人数较多，县中心医院因此面临着较大的医疗压力，出现了诊室不足的情况，导致了一系列不便状况。比如患者在候诊区等待时间过长，导致面诊效率低下，同时多人集聚在候诊区也可能造成相互感染的隐患。并且因为医疗诊室有限，一个医生要面诊多位患者，造成了医生压力过大的问题。为了解决以上问题，县中心医院现在计划加派医护人员，并增加几个医疗诊室以缓解当前压力。另外为优化广大人民群众的就诊体验，创造更为高效利民的医疗环境，改变当前多名医生、患者公用同一间诊室的情况，以更好地保护患者隐私，使患者与医生能够更加敞开心扉交流，县中心医院计划把现有的多人诊室改建为单人诊室，因此请求卫生局批准县中心医院加设医疗诊室。县中心医院会珍惜并最大化利用新增的医疗诊室，为广大人民群众提供更好的医疗服务和更优质的医疗环境。

以上请示妥否，请批复。

县中心医院<br>××××年××月××日

### 评点升格

该篇范文做到了语言规范、格式正确、要素齐全，包含了标题、收文单位、正文、结束语和落款，满足了请示的要求。文章根据材料中所给的信息进行了合理的发挥填充，达到了考试的字数要求。

## 三、现代汉语写作（50分）

### 题目分析

大作文要求围绕"人工智能与人类"进行写作，该题考查的是议论文写作，要求论点与论据充分，要做到语言优美流畅、旋律积极、紧扣主题、字迹工整。

### 考场还原

持辩证眼光，筑美好未来

仍记得，电影银幕上的机器人管家、机器人助手，甚至是机器人女友，让童年的我们对人工智能有了初步了解。如今，随着时代的进步和科技的发展，人工智能已无处不在，我们也对此习以为常。然而，在享受其便利的同时，挑战与威胁也接踵而至，对于这种冲突，我们该持何种态度呢？

不可否认的是，人工智能的普遍运用给人类带来了极大的便利。老百姓的家庭中，扫地机器人灵活移动，所到之处一尘不染；小汽车里，智能导航精确指引，引领我们快速到达目的地；工厂内外，机械手臂灵活运转，危险工作完美完成；育儿所里，智能机器人陪伴玩乐，给予知识；商场门口，机器人维护安全，呵护和谐……在不知不觉中，人工智能已渗透个人生活与公众领域的方方面面，如医疗、卫生、娱乐、安全、教育等。它们遵循既定的程序，重复特定的工作，让人类摆脱各种麻烦、解除不少威胁、享受许多便利。这样的人工智能，毫无疑问是值得人类推广、利用的。

凡事有利皆有弊，人工智能也不例外。当"阿尔法狗"接连打败围棋高手李世石、柯洁；当自动驾驶汽车连连发生交通事故致人死亡；当娱乐公司依靠写作机器人撰写文章；当安保机器人不分目标攻击儿童……这注定是一种危险边界的失守。我们应该，也必须看到，人工智能目前发展得并不完善，不仅在某些领域造成了困扰，而且可能会威胁人类的生命安全，更有甚者将挑战人类的伦理道德、法律底线和文化沉淀。

高晓松曾说："当机器代替人类创作与思考，我们的路也会走完的。"诚如其言，一方面，电脑终究不比人脑，拥有的仅是冰冷的程序设定，而非温暖的、有人情味的理性思考，许多伦理规则、道德底线是无法设定的。另一方面，文艺作品，像电影、报刊、文章等，蕴含着人类的主流价值观和世界发展的潮流，反映的是人类上千年的文化积累与无穷无尽的内心世界，若交由机器完成，不过是对现有作品的复制粘贴、东拼西凑罢了，这种所谓的"再创作"，缺乏精神内涵和真情实感，最终会将人类的精神世界引向匮乏与苍白，将人类的文明发展引向空洞与虚无。

既然利与弊交错，既然是与非混淆，那我们到底该如何看待人工智能呢？我们应持辩证的眼光，使人工智能真正成为帮手而非杀手。对于日常的琐碎事务、繁杂工作等，人工智能的进驻无可厚非。而对于文艺创作这种文化传承类工作、驾车这类需要价值判断的工作、安保等涉及人身安全的工作，人类或许更胜一筹。"既然上帝造了我们，我们应该自信。"一如贾平凹先生所说。在现代社会，只有人类与人工智能和谐相处，各司其职，我们才能拥有更和谐的社会，才能走向更美好的未来。

**评点升格**

该篇范文观点明确，论理深刻，结构严谨，层层深入，层次分明。文章在多处恰到好处地引用了精彩的名人名言作为辅助，让人信服，称得上是一篇佳作。

# 2018年试题参考答案与考点解析

## 一、百科知识（每小题3分，20小题，共60分）

**1. 七七事变**：又称卢沟桥事变，1937年7月7日夜，日军在北平西南卢沟桥附近演习时，借口一名士兵"失踪"，要求进入宛平县城搜查，遭到中国守军严词拒绝。日军遂向中国守军开枪射击，随后又炮轰宛平城，中国守军奋起反抗，这就是震惊中外的七七事变。七七事变是日本帝国主义发动全面侵华战争的开始，也是中华民族进行全面抗战的起点。

🐟 **学霸支招**：该题考查历史事件，作答时要写出"人、地、时、事"，即人物、地点、时间、事件及时代背景、历史贡献、历史意义等。

**2. 孤岛文学**：指从1937年至1944年间，留在上海的部分作家在如同孤岛般的租界里所创作的文学。他们利用租界特殊的环境，进行抗日文学活动，代表作家有唐弢、柯灵、王任叔，代表作品有《边鼓集》《横眉集》等。于伶的戏剧《夜上海》《长夜行》《花溅泪》也很好地反映了沦陷区人民的生活和斗争。

👉 **学霸支招**：该题考查中国现当代文学的知识，属于第三个十年的文学部分。作答时要写明孤岛文学的定义、代表人物及代表作品等。

**3. 七月派**：是抗日战争、解放战争时期国统区最有影响力的文学流派。这是一个风格鲜明的文学流派，同时也是一个内容驳杂、风格繁复的流派。七月派小说是20世纪中国小说由"五四启蒙叙事"向"红色阶级叙事"转变的重要模式。七月派作家以胡风主持的《七月》《希望》等为阵地，发表了一系列以强烈爱憎反映生活并直击人的心灵的作品。代表人物有绿原、阿垅、丘东平等，代表作品有《财主底儿女们》等。

👉 **学霸支招**：该题考查中国现当代文学的知识，属于第三个十年的文学部分。作答时主要从该流派的特点、代表作家、代表作品等方面入手。

**4.《围城》**：是钱锺书著名的长篇讽刺小说。该作品以留法归国的方鸿渐为中心，描绘了在抗战时代一群远离战火的知识分子的生存状态。小说真实地反映了20世纪半封建半殖民地社会里一些知识分子的空虚灵魂和病态精神，充满了机智的讽刺与独特的比喻，带有浓厚的哲理意味和文化氛围。

👉 **学霸支招**：该题考查中国现当代文学的知识，属于国统区文学部分。作答时多从创作时期、作者、主要内容、地位、影响等方面入手。

**5. 张爱玲**：原名张煐，笔名梁京，中国现代女作家。其作品几乎是以上海、香港等大都市作为背景，在荒凉和颓废的大城市中铺张男男女女的形象，演绎着堕落和繁华。她的作品拓展了女性批判的新视野和女性文学的新天地，创造了写实小说的新高，形成了与众不同的艺术风格，对中国文学史有着独特的贡献。代表作品有《倾城之恋》《半生缘》等。

👉 **学霸支招**：该题考查中国现当代文学部分的知识，作答时主要从人物头衔、写作特点、影响地位、代表作品等方面入手。

**6.《易经》**：也称《周易》或《易》，原为古代占筮之书及其解说，后被列入儒家经典，包括《经》《传》两部分。《经》主要是64卦和384爻。卦、爻各有卦辞、爻辞，为占卜之用。《传》共有10篇，内容是对《经》进行解释和论述。《易经》是中国传统思想文化中自然哲学与伦理实践的根源，是古代民族思想、智慧的结晶，被誉为"大道之源"。

👉 **学霸支招**：该题考查中国古代典籍部分的知识，作答时主要从该典籍的具体内容和评价地位等方面入手。

**7. 人文始祖**：指开拓人文文化，对中华文明进步发展有过巨大贡献的人，一般指炎帝与黄帝。炎帝，号神农氏，是原居住在我国西方的一个部落的首领。黄帝，号轩辕氏，是原居住在我国西北的一个部落的首领。黄帝与炎帝的部落通过战争与融合，在定居中原后,共同开发黄河中下游的两岸,形成了日后的华夏族,因此,炎帝和黄帝被尊为华夏族的人文始祖。

👉 **学霸支招**:该题考查中国传统文化部分的知识,作答时主要应介绍清楚人文始祖的定义以及包括的人物等。

**8. 冕**:中国古代帝王及地位在大夫以上的官员们戴的礼帽,后专指帝王的皇冠。外黑色,里朱红色。冕顶有长方板,前圆后方,盖谓天圆地方,称为延,后高前低,略向前倾。延之前端缀有数串小圆玉,谓之旒。冕加在发髻上,并横插一玉笄,以别住冕。南北朝以后,只有帝王可以戴冕,因用以专称皇帝的礼冠。

👉 **学霸支招**:该题考查中国传统文化部分的知识,作答时除定义以外,还可以对冕的外形做一些解释描述。

**9. 纨绔子弟**:出自《汉书·叙传上》中的"出与王、许子弟为群,在于绮襦纨裤之间,非其好也。"纨绔指富贵人家的子弟穿的用细绢做成的裤子,泛指有钱人家子弟的华美衣着,借指富贵人家的子弟。绔同"裤"。纨绔子弟指官僚、地主等有钱有势人家成天吃喝玩乐、不务正业的子弟。

👉 **学霸支招**:该题考查成语解释,作答时一般要写明该成语的出处与典故,并解释成语本身的含义。这部分内容没有明确的复习范围,故而平时要多注意积累。

**10. 诸侯**:是古代分封制中各方君主的统称。诸侯来源于分封制,其最早可以追溯到西周时期。王族、功臣和贵族被授予土地和人民,由此建立起自己的领地,他们的职责是拱卫王室。封国的面积有大有小,封国国君的爵位也各有不同。诸侯要听从周王室的指挥命令,并按期纳贡,有随同周王室作战的责任。

👉 **学霸支招**:该题考查中国传统文化部分的知识,作答时要写明定义以及来源等。

**11. 法国大革命**:又称法国资产阶级革命,是一场资产阶级民主革命,爆发于1789年,以7月14日巴黎人民起义,攻占了象征封建统治的巴士底狱为标志。法国大革命中颁布了《人权宣言》,建立了法兰西共和国,摧毁了法国封建专制。其自由、平等、博爱的精神对人类文明做出了巨大贡献。

👉 **学霸支招**:该题考查历史事件,作答时要写出地点、时间、事件、时代背景、历史贡献、历史意义等。

**12. 启蒙主义**:实质上是18世纪法国大革命前,新兴资产阶级为达到向封建阶级夺权的目的所做的一次舆论准备。启蒙知识分子顺应历史要求,提出了启蒙理论,即用平等、博爱、自由、天赋人权的思想来对抗封建专制和特权,用无神论、自然神论或唯物论与宗教迷信战斗。这个时期的启蒙运动,覆盖了各个知识领域。启蒙运动同时为美国独立战争与法国大革命提供了框架,并且导致了资本主义和社会主义的兴起。

👉 **学霸支招**:该题考查西方历史部分的知识,作答时主要从时代背景、主要内容与主张、意义与影响等方面入手。

**13. 浪漫乐派**：音乐派系之一，亦称"浪漫主义音乐"或"浪漫派音乐"，一般指18世纪末到19世纪初发始于德奥，后又散播到整个欧洲各国的一种音乐新风格。浪漫派的音乐家一般偏重于幻想的题材与着重抒发主观的内心感受，因而其突破了古典乐派某些形式的限制，使音乐创作获得了新的进展。代表人物有贝多芬、舒伯特、门德尔松、舒曼等。

> 学霸支招：该题考查西方文化部分的知识，作答时主要从该乐派的发源地、时间、创作特点、代表人物等方面入手。

**14. 贝多芬**：德国作曲家和音乐家，是古典主义风格的集大成者，同时又是浪漫主义风格的开创者。他的创作构思宽广、形象宏伟、感情深邃、对比鲜明，对世界音乐的发展有着非常深远的影响，因此被尊称为"乐圣"。代表作有交响曲《英雄交响曲》《命运交响曲》和钢琴小品《致爱丽丝》等。

> 学霸支招：该题考查西方文化部分的知识，作答时主要从人物的国籍、头衔、创作特点、成就、地位、代表作等方面入手。

**15. 交响诗**：一种单乐章的标题音乐，是浪漫主义时期的一种单乐章管弦乐曲。交响诗通常注重诗意和哲理的表现。交响诗的形式多变，常根据奏鸣曲式的原则自由发挥，基于文学、绘画、历史故事和民间传说等构思而成。交响诗创始于19世纪中叶，其创始者是匈牙利"钢琴之王"李斯特，他把标题音乐和诗联系起来，称为交响诗。其代表作品有《山上听闻》《塔索》《前奏曲》等。

> 学霸支招：该题考查西方文化部分的知识，作答时主要从音乐特点、代表人物、代表作品等方面入手。

**16. 中国特色社会主义**：亦称"具有中国特色的社会主义"，具体包括中国特色社会主义道路、理论、制度、文化四部分。中国特色社会主义道路，是指在中国共产党的领导下，立足基本国情，以经济建设为中心，坚持四项基本原则，坚持改革开放，解放和发展社会生产力，巩固和完善社会主义制度，建设富强、民主、文明、和谐、美丽的社会主义现代化强国。

> 学霸支招：该题考查时政方面的内容，作答时主要从中国特色社会主义的定义以及发展中国特色社会主义在各方面所需要做的努力这两方面入手。这部分可以结合考研政治部分一起学习。在复习这部分内容时要多关注时事政治，可以从公众号和新闻中总结这一年的热点词汇。时政部分出题范围较广，需要考生多多关注。

**17. 小康社会**：是邓小平同志在20世纪70年代末80年代初在规划中国经济社会发展蓝图时提出的战略构想。随着中国特色社会主义建设事业的深入，其内涵和意义不断得到丰富和发展。在20世纪末基本实现"小康"的情况下，党的十六大报告明确提出了"全面建设小康社会"。党的十七大报告在此基础上提出新的更高要求，提出了六个"更加"。2020年是全面建成小康社会宏伟目标的实现之年。

> 学霸支招：该题考查时政方面的内容，作答时主要从小康社会的定义以及小康社会在各阶段的发展这两方面入手。

18. **供给侧**：经济学术语，指供给方面，是生产消费过程中的一个环节，它对应的是需求。供给侧结构性改革是要改善供给结构，实现由低水平供需平衡向高水平供需平衡跃升，不断创造和引领新的需求。改革的内涵是增强供给结构对需求变化的适应性和灵活性，不断让新的需求催生新的供给，让新的供给创造新的需求，在互相推动中实现经济发展。简言之，就是去产能、去库存、去杠杆、降成本、补短板。

👉 **学霸支招**：该题考查时政方面的内容，作答时主要从供给侧的定义和供给侧结构性改革的定义这两方面入手。

19. **市场经济**：又称为自由市场经济或自由企业经济，是一种经济体系，在这种体系下产品和服务的生产及销售完全由自由市场的自由价格机制所引导。在市场经济里并没有严格的中央协调的体制来指引其运作，但是在理论上，市场将会通过产品和服务的供给和需求产生复杂的相互作用，进而达成自我组织的效果。

👉 **学霸支招**：该题考查时政方面的内容，作答时主要从市场经济的定义和运作方式等方面入手。

20. **一带一路**：是"丝绸之路经济带"和"21世纪海上丝绸之路"的简称，是一个合作发展的理念和倡议。"丝绸之路经济带"是在"古丝绸之路"的概念基础上形成的一个新的经济发展区域。"21世纪海上丝绸之路"则是发展面向南海、太平洋和印度洋的战略合作经济带。通过全方位推进务实合作，最终打造"一带一路"沿线国家政治互信、经济融合、文化包容的利益共同体、责任共同体和命运共同体。

👉 **学霸支招**：该题考查时政方面的内容，作答时主要从"一带一路"的定义入手，另外还要分别解释"丝绸之路经济带"和"21世纪海上丝绸之路"的定义。

## 二、应用文写作（40分）

> **题目分析**
>
> 公文写作最重要的便是格式正确，要素齐全。只要掌握了各种公文的文体格式，剩下的内容从题干中提取关键信息进行扩充写作即可。该题考查表彰决定，要求以××公司的名义拟写一份不少于400字的表彰决定。表彰决定的写作一般包括标题、收文单位、正文、发文单位和日期这五项内容。

▶ **考场还原**

××公司关于表彰敢于创新、表现突出的集体和个人的决定

××公司各部门：

2017年度，公司为了提高效益，加快生产效率，推动企业转型发展，生产出更多实用产品，发挥了大胆创新、不惧失败的精神，开展了技术改革项目。经过一年的时间，

在公司的正确决策与有效部署下,在各部门中不怕苦、不怕累、勇于创新的集体与个人的共同奋斗与努力下,公司的技术改革项目在全面投产后,取得了巨大的成功,公司的经济效益获得了大幅提高。在这一年多的时间里,许多员工都全身心地投入自己的任务中,把公司的利益放在第一位,取得了许多傲人的成就。有的员工为了更好地完成工作,甚至自愿牺牲了一部分休息时间,这种无私奉献的精神不禁让人动容。

为了表达公司对上述敢于创新、表现突出的集体和个人的赞赏与感谢,也为了激励公司所有的部门和个人学习这种爱岗敬业、勇于创新、艰苦奋斗、无私奉献的精神,××公司决定授予部分部门和部分员工先进集体和先进个人的荣誉称号。

××公司<br>××××年××月××日

### 评点升格

该篇范文做到了语言规范、格式正确、要素齐全,包含了标题、收文单位、正文、发文单位和日期等要素,满足了对表彰决定的考查。文章根据材料中所给的信息进行了合理的发挥填充,达到了考试的字数要求。

## 三、现代汉语写作(50分)

### 题目分析

大作文要求以"宽容"为题进行写作,中规中矩,难度不大,可以写成一篇议论文。要做到语言优美流畅、旋律积极、紧扣主题、字迹工整。

### 考场还原

宽 容

纪伯伦说过:"一个伟大的人有两颗心,一颗心流血,一颗心宽容。"其言信然。宽容者,或不善言辞,却有真心实意,可动人心弦;或淳朴无华,却能助人于无形,如清水香茶一般甘美。宽容者,亦被人以宽容待之,被世界以温柔抚之。

若心有宽容,生命旅程中必将有万里花开,长盛且其华酌古御今,无数成大事者的宽容之心总能在历史长河中熠熠生辉。无论是狂风巨浪,抑或污水逆流,都无法磨灭宽容之心的明光之威。正如官至大学士的张英以"让他三尺又何妨"的态度宽恕邻居的冒犯,且以平等的姿态与民相处,让六尺巷成为宽容与谦让的标志。又如廉颇负荆请罪时,蔺相如不计其因名利之争的背后议论、冷语伤人，而以长远的目光予其宽恕，更以如海般阔达的胸怀与其结为兄弟，同传一段共事佳话。更如温文尔雅的"斗士"——胡适，尽管鲁迅对其极尽挖苦、讽刺与谩骂，他都一笑了之，并始终保持敬重、平和的态度，肯定鲁迅的贡献与成就，胡适用其一生，完美地诠释了"君子之德，莫美于恕"。

宽容如一把明火，即使前路黑途漫漫，无迹可寻，有了宽容，大可昂首阔步，直达远方；宽容如一扇敞开的窗，窗外是鸟语花香、风光无限，窗内是静默暖阳、明月半墙；宽容如一粒清雪，可以融化污尘，洗净铅华，呼唤阳春，抵达至真至纯的世界。

马克·吐温有言，紫罗兰把它的香气留在了踩扁它的脚踝上。这就是宽恕。事实确乎如此。宽容或饶恕，并不需要繁杂的程序、庞大的规模、恢宏的阵仗。一句"没关系"、一个暖心的微笑、一双温暖的手、一杯纯粹的酒，便能尽显真情，切断不快的来源，再添一桩乐事，再获一味真情。恕人，便是乐己。

《呼啸山庄》中曾记，惩罚恶人是上帝的事，我们应该学会宽恕别人。学会宽容，便有谦谦风度，君子可亲；学会宽容，便有明月繁华，有人共赏；学会宽容，便有条条坦途，前路康庄。学会宽容，便可沟通人与人心灵之桥梁，通往至上美德的殿堂。

若想走长远之路，万万莫忘要将宽容背于行囊。此去经年，必将一路乘风破浪，更有凯旋歌声，悠悠扬扬。

**评点升格**

　　该篇范文观点明确，论理深刻，情理交融，结构严谨，层次分明。文章在多处恰到好处地引用了精彩的名人名言、典故与名著作为辅助，让人信服，称得上是一篇佳作。

# 西北大学（C 211）

## 学霸硬核备考分享

### 1 本校考查特点

近年来西北大学的汉语写作与百科知识科目的题型由单选、填空、名词解释、应用文写作、现代汉语写作这五部分构成。主要考查考生的综合素养与对时事热点的敏感程度，少见偏难怪题型，但需要考生不局限于英语专业的专业知识，更应具备较广的知识面与深厚的知识储备。

### 2 学霸备考经验

备考时，对待不同题型应采用不同方法。

**单选填空**：鉴于西北大学的汉语写作与百科知识科目对考生的知识面要求较广，各位考生闲暇时应多阅读相关书籍，或用 Anki 等记忆软件，利用碎片时间针对各类常识加强记忆。

**名词解释**：因考试时间有限，名词解释更多地考查考生对各类常识或社会热点的理解，各位考生应留意名词解释每题的分值，按点作答，做到详略得当，为后面的应用文写作与现代汉语写作赢得充足的时间。平日里在背诵百科知识词条时，也应重点记忆关键词，能够用自己的话对词条加以解释，使之连词成句即可，以此提高背诵效率。

**应用文写作**：应用文写作复习无须过早，考生可针对各高校历年应用文考查类型总结分类，对不同格式的应用文分别记忆，牢记格式，仔细审题。考试时切忌提笔就写而忽略关键信息点。

**现代汉语写作**：因其他科目学习任务较重，多数考生少有练习大作文的机会，面对题目时经常难以下笔。备考时，考生可以通过对百科知识词条的分类记忆，积累写作素材。写作时，注意审题，做到旁征博引，言之有物。

# 2018 年试题参考答案与考点解析

## 本套试题特点

本套试卷以考查中外传统社会历史文化、中外文学常识为主，以考查政治常识、自然科学常识与翻译理论为辅，题目涵盖知识面较广，却少有偏难怪题型，因此，考生应加强个人综合素养与知识储备。本年度名词解释对考生的考查以中外文学常识（5 道）、社会文化常识（3 道）、自然科学类常识（3 道）为主，以国家与政治常识（2 道）、经济常识（2 道）、地理/建筑遗址类常识（2 道）、宗教常识（2 道）、哲学常识（1 道）为辅。因此考生复习时，应有所侧重，高效复习。

## 一、百科知识

### （一）选择题（共 10 小题，每小题 1 分，共 10 分）

1.【答案】B。解析：王维，字摩诘，号摩诘居士。唐代著名诗人、画家。王维精通诗、书、画、乐，其诗长于五言，多咏山水田园，有"诗佛"之称。谢灵运是南北朝时期著名诗人、文学家，其人博览群书，能诗善文，开创了山水诗派。孟浩然，名浩，字浩然，唐代著名山水田园派诗人，其诗清淡自然，长于五言，并著有《孟浩然集》。陶渊明，东晋诗人、辞赋家，世称靖节先生、五柳先生等，是中国第一位田园诗人，著有《陶渊明集》。由以上分析可知，该题答案为 B 项。

2.【答案】D。解析：我国社会主义初始阶段起始于 1956 年年底"三大改造"的基本完成，即对生产资料私有制社会主义改造完成之际。中华人民共和国成立标志着我国新民主主义革命基本胜利。1952 年国民经济恢复任务的完成为开展有计划的社会主义建设、改革奠定了基础。"文化大革命"的结束，使社会主义革命和建设进入了一个新的发展阶段。由以上分析可知，该题答案为 D 项。

3.【答案】D。解析：反对霸权主义和强权政治、维护世界和平是我国对外政策的纲领。我国外交政策的基本目标是维护我国的独立和主权，促进世界的和平与发展。我国外交政策的根本原则是独立自主。我国处理国际关系的基本原则是和平共处五项原则。由以上分析可知，该题答案为 D 项。

4.【答案】D。解析：我国的法律体系当前可分为：宪法及宪法相关法、行政法、民商法、经济法、社会法、刑法、诉讼法与非诉讼程序法这 7 个主要法律部门。律师法、公证法属于诉讼法与非诉讼程序法部门法。D 项中的诉讼程序法完整表述为"诉讼法与非诉讼程序法"，故正确答案为 D 项。

5.【答案】B。解析：公元 8 世纪初，西欧各国国王将土地分封给臣子，臣子再将所得土地分给下属，层层分封形成不同的封建主等级，各个封建主占有土地，组成封建庄园。城邦制度形成于公元前 8 世纪至公元前 4 世纪。市民政治制度形成于 17 世纪。议会政治是 17 世纪以来欧美资本主义国家的一种资产阶级专政手段。由以上分析可知，该题答案为 B 项。

6.【答案】D。解析：英国议会起源最早可追溯至盎格鲁—撒克逊时期的贤人会议，贤人会议每年召开三四次。1066 年诺曼底公爵征服英国后，保留贤人会议的形式，选拔忠于自己的贵族与主教形成"大会议"——国王的咨询机构。由以上分析可知，该题答案为 D 项。

7.【答案】A。解析：1791 年，亚历山大·弗雷泽·泰特勒在其所著的《论翻译的原则》中首次提出了著名的"翻译三原则"。约翰·德莱顿是英国著名诗人、文学评论家、剧作家，被封为"桂冠诗人"，著有《论戏剧诗》《悲剧批评的基础》等。亚历山大·蒲柏是 18 世纪英国著名古典主义诗人，著有译作《伊利亚特》《奥德赛》等。瓦勒里·拉尔博，著名法国作家，著有法文译本《尤利西斯》。由以上分析可知，该题答案为 A 项。

8.【答案】A。解析：1995 年，劳伦斯·韦努蒂在其著作《译者的隐身》中提出归化与异化理论的现代形式。凯瑟琳娜·赖斯是德国著名翻译理论家，与弗米尔一同提出翻译目的论，并合作著有《翻译理论基础》。爱德华·赛义德是美国当代著名理论批评家，后殖民批评理论代表人物，著有《东方学：西方对于东方的观念》等。安托万·贝尔曼是法国当代著名哲学家、翻译理论家，著有《异的考验：德国浪漫主义时期的文化与翻译》《翻译的时代》等。由以上分析可知，该题答案为 A 项。

9.【答案】D。解析："五经"即《诗经》《尚书》《礼记》《周易》《春秋》。《大学》是四书中的儒家经典。由以上分析可知，该题答案为 D 项。

10.【答案】C。解析：该句出自《荀子·哀公》，是战国末期著名思想家、文学家荀子的主要思想，此外，荀子还提倡性恶论，强调后天环境和教育对人的影响。老子是我国古代伟大的思想家和哲学家，道家学派创始人，著有《道德经》。孟子是我国古代著名思想家、教育家，他继承并发展了孔子的思想，著有《孟子》。墨子是战国时期著名思想家、教育家、社会活动家、墨家学派创始人，著有《墨子》。由以上分析可知，该题答案为 C 项。

（二）填空题（共 10 小题，每小题 1 分，共 10 分）

1.【答案】气一元论。解析：气本论是中国古代哲学家在面对宇宙与世界本源问题时的一种主要答案。张载继承了前人的思想成果，提出了更为系统化的气一元论，形成了与程颐程颢二人的理本论、陆九渊的心本论对立的朴素唯物主义气本论哲学体系，开创了朴素唯物主义哲学的新阶段。

2.【答案】其不善者而改之。解析：出自《论语·术而》，原文为"子曰：'三人行，必有我师焉；择其善者而从之，其不善者而改之。'"意思是，多人一起同行，其中必定有值得自己学习效仿的人，应当学习他们的优点，对于他们的缺点，如果自己也有的话，应注意改正。

3.【答案】建安风骨。解析：建安风骨指汉魏之际曹氏父子和建安七子等人诗文俊爽刚健的风格。七子指孔融、陈琳、王粲、徐干、阮瑀、应玚和刘桢。他们继承了汉乐府民歌的现实主义传统，采用五言形式，以风骨遒劲著称，具有慷慨悲凉的阳刚之气。

4.【答案】北洋水师。解析：第一次鸦片战争后，清政府有识之士开始认识到英国的船坚炮利，并开始筹划建立一支近代化海军。1875年李鸿章奉命督办北洋海防事宜，着手向英德等国购买了一批军舰。1888年北洋水师正式成立。

5.【答案】华山。解析：五岳即东岳泰山、西岳华山、北岳恒山、南岳衡山、中岳嵩山，是中国汉文化中五大名山的总称，是古代民间山神崇拜、五行观念和帝王寻猎封禅相结合的产物，后来也被视为道教名山。

6.【答案】欧洲商品经济的高速发展和资本主义萌芽的出现。解析：13世纪，《马可·波罗游记》的出版激起了欧洲人对东方财富的热烈向往，这对新航路的开辟产生了重要影响。14世纪，欧洲商品经济进入高速发展阶段，资本主义萌芽随即出现，这就促使人们不断探求新的商品市场与原料产地。新航路的开辟也为欧洲资本主义的发展奠定了基础。

7.【答案】彦琮。解析：彦琮，隋初僧人，我国著名佛教翻译家、佛经著作家。著有中国第一篇翻译专论《辩证论》。彦琮在《辩证论》中总结并批评了前人译经的得失，提出了"宁贵朴而近理，不用巧而背源"这一统一翻译风格、方法、标准的翻译原则与佛经翻译的"八备"之说。

8.【答案】古埃及人。解析：古埃及人根据尼罗河泛滥与天狼星位置变换规律，将一年划为12个月，每月30天，再加上5天宗教节日，以一年365天为周期，从而形成了最早的太阳历。

9.【答案】遗传工程。解析：生物工程，又称生物技术，是以工程学的观点和方法研究生物结构、功能及其相互关系，以创造新的生物过程或生物品种为目的的一门综合性技术，包括酶工程、发酵工程、细胞工程和遗传工程这四个方面。

10.【答案】希伯来文。解析：犹太经文如《希伯来圣经》《塔木德》《米德拉什》等，大多由阿拉米文和希伯来文写成。

（三）名词解释（共20小题，每小题1.5分，共30分）

1.《双城记》：是英国作家查尔斯·狄更斯于1859年发表的著名长篇小说。该书以法国大革命为背景，以巴黎和伦敦这两大城市为主要地点，叙述了贵族对人民无情压迫，从而使人民奋起反抗爆发法国大革命的故事。

学霸支招：该题考查中外文学常识，考生可从作者与发表时间、主要背景与情节、作品写作特点、作品影响这几个方面按点作答。

2.民主共和制：是资本主义国家一种主要的政体形式，萌芽于16世纪，于18世纪末正式确立。民主共和制可分为议会共和制和总统共和制两种主要形式。在民主共和制下，由国家权力机关组成人员或全体公民选举产生国家元首和国家代表机关，国家元首和代表机关公务人员以任期为限，履行相应责任与义务。

☞ **学霸支招**：该题考查国家与政治常识，考生可从制度本质与归属、起源与成熟时间、构成与主要分类等方面作答。

**3. 明十三陵**：位于北京市昌平区内，总面积约120余平方千米。陵墓群自永乐七年开始修建，至崇祯皇帝入陵止，共葬十三名皇帝，前后历经230余年。陵墓结构庄严有序，于2003年被列入《世界遗产名录》，于2011年成为国家5A级旅游景区。

☞ **学霸支招**：该题考查地理/建筑遗址类名词解释，考生可从地理位置与占地面积、历史沿革与地位、当今发展情况等方面作答。

**4. 汤显祖**：字义仍，号海若，明代戏曲家、文学家，以戏曲创作闻名。其戏剧作品《牡丹亭》《紫钗记》《南柯记》《邯郸记》合称为"临川四梦"，以此闻名于世。"临川四梦"尤以《牡丹亭》广为人知，该剧文辞典雅秀丽，描写了杜丽娘与柳梦梅凄婉的爱情故事。

☞ **学霸支招**：该题考查中外文学常识，考生可从作者姓名与主要成就、代表作品与写作特点、作品影响等方面作答。

**5. 新教**：亦称基督新教，与天主教、东正教合称为基督教三大教派。新教是16世纪欧洲宗教改革运动中脱离罗马天主教会的一系列新宗派的统称。根据思想差异，亦可细分为路德宗、加尔文宗和安立甘宗等。

☞ **学霸支招**：该题考查宗教常识，考生可从基本定义与构成、时代背景、地位等方面作答。

**6.《菜根谭》**：是由明代思想家洪应明收集编著的一部论述修养、人生、处世、出世的语录集。全书分为上下两卷，包括修身、应酬、评议、闲适、概论五大部分。全书文字简练，雅俗共赏，对人修身养性有着不可思议的力量。

☞ **学霸支招**：该题考查中外文学常识，考生可从作者与发表时间、主要背景与情节、作品写作特点、作品影响等方面作答。

**7. 属相**：又叫十二生肖，是中国人生年的一种纪年法。属相由鼠、牛、虎、兔、龙、蛇、马、羊、猴、鸡、狗、猪这十二种动物组成，分别代表十二地支。随着历史发展与民间信仰的不断演化，属相已逐渐成为中华人民娱乐文化活动的象征。

☞ **学霸支招**：该题考查社会文化常识，考生可从基本定义与别称、主要构成、历史影响等方面作答。

**8. 关学**：又称"横渠之学"，由北宋儒家学者申颜、侯可、张载创立，是北宋四大理学流派之一。因张载于关中创立关学，关中学子也积极响应，关学之称由此而来。关学主张以气为本，以实用为贵，以涉虚为戒。

☞ **学霸支招**：该题考查哲学常识，考生可从基本定义与别称、起源与地位、主要思想特点等方面作答。

9. **摩西**：是以色列犹太人的民族领袖、先知和立法者。《旧约》记载，摩西奉上帝之命前往古埃及解救被奴役的以色列人，在逃离途中，摩西为以色列人立法、定制度，教他们遵守十诫，最终将以色列人带往应许之地——"迦南"。

👉 **学霸支招**：该题考查宗教常识，考生可从基本定义、时代背景、地位等方面作答。

10. **斗拱**：又称枓栱，是中国建筑的一种特有结构。斗拱是由方形的斗与弓形的拱纵横交错层叠构成，起到承重、抗震、装饰性作用。在唐代发展后期，斗拱的使用权为皇帝所有，并逐渐成为中华古典建筑精神和气质的象征。

👉 **学霸支招**：该题考查社会文化常识，考生可从基本定义与别称、主要构成、历史影响等方面作答。

11. **沉鱼落雁**：出自《庄子·齐物论》，原文为"毛嫱、丽姬，人之所美也；鱼见之深入，鸟见之高飞"。指鱼见之沉入水底，雁见之降落沙洲，多用于形容女子容貌美丽。该成语最早被用于形容春秋时期毛嫱、丽姬的美貌，后被用于形容西施浣纱、昭君出塞的美丽场景。

👉 **学霸支招**：该题考查中外文学常识，亦可归为文化常识，考生可从出处、解释本义、引申义等方面作答。

12. **地中海**：是世界上最大的陆间海，也是最古老的海之一。地中海北临欧洲大陆，南临非洲大陆，东临亚洲大陆，面积约251.2万平方千米。在古代，地中海是古希腊等古文明的发祥地之一；在现代，地中海在国际航运与贸易中也起着重要作用。

👉 **学霸支招**：该题属地理/建筑遗址类名词解释，考生可从地理位置与占地面积、历史沿革与地位、当今发展情况等方面作答。

13. **摇滚乐**：是20世纪50年代的一种流行音乐形式，由美国歌手受到节奏布鲁斯、乡村音乐的影响发展而来。摇滚乐分支众多，形态复杂，但主要具有旋律简洁、节奏强烈、风格简单的特点。著名摇滚歌手与乐队有鲍勃·迪伦、披头士乐队、滚石乐队等。

👉 **学霸支招**：该题考查社会文化常识，考生可从基本定义与起源、主要特点、历史影响与代表人物等方面作答。

14. **流媒体**：是一种将媒体数据压缩，以"流"的方式分段传送的新技术。该技术具有较强的实时性，大大缩短了用户等待时间。具体可划分为声音流、视频流、文本流、图像流等。

👉 **学霸支招**：该题考查自然科学类常识，这也是本年热词之一，考生可从基本定义与起源、特点与构成、影响等方面作答。

15. **能量守恒**：即能量守恒定律，是自然界普遍基本规律之一。具体指能量不会凭空产生、凭空消失，只会从一种形式转化为另一种形式，或从一个物体转移到另一个物体，并在转移转化过程中，其能量总量保持不变。能量守恒定律证明了物质世界的同一性和物质运动的永恒性。

☞ **学霸支招**：该题考查自然科学类常识，考生可从基本定义、特点与构成、影响等方面作答。

**16. 欧元区**：指欧洲联盟成员中使用欧盟统一货币——欧元的国家区域。于1999年开始实行，共有19个成员国，另有9个国家和地区采用欧元作为单一货币。欧元作为世界储备货币的一种，在全球范围流通。

☞ **学霸支招**：该题考查经济常识，考生可从基本定义、主要特点与构成、影响等方面作答。

**17. 比特币**：是一种依靠P2P形式运作的虚拟加密数字货币，货币代码BTC。具有去中心化、全世界匿名流通、跨平台发掘的特征。因匿名流通、不受地域限制的特性常被不法分子用于洗钱，故被多数国家禁止使用，我国也于2017年明文规定禁止"虚拟货币"相互之间的兑换业务。

☞ **学霸支招**：该题考查经济常识，考生可从基本定义、主要特点与构成、影响等方面作答。

**18. 因特网**：即互联网，是全球最大的开放性、联结性计算机网络。1969年于美国问世，最早应用于军事需求，现已发展成为全球性数字媒体化的基础。具有不受空间限制、更新速度快、互动性高、用户量大、个性化等特点。

☞ **学霸支招**：该题考查自然科学类常识，考生可从基本定义与起源、特点与构成、影响等方面作答。

**19. 阿喀琉斯之踵**：阿喀琉斯是古希腊神话和文学中的半神，其因出生后被母亲抓住脚后跟在冥河中沐浴而刀枪不入。参与特洛伊战争时，他被誉为希腊第一勇士，但他的脚后跟因为没被冥河浸泡而成为他的唯一弱点，在后续战争中他也因此毙命。现在被常用来形容致命的弱点、要害。

☞ **学霸支招**：该题考查中外文学常识，亦可归为文化常识，考生可从出处、解释本义、引申义等方面作答。

**20. 人类命运共同体**：旨在追求本国利益时兼顾他国的合理关切，在谋求本国发展中促进各国共同发展。2017年，习近平在党的十九大报告中提出，坚持和平发展道路，推动构建人类命运共同体。人类只有一个地球，各国共处一个世界，为了发展必须倡导人类命运共同体意识。

☞ **学霸支招**：该题考查国家与政治常识，这是政治热词之一，考生可从本质与基本含义、起源与成熟时间、影响等方面作答。

## 二、应用文写作（40分）

**题目分析**

感谢信，隶属日常事务类文书，是个人或集体向日常生活和工作中帮助过自己的集体或个人表示感谢的专用文书。感谢信由称呼、问候语、正文、祝颂语、姓名和日期等部分组成，写作时应注重信件格式与对感激之情的表达。

**考场还原**

感谢信

尊敬的国际文化交流学院：

  我叫×××，是我校国际经济与贸易专业的留学生。目前，我已顺利完成本专业两年的学习任务，在此学成归国之际，我想向学院领导和全体老师表达诚挚的感谢。

  感谢学院领导和全体老师在我求学过程中对我学业与生活方面提供的无私帮助。在学业上，语言的交流与阅读障碍一直是我学习本专业知识最大的拦路虎。学院领导得知我语言沟通交流不畅，特意为我安排了双语学伴，在周末课余时间免费为我补习汉语，加强我的中文口语与阅读能力。在生活上，虽然我校国际留学生众多，但学院的老师们却能面面俱到，不时与我们电话沟通联系，设身处地地了解我们生活上的困难并及时予以解决。此外，老师们还针对我们不同的国家与地域文化，为我们安排了相应的节日庆祝会。即使人在异国他乡，仍让我感受到了家乡般的温暖与亲切。

  时光荏苒，岁月如梭，两年的留学时光如白驹过隙，还未彻底相伴相识便要道一声珍重。在此临别之际，我再次向学院的领导与老师们道一声感谢，我定不负所托，用我两年所学去造福更多的人民。

  祝领导和老师们身体健康，万事如意！

  此致

敬礼！

×××<br>××××年××月××日

> **评点升格**
>
> 全文语言朴素真挚，该留学生的感激之情溢于言表，符合感谢信件的一般要求。在行文过程中，开篇点题，在简单问候之后，着重点明了自己的感谢意图。正文中列举了二三事例，做到了言之有物。结尾再次点题，体现感激之情。祝颂语、姓名与日期等要素也一应俱全，格式正确，是一篇合格的考场作文。

## 三、现代汉语写作（60分）

> **题目分析**
>
> 该题属材料作文。虽然不限制标题，命题灵活度比命题作文和话题作文大，但提供的材料对作文主旨及内容的限制却远大于话题作文和命题作文。因此，考生应从材料所包含的角度辩证、全面、具体、历史地分析提炼观点，发表看法。从材料看，考生需简单分析"手机袋"这一现象的成因，以学生的角度对这一现象表示赞同或反对，赞成的角度可以是手机袋便于学生提高学习效率、体现尊师重道等。从反对的角度来看，手机袋的出现容易造成学生逆反心理，治标不治本，应从提升教学质量着手等。

**考场还原**

### 手机入袋，心也落袋

"一流大学抓学术，二流大学抓技术，末流大学抓纪律"，这本是流传于学生中的一句玩笑话，可近年来，为何越来越多的国内知名高校却开始在课堂设置手机袋，大行教学纪律建设呢？

随着互联网时代的飞速发展，人民经济水平的不断提高，手机已不再是十几年前只能用于接打电话、收发短信的直板机。智能机这些高清触摸屏、环绕立体声、多元化视频娱乐的个性化选择虽然丰富了我们的生活，却也扰乱了我们这些大学生平静的心。有了手机后，起床后的第一件事便是赖床看手机，走路时边走边看朋友圈动态，吃饭时也要刷刷娱乐新闻，即使是本该安心学习的课堂，面对老师们激情的传道授业，却也忍不住想低头摆弄摆弄手机。可见，越来越多的大学生已成了"手机奴""低头族"。由此可见，手机袋的出现，有利于降低手机对于高校教学的不利影响，而手机袋的推行，更是大势所趋。

作为学生，问起上课使用手机这一行为，我们总有千般理由。对教学内容不感兴趣、课本晦涩难懂、老师教学枯燥无味也常常成为我们的借口。可若扪心自问，这些因素永远都是外在因素，自律性差却是我们上课滥用手机的真正缘由。

遥想当年，宋濂求学，"负箧曳屣，行深山巨谷中，穷冬烈风，大雪深数尺，足肤皲裂而不知"。"同舍生皆被绮绣，戴朱缨宝饰之帽，腰白玉之环，左佩刀，右备容臭，烨然若神人"。艰苦的环境从未使他的求学之心有所退缩，同学们富裕的生活条件也未能让他萎靡。而如今在大学中学习的我们，享受着国家的补贴，拥有父母给予的高额生活费，能平等地受到老师的谆谆教诲，更有图书馆中浩若烟海的各类书籍得以随时借阅，既没有忍饥挨饿的忧虑，也没有四处奔走的劳苦，却未能专心学习，这难道可以说是别人的过错吗？

以史为鉴，可以知古今。玩人丧德，玩物丧志。周武王，不耽于物，励精图治，才有了周朝七百载的盛世荣华；宋徽宗沉迷花鸟蹴鞠，荒废朝纲，最终酿成靖康之耻。推行手机入袋，既可以帮助我们控制自己无休止的琐碎欲望，又可以让我们专心投入课堂中去，真正做到，手机入袋，心也落袋。

**评点升格**

本文以疑问句开头，既引出了"手机袋"这一主要话题，也大大增强了读者心中的疑问，引起读者阅读兴趣；文章随后分析学生对手机普遍成瘾这一现象，指出推行手机袋已是大势所趋，明确表达了自己赞成推行手机袋的观点。之后又以宋濂、周武王、宋徽宗为例，进一步论证自己的观点。最后，以标题再次结尾，做到了前后呼应，是一篇合格的应试作文。

# 北京邮电大学（211）

## 2018年试题参考答案与考点解析

**本套试卷特点**

2018年北京邮电大学百科考试以汉语语言词汇学、中国古代文学和艺术以及西方文学为主要考点。词汇学部分的知识对考生的要求较高，属于中上水平，其余部分难度适中，整套试卷属于中等难度。值得注意的是名词解释部分考查了计算机、热词和英文缩写的内容，这些内容对于某些考生来说可能是弱项，所以平时备考要做到全面复习，考试时才能有备无患。应用文为建议，难度适中。大作文为命题作文，但题目宽泛，可发挥空间大。

## 一、选择填空及名词解释（每题2分，共50分）

1.【答案】C。解析：该题考查现代汉语。词是造句单位，直接构成句子，也可以和其他词组合构成短语再构成句子，如"花开了"这个句子就是由"花""开""了"三个词语构成的。短语由词组合而成，有可扩展性，例如"白布"就是短语，可以扩展为"白的布"。语素是构词单位，不能直接构成句子，即不能直接作任何句法成分，只有独立成词或组合成词，才有可能独立运用，如"建"和"设"都是语素，它们不能直接构成句子，只有组成"建设"等词语，才能构成句子，语素也不能切分成更小的语法单位，如"人""沙发"，都不能切分。综上所述，可以看出"蜘蛛""仿佛""奥林匹克""了"都不可以拆分也不能扩展，故答案为C项。

2.【答案】C。解析：该题考查现代汉语。词根据语素的含量分为单纯词和合成词两种。单纯词是只含一个语素的词，如"徘徊""吩咐"这种两个字合起来才有意义的词，或者单个的字，如"山""水"等。合成词由两个或两个以上的语素构成，如"火车""立正""照相机"这种每个语素都具有独立意义的词。"人"和"乌鲁木齐"都不可拆分独立成词，属于单纯词；"日食"则有两个独立语素。故答案为C项。

3.【答案】C。解析：该题考查现代汉语。谓语的作用是表明主语怎么样、有什么性质、处在什么状态等，是用来陈述主语的。例如：他们正在排练节目（"排练"是动词作谓语）；山上的树又绿了（"绿"是形容词作谓语）；这里的黎明静悄悄的（"静悄悄"是形容词短语作谓语）。状语是修饰动作或状态的词，也可以理解成修饰谓语的词，例如："1949年，我们国家举行了开国大典""在北京，我们游览了故宫"，其中"1949年""在北京"就分别是表时间、地点的状语。状语的书面标志是"地"，例如："小明愉快地回了家"，其中"愉快地"就是状语。补语是动词或形容词后面的连带成分，一般用来补充说明动作、行为的结果、程度、趋向、可能、状态、数量等，例如："少一些""快了一些""心安一点""稍慢一点"，其中"一些""一点"就是补语。综上所述，"再"在本句中充当补充说明的作用，为补语，故答案为C项。

4.【答案】C。解析：该题考查中国传统节日。清明节是中华民族扫墓祭祖的肃穆节日，也是人们亲近自然、踏青游玩、享受春天乐趣的欢乐节日。端午节是古时统治者为树立忠君爱国榜样而设立的纪念屈原的节日，有划龙舟、食粽等民俗。中秋节，又称团圆节，是中国民间的传统节日，古文记载："八月十五谓中秋，民间以月饼相送，取团圆之意。"中秋节有祭月、赏月、吃月饼、玩花灯、赏桂花、饮桂花酒等民俗，故答案为C项。

5.【答案】C。解析：该题考查中国传统戏剧。我国京剧旦角这个行当，主要分为四大流派：梅派、程派、尚派和荀派，它们的创始人分别是梅兰芳、程砚秋、尚小云和荀慧生，他们就是京剧界的"四大名旦"，其中梅兰芳居首。故答案为C项，荀小云为题目设置的混淆项。

6.【答案】B。解析：该题考查我国的政策知识。"一带一路"是"丝绸之路经济带"和"21世纪海上丝绸之路"的简称，涉及66个国家和地区，包括：东亚的中国、蒙古、东盟10国（新加坡、马来西亚、印度尼西亚、缅甸、泰国、老挝、柬埔寨、越南、文莱和菲律宾）、西亚18国（伊朗、伊拉克、土耳其、叙利亚、约旦、黎巴嫩、以色列、巴勒斯坦、沙特阿拉伯、也门、阿曼、阿联酋、卡塔尔、科威特、巴林、希腊、塞浦路斯和埃及的西奈半岛）、南亚8国（印度、巴基斯坦、孟加拉国、阿富汗、斯里兰卡、马尔代夫、尼泊尔和不丹）、中亚5国（哈萨克斯坦、乌兹别克斯坦、土库曼斯坦、塔吉克斯坦和吉尔吉斯斯坦）、独联体7国（俄罗斯、乌克兰、白俄罗斯、格鲁吉亚、阿塞拜疆、亚美尼亚和摩尔多瓦）和中东欧16国（波兰、立陶宛、爱沙尼亚、拉脱维亚、捷克、斯洛伐克、匈牙利、斯洛文尼亚、克罗地亚、波黑、黑山、塞尔维亚、阿尔巴尼亚、罗马尼亚、保加利亚和马其顿）。英国并没有参与"一带一路"，故答案为B项。

7.【答案】A。解析：该题考查外国文学常识。威廉·莎士比亚是英国文学史上最杰出的戏剧家，也是欧洲文艺复兴时期最重要、最伟大的作家，是全世界最卓越的文学家之一。他创作有四大悲剧：《哈姆雷特》《奥赛罗》《李尔王》《麦克白》。四大喜剧：《仲夏夜之梦》《皆大欢喜》《第十二夜》《威尼斯商人》。《威尼斯商人》为四大喜剧之一，故答案为A项。

8.【答案】A。解析：该题考查中国文化常识。《清明上河图》是中国十大传世名画之一，为北宋风俗画，是北宋画家张择端仅见的存世精品，属于国宝级文物，现藏于北京故宫博物院。黄公望是元代画家，代表作有《富春山居图》《水阁清幽图》《天池石壁图》。顾恺之是东晋杰出画家、绘画理论家、诗人，代表作有《洛神赋图》《女史箴图》。故答案为 A 项。

9.【答案】B。解析：该题考查中国文化常识。程朱理学，亦称为"程朱道学"，是宋明理学的主要派别之一，也是理学各派中对后世影响最大的学派之一，由北宋时期的二程（程颢、程颐兄弟）开始创立，其间经过弟子杨时，再传弟子罗从彦，三传弟子李侗的传承，到南宋朱熹集为大成。陆九渊也是南宋时期著名的理学家，但不属于程朱理学一派。韩愈是唐代杰出的文学家、思想家、哲学家、政治家，不符合题意。故答案为 B 项。

10.【答案】A。解析：该题考查音乐知识。古典主义音乐指 18 世纪下半叶至 19 世纪初，形成于维也纳的一种乐派，亦称"维也纳古典乐派"，海顿、莫扎特和贝多芬被认为是古典风格作曲家中的三巨头。浪漫主义乐派是继维也纳古典乐派后出现的一个新的乐派，产生于 19 世纪初，代表人物有肖邦、柴可夫斯基、李斯特、理查德·施特劳斯。现实主义不属于音乐流派。故答案为 A 项。

11. **基本词汇**：是生活中最日常的词汇，能够为使用这种语言的群体所共同理解和使用。基本词汇是语言词汇中的核心部分，是具有较长历史、与人们的日常生活相关且社会普遍使用的比较稳固的词汇。它是基本词的总汇，具有普遍性、常用性、稳固性、能产性的特点，是词汇中最主要的部分。

👉 **学霸支招**：该题考查词汇学知识，这是名词解释现代汉语部分中的常见考点。该题的得分点包括定义、特点、地位等。建议复习一般词汇、常用词汇、非常用词汇等相关词条。

12. **楷**：又名正楷、真书、正书。这种汉字字体端正，是现代通行的汉字手写正体字。它由隶书逐渐演变而来，更趋简化，横平竖直。楷书始于汉末，通行至现代，其特点是规矩整齐，是字体中的楷模，所以称为楷书。楷体书法最为著名的四大书法家是：唐代的欧阳询、颜真卿、柳公权和元代的赵孟頫。

👉 **学霸支招**：该题考查中国书法名词，常出现在选择题和名词解释部分。该题的得分点包括定义、特点、演变过程、代表人物等。建议复习隶书、草书、行书等相关词条。

13. **"六书"**：古人把汉字的造字方法归纳为六种，总称"六书"，即象形、指事、会意、形声、转注、假借。这六种方法不是在造字之前就有的，而是由后代的文字学家归纳和概括出来的，普遍采用的是许慎的名称、班固的次序。"六书"这个词最早见于《周礼》，是最早的关于汉字构造的系统理论。有了该系统以后，人们再造新字时，都以该系统为依据。

👉 **学霸支招**：该题考查中国古代汉字理论，这对于大部分考生来说是比较陌生的，需要加强记忆。该题的得分点包括定义、基本内容、历史、意义等。建议复习象形文字、仓颉造字、古今字等相关词条。

14. **绿茶**：是中国的主要茶类之一，是一种非发酵茶。它由鲜茶叶经杀青、揉捻、干燥等工序制成。叶色青绿，水沏茶汁清香爽口，稍带苦涩味，回味甜，主要品种有碧螺春、西湖龙井、峨眉山茶等。常饮绿茶能防癌、降脂和减肥，对吸烟者也可减轻其受到的尼古丁伤害。

👉 **学霸支招**：该题考查饮品常识，这对于考生来说是比较熟悉的，但在答题时需要注意分层作答。该题的得分点包括定义、制作工艺、品质特性、主要品种、价值功效等。建议复习红茶、乌龙茶、普洱茶、《茶经》等相关词条。

15. **实词**：是汉语词类中的一种，与虚词相对，它是能单独作短语或句子的成分，能独立成句，表示人或事物及其动作、变化、性质、状态等具有实际意义的词，如名词、动词、形容词、数词、量词等。

👉 **学霸支招**：该题考查词汇学知识，考生在作答时不容易下定义，建议平时反复记忆并练习。该题的得分点包括定义、主要分类等。建议复习虚词、助词、连词、副词等相关词条。

16. **"洪荒之力"**：传说天地初开之时，曾经有过一次大洪水，几乎毁灭了整个世界，因此天地初开之时被称为洪荒。"洪荒之力"指的是如同洪荒世界之时，这种足以毁灭世界的力量。2016年里约奥运会，我国选手傅园慧在赛后接受采访时说："我已经用了洪荒之力。"并配以滑稽的表情和动作，该词便快速走红网络，之后"控制不了体内的洪荒之力了"也成了火遍全国的网络用语。该词入选《咬文嚼字》公布的"2016年十大流行语"之列。

👉 **学霸支招**：该题考查网络热词，这是考生在备考时需分类复习的重点。该题的得分点包括定义、走红原因、现代影响等。建议复习傅园慧、"我好方"、"萌"等相关词条。

17. **故宫**：是旧王朝的宫殿，现特指北京的明清故宫。它位于北京市中心，旧称紫禁城。于明代永乐十八年建成，是明、清两代的皇宫。它是汉族宫殿建筑之精华，是无与伦比的古代建筑杰作，也是世界现存规模最大、保存最完整的木质结构的古建筑群之一，被誉为"世界五大宫之首"。

👉 **学霸支招**：该题考查中国古代建筑，这是百科考试的高频考点。该题的得分点包括定义、地理位置、历史、影响等。建议复习天坛、圆明园、长城等相关词条。

18. **榫卯结构**：即榫卯接合，指榫头插入榫眼或榫槽的结构，是中国古代建筑中利用构件的凹凸把各个部件连接起来的做法，具有形体构造的"关节"作用。凸出部分叫榫（或榫头），凹进部分叫卯（或榫眼、榫槽），榫和卯咬合，起到连接作用。榫卯结构是中国古典家具与传统家具的基本接合方式，也是现代框架式的主要接合方式。代表建筑有：故宫、天坛、大观园、山西悬空寺、应县木塔等。

👉 **学霸支招**：该题考查建筑学常识，这对于大部分考生来说是较为陌生的，建议多花时间理解记忆。该题的得分点包括定义、结构特点、影响、代表建筑等。建议复习榫眼、斗拱、穿斗式结构等相关词条。

**19. ISO**：全称是 International Organization for Standardization，是国际标准化组织的英语简称。ISO 来源于希腊语 ISOS，即 EQUAL，有平等之意。国际标准化组织是世界上最大的非政府性标准化专门机构，在国际标准化中占主导地位。ISO 的主要活动是制定国际标准，协调世界范围内的标准化工作，组织各成员国和技术委员会进行情报交流，以及与其他国际性组织进行合作，共同研究有关标准化问题。

👉 **学霸支招**：该题考查组织机构的相关知识，作答时最好把缩写的英文全称呈现出来。该题的得分点包括缩写全称、名称来源、组织地位、影响、功能等。建议复习 IEC、IMF、UN、OPEC 等相关词条。

**20. 物联网**：起源于传媒领域，是新一代信息技术的重要组成部分。顾名思义，物联网就是万物相连的互联网。它是通过射频识别、全球定位系统、气体感应器等信息传感设备，按约定的协议，把物品与互联网连接起来，进行信息交换和通信，以实现智能化识别、定位、跟踪、监控和管理的一种网络。物联网用途广泛，遍及智能交通、环境保护、政府工作、公共安全、平安家居、工业监测、环境监测、个人健康、水系监测、食品溯源和情报搜集等多个领域。

👉 **学霸支招**：该题考查信息技术知识，这是近几年百科考试的热点，考生需加强记忆。该题的得分点包括定义、关键技术、主要用途、涉及领域等。建议复习互联网、人工智能、云技术、大数据等相关词条。

**21. 4G**：是第四代通信技术的简称，是集 3G 与 WLAN 于一体，并能够传输高质量视频图像的技术。它的图像传输质量与高清晰度电视不相上下，能够满足几乎所有用户对于无线服务的要求。在价格方面，4G 与固定宽带网络不相上下，而且计费方式更加灵活机动，用户完全可以根据自身的需求定制所需的服务。此外，4G 可以在数字用户线路和有线电视调制解调器没有覆盖的地方部署，然后再扩展到整个地区。很明显，4G 有着不可比拟的优越性。

👉 **学霸支招**：该题考查信息技术知识，这是近几年百科考试的热点。该题的得分点包括定义、关键技术、现实应用、主要优势等。建议复习 5G、WIFI、3G 等相关词条。

**22. 共享单车**：是指由企业和政府合作提供的，分布在城市大街小巷的自行车，例如校园、地铁站点、公交站点、居民区、商业区等。它致力于提供单车共享服务，经营模式为分时租赁，是共享经济的一种新形态。因其符合低碳出行的理念，所以已经引起了越来越多的人的注意。常见的共享单车品牌有摩拜单车、哈罗单车等。

☞ **学霸支招**：该题考查交通相关知识，这也属于网络热词系列，是百科考试的高频考点。该题的得分点包括定义、经营模式、影响、主要品牌等。建议复习共享经济、扫码支付、网购等相关词条。

**23. USB**：即 Universal Serial Bus，中文名称为通用串行总线，是 PC 领域广为应用的新型接口技术，用于规范电脑与外部设备的连接和通信。1994 年年底，英特尔、康柏、IBM、微软等多家公司联合提出该概念。除了像显卡这种需要极高数据量和一些实时性要求特别高的控制设备，几乎所有的 PC 外设都可以移植到 USB 上来。USB 具有信息传输速度极快、使用方便、兼容良好等优点。目前计算机等智能设备主要通过网络与 USB 与外界进行数据交互。

☞ **学霸支招**：该题考查信息技术知识，得分点包括定义、提出者、适用范围、特点等。建议复习闪存卡、读卡器、OTG 技术等相关词条。

**24. 众筹**：即大众筹资，是指用"团购＋预购"的形式，向网友募集项目资金的模式。提案者将自己的项目、设定的筹资目标及筹资天数标明，在设定天数内，达到或者超过目标金额，项目即筹备成功，发起人可获得资金；如果项目筹资失败，那么已获资金全部退还给支持者。如今众筹已不单单是企业或者产品的一种营销手段，更是产品吸引投资人的一种渠道，这让更多人开始关注众筹，创业公司可以通过向其他第三方出售公司部分股份进行大量融资，在某种程度上相当于"天使轮"。

☞ **学霸支招**：该题考查金融知识，这是近几年各大高校的高频考点，建议考生反复记忆。该题的得分点包括定义、构成、发展、影响等。建议复习天使投资、风险投资、水滴筹等相关词条。

**25. 新能源汽车**：指主要动力来源不单纯依赖内燃机的车型。新能源汽车的最大特点是采用了电动机提供动力，给电动机供电的设备是电池，给电池充电的方式可以是太阳能、化学能，甚至是核能。目前市面上的新能源汽车大体可以分为插电式混合动力汽车和纯电动汽车。其中，与混合动力汽车相比，纯电动汽车的大规模推广看起来前途更加光明。纯电动汽车近乎零排放，而且其价格便宜、使用成本低，在价格上已经能与传统汽车相媲美。

☞ **学霸支招**：该题考查交通知识，这属于热词系列，建议考生在备考时重点记忆。该题的得分点包括定义、特点、主要类型、发展及影响等。建议复习清洁能源、可再生能源、混合动力汽车等相关词条。

## 二、应用文写作（40分）

### 题目分析

该题要求考生写一封300字的建议书。建议书，有时也称为意见书，是针对某一问题或情况，向有关部门或领导陈述自己的看法，并提出自己的建设性意见的一种专用文书。建议书有三个特点：（1）针对性。建议书所提出的建议、意见都是针对现实生活中某个实际问题或某件事情的，指向性非常明确。（2）商讨性。建议书提出的工作意见和建议，属于个人或下级见解的陈述，都是恭请或期望领导和有关部门参与或采纳的，不具有强制性。（3）书信体格式。建议书是一种专用书信。建议书有固定的格式，主要包括以下三部分：（1）标题。标题可写成"建议书"或"建议"，有时为了强调建议的具体内容会采用"内容+建议书"的写法，如《关于加强学生安全意识教育的建议书》。标题要写在第一行的中间，字体要比正文稍大一些。（2）称谓。顶格写上接受建议书一方的组织或个人名称，后面加冒号。（3）正文和祝颂语。建议书的写作要点是要清楚为什么提这些建议、自己有什么建议、有什么作用、具体的实施办法是怎样的。正文一般由建议原因、建议事项和建议期望三部分构成：①建议原因。主要说明为什么提出建议，提建议的出发点是什么。这部分一般应当开门见山，针对某项具体工作或情况、明确存在的问题及现状，阐明提出建议的原因、理由、目的、想法。②建议事项。主要说明针对具体问题提出什么样的建议，要具体明确地提出解决问题的切实可行的措施和方法。如果建议的事项较多，可以分条列项地写出来，各条内容应当界限分明，便于建议对象逐条考虑。③建议、期望。以简洁的语句表达期许和愿望，也借此表示谨慎虚心的态度，不说过头话，更不用命令口吻。这部分经常与祝颂语结合，如"以上建议仅供参考""诚恳希望认真考虑此建议""此致""敬礼"等表示敬意或祝愿的话。

### 考场还原

**关于改善我校新校区环境的建议书**

尊敬的校领导：

　　您好！

　　学校是我们的家，我们是学校的主人，校园建设靠的是我们。自我们搬入新校区的这几个月以来，全体师生都感受到了新教学环境的便利，但我也发现，我们与设施设备完善的学校还存在一定差距。经过一周时间的调研工作，我发现目前存在的问题主要是体育活动场地建设跟不上，体育运动场所贫乏。新校区目前仅有一个篮球场和一条不标准的跑道，别无其他体育活动场所，这给师生锻炼带来很大的不便，制约着我校体育活动的开展，影响学生的成长。我认为学校体育运动场所的改造迫在眉睫，我的建议如下：

第一，增设塑胶跑道，供师生进行户外活动。

第二，增加人工草坪铺设，避免师生在进行一些运动项目时受伤。

第三，增加室内运动馆，开设更多的体育课程供学生选择。

第四，部分体育课程可以适当移到周末进行，避免出现因现有场所不足而造成的班级争抢体育课场地的纠纷。

我相信，在我们的共同努力下，我们的学校会变得更加美丽！如果有不妥的地方，请您多多包涵；如果有好的建议，希望您能够采纳。

此致

敬礼！

××××级××专业××班×××<br>××××年××月××日

> **评点升格**
>
> 该建议书严肃诚恳，从实际出发，有适当的调研内容和针对措施，提出了合理、可行的意见和建议。语气诚恳而平和，内容具体而清晰，言简意赅地把具体的办法和措施都列了出来，在语言上做到了准确、精炼，格式标准，符合题目要求。

## 三、命题作文（60分）

> **题目分析**
>
> 该题要求考生写一篇800字的命题作文，难度属于中下。题目中并没有指定体裁，这就给了考生很大的发挥空间，可以选择自己最擅长的体裁。一提到"中国名片"，我们往往会想到"中国速度""中国质量""中国制造"等一系列以"中国××"命名的"中国名片"，这些都彰显了中国技术与中国形象，都是我们可以使用的素材。在素材数量上，3~4个较为合适，切忌堆砌素材，这样容易引起阅卷老师的反感。

## 中国名片

亲爱的朋友，提到中国，你首先想到的是什么？京剧，还是长城？是的，这些都是中国的名片。可是，我今天想说的是，如果要我给中国设计一张名片，我会选择这样三个关键词：熊猫、"一带一路"、共享单车。因为这三个词分别代表了现代中国的三种精神：绿色发展、合作共赢、共享共有。它们共同体现了传统文化的核心精髓：天人合一、世界大同、天下为公。

熊猫，来自深山老林，这一濒危物种对生态环境有着极高的要求，所以我用熊猫来代表绿色发展。今天的中国，已经越来越重视生态文明建设，已经明确地认识到"金山银山就是绿水青山"。中国人民在经济发展和环境保护之间，正在做出智慧的选择。中国传统的"天人合一"思想，正在焕发新的生机。

"一带一路"，传承千年古丝路精神，书写中华外交新篇章。让中国和沿线国家互联互通、互鉴互学、互惠共赢。中国力推"一带一路"建设，要做的是"构建人类命运共同体"。现在，由中国倡导的"一带一路"得到了越来越多的国家应和，一个共同和平发展的新模式正在由中国主导形成。

如果说"一带一路"完全由国家发动，那么共享单车则是在民间悄然兴起。一夜之间，中国各大城市的各交通站点，摆满了各色各样的共享单车，解决了人们出站后"最后一公里"的交通问题。你也许会奇怪，为什么共享单车在中国火得这么快？你不应该奇怪，因为共享共有、"天下为公"的思想，早已成为中华儿女的文化基因。你也许会发问：当全球化浪潮出现逆流，当一个个国家走向自我封闭，为什么是中国在极力倡导合作、共赢？想知道原因，你就要了解中国的"大同文化"。

"大道之行也，天下为公。"2 000多年前的《礼记》就在畅想"大同世界"的美好情景。而明代的哲学家王阳明在《大学问》里，更明确表明："万物一体、天下一家、中国一人。"万事万物都是一个整体，整个天下的所有家庭就是一个家庭，整个中国的所有人就是一个人。这就是中国文化的精髓。

拥有这一文化的中国，体现了合作、共享精神的中国、大力倡导"一带一路"的中国，正在吸引世界目光，形成世界魅力，走出一条和平发展的大国崛起新路。

也许你会在心里嘀咕：中国不是也有很多丑陋现象吗？如空气污染、食品安全问题等。但我要说，出现这些问题，刚好是因为有些人违背了中国哲学，偏离了中国精神。我深信：一个正在传承千年智慧的中国，一个担起了引领世界发展方向职责的中国，一定会越来越美丽。

### 评点升格

本文立意深远，分析"今日中国"精辟到位，且文笔流畅；文章内容丰富，显示出较好的中国文化基础知识功底；文中运用多个排比结构，加强了语气，抒发了对祖国的热爱之情；作者熟悉中国历史，将古代思想与现代观念相结合，使文章更有深度，质量颇高。

# 国际关系学院

## 2018 年试题参考答案与考点解析

### 一、解词题（解释有下划线的名词，每个 2 分，共 50 分）

1. 
（1）**物态文化层**：是文化结构的四大层次中最基础的一层，指人类物质生产活动及其产品的总和，包括一切可观、可感、可触、具有物质形态的文化事物，如交通、建筑、食物、服饰等。物态文化以满足人类的基本需求为目的，既是人类主观世界外化的产物，又承载着人类的价值，是社会文明程度与生产力水平的最直接体现。

　　🐟 **学霸支招**：该题考查文化结构的四大层次之一，答题时应涵盖定义、具体示例、目的、作用、内涵等。备考时可拓展了解文化结构的其他三大层次。

（2）**制度文化层**：是文化结构的四大层次之一，指人类社会制定的所有行为准则与规范以及各种组织形式，包括政治、经济、文化、法律等领域的各种制度、实施制度的实体机构设施以及体现在制度中的人类主观心态等，大到国家法律，小到学校、公司的管理条例等。制度文化以处理社会关系为目的，其无处不在，渗透至各个角落。制度文化是一个国家、地区或机构等的思想与价值体现。

　　🐟 **学霸支招**：该题考查文化结构的四大层次之一，答题时应涵盖定义、具体示例、目的、作用、内涵等。备考时可拓展了解文化结构的其他三大层次。

2. 
（1）**四大高原**：指集中分布于中国西部与北部地势较高的地区，包括青藏高原、内蒙古高原、云贵高原和黄土高原。青藏高原海拔最高，是中国最大、世界海拔最高的高原；内蒙古高原为四大高原中的第二大高原，是中国的重要牧场，是中国最大的绵羊及山羊放牧区；云贵高原在四大高原中海拔最低，是中国少数民族种类最多的地区；黄土高原在四大高原中位列第三，是中华民族古代文明发祥地之一，是世界上水土流失最严重、生态环境最脆弱的地区之一。四大高原占据中国国土大量面积，与中国文化、历史及人文紧密相关。

☞ **学霸支招**：*该题考查中国地理，答题时应涵盖定义、组成部分、各部分的重要特点、意义等。备考时可拓展了解中国比较有名的地理位置、特征等。*

（2）**四大平原**：指分布于中国东部地势较低的地区，包括东北平原、华北平原、长江中下游平原和关中平原。东北平原面积最大，是世界仅有的三大黑土区域之一，土地非常肥沃；华北平原又称黄淮海平原，为第二大平原，自古以来就是中国政治、经济及文化中心，为人口最多的平原；长江中下游平原为第三大平原，是中国淡水湖群集中分布、水资源最丰富的地区，素有"鱼米之乡"的美誉，为经济最富庶的平原；关中平原又称渭河平原，面积最小，号称"八百里秦川"，是最早有"金城千里，天府之国"之称的地区。四大平原是中国人口的主要居住区，提供了全国主要的粮食产物。

☞ **学霸支招**：*该题考查中国地理，答题时应涵盖定义、组成部分、各部分的重要特点、意义等。备考时可拓展了解中国比较有名的地理位置、特征等。*

3.

（1）**"六书"**：是古代学者归纳总结的汉字构成、使用方法及造字规则的总称，具体内容包括象形、指事、会意、形声、转注和假借。该词最早出现在《周礼》一书中，后经许慎在其著作《说文解字》中首次给出正式定义。"六书"是有关汉字构造最早的系统理论，反映了战国末年至汉代，以及后世人们对汉字的结构和使用情况的认知，对汉字的发展有重大意义，是中国文字学史上的伟大成就之一。

☞ **学霸支招**：*该题考查中国古代文学知识，答题时应涵盖含义、具体内容、出处、意义等。备考时可拓展复习其他常见的古代文学概念，如四书五经、三言二拍、六艺、四部等。*

（2）**"四部"**：是中国古代书籍的分类标准，包括经、史、子、集。唐初名臣魏徵在《隋书·经籍志》中最终确立了书籍分类的四部体制，其后又不断经过古代各文学家的修改进一步完善。其中经部收录儒家"十三经"及相关作品；史部收录史书；子部收录诸子百家著作和类书；集部收录诗文词总集和专集等。四部分类法为古代书籍整理者提供了较为规范、明确的分类依据，是中国传统文化的产物，至今仍是我们研究古代书籍、了解传统文化的一把钥匙。

☞ **学霸支招**：*该题考查中国古代文学知识，答题时应涵盖定义、具体内容、各部的简单介绍、意义等方面。备考时可拓展复习其他常见的古代文学概念，如四书五经、三言二拍、六艺、六书等。*

4.

（1）**"五岳"**：是汉文化中对中国五大名山的统称，包括东岳泰山、西岳华山、中岳嵩山、南岳衡山和北岳恒山，分别位于山东、陕西、河南、湖南和山西。古代民间对山神的崇敬、五行观念以及历代帝王在此的封禅祭祀，三者相结合赋予这五座山独特的文化，后成为世界道教圣地。"五岳"在古代是封建帝王受命于天的象征，在现代是著名的旅游景点，被誉为中国的"五大奇观"，是中国群山中最尊贵的山。

👉 **学霸支招**：该题考查中国地理名称，答题时应涵盖定义、具体内容、位置、历史地位及意义等方面。备考时可拓展复习其他比较重要的地理位置、特征等。

（2）"江南三大名楼"：指古代文人墨客经常登高览胜、吟诗作词的江南三大楼阁，包括滕王阁、黄鹤楼和岳阳楼，分别位于江西南昌、湖北武汉和湖南岳阳，自古便以其独特的建筑风格和周围优美的风景备受文人雅士称颂，后又因在此产生众多传世诗词佳作而名气更盛，包括我们耳熟能详的《滕王阁序》《黄鹤楼送孟浩然之广陵》《岳阳楼记》等。此三大名楼是中华文明五千年文化、艺术及传统的象征，现已成为中国国家5A级旅游景区。

👉 **学霸支招**：该题考查中国地理名称，答题时应涵盖定义、具体内容、位置、历史地位及意义等方面。备考时可拓展复习其他比较重要的地理位置、特征等。

5.

（1）"天干"：是中国古代人创立的独特历法天干地支中的一部分，犹如树之干，总共有十干，分别为甲、乙、丙、丁、戊、己、庚、辛、壬、癸。十天干与十二地支共同组成记录年、月、日、时的干支纪法，除了用于计时，还运用于医学、天文及地理等领域。天干地支是中国古代文化的一大创举，是中华文明留下的灿烂遗产，至今仍沿用于我们生活的众多方面。

👉 **学霸支招**：该题考查中国古代文化概念，答题时应涵盖定义、内容、作用及意义等方面。备考时可拓展复习其他重要的文化概念。

（2）"地支"：是中国古代人创立的独特历法天干地支中的一部分，犹如树之枝，总共有十二地支，分别为子、丑、寅、卯、辰、巳、午、未、申、酉、戌、亥。十二地支与十天干共同组成记录年、月、日、时的干支纪法，除了用于计时，还运用于医学、天文及地理等领域。十二地支至今仍沿用于我们生活的众多方面，如与十二生肖相对应。天干地支是中国古代文化的一大创举，是中华文明留下的灿烂遗产。

👉 **学霸支招**：该题考查中国古代文化概念，答题时应涵盖定义、内容、作用及意义等方面。备考时可拓展复习其他重要的文化概念。

6.

（1）"小李杜"：是唐代诗人李商隐和杜牧的合称，与李白和杜甫合称的"大李杜"相对应。李商隐，字义山，其咏史诗成就很高，爱情诗和无题诗亦广为传颂。他的诗歌构思新奇、辞藻精美华丽、声韵和美、朗朗上口，著有《李义山诗集》等。杜牧，字牧之，号樊川居士，擅长诗、赋、古文，其中以诗的成就最高，尤其是七言律诗和绝句。他的诗歌含蓄精练、俊爽清丽、意境优美、立意出奇，著有《泊秦淮》《江南春绝句》等家喻户晓的作品。二人均是唐代著名诗人，给后世留下了大量珍贵诗作，在中国传统文化上留下了浓墨重彩的一笔。

**学霸支招**：该题考查中国古代诗人的称号，答题时应涵盖称号所指之人、姓名、字号、诗歌风格、代表作品、地位等方面。备考时需要掌握其他著名诗人、词人等的相关信息。

（2）"温李"：是晚唐文人温庭筠和李商隐的并称，二人的诗词风格有共同之处，皆承六朝余习，色彩艳丽、笔调柔婉，故将二人并称为"温李"。温庭筠，字飞卿，是"花间派"的首要词人，代表作有《菩萨蛮十四首》《望江南·梳洗罢》等。李商隐，字义山，晚唐最出色的诗人之一，诗歌作品广为传颂，代表作有《锦瑟》等。晚唐时期，二人的风格对诗坛产生了重大影响，且为后来的宋代婉约派开了先河。

**学霸支招**：该题考查中国古代文人合称，答题时应涵盖称号所指之人、姓名、字号、诗歌风格、代表作品、影响等方面。备考时需要掌握其他著名诗人、词人等的相关信息。

7.

（1）"元曲四大家"：指元朝不同时期、不同流派，成就较高的四位杂曲作家，分别为关汉卿、白朴、郑光祖和马致远。关汉卿，号已斋叟，字汉卿，戏剧大师，以其多才多艺成为其时代的戏剧界领袖，优秀代表作有《窦娥冤》《单刀会》等。白朴，字仁甫，号兰谷，其剧作多为历史传说，多写才人韵事，悲剧悲哀怛恻，喜剧则热情奔放，极具艺术生命力，代表作有《唐明皇秋夜梧桐雨》《墙头马上》等。郑光祖，字德辉，其戏剧主题多为爱情故事和历史题材故事，远离现实，创作以艺术为目的，代表作有《倩女离魂》《王粲登楼》等。马致远，字千里，其作品以隐居田园为主要题材，风格既豪放亦清逸，代表作有《汉宫秋》《青衫泪》等。四位剧作家的作品广为流传，为戏剧的发展做出了重大贡献。

**学霸支招**：该题考查中国古代文学知识，答题时应涵盖词条所指之人、各人作品风格、代表作品及影响等方面。备考时可拓展复习诗词戏曲等领域的代表人物，以及其他相关知识。

（2）"南洪北孔"：是南方浙江人洪昇和北方山东人孔尚任二人之合称，二人是清初著名的杰出历史剧作家。洪昇创作的《长生殿》与孔尚任创作的《桃花扇》是康熙时期名气最盛、影响最大的两部剧作，由此获得"南洪北孔"的美誉。《长生殿》将唐明皇和杨贵妃之间生死相恋的浪漫爱情与安史之乱相结合，寓意深刻，问世后广为流传，经久不衰。《桃花扇》讲述了在激烈的政治斗争背景下，文人侯方域与秦淮名妓李香君之间的悲惨爱情故事，凸显出明末复杂的社会矛盾和民族矛盾，赞扬了李香君反对邪恶势力、关心国家命运的精神。洪昇和孔尚任是戏剧创作上传奇现实主义创作艺术的巅峰代表，对戏剧的发展产生了重要影响。

**学霸支招**：该题考查中国古代文学知识，答题时应涵盖具体所指人物、称号由来、人物作品简介、历史地位等内容。备考时应拓展复习诗词歌赋等领域的代表人物及其相关知识。

8.

（1）"五方"：是五行理论在空间上的体现，将空间划分为东、南、西、北、中五个方位，是五行理论的重要组成部分。五方在中医领域的运用极为重要，古人将五脏与五方、五行相联系，以此确定五脏的功能特点，阐述了人体与自然环境之间的关系。

　　**学霸支招**：该题考查中国古代文化知识，答题时应涵盖定义、内涵、作用及影响等方面。备考时可拓展复习五行理论中的其他概念及其相关内容。

　　（2）"五官"：指中医理论中的五种感觉器官，包括耳、目、鼻、唇、舌，与五脏相联系。鼻对应肺、目对应肝、唇对应脾、舌对应心、耳对应肾，中医可通过外在五官的气色变化诊断体内五脏的健康状况，此理论在中医领域有着重要地位，是五行学说在中医领域的重要运用。

　　**学霸支招**：该题考查中国古代文化知识，答题时应涵盖定义、内涵、作用及影响等方面。备考时可拓展复习五行理论中的其他概念及其相关内容。

　　9. "四诊"：是中医诊断疾病时使用的四种方式，具体指望、闻、问、切。张景岳在《景岳全书》中提出唯有将四衣（四诊）有机结合，才能全面系统地了解病情。望诊指对人体全身和局部一切可视征象进行细致观察；闻诊指通过听觉和嗅觉了解人体发出的各种异常声音和气味；问诊指询问病人或陪诊者与疾病相关的各种情况；切诊指按压脉搏以及病人身体上的其他部位来了解疾病的体表反应或内在变化。四诊是最为直观、朴素的诊断方式，是阴阳五行、藏象经络理论在中医领域的运用，对中医发展极为重要。

　　**学霸支招**：该题考查中医知识，答题时应涵盖定义、具体内容、内涵及影响等方面。备考时可拓展了解中医领域较为重要的著作、代表人物等相关知识。

　　10.

　　（1）哥白尼：全名尼古拉·哥白尼，是波兰著名天文学家、数学家。哥白尼提出了日心说，开创了现代天文学，其代表作《天体运行论》可以说是现代科学的起点，给后来的科学家带来了不可替代的影响。在文艺复兴的背景下，哥白尼最早更正了中世纪错误的宇宙观，成为文艺复兴时期的伟人之一。他推动了时代的发展，为后人留下了珍贵的天文学瑰宝。

　　**学霸支招**：该题考查外国历史名人，答题时应涵盖人物全名、国籍、主要成就、代表作、历史地位等方面。备考时可拓展复习西方文艺复兴时期的代表人物及其主要成就等知识，这是翻硕百科知识考试的高频考点。

　　（2）布鲁诺：全名乔尔丹诺·布鲁诺，是意大利哲学家、自然科学家，是文艺复兴时期捍卫科学真理的殉道士，代表作为《论无限宇宙和世界》《诺亚方舟》。因其在文艺复兴时期勇敢无畏地宣扬发展哥白尼的日心说，反对教会与经院哲学，被宗教裁判所判为"异端"，最终在罗马鲜花广场被活活烧死。布鲁诺是思想自由的象征，为西方的思想解放做出了重大贡献。

　　**学霸支招**：该题考查外国历史名人，答题时应涵盖人物全名、国籍、主要成就、代表作、历史地位等方面。备考时可拓展复习西方文艺复兴时期的代表人物及其主要成就等知识，这是翻硕百科知识考试的高频考点。

11.

（1）冷战：是第二次世界大战结束后，美国与苏联为争夺世界霸主地位形成的政治、经济、军事斗争。该战争始于1947年，终于1991年，长达44年，因以局部代理战争、军备竞赛、外交竞争等"冷"方式进行，所以被称为"冷战"。苏联解体标志着"冷战"结束，美国成为霸主，形成一超多强的世界格局，此次战争是世界长期不得安宁的主要根源。

👉 **学霸支招**：该题考查世界历史，答题时应涵盖定义、战争国、战争时间、战争影响等方面。备考时可拓展了解世界历史大事件，如工业革命、世界大战等。

（2）北大西洋公约组织：简称北约，1949年成立于美国华盛顿，总部设在比利时首都布鲁塞尔，成员国主要是欧洲和北美国家。北约是以美国为首的西方国家形成的国际军事集团组织，冷战时期，北约的成立标志着美国超级大国领导地位的确立，与以苏联为首的华沙条约组织相对立。华约解体后，该组织以防务和维持和平与安全、促进北大西洋地区的稳定和繁荣为目的，对世界和平与发展做出了一定贡献。

👉 **学霸支招**：该题考查世界著名组织，答题时应涵盖组织的成立时间、总部、成员国、目的以及作用等方面。备考时可拓展了解其他世界有名组织的相关内容，如欧盟、联合国、金砖五国等。

12.

（1）《伊利亚特》：相传是古希腊荷马创作的史诗，描述了希腊人远征、攻打特洛伊城的战争故事。《伊利亚特》通过战争塑造了众多骁勇善战的英雄人物，如阿伽门农、阿喀琉斯、赫克托尔等，歌颂了他们为国家兴衰、家族荣耀、集体利益不畏生死、奋勇作战的英雄主义精神。《伊利亚特》是古希腊重要的文学作品，被视为欧洲文学史上首部战争题材巨作，对后世欧洲的文学产生了重大影响。

👉 **学霸支招**：该题考查西方古代文学作品，答题时应涵盖作者、作品内容简介、作品思想以及历史地位等方面。备考时可拓展复习西方文学代表作品，如莎士比亚、但丁等人及其作品。

（2）《奥德赛》：是《荷马史诗》的两部作品中的其中之一，相传由盲诗人荷马所作，其故事为《荷马史诗》中另一部作品《伊利亚特》的续写，讲述了希腊打败特洛伊后，奥德修斯在回家路上历经的种种海上冒险，是航海小说的鼻祖。该史诗歌颂了奥德修斯面对自然挑战时自强不息、不屈不折的进取精神。该作品前部分语言色彩绚丽，极具浪漫色彩，后部分描写细致深刻，极富现实精神，被视为西方海洋文学的开山之作。

👉 **学霸支招**：该题考查西方古代文学作品，答题时应涵盖作者、作品内容简介、作品思想、语言风格以及历史地位等方面。备考时可拓展复习西方文学代表作品，如莎士比亚、但丁等人及其作品。

13.

（1）但丁：全名但丁·阿利吉耶里，出身于佛罗伦萨，意大利中世纪著名诗人、意大利语之父。他的代表作品有《神曲》《新生》《论俗语》等，其中以《神曲》最为出名，被誉为欧洲四大名著之一。同时，但丁本人与彼特拉克、薄伽丘均为文艺复兴之先驱，被誉为"文坛三杰"。但丁不仅是欧洲最伟大的诗人,还是全世界最伟大的诗人之一,被誉为中世纪的最后一位诗人,亦是新时代的最初一位诗人,标志着封建中世纪的终结和现代资本主义纪元的开端。

🖋 **学霸支招**:该题考查西方文学名人,答题时应涵盖其出生地、身份、代表作、历史地位等方面。备考时可拓展复习西方其他名人知识,如莎士比亚、狄更斯、简·奥斯汀等。

(2)**莎士比亚**:全名威廉·莎士比亚,是英国文学史上最著名的戏剧家,著名代表作有《罗密欧与朱丽叶》《仲夏夜之梦》等四大喜剧、《麦克白》《李尔王》等四大悲剧。莎士比亚不仅是当时人文主义文学的集大成者,还是使用早期现代英语的代表,为早期现代英语词汇的形成和发展做出了无人可及的贡献,是文艺复兴时期最重要、最伟大的作家之一。

🖋 **学霸支招**:该题考查西方古代文学人物,答题时应涵盖作者身份、代表作、贡献及意义等方面。备考时可拓展复习西方文学史,掌握著名文人及其代表作品等信息。

## 二、应用写作题(40分)

**【题目分析】**

该题考查请示的书写,凡是应用文,行文都需注意格式。题目中明确指出需要有公文标题、主送机关、公文正文、发文机关署名、成文时间五项,按照要求写全即可。公文正文部分可参考自己学校曾经举办过的活动来写。备考时需要掌握各类公文的写作格式,多加练习。

**【考场还原】**

关于开展"了解英美文化,促进国际交流"主题文化周的请示

校团委、学生会:

为提高学校的校园文化氛围,促进院系间的联系与交流,拓展学生国际视野,加强全校师生对英美文化的了解,激发学生学习英语的兴趣与热情,国际关系学院英语系计划于2018年12月25日至30日举办以"了解英美文化,促进国际交流"为主题的文化周活动。具体安排如下:

(一)活动主题

"了解英美文化,促进国际交流"。

(二)活动时间

2018年12月25日至30日。

(三)活动地点

××厅、××广场。

（四）活动形式

1. 英美留学生文艺表演。

2. 英美优秀电影欣赏。

3. 英美杰出作家及作品分享会。

4. 英美特色小吃商业街。

5. 英美知识有讲竞答。

（五）所需协助部门

1. 保卫：协助维护特色小吃商业街的秩序。

2. 装备部：协助提供活动所需桌椅等设备。

3. 宣传部：协助制作张贴条幅和海报。

4. 院办：协助申请××厅和××广场的使用权，场地布置由系学生会自主完成。

5. 各系部：下发通知，动员师生积极参与文化周活动。

（六）所需经费

本次活动所需经费××××元。

专此请示，请批复。

国际关系学院英语系团委、学生会<br/>××××年××月××日

## 评点升格

本篇范文格式正确，要素齐全，内容丰富，正文部分各项内容的设置均符合校园文化周的特点。备考时可留意类似素材，考场上灵活运用即可获得高分。

# 三、命题作文（60分）

## 题目分析

该题考查命题作文，题目中"将你的心灵与那些历史上最伟大的心灵相沟通"可理解为通过阅读与伟大文人进行心灵交流，所以该题实际要写的就是你对"阅读"的理解。注意体裁为议论文，言之有理即可，难度不大。

## 考场还原

阅读的力量

"读书足以怡情，足以博彩，足以长才。"英国著名思想家培根在17世纪就提出阅读

的重要性。大学时期的青年正处于人生观、世界观成形的重要时期，值此人生阶段的我们，时常会对人生充满困惑。而阅读让我们有机会与历史上伟大的心灵沟通，帮我们树立正确、积极的人生观，助我们解答人生疑惑的关键问题。一所好的大学，总是不吝给其莘莘学子提供充足的图书资源，让他们自由徜徉在书海中，寻找自己的人生答案。

阅读好书，让我们跨越时间与空间，与伟大的心灵交流。我们总感叹时间有限，可到达的空间亦有限，但通过阅读，我们可以一窥数百乃至数千年前那些我们遥不可及的世界的某个角落发生的故事、出现的文明。读《荷马史诗》，可以倾听作者向我们讲述古希腊时期的历史故事和文化，感受战场上将士们不畏生死的英雄主义精神。虽然不曾真正经历，却也可以拓展我们生命的宽度，点燃我们对生命的热情。阅读如同跟随作者游历一个国度、经历一个时代、见证一个文明的兴衰荣辱。此种经历让我们的心灵更加开阔，不再为生活的琐事黯然伤神。读赫尔曼·黑塞的《在轮下》，见证主人公心酸痛苦的一生，我们便会感叹自己与书中人物并无差异，一生中都难免遭遇各种磨难。他们的经验也许会让我们少些疑惑、多些笃定，在人生旅途遇到相似问题时，我们也可借此缓解孤独，不再那么茫然无措。

阅读好书，我们可以看到对人生不同的见解，从而更深入地了解自己。《月亮与六便士》告知我们别人眼中的成功美满于自身而言，也许只是一把枷锁、一个牢笼，而别人眼中如刍狗般的生活却可能是自己想要追求的自由人生。毛姆告诫我们，自己的成功与幸福不该由他人定义，更不该用他人的观念来束缚自己的人生。而读《不能承受的生命之轻》，我们会懂得毫无责任、毫无负担的人生也许并不轻松，没有肩头的重担，我们可能无法承受生命太轻所带来的悬浮与无法脚踏实地的不安。如果踏进社会后我们没有坚定的信念，不了解自己的真实想法，就容易受他人影响，失去本心。只有在大学时期静下心来阅读好书，不断与智者对话交心，我们才能建立起属于自己的认知系统，笃定自己真正的价值观与信念。

阅读让我们不断审视自己，思考人生。不论思考的结果如何，我们都可从中获取智慧与力量。唯有趁大学时代建立起笃定的信念、拥抱生命的无数种可能，我们才能达到行走于染缸之中，却依旧保持本色的境界，更加精彩地度过余生。

**评点升格**

范文开篇点题，指出阅读对大学生的意义，应用培根《谈读书》中的名句是本文的一大亮点。中间两段各有一个分论点，并使用世界名著的例子来阐述自己的观点，让文章更加充实、有说服力。结尾呼应首段，重申论点，使文章更加完整。命题作文写作时适当引经据典，可以增加文章的文采。